里尔克:一个诗人

Life of a Poet : Rainer Maria Rilke

(美)拉尔夫·弗里德曼(Ralph Freedman) 著
周晓阳 杨建国 译

华东师范大学出版社

华东师范大学出版社六点分社　策划

目　录

"真实的和扮演的感情":《里尔克:一个诗人》序 …………………… 1
致谢 …………………………………………………………………… 1

上编　年轻的诗人

第一部分　诗人的诞生 …………………………………………… 3
　第1章　缘起 ……………………………………………………… 5
　第2章　早年的履历 ……………………………………………… 25
　第3章　年轻的作家 ……………………………………………… 43

第二部分　诗人的觉醒 …………………………………………… 63
　第4章　慕尼黑的新天地 ………………………………………… 65
　第5章　情人的学徒 ……………………………………………… 89
　第6章　变化:来自俄国的经验 ………………………………… 115

第三部分　突破 …………………………………………………… 151
　第7章　离开:两位白衣女子 …………………………………… 153
　第8章　穿过伊甸园 ……………………………………………… 176
　第9章　悲哀之城:雕像中的痛楚 ……………………………… 202

第四部分	**寻找和更新** ……………………………………………	227
第 10 章	重获缪斯 ………………………………………………	229
第 11 章	写完组诗 ………………………………………………	255
第 12 章	返回以及被逐 …………………………………………	282

下 编 大 师

第五部分	**彻底的修订** ……………………………………………	313
第 13 章	朝向一种新风格 ………………………………………	315
第 14 章	死亡和浪子 ……………………………………………	340
第 15 章	马尔特：通向天国之路 ………………………………	370
第 16 章	天使和情人：早期《哀歌》 …………………………	403
第六部分	**内心图景** ………………………………………………	427
第 17 章	诗人皈依 ………………………………………………	429
第 18 章	梦想心灵之约 …………………………………………	462
第 19 章	欧洲牢笼 ………………………………………………	486
第 20 章	从流离到混乱 …………………………………………	521
第七部分	**俄尔甫斯的魔力** ………………………………………	555
第 21 章	优遇中的逃亡 …………………………………………	557
第 22 章	爱的狂想和诗的语言 …………………………………	586
第 23 章	俄尔甫斯再生：后期《哀歌》 ………………………	621
第 24 章	成为另一个人：打开法国的窗口 ……………………	651
第 25 章	最后的悲歌 ……………………………………………	687
参考书目	………………………………………………………………	719
译后记	…………………………………………………………………	742

"真实的和扮演的感情":
《里尔克:一个诗人》序

刘皓明

15年前的冬天,我在柏林写博士论文。某晚与友人约晚餐,到餐馆后不料他父亲也在。我这朋友虽是柏林人,却是我耶鲁的同学,那时他刚自古典系毕业,得了博士学位归国,已供职于南德一家报社。其父是位大学教授。我同这父子二人谈话,前辈问起我的论文题目,我如实奉告说在写里尔克。不料他很严肃地质问我:"你怎么不做德国文学?"

这质问恐怕要惊倒不少中国的西方文学读者。在很多人那里,同用德语写作的德国文学和奥地利文学根本就是同一个民族语言文学,籍贯布拉格的里尔克就是个德国诗人,做里尔克难道不就是做德国文学?

不过对于熟悉里尔克研究的人,这位前辈的质问中所暗含的德国人对里尔克的文化异化感却并不鲜见。这种异化感不仅仅是一般意义上的民族国家的,其内涵恐怕更深更广:从智识到情感,从艺术到个人生活,对这位出生于奥匈帝国波西米亚首府一个天主教家庭的诗人,无论生前还是死后,质疑的声音从未中断,而德国是最主要的批评发源地。比如胡戈·弗里德里希(Hugo Friedrich)在其有名的《现代竖琴诗的结构》(*Die Struktur der modernen Lyrik*)一书中对里尔克辛辣的讽刺就很有代表性:

> 现代诗歌所肇始的魔法化[趋势]以男性方式约控住了。在其嘈杂不谐和晦涩之上仍有阿波罗这个清晰的艺术良知统治着。早在19世纪初,作为诗人品质之唯一证据的灵感迸发就已经衰落了。然而这种对灵感迸发的尊崇仍有余响,久久流连在读者公众的思想里。他们所惊叹的楷模是一位20世纪的德语诗人,他具有艺术上

的伟大,然而却是没有性别的。诗歌是在"黑夜里的疾风暴雨"中"强加"给他的,对于他来说诗歌跳"进了广袤空旷的感情中",以至于他"手发抖、脉管迸裂";随后他便详细地向公主们、女伯爵们、女士们和"极为高级可亲的先生们"报告自己这类"被掀翻"[的体验],用了很多"以某种方式"和"在某处"这类词,并使用很多最庄重的属格形式。这产生了致命的后果,导致把这个个例同作诗的一般状况相混淆。

这段批评之所以不点出里尔克的名字,与其说是为"尊者"讳,不如说是出自对所批评者的轻蔑:这位批评家嘲笑诗人对其贵族保护人的阿谀,鄙视其中散发的势利和做作,更奚落了诗人所体现的诗学的时代错位,还顺带贬损了其语言的浮夸和装腔作势;其中尤为犀利甚至是个人化的,是对诗人及其诗学的性别角色错乱的指责:他说里尔克的诗歌是"没有性别的",而真正的现代诗歌其魔法化做法总是会被诗人以"男性的方式约控"。对于一个自幼男扮女装、有个女性化的或者说中性的名字("玛丽亚")、惯于依附有势力的成熟女人、一战时走高层路线(也是通过女性)免于上前线、善于在给女贵族们的书信中自伤自怜以求怜爱和资助的诗人,弗里德里希的挖苦真是不能更准更狠了。但是这么严厉的批评是否过分了?

把弗里德里希的批评翻译成学术术语,里尔克诗歌的核心问题就是所谓 Unverbindlichkeit。这个德文词的意思有点类似于数学或逻辑学意义上的"不一致性",换成中文白话说,就是言不由衷,不是受人逼迫威胁而言不由衷,而是一个人习惯于说漂亮话、习惯于触景发言不考虑所说的话真不真算不算数的那种言不由衷,再换句话说,就是里尔克的诗读起来不好当真,比如他诗集题为《日课书》(*Das Stunden-Buch*),但你要是以为他笃信天主教或是有意复活中世纪的宗教和精神生活,哪怕是说按照俄罗斯东正教的样子,那你就受骗了:出身于天主教家庭的他曾多次明确表达对天主教的强烈反感,此外他也不具备深入中世纪文化的学识,对俄罗斯文化的了解也较肤浅,像《日课书》的标题和内容这样的意象所造成的印象、产生的艺术、历史、宗教和思想史的联想,终不免让人觉得是徒有其表或者是自己都意识不到的误导。里尔克用这些词就仿佛爱丽丝在掉下兔子洞时大声说"经度"和"纬度"这两个她并不懂的词儿,只是觉得说出来很气派一样。同样,他那首一度洛阳纸贵的《旗手克里斯托弗·里尔克的爱与死之歌》(Die Weise von Liebe und Tod des Cornets Christoph Rilke)对中世纪骑士尚武精神的歌颂,也没有坚实的个人信念、历史、艺术主张等观念的支撑,故而这首作于19世纪末的诗虽一战时风行一时,其作者却在其所歌颂的战争到来时托关系走后门避免去像他笔下的同名英雄那样战死沙场。再比如他曾多次参加对他后期生活与写作最重要、他一生中密切交往过的地位最高贵的恩主玛丽公主(Marie von Thurn und Taxis-Hohenlohe)在家举行的扶乩活动,对于20世纪初的欧洲文化人来说,这不啻为一个大丑闻。人们有理由质疑,他参与这种荒诞低级的迷信活动是为了取悦于其恩主还是自己真信?抑或兼而有之?寻求恩主庇护,却介入这类活动,难免让我们跟《儒林外史》中杨执中、权勿用、张铁臂之流用飞檐走壁取仇人头的闹剧哄骗蘧家公子的事发生联想。最后,我们更不要说弗里德里希所讽刺的《杜伊诺哀歌》开始对天呼吁的姿态:西方古代诗人在诗作开头要呼吁诗神缪斯赐予自己灵感,这是荷马史诗所创立的传统,但是早自古罗马时代起,随着民智的启发,诗人采纳这一程式的时候,都多少要表露出某种变通和距离感,不好完全像古希腊的天真诗人那样,对诗神的存在深信不疑。里尔克在20世纪20年代却貌似万分虔诚地做出灵感来自上天的姿态而没有任何反讽,这在现代西方诗歌中是绝无仅有的,因而难免要被人讥为做作和虚假。从这些例子看,按照德国人(其实也是狭义的西方)要求一致性和系统性的一贯思路,说里尔克的诗歌有个Unverbindlichkeit的根本性问题,是很自然很合理的。

如果人们拿同时代的德国诗人与他相比较,比如一战期间嗑药致死的特拉克尔(Georg Trakl),比如阴郁的早期贝恩(Gottfried Benn),比如以讽刺和亵渎为己任的布莱希特,那么以风花雪月的情怀走红的(虽然这远非他诗歌的全部)里尔克的时代错位就十分明显了。说他的诗歌时代错位,并不是像人们说起荷尔德林等浪漫派诗人对古希腊乃至中世纪的追求和感叹那样,有着哲学、诗学和思想史的内在逻辑——例如荷尔德林的名句:"朋友我们来得太迟!"——而实在是爱丽丝式和有甚于爱丽丝式的语言、意象、社交、阶级的附庸风雅和趋炎附势。虽然里尔克也感叹他所向往的时代已经一去不复返,但是他在作品和生活中显现出来的这种情绪,很难看出有什么深刻的智力的层面,这与荷尔德林相对于古希腊而发的生不逢时的感叹背后有着完整的浪漫派和观念论体系支撑是完全不同的。同荷尔德林的哲学与神学意义上的怀旧相对立,里尔克的怀旧情愫集中体现于他作品中的贵族情结——比如热衷于虚构自己遥远的贵族出身:《里尔克的爱与死行》、小说《马尔特》以及书信中的一些段落——和生活中刻意巴结附庸贵族。对于他的这种怀旧贵族情结,无论是作品里的还是生活中的,人们都无法对它进行哲学的分析,因为最适合的分析只能是心理分析和社会学分析:他的小市民出身、严肃刻板却权威沦丧的父亲、他那位虚荣自私任性势利的母亲等等。

诗歌没有内在的 Verbindlichkeit,没有内在的理,那它遵循的就只能是感觉,而在布拉格狭小的租赁房里出生与长大、幼年被母亲男扮女装、当女孩抚养、随后却又被投入寄宿军校长达 5 年的里尔克最富有的就是感觉。就像下肢残疾的人上肢常常有过人的力量一样,缺乏理的素质的里尔克其感觉的发达罕有其匹。他那首脍炙人口的诗《豹》(Der Panther)就是一个范例。在这首诗中,诗人的目光和想象穿过巴黎动物园囚禁豹子的铁栏,把对豹子的感受转变为豹子自身的感受,诗人的感觉实际上是一种非常投入非常完全的移情,即把对对象的观察——他称之为 einsehen,"看进去"、"穿透般的审视"——变换为对象本身的感觉:写豹子,诗人就自觉如同豹子,写教堂,诗人就仿佛自己就是一幢屹立的教堂,写贴在大卫王身上的妾亚比煞(Abishag),诗人就变成了这个懵懂的婢女。这就是中期的诗人(20 世纪第一个 10 年)反复强调的进入物自身的写物诗(Dinggedicht)的含义。

但是转变为移情的强大感觉归根结底是一种负能力或消极能力(a negative capacity),这是 19 世纪初的济慈(John Keats)早就认识到的。古今中外,负的概念是与一连串的概念联系在一起的:消极、阴性、女性、被动、坤、柔、承受等等,这么说来,弗里德里希对里尔克的性别批评初看之下虽似尖刻,却实在是有深厚的诗学根底的。因为弗里德里希是说,里尔克的诗和作诗法不是要主动地为人们纷纭的感觉、为这个混乱的世界建立观念的、意象的、语言的秩序,所谓"以男性的方式约控",而是全然被动地逆来顺受,并且进而在这个逆来顺受的过程中泯灭自己,把自己化作来袭的客体,让自己的存在附丽于异己的客体身上。其实,诗人的这种特异功能在他著名的随笔《体验》①中已经描绘得十分细腻准确。在那篇奇特的感觉记录里,诗人精微详尽地记载了自己的身体乃至整个存在消融在微风里、与所倚靠的树木化为一体的经历。当然,并不是所有客体都可以让诗人附丽,于是诗人的存在和"主动性"就体现于选择什么样的客体来附丽,而这个不断的选择和尝试选择的过程就是诗人自己诗歌发展的过程,同时也是他寻求和依附各种女性保护人的过程。有了这个线索,我们看里尔克从崇拜三四流的当代德语诗人、崇拜二三流的过去德语诗人,到探索俄罗斯文学,从跟随时尚读李白到读心理分析和基尔克果(Kierkegaard),从力追后印象派和罗丹的《新诗集》和《新诗别集》到汇集了灵异迷信、中世纪晚期几个不知名的女诗人、量子力学的科普著作的《杜伊诺哀歌》,从写诗到写短篇小说,从写短篇小说又到写剧本,甚至从写德语诗到法语诗,从写意大利语诗到俄语诗,就能明白何以诗人没有任何预设的哲学、美学和诗学的立场,诗人的取舍标准其实只有一个,就是只要拿过来能成就自己的写作就行:"咏歌就是存在"("Gesang ist Dasein"),他在一首商籁体诗中说;同样,在生活中,从最早的未婚妻到瑞典的女权主义者(Ellen Key)、从强势的莎乐美到岛屿出版社社长之妻和低级贵族保护人男爵夫人(Elizabeth von der Heydt),从奥地利的女贵族(Marie von Thun und Taxis)到瑞士的女业主(Nanny Wunderly-Volkart),诗人从一个女宿主(情感的、事业的和金钱的)过渡到下一个女宿主,只要她们足够有能力帮助自己。阅读里尔克的书信,会看到一个很有意思的现象,只有在女人那里他才如鱼得水,跟她们他可以一吐衷曲(Gudi Nölke),可以如婴孩般完全自弃把自己交给对方(莎乐美),可以在恭敬的同时如廷臣娱乐国王那样那样娱乐权贵(Marie von Thurn und Taxis-Hohenlohe,扶乩),甚至也可以取悦于文化水平不高、甚至枯燥乏味的家产殷实的妇女(Nanny Wunderly-Volkart);而对于男性,他始终保持着恭敬、有保留甚至谦卑的态度,比如对艺术家罗丹、作家霍夫曼斯塔尔(Hofmannsthal)、恩主黑特男爵(Karl von der Heydt)、岛屿出版社社长基朋贝格(Anton Kippenberg)等等。可以说,里尔克生活的全部意义,就在于通过把自己的存在附丽于某个母体之上,而给自己提供能够发散其感觉并进行相应写作的条件。

---

① 译文见拙译《杜伊诺哀歌》,辽宁教育出版社 2005 年版,附录。

这就使得阅读里尔克的作品同了解他的生平互为前提。而要具体地展示诗人的写作与生活之间的这种奇特的关系,详细叙述他是如何能过上一种他认为只有对于神来说是件轻松的事的艺术人生的,那就只有一部详实公正的传记才能做到,拉尔夫·弗里德曼(Ralph Freedman)的里尔克传(*Life of a Poet*)就是这样一部著作。

说到这里,如果我已经给人一个印象,即我似乎全然认同弗里德里希对里尔克的评价,显得对他的批评远重于赞赏,贬过于褒,那么一个自然而然的问题就是:这位奥地利诗人的诗歌中究竟还有没有真的(他自己的)东西?里尔克的诗艺究竟有没有值得荐举的地方?

对这个问题,最好的回答来自里尔克自己。里尔克写过一篇重要的散文《玩偶》(译文见拙译《杜伊诺哀歌》附录),自幼像女孩子那样怀抱玩偶成长的诗人在文中这样说:

> 就像对某些学生那样,面对着那些粗蠢、一成不变的儿童玩偶,人们没有千百次地问起,它们后来变成什么样了吗?眼前这些就是那些被真实的和扮演的感情所娇生惯养的玩偶童年长大成人以后的样子吗?眼前这些就是它们的、迅速地映射到人满为患的空气中的果实吗?这些假果实,它们的核从未安息,不是一会儿几乎被泪水冲走,就是一会儿曝露于怒火的干旱下,或者曝露于被遗忘的荒漠里;被深植于一种能无度地自伤自怜的柔情的最柔软的深处,然后再被上百次地刨出来,一眨眼的功夫就被甩进支棱破败的东西中间,被轻蔑、被鄙视、被抛弃。

这段话最精辟地概括了诗人包括其艺术在内的人生的真实境况:这个人生自幼就是在虚假中开始和进行的:自我身份认同的虚假,包括性别认同和阶级认同的虚假;所交往对象的虚假;而所有这些虚假都集中地体现于给他当做童年玩具的有人形却无生命的玩偶身上。玩偶是努力要美好的假,是努力要生活的死,是人造的尸体,用来骗取最不懂警惕与自卫的儿童的真情与真爱,而与这样的假相伴随的儿童长大以后要把他的假兜售给世界。诗人此后的一生就是在与这样的虚假的纠缠中度过的,而我们所更感兴趣的他的诗歌,就是他与其与生俱来的虚假的纠缠过程。

他最糟糕的诗都是在其身份认同的虚假的幻觉鼓动下写出的,比如大部分早期诗歌(那时的诗人根本无法与他可悲的早年经历与价值观拉开距离),比如前面提到的《里尔克的爱与死行》,比如《致奥耳弗的商籁体诗集》中几首贺卡软文一般的庸俗之作(Kitsch)。在这样的诗里,诗人让他的虚假打扮得宛如公主一般然而却是以廉价布头(如果是今天的芭比娃娃那就是塑料和塑胶)制成的玩偶欺骗自己欺骗读者,在摆弄这样的廉价布头或塑胶的玩偶的过程中让自己沉浸于虚妄的快感,自欺欺人地以为从中达到了真正的审美满足,这无异于,按照便雅悯①(Walter Benjamin)的理论讲,用5法郎的廉价印刷品泯灭了有本真气息(Aura)的《岩间圣母》的原作,而欣赏印刷品的人却自以为是最高雅最高贵的。但当里尔克在与他的假纠缠的过程中能够审视他的假与假的起源时,他就写出了最好的作品:比如《杜伊诺哀歌》第四首,比如小说《马尔特》的一些段落,比如这篇《玩偶》散文。因此,如果说里尔克的人生和诗歌充满虚假,那么有一点是绝对真实的,那就是他的痛苦。他的家庭毁了他的童年,给他留下毕生的存在痛苦。他那被扭曲的童年使他的人生成了"假果实",但是这个假果实有个真实的核,那就是痛苦。这个痛苦的核是一切蜡质的(塑料的与塑胶的)、虚假的、仅供摆设的、如同给死人和邪神上供用的人造水果那俗艳光泽的表皮之下唯一真实的东西,是这个唯一真实的东西让我们觉得他的作品是值得阅读的。在他成熟后的作品里,他与生俱来的假与这个唯一的真的纠结,仿佛一出戏,甚至可以说是一出悲剧,吸引了并将继续吸引我们这些读者的观赏兴趣。

当然,如果里尔克仅只是这世界上无数童年被糟蹋、心灵被扭曲中的人里面的一个,我们并不会对他有额外的兴趣。我们对他之所以有异乎常人的兴趣,是因为他是个十分有感染力的诗人,虽然这种感染力在很大程度上要归功于他病态发达的感觉或敏感。但是就是感觉发达也仍然不足以让人成为一个好诗人,因为归根结底,所有这一切都要落实到语言上来。与里尔克对世界的敏感相辅相成的,是他对语言的敏感。这种语言的敏感虽然有先天的成分,但是对于他这个自幼失学、少时没有受过良好教育的人来说,他青年时代以后在全欧洲的广泛游历对于他的艺术家学

---

① 学界一般译作本雅明。

徒过程有着决定性的作用。可以说，是整个欧洲成就了这位诗人，作为艺术品的全欧洲是他学艺的师傅：从德意志语言的飞地波西米亚首府出发，里尔克来到德意志文化的内地，从俄罗斯到斯堪的纳维亚，从西班牙到意大利，当然，还有法兰西。对于这位自幼崇拜法国文化、娴于法语的诗人，法兰西始终是其宇宙的中心或者说中心之一，中期的里尔克就是在巴黎的里尔克。就是在一战爆发后他无法返回法国、最后决定定居瑞士时，法语和法兰西文化仍然是其中一个核心内容。纵观他作为诗人的一生，我们看到，是俄罗斯东正教修道院的神像、北欧的颓废派艺术、伊比利亚半岛的托雷多（Toledo）、威尼斯的街道、卡普里（Capri）的海滨别墅、亚底亚海滨的城堡（Duino）、卢浮宫、罗丹、塞尚、克吕尼府第（l'hôtel de Cluny）、沙德（Chartres）大教堂，等等等等这一切，弥补了里尔克幼年教育的缺憾，使他成为一位欧罗巴的诗人：是的，他绝对不是一位德国诗人，而实在是一位泛欧罗巴诗人。

自上世纪90年代以来，里尔克的作品被大量翻译到中国，里尔克成为最受中国的外国文学读者喜爱的作家。但是迄今为止还没有一部详尽的诗人传记的中译。对于一位其诗歌与其生平有着异乎寻常的密切关系的作家而言，这是一个很大的缺失。而今，弗里德曼的这部里尔克传翻译为中文出版，可以很好地弥补这一空白。弗里德曼上个世纪60年代早期以所谓抒情小说研究获普林斯顿大学比较文学专业博士学位，他的博士论文《抒情小说：黑塞、纪德与伍尔夫研究》（Ralph Freedman, *The Lyrical Novel: Studies in Hermann Hesse, André Gide, and Virginia Woolf*, Princeton U. P., 1963）曾对我写作博士论文很有启发。弗里德曼从他的博士论文合乎情理地扩展到里尔克研究，其成果便是这部诗人传记。与同时出版的德语世界比较权威的诗人传记（Wolfgang Leppmann, *Rilke, sein Leben, seine Welt, sein Werk*, München/Zürich: Piper, 1998）相比，他的这一部要更为详尽，对诗人的人性中的问题并不刻意回避，它的翻译出版，无疑将对广大的里尔克作品的读者有极大的裨益。

致　谢

　　本传记以赖纳·玛丽亚·里尔克的艺术为镜,追溯诗人的一生及其在作品中的折射与变形。笔者力图挖掘他从一个野心勃勃的二流诗人蜕变为我们时代最伟大的诗人之一的过程,探究这位饱受折磨者的生涯,挖掘他众多作品的丰盛脉络。

　　关于这位艺术家,已有丰富至极的各种研究著作,研究视角或发自批评,或研磨文本,或追踪历史,不胜枚举。其中既有智识性传记,比如 J. F. 安吉罗兹和埃尔斯·巴登堡的作品,亦有如凯特·汉堡或保罗·德·曼的哲学性诠释。里尔克在力图描摹他的诗人们和画家们当中享有盛誉,而且,类似毕加索,他除了在学术上得到认可,也博得了相当的先锋美名。尽管目前综合性传记为数不多,但最近几部关于诗人的生平传记——从 E. M. 巴特勒对里尔克一生的大胆评价到沃尔夫冈·利普曼的《里尔克:人生与作品》和唐纳德·普拉特的《清脆的玻璃:里尔克的一生》——已经为我们理解里尔克内涵丰富、艰难坎坷的生涯提供了清晰思路。

　　可资参考的材料日益增多,其中我尤其受惠于对诗人生平和作品的方方面面加以详尽阐释的传记和专业批评:约齐姆·W. 施托克的大量传记论文,以及里尔克研究会定期发表的全系列文章;乔治·斯古菲尔德关于里尔克在斯堪的纳维亚的经历以及他人生最后一年的历程的记述,彼得·德米茨和雨果·罗基塔关于布拉格的记录,帕特里夏·布罗德斯基和安娜·A. 塔维斯关于俄国的记录,以及各种经典传记,诸如 J. R. 冯·萨利斯关于里尔克的瑞士经历的记录等等。我参考的其他著作包括西奥多·焦乌科夫斯基关于歌德和哀歌;恩里希·黑勒论尼采;彼得·盖伊关于魏玛共和国的早期岁月的文章;埃根·舒瓦茨对里尔克复杂的政治立场的解释;恩里希·齐曼瑞尔对诗人与心理分析的关系的宏篇巨论,大卫·克莱巴德的《恐惧之始》也论及了这个问题(不过非常遗憾的是,该书问世时,笔者的拙著已经完稿)。最后,英格伯格·史拉克的《里尔克:人生与作品大事记》以其丰富的史料充任了一份不可或缺的传记工具,正如她关于1950年代的精致的"图片传记"在相应类别中亦堪称先锋佳作。

不过,本传记的目的和写法均有别于之前的大多数作品。笔者试图兼顾对里尔克生平大事加以详尽记录,以及对反映了这些事件的诗歌和散文进行细致解读。因此,这部批评性叙述附有大量注释,注明它所引用的信函、回忆录和其他传记材料的内容。除了像普通注释一样表明参考来源,以支持这部以年代为序的传记之外,这些注释本身也是本书一个意味深长的部分。因此,每章的注释都附有一份参考书目,供读者进一步研究。

本传记中引用的里尔克诗歌由海伦·索德专门译出,引用的论文则大多数系笔者拙译。所有译文均优先考虑含义而非形式,尽管我们也已竭力传达出原文之丰韵。

本书写作始于1980—1981学年,系在古根海姆奖金的支持下完成,我希望借此机会,对该基金会及其管理者表示感谢。此外尤其还要感谢两个研究所,它们充任了我的主要资料来源:德国马尔巴赫的德国文学档案馆,瑞士伯尔尼的瑞士国家图书馆。对于这两个研究所乐于助人的工作人员也一并致谢。数年来,前一所学院的约齐姆·W.施托克教授和后一所学院的拉图斯·拉克博士都慷慨地为我这位苦恼的研究者提供信息,允许我方便地查阅所需要的资料。克里斯托弗和赫拉·西伯尔-里尔克,也就是诗人里尔克的孙子及孙媳,非常慷慨地为我提供了他们在德国盖恩斯巴赫的里尔克档案馆收藏的文件和宝贵信息,为此我表示衷心感谢。

本书的撰写耗时甚长,许多身在美国和欧洲的朋友和同仁都为我提供了专业帮助,时常倾听我的新想法和新思路。其中,莉拉·弗里德曼在本项目的一个关键时刻,为我付出了大量时间和精力。我的儿子乔纳森和马克也慷慨地关注着我的工作。谨对他们表示感谢。

不幸的是,有一个人我已无法面谢。早些年,在她英年早逝之前,恩尼德·汉森·董金以卓越洞见和严谨治学,给了我极大的帮助。

而在项目的后期阶段,我得到了凯瑟琳·科马的帮助,她以出色的批评眼光,阅读了本书的初稿。还要感谢丹尼斯·米奇维茨,他为我提供了关于俄国的重要资料,以及桑德拉·斯蒂尔,她提供了关于写作风格的出色建议和修订意见。我尤其要感谢我的研究助理,埃米·布朗和克里斯托弗·富尔顿,他们在关键的两年中,帮助我处理了很多棘手难题。也要感谢瓦莱丽·布斯,她精确而充满创造性地编辑了索引部分。项目早期,卡罗尔·齐曼斯基给我提供了令我感激不尽的支持,耐心地一遍遍输入手稿的各种版本。而最近几年,李·安·罗伊德以惊人的敏锐和高效,在电脑上精心操作,创造出了一个可用的文本。

这本书的成活还有赖于几位人士的大力襄助。苏珊·巴莱特博士,她敏锐的眼光和精准的洞见,为本书清除了前进的障碍。乔纳森·加拉西,我的编辑,在本书孕育过程中,对它始终热情如一,信心不减,并做出了实质贡献,促成了它的最终成型。乔治·博查特,我的代理人,用他的出色判断力和无微不至的关怀,始终不知疲倦而慷慨地支持着我。直至最近,保罗·艾利也为此书做出了巨大贡献,充满同情、善解人意地引导它走完了最后几个阶段。我的书稿编辑卡塔琳娜·莱斯为本书进行了准确敏锐的编辑工作,令我获益匪浅。不过,最后我还必须对我的伴侣洛·梅泽格表示感谢,本书就是题献给她的,那句古话"不可或缺",用于她身上再合适不过。

佐治亚州,迪凯特
1995年5月3日

上 编
年轻的诗人

第一部分
诗人的诞生

第1章 缘 起

> 诗歌并非……仅仅是情感……亦是体验。想写一首诗,你得看过很多城市、很多人和很多事……得知道小花儿清晨绽放的模样。你必须能忆起不知名的街坊马路、意外的邂逅、早就嗅到的离别。童年依旧迷影重重的几个日子……儿时生的病……海边的早晨、大海本身、各处的大海、旅途之夜……而且还不够。①
>
> ——《马尔特手记》

1.

"诗人有回忆还不够,"赖纳·玛丽亚·里尔克笔下的主人公,年轻诗人马尔特·劳里斯·布里格(此君亦可视作里尔克的化身)有言。"你还得能忘掉它们。"他的创造者遵循的正是这一信条:记下、储存住一则则生命体验,然后在冷酷的献祭中将之一笔勾销。

不难想象此番评论所适用的背景:巴黎左岸一间昏暗小屋里,煤油灯摇曳不定,桌上椅上文件堆积如山,从中抽出的某张纸片上,诗人之笔正

---

① 《里尔克作品全集》6:724。

刮擦而过；或者，是那么多次在国家图书馆里：寂静无声中清清嗓子、沉吟踱步；或者是数年后罗马一间小屋里，或再迟些，残夏瑞典的一棵山毛榉树下。

直到人生尽头，诗人终于悟出，真正的生命必然仅在内心潜藏，随时准备破茧成蝶。《哀歌之七》有言：

> 世界别无它在，被爱者啊，只在我们内心。我们的
> 生命变化而流逝。外界
> 日益萎缩①

这些诗句写于他短暂一生的最后阶段。瑞士，群山环绕的一座高塔中，一个比实际年龄看起来更为苍老的人，在一张站立式书桌前奋笔疾书。而回忆，一经涌现，旋即被挪用，被他技巧高超地加以重新塑形。

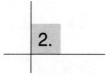

诗人的一生始于布拉格。

他在19世纪最后15年间度过年少时光，那时伏尔塔瓦河沿岸伫立的建筑依旧辉煌如昨。河面映射着众多咖啡馆和剧院的煌煌灯火，古砖上的灰泥尚未剥落。布拉格城堡俯瞰城市，高墙威严高耸，一派帝王气概。

瓦茨拉夫广场，或者按照这个双语城市的德语叫法，"温策尔广场"，巨大无比，绿树环绕，一条繁忙大道从国家博物馆宽大的台阶一路通往市中心。里尔克的童年时代便围绕着这片地域展开。如今车轮隆隆的货车和马车早已被汽车和卡车取而代之，古老的格局却鲜有改变，令人恍然觉得时光冻结、当下永恒。今天的访问者如果从博物馆附近的地铁站走出，踏上年轻的里尔克生活过的那些街道，他会看到一幕即便在今天也足以

---

① 《里尔克作品全集》1：711。

令他梦回遥远的1870年代的景象。里尔克出生的街道——琴德里斯卡路,又名"海因里希路"——蜿蜒穿过模样疲惫的建筑群,古旧的大楼尽管前面都开了新型店铺,却仍洋溢着19世纪风貌。

海因里希路19号就是儿时里尔克同父母住过的出租公寓(该建筑已遭拆除,原址上建了一所银行),几码开外,大街拓展为一片广场,其上伫立着一扇大门,后头有一座教堂,与保存完好的神父寓所比邻而立,这就是所谓的琴德里斯卡大教堂,也叫圣海因里希大教堂。教堂大而宽敞,有圆形中庭,以及一个粗短尖塔,塔和大门同为黄色砂岩质地。这里就是里尔克受洗的地方,也是他幼年时母亲祈祷之处。

小里尔克的周遭环境在许多重要意义上,影响了诗人日后的思想构造。海因里希路19号对面是赫伦路——又名潘斯卡路——里尔克母亲的娘家曾在此拥有一幢大宅,母亲就成长于斯。这幢建筑也已拆毁,原址上建了银行,不过从周边的装饰结构上,我们仍可以辨识出它昔日的惊人雅致。里尔克从父母的公寓窗口往外看去,必然会惊愕于自己的小家与街角这幢大宅之间的强烈反差,想必也会忧心自己或许并不怎么属于后者。因此,还在孩提时代,里尔克就已生活在两个近在咫尺却天差地别的世界:普通人的海因里希路和"贵族之街"赫伦路,或者说琴德里斯卡路和潘斯卡路。它们决定了他的生活,乃至他的作品的脉络格局。

布拉格是奥匈帝国重镇,各阶层、语言和种族云集:捷克人、德国人、犹太人。德语是奥地利统治精英、军官和专业人士的语言,也是大量德国人和说德语的犹太人的母语,这些人共同构建了此地活跃而不乏矛盾的文化。

布拉格和波西米亚在奥匈帝国的复杂历史导致了颇多冲突,与那种德国少数派统管社会和经济生活,捷克多数派遭歧视并被频频打发到较低社会地位的殖民城市里的情景类似。不过,在里尔克的童年时代,捷克知识分子的声音已经日益强大,在卡尔-斐迪南大学成立了一个捷克自治部之后尤其如此,它促进了本土专业人士阶层的进一步发展。当时的优秀艺术家们更是培植出一种丰厚的文学和文化传统。

哈布斯堡王朝治下的世纪末岁月,德国中产阶级家庭,比如里尔克一家,难免不被卷入社会和种族冲突。身为少数派统治阶级的一分子,他们和许多同胞一样压力重重。诗人的父母虽有德国人高人一等的身份,却又并非贵族,在德国社会中地位堪忧。

父亲约瑟夫生于 1838 年,即便在中产阶级中也属失意者。1875 年儿子出生时,他尽管服役多年,甚至在奥地利与兴起反抗、谋求统一的意大利的战争中表现不错,却没能混到一官半职,末了在铁路局当一员小吏。由于喉病,他不得不频频请病假,到 1865 年,连小吏的位置也难保,只得转到图尔瑙-克拉鲁普-布拉格铁路局(这还是多亏较为成功的长兄雅罗斯拉夫出手相助),勉勉强强了此残生。不过,他向里尔克的母亲求婚那会儿,相貌英俊,举止得体,尽管身着平民服装,却一副帝国军官派头。

索菲(或者按照她的自称,菲亚)·恩茨出生于 1851 年,比未来夫君小 13 岁。她父亲是银行高官,拥有帝国参事头衔。她母亲卡洛琳来自中产阶级上层(非贵族)的德国家庭,娘家是制造商和大地主,家境殷实、声名显赫。卡尔·恩茨虽说不曾获得贵族头衔,但在本阶层内已攀至顶级。菲亚与姐姐和两个兄弟成长于斯的赫伦路大厦将永驻菲亚心头,成为备受她珍爱的完美象征:一幢巴洛克风格的大厦,高高的天花板,宽大的台阶,房间众多,家具锃亮。①

然而,菲亚在华丽的家中却倍感束缚。某次她叛逆地喝掉一整瓶香槟,举座震惊。②此举源自一种对个人自由的渴望,它日后在她儿子身上同样有所表现。在那个年代,追逐社会地位——这也将是勒内·玛丽亚的理想——是女人的主要出路,正因为此,她为约瑟夫·里尔克的军事生涯所允诺的美好前景所吸引。1873 年,他们结为夫妻。

由于雅罗斯拉夫·里尔克刚刚荣升贵族阶层,菲亚或许希望他弟弟也能分享此种殊荣。然而不幸的是,事实并非如此。她曾幻想约瑟夫能将她带进城里一流人家的贵族宅院,但到头来证明这只是美梦一场,为此她终生不肯原谅他。

在海因里希路的简陋公寓里,他们很快陷入困境,约瑟夫的薪水无法满足菲亚的需要。她的嫁妆迅速挥霍一空,而逼仄、装修拙劣的公寓让她

---

① 参见德米茨,《里尔克的布拉格岁月》,31—32。彼得·德米茨关于 1950 年代的不乏争议的作品《里尔克的布拉格岁月》,绘制了一幅关于里尔克早年生活以及他的家庭背景和世纪末布拉格的社会、政治、智识风貌的生动画面。参见科亨,《种族生存的政策》。

② 西伯尔,46。卡尔·西伯尔是里尔克的独生女儿露丝的丈夫。尽管从未见过自己的名人岳父,但他一生中花了很多时间帮妻子编辑里尔克的著作和通信,还撰写了一部两卷本作品,记录诗人的早年生活,不过其中只有第一卷得以出版,标题为《里尔克的青年时代》。

时时刻刻意识到自己抉择的错误。同时,她妹妹夏洛特却成功跻身贵族阶层,嫁给有贵族头衔的帝国官员马勒·冯·马勒西姆,后者在里尔克小时候就成了上校。

菲亚对约瑟夫的期望并非异想天开。约瑟夫·里尔克的家族素来不乏跻身贵族的可能性,正如他们向来有着从军服役的传统。只不过4个儿子中的3个先后遭到死亡、疾病和绝望的打击,功亏一篑。家族次子艾米勒因痢疾丧命,随即约瑟夫作出急流勇退的决定,再之后是小儿子,里尔克童年时代非常喜欢的胡戈叔叔,因为不堪忍受在51岁时仍是上尉而自杀。只有家族长子雅罗斯拉夫堪称成功。他是几个兄弟中不曾入伍的那一个,到头来成了一名杰出的律师,光宗耀祖。他们的妹妹加布里埃尔嫁了一个贵族丈夫温策尔,后者拥有库切拉-瓦波斯基骑士头衔,同时还是布拉格的检察官,加布里埃尔和他生了4个孩子。

雅罗斯拉夫是家族的核心人物,充任所有人的安慰者和保护伞,他慷慨又专横的精神对年轻的里尔克影响甚大。他像《旧约》里的长老一样运用着自己在世间的高贵地位。他的律师事务所为布拉格和波西米亚省的大量德国要人家庭做代理,其中许多人都是地主,仰仗他的法律知识处理地产事宜。他在政治上也很活跃,担任波西米亚省立法大会代表一职。

不过,雅罗斯拉夫对于贵族地位也是觊觎多年。他通过结婚达到了这个目的——夫人名叫梅尔维恩,头衔为冯·施洛瑟男爵夫人——此外他还力图证明他的家族拥有源自克恩滕公国(Carinthai)的贵族血统。他距成功只有一步之遥。1873年,雅罗斯拉夫荣封鲁里肯骑士,①不过这一头衔只允许他和他的孩子们享用。一度他发动整个事务所的人力,花了好几星期时间追溯家族根源,却仍无法证明他们的贵族来源。这一举动失败后,皇帝嘉奖他的服务时,规定贵族头衔仅授予他本人及其直系后代。

最后,雅罗斯拉夫打算转向弟弟约瑟夫的独生儿子,将他也纳入自己的继承人行列。结果,里尔克未能遵从家族的期望,去参军或者当律师,

---

① 1924年9月3日致霍普特曼·奥图·布劳的信;《里尔克书信集,穆佐楼,1921—1926》,314。德米茨,《里尔克的布拉格岁月》,24。西伯尔,10。特别参见罗基塔对里尔克的家庭背景,尤其是雅罗斯拉夫之成功的记录。罗基塔试图表明,里尔克的家族拥有真正的贵族根源,11页及全书各处。

相反却竭力争取作诗人的权利,这成为他的生涯中一个很大的冲突之源。

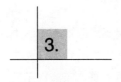

> 我没有爱人,没有家宅
> 没有栖居之所
> 一切我为之奉献自身的
> 都变得富有,却消耗了我。①
>
> ——《诗人》

诗人进入了一个无处可抛锚、无处可栖息的世界。1875年12月4日,勒内·卡尔·威尔海姆·约翰·约瑟夫·玛丽亚·里尔克早产来到人间②。他降生时奄奄一息,父母护理了他整整两个星期,才鼓起勇气把他送到同一条街上的圣海因里希教堂受洗。就在前一年,他们曾有过一个女儿,出生一周便夭折了。因此,菲亚小心翼翼地照看新生的儿子。事实上,里尔克小时候,母亲似乎打算用这个儿子来弥补失去的女儿。他的两个名字——勒内和玛丽亚——表明了母亲试图给他添加一点女性身份的企图。在他上学前整整5年,她都不顾孩子父亲的反对,把儿子打扮得像个女孩子。"我不得不穿美丽的长裙,"多年后,里尔克回忆道,"一直到上学前,我都穿得像个女孩子。我想,母亲准是把我当成个大洋娃娃来摆弄。"③

勒内19岁生日之际,给未婚妻瓦蕾里·冯·大卫-隆菲尔德写的一封信中,直言了他的不满。④他谴责母亲让他的童年充满不堪回忆。似乎菲亚总不在他身边,只把他丢给"一个冷心肠、没良心的女仆照料"。母亲

---

① 《诗人》,《里尔克作品全集》1:511。
② 里尔克原名勒内(René),系出生时其母选定,富有法国风味。成年后,诗人在女友卢-安德烈亚斯·莎乐美建议下,将名字改为朴实的德语名赖纳(Rainer)。本书依照自然时序,在里尔克更名之前统称其为勒内,之后改称赖纳。——译注
③ 1903年4月3日致埃伦·凯;《里尔克书信集,1892—1921》1:332。
④ 1904年12月4日致瓦蕾里·冯·大卫-隆菲尔德;莱宾,631。

本该把照顾他视为自己的首要责任,却仅仅对给他穿件崭新的小衣服,向"一群吃惊不已的朋友"做展览感兴趣。不过,关于他的童年,菲亚始终如一的说法则是,还是小孩子的时候,里尔克并不反对自己扮演的女孩子角色,喜欢玩洋娃娃,曾提出要一个洋娃娃的玩具床和玩具厨房作礼物。他会一连几小时给洋娃娃梳头。①

菲亚喜欢看到勒内身穿精美长裙,这或许不仅是当时的风尚所致。母亲和儿子之间似乎进行着一种半真半假的密谋,它自有其深层的心理动机。勒内酷似母亲,两人显然同样享受着易装和"盛装"的乐趣;女孩子的服装和游戏想必也证实了儿子和母亲之间牢固的纽带,尤其在他感觉到威胁的时候。一则家庭轶事说的是,他7岁时,某次面临惩罚,结果儿子为了让母亲心软,把自己打扮成了女孩样。他把长头发梳成辫子,卷起袖子,露出像女孩子一样纤细的胳膊,走进母亲房间。"伊斯梅娜来见亲爱的妈妈了,"据说他如此自称。"勒内不是乖孩子。我把他赶走了。女孩子比他乖多了。"②几十年后,里尔克把这个情节写进小说《马尔特手记》,不过书中的马尔特自称"苏菲"——菲亚的全名——而不是里尔克用的"伊斯梅娜"。③

对于孩童时期的里尔克来说,这一女性姿态很快就与诗歌写作的天赋联系起来。他还不识字时,菲亚就给他灌输诗歌。7岁时他开始抄诗,很早就会背诵席勒的长篇叙事诗,超前于普通德国男孩。④母亲的教育强调高雅。勒内很小的时候就不得不学习法语⑤,菲亚鼓励他一有可能就说法语而不是"粗俗的"捷克语。因此,她对儿子的文学才华的支持必然糅杂有势利成分。此外,通过菲亚,未来诗人被灌输了大量的浪漫宗教信仰,对圣人和圣迹、圣物的崇拜以及狂热的虔诚,绵延了他一生,丰富了他的意象库。

不过,另一方的力量也同时存在。勒内的父亲或许不敢公然反对妻子,虽说对后者给儿子穿女孩衣服、到处炫耀的做法不以为然。不过,他

---

① 西伯尔,7—71。
② 参见西伯尔,71,此书认为所有这些女性化的行为主要都是受母亲的微妙影响所致。
③ 《马尔特手记》,《里尔克作品全集》,6:800。
④ 西伯尔,77。
⑤ 德米茨,《里尔克的布拉格岁月》,34。西伯尔,72。

设法塞给儿子一些锡兵和锻炼用的哑铃。在某种程度上,约瑟夫成功了。勒内渐渐真心迷上了骑士精神和建功立业。他童年的绘画内容中包括了大量士兵、盔甲骑士、举十字旗的骑兵等等。他把自己想象成英勇的指挥官。在他开始抄诗以取悦母亲的时候,某次他在暑假给父亲写信,宣布自己现在是"第二骑兵营的少校",佩戴一把"镶金马刀",还是一位拥有"锡制徽章"的骑士,"狼吞虎咽,倒头便睡"。此外还爬树。①

这个孩子对母亲无比依恋,不过也没忘博取父亲的欢心,而且并非只是肤浅的讨好。后来,他女儿和家人始终认为他可谓"彻头彻尾称得上有其父必有其子"②,这个观点显然并非空穴来风,事实上他确实渴望在父亲面前表现为一个合格的男子汉,而不是当母亲的小宝贝。父亲在里尔克 30 岁那年去世,母亲则比里尔克多活了 5 年。在父母当中,成年里尔克对父亲评价更高。早在 19 岁时,他就责备菲亚是"一个贪图享受的可怜家伙"③,对父亲却赞美有加:"无论何时,只要他在家,爸爸就是唯一一个既关切又担心地爱着我的人。"④成年里尔克总是设法掩饰父亲的失败,谎称约瑟夫"遵照家族传统"⑤成了一名军官,而且之后为一家私人铁路工作,"位居高职"。1906 年,父亲去世时,他写了一首纪念诗《我父亲年轻时的肖像》,描写了全身戎装的约瑟夫,给他"穿上盛装":

> 修长的贵族制服
> 全套的装饰流苏之前
> 马刀的细纹刀把……⑥

然而约瑟夫·里尔克始终不理解儿子想当诗人的决心,他相信它源自菲亚,这一点他倒是没说错。在他看来,诗歌属于不务正业,与诸如银

---

① 1883 年 8 月 6 日致约瑟夫·里尔克的信,转引自西伯尔,84。
② 参见西伯尔,58。卡尔·西伯尔在关于里尔克早年生活的一卷出版了的作品中,写作目标之一就是记录诗人对父亲不乏阳刚之气的仰慕,借此质疑诗人母亲的影响力。
③ 莱宾,632。
④ 莱宾,631。参见克莱巴德,《恐惧之始》,131—164,这一章叙述了里尔克与父亲关系的变化。
⑤ 致凯的信,《里尔克书信集,1892—1921》,1:331。
⑥ 《我父亲年轻时的肖像》,《里尔克作品全集》1:522。

行办事员这样的"正经"工作不好比。不过,他只要力所能及,总会给儿子塞点补贴,即使勒内婚后也是如此。勒内对一位通信者说过,父亲"善良得无法形容"①,尽管无法理解儿子的选择,但他始终把儿子的生活当作"时刻操心的对象"。1899年里尔克撰写的自传性中篇小说《埃沃德·特拉吉》——它几乎原封未动地反映了他的真实生活,所以他生前从未发表——中,尽管他和约瑟夫不乏分歧,但他对父亲的描述充满了理解之情。

儿时的勒内遭受着两股彼此对峙的压力。模模糊糊地,他似乎能感觉到自己充任了父母之间争执不下的战场。不过,约瑟夫推崇的军事的"阳刚之气"和菲亚的诗歌同样融入了里尔克的精神,彼此结合,促成正果,成就了他的作品。无论早期还是晚期,里尔克的许多小说和诗中都充斥着温柔少女和骑士、士兵的形象,《旗手克里斯托弗·里尔克的爱与死之歌》尤其如此,这是一则抒情故事,讲述了缠绵悱恻的一夜柔情之后在战场上的壮烈牺牲。到达创作力巅峰时,里尔克写就了《马尔特手记》,影射自己童年的冲突,将父母的品质灌输进几个原型角色,他在一生中的不同阶段,对这几个角色的评价时时不同:一方是年轻美丽、充满爱心的母亲和她优雅的妹妹阿贝伦娜,另一方则是严厉、迫人、阳刚、佩满徽章的父亲。

儿时的勒内将菲亚的"诗歌精神"和约瑟夫的"阳刚品质"加以均衡(后者被他等同于在商业和贸易上的男性的追求),从而以几乎堪称经典的方式预告着成年的诗人赖纳。不过,诗人的风格仍旧偏向母亲。②他像菲亚一样假装比现实中过得更富贵;像她一样,他梦想拥有贵族头衔,甚至经常设法周旋在贵族和阔人中间,比她可谓有过之而无不及。像她一样,他寻求伪装,这在他的诗中也有所反映。从人生之初,到生命终结时,他的内心都涌动着几股彼此对抗、目的悬殊的力量,从中他营造出一个新的现实"我们改变这一切/它不在此",③数十年之后,在《给一位朋友的安魂曲》中,里尔克写道,"我们从体内映射出它/从我们的存在当中。"这实

---

① 致凯的信,《里尔克书信集,1892—1921》1:333。
② 里尔克与母亲的关系在德米茨《里尔克的布拉格岁月》,24页之后,得到了详尽的描述。亦可参见齐曼瑙尔,"勒内还是马尔特?"尤其是433页及之后,以及克莱巴德,《恐惧之始》,"这位迷失的、不真实的女人:菲亚·里尔克和《手记》中的母性形象",68—87。
③ 《里尔克作品全集》1:647。

际上是一场关于伪装的恢宏游戏。

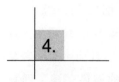

疾病——真实的疾病、对疾病的恐惧、身体的疾病和思想的疾病——构成了勒内·里尔克年轻生命中的一个重要内容。疾病使他和母亲的关系更加亲密,因为这种时候她总是不敢离开他半步。一次次地,当他遭受着将蔓延他一生的头疼,或者与突然的、莫名其妙的烧热作战时,母亲总会守在他的床头,握着他的手,安慰着痛苦不堪的他。他们始终提心吊胆,担心患上咳嗽、喉咙痛、腺体肿胀等等。在勒内的童年时代,焦虑和疾病几乎是同义词。不过,焦虑和疾病也挑起了他对身体功能的关注,这在很大程度上预示着他日后的诗人天赋。通过它们,他学会"看透事物的生命"。

《马尔特手记》中有段文字逼真地记录了里尔克的童年记忆:

> 担心我的毛毯线缝中刺出的一根细羊毛丝会变得尖锐——像针一样又尖又硬;担心我的睡衣上的小纽扣会变得比我的脑袋还要大,又大又重;担心从我的床上掉下的这粒小小的面包渣会像玻璃一样摔碎在地上,而且胆战心惊地害怕所有东西都会随它一道粉碎,所有一切,永永远远……①

马尔特补充道,"我呼唤童年,记忆便复苏了,我感觉它仍旧一如既往地难捱,长大完全于事无补。"这不仅是马尔特的处境,对里尔克来说,儿时的疾病同样不堪回首。"儿时很小的时候,"1903年,他回忆道,"在疾病造成的严重高烧中,深扎着那些深刻、难以言喻的恐慌……那些深深的、无法言说的恐慌,现在仍让我耿耿于怀。"②

---

① 《里尔克作品全集》6:767。请参考迪克曼恩,128—131中的讨论,他认为《手记》是一种自传的成功变形之作。克莱巴德的全书一大论点就是里尔克本人的生活与马尔特的合二为一。
② 1903年6月30日给卢·安德烈亚斯-莎乐美的信,《里尔克与卢·安德烈亚斯-莎乐美:通信集》,59。

即便在学龄前,里尔克生活中的压力已每每难以忍受。他渴望变化,1881 年,机会似乎真的来了,只可惜转瞬即逝。①那一年,父亲有望获得一份不错的工作,为某位斯波卡伯爵管理波西米亚省的庞大产业。里尔克在 1924 年把这事告诉了女儿。时隔 40 多年,往事仍历历在目,表明当年 5 岁的里尔克对于变化的渴望曾如此迫切。如果能当上产业管理者,他们就有可能住进一幢巴洛克风格的城堡,它完全符合菲亚和勒内的幻想。他们给约瑟夫编造了一段子虚乌有的工作资历:年轻时曾经为某位姑妈短暂管理过产业。勒内快活地沉浸于乘马车、坐雪橇,住在有着高高的天花板和白色长廊的宅邸中的白日梦——那里将毫无布拉格的烦恼和痛苦!这一计划不可避免地破产了,想必造成了巨大失望。

住在附近的赫伦路的外祖父母也没有给他提供什么安慰。菲亚将自己对娘家的敬畏之情灌输给勒内,使他在那里倍感压力。他认为祖父恩茨难以接近,大宅中的晚宴无异于一种折磨。多年后他告诉妻子,他感觉在那幢宅子里喝的每一口汤都是陌生的。②实际上,他在祖母身边要自如一些,她容貌端庄,比丈夫平易近人得多。里尔克和她保持着友好关系,即便后来她年迈之后与他已经疏远的母亲同住时也是如此。不过,里尔克还是孩子时,她家里的气氛与他自己家中那种沉重的寂静相比,似乎也好不到哪儿去。

1882 年,充满梦想和痛苦的学龄前阶段宣告终结。菲亚给勒内穿上他的"第一条长裤"③,送他上学。这是一所皮亚斯特教派(Piarist Order)的德国天主教小学——一个起源于 16 世纪的教育性教派——符合菲亚的贵族口味。学校的校舍和操场坐落在赫伦路,正好在他外祖父母的宅邸对面。科鲁兹克彻教堂,或曰圣十字教堂——当时是小学校的教堂——现在依然伫立,仿哥特式的辉煌外表一如既往。学生都是来自布拉格一流家庭的孩子,勒内的父母很庆幸勒内能得到一笔助学金。此外学校也招收中产阶级富裕人家的孩子,其中有几个日后成了著名作家(多

---

① 1924 年 5 月 1 日给露丝·西伯尔-里尔克的信,西伯尔,39—40。
② 1912 年 2 月 19 日给卢的信。《里尔克与卢·安德烈亚斯-莎乐美:通信集》,262—263。
③ 西伯尔,70—71,亦可参见利普曼,15【7】。

为犹太籍),比如马克思·布罗德①和弗兰兹·维尔福②。教师大都是邻近乡村的神父。

正如担忧的那样,疾病几乎从一开始就纠缠着勒内。第一年勉强熬了下来,第二年他就落了200小时的课程,第三年则是整整两季度。然而,除了算术和体育课之外,别的科目他都设法获得高分。不过要是他指望上学后就不会那么寂寞,那就大错特错了。③他不怎么参加同龄人看重的体育活动,经常被取笑为妈妈的小宝贝。尽管如此,在这个中上阶层的私立学校秩序井然的氛围中,勒内的遭遇无人在意。

1884年5月,复活节之后,刚刚升入三年级的勒内写了一首诗,庆贺父母的结婚纪念日。这是最后一次庆祝这个日子。菲亚和约瑟夫的关系已经恶化,冲突无休无止。很快他们宣告分居。孩子和妈妈住。不过菲亚越来越频繁地去维也纳,显然是为了去见一位异性友人,把儿子留给女仆照料。勒内在学校之外没什么玩伴,在孤独的压力下,他越来越多地转向诗歌写作。④1885年夏,和母亲在意大利度假时,9岁的孩子给父亲写信,报告说自己正"勤勉地写诗",等他们回到布拉格,他将会"满载桂冠"。

可是,从假期返回的勒内发现等待他的并非桂冠,而是对他的未来的担心,他眼看就要从皮亚斯特学校毕业,必须决定何去何从。分居的父母囊中羞涩,也无法为他提供一个真正意义上的家,只有为他找一所能提供全额奖学金的寄宿学校。答案显而易见:一所军校,雅罗斯拉夫叔叔可以为他谋得一个免费名额。维也纳附近的下奥地利的圣博尔滕学院(St. Polten)既可以提供令人满意的专业教育,又设置了培训课程,专门培养军官。它看起来正好符合他们的需要。

勒内对于进入寄宿军校兴致勃勃。出于孤独,他很喜欢能与许多同龄男孩共处的想法,对于军界的大好前程也展开了五彩想象。军衔和头衔,闪耀的宝剑和发亮的头盔,都令他神往不已。在布拉格一个树木繁茂的公园里,他同意了父母的选择——"傻头傻脑地决定了自己命运的一个

---

① 1884—1968,说德语的犹太籍捷克作家,卡夫卡的挚友,违背了卡夫卡的遗嘱,没有将他的作品在他死后付之一炬。——译注
② 1890—1945,出生于布拉格的波希米亚诗人、剧作家和小说家,代表作《香蕉山的四十天》和《伯纳黛特之歌》。——译注
③ 参见莱宾,631。
④ 转引自《里尔克:人生与作品大事记》,13。

蠢男孩"①。

一年过去了,又过了一个夏天。1886 年 9 月,10 岁的勒内·玛丽亚·里尔克进入圣博尔滕军校。

5.

事后看来,里尔克与军事生涯的遭逢无异于地狱之旅。许多年后,他在一封写给瑞典作家、心理学家埃伦·凯(Ellen Key)的自传性长信中,把这段经历归结为对父母,尤其是母亲的谴责。时年 27 岁的男人对旧事依然耿耿于怀:"她一走,我就被塞进了一个培训军官的大机构。"②从小没有兄弟姐妹,也鲜有玩伴的 10 岁男孩突然发现自己身陷 50 个充满敌意的男孩当中。这种规矩森严的生活,他不得不忍受了整整 4 年,"尽管疾病缠身,百般不从"。

里尔克屡屡形容这几年为一段彻底的折磨。从 19 岁时写给瓦蕾里·冯·大卫-隆菲尔德的义愤填膺的信,到 48 岁时对学者赫曼·庞茨(Hermann Pongs)发的愤怒之情毫无减弱的议论③,里尔克始终在反复形容、改写、复述那段几乎难以想象的经历。不过——正如他很多关于童年和家庭的事后回忆一样——这些后来添加的评论要是比照他当时的实际反应来加以分析,顿时显得意味深长。军校那几年里,他写给母亲的信——充满深情眷恋的信——表明,他是一个充满烦恼、甚至经常陷入绝望的孩子,对学校又恨又爱。这些信并没有显示出他是母亲的无情对手,或者是一个不假思索的残忍行为的牺牲品。

学校位于圣博尔滕小镇附近,这是位于维也纳西面的主教辖区,气质古朴,生活悠闲,从都城到此交通便捷。学校的建筑布局细长,中规中矩,两个侧翼都带有山墙。校舍有很多窗户,气氛并不像兵营那样阴郁,而是

---

① 莱宾,631。
② 给凯的信,《里尔克书信集,1892—1921》1:332;金,13。
③ 1924 年 8 月 17 日,《里尔克书信集,穆佐楼,1921—1926》,302—303。

光亮通透。不过菲亚保留的两张照片上都有愤怒的题词:"我可怜的生病孩子的监狱。""军校,我最亲爱、最疼爱的孩子的宝贵家园。"①

勒内进了学校,像所有新生一样,感觉身陷一个全然陌生的环境。老师们不再是来自乡间的和蔼神父,而是军官和士官。一天学业结束后,他无家可回,虽说不再孤独,但同学们又成了他的新难题。同龄人想必讨厌这个和他们一般大,却一副小大人派头的孩子。他看起来弱不禁风,动不动就对他们想当然的那些事表示反感——随随便便地交朋友啦,想对自己的身体怎么着就怎么着啦。不过,勒内几乎每天给母亲写的信中(显然并非有抱负的军校生该有的行为)还是反映出一个正常孩子的快乐和担忧。他盼望叔叔胡戈尽快来看他。②胡戈是他父亲的弟弟,是个军官,他能到学校露个面,显然是勒内特别盼望之事。此外他肯定还会带来好吃的礼物。这些来自军校的信函中,有很多都提到此类愿望,以及对于寄来食品包裹的感谢、要求得到一双冰鞋、希望能来看他等等——简言之,它们是所有孩子都会从寄宿学校写往家里的那类信函。不过,两个不和谐主题也几乎立刻出现:生病、与同龄人相处不佳。

自打进了军校,勒内与母亲的通信中总少不了关于某种顽症的症状、痊愈、再度复发的描述。一方面,不断反复的疾病堪称童年早期使他和菲亚亲密无间的那些事件的延续。他的健康问题自然而然成了一个话题。不过,这些疾病也是他的学校生涯的一个部分,因此又有了新一层含义。很快,勒内就开始利用头疼和发烧来从压力下赢得一点喘息时间。出于对他的健康的担心,他遭受病痛时,母亲总会赶来救助。她会像天使一样突然现身。"哦来做我的拯救天使吧,快来呀!"或者他会哭诉道,"现在我又得再忍耐一个礼拜!主啊。发发慈悲吧。哦我的好妈妈!"一旦她宣布要来看他,他便"欣喜若狂"。③

在圣博尔滕度过的 4 年中,绝望与兴奋、高烧与轻松乐观的叙述交替出现。这次他愉快地跟母亲大谈法国历史④,期盼在布拉格尽早见面,下

---

① 转引自西伯尔,87。
② 1886 年 9 月 20 日给菲亚的信。里尔克档案馆。
③ 1886 年或者之后给菲亚的信,日期未标。里尔克档案馆。
④ 1886 年 10 月 27 日给菲亚的信,西伯尔,98—101。

次他的偏头疼又剧烈发作,以至于他从军营医生处获得许可,让母亲到医院陪他。①菲亚为了这些原因多次来来去去:他需要她,盼着和她聊天。他祈求她带食物来。他又病了,需要安慰。②在圣博尔滕时,他对母亲的依赖可能比他们在家共处时还要强烈。在他如此需要她的关爱之时,菲亚却在维也纳心有旁骛,这或许正是勒内后来怒火万丈的原因。无论菲亚如何频繁地赶到儿子床边,无论她如何有力地支持他对军事的抵抗,都还不够,因为她总归要离开。他倍觉遭到抛弃。

如果说,他与母亲的关系因为他的精神状况而起起伏伏,那么他对同学和老师们的看法也是一样。同学中确实有充满敌意、咄咄逼人者,但也不乏乐于助人、亲切友好者。1889 年 12 月 4 日,他过 14 岁生日,得到同学和教官的祝贺,收到不少好吃的,还得到了特别假期。接下来一个月,他过得分外快乐,因为德语老师恺撒·冯·谢德拉科维茨(Casar von Sedlakowitz)上尉(他俩 30 年后将有一场剧烈交锋)邀请他到德语俱乐部作一份晚间报告。③冯·谢德拉科维茨甚至鼓励他给全班同学朗读他写的几首诗,它们——或许令勒内本人也出乎意料——大受欢迎,令同学们敬畏不已。

6.

然而那里实则地狱。里尔克一辈子都将在无数通信中振振有词地强调这一点。在两篇小说作品,即《皮埃尔·杜蒙》和 1899 年的短篇小说《体操课》中,他怒火中烧地攻击军校的野蛮和刻板。1894 年他告诉未婚妻,"我那些日子遭受的苦痛堪称世上绝无仅有,尽管我只是个孩子,不过或许也就是因为我是个孩子。"④对于同学们的打击他默默忍受,不还手,

---

① 1890 年 2 月 13 日给菲亚的信。里尔克档案馆。
② 1889 年的信,日期不明。1890 年 2 月 9 日给菲亚的另一封信里,他抱怨整日偏头痛,痛了又一个月,并且几乎住院两周。里尔克档案馆。
③ 1890 年 1 月 23 日给菲亚的信。里尔克档案馆。亦可参见德米茨,《里尔克的布拉格岁月》,37,关于勒内在班上朗读诗作的记载。
④ 对于勒内蒙受羞辱的记录,参见 1894 年 12 月 4 日的信。莱宾,632—633。

甚至也不回口,因为他相信"一种无限的、不容更改的命运之意志"要求他表现出英勇的忍耐。他以逆来顺受为荣。当然了,扮演殉难者也是他学自母亲的一个把戏。

孩子遵循着菲亚的狂热信仰中的范例,相信自己忍耐痛苦的本领足可媲美耶稣,对折磨他的人他也做了如此说明。某次一个同学重击他的面部,打得他站立不稳,他却平静地回答,"我像耶稣一样忍受磨难,心平气和,毫无怨言,你打我时,我向亲爱的主祈祷,祈求他宽宥你。"对方惊呆了,愣了半天才突然爆发出响亮、嘲弄的大笑,并随即朝操场那头的同学们嚷嚷起来,告诉他们这个古怪声明,男孩们轻蔑地哄堂大笑。勒内逃到附近大楼里的窗子后头,忍住泪水。夜里,硕大的宿舍里,男生们纷纷沉入睡眠、鼾声四起时,这泪水才终于涌出来。

压力之下的孤独和自省,促使他转向菲亚曾灌输给他的极端虔诚。日后,他自称当年对折磨人的同学们和残忍的教长们的忍耐乃是出于一种错误的殉难情结。"对于频受磨难而涌起的一种几乎是狂喜的热情。"[①]忍受痛楚的圣人形象是一种预示性的象征。对神话的向往(它将在里尔克余生的作品中扮演永恒主题),让儿时的他创造出一个自我形象,充任精神支柱:一个既不软弱,也不怯懦,而是充满勇气,宛若基督的他。

从这种痛苦的、想象出来的圣人身份中,勒内引出了另一个主题:期待已久、大彻大悟的死亡,他病态地沉迷于斯。多年后的1920年,他对已晋升少将的昔日德语老师表示,他在军校的困境堪比陀思妥耶夫斯基的《死屋日记》。[②]

这一主题在《体操课》中阐述得尤其明晰,小说的气氛以精确的现实主义发展。[③]教师是一位严厉、晒得黝黑的中尉,有钢铁般的眼睛。给他做助手的下级军官们既惧怕他,本身也专横无比。年轻的主人公格鲁伯(Gruber)英勇地爬到杆顶,心脏病发作。他死了,尸体被搬走。中尉对全班宣布,他们的同学刚刚因为心脏病猝死,并让他们排纵队离开。队伍中一个男生不安地笑着,对朋友说,"我看到他了……全身赤裸,身子弯着,

---

① 1897年4月16日给路德维格·冈霍费尔的信,《里尔克书信集,1892—1921》1:37—38。
② 1920年2月9日给冯·谢德拉科维茨将军的信,《里尔克书信集,1892—1921》4:354。
③ 《里尔克作品全集》4:594—601(1901年版本)和601—609(1902年版本)。

拉长了，双足交叠。"正如他把自己想象为操场上的受难基督一样，里尔克对死去男孩赤裸、弯曲的身体的描述，也指涉着十字架上的基督形象。

在里尔克的军校岁月的神话背后，现实包括两个彼此对立的经验层面。一是平淡无奇的日常生活，在其中他被认为是怪人一个，却又不乏才华，因而得到赏识。另一则是"地狱"，在寄宿学校中这一点并不稀奇，不过军校令它变本加厉。两个层面之间的通融之路并非不偏不倚位于正中，而是两者兼容并蓄。孩子感觉到了成年诗人最终知晓的事：存在两种真理，它们同样有效，同样不容辩驳。它们是诗歌的阴柔之气和军事的阳刚之气。也就是生命和死亡。

勒内的青春期再现了童年时代的焦虑，不过现在他的思想状态前所未有地成为父母争执的话题。①约瑟夫也试图安慰他，但是勒内似乎害怕暴露自己在学校的平平表现。比如，他哀求母亲，不要"告诉爸爸"他因为在体操和运动方面表现不佳，未能赢得表彰优秀生的特殊制服穗带。他知道父亲和雅罗斯拉夫叔叔均非常重视军校，而后者正是帮他争取到津贴的人。约瑟夫则挑出菲亚对儿子大加鼓励的那些信件，指责她正是导致儿子不快乐的原因。他尤其催促分居的妻子劝说孩子不要继续写诗，他认为诗具有破坏作用，尽管正是菲亚对写作的支持才帮助勒内撑了下来。12岁时他升到三年级，已在学校的笔记本上抄下大量诗歌，许多都以军人为题。

勒内并没有像偶尔作白日梦时想象的那样寻求死亡。在圣博尔滕的最后一年，他着手干起几可与之媲美的另一件事：一份拟为《三十年战争史》的手稿②，借此，他尽管觉得操场上的军事演练痛苦不堪，却在想象中赋予其以荣耀。对于一个在布拉格长大的男孩来说，选择这个题目或许并不奇怪，因为17世纪天主教和新教大决战正是在那里展开的。不过，男孩选择这个主题，也表明了他是一个有抱负的诗人，因为令所有德国孩童崇拜不已的大诗人弗里德里希·席勒，正是因为一部关于这场战争的记述而一举成名。

---

① 参见1891年约瑟夫·里尔克给菲亚·里尔克的信，转引自西伯尔，101—102。德米茨，《里尔克的布拉格岁月》，38—39。
② 西伯尔，103—105。这份未竟的事业包括四章，内有诗歌和绘画，其中三章写于圣博尔滕和魏斯基兴，第四章在林茨，写于离校之后。诗歌可见于《里尔克作品全集》3：482—483。

日复一日,年轻的里尔克想当诗人的欲望越来越强烈、越来越坚定,不过他仍试图在这一追求和军官生涯之间寻求妥协。心怀这种希望,他于 1890 年春结束了圣博尔滕的课程,回家度夏。

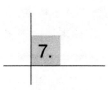

接下来,里尔克去往魏斯基兴(Weisskirchen)的摩拉维亚镇(Moravian),那里有一所高级军校,他计划在那里完成高中阶段的最后几年,掀开人生新的一页。

夏天他在雅罗斯拉夫叔叔在布拉格郊外的卓越别墅度过,陪伴婶母加布里埃尔和她的女儿们。这是一个充满烦恼的夏天。勒内不得不为入学考试作准备,要上辅导课①,尤其是几何和物理。随后是 8 月上旬去维也纳参加考试,结果要过好几个焦虑不安的星期才能出来。最后,9 月 4 日,勒内终于向母亲汇报自己通过了。②成绩平平——排名勉强算是中上。不过这样一来,他终于进入成为奥匈军队军官而必须经历的最后一个阶段。

魏斯基兴是一段全新的经历。③学院位于一座林木葱葱的山上,俯瞰一个宽阔的河谷,与其说是个军营,不如说更像座城堡。一条宽阔的护城河将学院与外界分隔开来。主建筑有三层楼高,带有巨大的门。雅致的大厅装饰着武器和纹章,后头是一条短短的走廊,通向巨大的报告厅。勒内坐第七排,前方一侧是黑板,另一侧是壮观的玻璃书柜,塞满珍贵卷轴。他充满敬畏地听说,里面藏有 600 册书籍,不仅包括诸如歌德和席勒的经典名著,也包括最近新出的一些不那么有名气的德国和奥地利作品。报告厅和餐厅、剧院以及其他公共空间之间,有长长的走廊相连。

---

① 1890 年 7 月 7 日给菲亚的信。里尔克档案馆。
② 1890 年 9 月 4 日给菲亚的信。里尔克档案馆。
③ 1890 年 9 月 8 日给菲亚的信。下文的叙述以此信为基础。里尔克档案馆。

宿舍位于对面一幢独立的建筑里。不同于圣博尔滕的巨大寝室,魏斯基兴每间大房间都只住 12 名士官生。宿舍后面有一个很大的院子供休息和运动使用,此外还坐落着学校教堂、运动场,一个花朵盛开、五彩缤纷的怡人公园以及一个小小的"学生公墓"。

起初,里尔克颇为享受此地宽广的空间和较大的自由度。初秋,他愉快地汇报了应老师之一,某位舒瓦茨劳特(Schwarzloithner)上尉的邀请,搭船到邻近的特普利茨镇(Teplitz)的一次旅行。①10 月,他又对母亲宣布交了个新朋友,名叫鲁道夫·弗莱德(Rudolf Fried)。②

然而,愉快阶段只勉强延续了 6 个星期。勒内剧烈的情绪起伏再度来袭,身体上的病痛、焦虑感和沮丧情绪重新出现。11 月,约瑟夫·里尔克收到勒内的同学奥斯卡·斯拉姆茨卡(Oskar Slamezka)的紧急来信,后者在校医院陪了里尔克两个星期。③起初,奥斯卡对勒内的病症大为震惊,一度以为他是装病,不过观察一阵后,他发现这些病痛切实存在。勒内出院后到奥斯卡的房间拜访。他样子非常憔悴,抱怨头疼,浑身颤抖,几乎站立不稳。最终他被诊断为肺炎,病情因严重的神经紧张而加剧。他被送到萨尔茨堡附近的疗养院作 6 周治疗,然后回到学校。

随后的冬季和春季中很长一段时间,勒内一如既往,一会儿勉强能读书,一会儿又因为重病而中断学业。父母将这种状况归诸不同原因。菲亚再度对他关怀备至,对他在学院"残忍的气氛"中遭的罪表示同情。约瑟夫(以及雅罗斯拉夫)则认为这是孩子母亲煽起的"过于亢奋的想象力"④的结果。

接受军事教程的第五年,勒内·里尔克终于退学。具体过程已经失考,而且各方意见不一。有说法认为他是被开除的,另一些则宣称他在萨尔茨堡附近的温泉长期疗养后,因为肺炎而被迫退学,还有一些说法则认为是他最终自己设法离开了学校,里尔克本人也如此宣称。不过,多年后他写给未婚妻瓦蕾里·冯·隆菲尔德的一封信中清楚说明,他之所以离

---

① 1890 年 9 月 22 日给菲亚的信。里尔克档案馆。
② 1890 年 10 月 18 日给菲亚的信,参见莱宾,632—633。
③ 参见 1890 年 11 月 30 日奥斯卡·斯拉姆茨卡给约瑟夫的信,见于西伯尔,93—94。关于这位同学的名字,我要感谢赫拉·西伯尔-里尔克女士提供的信息。
④ 1891 年 4 月约瑟夫给菲亚的信。见于《里尔克:人生与作品大事记》,19。

校,与鲁道夫·弗莱德或许不无关系。他坦言,那年秋季在魏斯基兴,他的心灵并非"空虚"。①彼此的理解和"兄弟般的心心相印"使他与新朋友关系密切。他告诉未婚妻,他和这位朋友试图建立一种"终生的联盟","以握手和接吻为证"。有一段时期,勒内事实上和朋友形影不离,相信自己的感受亦能为"魂魄相连"的朋友所理解。

鲁道夫钦佩勒内的诗歌,勒内则鼓励朋友也动笔写作。不过,鲁道夫休假数天,参加祖母的葬礼,归来后仿佛变了个人。他突然显得疏远而高深莫测。勒内很快发觉同学们"污蔑他们纯洁的友情",而且上头也警告弗莱德,要他少跟那个"傻瓜"来往。这一事件之后,勒内与这位背信弃义的朋友保持着礼貌的距离,对后者试图挽回友情的表示不理不睬。日后,身份变为被抛弃的恋人的瓦蕾里宣称正是因为此事败露,才导致勒内仓促离校。②

不管原因为何,1891年6月3日,勒内·里尔克摆脱了军事生涯。父亲在魏斯基兴的退学文件上签了字,勒内立刻感觉轻松许多,不过自此之后,皇家军队的制服在他眼中反而显得更加迷人。除了这种青春期的矛盾情感之外,成熟的诗人日后将只承认一种现实:10岁到15岁之间痛苦不堪的5年。

正如给冯·谢德拉科维茨将军的信中所言,他数十年来苦苦按捺下了对于军事学院的所有回忆,否则根本不可能如此成果丰硕。③4年后,他对赫曼·庞茨解释自己对于年少试笔之作的不喜时指出,这些早期习作都完成于痛苦万状的那几年刚刚过去的一段时间里④,他至今仍无法理解当时是如何熬过它们的。那种痛楚仍旧难以言喻:"即便后来,当我……觉得更加安全的时候,儿时的痛苦仍令我无法释怀,我无法理解那不可理喻的命运,同样也无法理解后来终于——在最后一刻——将我从不该我承受的痛楚中解脱出来的奇迹。"⑤

---

① 莱宾,715。
② 赫施菲德,715。
③ 1920年12月9日;《里尔克书信集,1892—1921》4:351。
④ 1924年8月17日给庞茨的信;《里尔克书信集,穆佐楼,1921—1926》,302。
⑤ 《里尔克书信集,1892—1921》4:351。

第 2 章　早年的履历

> 然而只有你的乌目向我
> 揭示了你的存在之谜。①
>
> ——摘自《生命和诗歌》

1.

两所军校的闭塞生活,使勒内·里尔克实际上与日常世界脱节。②他离开军校,突然挣脱了那种人为的封闭环境之后,起初对于往事依然无法挥却。对于刚刚中断的服役,他突然涌起一阵怀念之情,为此他假装只是

---

① 《里尔克作品全集》3:498—499。
② 里尔克的智识训练方面尤其如此。参见 1897 年 4 月 16 日给路德维格·冈霍费尔的信;《里尔克书信集,1892—1921》1:39,提及他在军校接受的褊狭教育。在一封之后写给赫曼·庞茨的信里,里尔克更清楚地表明此点:"此外,这些严苛的教育机构里对男孩们的约束如此彻底,以至于我既看不到任何对我的年龄而言有滋养的合适的书,甚至连对人生有益的任何寻常道理都接触不到。"1924 年 8 月 17 日,《里尔克书信集,穆佐楼,1921—1926》,303。理查德·冯·米泽斯(Richard von Mises),注意到里尔克的年轻时代正值德语文化勃勃兴盛之际——德国崛起了斯特凡·格奥尔格和托马斯·曼,奥地利则是阿图尔·施尼茨勒和年轻的胡戈·冯·霍夫曼施塔尔——但是"这些事情没有,或者几乎没有渗透进勒内·玛丽亚·里尔克接受的那种与现实脱节的教育中"。"Introduction",《1896 年书信,诗歌和散文集》,1896,5。最近乔治·斯泰纳在一篇关于沃尔夫冈·利普曼的《里尔克:人生与作品》的书评中提到,"军校剥夺了年轻的里尔克接触那种对于一位伟大的欧洲作家和审美思想家而言必不可少的经典、人文文化的机会",133。

在休病假,很快还将回到学校。当然,这个姿态不可能永远装下去。勒内必须放弃制服,他不得不认真考虑别的途径,准备成为一位成就斐然的平民。

1891年6月离开魏斯基兴时,勒内向母亲保证他会寻找一个新的努力方向。现在,他利用在布拉格度过夏天的机会,坚定自己当作家的决心,同时也同意到奥地利的林茨(Linz)一家商业学校①接受3年学习,确保得到一份谋生的工作。他赢得了维也纳期刊《有趣杂志(Das Interessante Blatt)》发起的竞赛,得以发表第一篇诗作。②他告诉菲亚他已成为一位彻头彻尾的诗人。③不过他不曾忘记昔日的野心。商业学校将成为让他走向官员身份的另一途径。他计划获得委任。"我脱下了皇家的制服,"11月,他写信给母亲,"只是为了迅速再度穿上它,永远拥有它!"④

目前,诗歌和军事奇迹般地合二为一。这位男生已经写出无数诗歌和许多页的《三十年战争》,现在他带着事业野心来重审它们。16岁的勒内带着一种双重的忠诚抵达林茨。他在汉斯·德劳特(Hans Drouot)家得到了很好的招待,后者是约瑟夫·里尔克的有钱朋友,也是一家出色的出版社的经理。⑤

一种将要贯穿勒内一生的行为模式正在形成:起初感觉万事顺心,旋即沮丧感袭来,席卷一切。轻松的课程给他留下了大量时间,用来社交、上剧院、阅读,尤其还可以写作。里尔克给同学们展示了他的诗歌和各种小说和戏剧碎片,均得到赞赏,甚至令同学们敬畏不已。很快他就和另一位充满抱负的年轻作家阿诺德·威姆霍泽(Arnold Wilmholzl)结下亲密友谊,后者钦佩里尔克的作品,请他到自家做客。根据他的朋友的说法,

---

① 选择林茨,可能是因为他需要找到一处栖身之地,以解决没有家、双亲分居、无人监管的问题。参见金,23。
② 《有袍裾还是无袍裾》,《有趣杂志》举行的命题诗作竞赛中,在27首诗中名列第二。1891年9月10日发表。《里尔克作品全集》3:415;801。
③ 给菲亚的信,引自西伯尔,103—104和《里尔克:人生与作品大事记》,19。
④ 1891年12月26日给菲亚的信,引自西伯尔,103—104。西伯尔认为里尔克退出军校之后便逐渐解决军事生涯与文学生涯之间的冲突问题。不过这位昔日士官生尽管不必承受原先的服役压力,却没有放弃成为军官的幻想,作为对于贝尔塔·冯·苏特纳的一部反战小说的回应,写了一首尚武的诗作,发表于1892年复活节的《波西米亚地区的德语诗歌和艺术》中。亦可参见德米茨,《里尔克的布拉格岁月》,43;金,82页及之后。
⑤ 参见金,23—24页内容及注释,其中讨论了德劳特一家与约瑟夫·里尔克的关系,他们的富有,以及他们一家对年轻客人的支持与管束。

在学校里,他对所有人都非常礼貌友好,而且,尽管最后有点松懈,但他始终是个非常聪明的学生。①志向远大的年轻诗人力图寻找一条路径,将无聊的职业生涯与他的文学野心结合起来。

然而,他在林茨的第一个学期,井井有条地展开生活的希望瞬间化为灰烬:诗人恋爱了。他的柔情投诸的目标是奥尔伽·布鲁梅(Olga Blumauer),一位镇上的年轻保姆,比他年长7岁。②1892年的春天,勒内热烈地追求她,此时代替母亲照管他的德劳特夫人对此不无忧虑。勒内花了许多个长夜与奥尔伽秘密幽会,一度发誓不再见她,却又出尔反尔,终于一封电报将约瑟夫·里尔克召到林茨。年轻的情人允诺断绝往来,但是父亲一走便故伎重演。最后,5月下旬,这对情人私奔了。阿诺德·威姆海泽尔显然被勒内和气急败坏的德劳特夫人都当作了吐露苦衷的对象,根据他的说法,他们躲在维也纳一家不见天日的旅馆里,同时德劳特与勒内的父母焦急地互通电报,德劳特先生还找了警察。私奔者3天后被找到。勒内立即被遣送回布拉格老家,奥尔伽被带回林茨(从此悄无声息)。

这一事件足以将里尔克的职业生涯扼死在萌芽阶段,不过它也促使他认真地走上了诗人生涯。学校直接开除了他,或许正合这位急不可耐要成为艺术家的人的心意,因为他私奔到首都,既是为了爱情,似乎也是为了开展某种野心勃勃的尝试:在维也纳的数日中,他去拜访了一位编辑,呈上了几部作品。③

勒内再度落入家人的安排中。尽管学业再度受挫中断,这个不耐烦的年轻人却觉得,他发起了争取自由的又一击,这一反抗举动令家庭蒙羞,却能让他逃离囿于沉闷办公室的沮丧未来。他喜欢把自己想象为"缪

---

① 引自施托克,"里尔克的林茨岁月",126。
② 这整个过程都在约齐姆·施托克的介绍和附录档案中得到详细讲解,它包括年轻里尔克的数封信件,以及阿诺德·威姆霍泽对这件事的简短书面介绍。施托克,"里尔克的林茨岁月",全书各处。下文的叙述就是以这篇文章以及它附加的档案为基础展开。
③ 施托克的文章包括了与埃德瓦德·费多尔·卡斯特纳,《波西米亚地区的德语诗歌和艺术》的维也纳编辑、作家的通信。它还提供了一封直接表明里尔克利用在维也纳的时光来促进自己的事业的信件。被迫回到布拉格后,于1892年6月13日写给卡斯特纳的短信中,年轻人为了自己在维也纳时两度打搅编辑而道歉。他还询问卡斯特纳是否已看过他"留下供参考"的"诗歌集",并从中选择有可能用于杂志的作品。信中提到的诗歌集是他的第一部诗集《生命与歌》的早期版本。参见施托克,"里尔克的林茨岁月",118—119(讨论部分);127(信函部分)。

斯女神"点化的不肖子,将冲动的欲望解释为一种求知欲。正如他愉快地对母亲说的,"你看,火焰必须任其燃烧。但它为何而起?"①学习看来不足以撩起大火,必须有一种更有效的燃料来取而代之。不过他又转而抨击这个缪斯,不管它被叫做浪漫、私奔,还是激情风暴,"蠢啊,"他承认犯了一个大错,对于一时冲动深感后悔。"谢天谢地,"他宽慰地写道,"现在我感觉终于摆脱了这场风流韵事的锁链。"

雅罗斯拉夫叔叔出手相帮,希望侄儿能够为他的家族和公司增辉。②尽管男孩常做"病态"想象,但叔叔相信侄儿身上有足够的"好底子",足以让他最终继承公司。不过首先他需要完成学业。雅罗斯拉夫按月给勒内提供津贴,安排他住到自己寡居的姐姐,也就是勒内的姑妈加布里埃尔家,并鼓励侄儿攻读高中文凭,以便将来到大学学习法律。雅罗斯拉夫甚至给勒内提供了一笔慷慨的资金请私人教师,因为他敏锐地想到,对男孩来说,坐到周围全是比他小的孩子的教室里显然会不自在,不利于他的学习。

勒内兴高采烈。1892 年夏季,他在施恩菲尔德这个北部波西米亚小镇(如今的 Tuchomysl)住了好几个星期,成果丰硕,写了大量诗歌,并接受私人教师授课。这个夏天,里尔克还报告了与他日后的恩主,冯·屠恩·塔克西斯公爵及公爵夫人的首次接触。③他和姑妈一起去拜访他们坐落在附近的宅邸,请求拜见公爵并获批准,里尔克得以给公爵朗读了几首诗。回布拉格后,他继续接受私人课程,并照计划安排,和加布里埃尔姑妈住在一起,后者此前独居在雅罗斯拉夫叔叔名下的一幢房子里。

这一回不再有波折。勒内专心于私人课程,它不足以帮他完成计划,进入法律事业,却拓展了他的文学野心。他表现不错,用一年时间就设法完成了需要 6 年学习的拉丁语课程。随着对写作和出版的兴趣渐浓,他的学业进展放慢了,但他仍在相当短的时间内完成了学习任务。他呈交书面作业,定期在指定学校接受考试,这样勒内·里尔克终于设法在 1895年以高分毕业,仅比正常接受学校教育的时间晚了一年。

---

① 给菲亚的信,引自西伯尔,109—110。也参见施托克,"里尔克的林茨岁月",117。
② 他提供了一笔每月 200 基尔德的津贴。参见德米茨,《里尔克的布拉格岁月》,44。
③ 屠恩·塔克西斯,15—16。

不过,1892年也充满了巨大的损失。胡戈·里尔克上尉在这一年早些时候自尽身亡。更糟的是,12月雅罗斯拉夫叔叔意外去世,使勒内痛失一位近似父亲的亲人。从海因里希大街到圣博尔滕和魏斯基兴,勒内住过的所有地方到头来都显得不堪一击,只有雅罗斯拉夫叔叔给他提供了稳定的生活。现在,刚刚17岁的勒内的未来再次捉摸不定。当然,恩人的去世使他摆脱了当律师、接手叔叔的事业这一难以忍受的义务。但他也将面对失去雅罗斯拉夫重要的经济支持的损失。不过,实际上这个担忧纯属多余。雅罗斯拉夫叔叔仅有的两个孩子鲍拉和伊琳,尽管没有法律义务,却仍遵照父亲意愿,继续为勒内提供了10年资助。

里尔克仍旧决定完成高中课程(他甚至还会在大学呆上相当时间,以维持学生身份,这是他领取资助的条件),不过他把相当一部分精力,以及甚至更大部分的才华都用于诗歌创作。他狂热地写作——诗歌、戏剧、小说、散文、书评——并尝试打入文学界。

里尔克以谋求权威支持开始战役。他先去拜访了阿尔弗雷德·克拉尔(Alfred Klaar)博士,后者是布拉格大学的德语文学教授兼戏剧评论家。里尔克向他展示了自己的部分作品。得到克拉尔的赞扬后,勒内旋即转向诗人弗兰茨·凯姆(Franz Keim),里尔克上军校时,后者在附近的圣博尔滕公共高中教文学。勒内提醒他,他们在圣博尔滕的皮特纳旅舍有过一面之缘,并问他有否兴趣一阅自己的作品,提点意见。凯姆迟疑了一阵,表示允诺,里尔克便写去一封热情洋溢的谢函,字里行间依然不乏军事教育留下的等级观念的痕迹。富有个人特色地,他信誓旦旦要做到自律,这一说法又勾出了他对先前生活的回忆,最后以一声高亢的口号结束全信:

> 我将对自己严加管束,永远遵从尊敬的大师您所提出的要求。心中长存一个坚定、美好而光明的目标,努力朝它迈进……不断趋近那不灭的光明!……**如果说时代未必会创造伟人,那么(伟)人将为自己创造出一个伟大的时代。**①

---

① 日期不详[1892年];《里尔克书信集,1892—1921》1:4—5。

2.

　　从军事中解脱,摆脱了商业学校,埋首学业,野心勃勃要当个成功的诗人,此时的里尔克再度面对童年的两个世界——海因里希路和赫伦路。他住在父亲寡居的姐姐加布里埃尔姑妈的公寓里,它代表的是海因里希路。公寓离里尔克度过童年的大街不远,位于布拉格充斥着体面宅邸和卑贱出租房、潮湿的院子和各种小巷的声名远扬的复杂结构后部的一幢房子里:瓦萨路15号。这是一幢坐落在繁忙大道后头的沉闷建筑,实在不是一个能让人愉快地进行创作的地方。他的窗外拦着一道高高的砖墙,只有几丝阳光能照进房间。前排房子里的有钱租户把地毯拿到后院拍打时,空气中总是灰尘四起,污浊不堪。姨妈和侄儿之间隔着巨大鸿沟。①有时勒内无法忍受姨妈周身的阴郁气氛,甚至拒绝和她共进晚餐,而是钻进自己的小屋。

　　幸运的是,出现了另一个去处:一条位于市郊的"赫伦路",也就是他母亲的姐姐的寓所。正是在那里,勒内找到了希冀的避难所。"葡萄园"位于今天的布拉格市中心附近。里尔克年轻时,"葡萄园"还远在郊区,是个时髦去处,遍布葡萄园,它正是因此得名。这里有高高的树丛,宽阔的林荫道,华贵的别墅,直到今天仍大量保留着昔日绿树成荫的风貌。这个"彼处"世界的落脚处同样来自亲戚,不过轻松得多,也宽敞得多。这里坐落着一幢诱人的房子,四周遍布灌木和花丛,里尔克母亲的姐姐,得到贵族头衔的夏洛特·冯·马勒西姆和上校丈夫以及女儿吉塞拉就住在这里,后者自儿时起就常和里尔克一道玩耍。

　　1893年新年刚过,里尔克就在这个怡人环境中遇到了他的"缪斯",瓦蕾里·冯·大卫-隆菲尔德,后者很快成为他的未婚妻。雅罗斯拉夫叔叔刚去世几个星期的时候,里尔克前途不明,情绪低沉。此时这里却出现了一位美丽、活泼、一心想征服世界的女孩。他们在吉塞拉家偶然邂逅,

---

① 参见里尔克写给瓦莉的坦白信,其中他描述了姨妈和瓦莉的世界之间的强烈反差。莱宾,631。进一步描述参见赫施菲德,715—716。

迅速发展出恋情。

强烈的吸引力不只来自缪斯本人。勒内觉得和她在一起，就能进入她的生活，她那高贵的世界与加布里埃尔姨妈阴郁的家可谓天壤之别。"你带来明朗光辉的氛围"①——里尔克用这样的话语来描述未婚妻的世界。瓦蕾里更是鼓励了这种印象。她对他敞开家里的大门，允许他进入她明亮、装潢高雅的家里享受阳光，在她身边写作，享用精美的食物，享受她的陪伴。

她魅力无限，比他大了一岁多一点（在一岁之差还颇为明显的年纪），一头黑发精心梳理，圆乎乎的脸蛋上五官迷人，还略懂讽刺。不过与可怜的加布里埃尔姨妈形成鲜明对比的，还要数她对他的接纳，她"阳光明媚"的气质。在象征层面上——对奢侈的梦想——以及在家庭纽带的实际层面上，瓦蕾里都代表着来自他母亲一方的另一种可能。不仅他与她邂逅是在他母亲的姐姐家，而且她家租的是他祖父卡尔·恩茨的房子。同时，瓦蕾里（自称瓦莉）至少代表着勒内的部分梦想。她的姓氏前有着人们梦寐以求的"冯"，贵族的标志，她父亲则获得了约瑟夫或者勒内·里尔克都不曾争取到的官衔。他是帝国炮兵的一名上校——正是约瑟夫半途而废的领域。

不过，讽刺的是，尽管各种有利情况均源自他母亲那一方面，但菲亚却是最反对这段关系的人。因为纵然瓦莉父亲的家谱无懈可击，她母亲的家族却不那么显赫。她的外祖父约瑟夫·泽尔属于中产阶级，是阿尔萨斯一家锯木厂的老板，19世纪早期搬到布拉格，和犹太籍妻子艾莱诺展开新的生活。②他们有3个孩子，两个女儿都体面地嫁给了说德语的奥地利人，儿子朱利叶斯却选择了捷克国籍，成为重要的捷克语诗人、小说家，大量旅行并发表游记。

瓦莉拥有这样的背景——也拥有体面的家庭——并表现出一种化解家中矛盾的能力。这或许也是她吸引勒内的一个原因。她的母亲约翰娜渴望保住在德国上流阶层的地位，对此瓦莉并不反对。不过，她也试图实

---

① 莱宾,631。
② 罗德,《里尔克和俄国：一场革命》,11—12,基于拉迪斯拉夫·马杰卡,"R. M. 里尔克与捷克语",《美国斯拉夫语和东欧评论》,13(1954)：589—596。

现自己的艺术天赋,并与捷克籍的叔叔,作家朱利叶斯·泽尔保持密切关系,从而超越了自己的阶层及其偏见。她在绘画和写短篇小说上颇有天赋。对艺术的喜好或许正是她迷恋勒内的原因。他们的爱情显然给她提供了有别于社会生活的内容。为了强调与自己圈子里的其他女孩不同,她穿戴颜色鲜艳的古怪衣服,经常携一根牧羊人拐杖。

事实上,这是一种颇为古怪的迷恋。瓦莉的激情中不失矛盾之处。"介绍勒内给我的时候,我被他的模样吓得目瞪口呆。"①1927年,也就是诗人去世一年后,她如此写道。"想象中的勒内是像我在巴黎习惯了的那种优雅法国人的样子。"尽管这些评价写于她被不幸地抛弃后的数十年,但它们除了愤怒之外,仍旧生动记载了他们共度的两年时光。正如大多数时过境迁的回忆录,特别是曾深受伤害的人所写的回忆录,瓦莉记载的过程和事件极不可靠。不过,她亲身体验的情感仍旧深深地铭刻在她对一生中这个关键时刻的记载中。

瓦莉承认,渐渐地,她习惯了勒内的外表。"他的脸使我着迷,令我困惑,最后我开始爱上了这个可怜不幸的家伙,尽管所有人对他都避犹不及,就像对一只肮脏的狗。"中年瓦莉固执地强调着这位昔日追求者令人失望的相貌。她形象地描述了他的蒜头鼻,它因为感冒,经常红肿着,他大得出奇的嘴和肥厚的嘴唇,他看起来像在做鬼脸似的又长又窄的脸。她的印象差不多是超现实风格的:勒内的脸因为疙瘩和脓肿的青春痘而"可怕地变形"。他相貌平庸难看,口气难闻。不过,瓦莉仍和他订了婚,同意嫁给这个丑陋的年轻人,并宣称爱他。

她留下一条线索:"他的脸使我着迷,令我困惑。"后来的情人们也同样在这张脸上找到了一些迷人之处,某种火花。他的情人露露·阿尔伯特-拉萨德(Loulou Albert-Lasard)在给诗人画的肖像中捕捉住了这种火花:他的大眼睛,那种明亮、灼人的忧郁。正是为了对导致这种火花的头脑进行爱抚,瓦蕾里·冯·大卫-隆菲尔德奉献了她整个人、整个未来。

也许里尔克最大的吸引力在于他的诗人前景。他们的往来恰好与他为此进行着最紧张准备的阶段重叠,等他一毕业,他们的关系便几乎立刻

---

① 以下引文源自卡尔·赫施菲德引用的瓦莉关于自己与里尔克关系的自述,赫施菲德,714—720,及全书各处。

戛然而止。里尔克知道他不得不完成学业——因为他的资助金乃至整个事业都有赖于此。但是要做到这个可谓困难重重。功课本身并不是问题,他出色地完成了它们,但他不得不按捺住内心强烈的抗拒,因为这些功课与他的写作冲突。他每 6 个月就要接受一次考试,每天都要上交书面作业。他在加布里埃尔姨妈家每天从早上 6 点开始学习到中午,偶有老师来指导,然后在瓦莉家度过下午,完成要求的论文。这样,他觉得写作诗歌的能量被消耗一空。他渴望拯救。

瓦莉适时出现,充当了他的激励者和导师。他们初次见面时,他心情分外沮丧,几乎都要放弃理想,打算浪掷自己的天赋了。瓦莉并不知道就在那时,里尔克已经开始了将绵延一生的习惯,成天、成月甚至成年地浪费时间,只是偶尔才振作起来奋力用功。当时由于压力很大,他实际上学习非常刻苦。不过,她还是发现了他学习时心不在焉,时断时续。尽管她多年后的记录因为愤恨而有所歪曲,不过,勒内拒绝走上中产阶级常规轨道的做法,确实使他显得不可依赖,每当她流露出要离开的意思,他便会一天几封地写信哀求她,宣布要自杀,他的沮丧心情也时不时复发,这些都更证明了这一点。不过,既然他特立独行的姿态激发了瓦莉的爱意,她也就把守护天使的角色扮了下去,视帮助这个古怪而有天赋的人克服自身为己任。

不过,瓦莉的慷慨义举并非没有给自己带来严重后果。起初父母并不反对这位年轻人来访。毕竟勒内是他们的朋友和房东的外孙,此外两个家庭之间还有其他纽带相连。不过,当她决意将自己完全奉献给他,为此事实上不惜放弃其他所有事情和所有人,父母不免忧心忡忡。根据瓦莉的说法,当她开始放弃大多数社交活动,拒绝约会别的年轻人,甚至拒绝了担任达尔马西亚省长的显赫叔叔的邀请时,她的父母警觉起来。瓦莉叙述道,甚至菲亚也说过,要是她一意孤行,甘愿被她儿子,那个"怪东西"所迷惑,那必然免不了得到忘恩负义和寂寞一生的回报。不过,身为富裕人家的美丽女儿,竟然为这个显然不可靠的家伙牺牲自己,这种做法该是多么不正常,这一点瓦莉并不需要菲亚来提醒。她觉得这就是她的命运。她对勒内"不幸的迷恋"以及她将用"一生的快乐"来偿付的激情,都是她在劫难逃的命运。

因此,这段对两个如此年轻的人而言,不可避免地充满复杂情况的关系,对双方都不乏矛盾之处。然而,勒内·里尔克切切实实地存在着,这位刚刚崛起的诗人和作家,代表着瓦莉梦想过的那种生活,盖过了沮丧和孤独。这是一位和她年龄相仿的、正在成熟的年轻诗人,他恰好出现在她面前,她注定要助他一臂之力。未婚夫那种一反传统发展方向的生活,与她自己平庸的生活正成对比,可谓激动人心。而且他写情诗给她,称她为"女人中最美丽者"①,对此她不可能无动于衷。他的脸尽管遍布粉刺,但他的精神却在他们初次会面之后的那个早上召唤着她,当时里尔克一觉醒来,沉浸在爱情中,赋诗一首:

> 说吧,瓦莉——我是否该祈祷
> 一觉醒来,看到
> 云彩披着清晨的
> 盛装,满脸绯霞?②

瓦莉倾心于为她写下这些充满诱惑的诗句的诗人,不顾家庭反对,执意发展这段感情。这对情人被允许在瓦莉的房间单独一呆就是好几个小时,这在 1890 年代算得上惊世骇俗。或许这是因为他们已经订婚的缘故。作为订婚情人,勒内和瓦莉计划着共同的生活。令人意外的是,年轻里尔克的计划相当顾家,不过他仍想象着他俩成为在各自领域中肩并肩努力的艺术家。1894 年 12 月,就在他们分手前几个月,他还就他们的未来进行着生动想象,这种生活将在临近世纪末、"大学时代"结束后展开。它将是他们"正式婚姻"的开始,它美好如梦,却仍与传统婚姻生活有不少相似之处。它将化解、抹去、解决他们的所有问题。"我的,我的,我的瓦莉啊,"里尔克在自己生日那天写的长信中反复呼唤,"我神圣的瓦莉。"信以下面这段话收尾:

> 当我再度回首【过去 19 年时光】,最大的亮点就是你走进我的圈子的那一刻,你给我可怜的没有爱的心灵带来了最合适的内容,让它终生地、爱慕地、感激涕零地为之跳动——那就是你呀。勒内致上。③

---

① 《你的照片》,《生命与歌》,《里尔克作品全集》3:44。
② 《清晨致敬》,《里尔克作品全集》3:487—488。
③ 1894 年 12 月 4 日致瓦莉的信,莱宾,633。

3.

在勒内和瓦莉的爱情伊甸园中扮演不祥毒蛇的,是他的第一本诗集。它充满艳俗感伤,过于单纯又墨守成规,不过还是涉及了一些他偏爱的主题。里面自然有不少无病呻吟之作,不过也不乏一些发自真情实感的诗。尽管尚属业余,但它们表达出一位年轻诗人竭力阐释父母之间的悠久冲突的努力,也反映了他的心愿:表现为一个对于自己在时代中的位置心知肚明的艺术家。不过,与勒内渴望迅速获取承认和赞许的野心相比,这些诗之青涩可谓令人吃惊。它们曾使瓦莉迷恋上他,却也促成了他们的分手。

第一部诗集名为《生命与歌》,里面的诗歌作于在林茨、施恩菲尔德和布拉格度过的两年。[①]尽管瓦莉忧心忡忡,但勒内在 1893 年,也就是他学业和爱情兼顾的头一年里,实际上精力旺盛,这一年中,他写下了很多打算用于在文学界登场的诗歌。1893 年 4 月发表于布拉格一份德语报的一篇早期作品因为是散文,没有收入诗集,尽管他一度对这篇文章里幼稚的对话颇为得意。该文名为《笔与剑》[②],记述了他童年面对军事生涯所生的纠结。不过他早期诗歌中的大多数都塞进了诗集,包括一组取名为《琴歌》的诗,它们充斥着世纪末的神秘论趣味,最初发表于《德语诗人之家》(Das Deutsches Dichterheim),一份专门刊印年轻诗人作品的备受尊敬的维也纳期刊。这些诗中的一首,《要求》,描述了一位垂死诗人兼音乐家的请求:把他的琴安放在坟墓顶端,以便音乐长存:"将它安放在玫瑰之中!"[③]昔日音乐家亲自奏琴,如今变成风儿拨动琴弦,用风弦琴这种古老浪漫的演奏方式奏出大师留下的音乐。

年轻的里尔克还不到 18 岁,许多方面都尚未成型,在很大程度上,他是围绕着出版作品带来的被接受感来构筑自我的。他不断扩大自离开林

---

① 《生命与歌》,《里尔克作品全集》3:9—94。
② 《笔与剑》,《里尔克作品全集》4:403—406。
③ "琴歌之六",《里尔克作品全集》3:66。标题为《请求》,史拉克在《里尔克:人生与作品大事记》,25 曾经引用,但是没有出现在《里尔克作品全集》中。

茨后就发展出的社交网络,以便进一步打入文学界,增强这种被接受感。1893年下旬,他又进了一步,它直接促成了《生命与歌》日后的出版。一本年历,其中收入了《琴歌》和里尔克的其他诗歌,由格奥尔格·卡登蒂特(Georg Kattentidt)出版,此人成为里尔克的第一位固定出版商和生意伙伴。

  1931年,70岁的卡登蒂特在马格德堡去世时,《文学世界》(*Die Literarische Welt*)刊登讣告,誉其为首位"发掘了里尔克不为人知的才华"之人。[1]他起初是《法兰克福报》的记者,1892年,也就是里尔克找上门来的前一年,他搬到斯特拉斯堡,成立了一个民族主义的德语出版社。"给年轻德国的出版物系列"关注德语文化在语言方面对国外的影响,成为一个文学和政治斗争的论坛。因此,卡登蒂特能接受一个来自布拉格、来自又一个德语文化处于困境的国家的德语作家,也就毫不奇怪。他为出版社创办了一份宣传杂志,一份"针对文学、批评和现代生活"的双周刊,起名为《年轻的德国和年轻的阿尔萨斯》。这份期刊的副产品,即1894年的"诗歌年历",刊载了《琴歌》,这也是里尔克首次大量发表诗歌。

  卡登蒂特为里尔克发表的首部诗歌支付了20马克。[2]他们很快展开别的合作,因为年轻诗人也赞同德语文学在双语社会中延续下去的必要性。他尽力推荐这位出版商,并为期刊大力征集订户。不过,同时他也频频要求刊载更多他自己的诗歌,经常抱怨它们没能在允诺的时间发表,或者印出后不曾及时寄给他。

  卡登蒂特对这种联络或许也感觉厌烦,不过他仍允许它延续多年,并鼓励勒内整理出《生命与歌》,诗集几经波折,终于在1894年12月出版。里尔克两年前曾将手稿呈交斯图加特著名的科塔出版社,却遭拒绝。追求瓦莉期间,他给诗集增添了许多诗,不过诗集主体仍由他认识她之前写的那些诗构成。这一事实她始终不知,一直自认为是他的首要灵感来源。不过,她宣称自己在诗集的诞生过程中充任了接生者角色,依然并不夸张,因为她提供了卡登蒂特要求的全部补助金。

---

[1] 坡茨根,"里尔克的首位出版商",11。
[2] 德米茨,《里尔克的布拉格岁月》,52—53。

这本情诗、不好笑的讽刺诗、绵软的寓言诗,以及风景诗的杂烩,主体部分是一些平淡的叙事诗。这些历史歌谣、幻想故事和家庭悲剧本身谈不上出色,甚至也不算新颖。它们节奏简单、缺乏变化。它们发自他那些寻常的感伤嗟叹,不过其中至少有几首隐隐预示出日后的成熟诗人在题材甚至形式处理方面的独特手法。作为一位志向远大的德语诗人,里尔克有不少伟大典范可以效仿——他自小熟习席勒的叙事歌谣①——不过,他还是表现出一些富有个人特色的诗歌手法,它们将在未来日臻成熟。

寻常主题在他笔下得到与众不同、偶尔别出心裁的处理。比如一首名为《演员》②的恐怖传奇诗中,一个感伤情节被他处理为一个几乎可谓悲剧性认知的瞬间。尽管与《丑角》(*Pagliacci*,列昂卡瓦罗【Leoncavallo】当时人尽皆知的一部歌剧)中一首咏叹调的哀伤情调相似,但是里尔克的叙述中出现了一个出乎意料的转向。为顾全舞台演出,演员被迫离开奄奄一息的妻子,回来时发现妻子已死,不由悲痛欲绝,第二天人们发现他已不再流泪:

> 他伏在僵死的她身上——
> 黑夜吞噬了他的思想——
> 他坐在她的床头
> 呆若木鸡。大笑——笑了又笑。

通过将平常的主题演绎为导致疯狂,这个可怕的转折强调了因为屈从于一时需要而背叛心灵所导致的可怕自责。

其他叙事诗几乎均完全取材于大家熟悉的德国和捷克传说,以及三十年战争中的事件,比如《波波夫公爵》③和《主人的酒》④,这些主题勒内自孩提时代就迷恋不已。另一些诗则涉及更加深刻的主题。如果

---

① 离世前不久(1926年2月26日)的一番评论中,里尔克回忆道,还是小男孩的时候,他入迷地听妈妈一边擦家具一边朗读席勒的歌谣。《里尔克:人生与作品大事记》,11。另外亦有记录表明,里尔克卧病时,母亲给他读席勒歌谣,很快他就默记于心。西伯尔,77。
② 《演员》,《里尔克作品全集》3:19—24。
③ 《波波夫公爵》,《里尔克作品全集》3:55—57。
④ 《主人的酒》:《里尔克作品全集》3:68—72。

说《演员》展示了背叛导致的心理恐惧,那么像《斯婉希尔达》①这类基于当地传说的传奇诗,则探究了痴情女子的爱情,它日后成为成熟里尔克一个重要主题。斯婉希尔达是特林斯泰恩堡的女主人,她爱上了一个小厮,图谋毒死丈夫,后者垂死之余,逼她也喝下致命毒药,城堡坍塌毁灭。之后,每当月圆之夜,她总会身披尸衣,出现在城堡废墟的露台上。里尔克的诗歌在此达到高潮:死去的斯婉希尔达扑向路人,将他当成自己失去的情人,天破晓时,却总是发现他渐渐消融不见。自私的爱掺杂了犯罪、死亡和朽败,然而不求回报的爱却超越了时间和历史。

在这些诗歌出版之前,里尔克便对它们表示失望。瓦莉记得有一次他为她朗读诗集里的诗,那是 1893 年春季或初夏,他俩热恋之时。他们坐在小池塘边的草地上。突然,勒内中断朗读,嚷道,"唉!我再也不想看这破玩意儿了!"②他把笔记本丢进池塘。瓦莉敏捷地探出手中的牧羊杖,把诗集捞出。他们把它摊开晾干。这天下午他们原本打算庆祝他又通过了许多考试中的一场,到头来却讨论起如何出版这些诗。

诗人尽管不甚满意,但让自己的书出版,在他而言仍是一件大事。不过,也正是这种心愿导致不久后他不得不煞费苦心,试图让这本诗集彻底消失。③他不允许它出现在任何他的选集中,尽管他允许收入的稍后写的一些少时习作其实与它并无太大差别。显然,这一过激反应并非完全针对这些诗歌的拙劣品质,更可能的是,症结在于里尔克厌恶自己对瓦莉的依赖。勒内的家人拒绝向卡登蒂特支付出版诗集的补助金,瓦莉成为他唯一的资金提供者。④她为他捐出了圣诞节的礼金,每月的零花钱,以及祖母传给她的古老项链和胸针。他最初对她千恩万谢,但在与她断交之前,这种情绪已转变为一种负担。

---

① 《斯婉希尔达》,《里尔克作品全集》3:35—36。
② 赫施菲德,716。
③ 1907 年 9 月 2 日给 E. L. Schellenberg 的信:"说到那本短命的书《生命与歌》,实际上已经从市面上消失了,对此根本无须遗憾。"引自西伯尔,118,176 注释。里尔克对赫曼·庞茨也详细解释了为何对于最早的这部诗集无比厌恶的原因,将它解释为在军校受到的伤害的后果,以及一种不计一切代价想要出名的不幸野心的结果。1924 年 8 月 17 日,《里尔克书信集,穆佐楼,1921—1926》,302—303。
④ 赫施菲德,717。

4.

"我在此之前的整个生命,"1894 年,勒内告诉瓦莉,"在我看来只是一条通往你的路程——好像一条漫长、没有灯光的旅途,终点就是我的奖赏。"① 这封充满激情、袒露真情的信,当写于《生命与歌》出版后一个月内。这是一份自传,一份坦白,是一位年轻人给情人奉上的独到礼物,它是总结,不过亦是一种想象,是诗人想象力的发挥。他"神圣的瓦莉"不止是一位母亲似的帮助者,或者一个朝圣者同伴,她也是诗性的化身。

尽管对于幸福婚姻不乏种种幻想,但里尔克很少把未婚妻想象成妻子。他即便想象过他们过传统的家庭生活,也是偶尔为之。为人妻、为人母的瓦莉,这可不是他想象的内容。相反,她在他的诗中代表的是爱情的对象。比如,《你与别人绝无相似》读来就酷似一位新手对于里尔克日后所赞美、运用的那种传统情诗的模仿之作:

> 你如此强壮,危险前从不发抖
> 面对生活之洪流亦能
> 骄傲地守卫你高贵纯洁
> 心灵的神圣馨香②

以及更富激情的:

> 你甜美的吻,发自秀发的
> 芳香,令我目眩神迷
> 然而只有你的乌目向我
> 揭示了你的存在之谜

---

① 莱宾,633。
② 《里尔克作品全集》3:498—499。

这首诗写于 1894 年 8 月,出自勒内这一年的后半年中写下的表达爱情和感激的文字达到顶峰的时期。自命为诗人情圣的年轻里尔克,不知是否刻意自比为昔日那些伟大诗人:瓦蕾里之于他,相当于比阿特丽斯之于但丁,劳拉之于彼特拉克。他也扮演着行吟诗人的角色。他一度想象自己是皇帝陛下的军官,现在他则创造出一位向女性致意的骑士情人。不过,如果说里尔克似乎着迷于骑士神话,那么瓦莉,正如她关于 1927 年的回忆所言,也有一则自己钟爱的神话:美女和野兽。对她来说,订婚是一个一劳永逸、改变人生的事件。而在他看来,却只是漫长、痛苦旅程的第一阶段。

里尔克从旅程第一阶段转向第二阶段的变化始于那年初冬。1894 年 12 月,《生命与歌》出版一个月后,卡登蒂特再度同意在 1895 年的缪斯年历中刊用一些他的诗歌,就像去年在 1894 年年历中出版《琴歌》一样。这次用的都是精雕细琢的歌咏自然的诗,里尔克给它们命名为《叶声》。自然地,有鉴于她为《生命与歌》做出的牺牲,瓦莉希望这组诗题献给她。但里尔克却变了主意。诗印出来时,题献对象是"图尔高路易森堡的 E. 冯·布莱登巴赫男爵夫人",这是一位贵妇,里尔克希望吸引她成为自己的赞助者。[①]这一决定揭开了里尔克余生乐此不疲地与贵族圈子交好的序幕。这也是他首度偏离对瓦莉的忠诚。

里尔克意识到瓦莉会因为不把组诗题献给她而倍感恼怒,试图做出补偿。在赠给她的诗集上,他刻意亲笔写下"送给我的瓦莉",签名为"一如既往的勒内"。他还进一步写了一首十四行诗,对正式的题献进行嘲弄,指出了它指向的真正接受者。这首轻松的十四行诗临到结尾突然转成一首严肃的诗歌,出乎意料地,读者直面这个心理现实:

> ……别人听到的是话语,
> 你却听得到真正的林声
> 唯有你能理解——我可以大胆声明——
> 你与我共享森林有节奏的呼吸
> 因为你就是我的精神之精神

---

① 参见恩斯特·齐恩关于里尔克处理题献问题的注释。《里尔克作品全集》3:817—818。

存在之存在！①

然后还有专门用来宽慰她的一句：

题献算什么？

这首诗写于1895年1月。夏末,勒内和瓦莉已经分手在即。7月9日,里尔克在布拉格的格拉本高级中学以优异成绩通过口试,获得高中文凭。两年多的频频考试之后,他终于解脱了。他给瓦莉发去一封快乐的电报,两人庆贺了此事。不过,精神放松之后,他对她的感情也开始减弱。8月,他(独自地)到波罗的海海边的胜地缅济兹德罗耶,尝试休息。在那里他邂逅艾拉·格拉斯涅②,她父亲是一位布拉格物理学者,也算是他家的一位熟人。题献中那种象征性的不忠,如今变成了真正的背叛。他和艾拉在海边散步,在诗集上签名赠送给她。

这场海滩上的调情,不管性质如何,都并非勒内和瓦莉分手的主要原因。真正的原因更加微妙:心情沮丧、精神紧张、离开布拉格的焦灼(不曾真正实现),对任何有可能妨碍他的诗人事业的专业或商业生涯的恐惧,以及对于可能束缚他的家庭生活的畏惧。如果说他梦想一夜成名——在他自视为一位成功剧作家的时候——那么这个梦想世界中可没有位置留给别人。正如瓦莉后来承认的,他需要自由,"也包括离开我的自由"③,而她给予了这种自由,"我不想阻挡他的幸福。"9月初,他迅速写来回信:"亲爱的瓦莉,谢谢你给我的这份自由大礼。即便在这个艰难的时刻,你依然表现得高贵而伟大——强胜于我。"④他保证一旦她需要朋友,自己将义不容辞。

关系结束了。但是这段关系对他俩都起了决定性的影响。尽管它通常被轻描淡写为一场转瞬即逝的恋情,但它在他俩的生活中都留下了深

---

① 《"缪斯年历"的题献》,《里尔克作品全集》3:499—500,817—818。"Walderstrauschen",3:424—426。
② 里尔克写了一首短诗给《艾拉·格拉斯涅女士,签名簿中的一页》,落款为1895年8月25日,缅济兹德罗耶,感谢她垂目于他。《里尔克作品全集》3:509,818。
③ 赫施菲德,718。
④ 西伯尔,127。

深的烙印。①1927 年,瓦莉谈及里尔克给她的情书时说,"它们毫无瑕疵,只有几封信上有夹带花朵留下的痕迹,还有许多许多泪痕。"②她将"对勒内的不幸爱情"的这些纪念物深锁"嫁妆箱"里长达 30 余年。尽管订婚时她只有 20 岁,但是瓦莉从此终身未婚。其原因不详,不过尽管事实上分了手,但她仍想象自己在精神上已经结婚。"我坚信,"她宣称,"在勒内整个的未来一生中,没人能像我这样在精神上贴近他,那已经几乎与性爱无异。"至少,在她的心目中,他永远是"唯一的爱",哪怕他在所有其他女人看来,只是一个"冷酷的寻欢作乐之徒"。

瓦蕾里·冯·大卫-隆菲尔德在 50 多岁时描述她的伟大爱情和个人灾难时,并非仅仅出自虚荣和受伤。她也以一种主人的姿态说话。即便在 1927 年,里尔克的葬礼结束之后不久,她仍感觉因为失去了一个在她看来专属于她的人而痛不欲生。"你和我共享森林有节奏的呼吸,"里尔克写给她的这首关于题献的诗,或许暗示了在当时对年轻女人而言尚属惊世骇俗的肉体关系。此外,尽管仍属模糊,但联系起 1894 年他对于他们在新世纪将要尽早庆祝的正式婚礼的描述,这一意象顿显意味深长。瓦蕾里不仅受到 19 世纪 90 年代上流社会年轻女子的礼法约束,更是一个笃信天主教的贵族女性。任何哪怕最轻微的亲密举止,都会被她视为一生的承诺。20 岁的她允许勒内进入自己的房间时,或许确实是"美丽而不无心机"的。出于一种时代和阶层强加给她的忠诚,她把早年的这段关系视为一生中最重要的时刻,为此她蹉跎余生,直到变成一个老妇。

这场订婚同样也改变了里尔克。自从童年以来,他在瓦莉的房间这个避难所,头一回感觉得到庇护。他们分享的幻想——关于共同的生活,关于两个艺术家肩并肩工作——就像一首田园诗歌中的元素,它在非常重要的两年多时间里给了他安慰,更重要的是给了他宁静。不过,这并不够。他不得不打破这个幻觉。新的阶段必须展开。

---

① 参见西伯尔,德米茨,利普曼等人的著作。
② 赫施菲德,719—720。瓦莉的愤怒显而易见,这些引文不乏讹误和误读,不过这种在愤怒之外,掺杂了懊恼和悲哀的强烈深沉的私人情绪,鲜明地彰显出迥异于通常(不公正地)被安置到她头上的自我中心的"调情"标签,表明了一种远比之要深切得多的恋爱关系。

第 3 章　年轻的作家

> 艺术家只有一种，
> 他们灵魂里尽是当下，
> 自我创造的现代人
> 他们放眼长空，直视太阳
> 用渴盼筑起蓝桥
> 通往每颗闪亮的星辰。①
>
> ——致拉丝卡·凡·欧斯特伦
> 　　　　　　1896 年 3 月 16 日

1.

1895 年秋，不满 20 岁的年轻诗人一本正经地展开了写作事业。事实上，在 1896 年 9 月搬到慕尼黑之前，里尔克在布拉格度过的一年堪称他作为作家而崛起的一年。他的作品包括新闻报道、诗歌、小说和戏剧。尽管不无缺点，但大多都得以发表。

里尔克自由了。正如瓦莉预言的，一个新的自我开始成型。先前，《生命与歌》的作者还得从与一位甘于奉献的缪斯共享的家庭生活幻想中

---

① 《与拉丝卡·凡·欧斯特伦女男爵书信集》，16。

汲取支持。如今,他已从高级中学毕业,终于得以自由地实现当个作家的计划。早在 10 月 2 日,他加入"协和"(Concordia),一个波西米亚地区的德语作家联盟,还与保守程度仅仅稍逊的"美术家俱乐部"(Club of Pictorial Artists)建立关系。同时他继续为他的出版商格奥尔格·卡登蒂特做记者工作。虽说年纪轻轻,但是这一年尚未过完,他已成功吸引了一批来自德语世界各处的艺术家和作家。他尝试着出版了一本小期刊,对戏剧也兴趣盎然。

这一阶段最引人注目的是里尔克对艺术家同道们的广泛兴趣。他经常出现在斯拉维亚咖啡馆的花园,或布拉格咖啡屋,与诗人和画家热切交谈,他们大多和他年龄相仿。他参加各种会议和社交活动,力求在同城艺术圈确立自己的地位。尽管此地社会构成复杂,但这些团体都是清一色的德国人,不过里尔克也略微尝试过跨越语言障碍和更加禁忌的社会划分,接触同时代的捷克文化精英们,可惜收获平平。[①]

他在为作家生涯打基础方面则比较成功,尽管不得不顾及自己对雅罗斯拉夫叔叔的继承人的承诺。他遵守诺言,上了布拉格的德国卡尔·斐迪南大学,不过只是敷衍了事。他竭力避免学法律,因为司法让他难以忍受。在一首轻蔑的讽刺诗里,他嘲弄了《法律大全》——学生们不得不研习的罗马法典——将之形容为"可怕的、积满灰尘的"大部头,扼杀想象力,同无聊的神学或医学讲座一样令人生畏。[②]他挑了最适合自己的哲学,并旁听文艺史讲座。不过,大多数时候他还是呆在自己的房间里,埋头写作。

这一年,里尔克在出版上收获颇丰。先是一本新诗集,起名为《宅神之祭》。这开始了一种每年的传统做法:圣诞节出一本诗集,再在卡登蒂特的新年年历中发表一些诗。里尔克每本书出版都需要补贴,为此他每次都得找一位拯救天使,不过每本诗集都让他在艺术发展上进入一个新阶段。《宅神之祭》就是如此。几乎所有诗都创作于 1895 年秋,他与瓦莉分手,自由感日益膨胀的那个阶段。不过瓦莉仍为他设计了这本诗集的

[①] 参见切尔尼,9—11 及他处的讨论。切尔尼认为,德语批评者倾向于低估里尔克的捷克语水准;捷克语批评者则每每夸大了它。
[②] 《当我迈入大学》,《宅神之祭》,《里尔克作品全集》1:33—34。

封面。瓦莉误以为自《生命与歌》之后,她的恋人需要自由只是为了离开他"憎恨的"布拉格。诗集里最有力的——最大地推动了他的未来的——正是描写布拉格的景色声响的那几首诗。

在《宅神之祭》中,诗人将献祭供奉给罗马宅神,也就是他出生之城的守护神。面对这个尖塔林立的著名城市,诗人用心灵之眼重塑了它。在一首名为《瞭望台观景》的诗中,里尔克采纳了俯瞰下方美景的姿态:

> 我看到高塔,有些如橡实一般圆拱,
> 另一些像细梨一样尖削
> 城市铺陈于前,夜休憩于
> 它的千座山脊上,温柔恬静。

不过,随后他的目光变得更加犀利,将眼前美景转换为一幅内心图景。他继续描写城市:

> 它远远地铺展开黑色的身。远方,
> 看,圣玛丽大教堂的双塔闪亮。
> 那难道不像,两只尖尖的触角
> 城市用它们汲取天堂的紫墨?①

对所见展开细致描述时,里尔克总能巧妙地构筑意象,这种能力将成为他成熟后的一大力量之源。对布拉格的真实场景展开的描写预示着10年后写于巴黎的《新诗集》中对动物和事物更加娴熟的渲染。他试图用"人情味儿"的故事给城市风光增色的时候——准新郎向父亲介绍女友,一个穷女孩的故事,处境悲惨的儿童——依然难免感伤主义的老毛病。《生命与歌》中那些过分简单的故事和拙劣节奏的老问题仍旧存在。不过,他对历史人物和城市景色的描述给这本诗集增添了前所未有的维度。

尽管里尔克仍深陷传统文风,但他并非不曾意识到变革之必要。这

---

① 《宅神之祭》,《里尔克作品全集》1:13。

一认识表现为一种寻求新媒介的欲望,对于这种新媒介,也就是一种灵魂的语言,他将用一生来逐渐完善:①一种灵魂的神秘内心独白,它潜藏在思想中,伏线千里,遥遥释放。

2.

里尔克的作家姿态,不仅表现在智识意义上。他仍住加布里埃尔姨妈家,但社交生活已日益丰富,仿佛离开瓦莉等于打开了监狱大门,广阔天地任翱翔。里尔克急需激励,急需来自文学界的同龄人和长辈的鼓舞,来补偿他在破裂的家庭和军校耗费的那么多年时光。在布拉格度过的这自由的一年中,这种需要日益得到满足。城市的各扇大门从前曾紧紧关闭,如今都对他敞开,不过,原因并非他已声名远扬,而是因为雅罗斯拉夫叔叔的声望,后者虽已去世,仍给里尔克开创着新的发展空间。

他与叔叔的继承人们的约定,导致了一个幸运的结果,让他遇上一位重要的赞助者和引导人。奥古斯特·索尔(August Sauer)②是一位杰出的德语文学教授,里尔克旁听了他的讲座。很快,里尔克开始崇拜索尔,投入了比正常更多的精力去聆听关于诸如阿达波特·斯蒂夫特和弗朗茨·格里尔帕泽等等19世纪作家的讲座,索尔教授正是这些作家的编辑。最重要的是,索尔博士还是著名期刊《欧福里翁》(*Euphorion*)的编辑,在学术圈里声望颇高。能得到他的庇护,堪称一件难得的美事,很快里尔克便设法钻进老师的羽翼之下。

许多年中,里尔克都仰仗索尔博士对他的大力推荐,作为回报,他每出版一本书便写上谄媚的献词寄给老师。教授没有儿女,似乎也热衷于扶持刚起步的诗人踏上正途。在勒内的亲生父亲对他选择的职业大加反对的时候,奥古斯特·索尔却为他提供了真正的鼓励。对于时年40岁的教授,年龄只有其一半的年轻人毫不掩饰地表示了感激之情。不过,这种

---

① 1895年12月2日给天文学者朱利尤斯·鲍兴格的信;《里尔克书信集,1892—1921》1:6—9。
② 参见霍夫曼,292—304及全书各处。

关系是以一段私人往来为前提的:在索尔庞大的教室里,无数的无名之辈中,里尔克之所以得到关注,是因为他认识教授夫人。

艾达·索尔与里尔克是同代人。里尔克出名后,她写了回忆录,记载了他俩认识的时间和地点:1875年9月,她比他仅仅早3个月出生,两家人在布拉格相邻而居。他们在艾达家里认识,相识已有多年。她父亲阿洛瓦·扎赫是一位捷克中士的儿子,当时是大学里的一位古典学者,以对希腊文韵律学的研究和对荷马、赫西俄德和西比路神谕的评注本闻名。艾达的母亲海德维戈是一位多产作家,以罗贝特·赫定为笔名写了不少小说和散文。她女儿秉承家学渊源,也发表了多部感伤诗集、报刊文章和小说。

与瓦莉分手后,一时空虚的勒内被吸引到艾达父母的宅邸,以及奥古斯特和艾达·索尔的寓所。这是好客的一家人。索尔夫妇定期敞开位于斯米科夫区的寓所大门,供布拉格的自由德语社团使用,不过学生是不能参加的。然而,扎赫一家总在他们的沙龙里给里尔克保留一个暖和的位置。艾达后来坚称,她父亲书房里的一系列物品——主要是一尊"古老的阿波罗无头雕像"①复制品和一个玫瑰碗——正是里尔克著名诗歌的原型。不过,优雅的社交、艺术摆设和学习机会并非扎赫-索尔家吸引里尔克的全部原因。事实上,他无法自拔地迷上了艾达活泼的妹妹伊迪丝。②

尽管这段交往没能产生任何持久结果,但是艾达觉得一度他们几乎可能建立起关系。伊迪丝第一次收到勒内送来的写有热切献词的《生命与歌》,以及那些惯例赞美她"炫目的美貌",奉她为"春天最密切的亲戚"的诗和情书时还不到17岁。伊迪丝在一家给英国女士开设的修道学校受到良好教育,准备成为艺术批评家,此外也是学生舞会中的"头号美女",在这种场合,毫无舞蹈天分的勒内根本跟不上她的脚步。

不过,在布拉格度过的这一年中,对里尔克而言,最重要的一件事在于他成功地接触到那些他相信控制着、塑造着文学界的人物。在这方面,他在作家组织中的位置帮了他大忙。能够认识那些他感兴趣的人,阅读、评价,时不时还撰文批评他们的作品,以及和他们谈论他的写作,这些都

---

① 霍夫曼,299—300。
② 同上,298—299。

极大增加了他作为艺术家的自信。他认识了布拉格的大多数作家同仁，并与他们进一步交往，包括物理学者和抒情诗人雨果·撒鲁斯(Hugo Salus)，诗人艾米勒·法克脱(Emil Faktor)，以及——多年后对他起到很大作用的——语言学者弗里茨·茂特纳(Fritz Mauthner)。此外，他还对两个对他的敏感心灵做出回应的人感到分外亲近：画家艾米勒·奥利克(Emil Orlik)和哲学家、剧作家鲁道夫·克里斯托弗·延尼(Rudolf Christoph Jenny)。

里尔克坚韧不拔，终于成功打入文学圈。尽管住在加布里埃尔姨妈孤寂的、与世隔绝的居所里，他却在一个热闹的智识世界中占据了几乎中心的位置。

3.

如果说，勒内·玛丽亚·里尔克居然有可能享受过快乐，那想必是在布拉格，在这个他出生的城市里最后完整地度过的一年中。尽管家人频频质疑他的作品，令他压力重重，故乡可笑的狭隘也令他愈来愈难以忍受，不过，来自外部的回应大大弥补了这些缺憾。虽说他的世界中的各种缺憾，到头来还是会将他压垮，但这一年大多数时候，它们被他在一个特定竞技场(在其上他得以一展才华和抱负)上的成功所抵消。《宅神之祭》表明了他力图将布拉格据为己有的欲望：不仅是城市的现在，也包括城市的历史；不仅是他自己也充任其中一员的上层中产阶级，或者他热望加入的贵族阶层，而且也包括城市的工人和匠人；不仅是这个帝国城市中的德语部分，就连它的捷克语部分的人群，他也兴致勃勃地计划兼顾。

德国人和捷克人之间可谓藩篱森严，因此，这位年轻德语诗人千方百计，终于与分界线那头的同代人开展的接触，得来实属不易。推动这份努力的，首先无疑是文学事业上的追求，不过也不乏真诚，哪怕只是作为对父母的一种反抗，尤其是反抗毫不掩饰地厌恶斯拉夫人的菲亚。年轻的里尔克颇为推崇19世纪捷克诗人约瑟夫·卡杰坦·提尔(Josef Kajetan Tyl)，并宣称受过提尔所作研究的启发，该研究曾在一次民族志学展览上展出①,但是大多数城里的德国人都没参加。《宅神之祭》中,好几首诗都题献给像雅罗斯拉夫·符尔赫列支奇(Jaroslav Vrchlicky)——艾米勒·波斯拉夫·弗里达(Emil Bohuslav Frida)的笔名——之类的捷克语诗人、知识分子,或者像杨·胡斯(Jan Hus)之类教会改革中的历史人物。

和德语部分的很多同代人不同的是,里尔克曾经力图在极其基本的学校要求之外,进一步学习捷克语。他的同情甚至涉及政治。写于约两年后的《布拉格两故事》围绕着这一年的气氛而写,清楚表明了他对于密谋反对帝国的捷克学生的同情。此外,他希望被瓦莉的名人叔叔朱利叶斯·泽尔接受,同样也是出自对捷克民族主义及其代表人物坚定的仰慕之情。与泽尔心爱的侄女瓦莉的短暂订婚期间和解除婚约之后,里尔克都很在意与他的联系,夸张地赞美他的作品。在《宅神之祭》中,他将泽尔奉为他的人民的英雄:

> 您是位大师——迟早有一天
> 您的族人会拉着您凯旋的战车
> 您赞颂民族的传统和神话——
> 故乡的气息在您的歌声中回荡②

里尔克为《宅神之祭》写的一段推广语揭示了他的文学抱负的两个方面:③他希望这本书引起广泛关注,成为流行的圣诞礼物,此外他也希望它扎根于波西米亚土壤,从这个地区汲取力量。想要得到普遍接受,它就必须是德国的。想要有地区性,它又不得不包容捷克文化。朱利叶斯·泽尔对他而言,正代表将此二者兼容并蓄的一种精神。

他们数度联系,有时见面,有时通信。10月初,里尔克在瓦莉父母家给泽尔读过《宅神之祭》里的诗。④在这个熟悉的环境中与她的叔叔见面,

---

① 此事在里尔克给他的诗《卡杰坦·提尔》写的序中有所提及,《宅神之祭》,《里尔克作品全集》1;38—39。参见德米茨,《里尔克的布拉格岁月》,144—145。切尔尼,21—28,及全书各处。我尤其受益于德米茨和切尔尼提供的布拉格的第一手资料。
② 《某位叫朱利叶斯·泽尔的人》,《里尔克作品全集》1:35—36。
③ 参见《里尔克:人生与作品大事记》36—37。
④ 给奥提里·马利布鲁克-斯泰里尔的信,日期不明(大约是1896年2月);马利布鲁克-斯泰里尔,92—93。

对他而言想必不乏尴尬,因为他一个月前才刚刚取消婚约。以他那特有的雄辩口吻朗读了几首诗之后,里尔克听到泽尔发出了"用语言和眼光发出的真诚、温暖的喝彩",不由受宠若惊。泽尔也朗读了摘自他的突尼斯、托莱多和其他地方的游记片段。不过,里尔克在这种关系中充任的不仅仅是一位作家同行。他作为格奥尔格·卡登蒂特的代表,向泽尔征集了一份手稿,准备翻译后供《年轻德国》杂志发表。①

里尔克虽说在公开场合对泽尔赞誉有加,私底下却不乏疑虑,认为泽尔主要是个浪漫派诗人,对于自然主义新浪潮一无所知。这种明显的矛盾或许也反映出他隐隐的居高临下心态,就连一位杰出的捷克语诗人也不能幸免之。不过,年长的这位对年轻朋友也并非毫无不屑。"总体而言,"泽尔指出,里尔克是"一个不错的年轻人……对诗歌事业充满热情"②。不过,里尔克尽管宣称钦佩泽尔的作品,却只能通过翻译来理解它们,因为正如泽尔告诉他的译者奥提里·马利布鲁克-斯泰里尔(Ottilie Malybrock-Stieler)的,里尔克"捷克语不够好,无法直接阅读原文"。

泽尔同意将手稿发表在《年轻德国》上,不过他略带嘲讽的态度表明,对于里尔克宣称支持那些不属于德语圈子的人,其真诚与否,他也不无狐疑。里尔克接触他屈尊俯就地称为"群众"的工人阶层的努力中也暴露出类似的含糊态度。不过,里尔克对艺术中的自然主义以及它在生活中造成的冲突的推崇,在一段时间内始终是他的主题。

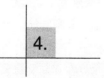

里尔克涉及政治,通常是经由艺术,他在布拉格度过的成型的这一年中,与"群众"的刻意接触就是一例。他新近冒出的民粹思想,作为他宣称为1890年代的"新"审美意识形态的自然主义的一部分,从根子上讲仍是一种与真实世界关联不大的文学理念。

---

① 给马利布鲁克-斯泰里尔的信,日期不明(大约是1896年1月);马利布鲁克-斯泰里尔,91。
② 1896年1月26日泽尔写给马利布鲁克-斯泰里尔的信;马利布鲁克-斯泰里尔,88。

对于一个大半生都将与贵族、工业家和富商为伴的人,里尔克与"群众"走到一起的做法或许显得突兀。不过自然主义信条颇对他的胃口:他可以轻而易举地想象出痛苦的主人公无力地屈服于无法抗拒之强权的形象。不过他也清楚一种与之相反的冲动。尽管布拉格的智识环境落后于其他欧洲文化中心,但是对于针对工业社会所造成的无助感的另一种回答,他也了然于心:美的抬升。对这个阶段的里尔克来说,这两者并不对立,事实上,正如托马斯·哈代和詹姆斯·乔伊斯一样,他也很快学会了将他的自然主义约束在审美范畴中。他设法将它们视为对同一个文化混乱现象的不同回答。不过,盘踞在他思想中的,是一种他的自然主义也需要为之服务的勃勃野心:他梦想能拥有一个庞大的读者群。他希望能促成一种流行文化,为此他调整语言,令之变得简单、优美。

为了实现打入普通人的愿望,里尔克在1895年12月,也就是《宅神之祭》问世前后,进行了一次出版尝试。他给这份出版物取名《菊苣花》,效仿的是一位德语社会主义诗人卡尔·恩凯尔(Karl Henkell),后者在苏黎世也出版了一份期刊,同样以花为名,叫做《向日葵》。事实上,里尔克开创自己的小杂志之前,刚刚在布拉格的《德国晚报》上评论过《向日葵》。

在关于《向日葵》的评论以及对于自己杂志的创刊号的介绍中,里尔克都表现出恩凯尔那种对"群众"的热情,不过他并没有后者的社会主义信仰。①对里尔克来说,《菊苣花》的目的主要是纯文学研究:创造优秀的文学,让它们抵达工厂、食堂、保龄球馆、医院和酒吧的"群众"手中。②起初他用来自父亲家族的一部分津贴进行投资,希望能提高"工人的智识水平"。杂志副标题为《给人民的礼物》。

尽管这些宣称信誓旦旦,但《菊苣花》仍乏人问津、无人知晓。原因之一是布拉格的大部分"群众"都并非德国人,而是捷克人,对德语诗歌缺乏兴趣。因此他只能触及他心目中的无产阶级的一小部分。此外,里尔克的言论也表明,他召唤的主要是他的同仁们。创刊号上的日期是1895年圣诞前夕,在导言中,里尔克呼吁作家同仁们不要把作品印成廉价版本发表,那只会让有钱人更轻易地买到它们。相反,他建议大家免费发放自己

---

① 《菊苣花》,《里尔克作品全集》3:112。
② 1896年2月1日给理查德·祖茨曼的信,《里尔克书信集,1892—1921》1:12—13。

的作品,好让那些要在买书和买面包之间做选择的人读到它们。关于杂志的名字,他解释说出自名医帕拉塞尔苏斯(Paracelsus)的传说,后者生活在15世纪,据传擅长魔法,是第一个探索生物体的化学基础的人。根据这个传说,从前,每到一个新世纪,菊苣花都会幻化为人。同样地,这本小书中的诗也将唤醒那些阅读它们的普通人的灵魂,将之提升到一个新高度。

创刊号中收了21首诗,作者都是里尔克。开篇诗的结尾是这样的:

> 迷醉于声名,伟大的诗人们
> 倾听其单纯的歌谣
> 虔诚得就像,从前听取
> 西奈山顶的上帝训诫的人们。①

里尔克设想的杂志前途一片光明,它将包括多位作者投稿的戏剧、散文和小说。不过,很快他就陷入失望。尽管他觉得已经炮制出一份成功期刊,但它有限的流通量令他非常不满。事实上,他开始疑惑,虽然在书店、工会大厅和许多其他地方摆了免费样刊,但他的杂志究竟有否机会"打入群众"。

《菊苣花》不乏外界支援,比如将为里尔克的下一本书投资的作家理查德·祖茨曼(Richard Zoozmann)就表示支持,但是《菊苣花》还是成了一份短命杂志。里尔克告诉祖茨曼,这些"单纯的歌谣"没有像他希望的那样,给某些"孤独的小屋""带来一点光明和快乐"。②尽管如此,1896年4月1日又出了第二期,继续试图打入无权无势的人群。不过,鉴于其内容只有一部里尔克写的感伤戏剧,也就是《此刻,就在我们死去的时辰》(*Now and in the Hour of Our Dying Away*),它实在不大像是能鼓励沮丧者重整旗鼓的读物。日后这份期刊作为一份先锋文学期刊,一度得到短暂的复兴,但是作为一份意欲免费供给穷人的"优秀文学"期刊的《菊苣

---

① "迷醉于声名,伟大的诗人们",《民歌》,《里尔克作品全集》3:113。切尔尼,22—23,引用了这首诗,视之为里尔克最初吸纳捷克主题的一个例子。
② 《里尔克书信集,1892—1921》1:12—13。

花》在 4 月份寿终正寝。

　　同时,里尔克热情地发起了一场推销《宅神之祭》的战役。他自费寄出大量信函和免费赠书,对象囊括诸如阿图尔·施尼茨勒(Arthur Schnitzler)①这样的文坛新秀和特奥多尔·冯塔纳(Theodor Fontane)这样的功成名就者。进行推广的同时,他也不忘为他的出版商格奥尔格·卡登蒂特作代理人,不过后一份工作给他带来了麻烦。

　　根据里尔克的建议,出版商同意用一期《年轻的德国和年轻的阿尔萨斯》特刊来作试验,辟作奥地利专题,尤其关注帝国中像阿尔萨斯一样德语文化遭挑战的地方。②卡登蒂特被这个想法打动了,不过他是一名商人,不会光凭一个 20 岁毛头小伙的鼓动就贸然行事。自认为是特殊编辑的里尔克自说自话地为一期前所未有的奥地利专刊征集起了稿件,卡登蒂特却只是把这个说法当成一种增加杂志销量的手段。里尔克收集了不少稿件,包括他争取来的泽尔作品译本,不过由于他在增加订阅人数方面一无所成,这些投稿都未被刊用。里尔克为了帮他们弄到稿酬而据理力争。最后,他称卡登蒂特的杂志为"半吊子作者的收容所",最后连他自己的作品也遭到质疑(他们就某个词能否通过"审查"展开了一场争执),分裂不可避免。里尔克告诉泽尔的译者奥提里·马利布鲁克斯泰里尔,他已"辞去《年轻的德国》的编辑工作"③,尽管他其实从未得到过这个任命。

　　不过,对于一个刚刚 20 开外的年轻作者而言,这些活动不无益处。通过它们,他与文学世界的脉搏紧密相贴。他工作非常努力。在瓦萨路的住所,他的书桌上堆满手稿和校样。除了大量诗歌,他还写了很多散文小品、小说和散文诗——以及他指望大获成功的戏剧。这个时期写的短小散文中,比较突出的包括《死去的女人》和《一个人物》之类心理速写,它们关注的是他偏爱的死亡主题,实际上为他的戏剧实施着主题试验。

---

① 1896 年 4 月,"里尔克和阿图尔·施尼茨勒",283。
② 1896 年 1 月 3 日和 1 月 11 日给格奥尔格·卡登蒂特的信;德国文学档案馆。1896 年 1 月 4 日;德国文学档案馆和《里尔克书信集,1892—1921》1:9—12。也见于 1896 年 2 月 28 日和 5 月 2 日;《里尔克书信集,1892—1921》1:13—16,以及 1896 年 5 月 12 日;德国文学档案馆。
③ 1896 年 5 月 2 日给奥提里·马利布鲁克-斯泰里尔的信;马利布鲁克-斯泰里尔,94。也参见 1896 年 5 月 16 日给拉丝卡·凡·欧斯特伦的信;《与拉丝卡·凡·欧斯特伦女男爵书信集》,17。

这种对死亡的关注，仍旧主要只是一种文学上的作态，一种与里尔克对自然主义的喜好类似的形式主义做法，不过，这一阶段的两首名为《死亡之舞》的散文诗，以较严肃的态度处理了死亡与背叛。里尔克在《菊苣花》第二期封底宣传了这两首诗，并告诉朋友们它们即将发表于著名的《德国评论》。不过这些小说和小品一篇也没有发表出来。它们被一股对于在他的事业中寻找"策略"的激情取而代之，最后又被他与戏剧的不幸遭逢所取代。

5.

年轻的里尔克设想着自己成为伟大诗人的命运，这令他在布拉格度过的最后一年兴致勃勃，维持着这份设想的，部分在于他构建一个自己可以在其中拥有一席之地的社交结构的努力。他于1895年秋天加入的两个组织——"协和"和美术家俱乐部——显得过于传统，无法满足他希望跻身与时俱进的文学圈的欲望。因此他热切地转向同仁们，力图成立一个新组织。

这一举动的动力来自一位文学经营者，哈利·路易·冯·狄金逊-维德堡(Harry Louis von Dickinson-Wildberg)，化名博多·冯·维德堡。此人30出头，有部分英国血统——这一点加上名字中的"冯"，顿时所向无敌——正在寻找人共同组建"真正的现代人联盟"[1]，一个来自欧洲各地说德语的先锋派知识分子和艺术家的组织。里尔克满腔热情地加入了这个新组织，并将《菊苣花》提供给它作为宣传工具。

在这场朝向新的现代性的进军中，里尔克认识了一位年轻作家：拉丝卡·凡·欧斯特伦女男爵，他曾在《波西米亚》杂志上拜读过她的作品。

---

[1] 1896年5月7日给博多·冯·维德堡的信；《里尔克书信集，1892—1921》1：18及别处。4月里，他对施尼茨勒宣布《菊苣花》从下一期开始将成为一个新协会的宣传媒体。"里尔克和阿图尔·施尼茨勒"，283。给拉丝卡的信里也写道，"作为这个亲密无间的协会的宣传媒介，我献上《菊苣花》，它会保持独特的个性，只是稍有改动，变成刊登所有协会成员的作品载体。"1896年5月6日；《与拉丝卡·凡·欧斯特伦女男爵书信集》，31。

12月底,里尔克第一次与她接触,当时命运坎坷的奥地利专题版《年轻的德国》尚未宣告夭折,他利用这层关系,邀请她给他的杂志投稿。①当然,这一邀请之下有着浪漫的潜台词。她的吸引力不仅在于是一位与他年龄相仿的年轻作家,而且更是一位女男爵,其家庭夏天到布拉格附近的宜人乡间维勒斯拉维(Veleslavin)的城堡消暑,其余时间在维也纳过着宽绰的生活。她的贵族谱系尽管说不上完美无瑕——其家族来自荷兰,再之前来历不明——却已足够诱人。勒内也认识她哥哥,天主教作家维纳·凡·欧斯特伦,后来与之展开过合作。

3月不到的时候,里尔克获悉拉丝卡突然抵达她家族的城堡,便着手计划与之交往。他打算亲自向她解释组建年轻现代主义者组织的野心勃勃的计划,不过他事先没有预约,到达时恰逢佳人外出。失望的诗人不得不转而给她写了一首空洞的"诗体信"②,它是在车站等待下一趟回布拉格的火车时草草写就。他满怀热情的使命感,提议采取措施,给他们半死不活的城市增添一股新的精神,这一老调重弹的设想,除了一些缺乏诚意的姿态之外,针对的也仅是城里的德语人群。他建议他们形成一个年轻人的圈子,重审当地风貌,把古老的布拉格再度变成一个艺术家之城。

冲突是代际的。里尔克继续参加各种老牌组织的音乐会、诗歌朗读会和讲座,不过与之始终保持嘲讽的距离。里尔克起初开启事业时曾求助过阿尔伯特·克拉尔博士这样的高官,或者德国大学里的那些教授,在他们作讲座、发表餐后感言,用自己的头衔给社会活动添彩时,都让里尔克觉得傲慢自大。③那年春天写给拉丝卡的大量信件中,勒内详细地、不屑地对这些活动进行了戏谑描述。不过,他自视为这些俱乐部的传统成员(他们代表着布拉格)和秉持类似于先锋派的精神、展望着未来的年轻人之间的中介人物。尽管对那些为久负盛名的贵宾所举办的活动中那些真正的、未来的艺术家们大加挖苦,但他也非常渴望作为新一代的先锋被接纳进这些活动。

1896年5月,博多·冯·维德堡和勒内·里尔克完成了他们创办新

---

① 1895年12月30日,《与拉丝卡·凡·欧斯特伦女男爵书信集》,13—14。
② 1896年5月16日,《与拉丝卡·凡·欧斯特伦女男爵书信集》,15—17。
③ 1896年5月23日,《与拉丝卡·凡·欧斯特伦女男爵书信集》,19—20及别处。在同一封信中,里尔克详细描述了他对于一个德语国家及国外年轻一代艺术家大联盟的设想。《与拉丝卡·凡·欧斯特伦女男爵书信集》,21—22。

联盟的计划。他们将联盟的名称由"真正的现代人"改为"现代幻想艺术家联盟"①。它只对一些年轻的、趣味相投、观念现代的德语艺术家开放。充任其媒体的《菊苣花》需要得到全新调整。尽管里尔克始终相信他可以保留小册子的初始特色,但这显然不大可能,因为它要承担的是促进发展尚属稚嫩的先锋精神的艰巨任务。这个志同道合的圈子将展开无私的、自觉的思想交流,并推出相应作品。②

不出所料地,里尔克在一个似乎无关紧要的问题上,和这个组织的部分成员展开了争执:是否要扩大联盟,接纳一些非德语艺术家?他的自由主义观点倾向于接受一些外国艺术家,但这遭到狂热民族主义的准成员的攻击,某诗人甚至称里尔克的立场为"盲目的大同主义者"③。勒内要求博多帮他挡开这些攻击,但他试图收纳像他崇拜的剧作家莫里斯·梅特林克之类作家的打算没有成功。不过,《菊苣花》刊印下一期作者名单时,除了像特奥多尔·冯塔纳这样的著名德语知识分子之外,两位捷克语诗人的名字也赫然其中,显然是里尔克的决定:朱利叶斯·泽尔和雅罗斯拉夫·符尔赫列支奇。

里尔克热情地给联盟的精神和目的作出定义。前两期《菊苣花》中定义为"为人民服务"的"社团"概念被替换为"现代创作者的公共团体"④概念,或曰一种对"情绪"(Stimmung)——也就是一种心情或情感气氛——的臣服,它将把艺术家们团结在他们亲密的幻想、他们私人的想象中。

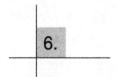

里尔克在布拉格的最后一年里持有一个梦想,他觉得自己可以成为

---

① 里尔克在 1896 年 4 月的信中对施尼茨勒提到了这个新联盟计划的名称。"里尔克和阿图尔·施尼茨勒",283。
② 1896 年 5 月 6 日给拉丝卡的信;《与拉丝卡·凡·欧斯特伦女男爵书信集》,30—31。"这个联盟的名字'现代幻想艺术家联盟'……是博多·冯·维德堡想出来的"。
③ 关于"盲目的大同主义"(Weltdusel)和里尔克要求博多·冯·维德堡与他的评论者、作家彼得·泰尔打交道,参见 1896 年 5 月 7 日给博多·冯·维德堡的信;《里尔克书信集,1892—1921》1:17—18。
④ 1896 年 5 月 7 日给博多·冯·维德堡的信;《里尔克书信集,1892—1921》,1:18—19。根据里尔克的说法,关于"情绪"的讨论基于阿尔弗雷德·克拉尔的意见展开。

一个成功的剧作家。这一梦想未能实现,因为他的天赋不在于此,不过在世纪之交,他写了一些戏剧,大多数都极富现实主义、极其感伤造作。一度里尔克自信,他最擅长戏剧,即便从这个领域撤出后,他仍对之保持了终生的兴趣。

早在1895年9月,里尔克写了一封热情的信给马科斯·哈尔伯(Max Halbe),一位来自慕尼黑的作家,他迅速取代卡登蒂特,成为里尔克的精神导师。①里尔克与哈尔伯相识于布拉格的"协和"组织活动中,他迅速发觉后者可以推进他在戏剧界的事业。作为未来的弟子,里尔克自然对他赞誉有加。他盛赞一出上演于布拉格的哈尔伯浪漫剧:"(极其)扣人心弦,我盯着幕布。盯着它? 不,我仿佛就生活在里面。因此,当幕布最后一次落下,我抽泣不已,无法从座位上站起。"几乎是不乏心机地,他询问杰出的大师是否同意自己将刚写完的剧作《晨霜》题献给他,伟人尽管明显有点为难,但两个月后还是同意了这一请求。

《晨霜》只是年轻的勒内·里尔克从1895年开始撰写的一系列戏剧中的一部,它们都以濒临灾难的紧张家庭关系为背景,大力探讨诸如死亡、毁灭和对女性的性勒索之类话题。他遵循当时的自然主义共识,不过亦以隐晦的方式涉及一些痛苦的个人主题。

《晨霜》将一个缠绵的故事拓展成完整的三幕剧。它的标题隐喻着扼杀情欲之花的"过早的严寒",或者说,它暗示着年轻的爱情尚未有机会开放便冻僵而死。它创作于1895年夏秋那几个兴致勃勃的月份中,次年又经一次大改,最终完成于1897年,当时里尔克已迁出布拉格。

在这出"家庭浪漫剧"中,主要角色包括一位压力重重的父亲,他像约瑟夫一样任职于铁路;一位掌管一切的母亲,描写这个人物的时候,里尔克可能正值对菲亚的不满达到顶峰之时;女儿爱娃;还有一个邪恶的引诱者,他破坏了这家人原本已经岌岌可危的和睦;还有一个"善良的"追求者,他几乎让这个家庭又恢复平静,可惜功亏一篑。父亲收到勒索,威胁要揭发他一度挪用铁路款项供家人庆祝节日,父亲决定接受对方的出价:把女儿爱娃提供给他一晚。爱娃刚刚遭到"善良的"追求者的抛弃,后者转而追求一个更富有的女人。她同意被"占用"。不过,恶棍刚从揉皱的

---

① 1895年9月23日,"里尔克早期几封未发表的信"(给马科斯·哈尔伯的信),188—189。

床上下来,追求者就露了面,再度向她求婚。爱娃坦白了自己刚才的作为,追求者在嫉妒的狂怒中掐死了她,父亲也承认了自己的罪行,自尽身亡,警察冲上舞台。幕布落下。

作为一部心理社会剧,这出戏出乎意料地坦率。其情节至多是一幕幕家庭生活的漫画,手法是一种残酷的、偶尔不乏嘲讽的现实主义,但其表面之下仍有一种关系结构若隐若现,暗示着里尔克昔日和最近的个人历史。女儿爱娃是一个双重的平面形象:作为一个困在没用的父亲和精明的母亲之间的孩子,她影射的正是作者勒内——带有女性身份特征,以及一种不知真实还是想象的,认为自己遭抛弃、被用来取悦别人的感觉。同时,她又是一个被利用的女人,"真爱"离开了她,她屈服于错误的人、遭到"毁灭",作为一部恰好写于里尔克和瓦莉分手的几个月间的戏剧,这一形象令人不安地联想起瓦莉。不过,这出戏也提出了纵然令人不适,却不失有理的问题:"善良的"人的谋杀是否比"邪恶的"人的诱奸更高尚?"善良的"人杀死他爱的女人,不允许她"不纯洁"地苟活,这种做法正确吗?只有死亡能洗涤性暴力的污秽吗?感伤的结尾对所有这些问题做出了否定回答,强调了里尔克的信念:女人有权自己做主。

不出意料地,《晨霜》命运坎坷。瓦莉描述了它的可笑之处[①],尽管她把它和里尔克的另一出戏搞混了,但她记得演出时观众厌烦无比,直到扮演勒索者的演员出了个大错。诱骗爱娃时,他做了个猥亵手势,引起一阵哄堂大笑。雇用来拍手的人嚷着作者的名字,勒内却遭到一阵嘲弄的大笑和嘘声。

里尔克煞费苦心,却没找到愿意出版《晨霜》的人。遭到 S. 费舍尔·出版社(S. Fischer Verlag)拒绝之后,他转向马科斯·哈尔伯,指望导师读过他早先寄去的剧本并欣赏之。[②] 几星期后,1897 年 1 月,哈尔伯终于回信。显然他的回复令里尔克非常失望,因为里尔克的回答中,仅仅感谢导师"直截了当的真诚建议"[③],并允诺将来自己会更为成熟。他还谄媚地试

---

① 赫施菲德,718。关于《此刻,在我们……》,里尔克对拉丝卡承认,严肃和可笑之间的界线容易模糊。1896 年 5 月 21 日;《与拉丝卡·凡·欧斯特伦女男爵书信集》,38。
② 1895 年 12 月 10 日;"里尔克早期几封未发表的信"(给马科斯·哈尔伯的信),190。
③ "里尔克早期几封未发表的信"(给马科斯·哈尔伯的信),192。

探了凭借作品《情变》一时声名如日中天的"施尼茨勒大师"①,但是没有收到任何答复。

《晨霜》的一个直接副产品为一出独幕剧,《此刻,我们死去的时辰》,1896年4月,里尔克在《菊苣花》第二期刊载了这出短剧,它无所不用其极地探索了社会和精神之痛苦。此时他视鲁道夫·克里斯托弗·延尼为导师②,后者是他在美术家俱乐部认识的。此人是一位38岁的哲学专业学生,其睿智、离经叛道的精神影响了年方20的诗人。延尼在戏剧上对里尔克影响很大,尤其是他选择作为自己戏剧载体的刚刚起步的自然主义,他的戏剧《不须知道戒律》似乎成为里尔克效法的典范,因为里尔克也写了一幕独幕感伤剧,角色和情境都很相似。

里尔克的独幕剧是一部糟糕的感伤剧,主题是乱伦和贫穷对纯真的毁灭:一个垂死的母亲,一位自豪的女儿,她将自己奉献给一位邪恶的房东,以避免被逐出门,却发现后者是她的生父,此外还有一位对姐姐深信不疑的13岁妹妹,事实动摇了她的信念,她恐惧地念诵祷文,幕布落下。或许雅罗斯拉夫叔叔的大名仍在布拉格保护着侄儿,也或许当地费用低廉,总之,里尔克为自己的大多数剧作都找到了制作人,包括这出感伤剧和《晨霜》。

里尔克给拉丝卡·凡·欧斯特伦写的聊天信贯穿诗人五花八门的活动,它们内容详细完整,近乎日志,足以用于出版。这些信件不仅承载了他的思想,也是一个活跃的组织者刻意写得随意的报告。里尔克显然希望打动这位年轻、出身良好的女士,信件内容不外乎隐隐的挑逗和社交八卦,不过他也力图让她加入自己的事业。布拉格的剧院是他俩都感兴趣的领域之一,勒内详细讲解了布拉格大众剧院的历史,它矗立在"葡萄园",是一个比城里的主流剧院德国剧院更时髦的所在。③这家小剧院资金有限,因此里尔克提议他们共同创建一个"免费剧院"。拉丝卡并非里尔克的唯一目标。他的想法甚至得到了当局赞许,直到后者发现他是认真的。

---

① 参见"Anmerkungen","里尔克和阿图尔·施尼茨勒",293。
② "序言",《1896年书信、诗歌和散文集》,10—11。也参见德米茨,《里尔克的布拉格岁月》,170页之后,对这种导师—门徒关系的详细讨论。
③ 1896年5月6日;《与拉丝卡·凡·欧斯特伦女男爵书信集》,29页及之后。

这几个月里,戏剧之梦吸引了里尔克的大部分注意力,令他丢开了先前的其他工作。他希望用大众剧院的"免费戏剧"上演梅特林克和其他进步主义戏剧家的作品,这将给他带来行动的机会。不过,此时他也决定去布达佩斯,拜访几位远亲。他挑选了匈牙利王国千年庆典的时机,以满足自己无法摆脱的不安分天性。他的朋友和导师延尼将陪他到维也纳,之后他将独自上路,希望在布达佩斯找到个把能为他们的大众剧院提供强有力的新资源的人。

7.

从维特森(Whitsun)开始,里尔克向维也纳,他的匈牙利之行的第一站出发,延尼希望在那里找到一个剧院上演他的《不须知道戒律》。这出戏已经在诸如萨尔茨堡和切诺维斯(Czernovice)这样彼此相距甚远的小镇成功上演,不过现在延尼希望从外省转移回来。里尔克在都城没有逗留太久。很快他就继续前往布达佩斯,亲历匈牙利庆典。[①]他住在亲戚家,参加游行和其他活动,参观历史展览,沉浸在快乐的气氛中。

尽管有这些事情分心,但里尔克不曾真正放松。对于资金的担忧始终萦绕于心。5月31日抵达布达佩斯之后,他发现自己极其缺钱,父亲和姑妈不打算前来,《宅神之祭》获利菲薄。住在匈牙利远亲家也并不怎么愉快,他和后者缺乏共同语言。他叔叔是个海关官员,曾任军队中尉,业余以约瑟夫·穆勒-拉罗[②]的笔名给地方小剧场写评论。里尔克认为此人早已因为足以抹杀任何高层次感受的服役而心灵枯竭,其评论因此仅限于肤浅的新闻报道档次。

里尔克在大城市总感觉不适。布达佩斯和喧闹庆典很快令他厌恶。没过几天,他就请求延尼发一封紧急电报来召他回家,好以此为借

---

① 参见《与拉丝卡·凡·欧斯特伦女男爵书信集》,34—35。
② 1896年5月31日给鲁道夫·克里斯托弗·延尼的信;《1896年书信、诗歌和散文集》,21—24。

口迅速离开。一封写给拉丝卡的详尽长信中,大部分都是一首描写对自然和历史展览的印象的散文诗,没有任何对布达佩斯的确切描述。①此地有所欠缺:城市缺乏维也纳或慕尼黑的和谐气氛。他思念"夜莺"。

他更担忧的是延尼的精神状况,后者为其剧作筹划未来的上演时,遇到了始料未及的挫折。几星期前,勒内才写了一封卑躬屈膝的信给阿图尔·施尼茨勒,但为了让朋友感觉好受一些,他毅然称施尼茨勒为"文学暴发户"。施尼茨勒的《情变》,继在维也纳取得巨大成功后,刚刚为布拉格的德国剧院接受,准备上演。而延尼的《不须知道戒律》在因斯布鲁克取得初步成功后,在这些大一点的城市均遭拒绝。里尔克对友情无比忠诚。他急切地向朋友保证,只要还有公道,一两年之内"阿图尔·施尼茨勒将谦卑地在著名戏剧家延尼的前厅等候接见"②。

里尔克在6月中旬回到布拉格,住在其家族在"葡萄园"的夏季住宅里,忙于写作和为戏剧的上演而四处交际。同时,他与凡·欧斯特伦一家不断发展关系,后者此刻正在维勒斯拉维的城堡消暑。里尔克坚持不懈地给拉丝卡写去充满挑逗、提供各种资讯的信,终于得到邀请去城堡做客。他自称为这个家族的"宫廷诗人"③,并扮演了这一角色。8月,作为回报,他得到一份特殊邀请,参加给凡·欧斯特伦家的女儿们举办的舞会。勒内终生厌恶跳舞,不过这一邀请令他受宠若惊。

8月6日,里尔克终于使其通俗"现代剧"《此刻,我们死去的时辰》上演,它是布拉格大众剧院的义演项目,同时上演的还有一部法国闹剧。④在公开场合,里尔克对其表演欣喜若狂,感动异常。不过,尽管演员们非常努力,但演出仍无法掩盖剧本的可笑荒谬。观众时不时爆发出不合时宜的笑声。幕布落下后,善良的观众们仍报以掌声,里尔克颇为尴尬。报界反应是温和的赞许,或许是为了鼓励"本地人才",不过《波西米亚》杂志不无正确地称此剧为"充满要命的复杂性的痛苦堆砌",是一出"披着日常服

---

① 1896年6月2日;《与拉丝卡·凡·欧斯特伦女男爵书信集》,43—46。
② 1896年6月5日给延尼的信;《1896年书信、诗歌和散文集》,26。
③ 1896年7月13日;《与拉丝卡·凡·欧斯特伦女男爵书信集》,52及别处。
④ 《里尔克作品全集》4:1049—1050。

装的歌谣,但称不上戏剧"。①它勉强同意作者不乏戏剧天分,这使里尔克得以继续沉浸在幻觉中,相信此剧大有前途,甚至还向马科斯·哈尔伯报告说它取得巨大成功。②

初秋,他跟随一位他仰慕的年轻女演员颜卡·卡尔森(Jenka Carsen)从布拉格大众剧院辗转到了奥地利的格蒙登,后者在那里的夏季剧团工作。他没有逗留多久,花了几个星期时间在这一带到处旅行,从奥地利到苏台德山脉,再到萨克森,以及德累斯顿,其间还数度返回布拉格。

1896年渐渐过去,里尔克继续不断给拉丝卡·凡·欧斯特伦写去优雅、无关紧要的诗体信,同时为新诗集准备诗歌。他最关心的还是出版,因此再度与理查德·祖茨曼联系,后者找到了一个愿以300马克的补贴出版此书的出版商。③里尔克只能筹集一半的钱,不过祖茨曼提供了其余所有费用,解了他的燃眉之急。

此时,里尔克终于决定离开家乡。他天生不是一个安分之人,偏远的布拉格再也没有什么吸引他的东西了。这里气氛可笑,他在"协和"的集会上或者《波西米亚》的书页之间不得不忍受这种氛围,更加令他不耐。不过,最重要的是,他担心自己会被困住,沦为家族的中产阶级期望的牺牲品。他们对他仍抱有希望,频频给他施加压力。

在慕尼黑这个德语世界的主要文化中心之一,他将终于找到自己的天地,自由地翱翔。那些曾标志着他在布拉格步入正途的东西——当个成功剧作家的梦想,民粹主义追求,对"新艺术"的掌握——注定都要被抛诸脑后。仅存的是他作为诗人的力量之核。慕尼黑将成为他的下一阶段。

---

① 《波西米亚》评论,1896年8月7日。引自西伯尔,134。西格弗里德·霍菲特在编辑"里尔克早期几封未发表的信"(给马科斯·哈尔伯的信)通信集时标注"一份慷慨友好的评价"。"里尔克早期几封未发表的信"(给马科斯·哈尔伯的信),193,注释15。
② 1896年9月28日;"里尔克早期几封未发表的信"(给马科斯·哈尔伯的信),193。
③ 1896年9月25日;《里尔克书信集,1892—1921》1:25;489页注释。

第二部分
诗人的觉醒

第 4 章　慕尼黑的新天地

> 我的诗集就是我的坦白,我一生的故事。①
> ——1896 年 9 月 28 日
> 致阿诺德·威姆霍泽

1.

在布拉格的最后那些天充满兴奋和希望。空气中弥漫着秋天的气息,里尔克一想到将把外省生活抛在身后,心头便一阵激动。不过,令他对于离开如此期盼的,不仅是对眼光狭窄的家人,或者对于故乡小城平庸的保守思想的不耐。他渴望在社会和智识方面大开眼界,接触到新的天地。此外,他最希望的是见到新人:年轻、勤奋、清醒的人。到达慕尼黑后,他很快对拉丝卡·凡·欧斯特伦宣布,这里对他来说已经很亲切了,它"信任"他。②

此次搬迁的表面理由是继续求学,因此里尔克继续接受着表姐妹给他提供的教育津贴,而无视后者的反对。不过,不尽如人意之处在所难

---

① 基于里尔克写给他在林茨期间交上的朋友阿诺德·威姆霍泽的信,信中他宣布自己将搬到慕尼黑。施托克,"里尔克的林茨岁月",128。
② 1896 年 10 月 3 日;《与拉丝卡·凡·欧斯特伦女男爵书信集》,59。

免,他对于《晨霜》的命运始终忧心忡忡。这出戏在维也纳的莱蒙德剧院的办公室里蒙尘数月,在柏林的德国剧院同样乏人问津。里尔克请求延尼在维也纳帮他说情,因为他需要向家人证明自己有能力作为作家而谋生。①

靠着一点点不甚可靠的经济支援,里尔克得以在新环境里拓展社交和个人生活,力图追求一种真正自由的艺术精神。不出所料,他在艺术家们偏爱的施瓦宾(Schwabing)落脚。安顿下来后,他几乎立刻就和趣味相投的同龄作家、画家和音乐家们交上朋友,包括年轻的小说家威尔海姆·冯·舒尔茨(Wilhelm von Scholz),作曲家奥斯卡·弗莱德(Oskar Fried)和作家兼翻译家弗兰齐斯卡·冯·李文特劳(Franziska von Reventlow)。

抵达慕尼黑的第一个月主要用来了结旧事。《菊苣花》仍在继续。第三期用来宣告"现代幻想艺术家"联盟的成立,主要由里尔克负责,他在10月初就将它付诸印刷。在他看来,这份期刊刚刚才开始新生,远非行将终结。他希望第四期在圣诞节印出②,并向朋友和熟人,包括拉丝卡和她哥哥募集赞助。③当理查德·戴麦尔(Richard Dehmel),一位著名诗人,亦是杂志的未来投稿人,发出询问时,里尔克回答他,新一期将在1897年1月出版。他也宣布了新的目标:取代原先的民粹主义。"这些小册子已经成长为抒情诗的非正式选集。它们并非出于任何商业目的的期刊,而是私人圈子中真正的、敏锐的抒情诗歌的合集,目的是给无知和麻木的僵硬表面不断造成震荡。"④这是一份大胆声明,表明了里尔克当时的理想,也让他倍感事业起步时的幸福感。不过,几星期后,他由于一种"无名的痛苦"取消了与哈尔伯的会面,因为他的呻吟声堪比炉子的嘶嘶噪音。⑤数月后,《菊苣花》缺乏资金,悄然关闭。

里尔克沉吟多时,才给他的第三本诗集取名为《以梦加冕》,他重新开始了力图在正确领域里出名、追求认可的努力。他像从前一样寄出大量赠阅本,其中只有少数是寄给布拉格的老朋友们。大多数免费诗集都送

---

① 1896年11月9日;《1896年书信、诗歌和散文集》:36—38。
② 1896年【7月】写给汉斯·本茨曼的信;《里尔克书信集,1892—1921》1:23—24。
③ 1896年10月3日;《与拉丝卡·凡·欧斯特伦女男爵书信集》,59。
④ 1896年11月29日给理查德·戴麦尔的信;《里尔克书信集,1892—1921》1:26—27。
⑤ 1896年11月7日;"里尔克早期几封未发表的信"(给马科斯·哈尔伯的信),193。

给了慕尼黑的新交,以及他认为的文学界名人们。

最直接的结果就是,里尔克成功地吸引了路德维希·冈霍费尔(Ludwig Ganghofer)的注意,后者是一位巴伐利亚小说家和诗人,当时颇具声望。年轻的初来乍到者新近结识一对夫妇——作家康拉德·台尔曼(Konrad Telmann)及其夫人,画家荷米恩·冯·普鲁申(Hermione von Preuschen)——他们强烈建议他去拜访冈霍费尔。里尔克便给他寄去一本《以梦加冕》,还有一张谦逊的便条和台尔曼的一张名片。[①]回信很热情,此后一段时间,"大师"成为里尔克重要的支持者和建议者。随着他在慕尼黑的圈子不断扩大,里尔克也和米歇尔·康拉德(Michael Conrad)成为朋友,后者是一位杰出的作家和编辑,同时也是一位出色的政治家。

现在,里尔克的"梦之孩童"(他对新作的称呼),开始获得褒贬不一的评价。尽管水平参差不齐,这本新诗集中有相当多诗篇已经明示出一种变化。诗集标题《以梦加冕》指明了这种变化的方向。如果说《宅神之祭》中部分诗歌预示着里尔克日后的一些叙事诗,那么这本公开关注梦境的新诗集则表现出关注内心的倾向。尽管其中一些日期早在1894年的诗歌并没有表现出这种变化,但是大部分新作都尝试转向内在,关注心灵。

"我的心灵,"里尔克在诗集开篇的几首诗之一里写道,"宛若一座被遗忘的小教堂……祭坛上荒僻的五月阔步而行。"[②]"我"得到强调——"我觉得……"——诗歌进一步展现了心灵之眼看到的拟人之物。他写道,"一座村庄,低调地裹着平静之衣",以及一座"长着礼拜天的脸的村庄"。诗的后半部中,他直接描写回忆:

> 我称为神圣的一段回忆
> 照亮我的内心灵魂之路
> 恰似大理石神像的光耀
> 穿透神圣树林的朦胧。[③]

---

① 1896年12月7日;慕尼黑州立图书馆。
② "梦"I和II;《以梦加冕》,《里尔克作品全集》1:75—76。
③ "梦"XXVII;《里尔克作品全集》1:87。

随着"死寂的日子迈步走过",用"白手举着香束",一段"死去五月"的神圣回忆变得形象起来,被公诸于世。梦境转变为公开可见的事件,无形的梦变成了具体表现,标志着里尔克诗歌的成熟。一度为城市占据的空间,如今换成了影影绰绰的形象和声响的内心舞台。

《以梦加冕》出版于12月初,借此,里尔克得以带着新的自信面对父母。他对约瑟夫简单地解释道,这本小册子是他追逐艺术之诚恳的最新证明。对菲亚他则没有如此戒备,而是做了更多解释,将这本书作为1893年以来第一次重新开始认真对话的良机。①他宣称已经进入一个新阶段,指出她所讨厌的那些戏剧,诸如《此刻,我们死去的时辰》,远远无法与他现在的作品比拟。他已经超越了他的"风暴和压力"的"不健康、腐蚀性"的方面。

3年疏远之后,现在似乎正是里尔克与母亲冰释前嫌的好时机。他离开了菲亚强烈反对的瓦莉,而且似乎已决意放弃她认为离经叛道的那种写作。《以梦加冕》和里尔克在慕尼黑的新面目,似乎都是不错的兆头。

2.

里尔克干的一件怪异事在于,1896年摆脱了故乡小城,度过了硕果累累的3个月之后,他又回到布拉格过圣诞节,一直住到1897年1月。在朋友们看来,他这么快重新出现,想必意味着他去慕尼黑只是暂时之举。不过表面上看,他只是想在这里为诗人德特列夫·冯·利连科隆(Detlev von Lilyencron)组织一个晚会。

这次旅行是《以梦加冕》的一个结果。通过随书寄去的一份华丽献词以及一封"诗体信",他对利连科隆和他新近出版、备受争议的史诗《坡格弗雷德(Poggfred)》大加赞美,此外他还热情地为这部史诗撰写评论。②中

---

① 给约瑟夫的信是1896年12月3日,给菲亚的是12月3日和8日;引自《里尔克:人生与作品大事记》,53。
② 诗体信,"一位叫做德特列夫·冯·利连科隆的人",1896年12月8日;《里尔克作品全集》3:552—554。

年诗人利连科隆时不时入不敷出，①现在里尔克听说他又出了问题，决定帮他摆脱困境。布拉格的晚会就是为此目的举办。里尔克出了大力。

圣诞节和新年，里尔克都和家人朋友一道度过，随后开始着手安排利连科隆的晚会，它将于1月13日在"德国之屋"一个精心安排的场地上举办。②重头戏是对《坡格弗雷德》的戏剧朗读，此外还有利连科隆的短诗配乐表演。两天后，《波西米亚》称赞这次活动，发表了一篇大肆吹捧的评论，赞美"年轻有为的本地诗人勒内·玛丽亚·里尔克"组织的"卓有成效的晚会"。③晚会获益颇丰，一共给诗人带来300马克的收入，④按世纪末的标准，绝非小数。里尔克因为能给"德特列夫送去来自许多热情友人的支持"而颇为自豪。

回慕尼黑后，里尔克愉快地发现可以搬到更方便的施瓦宾住所，在那里他接待的第一位客人就是他的母亲。⑤为了表示和解，他曾对她发出邀请，她接受了。他花了几天时间陪她在城里转悠，之后终于得以恢复因为布拉格之行而中断的社交活动。

里尔克因为与马科斯·哈尔伯的亲密友情而自豪，相信这位作家的名望能帮助他进入更高层的艺术圈。哈尔伯朗读其新剧《地球母亲》，邀请里尔克担任唯一听众，⑥令里尔克确信自己已在艺术领域中站稳脚跟。他也因为与奥图·伯拉汉姆（Otto Brahm）的密切往来而沾沾自喜，后者是柏林的一位剧院导演和评论家，帮助里尔克进一步结识慕尼黑艺术界的大人物们。凭借良好风度和热情的谈话，里尔克频频在要人的家宴和其他社交活动中露面。在巴伐利亚剧院的音乐指挥海因里希·坡吉斯家里，他被介绍给理查德·瓦格纳之子西格弗莱德，后者也是一位作曲家，以及路德维希·冈霍费尔（Ludwig Ganghofer）的合作者厄内斯特·冯·沃佐根（Ernst von Wolzogen），后者成为他的多年好友。⑦在所有这些场

---

① 1896年11月29日给理查德·戴麦尔的信；《里尔克书信集，1892—1921》1：28。
② 《里尔克书信集，1892—1921》1：489—490页注释。
③ 引自《里尔克书信集，1892—1921》1：489—490，脚注13。
④ 1897年1月15日给威尔海姆·冯·舒尔茨的信；《里尔克书信集，1892—1921》1：30—31。
⑤ 1897年1月给奥斯卡·弗莱德的信；德国文学档案馆。
⑥ 1897年2月26日给艾达·索尔的信；《里尔克书信集，1892—1921》1：34。也参见1897年5月5日给奥图·伯拉汉姆的信；德国文学档案馆。
⑦ 1897年1月给奥斯卡·弗莱德的信；德国文学档案馆。

合，里尔克都表现为一个老练的诗人/评论家——学识渊博、睿智、紧跟潮流——他四处发表观点，同时编织社会关系，朝上攀爬。

初到慕尼黑的几个月里，里尔克也交了一些同龄好友，包括学生、作家、画家、音乐家。一些是他在新住所附近遇到的，另一些是在当地咖啡馆里的夜间非正式聚会中结识的。他的小说家朋友威尔海姆·冯·舒尔茨很快结婚了，无法延续与他的密切来往，作曲家奥斯卡·弗莱德搬到巴黎（借了勒内的皮箱），但是里尔克仍旧感觉自己在一个充满创造性的团体里如鱼得水。①拉丝卡的弟弟弗莱德里希·维纳·冯·欧斯特伦男爵是这个圈子里的年轻成员之一。此外有一位未来将颇具盛名的作家雅克布·瓦塞曼(Jakob Wassermann)——当时 24 岁——几乎每天都在里尔克租住的房子里吃午饭，并把他介绍给因斯·彼得·雅科布森(Jens Peter Jacobsen)，以及屠格涅夫和其他俄国文学巨匠。②里尔克在给朋友的信中提到，瓦塞曼正在隔壁房间疯狂地为他的处女作《齐恩多夫的犹太人》打字。里尔克本人讨厌打字机——就像他多年来一直憎恨电话——不过他从与瓦塞曼的重要友谊中获益匪浅，在他死后出版的自传小说《埃沃德·特拉吉》中写到了这一点。

在这里，里尔克发现了一位非凡的圈外人。内森·舒尔茨伯格(Nathan Sulzberger)是一位攻读化学的美国籍犹太人学生，勒内被他深深吸引，就像他一度迷上林茨的阿诺德·威姆霍泽和后来在布拉格迷上博多·冯·维德堡一样——都是为了获得承认而不懈努力着的年轻人，他们既引导他，也被他引导。舒尔茨伯格尽管是理科生，却热爱文学。尽管是美国人，却用德语写诗，并且最终得以发表。③里尔克终生都更偏向女性而非同时代的男性，因为他时常觉得后者充满威胁，不过他并非不擅长与敏感、富于艺术气息的男性结下深厚友谊。

这一阶段的另一个社交据点是一家两位年轻女士开的照相馆。她们是诺拉·古德斯提克(Nora Goudstikker)和妹妹索菲亚，她们的照相馆成为施瓦宾的艺术团体的活动中心。她们的"艾维拉工作室"是奥古斯特·

---

① 参见 1897 年 1 月和 3 月给奥斯卡·弗莱德的两封信；德国文学档案馆。
② 参见阿萨多斯基，7。
③ 舒尔茨伯格以 Frank Wendland 的笔名发表这些诗作。参见《1896 年书信、诗歌和散文集》，107。

恩代尔(August Edell)设计的,他是一位年轻建筑师,以设计出色的现代建筑闻名。勒内·里尔克由内森·舒尔茨伯格陪着,到工作室拍了照片,与诺拉关系日益密切。因此,从各种层面上说,不管是在既有社会格局中,还是在他实际所属的奋斗的一代人里,里尔克都感觉在慕尼黑至少暂时安顿下来了。

不过,潜在的消沉从来不曾远离,哪怕最轻微的原因也能引发之。为期两周的狂欢节——慕尼黑闻名遐迩的年度狂欢节——便成为引发这种消沉的一个原因。对艺术门户洞开的施瓦宾区自然要成为这一"毫无严肃可言"的活动的中心。里尔克厌恶这些庆祝活动,昔日他就曾迅速从布达佩斯狂欢中撤出,然而如今狂欢在他周围日夜上演。白天,街道挤满展示新装的女人们,夜晚空气中充斥着令人难以忍受的噪音、喊叫和醉醺醺的狂笑。他疑心化妆舞会只是狂欢作乐和异装交换的借口。

"狂欢节简直不可理喻!"[①]这将成为贯穿里尔克终生的一个想法,不过此刻他只觉得这是一场集体疯狂,就像树和人倒映在水中,世界颠倒了。他无法区别真鼻子和假鼻子,也辨不清来人是男是女。这真是一种没完没了、令人难忍的折磨。狂欢节阻碍了他的艺术自由,他渴望逃离。

3.

1897年3月,里尔克踏上首次意大利之旅。这次离开非常仓促,完全像是一场避难。他决定3月13日出发,[②]纵然马科斯·哈尔伯在一个商人朋友的帮助下,为他策划了一次重要的朗读会,他也拒绝改变计划。

两天之后,勒内接受母亲邀请,抵达南提洛尔的加达湖北端的阿尔克(Arco),一个度假地。[③]后来他多次到南提洛尔山区进行一年一度的对母

---

① 1897年2月26日给艾达·索尔的信;《里尔克书信集,1892—1921》1:34。亦可参见弗莱德,1897年1月,以及1897年5月5日给奥图·伯拉汉姆信中的更详细描述;德国文学档案馆。
② 1897年3月13日给马科斯·哈尔伯;"里尔克早期几封未发表的信"(给马科斯·哈尔伯的信),194。
③ 1897年3月24日;《1896年书信、诗歌和散文集》,39—40。

亲的拜访,当时这里还属于奥地利,菲亚大多数冬天都在此度过。里尔克渐渐喜欢上这个地方,尽管从来不曾长期逗留。他对此地应该是颇有好感的,以至于在急切地打听导师的健康状况时,曾向哈尔伯的妻子热情推荐它。[①]

在阿尔克,陪伴母亲散步时,里尔克高兴地发现,他的朋友诺拉·古德斯提克,"艾维拉工作室"的店主之一,也在此度假。诺拉富于自由精神。她借助照相馆的工作,发挥自己的创造性,当时这是向往艺术的女性仅有的几个"可接受的"职业之一。与她的交往仿佛给里尔克打开了又一扇通往更广阔的艺术世界的窗口,他抓住机会,和她由普通朋友迅速变为好友。突然爆发的亲密友谊很快由大量冗长详尽的通信而加深。

里尔克抵达阿尔克之前,几乎没怎么多想过意大利。不过当同样在这一地区休假的内森·舒尔茨伯格邀请他一道去威尼斯时,他愉快地接受了。这成为一次朝圣之旅。他读过歌德在《意大利之旅》中对威尼斯的评价,觉得它们过于严谨,过于关注其戏剧而非其精神。[②]他告诉诺拉,他自己的评价将会更加现代。实际上,他在这个城市逗留时间很短,仅从3月28日到31日,不过他一路上勤勉撰文,使它成为一次辉煌之旅。

他觉得这座城市宛如遍地宝藏的宫殿。在他童年的幻想中,它不过是五彩斑斓的万花筒图像一般,少年时他觉得它像幻影从他脑际掠过,犹如一座魔法之城。现在成年的他惊讶地发现,它仍旧那样神奇:就像石头铸就的仙女童话。黑色贡多拉在宽阔的运河里划出涟漪。昏暗的宫殿仿佛包裹在神秘的空气中,这空气像蛛网一般笼罩在上空。不过这里也存在着强烈对比:河流一侧是辉煌的大理石宫殿,另一侧是蹲在肮脏小巷里的哑巴乞丐。这座魔法之城的矛盾之处被写进诗里:

> 我总觉得,安静的
> 贡多拉划过运河
> 去迎接某个人,或别的

---

① 1897年3月21日;"里尔克早期几封未发表的信"(给马科斯·哈尔伯的信),194。
② 1897年3月25日给诺拉·古德斯提克的信;德国文学档案馆。

可是等待为时漫长

　　人民贫穷、患病

　　孩子们犹如孤儿①

　　呆在威尼斯的几天时间飞逝而过,比不久后发表的《威尼斯组诗》和他长长的信函给人的印象短暂得多。他住在不列颠旅馆,写了许多信和诗,在城里徒步或者乘贡多拉漫游。不过,友人的邀请时间有限,他只有区区几天来领略威尼斯的魔法。回程他走得消消停停,先在博尔扎诺停了一下,写了一封热情、亲切的短信,对主人表示感谢,②然后又到梅拉诺,与菲亚再见一面,4月10日方返回慕尼黑。

　　一周不到,里尔克就再度陷入绝望。他以为——事实证明是错误的——雅罗斯拉夫叔叔的继承人们会取消他的每月津贴,于是写了一封恳求的长信向路德维希·冈霍费尔求助。③在提出请求之前,他煞费苦心地对威尼斯印象作了美妙诱人的描述,讲述了"周一到周六都像在阴暗寒冷的小巷里踟蹰,礼拜天则像在灰暗狭小的后院无所事事"的"黑暗童年",以及他在军事学校里受难圣徒一般的经历。信中还详尽描述了一番他手头的工作。冈霍费尔写来回信,并没有允诺里尔克期望的资金,而是建议他从现有的要求出版补贴的出版商手里收回新小说集,转而投给冈霍费尔自己的成功的出版社阿道尔夫·波茨出版社,由他做大力推荐。

　　里尔克与诺拉·古德斯提克的书信往来越来越密切。继关于威尼斯和南提洛尔的长信之后,他开始更直接地提及自己的个人生活。同时,他写了一部新剧《山中空气》,一部独幕剧,与他受延尼启发、运用于《晨霜》中的严格自然主义程式异曲同工。它既没有发表,也没有上演,不过里尔克将它热忱地题献给诺拉。4月25日,他给她寄去该剧的一份复制件,附有简短说明:"奉上《山中空气》!"不过正文前有一首题献诗:

---

① 《漫游》,《基督降临》;《里尔克作品全集》1:116。
② 1897年4月2日;《1896年书信、诗歌和散文集》,55。
③ 1897年4月16日;《里尔克书信集,1892—1921》1:35—42。

>   许多人不得不煞费苦心地爬向
>   庸碌生活不曾触及的道路
>   天命所选的那些人却早已走进
>   自由那燃烧的大门,微笑而优雅。①
>
>   　　　　　　致马蒂尔德·诺拉·古德斯提克

为摆脱沮丧心情,他展开为期3周的旅行,却似乎毫无疗效。他对于远离"天命所选",不得不"煞费苦心地爬向/庸碌生活不曾触及的道路"感到不耐。他的生命再度走到他离开布拉格之前的死胡同。

这一次,他的迁移朝向的是内心。他幸运地发现了卢·安德烈亚斯-莎乐美。

5月12日,他俩在雅克布·瓦塞曼的茶会上相识。②他仿佛一直就在期待这次邂逅,一个急切然而羞怯的21岁诗人与敏锐、聪慧又不失细腻的36岁女人的邂逅。在她看来,他并不是什么年轻的神灵。他拥有"充满热情的双眼",她在日记中写道,一个细长的脖子,以及窄窄的肩膀。"脑袋扁平"③。里尔克却为她倾倒。他请求瓦塞曼给他作介绍,因为他曾被她的散文《犹太人基督》深深打动。这篇文章一年前发表在《德国评论》上。不过他们的会晤不仅是一场文学邂逅。诺拉·古德斯提克被抛到脑后。卢·安德烈亚斯-莎乐美成为了他的天启。

勒内·里尔克的生命中,关了一扇门,又打开了另一扇。很快他就将成为赖纳。

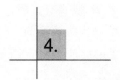

而基督,转向拉比的坟墓:

---

① 关于这部戏剧以及题献,参见《里尔克作品全集》4:813—827;1051—1052。
② 《人生回顾》,113,266—267。
③ 卢·安德烈亚斯-莎乐美,未发表的日记。1913年5月11日;引自比宁恩,《尼采的不羁门徒》,213—214。

……

难道你从未发现一股火焰

在炼金士壁炉的幽光里

它,可怖、永无约束

报复的毒舌贪婪地舐舐,伸向

宇宙远远的四角?

难道你不知道有种毒药,甜美犹如

母亲的亲吻,美妙的享受之后却必将

夺去饮啜之人的性命,神不知鬼不觉?①

  里尔克的 6 首《基督幻象》组诗之一中,基督如此开口。这些诗写于 1896—1897 年冬季,他借用了弗莱德里希·尼采的措辞,将之运用于自己颠覆既有基督教理念的努力。这首名为《犹太公墓》的诗里,基督讲话的对象,墓中的拉比,是布拉格的罗夫拉比②,里尔克早先在《宅神之祭》中曾描写过他。里尔克的语言描绘出了他赋予基督的诗歌形象——被剥夺了对于人类的所有幻想的基督。他的话语预示着"言与世"(Word and World)之间的神圣冲突。基督对拉比说,"你,老人家,也一样,一度喜欢汇集/许多赞美那上帝的颂词。"

  里尔克渴望认识《犹太人基督》的作者,也就毫不奇怪了。不过他对基督组诗的情感也是私人化的,是一种对他本人的内在生命的探索。《犹太公墓》描述了掠夺成性的世界对茫然无知者的邪恶进攻,这是一种只有"言"(Word)才能包容并掌控的进攻。"甜美犹如/母亲的亲吻"的毒药攻击着茫然无知者,夺去享受它的人的生命。这是一个可怕的观点,不仅关涉基督的认知或者人类的处境,也关涉里尔克作为一个人和一个挣扎的诗人所感到的伤痛。他不得不高呼,恳求哪个足够强大的人来拯救他,完成昔日母亲没能做到的事。在此关键时刻,卢·莎乐美及时出现,欣然接手。

  在瓦塞曼家的茶会上,里尔克表现得潇洒自如。他礼貌地参与交谈,

---

① 《犹太公墓》,《基督幻象》,《里尔克作品全集》3:158—159。
② 《里尔克作品全集》3:157。参见《罗夫拉比》,《里尔克作品全集》1:61—64。

用"美好的、仰慕的字眼"①赞美新交。不过还不止于此。第二天一大早，他让信使送去一封急信，表明其实早已与她邂逅，昨夜的见面仅仅是那场邂逅的延续。"昨夜那光线朦胧的一个小时，并非我得以与你相处的第一个小时。我记忆中还深烙着一个类似的黄昏，那时我迫切想看进你的双眼。"去年冬天，他的编辑朋友米歇尔·康拉德听说了《基督幻象》，给里尔克送来一本卢的散文集，认为他会对之感兴趣。结果里尔克产生的不止是兴趣。他那时就感到自己面对着一种天启。他觉得自己对于基督的梦中幻象在她的文字中找到了令人吃惊、恰如其分的验证。

卢写作《犹太人基督》，是为了说明肯定来世和超验神性的基督教，作为一种新兴宗教，出现在犹太人遭放逐前的犹太教（它相信神所激发的有限世界）日渐僵化、萎缩之际。她觉得基督扎根于原初的犹太传统，当时"犹太人尚未与他的上帝发生冲突"，只是"遭受着、畏惧着、感念着他"②。为了让上帝的允诺在此间世界实现，他不得不承受可怕的死亡，"成为那些犹太人牺牲者中的第一个，他们死去时或许为难以忍受的怀疑所折磨，双眼无助地望向无情的天堂。"设想出一种超越人类经验范畴、在此时此地被抛弃生命的基督，呈现为一个悲剧英雄，他通过受难和失望，用一种对于超验神性的视野取代了旧秩序。对卢而言，这是她所有文章中最意味深长的一篇，对勒内而言，它验证了他的《基督幻象》。

1897年5月，卢·莎乐美进入里尔克的生活，是因为在他正疯狂地寻找打开新大门的钥匙之时，她恰好来到慕尼黑。两周之前，她刚刚结束和家人在彼得堡度过的漫长春季，来此拜访一位密友弗里达·冯·布罗。两位女士在雅致的奎斯托普旅舍③住下，靠近位于施瓦宾中心的大学。

卢和勒内初次见面两天后，5月14日，他们在剧院再度相遇，身边还有冯·布罗和其他人。里尔克前一天急不可耐地寄去的缠绵便条中，表达了亲自为她朗读《基督幻象》的心愿。他没准第二天晚上会去加特纳剧院看演出，并且非常希望在那里能遇到她。④他果然如愿以偿。

---

① 1897年5月13日给卢·安德烈亚斯-莎乐美的信；《里尔克与卢·安德烈亚斯-莎乐美：通信集》，8。
② 《犹太人基督》，Neue deutsche Rundschau 1896, 342—351。
③ 《人生回顾》，113。
④ 1897年5月13日；《里尔克与卢·安德烈亚斯-莎乐美：通信集》，8。

戏本身无足轻重，就像加特纳广场的这家小剧院一样不值一提，不过对里尔克来说，能够再度遇到卢·莎乐美，令平凡的场合别具意味。卢是一位令人难忘的女性。[①]在当时的照片中，她可谓变化万千——服装、个性乃至面貌都不一而同。她可以在一个整洁的院子里，穿着简朴又优雅的衣服，生机勃勃、目光炯炯。其他时候她又可以穿着随意，略显丰满，像个身着棉裙和凉鞋的波西米亚女郎，头发蓬松，眼神敏感，表情宽容大度，仿佛时刻准备得出新的发现。这些彼此悬殊的形象在某种意义上强调了这位非凡女性的经历，她将不断发现自己身上的出乎意料之处，支持这些发现的，乃是一股深沉强大的智识之力，这股力量自她少女时代起，就不断发掘着性欲，又对之做出否定。

卢·冯·莎乐美是一个俄国将军的女儿，和3个兄弟一起在彼得堡的一片德国飞地上长大。她一生都生活在彼此冲突的几个世界中。其中有她在彼得堡的老师亨德里克·基洛，他是荷兰改革宗派信徒。她爱他，却拒绝嫁给他（他把对知识的崇拜误认为爱情）。还有她与哲学家保罗·雷(Paul Ree)的多年交往，以及与弗莱德里希·尼采复杂、热烈的情感纠葛。她力图控制这些交错盘结的智识和性爱之潮，巧妙地挪开施加给她的要求。

当时在外人看来，最神秘的要数卢结婚10年的丈夫弗莱德里希·卡尔（原名弗莱德·查理斯）·安德烈亚斯，一位著名文献学者，[②]他在里尔克的早年生活中将扮演一个极其善良，但也不乏威胁的角色。卢是在柏林的出租寓所认识他的，当时他正为来访的土耳其官员教授德语，而她正打算摆脱与雷同居数年的关系。这位给人留下深刻印象、拥有教授风度的男士看来像是一个让人安心的父亲般的形象，后来证明也确实如此。

卢的丈夫，作为一位拥有相当声望的伊朗语学者，40岁时就在柏林

[①] 关于卢的专辑，参见比宁恩，《尼采的不羁门徒》，柯培科，利文斯顿，马丁，彼得斯。关于她对里尔克的影响的出色章节，可参见最近出版的克莱巴德，《恐惧之始》，88—109，和塔维斯，《里尔克的俄国：一切文化邂逅》，21—34，前者强调卢在心理上充任里尔克的代理母亲的作用，后者则强调了她充任里尔克和俄国之间的桥梁的作用。

[②] 安德烈亚斯的生平不如卢的引人注目。比宁恩，《尼采的不羁门徒》133—135，提供了一段简述，主要基于塞勒和兰茨的研究。塞勒关注安德烈亚斯的学术和语言学成就，对于他与卢的婚姻几乎一字未提。

的东方语言研讨会获得波斯语教授头衔。不过,这并非一个正式大学头衔,而是在一个针对外交官和外贸商人的培训中心的头衔——鉴于他在专业上的声望,他从事这份工作实在有点离奇。

弗莱德里希是个一丝不苟的人,一位训练有素的学者,不过他的背景和生活方式却绝非传统。他有复杂血统——母亲有一半德国血统、一半马来血统,父亲有至少部分亚美尼亚血统——他本人出生在巴达维亚(现在的雅加达),在德国接受教育,却在伊朗和其他国度呆了许多年,做语言学者和考古学者。他喜欢穿极其简朴的衣服,拒绝吃肉,在乡间赤足行走。他和约瑟夫是同代人,不过他事业成功、才华横溢,和约瑟夫可谓天壤之别。不过,勒内觉得他们都对他随心所欲的状况抱怀疑态度,并施加给他承担责任的社会压力。此时里尔克尚未遇见卢的丈夫,不过他肯定安德烈亚斯不会成为那种普通意义上的"对手"。他求爱的道路将畅通无阻。

尽管卢在相貌上和个人经历上都与他母亲毫无相似之处,但她身上仍有什么让年轻的诗人想起菲亚。卢时年 36 岁,年龄介于勒内和丈夫之间。像菲亚一样,她疏远丈夫弗莱德里希,不过她并不像菲亚那样拒绝勒内的接近,而是表示欢迎。这两个女人都抱负远大,生活独立,卢没有孩子(她是刻意如此),菲亚则力图表现得像是没有孩子——即便儿子出生后也是如此。不过,她们之间也有着强烈对比。菲亚的所有努力最后都是徒劳,她的女权主义半途而废,毁在了伪宗教的狂热上,亦是她在哪怕时代所许可的范围内也未能掌控自身命运的结果。卢·莎乐美却对自己或他人均应付自如。她明确地决定,婚姻中的交媾必会损害她的自主,并终身坚持这一点,尽管直到弗莱德里希·安德烈亚斯 1930 年去世为止,她一直与他保持着婚姻关系。婚外恋则不用遵守类似契约,很快她就让性爱变成一种精神图腾。她频频旅行,足迹遍布各地,与男人和女人都热情地来往,无休止地写作、研究。正如她对于性爱的态度以完全的诚实和独立为前提,她的小说、短篇小说和散文,尤其是她的宗教心理学和哲学作品也是如此。

勒内对于自己的发现欣喜若狂。一度除了联结他们的纽带《犹太人基督》外,他只读过卢的一部小说《露丝》,或许还有(也可能没有)她关于尼采的文章。他对她的朋友弗里达·冯·布罗及其与东非的关系也很着迷。当时殖民主义在德国还是新事物，冯·布罗关于殖民地的建立者和改宗者卡尔·彼得斯博士(Carl Peters,也是她爱慕的对象)的作品显得充满异国情调，令人着迷。卢和弗里达都给勒内展示了另一条生活道路，他被弗里达描述的殖民地原始生活打动，视之为一种可以为欧洲借用，通往更高明生存的指南。冯·布罗其时正就她的非洲之旅作演讲，也已经就这个话题写过许多小说。"两位出色的女性！"①里尔克对母亲惊叹。

在慕尼黑的这些至关重要的日子里，卢正在竭力设法过一种和谐生活，对此她展开了漫长艰辛的努力。她远离婚姻，频频旅行，在当时的艺术家和文学界精英中来去自如，时不时发展出一些亲密关系，诸如理查德·贝尔-霍夫曼(Richard Beer-Hofmann)和阿图尔·施尼茨勒这样的男性纷纷对她趋之若鹜。她与里尔克交往之前和之后，最重要的一个情人是一位维也纳的年轻犹太医生②，也是弗洛伊德早期的学生，她与之保持着断断续续的爱情。弗莱德里希·派恩列斯(Friedrich Pineles)，绰号"泽马克"，是那些日子里围绕在卢身边的许多出色年轻人之一。他与妹妹布隆琪雅(Broncia)，一位富有天赋的画家一道，给年轻里尔克此刻的满心狂喜添上了一道长长的阴影。

勒内对卢的追求并非一帆风顺。不过，渐渐地，这段关系成为他整个思想和情感的中心。没过几天，他就开始给她写情诗，其中许多都甜得腻人。随着时间过去，这些情诗越写越冷静，不到一年，他写的情诗便集成了一本集子《为你欢庆》。依卢的要求，这些诗大多数直到她1937年去世后才得以发表。不过，另有一本让她比较放心的诗集，《为我欢庆》，在1899年出版。

《为你欢庆》中的大多数诗里，里尔克都把卢安放在高于自己的位置——既延伸着，也收敛着爱的神秘。其中第一首诗，也是他给她写的第一批诗中的一首，以洋溢的情感发端：

  我想给你点心爱的东西
  好让我成为你的知己

---

① 引自恩斯特·菲费尔给《里尔克与卢·安德烈亚斯-莎乐美：通信集》，487 加的注释。
② 参见比宁恩，《尼采的不羁门徒》，175—212，尤其是198页及之后。

> 白天我对你思慕不已
> 夜来你时刻入我梦境①

结尾处,他用起了情人们"彼此发现"这种俗套,写道:

> 我以为,仿佛你从我疲倦的
> 手中,取出了,像一枚珠宝,
> 那我从不知晓的柔情。

里尔克开始沉浸在卢·莎乐美的作品中,并在诗中应和它们。不过,最初这几个星期里,最有力的作品还要数一组叫做《思念之歌》的组诗,它们充满力度地描述了将要成为情人的他俩的邂逅。就像传统情诗中的十四行诗一样,勒内再次把自己比作彼特拉克,卢则是他的劳拉,几年前,他用较为稚嫩的诗句,对瓦莉也来过这一手。占据着舞台中央的既非痛苦的诗人,也不是他拒人于千里之外的女郎。主角是拟人化的思念本身,一个与彼特拉克的十四行诗中的"爱"(Amor)作用相仿、占据主要视角的女性形象。

思念唱道:

> 自打你头一回感到痛楚
> 我就陪伴在你身边——看啊:
> 你可能将你我分辨?
> 今天同一梦境光临我俩:
> 我是个孤独的女人。
> ……
> 总有一天你会呼唤我
> 温柔地将这些烧灼的
> 神圣玫瑰插入我的发髻。②

---

① 《为你欢庆》,《里尔克作品全集》3:173。
② 《思念之歌》,《里尔克作品全集》3:570—571。

通过思念的双眼,诗人勒内描述了他掌握在爱人手中的命运。

这段方兴未艾的爱情遭到的第一份威胁并非来自内部。它来自国家、军队,属于他们无法控制的那些因素。他们初次见面后三个星期,里尔克就接到通知:几天之后,他必须于 6 月 4 日到布拉格附近某驻军小镇报到,履行奥地利臣民的职责。这份命令勾起他可怕的童年回忆和挣扎。里尔克一整天都在慕尼黑的街道上游荡,寻找卢,抓着一把很快枯萎的玫瑰。[①]他焦虑不安地走遍全城,迫切渴望能在哪里遇见她,他浑身颤抖。

在英国花园他偶遇一位他俩都认识的女演员,后者立刻同情起这位怀揣征兵令,四处寻找情人的不幸的年轻诗人。她替他到诺拉和索菲亚·古德斯提克的艾维拉工作室打听卢的下落,对他百般安慰。不过里尔克的恐惧不仅仅是针对军事服役而起。他后来告诉卢,他更害怕的是被迫离开慕尼黑和她。那天下午,他忧心忡忡,不知还能否得到她的音讯。

他确实得到了她的音讯,而且答复是肯定的。他俩一起离开了两天——5 月的最后一天,一个令人愉快的星期一,以及 6 月的第一天。两人一起游玩了斯塔恩贝格湖附近的乡村,寻找一个靠近山区,又不至于远离慕尼黑的地方——寄望于里尔克或许不会被征召——用来共度夏天。他们挑中了窝夫拉特绍森镇,弗里达·冯·布罗,或许还有奥古斯特·恩戴尔(August Endell)将会赶来加入他们。根据里尔克一周后激动地写下的笔记——以及他们在凌晨 3 点吃早餐这个事实——他们当晚同温鸳梦了。

6 月 3 日星期二,勒内出发去布拉格,旋即给卢寄去一封火热的信。他提及《思念之歌》,怯生生地用亲密的"du(你)"来称呼她:"【它们】将在我的信中回旋不去,只有你——du——能领略其中奥妙。"[②]不过当写到诸如他在布拉格的地址之类实际事务时,他又回到了正式的"Sie(您)"。

里尔克对入伍的恐惧到头来是一场虚惊:他得到通知,因为医学原因,他不适合服役。1897 年 6 月 4 日星期五早上 11 点 10 分,一封电报发给了卢·安德烈亚斯-莎乐美:"自由了。幸福在望!"[③]

他们可以开始了。

[①] 1897 年 5 月 31 日的信件和诗歌;《里尔克与卢·安德烈亚斯-莎乐美:通信集》,9—11。也参见《里尔克作品全集》3:572 中的诗歌。

[②] 1897 年 6 月 3 日;《里尔克与卢·安德烈亚斯-莎乐美:通信集》,11—13。

[③] 1897 年 6 月 4 日;《里尔克与卢·安德烈亚斯-莎乐美:通信集》,13。

5.

勒内快乐地返回后,他们在城里呆了一整个星期。星期天是五旬节,他很高兴她能呆在慕尼黑过节。他冒着初夏的闷热,从布拉格一路搭火车回来,一直担心与她见面没多久,她就会逃到哪个无人的山区,让他再也找不到。

里尔克该按照路德维希·冈霍费尔的建议,修订他的小说,把它们寄出了。他很高兴新情人允许他把这些作品读给她听。不过,如果说他的私生活出现了变化,他对自己作品的看法也是一样。他用卢的眼光看待一切,这改变了他的思想。他告诉她,"你真是一个伟大的革命者。"①她既挑起他的欲望,又调教之,让它们不至于像原先"荒塔周围的野玫瑰一般"徒劳盛放。

卢·莎乐美对里尔克的狂热情感究竟作何感想,这一点不得而知。她的性格对浓烈的情感不乏反应,尽管她也试图借助智识来维持秩序。她似乎优雅地接受了他早期的狂喜,同时尽力温和地给他的狂乱风格泼点冷水。因为勒内已经由于狂喜而身不由己,在庆祝那个"神话般的早晨"的一周纪念日时,他用了诸如"我清澈的泉。只有透过你,我才得以窥见世界"②和"我在梦里来到你身边,那时我会给头发饰以花朵"这样的绵绵情话。勒内宣泄着一种狂喜的解放感——无须入伍,而是与卢相守,在他们挑中的斯塔恩贝格湖边别墅度过夏天。他大胆使用了一个毫不含糊的性隐喻:"我是你的,权杖属于女王。"两天后他又写道,"我不想做没有你的梦,"③以及一封愉快的便笺:"你今天要来了!""您"不再使用了。所有称呼都换成了喜悦无比的"你"。

纵观里尔克的一生,像这样浓烈的,以及乍一看让人担心难以为继的

---

① 1897年6月6日;《里尔克与卢·安德烈亚斯-莎乐美:通信集》,15。
② 1897年6月8日;《里尔克与卢·安德烈亚斯-莎乐美:通信集》,15—18。
③ 1897年6月9日;《里尔克与卢·安德烈亚斯-莎乐美:通信集》,19。

爱情都堪称少有。不过其中自然也不乏波折。他对女性冲动的感情——顷刻之间对意中人发起压倒一切的夸张崇拜——在他一生都将频频发作,不过,此刻这种习惯被卢时而开放、时而警惕的反应所抑制。勒内后来几乎再没有被一个情人这样控制、引导着,始终不失浓烈激情,将兴趣保持到了最后。卢似乎以魅力和吸引力,成熟和智慧,同时满足了他的各种需要。她不仅是这位年轻狂热的情人崇拜的女士,而且她也成功地扮演了他在艺术和心理意义上的母亲和教师。这种奇特的感情也影响了卢。相处的4年中,尽管少不了冲突和分离,但他们建立了一种稳定的关系,在她不再是里尔克的情人之后,她仍保持着母亲和顾问的角色,直到里尔克走完人生。

第一次考验很快到来。他们的夏天才刚刚开始,一个新人就出现在他们中间:阿金姆·沃林斯基(Akim Volynsky)①,一位饱受争议的作家和批评家,在彼得堡的知识圈中小有名气。沃林斯基知识渊博,很讨她欢心。他的犹太人血统(他别名弗莱克斯纳)或许吸引了她,不过更重要的是他对许多俄国作家的了解,包括普希金和诗人尼古拉·列斯科夫(Nicolai Leskov),在她展开研究,撰写一系列讨论俄国文学和文化现象的文章时对她助益颇多。事实上,她那年夏天的作品中很大一部分要归功于沃林斯基,后者还给她提供了一桩谋杀案的细节,供她写进小说《爱》,她在这个繁忙的季节奋笔写它,后来由他进行了翻译。

出于这些共同的事业,卢毫不犹豫地邀请这位俄国同行到窝夫拉特绍森一道度假。对勒内来说,这一变化始料未及。他很高兴弗里达·冯·布罗能加入他们——她美貌非凡,又是卢的密友——但这个打搅却是另一回事了。沃林斯基忙不迭地加入了他们,紧跟在他们之后到达。勒内不得不暂时告退,让卢如愿和她的同行呆在一起,不受打搅地工作。放逐很快成了他们爱情的内容之一。作为年幼者,他被迫

---

① 参见比宁恩,《尼采的不羁门徒》,215—216;280。卢对沃林斯基的看法几经变化。她热情地邀请他前来,并且显然利用了他对俄国的渊博知识,甚至与他展开过合作。不过在后来的自传中,她称他为"一个俄国人,曾陪我从圣彼得堡出发旅行(不过回忆并不美好),我和他一起进行过对俄国的研究"。《人生回顾》,114。另一方面,阿萨多斯基强调了沃林斯基作为一位重要评论家和卢的重要支持者和导师的地位。阿萨多斯基,10—12。关于沃林斯基生平和著作的简略而富含信息的介绍,参见里尔克档案馆比诺维茨的论文。也可参见塔维斯,《里尔克的俄国:一场文化邂逅》,26—27,上述最后一条参考文献就得益于这部作品。

在临近的多尔芬镇租个房间,往返于小镇和他与卢挑选的住所之间。沃林斯基没完没了地和她一起研究她要写的文章,扮演徒弟角色的勒内被盼咐抄写它们。

沃林斯基和里尔克实为竞争对手,不过那个夏天并不能说是失败的。卢和她的同伴在设计师奥古斯特·恩戴尔的指导下,把他们的小家收拾得漂漂亮亮。①年轻的建筑家帮助他们装饰小屋,还设计了一面粗亚麻旗帜,上有铭文"卢弗莱德"——"卢-弗莱德",或者"卢-和平"的缩写,或许也暗指弗里达——他们把它挂在窗外。在窝夫拉特绍森,他们过着一种精力充沛的户外生活,令勒内倍觉新奇、激动和有趣。他跟着卢和弗里达赤足行走,穿农夫的衣服,吃素食。事实上,里尔克虽然追求雅致情调,却终身保留着对这种生活的喜爱,而且一直偏好吃素。

这几个既轻松又紧张的星期里,卢尽管并非时刻在勒内身边,却始终扮演他的指引者和导师。不过,在里尔克的一生,写作障碍和精神冲突几乎总能引起沮丧和类似的不适。在他们关系的早期,卢试图帮助他克服突然发作的愤怒和消沉。她也试图治愈他在诗歌和散文中华丽、多愁善感的风格,尽管她自己也经常会写出华而不实的文章。在这一点上,她没有立即取得成功,不过作为第一步,她让他改善了书法。他立刻就纠正了笔迹,从一种相当松散、极具个性却缺乏约束的笔迹改变为准确、清晰的书写。从此,甚至书写这个机械工作也成了里尔克的艺术的一部分。

不过,卢导致的最大改变在于,她劝说他改了名字。《以梦加冕》是他最后一本正式署名勒内的作品。现在他叫做赖纳。几个星期之后,他开始用新名字发表作品,并且不得不告诉母亲,他解释道,勒内在他看来过于强势、做作,不适合他已取得的公共形象。"我最讨厌的就是,"他告诉给他取名的这个女人,"让人以为我想标新立异。赖纳很优美、质朴,有德国色彩。"②

里尔克在窝夫拉特绍森的生活虽然有趣,却不平静。他对卢的爱不得不频频为紧张心情所打搅,因为她每每疏远他,专注于工作和其他人,无视他的存在。他觉得失落,"我这些天里反复自问,"他在关于那年夏天的一个

---

① 《人生回顾》,113—114。
② 1897年10月7日给菲亚·里尔克的信;西伯尔,未发表的里尔克传记。

片段中写道,"就像我在剧烈变化时常做的那样。我觉得自己面对一个新阶段的第一线曙光——我走出了一直疲惫不堪地徘徊其中的园子。"①

6.

1897 年夏天的剩余日子里,窝夫拉特绍森的这群人变化频频。奥古斯特·恩戴尔在慕尼黑和此地之间来回奔波,经常露面。弗里达·冯·布罗 7 月 13 日出发去荷兰,3 天后沃林斯基也离开了,卢要陪伴这位俄国朋友到奥地利的巴特库夫斯坦恩。她决定让沃林斯基帮自己写出关于普希金的文章。里尔克留在小屋里,尽管和卢激烈争吵过一次,但他拒绝认为这次分离就是分手。事实上,她的离开更加撩拨他的爱情。他为了讨卢欢心,写了一首以他在小屋找到的她的童年画像为主题的诗。他认为她的模样:

> ……那温柔梦幻般
> 迷惘的微笑,在拱顶壁龛中
> 你额下的双眼温和地望出
> 已经在遥视生活
> 放出一百个祝福!②

卢的回信令他稍感宽慰,于是他立刻又给她写了如下情诗:

> 你,我的六月之夜,你有千百条
> 小路,在我之前,从未有人涉足:
> 我就在你之内!③

---

① 1897 年 6 月;《里尔克与卢·安德烈亚斯-莎乐美:通信集》,21。
② 《里尔克与卢·安德烈亚斯-莎乐美:通信集》,21。也可参见《里尔克作品全集》3:579。
③ 同上,22。也可参见《里尔克作品全集》3:636。

没什么能比这三行诗更清楚地表明他的焦虑,卢不可能漠视它们,除非真想和他断绝关系。她与沃林斯基激烈争吵了一番,要求里尔克在慕尼黑等她,他们在那儿共度一夜。在奥古斯特·恩戴尔陪伴下,他们回到窝夫拉特绍森,住进一个他们称为"卢弗莱德二世"的谷仓。不过,他们刚在新居安顿下来,就收到一封弗莱德里希·安德烈亚斯的电报,后者宣称即将带着小狗洛特前来。

尽管后来他们一道在卢弗莱德二世住下,不过里尔克在安德烈亚斯到来后的第一反应是回到慕尼黑。他或许不怕戴绿帽的丈夫的愤怒,因为他知道弗莱德里希·安德烈亚斯谈不上被欺骗。里尔克表面上决心投入工作。《晨霜》在德国剧院和柏林的莱辛剧院都将上演,由马科斯·莱恩哈特(Max Reinhardt)和阿尔伯特·海恩(Albert Heine)共同执导,他必须和他们保持联系,尤其要注意查收评论,它们比预想的好。这一切或许他不用回到慕尼黑也能处理,不过再次在窝夫拉特绍森被驱开,这个他可忍受不了。

里尔克利用这段自我施加的孤独修订小说。他已经请阿尔弗雷德·邦茨(Alfred Bonz)把它们寄回,进行"最后的风格修订"[①]。现在他将7月的最后一个星期全部用于修订和部分改写,离开城市那天才把手稿寄回。提出对已经正式投递出去的手稿进行修订,这个事实意味着作者态度上的一个重大变化,或许卢的影响在其中扮演了重要角色。自从与她初期的那些谈话后,赖纳就做起了史无前例的这种工作:将已进入编辑程序的整部手稿重新调整,删去其中7篇,添上6篇新作。

里尔克回到乡间的住所,发现自己加入的是一个出乎意料地繁忙的团体。弗莱德里希·安德烈亚斯正在写一部关于波斯文化史的著作。卢正在润色她在沃林斯基帮助下草拟的论文,并给夏天开始写的小说收尾。不过他们还是从事了一项共同事业,在恩戴尔从慕尼黑给他们扛来的书堆的帮助下研究意大利文艺复兴艺术。赖纳尤其着迷于波提切利和他的圣母马利亚像,她们"有一种疲惫的忧伤,睁大的眼睛督促世人寻求救赎和践行"[②]。不过,他们的窝夫拉特绍森小组成员始终处于变动中。弗莱

[①] 1897年7月9日;引自《里尔克:人生与作品大事记》,61。
[②] 1897年8月13—16日给弗莱德的信;《里尔克书信集,1892—1921》1:44—47。

德里希·安德烈亚斯白天到慕尼黑，晚上赶回。卢终日伏案工作，一般只有绕湖散步时才停下。他们也接待演员、画家和作家们，都是被卢弗莱德二世和这里的创作和休闲气氛吸引而来。

8月中旬，里尔克再次匆匆赶回慕尼黑，花了3天时间陪伴父亲。他将此视为一个重要会晤，希望借此机会再次证明他是个严肃的艺术家，不会浪费宝贵的钱在毫无价值的事业上，或者利用资助过着懒散、放纵的生活。里尔克至今为止发表的作品未能令家人信服。把父亲介绍给他在乡间一道度夏的放纵的艺术家朋友们显然更不可行。年轻诗人始终面对着被召回布拉格，或者被切断资助的威胁。为了维持赖纳的生活，勒内必须避免这种可能。

很快他们的田园生活就走到尽头。弗莱德里希·安德烈亚斯8月29日离开，卢5天后也走了。不过她没到柏林和丈夫会合，却到巴特哈雷因拜访弗莱德里希·派恩列斯(她的前情人)和他妹妹布隆琪雅，这是一个位于萨尔茨堡附近的温泉疗养地。她特地向他们征求对付赖纳的办法，因为后者已经变得越来越难缠。卢在他们关系早期见识过的那些坏脾气的发作变得越来越失控，此外还伴以时不时的沮丧消沉。除此之外还有对身体病痛的抱怨，包括痔疮和不举。

当然，里尔克的烦恼也并非无中生有。他与卢的爱情才刚刚开始，沃林斯基就出现了。俄国对手一离开，弗莱德里希·安德烈亚斯就接了上来。这段经历只能让里尔克想起他仅仅是卢的学徒，根本无法和她平起平坐的不可靠位置。发火和突然出走无法让他得到渴望的平等地位，也不能引来情人的爱怜。不过，尽管事出有因，但是赖纳的极端行为引出了一个问题。卢担心他有身体上的顽疾，"泽马克"同意这一点。4年后，在她用于终结他们关系的"告别信"中，她告诉了赖纳这段谈话。她还指出了派恩列斯的观点，认为导致里尔克的精神状态的原因要么是髓膜炎，或者甚至是一种精神分裂，它产生了第二个，也就是"另一个"赖纳，他极其可怕、放纵，狂乱而压抑。针对这种可能，"泽马克"大力建议卢帮助情人回忆早期童年，用"弗洛伊德的办法"帮他摆脱过去——这个建议纯属多余，因为赖纳和卢早已对这个领域展开过彻底探讨。

卢在巴特哈雷因的那个星期，里尔克倍感孤独、遭抛弃，他在雨中沿着村子边缘，他们在这里的第一个晚上散过步的草地小路乱走。大雨使他的心情更加沉重。为了催促卢尽快回来，里尔克写出了这一时期比较出色的一首情诗：

> 熄灭我的双眼：我也能看到你，
> 堵住我的耳朵：我也能听到你，
> 不用双足，我也能走向你，
> 没有嘴，我仍能对你发出哀求。

结尾是：

> 把烈火抛进我的大脑
> 我仍会用鲜血托举起你。①

第二天早上里尔克离开窝夫拉特绍森，他是这个夏季团体坚持到最后的一个成员。他离开时阳光明媚，不过回到慕尼黑后又下起大雨。他在房间里吃了午饭，到附近咖啡馆喝了杯咖啡，参观了一个画廊。他再度用最强烈的语气请求卢尽快回到他身边。她的房间已经准备好了。"一秒钟也不要耽搁！"还有狂热的哀求："小心点，健健康康地，尽快回来——到你的赖纳身边来。"②

卢回来了。9月的其余日子，他们一起住在赖纳租来的房子里。这个月结束时，诗人作了一个决定。他要搬到柏林，和情人共同生活。他要重塑他的人生。

---

① 《里尔克与卢·安德烈亚斯-莎乐美：通信集》，26，后收入《定时祈祷文》，《朝圣之书》的第二组诗；《里尔克作品全集》1：313。
② 1897年9月9日；《里尔克与卢·安德烈亚斯-莎乐美：通信集》，28—29。

第 5 章　情人的学徒

> 我不值一提,我可以送你礼物
> 只因你也同样慷慨地赠我礼物。①
> 　　　　　　　　——《白衣妃》

1.

赖纳·玛丽亚·里尔克和卢·安德烈亚斯-莎乐美1897年10月1日到达柏林,关系进入一个新的阶段。如果说他们的爱情在窝夫拉特绍森曾遇阻碍,在柏林就更是如此。安德烈亚斯夫妇住在威尔默斯多夫郊外,里尔克在附近找个地方住下。卢迅速投入工作。丈夫收入菲薄,她急于挣到足够的钱来进行各种旅行。赖纳的处境更不稳当,布拉格寄来的津贴和他自己的收入都既微薄又不稳定。所以他俩大多数时间都关在各自住所里,埋头于新闻稿件的写作。

第二个变化在于弗莱德里希的存在。除了在窝夫拉特绍森的几个星期之外,他并没怎么成为他们关系的障碍。即便现在,他也谈不上是"竞争对手",不过,年长一点的这对夫妻同住在小寓所里,住在临近蜗居里的年轻人仍旧只能在他们的住所外徘徊。弗莱德里希学术上严谨,生活上

---

① 《白衣妃》,1898年版,《里尔克作品全集》3:270。

宽容，拥有一反传统的观念，这些或许对他自己的事业是个阻碍，却使得他慷慨大度，也使他们的三角关系得以延续发展。他似乎并不介意赖纳大多数时间都缠着他们，也不反对赖纳和卢一起长时间在乡间散步或抛开他去参加柏林的讲座和社交活动。

从许多方面来看，这都堪称一个愉快的处境。赖纳似乎很好地融进了安德烈亚斯夫妇的家庭。事实上，他找到了一个对他来讲相当难得的家。他几乎每天上门拜访，帮忙劈柴或打杂。他甚至加入他们刻意的"原始"生活，尽量穿农夫的衣服。弗莱德里希·安德烈亚斯从学者角度出发，督促里尔克继续大学学业，后者依计而行，却主要是为了应付家人。

很快，一些难题涌现了。这个小团体的性质令赖纳愈发感觉自己没地位，只能充当卢的"小男人"。他像在窝夫拉特绍森一样再度出走，不过他也再度向卢大倒苦水。一次又一次地，赖纳抱怨，卢倾听。他们的日常生活中时不时出现发脾气和出走，这使他变得无法接近，简直让人难以忍受。而且，一旦赢得了自己痴迷渴望的卢的陪伴，他又开始想念思想和生活上的独立，昔日他曾为此不惜和家人开战。

里尔克突然迁到柏林后，疏离了不少朋友，很多友情便渐渐断绝。正如类似索尔夫妇和拉丝卡·凡·欧斯特伦这样的人被遗忘在了布拉格，从此只有偶尔联系，里尔克的大多数慕尼黑朋友们，比如诺拉·古德斯提克，奥斯卡·弗莱德，内森·舒尔茨伯格和雅克布·瓦塞曼，都渐渐退出他的世界。现在他要依赖卢来决定他的社交生活了。

里尔克从慕尼黑的突然消失，对于那些他将之奉为思想导师的人而言更难解释。他写了几封道歉信给马科斯·哈尔伯和米歇尔·康拉德，捏造了一些理由，多多少少赢得了他们的谅解。他为了不失去路德维希·冈霍费尔的好感，挖空心思提出身体疾病作为突然离开的主要理由。[①]"我是否失去了您的好感呢？"他在10月焦急地问。对方没有回信，即便里尔克12月将新出的诗集寄去，附上便条说，他渴望能在导师铺着深色地毯的书房里，坐在导师对面，看着导师"闪耀着慈爱"的眼睛。

---

① 1897年10月7日；慕尼黑州立图书馆。

2.

除了家庭关系紧张和因失去友谊而倍感焦灼之外,在柏林的第一年可谓卓有成效,卢和赖纳共同过上了一种和谐的智识生活。他们在工作上齐头并进,两人都发表了不少新作。卢在结识新交方面对他起到了重要作用,不过赖纳也设法自行发展了一些友谊。他尝试用一篇计划写作的关于当代捷克文化的论文来吸引期刊界注意而未能成功,不过他把不少德语诗歌以及一首翻译为捷克语的诗歌发表在《现代文学评论》上,这是当时一份重要的捷克文学期刊。他也发表了至少一篇感伤小说《基督之子》在一份大销量女性杂志《凉亭》上①,阿尔弗雷德·邦茨去年夏天接受的小说也以《沿着生活之路》为名发表了。此外——显然在卢的帮助下,因为她为这份杂志工作——俄国期刊《北部信使》也发表了他的一篇翻译成俄语的小说。

在里尔克仍忙于发现自我的这最初几年,他的小说实际上写得比诗歌要多。从许多方面而言,他在经济压力下写出的小说都比当时他所写的诗歌成就更大,因为在叙述中,他的才华得以找到更具体的表现途径。因此,继《宅神之祭》中对叙事诗展开的几次不幸的尝试,他在两篇感人的小说里拓展、深化了他从布拉格延续而来的技巧,它们写于他从布拉格连根拔起、自我放逐几个月之后。

《布拉格两故事》②中的一篇是《波乌施国王》("*König Bohusch*"),1897 年 10 月,与卢安顿下来后,他曾给她朗读过它。就像另一篇政治性较弱的小说一样,它也以哈布斯堡王朝最后几十年间德国和斯拉夫文化的冲突为主题。《波乌施国王》是一篇对政治史的生动描述——或许比谨慎的年轻诗人原本计划的生动得多——不过它本质上也是一次对性格的戏剧性探索。小说以 1893 年轰动一时的政治丑闻,所谓的"奥姆拉提那

---

① 《基督之子》,《沿着生活之路》,《里尔克作品全集》4:63—72。
② 布拉格两故事:《里尔克作品全集》4:97—220。"König Bohusch",99—157。

(Omladina)"事件为基础。一个驼背捷克油漆匠兼贴壁纸匠鲁道夫·姆瓦为奥地利警方充任奸细,怂恿一群革命派的捷克学生和年轻艺术家去炸掉驻地长官的宫殿。计划被"发现",领导人被捕,不过奸细也被揭发出来,被昔日的同伴们正法。这一事件耸人听闻,连续几星期都是报纸的话题。

里尔克从报上搜集了材料,将之改为一个遭到谴责的自我的内心故事。读者很快就会发现,波乌施国王(驼背叛徒在地下组织中的暗号)是一个备受歧视的人,他固然将同志们引进圈套,但他自己也因残疾的躯体而遭受精神创伤。尽管残疾,但他自以为有一个美丽女子爱慕他,并向她坦白自己的叛变。她向他昔日的同志们告发了他。他还在痴痴等待所爱的女人到来时,同志们让他为背叛付出了代价。小说充斥着里尔克自己身为局外人,被迫远离其主要的力量之源,因为想象中的孤寂而遭难的感受。另一篇小说《兄弟》①,相形之下比较苍白,主要探讨了德国人和捷克人之间达成理解的问题。

一年后,《布拉格两故事》发表时,里尔克成为对自己最严厉的批评者之一。他照例四下寄出赠阅的小说,对友人们道歉地解释道,它们是"倒退的","朝回看了"。②他甚至谴责自己的松懈,指出小说中的各种情感其实有违他的本性。里尔克坚持认为,他对瘸子因为残疾和情爱之梦的可耻破灭而转为叛徒的描述,远比他对革命派捷克学生炸毁政府大楼的计划的叙述重要。不过,尽管态度谨慎,但这两篇小说仍透露了里尔克对于斯拉夫文化的同情,这种情感流露在他是少有的。

里尔克的叙述能力取得了显著进步,不过他愈来愈相信,尽管他不得不用各种方式挣钱养活自己——作记者、戏剧制片人或流行小说写手——但他的严肃创作很大程度上仍应为诗歌。他也知道,尤其在柏林这样一个文学中心,他还算不上第一流诗人。对于此点,他是在 1897 年 11 月 14 日参加的朗读会上意识到的,朗读者是著名诗人斯特凡·格奥尔格(Stefan George)。这是由莱因哈德·雷普休斯(Reinhold Lepsius),一

---

① 《兄弟》:《里尔克作品全集》4:158—220。
② 1899 年 4 月 10 日给威尔海姆·冯·舒尔茨的信;《里尔克早期书信和日记集,1899—1902》,9。

位有钱的画家及其妻子萨比娜举行的家庭招待会,卢介绍里尔克和他们认识。在场的还有哲学家和社会学家格奥尔格·齐美尔(Georg Simmel)及其夫人,他们也都是卢的朋友。赖纳很高兴发现出席者还有著名语言学家弗里茨·茂特纳,他们在布拉格就认识。

格奥尔格的朗读激动人心,尤其令卢感动。接下来的社交时间里,卢和赖纳设法与这位贵宾交谈。他们的女主人记得,卢"相当虔诚地倾听着"①,她身边的赖纳显得很安静,显然是个"极其平和的年轻人"。或许他对萨比娜·雷普休斯显得很平和,不过实际上他是被格奥尔格的力量震住了。这位诗人不需要别人的承认就能做到泰然自若。

两周后,里尔克给格奥尔格写了一首相当戒备的诗:

> 只要我,像你,从不混迹于集市
> 只须寻求平静的孤独之福祉,
> 我就永远不会向一部厚书
> 中,那些苍白形象的严厉面目折腰。②

他在诗后附上对朗读会以及格奥尔格的著作《灵魂之年》的阿谀奉承,这本书他已读过,不过还想进一步了解他以及他的追随者们所走的道路。③他请求被允许订阅著名的《艺术家期刊》,后者是一部富有艺术抱负的期刊,只允许获得许可的人订阅。他的目标是:打入围绕在斯特凡·格奥尔格周围的圈子,排外的"克瑞斯(Kreis)",其成员拥有一种与这位类似法国的斯特凡·马拉美的诗人交往的特权地位。

对里尔克来说,仅仅参加过一次朗读会、写了一封信,就想被纳入这个小圈子,实属妄想。他的请求遭到拒绝。格奥尔格事后表示,他尝试过给里尔克寄去几本这种期刊,但因为邮件问题,没有寄到。不过拒绝之意是一清二楚的。

几周之后,1897年圣诞节,急切的诗人又出版了一本年度诗集。现

---

① 引自比宁恩,《尼采的不羁门徒》,218—219。
② 《致格奥尔格》,《里尔克作品全集》3:596—597。
③ 1897年12月7日;《里尔克书信集,1892—1921》1:47—48。

在对其出版的争议从另一面涌来——也就是那些"出售"他的产品的人。《基督降临》(Advent)并非由阿尔弗雷德·邦茨出版,因为这位新出版商严厉警告他不要再写诗、出版诗。然而,年轻的诗人坚持己见。里尔克表示,将来愿意写出更多散文小说,不过也对邦茨明言,诗是他的艺术发展的主体。《基督降临》由另一家出版社出版,像他的所有其他诗集一样,将成为一个"事件","一桩伟业中的一个小瞬间"①。其标题不仅指的是圣诞节前夕这一时节,也用了它"即将到来"的本意。这些诗写于1896年到1897年之间,其中不少都早于1897年6月1日这个"革命性"的日子,也就是他和卢成为情侣的日子。里尔克的新风格尚未出现,不过这部诗集的目的就是宣告它的到来,预示着即将到来的新事物。《基督降临》的题献是"安放于圣诞树下,献给我的父亲"②。

诗集以合乎时令地取名为《礼物》的诗歌开始,全书收入了最近的情诗,以及早些时候关于意大利旅行的诗歌。一个新的导读部分收入了他给自己敬重的作家们,比如胡戈·冯·霍夫曼斯塔尔(Hugo von Hoffmannsthal)和莫里斯·梅特林克,或者对他个人而言别具意义的艺术家,比如冈霍费尔或者里尔克的布拉格密友、画家艾米勒·奥利克写的诗。另一部分专门留给因斯·彼得·雅科布森,在慕尼黑时,瓦塞曼向里尔克介绍了雅科布森的作品,后者当时风行一时的小说《尼尔·利内》成为他的忧郁想象的重要灵感来源。

最悲伤的还数他到威尼斯和阿尔克、康斯坦茨湖和其他地方时所写的诗歌,他将其收进《旅行》的副标题下。在这个部分中,他放进了旅途见闻引发的灵感之作,比如关于贡多拉的《桨歌》:

船夫,且前行!
奴隶的民族
挤满了港口
参加严肃的宴席。③

---

① 1897年12月25日给邦茨的信;《里尔克书信集,1892—1921》1:50。
② 参见《里尔克:人生与作品大事记》,66。
③ 《船夫,且前行》,《里尔克作品全集》1:17—18。给内森·舒尔茨伯格的信参见1897年12月21日;《1896年书信、诗歌和散文集》,56。

里尔克给内森·舒尔茨伯格寄去一本《基督降临》，宣称《桨歌》是属于他的。"然而，你真正的影响远比这丰盛深沉。我欠你一个威尼斯。至于欠谁一个威尼斯意味着什么，我无须解释了。"不过，尽管这份声明充满友情，但是全信的语调清楚表明，自从里尔克从博尔扎诺写去那张亲密异常的感谢便条以来，他们已经多么疏远。4月用的还是"我最亲爱的朋友"这种称呼和非正式的"你"，12月已变成"我亲爱的舒尔茨伯格先生"和正式的"您"。

由于《基督降临》主要仍为他在慕尼黑度过的一年中的作品，因此，不幸地，它仍为那个时期的软弱语言所充斥，不过至少理论上里尔克已经接受了诗是精确构筑的语言这个概念。新年到来前，他给长期以来被他忘在脑后的姑妈加布里埃尔写的一封奇怪地含糊暧昧的求和信中，宣称在新一年里，一种言明艺术的统治力量的新精神将会出现。①年轻的侄儿用毫不含糊的屈尊俯就态度回顾了他们的关系，并说明他已经成长为另一个人，一个宣扬"美的新福音"的兄弟会成员。

给冈霍费尔，这位显然并非这种新福音的载体之人写去的最后一封情深意切的示好信再度石沉大海，不过现在里尔克已经坚决转向了代表更加"现代的"精神的同龄人和长者们。那年冬天，在一个聚会上，他和卢邂逅理查德·戴麦尔，一位30几岁、即将抵达事业巅峰的诗人，里尔克读过他的诗集《女人和世界》，对之非常钦佩。邂逅之后，赖纳写去恭维信。②他们的关系从来不曾非常密切——里尔克从未能够用戴麦尔来取代冈霍费尔——不过它意味着他在卢的指点下，在社会上乃至创作上展开的新的开始，一个更富目的性和方向感的开始。他们相处的第一年即将结束时，他们已经确立了一种共同工作的模式，它将在接下来3年得以延续。

3.

1898年前几个月堪称活动频频。卢陷入创作的狂热，写了很多关于

---

① 1897年12月30日，《里尔克书信集，1892—1921》1:52。
② 1898年1月28日，《里尔克书信集，1892—1921》1:54—57。

宗教和文化的小说和论文。2月份，她发表了《艺术的基本形式》[1]，一篇关于艺术心理学的文章，对欧洲审美思想进行了调查。她提出，艺术家表达的是一种内心视野，它表现为与无意识的幻想和形象相关的情感形式。她认为，它们表现为震颤与冲突，成为了定义性的特征，在诗中尤其如此。她用这种对审美行为的心理解释来阐释"当代诗人"，不过仅仅提及斯特凡·格奥尔格一人。里尔克发觉这一对手被情人如此推崇，或许略有不甘，不过他在布拉格的一次重要讲演中，还是用上了卢的许多想法。

曾主办为利连科隆举办的晚会的德国业余家俱乐部说服里尔克安排一系列文学演讲。这个俱乐部原本是个着力促进业余戏剧的协会，现在决定要发起一些符合当前兴趣的讲座。里尔克同意以故乡小镇之子的身份为他们组织这一系列讲座。

安排演说者时，里尔克请米歇尔·康拉德谈谈文学上的自然主义（后者不曾像冈霍费尔一样终止对里尔克的关心）——"从爱弥尔·左拉到格哈特·霍普特曼（Gerhart Hauptmann）[2]的任何话题都行"——41岁的康拉德是这股潮流中的一个重要幸存者。[3]里尔克也联系了利连科隆和其他人，不过把第一场关于诗的讲座留给了自己。

讲座计划在3月发表，这在赖纳和卢自从去年夏天建立起来的问题重重的关系中开启了一道裂隙。演讲日正好与第二份召他去军队报告的通知重合，不过，展开远程旅行的需求已经昭然若揭。几个月的密切往来之后，赖纳和卢两人现在都需要空间。

彼得堡传来的令人不安的消息促成了分离。卢的弟弟亚尼亚·冯·莎乐美得了严重的肺结核，她打算尽快赶去。这给里尔克提供了一个机会。在窝夫拉特绍森研究过的艺术史和文艺复兴可以充任到意大利的第二次、也是更深入的一次朝拜的主题，他将借此研习他仰慕的历史和艺术。他可以在布拉格忙完之后尽快赶去。卢希望在拜访家人后与他会合。

卢安排了赖纳到意大利的旅行，给他下达了严格的任务，就像给男学

---

[1] 《艺术的基本形式》，177—182。关于格奥尔吉，参见181页。
[2] 1862—1946，德国剧作家和诗人，自然主义文学在德国的重要代表人，1912年诺贝尔文学奖获得者。——译注
[3] 1898年2月22日，慕尼黑州立图书馆。

生布置家庭作业一样。他得到指示,要写一份详尽的日记,重聚时交给她看。她的指示不乏心理学意味:日记、坦白,以及作为疗伤的一个部分的客体化。再次,弗莱德里希·安德烈亚斯提出了相反意见,指出里尔克需要继续大学学业。不过,赖纳选择了卢的安排,计划发表完演讲就开始执行它。

1898年3月5日夜的演讲大获成功。直到上台前一刻,里尔克还在为演讲作准备。"现代诗歌"①得到听众的热烈欢迎,评论也对它赞赏有加。它形式新颖,充满启发性。尽管为时漫长,整整两个小时,而且结构庞杂(部分是因为准备仓促之故),但是里尔克慑服了听众。或许听众主要是因这个年轻人激情四溢的声音所传达的无所不包、深刻尖锐的观点而着迷。他的开篇观点就是现代诗歌始于但丁,这或许惊醒了一些原本昏昏欲睡的人。这个观点并非前所未有,不过里尔克旁征博引,加以阐释,大谈《新生》以及15世纪艺术②,都是他在窝夫特拉绍森时期学习的结果。这一部分演说的结论是一个并非独到的见解,也是他演讲的主题:艺术仅仅借助于美的表达和美的语言开口。

作为卢的学徒,匆匆草就这篇演讲的里尔克从她的论文《艺术的基本形式》中借用了很多观点,尤其是把绘画和诗歌加以比较的做法。她的观点是,艺术家在视野中将来自外界的情感与来自内心的潜意识幻想相结合,这成为里尔克对绘画与诗歌这两种艺术形式的观点的基础。③"如果……一幕风景成为一个画家的主题,一个释放一些深藏于心的内心情感的契机,那么诗人在意的则是风景宽泛、平淡的感情,他借此来投诸来自幽暗潜意识的情感。"作为他和卢在学术上密切合作的结果,这些思想构成了里尔克对于抒情诗人的个人观点的基础,他认为抒情诗人创作出堪比幻灯的一系列画面,在其中"无限的坦白"被配以乐声。这一观点呼应着由来已久的联觉理论,很快就在里尔克转向现代诗歌时得到拓展和更明确的阐释。

在这方面,他的思想变得更加激进。老一代诗人还在钻研自然和"事物的维度"时,最新的诗人们已经学会"看进自己的思想",就像以前看进

---

① "现代诗歌",《里尔克作品全集》5:360—394。
② 1898年1月31日给威尔海姆·冯·舒尔茨的信;在《里尔克作品全集》6:1153—1160,尤其是1158—1159页。
③ "艺术的基本形式",179—180;里尔克:《里尔克作品全集》5:366。

外部世界一样,将同样的思想过程、语言和乐感技巧应用于这种对内的投射。"如此一来,主体性达到了前所未有的高度"①。抒情诗人成为一个"孤独者,无法认可任何人,除了他自己"。他是一个"宇宙的隐士",能够听到别人都听不到的东西。倾听和孤独成为这些新诗人的特征。在这堆错综复杂的寻常声明和启示,迂腐的高谈阔论,旁征博引的艺术史和文学史片段,以及他和卢共享的理论观点之后,存在一个独属他本人的内核:诗歌观念朝向内在自我的转向,以及诗人随之而来的孤独。它展现的是一个充任独语者的诗人形象,堪称在斯特凡·马拉美所代表的巍然耸立的时代形象面前的一种觉醒。

不幸的是,里尔克将这些观点不仅用于赞美像利连科隆和戴麦尔这样的朋友,也用来对付他的对手斯特凡·格奥尔格,既赞美他,又指责他的思想。他预演着对双方的生活将造成困扰的那些陈词滥调,对布拉格听众宣布,作为一切诗歌之基础的深刻坦白在格奥尔格手中仅仅沦为一些流于形式的表达,令他的诗歌"充满冷淡,甚至贫瘠的单调"。里尔克用诸如"无情的形式主义者"②这样的程式化指摘,谴责了整个那一批表现出他刚刚描述过的诸多特征的诗人。

这篇演讲在里尔克生前从未发表,或许是修订松散演讲词的工作令他畏惧不前,不过亦有可能是迅速令他痴迷的佛罗伦萨和意大利艺术转移了他的注意力。事实上,他在布拉格几乎呆了3个星期,走亲访友,还花了不少时间和父亲相处。他接受了军队体检,令他宽慰的是,其结果令他一劳永逸地摆脱了入伍威胁。最后,遵命到阿尔克拜见了一回母亲之后,赖纳做好了准备跃进意大利的心脏地带——准备踏上经典德语诗人的经典朝拜之路。

4.

4月的第一周,里尔克抵达佛罗伦萨,立刻安顿下来。第一夜,尽管

---

① 《里尔克作品全集》5:370—371。
② 《里尔克作品全集》5:378—379。

旅途疲惫,他依然离开旅馆,沿大街小巷漫步,走向维多利奥·伊曼努尔广场。虽说浑身酸痛不已,但他仍为星空之下,四周投下长影的文艺复兴时期的高大纪念碑激动不已。他快乐异常,憧憬着在佛罗伦萨呆上几个星期,吸纳历史宝藏,把它们纳入自己的内心生命。他与冈霍费尔的合作者冯·沃佐根男爵保持着联系,在给后者写的一封"诗体信"中,他表达了这些情感:

> 我感受到一个时代的所有魔力
> 它的姿态和形体均堪称伟大
> 它唤醒那些自由开放的人
> 他们,前额闪亮,从喧嚣的
> 人群中升起,进入最高级的孤寂。①

巧合的是,他找到了非常好的寄宿地点。②洛加诺·塞里斯特里大街13号的贝诺瓦旅舍位于距市中心不远的河边。小房子的部分平顶改装成了一个赏心悦目的起居室/阳台,由一道楼梯与他的卧室相连。这是一个美妙的房间,墙上印满黄花图案,屋外传来玫瑰芳香。他攀上屋顶,就能看到摸到这些玫瑰。色彩和声响汇集成河,与阿诺河的深色河水融为一体。他远眺城市,感到仿佛整个佛罗伦萨半跪着,"跪拜着牧者"③。

里尔克按照卢的指示,在日记中详尽记下自己的印象。他不得不深入历史,因为正如他对一位通信者解释的,佛罗伦萨不像威尼斯,它"不会对仅仅是路过者的人展开自我"。作为卢的教诲和他自己的喜好的结果,里尔克开始将建筑物纪念碑与人相比,以便理解它们。"一旦你赢得这些宫殿的信任,它们就会用其庭院那辉煌、富有节奏的语言,快乐而随意地讲述它们的故事"。④这也是《新诗》,尤其是《杜伊诺哀歌》的语言,这些早期经历便是它们的源头。他讲述了盛期的文艺复兴如何保留了其各种建

---

① 《里尔克书信集,1892—1921》1:58—59。
② 《里尔克早期日记集》,18页及之后。
③ 给冯·沃佐根,《里尔克书信集,1892—1921》1:60。
④ 《里尔克早期日记集》,25。

筑的"严肃的尊严"。尽管"不复矜持",但它们也不乏一种"刻意的自信"。他讲述了"沉默的"建筑,描述了"你可以一眼看到尽头的那种宽阔拱廊藏在阴影中的秘密",仿佛它们正作着"无言而亲密的坦白"。

正是在这种气氛中,里尔克邂逅了海因里希·福格勒(Heinrich Vogeler),一个来自沃普斯韦德艺术村的画家①,该地位于不来梅附近,一年后诗人也将到那里寻求庇护。邂逅纯属偶然。某位施尼尔利先生是个瑞士艺术赞助人,当时也在贝诺瓦旅舍。他举办了一个晚会,会场一直蔓延到了里尔克所在的那部分屋顶。画家和诗人就是在那里迅速交上了朋友。福格勒觉得,这是一个命中注定的夜晚:"下方,佛罗伦萨灯火闪烁。我们像相熟已久的人一样被放进了门。没人做自我介绍。我觉得,新朋友的性格非常忧郁。我感觉仿佛面对一个修士,他经常高举双手,仿佛准备祈祷。"他注意到他们的第一次会面几乎没有说话。福格勒沉默着,对谁都没有开口,与里尔克道别时也仅仅沉默地握了握手。事后,他向同伴打听他们拜访的那座房子,才得知主人是"诗人赖纳·玛丽亚·里尔克"。他俩都在佛罗伦萨又住了一阵,友谊趁机加深。福格勒后来到柏林拜访了新朋友,后者则与他发展出一段持久的密切友谊,这种关系他只对与自己极其相似的精神才会敞开。

里尔克继续沉浸在城市当中。"我已在这里待了两周/还要待不知道多久,倾听,"②他给威尔海姆·冯·舒尔茨的信中写道。各处玫瑰盛放,呢喃着种种奇迹,源自"早早在灯火通明的维亚利大街散步"③、在画廊中的祈祷和用黄金绘制上帝的图画的启示。不过,正如里尔克一生中常见的,幸福感转瞬即逝。尽管有着种种宏伟计划,但他对佛罗伦萨的关注却为时短暂。给冯·舒尔茨的"诗体信"写于4月16日左右,第二周又修改了一番。但是到5月上旬,里尔克已经溜走了,5月17日才在热那亚附近的利久立海边的海滨度假地维亚雷焦再度露面。一场烦恼的心情——突如其来、不可抵御——令他的计划突然中断。

---

① 福格勒,75。
② 1898年4月16日写在明信片上的诗体信;《里尔克作品全集》6:1222;评论和日期在注释中,《里尔克作品全集》6:1533。
③ 《里尔克作品全集》3:610。也参见《里尔克早期日记集》,16,标注日期为1898年4月18日。所有这些给威尔海姆·冯·舒尔茨、雨果·撒鲁斯和别人的信中涉及的诗歌和描写,参见齐恩在《里尔克作品全集》3:832和《里尔克作品全集》6:1533的评论。

里尔克在波波里花园偶遇斯特凡·格奥尔格。①这并非一次平和的相遇。相反,格奥尔格劈面送上的是里尔克只能理解为对其作品的一场攻击,谴责他急于求成的出版。里尔克意识到,或许自己被排斥在格奥尔格的圈子之外,未必是因为政治或者观念,完全就是因为没有被当成一个真正的诗人。他只得极力掩饰听到这些尖锐之语的痛苦,佯装表示同意,宣称自己已经压下了很多早期作品没有发表。然而,格奥尔格仍像老师教训冒失学生一般训斥他,建议他耐心写作,不要期待外界奖赏。

最后,格奥尔格同意给里尔克寄去几本《艺术期刊》。(他根本没有收到它们,就像雷普休斯家的晚会上他允诺寄来的几本杂志也从不曾到来一样。)里尔克则不改反对格奥尔格的诗及其独特风格的初衷,拒绝受其影响。他承认格奥尔格的诗歌值得尊敬,就像"所有严肃艺术作品"一样,但他拒绝欣赏它们的倾向,甚至对格奥尔格的抒情语言和想象的质量也一并否认。

里尔克在维亚雷焦露面后,把离开佛罗伦萨的主要理由解释为那里四处遍布的辉煌令他压力重重。②维亚雷焦则不会那样挑拨他的敏感天性。挪了地方之后,他终于能够重读日记,再度回忆起初抵意大利时的思想状况。与佛罗伦萨那些陌生小巷的迷网相比,海边宽阔的空间令人安心。里尔克的佛罗伦萨日记,也就是按照卢的要求写的对艺术和自然、建筑和历史,以及偶尔爆发的个人情感的思考,类似于一个玻璃展示器,里面像展示小动物——盘成一团的蛇、橙色的蝾螈、绿蜥蜴和青蛙等等——一样,收纳了他的想象世界,它们被安置在一个并非它们通常生活的世界中。不过,在这个人工表象之下,真实世界仍在继续,不断地小规模爆发着。

对里尔克来说,在维亚雷焦遇到的这样一场小爆发,是与一个在那里度假的年轻女人的邂逅。③伊莱娜·沃若尼那(Elena Voronina),里尔克称她海伦娜,在他生命中似乎扮演了一个重要却转瞬即逝的角色,就像一年

---

① 1907年5月29日写给Friedrich von Oppeln-Bronikowski的信;《里尔克书信集,1892—1921》2:316—317。
② 《里尔克早期日记集》,28页及之后。
③ 里尔克在写给卢看的一段日记日记述了此事。《里尔克早期日记集》,78—79。参见"里尔克给海伦娜的信",146—148,其中收录了离开维亚雷焦之后立刻写给"海伦娜"的第一批信。

前诺拉·古德斯提克一样。里尔克愉快地发现,他在旅馆餐厅和她同坐一张餐桌。她的家庭有 3 个成员:伊莱娜,她妹妹,以及她们的父亲,一位有钱的彼得堡科学家,与妻子长期分居。里尔克在晚餐桌上与伊莱娜这位 27 岁的、愉快的、反应敏捷的女人攀谈,很快就进而在海滨一道散步,展开长时间亲密交谈。不过,她从不曾在他的生命中,取代卢·莎乐美那高踞的地位。

里尔克的日记中充满了对卢的思念。他体内"燃烧着"创造的火焰。他假装卢就坐在他对面的扶手椅上,他则在黄昏时给想象中的她朗读许多诗歌。在"闪烁着金色柔光的"[1]落日余晖中,他跪在她身边,祈祷他在"天赐的创造时辰中",能够配得上"神圣的生命"。

这本日记是里尔克即将写出的新作的序曲——对于卢担任缪斯带来的灵感的颂歌——不过,表象之下,这个祈祷也暴露出他的不安全感。伤感的语言显示出他的不耐。卢打发他去意大利,命令他呆在那里等候她的召唤。然而他们原先的计划却被她兄弟亚尼亚的死讯打乱。5 月中旬,她到但泽(现在的格但斯克)附近的波罗的海小镇索波特(Zoppot)拜访朋友约翰娜·涅曼(Johnna Niemann),没有留在彼得堡参加兄弟的葬礼。她一次又一次改变计划,没有给赖纳任何他们重聚的具体日期。

有人揣测,这些频频的计划更改是不得已而为之,因为 37 岁的卢有可能怀上了里尔克的孩子。[2]已有一定证据表明此点。不过,对卢来说,怀孕对于有政治意识、有知识的女性而言是非常麻烦的:她已将一生奉献给知识和艺术,作母亲是她不愿面对的。因此,她到索波特拜访朋友约翰娜·涅曼的旅行,或许正是为了流产。不过,后来卢愤怒地否认曾因里尔克而怀孕的说法。

因此,真相究竟如何,已经无从知晓。不过里尔克的 5 月日记中有一段关于分娩的独特段落。他宣称女性因为分娩就足以成为艺术家。他之所以将分娩和艺术相提并论,是为了表明他对女性艺术家的尊敬,不过实际上它仿佛越描越黑。"当然,母亲们都像艺术家,"[3]他写道。"艺术家的

---

[1] 《里尔克早期日记集》,68 页及之后。
[2] 参见比宁恩,《尼采的不羁门徒》,226—227。
[3] 《里尔克早期日记集》,101—102。

任务就是找到自我。"他还以绝非里尔克的风格写道，"女性用孩子来完成自我。"他的观点晦涩而缺乏说服力。"艺术家只能从自己体内产出一些片段，女性却能从子宫里生产出整个世界，充满力量和可能性。"分娩是这个22岁的男人为所有女性展望的命运。不过，他也不得不为他那些身兼女性和艺术家的朋友们安排一个位置。当一位女性艺术家变成母亲，"她便可以在最深刻的意义上实践艺术，"因为"女人的道路总是导向孩童"。多年后，里尔克将不得不目睹朋友鲍拉·莫德尔森-贝克尔（Paula Modersohn-Becker）难产而死所展示的分娩和艺术创造之间的无解冲突的悲剧后果。

这些对于女性分娩和艺术创造的思考也预示着他在后来的宗教诗歌中对于分娩话题的关注。这些诗中，分娩常被描述得非常具体，痛苦不堪。在一本为卢写的日记中出现的这些思想，或许正是这种焦虑和思索的早期版本。同时，分娩也在卢当时的一些作品中占据重要位置。① 不过，即便没有怀孕和堕胎一说，卢的家庭问题，她兄弟的死，以及她对于自己的工作将会遇到更多麻烦阻碍的担忧——赖纳的信中几乎难以掩饰的歇斯底里情绪根本不能令她宽心——都足以充任令她决心难下的原因。

等待她的消息时，里尔克并非仅仅关注他们何时重聚这个问题。正如他用日记告诉卢的，他与伊莱娜·沃若尼那的假日友谊已经变得更加亲密，赖纳在树林里和海边的夜间散步中，表现得像一个睿智的家长。② 他与同伴分享对自然的细腻感情，而伊莱娜则承认她对之没有感觉，她对自然的敏感力已经枯萎。他们讨论了死亡和对死亡的欲望，这表明他俩都还年轻，都倾注于一种随时可能越界的友谊，不过对里尔克来说，它又不至于是爱情。大海、沙滩、夜晚、星星，这一切构成了一幅画面，深刻在里尔克的脑海中。不过他对卢的敬意从不曾动摇："你这杰出的人儿！你：你让我如此强大……如此彻底纯净地回到你身边，亲爱的，这就是我能给你的最好礼物。"③

---

① 参见比宁恩，《尼采的不羁门徒》，226—227页注释。不过，比宁恩也强调了卢对于怀孕一事的强烈否认。
② 《里尔克早期日记集》，79。
③ 同上，100。

他给她献上的有形礼物则是一份新的草稿:《白衣妃》①,一则被他当作礼物的寓言。

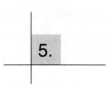

不确定性、时刻蠢蠢欲动的变化和灾难,以及夸张的想象,这些导向了里尔克在结识卢·莎乐美之后的第一份大型作品:一部梅特林克风格的诗剧,这是一部关于他的内心世界之痛苦和彷徨的感人记录。它起名《白衣妃》,将灾难临头的不祥预感投诸一个女性形象,她威严高贵,气质类似马拉美笔下的莎乐美。里尔克宣称这出戏基于他在维亚雷焦的旅馆阳台上看书时突然看到的一个幻像。他在日记里记下了那一刻②:"下方的花沐浴着羞怯、急迫的阳光;远方沙丘和大海像影子一样悬挂在一大片云彩下方。"他仔细一看,觉得花园里有个黑袍修士慢慢走来。他站在花园中央,四周都是怒放的鲜花。"春之冠冕上的小樱草花。"黑红对比,也就是死和生的对比,像预兆一般袭来。为了平息这种恐惧,他当天早上就写出戏剧的第一稿。

作为戏剧,这部作品超出了里尔克先前打着自然主义幌子的感伤作品。它仍旧不乏感伤,却也表现出追求清晰的努力,这是他身为诗人所发出的重要新声明之一。他的舞台指示都是简练详细的:远景是希腊式柱子,一幢 16 世纪晚期——故事发生的时代——的高贵宅邸。宅邸前方,靠近观众的地方,是一个排列着若干雕塑的阳台,以及一个有着多彩树木和灌木的花园:树木中有一尊多乳女神雕像。阳台前方有一个岩石嶙峋的海滩,再前方——一直进入观众席——是一片想象中的海洋③,不过不用通常的蓝色帆布或者类似令人厌烦的东西来表现。

写作于维亚雷焦的原稿强烈地表现出里尔克的焦虑和不祥预感。白

---

① 最初的 1898 年版本,《里尔克作品全集》3:267—287。最终的 1904 年版本,《里尔克作品全集》1:203—231。
② 《里尔克早期日记集》,70—72。
③ 1898 年 7 月 13 日写给 Casar Flaischlen 的信;《里尔克书信集,1892—1921》1:70—71。

衣妃反映的是其创造者的欲望:她是纯洁的、女性的、贵族的,都是里尔克所不具备又渴望拥有的品质。她在 11 年婚姻之后遭公爵抛弃。她儿时就成了新娘,丈夫疏远她,而且性情残暴,另有兴趣,所以她始终保持着童贞。这里有一点卢的影子,对她来说,在婚姻内与婚姻之外对贞洁的接受和弃绝都是至关重要的问题。弗莱德里希尽管通常疏远妻子,不过并不残暴,但他也同样兴趣另有所在。

死亡主题几乎立刻出现:即将到来的危险——预示着等在维亚雷焦的里尔克为之惶惶不安的可怕消息——由一位信使传达而出,他本该带来一封来自王妃的秘密情人的信件。相反,他宣布的是黑死病的警告:

> 整个山谷发出惊天尖叫
> 陌生的死亡从东方袭来
> 饥肠辘辘
> 一个镇一个镇蔓延①

死亡化身为四个黑袍修士,亦是"猛禽"——比如秃鹰——它们掠夺"孩子、女人、老人/永无休止。"

这个令人惶惶不安的时刻,王妃的妹妹梦娜·拉拉出现了,宣称愿意陪伴姐姐,一道被放逐。梦娜·拉拉,随着姐妹之间的拥抱渐渐越界,开始表现为白衣妃婚姻中那个非法的"他者",有点类似伊莱娜在里尔克与卢的关系中的位置。她们热切激吻,王妃教导妹妹如何变成一个女人:

> 我尖叫
> 来着,把婚床的枕头
> 用颤抖的牙齿咬碎②

梦娜·拉拉听完教诲,与姐姐的关系变得前所未有地亲密。她们再次亲吻。强烈的欲望(它已被视为死亡的一个方面)转变为一阵狂热祈

---

① 《里尔克作品全集》3:274。
② 《里尔克作品全集》3:278—279。

祷。这个男性诗人写出,却安置为女性思想的片段,足以被视为里尔克将自己投诸卢——他渴望的情人——的幻想。

这两个主题,死亡和性爱,频频交织,强调了在维亚雷焦感受到的情绪。在充满震撼力的结尾中,两个姐妹手挽手走着,愉快地展望着王妃的初夜。一个长吻之后,她被单独留下。余下的表演以配有音效的哑剧完成。桨浸入水中,一艘小艇划近。然后节奏乱了。本该出现的是情人,来的却是死亡,很有可能意味着他已死去。黑袍修士作为与性爱呼应的形象现身。①幕布"缓缓地——无声地"②落下。

这个结尾与日记里的一段痛苦感叹如出一辙。"突然我周围变得如此黑暗,"③在终于接到卢的来信之前,里尔克写道。"我不知身在何方。我只觉得必须终日在陌生人中旅行——然后是另一天,再一天,直到终于和你相聚——或许就是为了说再见。"不过,她召唤他去索波特的信终于在5月26日到来,他立刻振作起来。"今天我什么也不害怕了。只有纯然的快乐。"他本打算毫不耽搁地赶到那个可怕的波罗的海海滨。不过她又改了主意,要他到柏林会面。他毫无异议,径直赶去见她,只在维也纳和布拉格短暂地耽误了片刻。

不过,里尔克在5月30日到达维也纳时,在"穿过陌生的夜晚和大雨滂沱的星期日"④之后,他给伊莱娜·沃若尼那回了一封热情、充满爱意的信。他把它寄到热那亚,"寄到远方",他如此写道,因为他倍觉失落、孤独,但对她的友谊心存感激。他回忆了他们在维亚雷焦共度的时光,他们在海边的美好夜晚。她的来信对他来说显得如此意味深长,因为它仿佛是在"梦中"吟出——"双眼紧闭"。他的回信特意写得轻松随和,就像他们在海滨的散步聊天一样。

一周后,他从布拉格给她再次写信时⑤,似乎有点厌烦,宣称现在全心投入关于文学、哲学和文字魔力的不容分心的研究中。从第二封信的语调和内容可以明显看出,他试图保持距离——直到第二年在俄国与伊莱

---

① 《里尔克作品全集》3:274。
② 《里尔克作品全集》3:287。
③ 《里尔克早期日记集》,75。
④ 1898年5月30日写给伊莱娜·沃若尼那的信;"里尔克给海伦娜的信",146—147。
⑤ 1898年6月6日;"里尔克给海伦娜的信",147—148。

娜再度见面为止,他始终恪守着这段距离。或许,赖纳是需要在与卢分离3个月后再度相逢之前,与伊莱娜疏远一些。此时,卢去见了前瑞典心理学家埃伦·凯,①她与之最近有过通信,也研究过她的作品。在柏林糕点店度过的愉快的两小时使她兴高采烈,感觉到一段新友谊的开始,因此心情愉快地迎接重逢的情人。

不过,赖纳和卢在柏林相逢之后,情况变糟了。他们几乎立刻就出发去索波特,卢在那里有很多事要办,拜访但泽区的朋友们,里尔克则继续写日记。不过,对于这份作业的一切期望,在卢阅读佛罗伦萨日记时轰然倒塌。里尔克本指望得到毫不犹豫的赞扬,却吃惊地发现她非常失望。他的日记结尾写于"冰冷的海边"②,此时他已得知整份日记的开头和结尾当中填满的只是"痛苦和贫瘠"。波罗的海冰冷的海水与维亚雷焦温暖的地中海海水形成强烈对比,他高涨的期待和兜头泼来的冷水也同样形成强烈反差。

绝望袭来。卢繁忙的生活和她对他的作品的迟疑态度引发了惯常的那种爆发和逃离。表面上里尔克是在谴责自己。他本指望他们能重拾3月分别之前的关系,在某种意义上他们确实做到了:他们再度遭遇导致分手的紧张冲突。

赖纳本该学会不要指望卢对他的狂热情感和绝望爆发做出回应,但他这种夸张的宣泄其实也是一种延后反应,针对的是在窝夫拉特绍森时沃林斯基在他们的田园生活尚未真正展开时就到来而令他蒙受的羞辱。他仍旧感觉自己像那时一样只是个学徒,实际上他通过童年的形象③,描述了他既憎恨又渴望的依赖感。里尔克用来形容他们返家后的冲突的形象生动反映了他介于情人和孩子之间的角色。卢像母亲一样弯腰吻他的额头的时候,他却想对她俯身亲吻她的嘴唇。

赖纳知道他们的爱情只能通过工作来实现。他利用讨论分娩时用过的手法,将卢的工作描述为她从体内产出的某种事物,她创造出的一个她得以在其中发挥力量的空间。最后,一个"灰色的无眠之夜"之后的早晨,

---

① 比宁恩,《尼采的不羁门徒》,225—226;228。
② 《里尔克早期日记集》,114。
③ 同上,116—117。

急切的诗人寻找情人,发现她欣然欢迎他,"永远新鲜而年轻"。那天早上将他俩连为一体的东西或许不曾解决他们的问题,却给他们带来了希望,让他们觉得或许可以通过创作而获救。卢很快再度离开去俄国,一去好几个星期。

里尔克带着全新的热情投入工作。第一个任务是重拾去年曾把他和卢引到一起的那些诗歌,他的《基督幻象》①。结果他写出3首新"幻象":《纳戈的教堂》——基督进入"纳戈的教堂",发现自己降生的马厩,成为东方众王之一;《盲童》——盲童由母亲牵引,穿越大地,一路颂歌;还有《修女》——走进修女的神圣隐居所,并在她们当中激起狂热情爱的金发姐妹。这些诗描述了爱情和苦难,被添加进里尔克的《基督幻象》。它们把爱情当作宗教体验的一个部分,这是卢给他留下的影响。

卢远在彼得堡的时候,里尔克设法开始并写完了一系列论文,又加以精简。它们多为艺术批评,包括一篇关于15世纪建筑和艺术的文章,源自他在佛罗伦萨的思考。他还重拾他在上路之前发表的演讲开头时的那种哲学思考。在一篇名为《论艺术》②的文章里,他试图对艺术加以进一步定义。他以对托尔斯泰的论文《何为艺术》(最近刚刚部分译为德语)的略带迟疑的批评开篇,以对爱默生的讨论收尾,提出了一些并非完全新颖的观点,不过它们预示了成熟里尔克的思想。他将艺术定义为深刻的内心坦白,它们源自一段回忆或经验,然后得以脱离其作者,如此,他宣布了作为美的艺术的自治。最后他进一步将艺术家比喻为舞者。这些文章在《圣春》杂志上分三期发表,分别为1898年11月和1899年1月与5月。

不过,除了《基督幻象》以及这些作品,里尔克尚未做好重拾创作的准备。"你知道我怎么了吗?"③他在新日记的开篇发问。他解释道,日记的纸页像是充斥着困惑嘟囔声的拥挤小巷。不过,一旦他出场,人群消散,他自己的思想又变得清晰可闻。他希望,等卢从彼得堡回来后,他和卢能够拥有这种清晰的感觉。

---

① 《基督幻象》,《里尔克作品全集》3:127—159;第二部分,《里尔克作品全集》3:161—168。
② 《里尔克作品全集》5:426—434。
③ 1898年7月11日;《里尔克早期日记集》,123。

这一回,他的希望实现了。他开始了一首诗的写作,他们在附近的奥利瓦村一个公园里散步时,一道写完了它。结尾是这样的:

> 你感觉到这许多盘旋于
> 存在与存在当中的变化吗?
> 阳光就像音乐……
> 突然之间群山侧耳,
> 你惊恐地发觉,自己孤身一人。①

共同创作或许并非最终出路,但至少算是一种休战。

他们归家后的首要任务就是给赖纳寻找另一处安身之地,因为他出发去佛罗伦萨之前退掉了原来的房间。他们立刻就成功了。距离安德烈亚斯夫妇现在居住的施马根多夫(Schmargendorf)不远,在一条名字古怪,叫做亨德克烈(意思类似狗脖儿巷)的街上,有一幢瓦德弗莱登大厦,他在里面找到一间房间。里尔克很快搬进去,再次充当起安德烈亚斯夫妇的家庭一员的角色,帮忙打杂。根据卢的说法,他不再"像小孩子",也不再抱怨从布拉格给他寄来的支票数额之小。像从前一样,他们在田野和树林长时间散步,尽可能赤足,里尔克养成一种比以往更严格的素食习惯,试图主要靠牛奶和水果为生。

尽管在饮食和住所上都非常节俭,他们在旅行上却毫不吝啬。回来只有两星期,卢就再度离开柏林,先去慕尼黑(或许是在里尔克陪伴下),然后又独自去哈莱恩,拜访"泽马克"和布隆琪雅,后者正准备再度生子。赖纳和卢在途中相会,直到9月才回柏林,又和弗莱德里希·安德烈亚斯一道生活,在这里,里尔克在卢的督促下,开始认真学习俄语。

其时,德国突然掀起对俄国著作的兴趣高潮,卢觉得或许搞俄语翻译将是里尔克贴补生活的好办法。她的设想几乎仅过数月就实现了,拥有语言天赋的诗人已经着手翻译契诃夫的作品。不过,学习俄语还有另一个意图。当时尚自视为赖纳情人的卢希望他分享对自己家乡的感受。冬天里,他们计划来年开春共赴俄国。

---

① 1898年7月23日写于奥利瓦的信;《里尔克早期日记集》,129。

6.

　　与卢和弗莱德里希·安德烈亚斯一道去俄国,这需要相当的时间和精力来作准备。资金也是问题之一,不过里尔克也非常在意在如此长时间地离开之前,确立自己作为作家和记者的声望,他抓紧机会为报纸撰写书评和艺术批评,此外广泛地进行通信联系。

　　尽管心理上,里尔克仍是卢的学徒,但公开场合他开始表现出一种新的自主,展现出批评权威的专家风范。此外他还出现了一种更深刻的变化。在学习俄语的过程中,他不仅沉浸到俄语的文学和文化史中,也尤其关注起俄国艺术。不知不觉地,他的生活开始有了一个新方向,它将深刻重塑他的敏感性,而后者将决定他的视野和风格。

　　从另一次短暂旅行返回时,里尔克愉快地听说,海因里希·福格勒,那位"亲爱的、梦幻般的、令人安逸的同伴"①,即将光临。自从佛罗伦萨的屋顶晚会之后,他们就保持联系,不过他此时的到来尤为适时。尽管福格勒正面临一些个人麻烦——里尔克对之将会深表同情——但他的出现仍旧对里尔克具备着一种超越他们的个人生活的重要性。对于像这两个年轻人这样的热诚艺术家来说,个人之间的吸引力也必定受其专业影响。福格勒的到来将要彰显的是里尔克对绘画和雕塑,以及画家和雕塑家日增的兴趣。里尔克研究视觉艺术已有多年,这方面的兴趣在即便他最早期的诗歌和小说中也相当明显。他对文艺复兴时期建筑的关注——在窝夫拉特绍森他曾为之争辩,在佛罗伦萨更是迷上了它们——向来就很重要。不过现在,正如他的研究将他引入俄国艺术宝库,他与福格勒的友谊也象征着一种非常富有个人特色的

---

① 1898年11月21日给雨果·撒鲁斯的信;《里尔克书信集,1892—1921》1:60—61。福格勒回忆道,"我们在佛罗伦萨会面之后,我到里尔克在施马根多夫的公寓找他,一度与他热烈通信交流。"福格勒,85。在1900年9月6日的一则日记中,里尔克记录了与福格勒的一段对话,后者坦言,他在柏林期间,一直因为追求未来妻子玛莎·施隆德的事情而焦虑不安。《里尔克早期日记集》,204—205。

变化。

  福格勒在柏林逗留的短短几天,促成了诗人和画家之间多年的密切友谊以及合作。里尔克写诗献给他;福格勒则给里尔克的许多作品绘制插图。这种个人关系标志着里尔克的关注开始从戏剧(尽管他终生都没有放弃戏剧)逐渐地、更多地转向视觉艺术,后者充任了里尔克的思想和创作激情的一个主要来源。

  1898—1899年秋天和冬天,即将展开俄国之旅之时,这种转变只是一条尚未踏上的道路的最初一点迹象而已。不过它预示着未来的进一步变化。在戏剧上,里尔克自视为一个创造者。他梦想过成为著名剧作家,至今不改初衷。不过,在他与绘画艺术更成熟的关系中,他担任了消费者和批评者,最终成功地将视觉形式转换为诗的语言。此时,他主要还是充任评论者,以此谋生。他参加柏林的画展开幕式,有时独自去,有时有卢陪伴。他为柏林、慕尼黑和维也纳的报纸和杂志撰写固定的艺术展览专栏评论。不过,即便是现在,他也已经开始设法将他所评论的艺术观念与他试图写作的诗歌联系起来。

  展示了里尔克试图将视觉绘画与行动和语言相联系的独特做法的几篇杰出论文中,有一篇名为《三人沙龙》①。里尔克11月里写了此文——发表于1898年12月的《评论》(Rundschau)——不过它是由那年早些时候,布鲁诺和保罗·卡西尔(Cassirer)表兄弟在一家新画廊举办的展览引发的。卡西尔家族——艺术评论家、教育家、历史学者——在里尔克一生中都与他往来密切。设计了这家画廊的人,比利时建筑家亨利·凡·德·维尔德(Henry van der Velde)②也是一样,后者是一位富有想象力的艺术家,对于空间利用眼光独到。

  画廊位于"蒂尔花园最优雅的一侧"③,包括四个房间。它的中心是一间私密的"沉思之屋",这是一个舒适的地方,配有一个铺绿瓷砖的炉子,外接一条宽阔长廊。参观者可以在这里坐坐,反思从另外三个房间获取的整体印象,它们每一间都展出着一位艺术家的作品。里尔克7月份参

---

① 《里尔克作品全集》5:451—455。也参见《里尔克作品全集》6:1367,注释部分。
② 1863—1957,比利时建筑师和设计师,赞成建筑设计应反映并利于其用途的实用主义。——译注
③ 《里尔克作品全集》5:451。

观此地,当时三个展厅分别展览的是埃德加·德加和马科斯·利伯曼①的画作,以及比利时雕塑家康斯坦丁·默尼耶②的雕塑作品。

里尔克用来叙述他对这些绘画的印象的语言,展示了他形容视觉效果的做法,也展示了他受佛罗伦萨的建筑启发,将空间转喻为行动的做法。德加的舞者令人吃惊,用她们"无望的丑陋",她们由腿部来体现的整个生活让观众出乎意料。她们"像鸟一样悲哀"③,尚不知道如何运用双腿,就在成熟边缘丢失了翅膀。德加作为一位"盲目信任的画家",展示出人物的形式化安排如何吸吮了生命和行动。与之相反,利伯曼仍是一位处于试验阶段的艺术家,试图超越"既有素描的优雅冷淡"。里尔克称利伯曼的绘画为真正的印象派,认为它们"表面上色彩丰富",肌体里却体现出变化。空间的观念,叠加以对于随时而动的动作的生动印象,栩栩如生地捕捉了生活。

里尔克作为评论者和批评家的声望,以及他在艺术世界里所能获取的社会关系,最终将导向对于他作为诗人的发展至关重要的约稿:关于沃普斯韦德艺术村的专题论文,以及关于奥古斯特·罗丹的作品和艺术理念的著名论文。他的思想还将进一步发展,尤其是在俄国之旅期间。不过,1898—1899年冬天,里尔克对绘画和雕塑艺术的研究已经影响到他的私人生活中的许多活动,尤其是旅行。12月中旬,他接受海因里希·福格勒的真诚邀请④,与他和他的大家庭共度圣诞,迈出了走向沃普斯韦德的第一步。卢或许也同他一道前往。

他在汉堡短暂停留,与利连科隆初次会面,结果很失望。⑤随即里尔克拜访了汉堡艺术家博物馆,被介绍给馆长。然后是不来梅,在海因里希·福格勒父母雅致的家里共度圣诞,第二天去沃普斯韦德。

回柏林后,他面对的是包括弗莱德里希·安德烈亚斯的小世界,工作

---

① 1847—1935,德国画家,作为柏林脱离主义艺术运动的领袖之一,他把法国印象主义等欧洲艺术风潮介绍到德国。——译注
② 康斯坦丁·默尼耶,1831—1905。——译注
③ 《里尔克作品全集》,5:452—453。
④ 参见比特,11—13中对这段拜访及其对里尔克的艺术未来的影响的叙述。仅有的几则表明卢也陪同前去的断言之一参见比宁恩:"卢再度几乎日日与赖纳相伴——甚至在他圣诞节访问不来梅和附近的沃普斯韦德艺术村期间也是如此。"比宁恩,《尼采的不羁门徒》,247。
⑤ 《里尔克:人生与作品大事记》,79。

繁忙,社交生活也刚刚起步。里尔克一生中再也不会遇到第二个像卢这样的榜样,一位勤勉不已的工作者,为他这种频频陷入自寻烦恼的停顿边缘的诗人来设定工作的步伐。他在这段时间里尽管没写什么重要的新诗,却写了不少批评论文,维持着旧有的各种友谊,并不断努力,力争得到承认,成为一名专业作家。

弗里达·冯·布罗来访,"在透进冬日微光的高窗边安静地共进早餐"[1]之后,里尔克得知他和卢可以在迈宁根度过夏天,因为弗里达在那里弄到一间村舍的使用权。同时,他们定于4月开始的俄国旅程日益逼近,里尔克在他那不算太小的世界里来回奔走,拜访交流。他到阿尔克与菲亚过了两星期,从那里,他在3月9日给伊莱娜·沃若尼那写信,宣布他将在莫斯科过俄国复活节。[2]他重提他们在维亚雷焦共度的春季,并谨慎指出,他将与卢·安德烈亚斯-莎乐美女士及其丈夫弗莱德里希·安德烈亚斯博士同行。不过他的措辞仿佛他们只是纯粹的旅伴而已。他表达了对未来的憧憬,不仅期待着旅行和拜访莫斯科和彼得堡,也盼望着见到伊莱娜,他还一清二楚地表明,他认为在伊莱娜故乡的土地上与她重逢,将是他领略俄国精神的第一步。

他从阿尔克返回的途中,到维也纳去了一趟,出席霍夫曼斯塔尔的两出戏的首演,[3]最后到布拉格去看望父亲。在那里他得了流感,卧床数周。他很清楚自己这种动荡不安的生活状况,他终生都无法改变这一点。在写给威尔海姆·冯·舒尔茨的一封感人短信中,他解释了自己的动荡不居、疾病、缺乏创造力,指出原因在于他缺乏个人和社会生活的根基:"你多少还有个家,有个火炉呵!"[4]

回柏林后,他只剩两星期为赴俄旅行做准备。里尔克满心希望保住他在国内的学位。他仍希望获得学术上的承认,如果可能,甚至获得一个博士头衔,这在他的时代是一个重要的社会符号。不过,他试图学习的专业——艺术史——恰好符合他对视觉艺术日益密切的介入,也给他的俄国计划提供了进一步方向。因此,他出发去德国之前几天,与格奥尔格·

---

[1] 1899年1月28日;《里尔克早期书信和日记集,1899—1902》,7—8。
[2] 阿萨多斯基,85—87。
[3] 1899年5月19日;《胡戈·冯·霍夫曼斯塔尔和里尔克:书信集》,41—42。
[4] 1899年4月10日;《里尔克早期书信和日记集,1899—1902》,8。

齐美尔约见,以确定柏林大学入学事宜时,心里盘算的就是艺术史。

这次约见只是这两周中必须完成的许多事之一。他想起了他母亲写的格言书《历书》①,他答应过为它写一封推荐信,寄给一位出版商,此外还有给海因里希·福格勒和艾米勒·奥利克的离别赠礼。为了毫无羁绊地出发,他似乎得先应付掉数也数不清、记都记不全的杂事。

俄国将成为一个转折点,里尔克随后的作品的性质和质量证明了此点。他将勤勉写作,在他的母亲般的情人、教师和友人的督促下,把他在叙述和戏剧上的天赋投诸图画意象。俄国的景象和声响,它神秘的农人和圣像,它无边广袤的国土,都充任了这种变化发生的背景。它使他掌握了一种新的语言,让现实变为一则难解之谜,它直到数年后在巴黎,以及更迟一点的慕佐才得以破解。这幅视觉之毯,或曰"女子与独角兽"之挂毯,最初正是在俄国织就。通过敏感性方向的转变,里尔克终于为自己找到了适宜的中介,它促成了一个拥有无可争议的广博和力量的诗人。这不仅是对卢而言的又一次到彼得堡的远足,或者对赖纳而言的又一次情感之旅,它将成为两次发现之旅中的第一次,事实证明,它将让里尔克带着诗界的俄尔甫斯竖琴而返②。

---

① 1899年4月14日给菲亚·里尔克的信;里尔克档案馆。
② 俄尔甫斯是古希腊传说中的英雄,有超人的音乐天赋。俄尔甫斯的歌声和琴韵十分优美动听,各种鸟兽木石都围绕着他翩翩起舞。——译注

第6章　变化:来自俄国的经验

> 你看,我想要很多。
> 或许我想要一切:
> 每次无尽下坠时的黑暗,
> 每次上升时抖颤扑朔的光亮。①
> ——《僧侣生活之书》

1.

1899年4月24日,他们终于出发去莫斯科②——赖纳、卢和弗莱德里希·安德烈亚斯——比计划晚了4天。他们的旅程一路穿过华沙,于4月27日早上抵达莫斯科。那天是俄国复活节的星期四。图书馆和公共场所都关闭了,不过他们还是设法参观了公共集市,并爬上钟楼。晚上,他们在城里散步,欣赏月光中的高塔和圆顶。

他们一抵达,就开始安排社交活动。里尔克一心惦记的是他们必须立刻拜见列夫·托尔斯泰。卢还在收拾行李、处理杂务,弗莱德里希还在

---

① 《里尔克作品全集》1,261。
② 本章开头几段涉及的大部分事件都在里尔克1899年4月25—29日期间写给母亲的信中提及;里尔克档案馆。

享受桑拿浴,赖纳就与画家列奥尼德·帕斯捷尔纳克(Leonid Pasternak)联系上了,后者是鲍里斯·帕斯捷尔纳克的父亲。里尔克带着大量德国朋友写的介绍信前去拜访帕斯捷尔纳克,后者当时正在为托尔斯泰绘制肖像。里尔克请求他尽快安排与托尔斯泰见面。里尔克为何执意如此?不得而知。赶赴俄国的一路上,他和卢都尽可能拜见各种名人。但是为何托尔斯泰成为俄国经验的中心,充任一切围绕之旋转的轴心,原因很难弄清。或许部分答案在于:里尔克急需一个令人敬畏的权威,通过他,以及通过与他的对抗,来对他的审美、作品以及他本人做出定义。

星期五,也就是耶稣受难日,他们应邀到托尔斯泰一家在莫斯科的冬季住宅喝茶。①里尔克旋即向母亲以及在德国的各种友人描述了托尔斯泰,对他的仁慈和"人道"大加赞美。卢·莎乐美在日记里也记述了这次会面,不过她清楚地写明,伯爵似乎对她的伊朗语学者丈夫更感兴趣,对她或者年轻的德国诗人里尔克却不甚关注。弗莱德里希·安德烈亚斯刚刚发表了一份对波斯巴比教派的研究,托尔斯泰对这个话题表现出浓厚兴趣,实际上对另外两个客人几乎不理不睬。关于宗教激情的话题很快使伯爵想起与俄国关系更紧密的一些事例。托尔斯泰指出,俄国农夫远不是为单纯的虔诚所驱动,不过也是一种类似的迷信的牺牲品。他令客人们相当懊恼地提醒他们不要参加复活节庆典,以免支持这些迷信。

他们没理会他的警告。星期六到复活节星期天之间那晚,他们痴迷地聆听克里姆林宫的钟声。后来,里尔克频频提到这钟声,认为它代表了"俄国精神"②。他在信函和回忆录里,一次次地提到钟声、熙熙攘攘的人群和他们的朝圣精神。一直到1904年,他和卢的关系早已不复当年的时候,他从罗马写给她的一封信中,仍旧提及这段重要的经验。③在他们刻骨铭心、激情四溢的俄国画面中,这份记忆始终是其核心内容。

卢和赖纳一样,迷上了俄国性格中的"单纯"和"灵性",这对这两位作家的世界观而言均堪称关键。不过,他们也不乏充满战略意味的目标,力

---

① 《里尔克与卢·安德烈亚斯-莎乐美:通信集》中的一段日记摘录提及这次会面,以及托尔斯泰警告他们不要参加复活节欢庆。《里尔克与卢·安德烈亚斯-莎乐美:通信集》,37。
② 例如,1899年5月2日给伊莱娜·沃若尼那的信;阿萨多斯基,87—88;1899年5月19日给弗兰齐斯卡·冯·李文特劳的信;《里尔克早期书信和日记集,1899—1902》,14—15。
③ 1904年3月31日;《里尔克与卢·安德烈亚斯-莎乐美:通信集》,142—143。

图在俄国寻找新观众,巩固自己作为审美家和艺术家的名望。卢与彼得堡的知识分子圈子保持着联系,提供编辑方面的建议,并以外来者身份,为许多俄国文学和艺术杂志投稿。对里尔克来说,俄国朝圣最主要的目标是艺术。自去年春天在布拉格发表现代诗歌演说以来,他始终明白,现代诗歌语言难以同时表现内在和外在维度。他试图解决这一问题,却一无所获。他日益由关注行动转为关注视觉形式,俄国便成为一股知识之源,提供了能让他解决情感表达需要的诗歌思维。

这次旅行途中,里尔克创造了一个描述俄国思想和物品的词:"俄国事物"①。这个概念强调了他对他视为诗歌基本对象的"事物"之关注。"俄国事物"表明了他们的朝圣之旅的两方面特点:就事业而言较为狭隘的策略性目的,以及他们更深层的意识形态目的,即扩展、改变他们的艺术范畴。尽管他们只是勉强结识了一些重要人物,但卢仍设法帮助赖纳发表了一些译成俄语的他的诗歌,并着手准备发表更多。不过,对里尔克来说,最大收获还在于欣赏到的建筑和艺术,它们的意义无法用有否助益事业这一标准来简单衡量。他们会晤重要的画家、雕塑家、建筑家以及艺术赞助人。俄国事物——教会的和世俗的——构成了里尔克的视野。

在莫斯科呆了不到一星期,他们准备出发去下一站——圣彼得堡。莫斯科成为一段重要经历。里尔克发觉,无论他看向哪里,一切都符合他对俄国的神话想象。他相信一群用虔诚仪式表达对圣处女的崇敬的贫民。在弗莱德里希·安德烈亚斯陪伴下,他在莫斯科的最后几天都用于寻访修道院、教堂和点心店,卢患了感冒,忙于收拾行李,为旅行的下一站作准备。不过,她还是找出时间和他们一起去了亚历山大花园、特列季亚科夫画廊、大教堂和其他景点。他们于5月2日搭夜车离开。第二天早上,他们在彼得堡车站受到一个大家族的欢迎,其中包括卢76岁的老母亲。

从莫斯科到彼得堡,对赖纳而言有一个戏剧性的变化。卢在彼得堡相当于回到老家,此地人人都视她为弗莱德里希·安德烈亚斯的妻子。

---

① "我感觉俄国事物是对我的个人情感和坦白而言最佳的形象和名称。"1899年6月9日给伊莱娜·沃若尼那的信;阿萨多斯基,98—99。也参见1899年6月7日写给弗莱德的信;《里尔克书信集,1892—1921》1:69;以及塔维斯,《里尔克的俄国:一场文化邂逅》,42—47。

因此，里尔克只能扮演陪伴这对夫妻的无名年轻诗人。卢、弗莱德里希和赖纳在柏林享受的三角关系在这里无法延续。或许是因为预见到此点，里尔克在离开莫斯科前就再度联系伊莱娜·沃若尼那，以便在彼得堡沦为外人时，可以求助于她。继从德国给她写信之后，他写信说明自己将到达她所在的城市，迫不及待想要见她。星期二，他再次提及克里姆林宫的金色拱顶和大钟，并请求在星期四见她，极有可能也就是她刚刚收到他的信的这天。①

正如里尔克所担心的，彼得堡是另一个世界。这个城市在他看来，是国际化的，"非俄国的"②，"年轻的德国诗人"被打发到附近旅舍一间带家具的房间里，卢和弗莱德里希·安德烈亚斯则住在家族宅邸中。虽说学过俄语，但是缺了翻译，里尔克不得不借助手势跟人交流。此外，看着卢再次从他身边离开，消失进她的婚姻之中，这让他想起在窝夫拉特绍森的感受。因此，他重新开始对伊莱娜的追求，后者在维亚雷焦曾为他扮演过同样角色。照老习惯，他突然变成了一位狂热追求者。

里尔克一连几天都销声匿迹，一心和伊莱娜厮守。显然，他没有完全被排斥出卢的圈子。他们有一些夜间的活动安排，一起上剧院，参加音乐会。里尔克可以很容易地解释为是这家的一个朋友，只不过并非家庭成员。有好几天，他像通常那样，日日用潮水般的信件淹没伊莱娜，不过同时卢因他的缺席而不乐③，尤其是在"他们的"8点钟社交时间。里尔克将她的烦恼理解为她并没有彻底排斥他，便开始与伊莱娜保持距离，突然提起一位以前从未提及的莫名其妙的"新娘"。此前，他只将卢介绍为一个旅伴，这是他所厌恶的莎乐美的一个称呼。现在他开始明确称她为他的"女伴"④，宣称即便在维亚雷焦她也在精神上存在着，在那里时就好像他们"是三个人一样"，他希望有机会把伊莱娜介绍给她。

里尔克这种开始求爱又迅速撤回的表示再明白不过。他对沃若尼那家的拜访越来越少，与伊莱娜订了几次约会，又逐一爽约。第三次约会取

---

① 1899年5月2日；阿萨多斯基，88。
② 1899年5月4日给菲亚的信；里尔克档案馆。
③ 关于卢在那段时期的日记中记录的因为里尔克与伊莱娜·沃若尼那关系亲密而日益烦恼的内容，参见比宁恩，《尼采的不羁门徒》，247—248。
④ 1899年5月10日；阿萨多斯基，91。

消时,他给她写了一首热情的诗:《致海伦娜》①,同时宣称他不得不到人民剧院观看果戈理的《塔拉斯·布尔巴》的舞台版。他提议演出之后去看她,又迅速反悔。整整两星期,伊莱娜不得不接受一次又一次的推脱,尽管语气都非常委婉。他的思想"在这个无风的时刻,收起了风帆",他的情感"在世界的海滩上睡着了"。他会在梦中与伊莱娜相见。

同时,赖纳和卢继续忙着建立、拓宽他们的社会关系。在卢的努力下,他们得到弗莱德里希·费德勒(Friedrich Fiedler),一位著名俄-德翻译家的接见,②后者的日记里栩栩如生地记述了尚未出名的赖纳和卢在公众眼中的形象。头一回赖纳独自上门。费德勒有点不屑地记录到,他不得不接待卢的年轻朋友,"诗人 R. M. 里尔克",他是来代替卢的,因为卢得了感冒(或许是莫斯科感冒的延续)。他称里尔克为她的"小厮",不过也承认他是位极讨喜的 23 岁年轻人,对文学和艺术非常精通。他赞扬了这位他叫成莱蒙德·玛丽亚·里尔克的年轻人,因为他既不抽烟也不喝酒。里尔克向他描述他们拜访托尔斯泰的经过,讲得妙趣横生,他告辞时,费德勒已经给他递上几本他翻译的书,请他写评论。里尔克几天后热情地完成了这个任务。③

离开彼得堡之前,赖纳和卢一道拜访了费德勒。④他认为她大概 40 左右,容颜有点衰退,而且厌恶地注意到,她没戴领子,肥大的裙子裹在大腿上。不过他也承认,她身上没有什么颓废之处,一点也不像个矫揉造作的象征主义者。不过,卢索要阿金姆·沃林斯基的地址时,几乎导致僵局。费德勒非常不乐地用他的犹太姓弗莱克斯纳称呼他,指出他在彼得堡的文学圈极不受欢迎。她则挺身而出反驳道,"所有重要人物都是这样。"她读过沃林斯基的《俄国批评家》,非常欣赏。她和他一道写的小说《爱》如何了呢?费德勒问道。卢耸耸肩。弗莱克斯纳-沃林斯基事实上只是她的翻译。小说是她写的。

---

① 《致海伦娜》,1899 年 5 月 11 日;阿萨多斯基,92。这首诗随同一封充满激情的诗一同送达;参见本段的叙述。
② 1899 年 4 月 2 日,卢给弗莱德里希·费德勒的信;阿萨多斯基,89。"我这里有位年轻朋友,他非常喜欢您翻译的 Nadson 的诗。他也会出席我们的会面。他就是德国诗人 R. M. 里尔克。"整个过程在切克夫,7—9 中得到了详细描述,系根据费德勒的日记写成。
③ 1899 年 5 月 1 日给费德勒的信;阿萨多斯基,92—93。
④ 切克夫,8—9。

他们的谈话用德语进行。费德勒觉得值得一记的是,安德烈亚斯-莎乐美女士整个下午都没说一句俄语,或许是为了照顾她的"小斯",她用亲密的"你"来称呼他。不过也可能是因为她自己俄语已不够熟练。否则,她和同伴说到他的狗的名字,怎会把它译错?费德勒的大多数看法都展示出不加掩饰的轻蔑之情,这是卢在她试图征服的文学艺术圈里的男性身上早已习以为常的事。

不过,卢和赖纳仍希望在俄国社交圈和知识圈的知名男女中博得名声。里尔克尤其渴望与艺术家和艺术史学者们建立关系。与列奥尼德·帕斯捷尔纳克的联系很快拓展为一个关系网。里尔克发现了艺术期刊《艺术世界》①,这是一份新的、影响力日增的期刊,它成为他和伊莱娜日渐衰退的关系中苟延残喘的几个话题之一。她借给他几份这种期刊,甚至在他夏天回柏林后,他仍旧要求她帮忙找一份它的首发刊,并把任何他可能感兴趣的新期刊都寄给他。很快他就发现,与这份期刊周围的艺术家们,尤其是它的编辑谢尔盖·迪亚基列夫(Sergei Diaghilev)和亚历山大·贝诺伊(Alexandre Benois)搞好关系大有益处。随着时间的推移,里尔克不仅见到了俄国当代艺术中的各种重要人物,也掌握了艺术发展趋向,后者对于他的审美形成至关重要。

里尔克主要关注艺术和建筑,部分原因在于对俄语的一知半解阻止了他深入俄国文学世界。不过,他是一位诗人。他继续着对俄国知识的学习,《僧侣的生活》和《上帝的故事》都是首次访俄旅行的重要文学成果,它们表明,他很清楚把空间艺术吸收进语言的必要性。

他得到伊利亚·列宾,一位新现实主义流派代表画家的接待之后,决定从理论上总结时空关系问题,它正日益成为他作为作家的审美的一部分。在列宾作品中,他感受到准确反映外部世界的需要和艺术家描述其肌理结构的企图之间的冲突。里尔克对伊莱娜评论道,列宾作为俄国人,将"在黑暗中为我们指明别人在白昼光明中会否认的那些东西"②。他不乏神秘地认为,俄语只包含声音,绝不该为之添加意义,他认为列宾

---

① 参见1899年6月8日和7月27日给伊莱娜·沃若尼那的信;阿萨多斯基,100;103—104。也可参见罗德,《里尔克和俄国:一场革命》,55:"根据给海伦娜的信,显然里尔克通过海伦娜了解了这些杂志。她有《艺术世界》杂志在手上,在里尔克第一次去彼得堡时介绍他看过。"
② 阿萨多斯基,95。

作品也与此类似,它合并了数层意义,就像它合并时间和空间一样。在某个特定的时辰——里尔克称之为"俄国时辰"——"语声变成了意义、形象和表达形式"。正如他对俄国文化充满感情的观点一样,里尔克将列宾描述为一个在情感中、也是通过情感创作的艺术家,他充满创造性的双眼定住所见的一切,然后在艺术空间中重塑它们,借此将它们释放出来。

里尔克对伊莱娜的追求跌入低谷,奇怪的是给她的信却写得更多,不过语气则日益疏远、变得更加充满说教。他又拜访了她一次,允诺尽快再来看她,但是5天后就取消约会,因为他突然要去莫斯科。计划改变是因为卢的干涉:她显然觉得有必要弥补他们的关系。他们共度了一个漫长的周末,①这是一次及时的放松,不仅对于赖纳的放逐而言,也是对于在彼得堡过的那种紧张日子而言。他们乘坐夜间火车来回,用艺术充盈着这个周末。他们参观了城市里几乎所有的艺术宝藏,几乎每个值得一看的教堂和修道院,每家画廊和博物馆。最后,他们参观了莫斯科附近的一个艺术村阿布拉姆采沃来犒劳自己,那里的赞助人同时也是《艺术世界》的投资者。

他们离开俄国之前剩下的为数不多的时间里,里尔克试图充分利用他的莫斯科印象,于是到彼得堡图书馆去阅读关于中世纪和16世纪俄国艺术的著作。剩余的时间正好能够用来决定明年再来此地时他将做些什么。同时,他和伊莱娜的关系也日益疏远。不过,在他心目中,她始终是他与俄国以及最初把他们俩一起引到意大利艺术世界的纽带。他在莫斯科和彼得堡的工作,似乎是他在意大利度过的春天的补充,因为如今佛罗伦萨对他而言显得像是为莫斯科及其艺术世界做的一个铺垫。

里尔克在旅舍倍感孤独,并趁此机会培养出对"俄国事物"的热情,它将帮助他给"我生命中那些最可怕的虔诚"②命名,它们"从小时候起就迫使我渴望进入我的艺术"。孤单一人时,他突然变得勤勉不已。③诗人研究

---

① 这次从1899年5月26日到28日的莫斯科之旅让里尔克与列奥尼德·帕斯捷尔纳克的圈子里的俄国艺术家们建立了进一步联系。参见《里尔克:人生与作品大事记》,85—86。
② 1899年6月7日给弗莱德的信;《里尔克书信集,1892—1921》1:69。
③ 1899年6月22日给菲亚的信;《里尔克:人生与作品大事记》,87。

着各种古代俄国圣人的著作、俄国教堂里的基督形象、圣母画像和著名的圣像,用它们的启示开启一种新的开端。

2.

出发赴俄两个月后,3人组合穿过德国边境,踏上返家之路。他们在但泽附近短暂停留,到卢的朋友约翰娜·涅曼家做客,他们4个人一连数日在周围乡村徒步旅行。之后卢和弗莱德里希离开,赖纳继续逗留了几天,在附近的奥利瓦森林独自欣赏美景,参观老教堂,12世纪的修道院和公爵城堡。

令里尔克倍感愉快的是,他在瓦德弗莱登大厦的旧屋丝毫未变,依旧可供他入住。不过,他既然已跨过边界,从东部"仙境"回到柏林的现实世界,便也难免为了谋生而奋斗。俄国之旅耗资巨大,里尔克为之忧心忡忡。因此,他在整理此番旅行的艺术和知识收获之前,不得不先用昔日作品,也就是过去一段时间写的诗歌和小说来应付度日。

在整理旧文的过程中,《为我欢庆》,一部收录了他那些经过卢检阅的情诗的作品集,终于计划出版。[1]尽管此时他们的爱情已转变为一种更为成熟,却也平淡得多的关系。倍增嘲讽的是,里尔克收到一笔关于此书的慷慨贷款,它来自"波西米亚的德语艺术发展协会"。这部作品象征着他与过去的割裂,偏偏又借助他与过去的纽带,救了他的急。[2]最后,诗集在1899年圣诞如期出版,由海因里希·福格勒绘制插图。1899年下半年中,《潘》杂志的编辑恺撒·弗莱什伦(Caesar Flaischlen)在几轮尖锐争论之后,也出版了《白衣妃》。

旅行归来后,里尔克一边勉力维持生活,一边尽力整理俄国探险的情

---

[1] 参见齐恩,《里尔克作品全集》3:925。(在3:793—794的评论中,齐恩认为1900年圣诞节是出版日期,或许是印刷错误。)该书由英赛尔出版社在1909年又出了一个修订版。

[2] 1899年7月7日给菲亚的信;里尔克档案馆。

感收获,它们与他和卢始终充满对峙的关系密不可分。她像从前一样扮演母亲角色,但他也需要一位富有浪漫吸引力的情人。里尔克对她的情感的一波又一波变化,其实也正是他一次又一次进行自我评估的表现之一。正如在维亚雷焦时他不得不把部分感情倾注到伊莱娜身上,以与卢保持距离一样,现在他又把伊莱娜翻出来,充当那些强烈的,部分真实,部分出自想象的情感的释放口。

现在,里尔克又开始给伊莱娜写信,语气如此亲切,以至于几乎难以区分他提及的是俄国还是个人情感:"亲爱的海伦娜,你难道没有注意到,俄国的一切都是如此充满自豪吗?难道你不曾也时不时想到,自豪和谦卑几乎如出一辙吗?"①他冗长地解读了一番米哈伊尔·莱蒙托夫的诗《魔鬼》,强调俄罗斯灵魂中的两股并行之力——自豪和谦卑,以及人类情感的紧张与松弛。"哦你这亲爱的傻诗人,"伊莱娜几乎立刻开心地回信道,"谁能像你这样热爱俄国哟!"她准确地领会了信中的情爱暗示,补充道,"读到你信的末尾时,我几乎窒息,现在仍旧浑身无力。"她为了他与自己分享这点真情,表示"万分感谢"。②

伊莱娜宣布自己订婚和即将结婚的消息后,他们最后简短地通了一封信。里尔克迟迟才写去回信,一副公事公办的口气。他说教地宣布,幸福"在【两个幸福的人】之间来回飞舞,就像一只在幸运而自信的球手之间来回传递的球"。他祝福她"无论可能生活在何种世界",都能拥有自己的生活,在维亚雷焦他也曾如此祝愿过她。③伊莱娜没告诉他自己婚后的姓氏,所以赖纳从此与她失去联系,直到1925年,她的生活已为战争和革命所毁,两人才在巴黎邂逅。

同时,对赖纳和卢来说,从彼得堡返回之后的这个夏天完全奉献给了"俄国事物"。他很喜欢他们的朋友弗里达·冯·布罗租下并与他们分享的住所,一个符合他的淳朴雅致口味的避暑之地。它是迈宁根的玛丽亚王妃花园小屋,一幢位于拜伯斯堡(Bibersberg)山间的古雅乡村建筑,带有一个古老的花园。他们主要以鸡蛋牛奶为食,3人赤足漫步,摘莓子。

---

① 1899年7月7日给伊莱娜·沃若尼那的信;阿萨多斯基,100—106。
② 1899年7月29日;阿萨多斯基,106—108。
③ 1899年9月17日给伊莱娜·沃若尼那的信;阿萨多斯基,111。

不过,很快赖纳和卢便撤回他们自己的世界。"工作和燕麦,"卢写道。"对我们来说,时间不够用。"①不过弗里达抱怨道,"在共享的6个星期中,我鲜有机会和卢和赖纳共度。"②和"卢曼"——他们给弗莱德里希·安德烈亚斯起的秘密绰号——展开漫长的俄国之旅后,他们把全身心都投入了俄国研究,以异常的热情涉猎俄国的文学、艺术史、社会史和文化史,"仿佛是在为某场可怕的考试做准备似的。"弗里达觉得自己被完全撇开了。他们3个坐下吃饭时,卢和赖纳每每精疲力竭,打不起精神来和她进行什么有趣的谈话。

3.

对里尔克来说,他们这段夏天的插曲不仅只是一段可以独占卢的好时光,或者一个学俄语或摘浆果的好机会。他也开始了记述俄国经历的"新作"。弗里达将满腔失望之情完全归诸于朋友们,未免片面。10年后,卢对她指出,弗里达那会儿本身表现也有点失常。③不过弗里达的反应显然是因为自己被两个埋头苦干的朋友排斥在外而导致的。卢那会儿开始了一部小说的写作,而赖纳则利用乡间的孤寂写下一系列重要诗歌。

这些诗歌,就像里尔克在个人声明中所说的,对俄国加以神秘化,从而将一种旧习惯改变为一种新态度。尚未离开柏林前,他就已试着写了一篇关于屠龙者圣格奥尔吉的诗,把它写成一段充满宗教和性爱的浪漫故事。这首诗题献给海因里希·福格勒,说明文字为"为圣格奥尔吉的神力和盛名而祈祷",它以如下有力的赞语开篇:

    致敬,圣格奥尔吉:你砍出的巨龙伤口

---

① 菲费尔从1899年8月30日卢的日记中摘录了这段话;他还引用了这句:"赖纳和我过度地只为彼此而活了。"1899年8月3日的日记,《里尔克与卢·安德烈亚斯-莎乐美:通信集》,37。1899年7月30日,8月12日和25日的其他日记参见比宁恩,《尼采的不羁门徒》,249—250。
② 1899年7月16日,弗里达·冯·布罗,《里尔克书信集,1892—1921》1:493。
③ 1908年卢写给弗里达·冯·布罗的信,引自比宁恩,《尼采的不羁门徒》,251—252。

巨隙一般裂开，像发黑的嘴。①

诗里包含了许多里尔克最初喜欢的题材：被拯救的纯洁少女、骑士、虔诚的预言。不过它更得到俄国形象的补充，后者开创出一个新维度，利用有空间感的物品和形象——绘画、图形、建筑物和雕塑的纪念碑——给诗歌增添了神秘主义和强烈的宗教狂热，后者被他与俄国圣人画像联系起来。

这一年夏天，里尔克创作的俄国主题诗表现出一种叙述上的空间模式，或者一种具有绘画或雕塑特性的叙述。以这种方式，他在8月份飞速写出一首叫做《圣母(Znamenskaya)：圣母马利亚的绘画者》②的诗歌，它描写了一幅14世纪的圣母画像，他和卢曾在莫斯科欣赏过它。标题中的"圣母"指的是马利亚的传统形象，此处里尔克描述了他想象中它们被绘制的过程：

> 仿佛引领着一位金发孩童，
> 我想用一根金线，描摹你的脸庞——
> 仿佛折门一般的脸庞
> 其后燃着百盏明灯。③

诗中，圣像并非凭空而来，而是绘制它的行动创造出的。这首诗将圣像创造者和寻求以语言再度创作出圣像的诗人相提并论，读者被引领着，与诗人合二为一，一道欣赏圣母的形象："然后我们将仰慕地打量您的长袍／敬畏地欣赏它波动的皱褶。"

这种绘画和雕塑在叙述中反复交互出现的做法，成为里尔克心目中一种模糊了可视和不可视之间的界限的宗教神话史的形式，它似乎正是他和卢那年夏天力图探索的俄国文化氛围的一个内容。这一尝试最重要的成果便是《沙皇》④，以俄国历史为题的五篇戏剧性描写：从留里克家族

---

① "St. George the Dragon Slayer"，《里尔克作品全集》3：643—644。
② 参见罗德，《里尔克和俄国：一场革命》，80—87。标题参见布罗德斯基，《里尔克作品中的俄罗斯》，57。
③ 《里尔克作品全集》3：657。参见布罗德斯基，《里尔克作品中的俄罗斯》，57—58。
④ 最初构思于1899年8月和9月初的迈宁根，这一组诗修订后收入1906年2月的《图画之书》。最初的迈宁根版本已经失考。参见《里尔克作品全集》1：427—436；857。

9世纪的神秘起源到它在16世纪在伊凡雷帝软弱的儿子费奥多·伊凡诺维奇手中的历史性终结。

这些诗中,随时的叙述和视觉形式彼此结合,代表了历史和神话的融合。它们以《穆罗梅的巨人伊利亚》开始,主人公是一个可怜的瘸腿农家男孩,他奇迹般成长为一个巨人,治愈了疾病,成为一位伟大的骑士。诗歌以里尔克式的想象开始:

> 这发生在群山耸立的那个年代;
> 树木跳动,狂放不羁,
> 河流站立,挥刀狂吼①

正如用巨龙的伤口"巨隙一般裂开,像发黑的嘴"这种比喻来描写怪物被长矛击中撕裂,也正如描写艺术家描绘马利亚的脸庞一样,各种物体被赋予动作,令读者震惊,造成鲜活生动的印象。使巨人克服瘸腿和低贱出身的巨大力量,展现在静物突然开始活动的剧变中。

里尔克后来又写了一首关于伊凡雷帝和他温顺儿子的诗,1906年,组诗终于发表,这首诗收录在《图画之书》中,不过在最初的迈宁根版本里,冲突仅限于神话巨人和历史人物沙皇之间的矛盾。在后写的诗里,费奥多·伊凡诺维奇,王朝最后一人,坐在宝座上,面色苍白,做着白日梦,"耻辱的脑袋"因为"迟疑不决的期望"而微微颤抖。他与去世先王之间的巨大反差由"贵族们"指出,后者是一些封建骑士,身穿豹皮和闪亮盔甲,在诗中自由来去。他们带着愤怒的轻蔑,追忆伊凡雷帝,他生前会嚷嚷"疯狂的话语",把他们的脑袋撞碎在石头上,而他儿子的长袍却在肩膀上"沉睡"。

除了这个系列之外,神话-宗教视野带着几乎超现实的力量,回归到这个迈宁根之夏的圣母圣像话题,其中不乏一丝里尔克早期作品的痕迹。圣处女和耶稣的母亲马利亚被束缚在这幅代表她的物品里。

> 她的两只手,奇怪地静止,呈棕色

---

① 《里尔克作品全集》1:428—429。

表明在这幅住着高贵女士,仿佛置身修道院
并且很快将从她的爱子身边滑开
的珍贵圣像中
从那跌落中,在其中,万里无云的
未曾希冀过的天堂变作蓝色①

这个复杂的、出色的意象,或许比里尔克之前的所有作品都更好地预示了后期里尔克和他复杂的情爱比喻,表明他对俄国及其艺术作品的见解已在很大程度上帮助释放了他的诗歌才华。正如神话诗转向历史史实,历史诗也展现出宗教和性爱神话。不过,《沙皇》被加以进一步润色之前,在抽屉里搁了整整7年,圣母诗则从未在里尔克生前发表。

9月中旬,田园诗般的夏天戛然而止。9月11日,弗莱德里希·安德烈亚斯发来一封电报,通知说狮子狗洛特宸病得不轻。②卢在日记中写道,"痛哭、整理行装、激动不安。"赖纳跟着她乘最早一班火车回到柏林,第二天早上两人疲惫不堪地抵达。小狗开始好了一点,但旋即证明只是假象,当天狗就死了,被隆重地安葬在花园里,赖纳出席了葬礼。不过,他们匆忙的回程造成了不便,他们给突然遭抛弃的弗里达写去很多感谢和道歉信,还寄去20金马克,作为分担的租金。③

现在里尔克感到了工作的迫切:学俄语、读莱蒙托夫的作品,整理一年来在意大利和俄国的旅行收获。④他无家可归,回来得突然,所以房间没准备好,整整一天,他不得不在糟糕的天气中处理事务,在城里到处奔波。

他把部分精力用于装饰一个俄国角。他买了一幅维克多·瓦斯涅佐夫(Viktor Vasnetsov)的油画《三骑士》,已从俄国寄到。他买了个朴素的红木框,把画挂在一个他在莫斯科买的带耶稣受难像的小箱子上方。他管这叫他的俄国角:骑士、十字架,还有虔诚,均为他的俄国神话的内容。他还在隔壁准备了一个有斜顶的小房间,用来挂圣人画像、圣像,摆一张大木凳,供喝茶和思索上帝之用。

---

① 《里尔克作品全集》1:435。
② 1899年9月12日,引自比宁恩,《尼采的不羁门徒》,250。
③ 参见1899年9月14日赖纳给弗里达的信;《里尔克书信集,1892—1921》1:72—75。
④ 1899年9月13日;《里尔克与卢·安德烈亚斯-莎乐美:通信集》,38。

俄国角发挥了用处。正如16年之后他在构思《杜伊诺哀歌之五》时，严肃地思索毕加索的画《杂技演员》一样，在这个重要时刻，他的沉思角也成为了灵感之源，帮他写出了有关俄国的第一部完整作品：《僧侣生活之书》①。在这些关于一个虔诚的、接近上帝的俄国乌有乡的诗中，他开创了他的第一次重要诗歌建构——与日后《杜伊诺哀歌》中的天使世界并无不同——展示了他对于图像和转变为神话的历史的叙述才华。

4.

1899年夏季和秋季的到来，标志着里尔克的成年。至今为止，他的大多数作品都算不上重要，有些甚至只能勉强算是文学作品。诚然，他的叙述技巧正开始露头——以奇特的逆转方式——让语言聚焦于图像形式中。自从访问俄国，以及在迈宁根度过"俄国"之夏后，他赋予物体以活动，却将活动凝结为固定形态的做法已经越来越成功。不过，凭借这些努力，他还远不能被承认为一位重要诗人。几乎自从他们一回来，长期的酝酿便开始产生回报。他由俄国获取灵感——再加上更早时对意大利的回忆——在他和卢在这年夏天的研究和试验的支持下，里尔克开始创作昭示其日益成熟的作品。《僧侣生活之书》，原先叫做《祈祷》，以其视野和风格，足以代表他在诗歌上的重大成就。

诚然，这些诗歌以其感伤和矫饰，仍保留了不少里尔克年轻时的特点，不过，尽管有着诸多缺点，它们仍堪称他的第一份重要作品。这一系列意象诗在主题和技巧上都别具一格，反映出里尔克后期作品特有的天真和极端复杂性兼具的特点。他仍依赖着卢，视其为情人和代理母亲，仍对于自己的处境和所能梦想的成功程度迟疑不决，但他已从首次赴俄之

---

① 《僧侣生活之书》。第一版：施马根多夫，1899年9月20日到10月14日；《里尔克作品全集》3：307—373。最终版本：Worpswede，1905年4月24日到5月16日；《里尔克作品全集》1：253—301。组诗的第一部分命名为 Das Stunden-Buch（《定时祈祷文》）。这个第一部分的问世过程，参见穆德维斯，20—72。也参见布罗德斯基，《里尔克作品中的俄罗斯》的相关章节，"The Aesthetic Religion: Das Stunden-Buch and the Essays on Art"。

旅中学会了一种关于主题和风格的新概念。

写作这些诗歌时紧张的内心压力表明一种剧变:它们都在一种创作的狂热激情中写出。第一组诗写于 9 月 20 日,也就是他们回到柏林仅 4 天之后,当时赖纳还在抱怨因为房间尚未整理好,他无法顺利地重新开始工作。从那时起,几乎每天都有几首新诗添加到这组诗中,全部写完是在 10 月 14 日。自从他开始专门写作之后的 5 年中,他勤劳地创作了大量诗歌和散文,但只有在此时,他才达到一种内心的炽热和对自己的才华的认识。

从赴俄旅行和他为之着迷的俄国文学以及特别是俄国艺术中得来的动力本身,并非里尔克的创作成果突然丰硕的原因。如果没有卢,这一切都没有可能。他所写出的也仅仅是对她的故乡的幻想。不过,正因为里尔克是一个诗人,而非关心事实的历史学者或科学家,所以他得以从他的俄国朝圣中得出一些类似农夫的"单纯虔诚"或者与自然的本能亲近之类神秘论主题,他用自己的方式来阐释它们,有时甚至自说自话。他为诗营造的整个背景都源自他头脑中的这些神话。①

作为一位富于技巧的剧作家,里尔克把大多数诗都安排由一位角色吟出或想出,这个角色是一位虔诚僧侣,他的言辞将各个片段缀连起来。上帝成为一个拟人化存在,生动、贴近,而且有血有肉。整个气氛充满了"天真和虔诚的精神",正是他和卢自到莫斯科以来一直欣赏不已的一种氛围,而僧侣的誓言和淳朴的生活方式营造出一种不乏审美主义的肉感诱惑的氛围。诚然,《基督幻像》,以其对基督的新颖描写,已经预示了里尔克诗中即将出现的那种顽强的世俗宗教狂热。不过,他对俄国的动情想象帮助他营造出了他需要的神话,而神话的营造将成为他的才华和创造力的一个主要来源。

里尔克在第一天写下的 4 首诗无不充满这种变化。它们的主题都是这位无名僧侣眼中亲切的上帝。它们的语言显得很质朴,实际上却内涵丰富,既有叙述,也有画面。而卢保存的原稿《祈祷》中,一段段长度不同

---

① 卢·莎乐美对于俄国与神话的关系直言道,"起初,俄国的经历几乎不曾要求获取一种表达形式:它从印象本身升起……这种情况产生的结果就是一种活生生的神话,每每并非与辉煌的时刻[有关]。"她还回忆道,里尔克事后解释过他力图将神秘气质附加到任何物品或感觉上的努力。《人生回顾》,141,142。

的散文也将诗中的许多内容与创造经验联系起来。"时辰弯下腰,触碰了我/以干脆、金属般的一击"①,第一首诗的著名开篇如此写道,后面还有注释:"9月20日傍晚,一场漫长的大雨之后,夕阳照耀在森林上,也照耀到我。"

这些注释原先是写给诗的题献对象卢的。不过,随着诗越写越多,注释开始更多地类似《新生》里的插入性注释,既评论诗歌,又说明进程。第二首诗的注释是,"同一天晚上,风雨再度袭来之时。"②诗中,诗人/主人公问,他是否也是一种暴风雨,"在上帝周围,在那座古塔周围"缠绕,"千百年来如此"。诗和文的功能被划分开。散文体注释都是关于诗人和他在暴风雨中如何想象自己与上帝的关系,正如12年后,他在一场暴风雨中听到天使之声,从而写出《杜伊诺哀歌》的开篇一样。另一方面,诗中那些广为人知的诗句则出自僧侣:充满动态、貌似简单的叙述,以画面形式展现,自然而然地从这个虔诚之人的思想中流出,成为一个故事,同时也是一幅里尔克所吸纳、加工和想象的俄国传说构成的圣像。

两天后,里尔克以同一主题和同样的精神,写作了一组13首诗歌。它们并非全都有注释,不过它们在诗人和他对俄国和意大利文艺复兴艺术的知识,以及拥有同样知识却以几乎孩童般的祈求接近上帝的虔诚僧侣之间做了划分。对于像邻人一样的上帝的熟悉描述,充满刻意的天真,被写成了一个故事:

> 你呀,邻人上帝,要是偶尔我
> 长夜里用力捶墙,把你惊扰——
> 这是因为我呀,几乎听不到你呼吸
> 也不知道:你独自在大厅。③

用力捶打邻人上帝的墙,倾听上帝而不是人类的呼吸,吟诵这些诗句

---

① 《里尔克作品全集》3:307。
② 同上。
③ 同上,3:309。

的僧侣把一个宗教神话改编成为一幅画面,一幅圣像。在他质朴的祈祷中,他把显然是属于精神或神话世界的事件转变成日常生活的一部分,以平凡的语言叙述出来。与托尔斯泰不同(里尔克对于他的观点,即便不乏恭维,却并不赞同),里尔克坚持这种神话氛围,不仅因为它符合他对俄国的看法以及他的诗歌主题,也因为它使他得以理清对作为诗人的自己的感觉。这组诗中的所有诗歌都着力探究内心,哪怕依靠讲故事来营造虔诚景象时也是如此。

里尔克丰富的想象力营造出一种将他刚刚沉浸其中的俄国文化和上一个春天他曾拜访过的佛罗伦萨文化联系起来的上帝形象。在一段散文注释中,他解释道,僧侣在一部大书中读过关于意大利和米开朗基罗的记载,也在佛罗伦萨的圣母百花圣殿的主祭坛后头看到过一幅尚未完成的圣母怜子图油画。他产生的相关幻象反映在这首关于米开朗基罗的诗中,后者"自身也是巨人/庞大无边/却忘了何为无限之大"①。

在这些戏剧性诗歌的强烈风格中,里尔克也记述了僧侣和一位虽说无比虔诚,却无法确定自己在世界上的位置的苦恼修士之间的对话。诗里记述了诗体对话,不过注释则说明了僧侣如何在夜里被一位年幼的兄弟唤醒,后者流着绝望的眼泪,他们展开了诗中那段对话。②这些诗都以事件为源,展示了诗人和主人公如何共同营造出上帝形象。与后来的《杜伊诺哀歌》非常相似,一位衣着朴素的大天使来到僧侣的小屋拜访。僧侣在心中歌颂着上帝和他的作品:

> 我看到他坐着沉思
> 并未越过我;
> 在他而言,一切均在内心——
> 天堂、石楠和宅邸。③

根据一则乌克兰神话,上帝试图恢复已失传的虔诚圣歌。散文体注

---

① 《里尔克作品全集》3:329。
② 同上,324。
③ 同上,372—373。

释解释道,僧侣在古史中读到了"克波扎(kobzar)"的事迹,他们是夜里在村舍与村舍之间跋涉的吟游诗人。①一位非常老迈的"克波扎"只拜访属于隐士的村舍,根据门前长期无人涉足的荒草来判断主人是否为隐士。这个吟游诗人其实就是上帝的化身,他寻回了所有像沉入深井一样沉入他的失明之中的圣歌。

这些圣歌——叙述上帝神力的神圣歌谣——塑造出给这些诗添加了特殊光彩的神话元素,把普通技巧升华为一种复杂深奥的形式。《祈祷》或《僧侣生活之书》本是写给卢的,是他们的赴俄国之旅的一部诗体日志,不过它呈现了一种新的语言。诗集题献为"献到卢的手中"。

5.

这一年的秋季分外多产。11月10日到21日之间的7个晚上,他写完《上帝的故事》②的初稿,一年后,它将以夸张的《亲爱的上帝和其他事件之书,为了孩子的缘故给大人讲的故事》之名出版。它包含13个故事,收在一个复杂的框架故事结构里,成为《僧侣生活之书》的一份散文体补充。不过,除此之外,不仅这两个文本之间,包括它们与它们所反映的里尔克自从1897年赴威尼斯以来的生活之间,都存在着神秘联系。正如他与伊莱娜的关系一样,这些故事以一种非常正式的方式,反映了他的俄国和意大利感悟——以及他自己的过去。

如果说《僧侣生活之书》标志着里尔克作为一位成熟诗人的首次登场,《上帝的故事》则堪称它的散文匹配者。里尔克用同样的几个月时间,

---

① 《里尔克作品全集》3:373。
② 《里尔克作品全集》4:283—399。对于《上帝的故事》的一段值得参考、相当敏锐的评论参见布罗德斯基,《里尔克作品中的俄罗斯》中的章节"作为艺术家和浪子的上帝",96—131。也参见塔维斯,《里尔克的俄国:一场文化邂逅》,71—74中的一段最近的更新内容。一篇早期的文章专门讨论这三则以俄国为主题的故事,给我们揭示了关于里尔克的灵感来源的有趣信息,且针对E. M.巴特勒对于里尔克在处理俄国主题时的独创性的不屑一顾提出了质疑。温德李希,全书各处。也可参见巴特勒,《赖纳·玛丽亚·里尔克》,"俄国,1899—1900",49—86,尤其是71—80。

采用给孩子们讲故事的那种迷惑人的简单风格,对传统神话形式进行模仿、精炼,再次书写了根据他对神秘俄国的感悟,对上帝进行寻找以及确认上帝的大概过程。祈祷的僧侣被替换为诗人/叙述者,他给几个热切的听众讲自己的故事,包括他的瘸腿朋友埃瓦尔德和一位教师。此外还有一批最终的听众,一群"孩童",他们不曾露面,不过被频频提及。

里尔克在赴俄旅行之前、之中和之后曾经独自或者和卢一道研读过的俄国和法国著作,给他提供了各种材料和形式范例。他得知了俄国的"skazki",也就是口头文学的散文形式的残余物,记述了农夫社会中的民间传说——并小心地将之运用于一个他觉得合适的主题:上帝对人类的现身。在三则实际上再现了俄国和相关材料,以及其他几则运用了俄国主题的故事里,他以独特的里尔克风格处理传统题材。在《叛变如何来到俄国》中,他在散文里精心描述了曾在《沙皇》中运用过的伊凡雷帝形象;《老蒂莫菲如何唱着歌儿死去》中,他涉及了永恒的艺术(传统歌曲)超越死亡以及浪子归家的双重主题。最后,《公正之歌》——堪称里尔克自《布拉格两故事》以来对政治话题的继续关注——是一则关于乌克兰农民起义反抗波兰统治和犹太高利贷者的故事(里尔克并未将乌克兰与俄罗斯区别开来)。主人公是一位老鞋匠和圣像画师,以及他孤独的儿子阿约沙。结尾处,一位老吟游诗人,或者"克波扎"——也就是上帝的化身——来到他们的茅屋,唱了3遍《公正之歌》。第三次歌唱其实就是在召唤他们武装起来,反抗压迫者,阿约沙遵从了它。这场起义是一个著名历史事件,许多人都写过它,包括果戈理,里尔克曾在彼得堡观看过后者的舞台版《塔拉斯·布尔巴》,也在学习法语时读过阿尔弗雷德·兰博(Alfred Rambaud)的版本《俄罗斯史诗》。

这些以上帝现身为核心的主题不仅出现在这些和俄国有关的故事里:其余十则故事里,或多或少也出现了这个主题。其中一个故事以威尼斯为背景——是关于犹太人区一个名叫伊斯特的女人的——并记述了一段贡多拉在里亚尔托桥下漂过土耳其客栈和鱼市的精确回忆。另一个故事名叫《偷听石头说话的人的故事》则关注了米开朗琪罗的主题,它曾在《僧侣生活之书》中出现,并表明了我们熟悉的里尔克的观点:世界上的"事物"可以被充填以人类或神的存在。关键时刻,上帝激动地嚷道,"米开朗基罗,是谁在石头里?"

米开朗基罗站起身,双手颤抖。他面无表情地回答,"是您,我的上帝,还会是谁?但我无法接近您。"然后上帝感到他确实在石头里,他很不安,觉得被困住。①

这些每每非常难得的故事里的这些片段,使整部作品成为《僧侣生活之书》的一个严肃的补充。里尔克最终以一则痛苦的个人故事《对黑暗讲的故事》结束此书,故事的主人公,一位医生,在一位几乎散发着圣洁光辉的女人身上重新发现了他早年的玩伴。她已忘了上帝,但在佛罗伦萨,"当我在生命中第一次看到,听到,感到,认出,并同时学会如何为了一切感恩时——我又想起了他"。② 意大利和俄国:它们是里尔克与艺术和神性的两次决定性邂逅。

里尔克在这个繁忙秋季的所有作品中,《上帝的故事》是首批发表的,一年后,它们在 1900 年圣诞节问世,反响平平。其他作品花了更长时间才得以发表,不过它们的未来都不如他在一个狂热、暴风雨的 9 月之夜一挥而就的一则看视无关紧要、关于晚期骑士制度的故事那般辉煌。这是一首很长的散文诗,他给它起名为《摘自编年史:1664 年的旗手》③,它堪称十多年后将要风行一时的那则诗体故事的先行者。

这个充满创造力的秋天之后,紧接着是一个充满希望的春天,其高潮将是再一次赴俄旅行,这回赖纳将独自与卢旅行。他希望这成为一次更丰富、更完整的旅行,不会受什么家庭关系的妨碍。不过,首先他得制定好自己的社交和艺术日程。他逐渐恢复与母亲的关系,渐渐取得了成功。菲亚再度在布拉格住下,儿子频频给她写信。他甚至为她的格言书找到一个出版者,尽管仍有不少麻烦没有解决。现在,赖纳试图让她恢复为他的读者。事实上,在他的第二次赴俄旅行中,1900 年初夏,他将给母亲写去长长的、详尽的信,试图通过她的眼睛来审视俄国,并希望从她那里得到对他的激动心情恰当的兴奋回应。

---

① 《偷听石头说话的人的故事》,《里尔克作品全集》4:347。
② 《里尔克作品全集》4:398。
③ 第一版:施马根多夫,1899 年秋季;《里尔克作品全集》3:291—304,932—933。修改版为 1904 年 8 月和 1906 年 6 月(终稿);《里尔克作品全集》1:235—248。

因此,1899年圣诞节,赖纳回到布拉格。他的主要目的是和菲亚共度圣诞假期,这是一次成功之举:返程时,他得到很多水果作为礼物,甚至还有一个新手提箱。不过赖纳还试图达到第二个目标,那就是在回家路上,在布雷斯劳暂停,拜访艺术史学者理查德·穆特(Richard Muther),他曾希望后者收他为徒。这次拜访中,里尔克询问了一些关于写作的意见,它们或许可以帮助他利用计划的第二次赴俄旅行来促成自己的艺术评论事业。穆特建议他写一篇关于俄国艺术的论文,[1]供威尼斯周刊《时代》发表,因为穆特是该杂志的艺术版编辑。里尔克于是写了两篇文章,其一是一篇论文,写于他们见面之后的1月份,题目为《俄国艺术》。其二是《现代俄国艺术》,根据他对第二次赴俄旅行的感悟和创作而写,同年晚些时候发表。

诗人对昔日以及当今俄国艺术——以及它与他自己的西方经验的关系——的关注,构成了他为这次重要旅行所做的智识准备的一部分。就某种意义而言,他的想法是在他对阿尔弗雷德·李特瓦克(Alfred Lichtwark)表达它们的时候成型的,后者是汉堡博物馆馆长,里尔克1898年与之邂逅。诗集《为我欢庆》作为他每年一度的圣诞出版物及时问世后,里尔克照例免费寄了不少出去,馆长给他写了一封回信,寄上他自己写的对19世纪早期德国画家朱利叶斯·欧达赫(Julius Ordach)的批评论文。[2]对里尔克而言,这一话题促成了关于俄国艺术的一场突如其来的讨论,他为此展开了一些仓促的比较。里尔克断言,俄国人民的艺术正处于他们的文化循环的开端,因此可与处于类似阶段的早期德国画家作比较。他觉得,在俄国涌现的类似的宗教狂热和艺术,几乎是再现了欧洲文艺复兴的伟大杰作的精神,这是一个他在《僧侣生活之书》中已经申明的话题。

对这些虚无缥缈的思考,一种现实的平衡物也是需要的。卢并不擅长提供这种平衡物,因为她自己也正在想象的学术大厦上肆意铺设砖瓦。因此,他们能够遇上索菲亚·尼古拉耶维纳·希尔(Sofia Nikolayevna Schill),实在堪称幸运。[3]后者是作家、教育家、社会批评家。希尔刚刚从

---

[1] 参见齐恩的描述,《里尔克作品全集》6:1382—1383。
[2] 参见1900年1月8日和12日的信;《里尔克:人生与作品大事记》,95—96。
[3] 《回忆录》,K.阿萨多斯基摘录,438页及之后。参见塔维斯,《里尔克的俄国:一场文化邂逅》,30—32,文中讨论了卢和赖纳对俄国的神秘化理解和希尔在理性社会和教育的价值方面力图说服他们的做法。

故乡莫斯科到施马根多夫访问。她遇见了卢,两人立刻结为挚友。很快,她也认识了卢的朋友赖纳·玛丽亚·里尔克,他伪装成卢的表弟,希尔很喜欢瓦德弗莱登大厦的乡村气息,"小鹿会走到窗前索要食物。"他们组成了一个快乐的群体:卢,知名作家,丈夫是同样杰出的东方学者弗莱德里希,还有他们的近亲,年轻的诗人。希尔发觉他们对俄国无比热情,对此她既吃惊,又觉得受用,当时这种情感在西欧绝非常见。

随着关系愈发亲密,希尔越来越担心朋友们对她的祖国的错误理解,虽说她很高兴他们去过莫斯科,并且还想再去。或许她可以帮助他们更好地了解她的国人。她以男性笔名谢尔盖·奥洛夫斯基写作,在家时还到成人夜校给工人上文学和文化课。不过,她没能将朋友们对神秘论的热情转向更为现实的渠道。①里尔克现在对俄国艺术史和俄国文化的知识已经更加扎实,但他对于充斥着神秘论的宗教审美狂热的幻想,以及对于世纪末俄国的社会和政治现实缺乏兴趣的态度仍旧没有改变。

语言仍是妨碍他们进行再一次成果丰硕的旅行的主要障碍。赖纳和卢在夏天的研习颇有助益,但还不够。现在,他几乎完全集中精力学习俄语,为此放弃了一些零散的大学课程。他对翻译也充满热情,尽管按照习惯,他过早地急于公布译文。他根据索菲亚·希尔找来的一份契诃夫的《海鸥》手抄本作了翻译,②立刻把译文寄给契诃夫。③尽管希尔为他奔走,但他从没收到契诃夫的回音,他期待的出版或者上演都没有下落。翻译《万尼亚叔叔》的计划也落了空。

他试图给一些俄国朋友写俄文信以提高俄语水平,但始终无法越过各种障碍。这一年迟些时候,他给卢写了几首俄语诗,尽管煞费苦心,也是问题不少,不过它们仍表现出一种感人的顽强,他以这种顽强对付难学的俄语,像一个虔诚的归信者急切地进攻一种神圣的语言。

出发日期邻近,里尔克愈发担心所作的安排能否保证他们此行有丰

---

① 阿萨多斯基,25。
② 索菲亚·希尔的早期通信大量涉及里尔克的契诃夫计划;比如 1900 年 2 月 16 日,阿萨多斯基,120;1900 年 2 月 23 日;122;1900 年 2 月 27 日;124—125。也参见布罗德斯基,《里尔克作品中的俄罗斯》,37—38,它对这个问题进行了更深刻的讨论。
③ 1900 年 5 月 5 日;阿萨多斯基,132—133。

硕成果。他与列奥尼德·帕斯捷尔纳克恢复了通信,目的不仅是为了进行有用的联系,也是为了征得使用相机的许可。①(答复是允许,但建议他在德国买相机。)他再次寻求帕斯捷尔纳克的帮助,希望后者帮他再拜访一次托尔斯泰。他还请求希尔安排一次对"农夫诗人"施比里顿·德罗佐津(Spiridon Drozhzhin)的访问。②她对于这些聪明朋友竟会对这个人感兴趣,感到不可理喻,不过还是帮他们获得了上门拜访的许可,因为她希望大力促成他们在她的祖国访问成功。此外她还尽力利用自己的关系和知识在各方面帮助他们。不幸的是,希尔患了重病,③不得不进了一家德国疗养院,之后又换成彼得堡疗养院。不过,他们抵达之前她就恢复了健康,在他们访俄期间起了大作用。同时,里尔克不断给图书馆和博物馆写信,也给艺术家、批评家和历史学者写信,确保各处大门都为他们敞开。

焦虑不安的诗人在瓦德弗莱登大厦附近的森林里,独自或者在卢的陪伴下散步,总是试图想象出一段真实的旅程,以便与他在头脑中构思的旅程对应。他关于俄国当代艺术的知识都是自学的,是在迈宁根和柏林勤奋学习的结果。现在他盘算着研究从时间和类别上讲都更为广泛的艺术家群体,它将是包罗万象的,从19世纪早期的宗教画家亚历山大·伊万诺夫(Alexander Ivanov),到当代艾萨克·列维坦(Isaac Levitan)和费奥多尔·瓦西里耶夫(Fyodor Vasilev)均包括在内。

这是就赖纳和卢策划至关重要的第二次赴俄旅行时的精神宗旨。尽管困难重重(他母亲病了),并进行着一部基于《体操课》的小说的合同谈判(他从没写出过它),不过里尔克突然之间充满一种创造能量。他们原计划4月底到达莫斯科,却不得不推迟一个星期。出发之前,里尔克神思恍惚,足以证明他的激动心情。他们暂停了一阵,然后,再次朝东进发,终于踏上命运之旅。

---

① 1900年3月3日;阿萨多斯基,128。帕斯捷尔纳克的回信:1900年3月25日;142—143。
② 1900年2月23日里尔克给希尔的信;阿萨多斯基,121—122。希尔狐疑的回信,1900年2月27日;125—126。在回忆录中,希尔写道,"尽管非常热心,但是里尔克对于俄语并没有什么稳固的、真正的了解。在我们的文学中,他喜爱那些简单的、缺乏艺术性的作品,唯一原因在于他没法完全读懂它们(施比里顿·德罗佐津就是一例)。"阿萨多斯基,439。关于会面安排,参见1900年4月6日希尔给里尔克的信;阿萨多斯基,143—144。
③ 希尔患病的不幸事件,以及赖纳和卢的计划,都记录在1900年2月和4月之间的通信中;其中包括5封索菲亚给里尔克的信,6封赖纳给索菲亚的信。参见阿萨多斯基,112—148。

6.

1900年5月7日，下午6点30分，卢·安德烈亚斯-莎乐美和赖纳·玛丽亚·里尔克，离开了柏林-夏洛滕堡火车站，开始第二次赴俄旅行，这一回他们甩掉了弗莱德里希·安德烈亚斯。他们再次途经华沙。5月9日上午，他们抵达莫斯科，又一次进行傍晚的散步，欣赏克里姆林宫的尖塔和高墙。他们暂时安顿在去年住过的旅舍，第二天去见了索菲亚·希尔，她已回到莫斯科。

他们几乎立刻决定延长原先计划呆在莫斯科的时间。上次他们主要是去彼得堡，只在莫斯科短暂逗留了两次，而这次他们决定尽可能多地体验俄国生活和文化，不仅去大城市，也要去俄国的乡间、农村、小镇，以及各省的中心城市。他们希望从首都莫斯科开始，彻底探索这片土地，或许在以抵达国际化的彼得堡来终结旅程之前，还要再回这里。由于资金有限，他们不得不寻找便宜的住处。直到5月中旬，他们才找到一个合适住所，一个叫做艾美利加的地方，他们在莫斯科的其余时间就住在那里。

复活节又到了，钟声再次敲响，赖纳又感受到那种激动和神秘。他们并肩参观教堂和画廊。有时他们听从索菲亚·希尔的推荐——他们管她叫希里卡。有时他们自己制定路线，标出宗教场所和著名建筑物。里尔克于1927年去世之后，希尔在一段回忆录里，生动描述了他俩：[①]卢样子令人难忘，个头高挑，略微丰满，穿件颜色古怪、朴素的现代主义风格自制长裙。赖纳是一个消瘦的年轻人，个头中等，完全是个诗人的气派，穿件有无数口袋的深色呢外套，头戴一顶招摇的毡帽。希尔进而描写了他的脸，它很苍白，五官有点"像女孩子"，脸型瘦长，鼻子很长，长着浅金色胡子。就像许多描述过里尔克的外貌的人一样，希尔赞美了他明亮的双眼：瞪得大大的，凝视着周围，清澈湛蓝。这与瓦莉的描述截然不同，瓦莉的版本中，他是一个丑陋、长粉刺的男人——仿佛有两台照相机，尽管针对

[①] 《回忆录》，阿萨多斯基，443页及之后。

同一个对象,但是所用的光线和焦距都完全不同。

一道探索这座城市的赖纳和卢是一对古怪却繁忙的旅伴。他们部分是观光,不过也一心寻求进入这个城市的智识和社会生活的途径。他们古怪的外表到处都引起人们的微笑——既有被他们逗乐的,也有嘲讽的——并惹得路人对他们频频打量。他们被索菲亚·希尔告诫不要仅仅关注神父、贵族和艺术家。他们在咖啡馆暂停,为每天的行程做计划,分享感受,一边喝茶一边听侍者和其他工人说话。早上,他们参观画廊和博物馆,有机会时也参加教堂礼拜。下午他们则比较轻松地闲逛,甚至去窥探贫民窟和黑暗小巷。晚上,他们尽量拓展社交关系,或者去剧院,或者干脆清谈。

令希尔懊恼的是,没有什么能说服他们放弃对神秘的幻想。希尔感到很遗憾,这两位不同凡响地倾情于俄国的西方知识分子和艺术家,竟然拒绝看到她的祖国的现实。相反,他们在当代俄国的真实世界里,加上了他们俩共同的理想俄国,视此地为仍旧可以觅得合二为一的纯真虔诚和艺术的所在。即便贫民窟在他们看来也是一种神秘浪漫的去处。里尔克仍旧坚持这个观点,即俄国社会的任何问题都只是表象,不会触及这个民族真正的个性。卢也紧随其后。无视政治现实,执意视俄国为裹在一层神秘面纱之下的土地。

对俄国神话的这份固执坚持,对他俩的创作都至关重要。不过,他俩也大力开发着他们在这年春天匆忙联络上的一些社会关系。到达不到两天,他们就拜访了列奥尼德·帕斯捷尔纳克。他们刚刚安顿下来,保罗·艾廷格(Paul Ettinger),一位重要的批评家,就到他们的新住所拜访。里尔克尽管非常努力,仍始终没能熟练运用俄语,这也促使他增加了与画家、雕塑家及其批评家们的联系。

里尔克在莫斯科遇到的第一位艺术家是雕塑家安娜·格尔布金纳(Anna Golubkina),他曾在好几个画廊欣赏过她的作品,钦佩不已。他们交往时间不长,主要是在各种展览会上交谈。不过,两年后里尔克在巴黎与她再度相逢,她已是奥古斯特·罗丹的学生。同时,列奥尼德·帕斯捷尔纳克也满足了里尔克的要求,安排他和艾萨克·列维坦见面,里尔克称赞后者为"【俄国】在精神和笔触意义上的现代画家中的一位"。他觉得列维坦画出了从秋天的金色桦树林到荒芜空旷的伏尔加河的整个自然世界。这位艺术家将帮助他更准确地找到他希望在当代俄国艺术中发掘的神秘气质。不幸的是,40 岁的列维坦 7 月突然去世,这次会面没能实现。

莫斯科的一周在观光、社交和搜集新印象中飞快过去。在贵族中,他们与沙克公爵(Prince Shakhovskoy)尤其来往密切,后者帮助两位旅行者制定路线。①里尔克陪卢去拜访她的有钱朋友,著名慈善家玛丽·夏洛特·乌格鲁穆娃(Marie Charlotte Ugryumova)。他们访问了她开办的主日学校,专门教劳动妇女读写。他们还在晚上出席索菲亚·希尔的人民课堂。在这些访问中的一次,里尔克认识了一个学生,一位"农夫—工人",名叫亚列克西·斯米诺夫(Alexei Smirnov),②此人虔诚异常,正符合里尔克对"单纯的俄国灵魂"的想象。根据"希里卡"的回忆,里尔克和卢对工人的社会生活和政治愿望都无甚兴趣,却一心关注像斯米诺夫这类人对于在凝结寒霜的黎明田野上耕作之类诗歌的热情。这次邂逅在这位工人看来,想必非常重要,以至接下来两年中,他服兵役时给里尔克写了两封信。

离开的时刻即将到来。作为告别,他们最后拜访了一次特列季亚科夫画廊。不过,同样重要的是他们在楚多夫修道院参加的一次礼拜,其肃穆的仪式仿佛正是为他们的告别而举行。他们在阿布拉姆采沃艺术村又停留了一站。之后他们终于出发,走上莫斯科之外广袤的俄国土地。

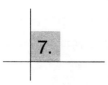

5 月 31 日中午,两位旅人在莫斯科的库尔斯科火车站即将出发,突然巧遇列奥尼德·帕斯捷尔纳克,他的妻子,以及他 10 岁的儿子鲍里斯。此时正值旅游季节的开始,许多莫斯科人都出发去乡间。后来,鲍里斯·

---

① 希尔,《回忆录》,阿萨多斯基,444—445。也参见切克夫,11。关于斯米诺夫给里尔克的信:1901 年 5 月 5 日和 1902 年 2 月 28 日,分别见阿萨多斯基,283 和 331—333。
② 1900 年 5 月 30 日沙克公爵来信。阿萨多斯基,155。

帕斯捷尔纳克长大成人,成了作家,多年后在一篇回忆录里描述了这一幕,提供了又一份对年轻的里尔克及其伴侣的描述。①他笔下的里尔克是个矮个子,身穿一件黑色提洛尔斗篷,身边站着一位高挑女士,看起来像他的母亲或姐姐。他们说德语,鲍里斯那会儿还听不懂,令他遗憾的是,这两人很快就告别了。

不过,对卢和赖纳而言,一开始,这次偶然的邂逅似乎意味着好运。在火车站和列奥尼德·帕斯捷尔纳克聊天时,他们得知托尔斯泰目前正在乡间。他的一个朋友帕维尔·亚历山德罗维奇·布兰什恰好搭火车去敖德萨,十分乐意帮他们打听情况。结果,他们发现托尔斯泰一家正呆在图拉附近的拉萨瑞窝的一幢别墅里。这位朋友热情地帮他们发了一封电报,询问伯爵一两天之内是否会在,以便他们前去拜访。②他们对于上次在莫斯科与托尔斯泰见面的场景还记忆犹新,相信这回也会得到热情接待。

他们在图拉下了火车,满心期望能收到电报。但是没有。他们仍决定前往拉萨瑞窝。赶到那里后,他们才发现伯爵和夫人刚刚出发去科斯洛沃卡,这是距离托尔斯泰在亚斯纳亚波利亚纳的别墅最近的一个小镇。卢和赖纳不得不在铁路边的小旅馆度过一夜,第二天早上乘马车去别墅。

对托尔斯泰一家的这段著名的失败拜访发生在6月1日。③他俩到俄国之前的几个月里,托尔斯泰敷衍了事地和他们通过几封信,但是老人已几乎记不得他们。在各种不同版本中,统一的看法是,对这两个求见者而言,这次拜访是一次巨大的打击。他们本希望得到托尔斯泰的款待——这希望如此殷切,以至于两人不顾一切打算实现之——到头来却只能渐渐绝望地意识到,他们不受欢迎。在老人而言,对他们冷淡或许是正常反应,因为这两个陌生外国作家不请自来,闯进他的私人寓所。他还

---

① 帕斯捷尔纳克,13—14。
② 1900年6月2日给索菲亚·希尔的信;阿萨多斯基,157—158。
③ 对于这一事件,至少有四份记录:(1)1900年5月31日和6月1日给菲亚·里尔克的信;里尔克档案馆和《里尔克:人生与作品大事记》,101—102。(2)1900年6月1日给索菲亚·希尔的信;阿萨多斯基,157—161。(3)"施马根多夫日记",《里尔克早期日记集》,234—237。(4)贝茨,《活生生的里尔克:轶事、书信、访谈》,152—159;《里尔克在法国》,141—147。接下来的叙述基于这些记录展开,尤其以(2)和(4)为主。此外,卢·莎乐美在日记中也记录了这次会面,比宁恩对此展开了引用和分析。后者对此事的洞见请参见266—271。也参见塔维斯,《里尔克的俄国:一场文化邂逅》的讨论,它认为托尔斯泰的(父亲)形象是里尔克接下来的事业中的一根支柱。塔维斯,《里尔克的俄国:一场文化邂逅》,79—102。

有其他的麻烦:疾病、家庭矛盾、工作。不过,在卢和赖纳看来,这种冷淡简直就是一场灾难。在他们的心目中,如果说俄国是个神圣所在,俄语是一种神圣语言,那么他们敬仰的托尔斯泰就是他们的指路明灯。

这天天气晴朗。①他们头一回坐在马车上穿过俄国乡村,马儿飞奔,挽具叮当,让他们想起果戈理和普希金。穿过村庄后,他们驶向别墅高耸的大门,在那里下车,走向白色大厦。他们一个人也没遇见,一直走到院里的井边才遇到一个仆人,得以递上名片。他们在巨大的玻璃门前等着,一只狗朝他们跑来。里尔克朝白狗弯下腰,拍拍它,不过,直起身来的时候,他发现玻璃门后有一双令他们敬畏的眼睛在打量他们。那就是托尔斯泰。老人让卢进了门,砰的一声对着里尔克的鼻子关上大门。伯爵问候过她之后,才开始注意到她的年轻同伴——仅仅勉强看了他一眼。

这一天大多数时候,只有托尔斯泰的儿子谢尔盖陪他们坐在一间小而雅致的房间里,伯爵本人关在书房里不出来。他们听到远方的火车汽笛声。时间过得很慢。他们散了一小会儿步,看到伯爵夫人在客厅整理书架上的书。她走向他们,询问他们为何来此,并暗示说,伯爵不大高兴,不愿接见他们。卢对她解释道,他们之前已经和伯爵说过话了,伯爵夫人态度缓和了一点,尽管看起来还是颇为恼怒。他们又回到那间有着栗木家具的小房间,浏览玻璃门后的书,琢磨着各种肖像画,实际上却一心竖着耳朵,想听到伯爵的脚步声。最后,他们听到他走上楼梯。几扇门砰地关上。一些愤怒的嚷嚷声。一个女孩抽泣起来。伯爵听起来似乎在安慰她。伯爵夫人的声音听起来很远,很冷酷,显然两位来访者撞上了托尔斯泰著名的家庭争吵中的一次。最后伯爵走进房间。他问了卢一个问题,态度冷淡却不失礼貌。他看起来心不在焉。然后他转向赖纳。"你是干什么的呢?"他问。里尔克回答,"我写过一些东西。"

中午将近,托尔斯泰让他们作个选择:是吃午饭还是在公园里散步?他们谨慎地选了后者。托尔斯泰穿着农夫装束,长须飘拂,随意地摘些勿忘我,深嗅它们的香味,在他们身边疾走,而他们则干巴巴地讨论着诗歌

---

① "施马根多夫日记",《里尔克早期日记集》,234。

表达的社会价值。①托尔斯泰发了一通议论,不知道是否针对年轻诗人的诗歌创作(多年后,里尔克回忆起,或者说捏造了一大通争论),总之这场谈话是用飞快的俄语说的,他几乎听不懂,所以也就根本无法加入。

再次,就像他们到达时一样,托尔斯泰更关注卢而不是"她的年轻人",他似乎根本记不得后者的作品了,相反却想起了(而且显然还挺钦佩)卢的一些作品。托尔斯泰只说俄语——尽管他也懂德语——表明了对于这位不请自来、闯进他的乡间别墅的年轻入侵者的排斥。不过卢也并非完全幸免。她也是一个入侵者,所以也感到了拒绝的冷淡:一天下来的不理不睬,完了只是敷衍了事地在园子里散了下步。对于这种明显的冷淡,里尔克先是感到了窘迫不安,现在这种感觉也蔓延到她身上,让她愈发感到里尔克的无能,或许这正是加速他们关系破裂的原因之一。他们徒步回到科斯洛沃卡,②早上他们曾经满怀希望,坐着挽具叮当响的马车从这里出发。卢仍旧尽量只看到此行的好处:"一个月的开始恰逢盛事,"③她在日记里写道,"昨天去托尔斯泰家拜访!"

他们在初夏晴朗美好的一天出发去图拉,展开了一场漫长的旅程,它将进一步深入俄国腹地,到达大多数西方游客不曾去过的地方。他们先朝西南方向去,进入宏大庄严的城市基辅,逗留了两周,然后出发前往此行最东方的萨拉多夫,④一路上交替乘坐第聂伯河的船只、马车和火车。这次旅行计划周全,高潮是乘坐一系列伏尔加河上的蒸汽船朝西北方向深入旅行,抵达尼西尼诺夫哥罗德以及最终的雅罗斯拉夫尔。此时,一个月已经过去。他们在一个"真正的"村庄短暂逗留一阵,于7月6日回到莫斯科,结束了这部分旅程。

许多年来,他们一直珍藏着对这些难忘时刻的回忆,这些邂逅展示了他们不断用主观想象来曲解眼前世界的西方人情感。在逗留最久的基辅,他们感到了深深的失望,不过也被深深打动。它始于一次错误。索菲亚·希尔为他们安排的一个关系没有联系上:⑤一个粗鲁的仆人拒绝让他

---

① 卢日后对这个话题的进一步叙述,参见她的评论"Aus dem Briefwechsel Leo Tolstois"("列夫·托尔斯泰的通信"),7—8。也参见比宁恩,《尼采的不羁门徒》,269页及之后。
② 1900年6月2日给希尔的信;阿萨多斯基,161。
③ 1900年6月2日,引自比宁恩,《尼采的不羁门徒》,271。
④ 1900年6月24日给菲亚的信;里尔克档案馆。
⑤ 1900年6月10日卢给希尔的信;阿萨多斯基,162—163。

们进门,因为主人都去乡间别墅了。他们只得在臭烘烘的旅馆里呆了两个晚上——一家有"风尘女子",另一家充斥着难以忍受的街头噪音——最后他们终于住进山坡上的佛罗伦萨旅馆,这是一家风景如画的小旅馆,正好可以俯瞰五彩缤纷的花园。

除了巨大的纪念碑、教堂和博物馆之外,他们还深刻感受到基辅的国际特色,这里有巨大的现代商场和川流不息的街车。里尔克将这个城市的西化归因于它曾由波兰统治。不过,在参观过洞窟修道院之后,他们不再失望,在那里,他们双手举着点燃的蜡烛,随着心怀敬畏的人群,缓步穿过黑暗的通道。①他们欣赏着古老的城镇,每天都在第聂伯河里沐浴,②而且从皇家花园到公共市场,一切可看之处均不放过。他们终于搭乘蒸汽船"万能号"③离开时,身边是一群歌唱着的朝圣者。卢非常喜欢他们的下一个大站波尔塔瓦,她觉得这里比乌克兰首府更加"文明",在后者那里,她觉得身穿五颜六色服装的朝圣者们和城市化的人群之间毫无共同之处。④

几天后,他们到达萨拉多夫,本打算立刻改坐轮船,怎料到从火车站到码头途中,他们的马受惊了,差点把马车弄翻,把他们的行李抛洒一地。很快马就被控制住,不过船已经开走,他们不得不在镇上住下。现在,他们有时间在萨拉多夫好好走一走了,可以到东面的哥萨克村庄看一看,当然还可以参观一下沿途的所有教堂。后来,卢休息了一阵,赖纳则独自去参观普希金博物馆。

他们乘坐亚历山大·涅夫斯基号蒸汽船踏上归途。整整五天,他们溯河而上,旅程最优美的部分展开了,证明了他们的信念:在这个古老、富有生命力的地方,他们能找到通往他们创造性自我的神秘来源的钥匙。里尔克抽空给菲亚写去照例的生动描述。卢也分享着他的热情,不过她的愉快心情因为那些试图模仿西方人的中产阶级乘客,包括政府官员,和途中遇到的那些满怀"真诚单纯的热情"的群众之间的对比而有所影响。

---

① 1900年6月8日给菲亚的信;里尔克档案馆。布卢策,5—6。布卢策注意到,如果没有基辅的经历,《定时祈祷文》的写作将是不可想象的。
② 1900年6月10日,卢给希尔的信;阿萨多斯基,164。
③ 这段沿河旅途,以及接下来通过波尔塔瓦、哈尔科夫去萨拉托夫的旅行,由比宁恩根据卢1900年6月20日的萨拉托夫笔记展开了进一步叙述;273,522。也参见1900年6月25日卢给希尔的信;阿萨多斯基,165。
④ 1900年6月10日卢给希尔的信;阿萨多斯基,162页及之后;里尔克档案馆。布卢策,6。

不过,她的情感依然很明显是欧洲式的。她称另一座沿河小镇为丑陋的"鞑靼"之城,并思索道,"与那个亚洲城市相比……俄国像个生动的复合体……一个生动的家园。"①令她宽慰的是,他们当晚乘坐速度更快的蒸汽船奥尔伽大公夫人号离开了。现在,沿河两岸变得越来越都市化。松树林和丑陋的工厂交相出现,直到他们抵达尼西尼诺夫哥罗德。同时,卢和赖纳之间的关系变得越来越紧张。

他们乘坐小蒸汽船米歇尔·特维斯科伊号,到达伏尔加河畔的最后一站,雅罗斯拉夫尔城,到达时是个大清早。尽管他们非常喜欢这里的古老教堂和宽阔的老式街道,但他们对此地印象最深的并非城区,而是附近一个以耕种和生产为主的村庄克里斯塔·波罗德斯克耶,他们希望在这里过上几天,接近"普通大众"。他们搭马车进了村,租了间小屋,②非常希望借此与他们希望接触的农夫们建立有意义的联系,或许也在彼此之间加强沟通。此时,他们已经隔阂渐深,以至于卢要求帮他们准备床铺的女人摆两张稻草垫,而不是一张。他们在这种稻草垫上睡了四晚,不断驱赶苍蝇,喝的是稀粥,而且周围到处都是放养在谷仓院子里的家禽和牛群。③卢对于这段经历的评价是:"我的指甲里嵌满碎屑,我的神经也一样。"④不过他们也并肩摘野花,听女主人讲乡间故事。

虽说伏尔加河之旅令他俩都深深感动,但它几乎未能驱散托尔斯泰事件留下的创伤。不过,7月6日回莫斯科后,他俩又共处了12天,几乎看不出有什么裂痕。双方都再度急不可耐,希望早日开始一次更深入、更长时间的俄国旅行。他们的大多数朋友,包括索菲亚·希尔,都在夏季酷热的这几天出城去了。⑤幸运的是,沙克公爵仍在莫斯科。他再次陪里尔克去了克里姆林宫和许多博物馆和画廊。一度,他们3人计划再展开一次旅行,坐火车一直朝东方去,到乌拉尔群山。⑥由于资金短缺,这次旅行计划只好搁浅,卢伤心欲绝。这本来或许会是一次美好的旅行。有个外

---

① 卢的日记标明日期为"七月初",引自比宁恩,《尼采的不羁门徒》,274;522。
② 细节参见普拉特,《清脆的玻璃:里尔克的一生》,64—65。
③ 1900年7月7日,卢给希尔的信;阿萨多斯基,167;卢1900年7月7日的日记;比宁恩,《尼采的不羁门徒》,274;522。
④ 彼得斯,242—243。
⑤ 1900年7月20日,里尔克给希尔的信;阿萨多斯基,172—173。布卢策,6—7。
⑥ 参见罗德,《里尔克和俄国:一场革命》,196中引用的卢的俄罗斯日记。

人陪伴这对有隔阂的情侣一道出游，或许能解决问题。但是他们的生活还是朝向另一个方向发展了。

"希里卡"写信来了。她在克里米亚度假，给催促她回程的赖纳和卢写来回信，并尽力帮助他们获取施比里顿·德罗佐津的邀请。"农夫诗人"不愿做出答复，事实上他始终没有寄来邀请函。希尔给他写去又一封请求信："您的翻译者，德国诗人赖纳·玛丽亚·里尔克和陪同他前来的著名德国作家卢·安德烈亚斯-莎乐美……希望到您的村子里过一个星期。"①她进一步介绍道，卢从前是彼得堡人，在苏黎世接受教育，还是尼采的朋友。她保证这两个朋友都"热爱俄国和俄国的一切"。仍旧没有回音。因此，7月15日星期天，这两个人从莫斯科写信给德罗佐津，干脆地宣布他们3天后将到达。②他们没有收到直接答复，在车站也没有口信留给他们。不过，最后他们发现德罗佐津还是做好了接待准备。③他向许多朋友和作家同仁宣布了他们的到来，其中包括翻译家弗莱德里希·费德勒，他很好奇对俄语几乎陌生的里尔克是如何翻译一位俄国诗人的作品的。同时，德罗佐津咨询了尼古莱·托尔斯泰，一位住在附近的地主，也是伯爵的一个远房表亲，如何才能最好地接待这两位客人。他匆忙为他们准备了一间舒适的小木屋。

1900年7月18日，赖纳和卢从火车站乘坐一辆邮车抵达德罗佐津的尼索伏卡村。这回显然轮到里尔克大出风头。他跳下马车，身穿一件英国开襟毛衫，长长的黑长袜，低帮鞋，手中挥舞一根拐棍。④德罗佐津把客人引到给他们准备的两间俯瞰花园的小木屋里。很快，他们坐在茶炊边啜茶聊天。卢流利地引导谈话，赖纳最终也用结结巴巴的俄语加入讲来。他给主人展示了他翻译的两首德罗佐津诗歌，它们已经在布拉格发表了。不过德罗佐津有点古怪地不为所动，仿佛不大确定自己要扮演的角色。为了表示对里尔克的答谢，他带他们参观了他的图书馆，并穿过耕作的田地，走到伏尔加河边。他们拜访了教堂，欣赏了森林和越橘沼泽，沿途摘野花，还拍了照。

---

① 德罗佐津，"回忆录"，阿萨多斯基，430—431。
② 1900年7月15—17日；阿萨多斯基，169—170。
③ 参见切克夫，《里尔克在俄罗斯：基于新资料的研究》，12—15。
④ 德罗佐津，"回忆录"，阿萨多斯基，431—432。比宁恩引用了同样的回忆录；276。

德罗佐津当时52岁,和4个女儿、一个女婿、一个孙子以及一位贤惠的太太住在一个庞大的农庄里。①他并不像里尔克想象的那样具有乡土气息,因为他与莫斯科和彼得堡的知识分子圈有不少联系,尤其与"人民运动"关系密切,②希尔也是这个运动的一员。不过,他确实将生活划分为从春季到秋季的农田生活,以及冬季的写作生活。赖纳和卢请求他晚饭后朗读一点自己的作品,他遵命照做了。这样,夕阳在花园和田野边沉下时,他们的第一天如愿在诗歌中度过。

第二天一大早,两位德国客人比他们的主人起床早多了,他们喝了一罐德罗佐津太太端来的温牛奶,便光脚出门,继续摘野花。下一天,他们的主人也加入他们。里尔克觉得能呆在他们的主人新建的小屋里,坐在书和画中间,周围环绕着蔬菜和花园玫瑰,这种生活实在太理想了。他告诉母亲,一切都"裹在诗歌精神中"③。

不过,正如赖纳和卢的日记中撕掉的几页纸表明的,这种精神却渐渐由于德罗佐津一家魔力的淡去而削弱。他们受到的欢迎有两面性,表面上充满热情,私底下却不乏紧张。他们终于出发去邻近的尼古莱·托尔斯泰的庄园,这真是一种解脱。他们后来很长时间都不再提德罗佐津。④

7月26日,他们搭上去彼得堡的火车,漫长艰辛的旅程之后,两位旅行者都精疲力竭、默默无语。卢尽管出生在这里,却也让俄国是提供创造力之伊甸园的幻念萦绕于心。不过,与里尔克的关系则是另一回事。他们经历过许多僵持不下的时刻,但是现在他已成了一个或许过于沉重的包袱。

8.

在彼得堡呆了一天后,卢逃走了。自打他们回到这个充满麻烦的城

---

① 1900年7月25日给菲亚的信。里尔克档案馆。
② 参见切克夫,12—14。
③ 1900年7月25日;里尔克档案馆。
④ 1900年7月25日给菲亚的信;布卢策,7;《里尔克与卢·安德烈亚斯-莎乐美:通信集》致希尔,1900年8月10日;阿萨多斯基,175—176;普拉特,《清脆的玻璃:里尔克的一生》,65—66;比宁恩,《尼采的不羁门徒》,279—280;德罗佐津的回忆录,阿萨多斯基,433。

市,里尔克重温了旅途中按捺住的那些问题和耻辱。他再度变得乖戾、难处,不过或许并非完全无中生有,因为卢自从拜访托尔斯泰受挫(这种感觉又因为对于并不单纯的德罗佐津的拜访而加剧)后,就一直力图自行脱身。她对希尔也表明了这些想法,提出她想去芬兰的龙加斯看望母亲。从7月28日到8月22日,里尔克独自留在彼得堡的大房子里,在他最喜欢的图书馆里学习艺术史和建筑学,为回柏林后要写的论文做准备。这些行动掩盖住了危机重重的现实。①

卢在自传《人生回顾》中记下了她认为是导致他们的关系出现危机的关键:②她无法忍受里尔克每每近乎歇斯底里的疯狂激情。正如索菲亚·希尔亲眼目睹的,他俩曾一道出发踏上旅程,在莫斯科时还快乐地手拉手。但他在接下来几周的行为让卢再度意识到他无法独立于她,这相当严重地妨碍了她作为一个女人、艺术家和学者的自由。

现在,卢意识到她无法再担任这位年轻人的母亲和情人了,他们必须获取自由,才能响应各自命运的召唤。她注意到自己扮演的母性角色,自从在窝夫拉特绍森度过最初那段时光以来,这种角色已使她不安,而赖纳在她不在时的表现证明了她的担忧。她出发去芬兰后,他很快就用卢称为的他"最糟糕的前窝夫拉特绍森语言"③,把自己描述为一个无家可归者。刚到周末,他就催促她尽快回来,用的话和他12岁时从圣博尔滕写给母亲的信一模一样,"拜托这个星期天就回来!"④

卢不为所动。他的来信仅仅坚定了她的决定,不过她把"母亲"角色扮演到了最后,宣称为了他的缘故,他必须立刻得到解放,以恢复自我。"目前关键是要快,"⑤1934年,老年的卢回忆道,"这样你【赖纳】才能获得自由、空间和成长,它们仍在前方等待着你。"她的回忆录显然偏向于她本人。这样一来,她整整10天不曾理会他焦急的召唤的决定,自然是出于在他们之间保持距离的需要了。令他俩都无法摆脱的这种无言的挫败感,既加重了赖纳的沮丧心情,也加速了卢离开的脚步。

---

① 1900年7月30日给菲亚的信;里尔克档案馆。也参见里尔克给德罗佐津的感谢信,在其中他提及了一些自己阅读的东西。1900年7月29日。
② 《人生回顾》,146页及之后。
③ 《里尔克与卢·安德烈亚斯-莎乐美:通信集》,41—44。
④ 同上,43。
⑤ 《人生回顾》,146。

不过,面前的工作仍是他们之间的纽带。《上帝的故事》的校样正等待着他,福格勒仍愿为这本书画插图。里尔克在他的社会关系中相当积极,得以被介绍给这位画家,以及《世界艺术》的创始人之一,艺术史学者亚历山大·贝诺伊①,还有他圈子里的其他人。他与贝诺伊会面,讨论为一份俄国艺术期刊充当德国通讯员的可能性,这个工作或许可以让他长期住在彼得堡。在贝诺伊的乡下住宅,他们讨论了把贝诺伊的《19世纪俄国绘画史》译成德语的计划。

卢于8月21日回到彼得堡。他们立刻踏上艰苦的返德之路,4天后回到柏林。第二次重要旅行结束了,曾让他们彼此相依的梦想同样宣告完结。诗人找到了七弦琴,却失去了他的缪斯。第二天,里尔克出发去沃普斯韦德,进入一个新的人生阶段,也掀开了创作生涯中新的一章。

---

① 1900年8月18日给菲亚的信,引自《里尔克:人生与作品大事记》,107。也可参见贝诺伊对于这个事件的描述,"回忆录",阿萨多斯基,467—468。1900年8月20日的短信表明,这是他俩离开这个国家之前的最后一次见面。阿萨多斯基,179—181。

第三部分
突 破

第 7 章　离开：两位白衣女子

> 我从这两位年轻女子的凝视中，学会了多少东西！尤其是这位有着洞悉一切的棕色眼睛的画家的凝视！我再次感到是那般接近所有无意识的、辉煌美妙的事物！……①
>
> ——施马根多夫日记，1900 年 9 月 16 日
>
> 沃普斯韦德

1.

诗人记着一份日记，仍以卢·莎乐美为假想读者。他的视野中出现了两位女艺术家，他借鉴着她们看待事物的眼光。"她们背对夜晚站立"或者"蜷缩在天鹅绒扶手椅中，全神贯注地聆听"时，他从她们苗条的身体中感觉到"神秘"。里尔克始终扮演着说故事人的角色，他看到了她们所看到的，并加以描述：一幅充满艺术色彩，同时也不乏淡淡情色的图景。

诗人的日记写自沃普斯韦德，两周前，他备受挫折地归家之后，便逃到这个不来梅附近的艺术家聚集地。这是意味深长的一幕，仍是为取悦卢而写，尽管未必会得到她的赞许。海因里希·福格勒在这个艺术村拥

---

① 《里尔克早期日记集》，238。

有重要地位,他邀请里尔克访问沃普斯韦德,①后者从彼得堡一返回,便忙不迭应约前往此地。这个行动非常突兀,甚至有点鲁莽,不过它实际上也是富有决定性意义的一举,对他未来的个人生活和艺术创作都将带来难以磨灭的影响。

这一年早些时候,里尔克出发去俄国之前,曾委托福格勒为他的《上帝的故事》绘制插图。经过几番拖延,他们的出版日期终于定在12月,因此他们早点会面似乎也属必要。然而,这些插图在沃普斯韦德并不算多重要的创作,也不至于成为他逃离的主要原因。卢感觉压力重重。她在芬兰时赖纳写给她的那些催促信表明他对她的依赖令人窒息。她的反应是不理不睬,令里尔克更加沮丧,又使得她越发要躲避他,因此他必须离开。

不过,此时他们之间的分裂仍是试探性的。里尔克仍试图从卢的角度反观自己,他的自我感觉仍由他想象中她对他的看法构成。他给她讲了他对两位年轻女士的迷恋,期望得到她的赞许。他的日记仍是写给她的长信,他写得既频繁又冗长。显然,他逃走不仅是为了躲开卢,也是为了躲开一种危险的心境,过去,这种感觉曾促使他逃离布拉格和慕尼黑。

福格勒邀请里尔克作自己的客人,而不是作为艺术村的客人,而且或许只希望他短暂逗留,讨论完那些插图,再与福格勒聊上一阵即可。不过,里尔克一呆就是6个星期,而且毫无去意。这几个星期里充满一种激动不安的感觉,自从在窝夫拉特绍森和柏林度过那些狂热日子以来,他就不曾再感受过它们:一种急切的想要开始艺术创作的感觉,它由新环境和这里的画家们所激发。他被沃普斯韦德迷住了。

这片现代艺术的圣地坐落在非常类似俄国的背景中。沃普斯韦德是一群小村庄中的一个,位于巨大的吕纳堡灌丛当中,后者朝南一直延伸到北海和不来梅。湿漉漉的沼泽地与一丛丛高大摇曳的桦树、一片片石楠交替出现,垂柳围绕的诸多平静小池塘围绕着一座小山,这就是魏尔堡(Weyerberg)。"变幻无穷,"②里尔克到达后,很快写道,"高阔的天空下,

---

① 福格勒,85。
② 1900年9月6日;《里尔克早期日记集》,204。

深色多彩的土地在平原上伸展,远方的群山上石楠飘拂,仿佛拥有生命,山边是新收割过的荞麦田,鲜红的麦茬和黄色的叶子宛若珍贵的丝绸。"①不过,最显眼、最富俄国风味的,还要数无边无际的天空,没有边际的地平线,眼光波及之处,永远看不到尽头。

里尔克对这片土地爆发出激情。"多彩的深色土地在高阔的天空下,总是不断变化。白桦林、高大的栗树、多节的果树上长满红色成熟的果子。"他给巴黎的亚历山大·贝诺伊写信,欣喜地赞美周围鲜亮的色彩和清晰的轮廓。他正用"全新的眼光"看待世界。从对中世纪斯拉夫圣像的研究中,他转向对俄国印象的另一面:广袤的冻土带,无边无际的大草原。这些景象都不断让他联想到沃普斯韦德的风貌。"这是一片奇特的土地,"两年后他写道,"站在沃普斯韦德的沙土山上,你可以看到它向四面八方伸展……平滑广袤,仿佛一丝皱褶也无,道路和小溪远远朝天边延伸而去。"②

建筑在平原上的这个小聚居区,乍一看和这一带别的牧场村庄无甚不同,同样有着整洁的街道和铺鹅卵石的人行道。房子错落分布,都是典型的北德村舍,有高高的茅屋顶,白粉或红砖墙面,以及棕色或黑色的交叉屋梁。不过,有些房子比另一些更体面,福格勒的巴肯霍夫大宅是其中最显眼的一幢。它和其他屋舍一样,本是一幢农庄,不过得到了彻底翻修。它前方延伸出一个 L 形建筑,安装有高窗,可以眺望下方收拾得井井有条的花园和一个巨大门廊,时值 8 月,到处是盛开的鲜花。

这个地方简直美轮美奂,似乎是专门为了在这里生活和工作的画家们设计的,好为他们提供一种欣赏自然的新方式,一种对于色彩和形状的新感受。③艺术村的建立者弗里茨·马肯森(Fritz Mackensen)早在 1880 年代就在一片旷野中发现了这个村落,渐渐召集一批艺术家到此,他们与学院派艺术保持距离,渴望离开画廊和商业化。这些画家中,包括海因里希·福格勒和年长许多,也老到许多的奥图·莫德尔森。其余人还有弗里茨·奥维尔贝克(Fritz Overbeck)和汉斯·阿姆·恩德(Hans am

---

① 1900 年 8 月 31 日给贝诺伊的信;阿萨多斯基,194—195。
② "沃普斯韦德",《里尔克作品全集》5,27。
③ 福格勒在回忆里中生动地描述了 6 位艺术家如何汇到一处,奉马肯森为领袖。福格勒,51 页及之后。

Ende),他们试图用一种特殊方式描绘风景,不是将它们冻结在画布上,而是要让它们导向内心。里尔克在一篇写于 1902 年的关于沃普斯韦德的专题论文中详细描述的这 5 个人,正是这里的主体人群。他们周围还有一些年轻女性,比如玛丽亚·波克(Maria Bock)和后来的克拉拉·韦斯特霍夫(Clara Westhoff)和鲍拉·贝克尔,不过她们均不曾在这个公社的社会等级中占据什么重要位置。

里尔克立刻有到家之感。他很感激福格勒给他安排了巴肯霍夫大宅的"蓝色山墙小屋",这是一间可爱、宽敞的屋子,专门留供尊贵客人使用。不过,一方面与卢的分手仍迟疑不决,另一方面俄国回忆尤历历在目,即便一头扎进新生活时,这两点仍萦绕于他心中。他坚持与俄国友人和相识者通信,部分因为想要维持自己的成功策划人的形象,部分也是因为他急于获得《艺术世界》通讯员的任职。同时,他试图向沃普斯韦德的新朋友们介绍俄国,并把一切都记在写给卢的信里。尽管几个月后,在他们的关系终于破裂时,这些信本身或许均被毁掉,但这些经历在他出版的日记残篇中依然可辨,生动反映出里尔克迟疑不决的内心世界。

在沃普斯韦德的经历鼓励下,里尔克给卢写了一封长信,信中交织着对俄国的回忆与对于她的忧伤怀念:波尔塔瓦、雅罗斯拉夫尔、莫斯科。"曾记否?"[①]关于俄国的回忆,还剩下些什么呢? 他问。我们的爱情又剩下些什么? 这是他隐含的意思。他们的那么多关于旅途的诗般回忆,因为没有被写下,或许将从此荒置。这里,就像在别处一样,里尔克唠叨着因为没有做完必须的工作,所以未能留住本该保留的往昔这个话题。"不错,所有真正被看见的东西都必须写成诗。"

这段失落的、不过仍可回想的、被里尔克带往新环境的往昔,内容不止是俄国。他指的是他和卢在忙碌的 4 年中分享的一切。在他正迈出步伐,准备离开她进入一个全然不同的世界时,这封遮遮掩掩的情书同时呈现为趋近她的一个尝试,以及一份迟疑不决的告别。里尔克以高度诗化的语言,仍在试图弥补他们之间的网络。同时,这位辛苦的织补者已经准备好要编织一张新网,将对于可能性的流连忘返转变为新的事物。

[①] 1900 年 9 月 1 日;《里尔克早期日记集》,196。

2.

他到达当天就遇上了两位"白衣女子"。她们在黄昏时分,走出画室来迎接他:"金发女画家"鲍拉·贝克尔和她的密友,"黑发女雕塑家"克拉拉·韦斯特霍夫。前者很快将与奥图·莫德尔森订婚,后者将成为里尔克的妻子。

他急切地希望和福格勒相处,像男人对男人一样,亲密地聊聊他们的私生活。不过,这种机会少得可怜。福格勒忙着去看望未婚妻。他与她联络密切,因为她是个年轻女郎,即将与他结婚。年轻美貌的玛莎·施隆德(Martha Schroder)是一位老教师的寡妇的13位子女之一,马肯森初次抵达沃普斯韦德时租了她家的房子。里尔克抵达时,海因里希·福格勒的两个兄弟弗兰茨和埃德瓦德刚从美国回来,在 40 公里开外的阿蒂耶克(Adiek)筹办一个养鸡场,玛莎应他们要求在那儿帮忙。因此,海因里希更多时候呆在阿蒂耶克而不是家里,与里尔克见面也就少之又少。

里尔克为此非常失望,他本来一心想和朋友交流。不过,有失必有得。星期天晚上,社团大多数成员聚在海因里希·福格勒的屋里演奏、朗读诗歌、开晚会,里尔克几乎立刻就被推上艺术村的这个社交舞台。福格勒请他以他的特殊客人身份,在自己呆在阿蒂耶克的任何时候,替代自己上场。①

"我在举办晚会,"②里尔克在日记中写道。

作为由客人变成的兼职主人,他在巴肯霍夫大宅的白色大客厅里,朗读自己的诗歌,以及趣味相投的诗人的作品。他浪漫地坐在两幅圣像和摇曳的蜡烛当中,穿便鞋和俄国束腰外衣,用低沉动听的声音朗读着,技惊四座。演奏音乐和朗读诗歌的夜晚也会有辩论和热烈的谈话。巴肯霍夫大宅的音乐室有着美丽的白墙、色彩华丽的大门、雅致的版画和帝国风格的家具,正适合作这些交谈的背景。

---

① 福格勒,84—102。
② 《里尔克早期日记集》,198 页及之后。

艺术村的成员中,奥图·莫德尔森是这些聚会的积极参加者。艺术村的创建者弗里茨·马肯森也偶尔露面。里尔克遇到的其他艺术家还包括玛丽亚·波克,她和小女儿一起住在这里,以及奥提里·雷兰德(Ottilie Reylander),一位年轻艺术家,很快她就离开艺术村,把画室租给鲍拉。此外,这里还有鲍拉的一位妹妹米莉·贝克尔,她这会儿正好在这里,是位音乐会演唱家,负责了大部分的歌唱。自然,海因里希·福格勒一旦可以从求爱任务中脱身,也会和他弟弟弗兰茨前来参加。

不过,这位贵客有一个竞争对手。"霍普特曼博士翻山过来,带着两个妹妹,"[1]里尔克不乏嫉妒地写道。卡尔·霍普特曼博士是戏剧家格哈特·霍普特曼的哥哥,恰好和里尔克同时访问艺术村。他比里尔克大 16 岁——时年 41 岁。卡尔·霍普特曼作为作家,地位比里尔克更稳固,对于语言、文学和诗歌有着坚定的信念,全都与年轻诗人的观点反向而行。赖纳担任主人的第一个夜晚,这两人就争锋相对起来,令精心策划的表演节目相形失色。卡尔·霍普特曼似乎决心打破里尔克朗读诗歌的魔力,揭穿他那些浪漫文字的面纱。他们事实上事事彼此作对:霍普特曼对里尔克优美的诗歌语言的含糊其辞深感不耐,里尔克反过来也尖锐地反对霍普特曼的"现实主义"。

观众中的两位年轻女士——她们在某种程度上弥补了海因里希·福格勒的缺席——目睹了这场明显的对立。克拉拉·韦斯特霍夫是一位身材高挑的女雕塑家,似乎自信满满,但其实并非如此,她比反应敏捷、活泼的鲍拉·贝克尔沉默得多,后者在日记中写道,这两个男人无法彼此理解。里尔克朗读写于维亚雷焦、反映了他最极端的青年艺术风格的诗歌之一时,她们都被深深打动。然而卡尔·霍普特曼却宣布根本听不懂——无非是妈妈和垂死孩子之间的夸张感伤对话[2]——并不乏道理地建议,不要再让它进展为不知所云之物了。鲍拉在日记中试图在这两个彼此悬殊的男人之间找到平衡。[3]她对年长的霍普特曼相当钦佩。"德语

---

[1] 《里尔克早期日记集》,198。

[2] "Der Spielmann"["The Fiddler"],"Madchen-Gestalten",《里尔克作品全集》1,171。这场争论在《里尔克早期日记集》,199 和佩泽特,31—31 中有讨论。

[3] 1900 年 9 月 3 日的日记;《鲍拉·莫德尔森-贝克尔:书信和日记》,233【198】。也参见 530【482】注释。

的,"她对他的作品评价道,"冷峻、精明而无动于衷的文字,不过既伟大,又深刻。"他对她直截了当地命令道,"更深地进入自我,由内而外地生活,而不是由外而内地生活。"不过,在这位敏锐的女性看来,她无法做到这个,所以她是失败的。至于里尔克,这位和她年龄相仿的年轻艺术家,她认为是个和她一样有弱点的人。

与卡尔·霍普特曼展开尖刻辩论的这个漫漫长夜——持续到午夜之后,钢琴上的蜡烛都烧得只剩一小截儿了——表明了里尔克面对挑战是何等易受伤害。事实上,随着时间过去,他们渐渐和睦起来,而他们持续不断的智识辩论起到了为里尔克理清艺术方向的作用。卡尔·霍普特曼对世界的"不动声色的"接受与里尔克将过去和现实交融、对一切经历加以诗化的做法正好冲突。卢教会他反思的那些老规则现在以新形式再度出现。由于无法接受过去,以及无法将它编织回他和卢创造的那片布匹,里尔克恢复了过去将诗歌与感伤混为一谈的老做法。不过,眼前平坦无垠的北方景色,以及沃普斯韦德画家们从事的新艺术,成为里尔克风格变化的第一批榜样,这一变化将在接下来许多年中逐渐成熟,它将在坚定和流动之间达至平衡,使他终于成为一位大诗人。不过同时,不确信和痛苦仍占据主要地位——对他本人,对其他人而言,均如此。

3.

在沃普斯韦德度过几星期之后,里尔克着魔般的感觉愈发强烈。他感觉自己被突然投入一片仙境。幸运的是,他能够探索这片广袤石楠旷野的自然和历史,从中受益。《论死亡》,一组以"沃普斯韦德速写"为副标题的五首诗中的一首,描绘了这片充斥着死者魂灵的质朴荒原,秋天离开艺术村后不久,他在回忆中还进一步写下了有生以来最出色的几首描写自然的诗。①

不过,写作这些诗和零星几篇散文的同时,尽管身在沃普斯韦德,他

---

① 《里尔克作品全集》5:688—691。

仍不忘俄国。他力争在柏林的"脱离舞台"(Secession Stage)举办一场俄国画展,并和《艺术世界》的两位编辑贝诺伊和谢尔盖·迪亚基列夫展开了一场急切却徒劳的通信①,这两人对这项计划都兴趣索然。

这个繁忙的一周的6天中,里尔克在福格勒的小屋里几乎闭门不出,在花园里痴迷地散步,四周环绕着各种创作品:福格勒的绘画、半成品胸像、钉在墙上的速写,它们和福格勒的未婚妻颇有几分相似。不过,第七天,等待结束了,看起来里尔克在过去六天里心无旁骛。现在,他可以再度关注这两位随时愿意为他演奏音乐,倾听他朗读的美丽女子了。

不过,他仍渴望与年长男士们,也就是创建艺术村的长老们交流:马肯森、奥维尔贝克,特别是莫德尔森,对于后者,里尔克至少是做出钦佩状。他计划到他们的画室拜访,与他们结识,并进行一些关于艺术的活跃谈话。这些本地的贤达人士都比里尔克和两位女士大上10多岁。

比起其他知名艺术家们,海因里希·福格勒时年28岁,在年龄上与里尔克更接近,不过他正对即将到来的婚姻充满自我怀疑和焦虑。在赶往阿蒂耶克的间隙中,他和赖纳总算找到时间聊了聊,尽管没有达到诗人希望的心心相印的程度。海因里希更多的是谈论未婚妻玛莎·施隆德,后者在他1898年访问柏林期间,让他饱受折磨。他把她描述为一位坚强可爱的年轻女郎②,在德累斯顿认识先锋派画家海因里希·福格勒时还是个小女孩,而且"他们非常相爱"。现在,他再次陷入危机。里尔克深知如何对付此种情况,尽管他曾希望海因里希多关注关注他自己的困境,不过他还是很好地扮演了福格勒期望他扮演的角色。

在这个魔法村度过的6星期中,里尔克对于环境带来的振奋心情充满感激。他感觉,就在以为自己日益枯竭时,生命被赋予了新的内容和意义。《上帝的故事》的插图——他来此拜访的表面原因——已因为福格勒的一心求爱而遭到忽视,虽说后者仍设法按时完成了它们,不过福格勒还是与里尔克分享了他们的个人生活和事业生涯中的不少重要内容。比如,一个晴朗的秋天早晨,喝完咖啡后,福格勒给朋友展示了一摞摞近作。

---

① 1900年9月1日和9月30日来自迪亚基列夫的信;阿萨多斯基,203—206。1900年8月20日来自贝诺伊的信;204—205。

② 1900年9月6日;《里尔克早期日记集》,204。

里尔克欣喜若狂。在许多风景和人物画当中,他注意到一幅雪景中天使站在圣玛丽面前的画。①这幅画很快由他配上合适的诗句,成为《玛丽的生平》的开始。

对里尔克来说,这种与朋友度过的和谐时光并不常见,更多时候他与"两位白衣女子"为伴。鲍拉·贝克尔和克拉拉·韦斯特霍夫都是严肃的艺术家,②不过里尔克加入的这个小社团里复杂的人际关系时常掩盖了此点。鲍拉才智杰出,同时也遭受着一种异常的敏感性的折磨,它使她感受到毫无必要的心灵和肉体之痛、自我批评和经常的沮丧。她是一个刚刚退休的铁路工程师的女儿,在不来梅的一个大家庭长大,19岁时在母亲大力支持下,在柏林女艺术家学院上艺术课,开始了艺术家生涯。一次对沃普斯韦德的短暂拜访使她对此心生向往。她为这里反教条的自然主义、反学院派精神所打动,继续学习了一段时间之后,于1898年在这里开始了事业。

克拉拉·韦斯特霍夫是一位进出口商的女儿,同样成长于不来梅的一个大家庭。弗里茨·马肯森介绍她来到艺术村。她瘦削、羞于社交,觉得和艺术家呆在一起才比较自如。比如,去年夏天,她就和海因里希·福格勒和玛丽亚·波克一起进行了一次长时间的自行车旅行,并在滚烫的甲板上赤足舞蹈,把脚都烫出水泡。她盼望到巴黎做奥古斯特·罗丹的学生。

鲍拉·贝克尔和克拉拉·韦斯特霍夫很快成了密友,两人都希望成为独立艺术家。1900年初,两位女士在巴黎会合,住在拉斯帕利林荫大道的同一家旅馆。克拉拉师从罗丹学习雕塑,鲍拉则试图在趣味相投的法国印象主义和后印象主义画家中找到自己的风格。

这种美好生活为时不长。沃普斯韦德的几位朋友,包括福格勒和莫德尔森到巴黎参观世界博览会并拜访她们,使她们与世隔绝地投身艺术的生活宣告终结。度过了心不在焉的几周之后,奥图·莫德尔森得知患病的妻子去世,他们便和他一起赶回他家。这个收尾令人伤痛,鲍拉因此

---

① 1900年9月29日;《里尔克早期日记集》,272—273。
② 关于他们的会面,鲍拉的婚姻以及他们的友谊,参见"介绍",《鲍拉·莫德尔森-贝克尔:书信和日记》,2页及之后。最近由Briggitte Doppagne写的一部短篇小说演绎了这个团体的冲突,尤其描述了贝克尔、韦斯特霍夫和里尔克的三角关系,挖掘出他们的戏剧性矛盾和诗歌性。

陷入沮丧。不过,里尔克在 8 月底抵达沃普斯韦德时,她仿佛恢复了生命,同时也恢复了创作力。

在鲍拉·贝克尔的生活中将要引发一个关键变化的种子,正是在巴黎度过的最后几周中播撒下的,里尔克也将感受到它的力量。在远比她年长得多的奥图·莫德尔森的威严蛊惑下,她在海伦娜·莫德尔森去世后没几个月,身不由己地与他订婚,而且即将结婚。这个莫名其妙的决定在里尔克到来后变得更加麻烦。他被这位他称为"金发画家"的女人深深吸引,几乎不曾察觉她自我怀疑和自我探索的阴暗面。不过,里尔克越来越意识到她已为莫德尔森所掌控,而他不愿与莫德尔森竞争,因此态度也动摇了。另一方面,鲍拉却似乎挺欣赏里尔克的作品,尽管觉得自己必定要嫁给奥图·莫德尔森,但她显然为这位神秘的年轻诗人所吸引。

里尔克似乎对这两位女士都很关注。一次,鲍拉在黄昏拜访他,令他喜出望外。①他给她展示了一些俄国书籍,以及像德罗佐津和塞米翁·纳德什(Semion Nadson)之类诗人的照片,都是里尔克钦佩的诗人。后来,在奥维尔贝克家用晚餐时,他们展开热烈交谈,并充满敬意地聆听卡尔·霍普特曼关于克莱斯特②的故事《洛迦诺③的女丐》是"对我们的时代充满敌意"的一则出色声明的宏论。此外,里尔克也很喜欢到鲍拉的"百合画室"拜访,和她深入交谈。

不过,克拉拉·韦斯特霍夫也不容忽视。一天晚上,她骑自行车去拜访里尔克,然后和他一道散步,亲密交谈。她一路推着自行车,一直走到她在韦斯特维德(Westerwede)的住所,到达时已是凌晨 2 点,两人还余兴未消。另一个熬得更迟的晚上,在里尔克做完星期日的朗读之后,他们凌晨 3 点才抵达克拉拉的画室。他们在鲍拉的画室喝了山羊奶和咖啡,踏上归途,结果却发现克拉拉的画室大门紧锁。克拉拉把钥匙弄丢了。不过她执意要给里尔克展示最近完成的一件作品,一个跪着的男孩的小雕像。她找了把榔头,心急火燎地砸开门,把手都弄伤了,进门时流了很多血。里尔克终于欣赏到了小雕像,发表了一通对她最近的老师罗丹的高

---

① 以下涉及鲍拉和克拉拉的叙述在 1900 年 9 月 11 日的段落中得到了描述;《里尔克早期日记集》,221—223,以及 1900 年 9 月 21 日;《里尔克早期日记集》,241—249。
② 克莱斯特(Heinrich von Kleist,1777—1811),德国剧作家,小说家。——译注
③ 瑞士南部城市,近马焦雷河口,马焦雷湖北岸。——译注

见。至于鲍拉·贝克尔的画作,他从未见过,也不曾要求看。

这段三人关系中,透出一股隐隐的、却不难觉察的竞争气氛,它将蔓延多年。鲍拉某次赞美克拉拉的一幅细致入微的裸体画——"精细地描绘出她慷慨自我的一切美好之处"[①]——不过也暗示道,细节过多,未能正确表现主题("她沉甸甸的爱几乎将它压垮。")克拉拉则更直接地表现出内心不快。赖纳和鲍拉一起乘车去离他们最近的铁路站点不来梅,想从那儿坐火车去汉堡,观看卡尔·霍普特曼的一出戏的首演。鲍拉坐在舒适的小马车里,面对里尔克,戴一顶高雅的巴黎式样黑草帽,气定神闲。刚到奥伯尼兰德村(Oberneuland),气喘吁吁地骑着自行车的克拉拉拦下他们,[②]她家在这里有一幢夏季住所。她眨巴着深色的眼睛,双唇颤抖,说了一些感人的话语,匆忙递给他一束花,让他捎给他们共同的朋友。里尔克挥手告别了很长时间,想着,他和鲍拉坐在车里,膝盖上压着的却是克拉拉的花束。大概一天后,他们三人在汉堡又碰面了。

汉堡之行成了里尔克在沃普斯韦德逗留期间的高潮,也预示着这段拜访的结束。卡尔·霍普特曼的作品是一出地道的西里西亚戏剧,题为《胖子》。首演时,从沃普斯韦德来了一批忠心的喝彩者:福格勒兄弟,克拉拉·韦斯特霍夫和鲍拉·贝克尔,鲍拉的妹妹米莉,一位音乐会演唱家,以及弗里茨·马肯森,奥图·莫德尔森和里尔克。他们在欧洲旅馆与霍普特曼共进午餐。饭后他们兵分几路,赖纳和鲍拉一起在城里散起了步。

演出中,里尔克加入了名人小分队——福格勒兄弟、马肯森和莫德尔森——他们一起坐第三包厢,其他人则坐在下面的乐队席中。演出时,他们用手势和夸张表情联系,对表演做着评论。戏毕,里尔克只是赞扬了演员,此外没有什么评论,因为他已读过剧本,觉得它有所欠缺。庆功晚宴上他不大自在,不过还是做了发言,谈及沃普斯韦德的风光和艺术。最后他讲到自己:"这些日子,我感觉颇为奇特,既困惑又清醒。我发现了一片土地和一群人,我找到了他们,就好像他们正期待着我的到来。"[③]

---

① 1900 年 9 月 29 日;《里尔克早期日记集》,275。
② 同上,202—203。
③ 1900 年 9 月 26 日;《里尔克早期日记集》,256。

第二天是星期天,早晨阳光明媚,他一天日程排得满满。他带了一束玫瑰给克拉拉和鲍拉,她们收下了,不乏淡淡的惊奇。他在日记里添油加醋地写道,"我发明了一种新的爱抚方式:把一朵玫瑰轻轻放在闭着的眼皮上,直到它不再感觉冰凉,而温柔的花瓣将一直停在眼皮上,仿佛黎明前的沉睡。"①

接下来两天同样忙碌。一个下午,他们坐四轮马车四处观光,参观码头,拜访一家私人艺术博物馆,另一个晚上用于欣赏《魔笛》。他们在镇上又过了一个早上,拜访城市博物馆,之后卡尔·霍普特曼看到他们出发去车站。他们花了好几个小时,快活地坐火车和邮车,终于到家。里尔克在日记里写道,"美丽、安静、繁星满天的夜晚,充满欢乐,正适合踏上归家之路。我就是在这时,决定安居在沃普斯韦德的。"②他想加入它的生活,它欢乐的孤独,它的热情。"我希望能为了来春而封存在雪中,这样无论我体内将发出什么嫩芽,都不至于过早从犁沟中冒出。"

这番话写于9月28日。10月5日,里尔克离开沃普斯韦德。

一大早,鲍拉看到了这封信。赖纳已经走了。"请收下这本小笔记本,"他写道,"里面记下了我心爱的诗歌,我不在时你可以读读。"③他因故不得不一大早出门,不辞而别,赶往柏林。令人不解的是,他用了"我们"这个代词。

这是一个出乎意料的变化。里尔克本已在沃普斯韦德租了一处住所。他下定决心留在此地。在给鲍拉写的告别信中,他解释道,他必须去开展他的计划,也就是俄国艺术在"脱离舞台"的展出,起初他给克拉拉做的解释也如出一辙。他最近和迪亚基列夫的通信(后者的措辞总是礼貌

---

① 1900年9月27日;《里尔克早期日记集》,259。
② 《里尔克早期日记集》,271—272。
③ 1900年10月5日;《里尔克书信集,1892—1921》1:101—102。

至极却冷淡无比)突然终结,后者"带着最大的遗憾之情"宣布退出这一计划。这个展览对里尔克来说,是实现他作为艺术批评家和艺术策划人的梦想的关键,因此,他急急忙忙赶回去挽救它,也属情有可原。

不过,里尔克之所以离开,或许还有别的可能。他在3星期后告诉弗里达·冯·布罗,决定留在沃普斯韦德之后,他发觉这个艺术村过于强势。他担心自己会失去与"俄国事物"以及他的所有研究的联系。①对于鲍拉和克拉拉,他却用了一个更微妙的心理解释,为自己进一步辩解:他过深地陷入一张享受和欢愉之网②——对于这种心满意足的状态,他尚未做好充分准备来面对。尽管他们的村子是他的"第一处故土",但他无法永远做她们的兄弟。他不得不回到正常的日常生活。两位女士只得伤心地接受了他的突然离去:"我们在昏暗的光线中等你,"几周后的10月25日,鲍拉写道,"我和我的小屋。红桌上摆着秋天的绿木犀,钟停了。但你没来。我们很伤心。不过,很快我们又感激涕零而快乐了,只因为你存在着。"③

赖纳逃回了卢身边。再次地,这是一次仓促的离别:他与克拉拉和鲍拉,以及她们的所有朋友,原本一直其乐融融,直到他突然离去。那一刻,卢似乎在愤怒地提醒他别忘了责任,并召唤他回到现实,远离几乎要将他诱入陷阱的无休纠葛。她的召唤想必令他意识到恐惧:陷入一种平庸的、不适的三角关系,介于鲍拉和一个更强大的男人之间;或者对克拉拉变得过于关注,后者毫不掩饰对他的好感。如果任其发展,危机迫在眉睫。

里尔克于10月5日离开,11月12日,鲍拉·贝克尔终于订婚,这当中间隔五个星期,其间他俩都并非心如止水。鲍拉给赖纳写去温柔痴情,每每颇为暧昧的信件。不过,她向里尔克宣布自己订婚的那封信却写得毫不含糊:"对我来说,一件重要的事,它也是一切,一件伟大的事,一件在我看来不容变更的事,就是我对奥图·莫德尔森的爱,以及他对我的爱。"④她补充道,这种奇妙的感觉充盈她全身,令她陶醉,全身心感受到美

---

① 1900年10月24日给弗里达·冯·布罗的信;《里尔克书信集,1892—1921》1:117。
② 1900年10月18日给克拉拉·韦斯特霍夫的信;《里尔克书信集,1892—1921》1:104。
③ 1900年10月25日来自鲍拉·贝克尔的信;《鲍拉·莫德尔森-贝克尔:通信和日记》,239【《鲍拉·莫德尔森-贝克尔:书信和日记》,202】。
④ 1900年11月12日来自鲍拉·贝克尔的信;《通信和日记》,243—244【《鲍拉·莫德尔森-贝克尔:书信和日记》,208】。

妙的乐声。

里尔克的回信是一首长诗,题为《祝福新娘》,他在诗中扮演了一个综合了吟游诗人、神父、桂冠诗人的角色。诗是写给新娘的,新郎只是背景中一个含糊其辞的"别人"。莫德尔森始终是一个隐隐发出威胁的权威所在。他的新娘一度充任过里尔克的亲密所有物。里尔克站在想象的祭坛上,赐福地举起双手:

> 因为瞧啊,我的手,此刻,在我赐福你的
> 时候,比我本人更意味深长
> 我举起它们,两手空空……①

突然,诗歌变得充满灼人的私人性。空手证明了他自己的失败。此刻,里尔克竭力伪装得心无芥蒂,然而这个意味深长的姿态表现出一种诗艺力图掩饰的情感起伏,正如他在鲍拉猝然离世之后写的著名的《安魂曲》——他写过的最意味深长、也最为晦涩的诗歌之一。所谓"赐福"——乍一看是个强有力的动作——实际上毫无力量,因为诗人意识到自己"两手空空"。然而,阻挠赐福的并非谦逊,而是他因"轻飘飘、空荡荡的双手"导致的"羞耻之情",继而产生的无能为力之感。最后,他极其微妙地指出,这些"可怜的空壳"被"某人"填进了一些美的物体,它们过于沉重,令他几乎无法承受,"带着美妙的辉煌满溢而出"。他赐福新娘的力量源自作为诗人的力量:

> 那么,请接受一个宽裕的赐予者
> 蒙着脸,在最后一刻赋予我的东西——
> 他装扮了我,让我变得宛若
> 树木:风儿吹得更加柔和
> 摩挲着我,而我赐福于你。
> 我赐予你只有在春日的
> 夜间,才能感受到的那种幸福。

---

① 《祝福新娘》,《里尔克早期日记集》,314—317;《里尔克作品全集》3:716—718。

空壳被打破,同时揭示出他的无能和他的力量。他的"金发画家"触动了一根琴弦。

5.

曾促使里尔克来到沃普斯韦德寻求新开始的激情,现在又促使他回到当初离开的地方。卢或许不曾张开双臂欢迎他,但是一旦他在密茨德罗耶大街那个属于他的住所安顿下来(仍在施马根多夫,不过比原先远了一些),她不免也扮回了至少一部分她原先的角色。

再一次地,卢充任赖纳日常生活中的重要人物,赖纳也暂时充任了她生活中的重要一员。他母亲秋天来柏林时,卢帮他接待,而且还忍受了鲍拉和克拉拉的拜访,虽然她愈来愈觉得她们威胁着赖纳的平静和独立。她甚至忍受了他的脾气和沮丧。不过,她仍坚持想让他自由:她对他相当关心,以至于力图帮他避免他不想要、也缺乏力量承担的责任。

寻找足够的生活来源,这始终是里尔克的负担。俄国,以及现在的沃普斯韦德,都不曾给他带来收入,而他的经济来源正在迅速枯竭。此外,他长期的缺席——春季他和卢出发去俄国,秋季才从沃普斯韦德返回——已令他失去很多关系。他把发展事业的资金的大部分都押在俄国画家在柏林"脱离舞台"的展览上。这一商业行动宣告破灭后,他设法在维也纳"脱离舞台"举办这个展览,同样无果。①

因此,就经济而言,这是一个窘迫的秋季。他靠家庭补助金、昔日版税、在报纸和杂志上发表几首诗歌的零星稿酬以及偶尔得到的救济过活。此时,他没能从艺术批评和评论中获取任何稳定收入,过去他和卢就是靠这个才勉强维生。里尔克再次面对着自由作家无法避免的难题,更糟的是他是一个今朝有酒今朝醉的人。只有到了下一年,他才得以从写作中再次获得一点点可怜的收入。

---

① 1900 年 9 月 29 日和 10 月 22 日给 Franz Hancke 的信;引自《里尔克:人生与作品大事记》,111,113。

里尔克从前的激情所系——剧院——似乎向他指出了一条糊口之路,"脱离舞台"也间接给他提供了一个或许可以返回这个领域的机会。他回到柏林刚刚5个星期,莫里斯·梅特林克的象征剧《丁达齐尔之死》①就上演了。里尔克立刻利用了这出戏与他的《白衣妃》的相似之处,他仍认为后者是他的重要作品。梅特林克一段时间以来一直是他的典范,不过里尔克以一位作者、批评家和导演的身份与梅特林克的作品建立联系,正是始于他关于这部作品的一篇文章。《丁达齐尔之死》非常适合用于再度进入戏剧界,而里尔克借助它,写出了他简短却重要的批评文章之一。《丁达齐尔》里面的角色或许因为预知死亡而饱受折磨,对命运恐慌不已,为爱所奴役,但是通过失去他们的个人性,通过成为感情的集体性代表,他们逃脱了里尔克通常施加于他那些备受折磨的主人公的可怕的感伤情怀。看过这出戏之后,第二天,里尔克就在日记中记下感受,它们成为他从俄国和沃普斯韦德返回后发表的第一篇批评文章的核心。仅仅3页纸的短文中,里尔克表明,梅特林克并不曾用探究心理来取代情节,他采用的是对"简单情感"的放大扩写,这成为里尔克本人延续一生的诗歌信条之核心。

1900年11月13日,他在日记里草草写下这篇简洁的论文,它启发了另一篇短文:《论梅特林克的戏剧》②,发表在1901年1月5日的汉堡期刊《领航员》上。这两篇文章一道成为里尔克对诗歌精神的宣言。他通过分析诸如克莱斯特和马拉美等典范,指出角色必须充任带着固定表情的傀儡,它们代表了各种情感和"意识的阴影",这种看法预示着他本人日后对于傀儡的思考。对于作家里尔克,就像对于作为个人的赖纳一样,这是一种新态度的开始。他抛弃了《波乌施国王》和早期小说的精神,抛弃了他大多数早期戏剧的精神,迈出了重要一步,宣布了一种诗的目的和风格:表现,而非分析。他对心理叙述的批评表明了对卢的一种智识上的疏离。不过,他的论文同时也是对于沃普斯韦德的一份回应。这些画家和他们的户外艺术所表现的风景和乡间人物被另一种知识所取代,也就是一种

---

① "莫里斯·梅特林克",《丁达齐尔之死》,《里尔克作品全集》5:476—479。
② 《里尔克作品全集》5:479—482。1902年,里尔克以不来梅的演说为基础,发表了一篇关于梅特林克的论文。参见接下来的第8章。

对命运和死亡的强有力的认识。这种用"情绪"或"焦虑"对个人及其行动的替换,在梅特林克作品中,就像在《上帝的故事》中一样典型,它也表明了里尔克融合诗与叙事的做法。

诗人逃往他希望能使他才思泉涌之地,但是事情渐渐才走上正轨。他写回忆他的沃普斯韦德经历的诗,与那里的朋友们通信。他不断学习,准备写一篇关于俄国画家亚历山大·伊凡诺夫(Alexander Ivanov)的长篇评论,同时他也不忘关注戏剧。11月,"脱离舞台"上演了他最后的一批戏剧之一,《没有礼物》,结果反响不一。他的戏也译为俄语在莫斯科上演。他再次花了不少时间写诗,供报纸杂志发表,同时与《布拉格日报》的海因里希·特维勒斯(Heinrich Teweles)等老同事打交道。他也被介绍给阿克塞尔·杨格(Axel Juncker),一位丹麦出版家和书商,后者刚搬到柏林。起先他们主要讨论订购图书问题。不过很快,他们开始谈判签订合同。不过,他仍未找到足够的工作,直到遇见格哈特·霍普特曼。

结识卡尔·霍普特曼更有名的兄弟,是里尔克的目标之一。卢认识格哈特·霍普特曼已有一段时间,她邀请他和即将成为他第二任妻子的格蕾特·马沙尔(Grete Marschall)与恰好也在城里的海因里希·福格勒夜里外出消遣。里尔克对格哈特·霍普特曼的面容表现出强烈的钦佩之情,因为它表现出的并非"微小"的情感,而是"宏大"的情绪,他双目清澈,却充满梦想,宛如"云影下方的寂静湖泊"①。

这是一个奇怪的夜晚。卢从日记中抹掉了关于它的大部分记述,她与赖纳关系日渐疏远的这几个月里,她经常从日记里大段删除内容。不过,这次她仍留下了几个意味深长的句子:"赖纳做着梦,格蕾特在他身后拉小提琴,她是那样苗条婀娜、妖艳迷人……疯狂的音乐……激动的沉寂。"②里尔克则在日记里写道,他觉得这些谈话、社交、各种不同人等互不相干的人生片段,反映了一种奇特连贯的主题,犹如一床锦缎或一幅挂毯,它绘出死亡和对死亡的恐惧。

大约3周后,12月19日,赖纳和卢并肩坐在黑暗的剧院中,准备欣赏格哈特·霍普特曼的一出新剧的排演,《米歇尔·克拉默》,它将在德国

---

① 1900年12月1日;《里尔克早期日记集》,341。
② 同上,341—342;以及比宁恩,《尼采的不羁门徒》,284。

(Deutsches)剧院上演。如果说梅特林克的《丁达齐尔之死》有助于促成一种文学语言的新概念，那么笼罩着艺术家米歇尔·克拉默人生的死亡主题则让里尔克又一次陷入对戏剧的迷恋——同时也令卢感到深深的困惑。

死亡——《白衣妃》中的象征性恐怖，也是丁达齐尔的象征标志——令里尔克深深迷上这出关于一位缺乏天分的学院派画家、关于父子斗争、关于儿子的自杀和父亲在个人和艺术上的改变的戏剧。克拉默面对英俊儿子的尸体，绘出了死亡面具，这成为他最伟大的杰作。这出戏的原型据说是一位来自布雷斯劳的艺术教授艾尔布莱希·布劳恩的真实故事，霍普特曼的剧作将艺术失败的伤痛诠释为一种关于自我认知的悲剧。

这对卢和赖纳而言，都是一出与他们自己密切相关的戏剧——尽管原因并不相同。早在1897年，他们在慕尼黑和窝夫拉特绍森初次相恋的几个月里，卢写过一篇叫做《一例死亡》[①]的小说。情节和《米歇尔·克拉默》极其相似。或许写它时，卢本人正涌动着因为这位尚未成熟、宛若儿子的赖纳而泛起的创作冲动。更重要的是，这个故事曾标志着他们的关系的开始，如今在这段关系接近尾声时又要再起一次重要作用。霍普特曼的细节与卢的小说迥然相异，不过整出戏的结构和她的作品大致相似，卢和赖纳都不可能没注意到这种类同。不过，他们对此都缄口不提。两人都对《米歇尔·克拉默》盛赞不已，它两天后在柏林上演，取得巨大成功，不过，他们的赞美中都有一种不由自主的紧张情绪。里尔克为《米歇尔·克拉默》中的父子关系、艺术和死亡的关系所触动，给霍普特曼写了一封详细的信，[②]感谢他寄来此书。最后，他和卢——在彼此之间，以及对别人均是如此，或许是为了掩盖他们的不自在——没完没了地讨论着《米歇尔·克拉默》，仿佛它是本世纪的杰作。

卢和赖纳共度的最后几个月，以她在1901年2月26日给他的《最后的请求》为高潮。这几个月堪称一段错失良机，终于走向注定结果的时

---

① 比宁恩，《尼采的不羁门徒》，285—286。
② 1900年12月25日。参见《里尔克：人生与作品大事记》，117。一年后，里尔克再度在收到《米歇尔·克拉默》的签名本的一周年之际，对此书赞叹不已，宣称自从收到它之后，他生命中所有大事"均与【克拉默】有关，或者显现出它的痕迹"。1901年12月16日；《里尔克书信集，1892—1921》1:181。

光。里尔克的沃普斯韦德日记继续把卢当成假想读者来记述他的思想,卢的日记却记下了对赖纳日益增长的不满。

他一边在艺术世界中站稳脚跟(他几乎从未放弃过这个追求),一边继续争取卢。他给卢送去一份最初用俄语写的 7 首诗的礼物。他也为海因里希·福格勒准备了一份煞费苦心的圣诞礼物:一束最近写的诗歌,作为专门献给他的"沃普斯韦德诗篇"。同时,《上帝的故事》配上福格勒的插图出版了。按照老习惯,里尔克到处散发这本诗集。鲍拉·贝克尔记录道,她在圣诞树下,给年幼的弟弟读了这些故事中的许多。克拉拉·韦斯特霍夫也对它盛赞不已。

6.

1900 年 12 月 4 日是里尔克 25 岁生日。此时他的安身之处既不是现实的柏林,也并非沃普斯韦德的田园风光。在想象中,他仍停留在吕纳堡灌木丛的艺术村,心心念念都是福格勒和他与玛莎·施隆德的婚姻、他本人对于沃普斯韦德专题论文的计划和幻想,以及"两位白衣女士"。不过,他也对卢和他们关于俄国的共同经历念念不忘。在一封写给沙克公爵的讨论米歇尔·克拉默的长信里,里尔克表示,他迫切希望春季重返莫斯科并写完关于亚历山大·伊凡诺夫的论文。①此外,过完圣诞节之后的 1 月,他与卢和弗莱德里希在点满蜡烛的圣诞树边又过了一个特殊的俄国圣诞节。他一会儿计划着第三次俄国之旅,一会儿又考虑着到沃普斯韦德度过剩下的冬天时光。

在关系日益疏远的这几个星期中,赖纳和卢都做了不少努力,试图恢复一种暂时的妥协。不过,里尔克再次停下工作,代之以沮丧的独白。他情绪变幻无常,频频拒不露面,这些都毫无疑问让卢想起在俄国时的冲突和幻灭。此外,赖纳似乎开始考虑婚姻,或许是受海因里希·福格勒的求爱的影响,或许也是因为鲍拉的订婚和克拉拉的示好。卢对于他的这些

---

① 1900 年 12 月 22 日;阿萨多斯基,226—228。

想法一律断然否定，毫无疑问导致了又一轮疏远。

如果说赖纳试图逃离卢，却又频频回到她身边，那么此时卢则是希望与他断交，却无法痛下决心。"我最想要的，"她在新年时写道，"我所需要的，是安静——能够像四年前我经常做到的那样独处。那将要，也必须要，恢复！对我而言，我想记住的只有1900年的一段回忆——只有关于俄国的那一段！"①

1月里大多数时候，他们坚持着老习惯。赖纳或许会在午饭时露面，他们照例在树林里长时间散步，光脚走在狭窄的小道上，观察起皱的植物和倒下的树干，有时一直走到夜深，让月光照亮他们的归途。②不过，卢仍焦虑不安，自责在家中对弗莱德里希和赖纳的态度有如"凶神恶煞"。对于赖纳，她变得越来越介意。一度，她完成了写作《罗丹卡》的重大计划，感觉欣喜若狂，旋即想到里尔克对她的索求或许会破坏她的愉快心情，不由又陷入焦虑。她在日记中写道，"诅咒那要妨碍我的人！"以及，"哦，要是赖纳一声不吭地离开，彻底离开，那该多好！我真要干出什么蠢事来了！（他必须离开！）"③第二天里尔克上门时，她假装不在家。

1月13日，鲍拉·贝克尔来上烹饪学校，这是她应母亲要求，为婚姻做的准备。她对里尔克的热情始终如一，与他离开沃普斯韦德或者她正式订婚时分毫不差。"我这段时间总觉得在过圣诞，"节前她写信给他道，"所以我必须来看你，跟你聊聊这个。"④

鲍拉决定在星期天抵达后便到施马根多夫看赖纳。他们在烛光边共度夜晚，他给她读了《米歇尔·克拉默》中的一幕戏。⑤他也和她讨论了他的"俄国事物"和关于伊凡诺夫的写作计划。最后，他步行穿过蒂尔花园送她回家，深夜回程时奇迹般地搭上一辆街车。他感伤地让房里一切原封不动，以记住鲍拉在这里的痕迹。他径直走向书桌，心里已酝酿出一首散文诗的开头："你这金发的孩子，每晚歌者都必定在黑暗中伫立于你的

---

① 1901年1月5日；卢的日记；《里尔克与卢·安德烈亚斯-莎乐美：通信集》，50。
② 1900年12月31日；《里尔克与卢·安德烈亚斯-莎乐美：通信集》，49。
③ 1901年1月26日；《里尔克与卢·安德烈亚斯-莎乐美：通信集》，51—52。
④ 1901年1月20日；《里尔克与卢·安德烈亚斯-莎乐美：通信集》，51。
⑤ 1900年圣诞节，鲍拉·贝克尔；《通信和日记》，274—275【鲍拉·莫德尔森-贝克尔：书信和日记》，236】。

物品之侧。"①

接下来几星期,鲍拉和赖纳继续定期见面,一道参观画廊、散步、在他的屋里聊天。一度,鲍拉还给他寄去她的秘密日记。②里尔克立即回信,③充满激情地承认他从未请求鲍拉出示她的作品,是因为他迫切渴望听她说她想说的话。同时,他继续与卢的散步和谈话,甚至和她一起读了陀思妥耶夫斯基的《穷人》。

这段悲喜剧的最后一幕于2月3日上演,起因是克拉拉·韦斯特霍夫的突然到来。沃普斯韦德的气氛在怀旧的柏林再度弥散开来。1901年2月8日,鲍拉即将25岁之际,3人给海因里希·福格勒写了一封诗体信,④邀请他来参加庆祝会。福格勒正忙着准备结婚,频频拜访阿蒂耶克,所以他和玛莎无暇去柏林。不过,这3个人即便不在沃普斯韦德,也仍保持着在那里时的亲密关系。

里尔克不可能永远过这种痛苦的分裂生活,不过它还是延续了数周,期间他与卢会面,又陪伴鲍拉和克拉拉参观画廊、参加音乐会。这两位女子在柏林的露面导致了剧烈冲突,因为卢相信她必须拯救他。在她而言,她既相信"赖纳必须离开",又尽一切努力阻止他进入新的生活,另一方面,鲍拉在里尔克来到她的"塔楼小屋"里送生日礼物时写道,"我今天充满爱、温柔、热情和亲切之感。"⑤不过她已经允诺嫁给更有声望的奥图·莫德尔森,而克拉拉则似乎下定决心要嫁给诗人。

这些复杂情况在2月中旬突然得以解决。克拉拉和赖纳对鲍拉宣布订婚。他们的朋友感到深深震撼。第二天她写道,"昨天我站在房间里你俩身边,我感觉距你俩非常非常遥远。我心头充满一种强烈的哀伤,今天它仍折磨着我,浇灭了我的情绪。"⑥不过,稍后她终于决定祝福他俩。

两位艺术家都作了决定:鲍拉选择的是她认为更明智的一条道路,证

---

① 1901年1月13日;《里尔克书信集,1892—1921》1:146。
② 1901年1月23日来自鲍拉·贝克尔的信;《通信和日记》,274—275【《鲍拉·莫德尔森-贝克尔:书信和日记》,236】。
③ 1901年1月24日给鲍拉·贝克尔的信;《里尔克书信集,1892—1921》1:148—153。
④ 1901年2月7日;佩泽特,44—50。
⑤ 1901年2月8日来自鲍拉·贝克尔的信;《通信和日记》,284—285【《鲍拉·莫德尔森-贝克尔:书信和日记》,245】。
⑥ 1901年2月16日来自鲍拉·贝克尔的信;《通信和日记》,287【《鲍拉·莫德尔森-贝克尔:书信和日记》,249】。

明了自己对成熟的莫德尔森的忠诚。赖纳则将迟疑不决的情感投诸克拉拉,作出一生的承诺,因此也不可挽回地失去了鲍拉和卢。

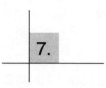

7.

如果说鲍拉尽管心头沮丧,却仍祝福了赖纳和克拉拉,那么卢则是怒不可遏。这并非她期望的那种分手。她为他设想的是一种无须为任何人所束缚的自由的、充满创造性的独立,而非婚姻的羁绊,正如她正确地预测的,这将令他无法忍受。他们最终分手之前的那个晚上,她决定再次严词相告并加以安慰。她无法直接对他说出这些话,于是在一份牛奶账单的背面写下来递给他:"如果将来什么时候,你心情极度糟糕,我们的家将在你不幸的时辰永远对你开放。"①

卢或许无法亲自表达直接的分手之意,不过写下来对她而言并不困难。1901年2月26日,她写下《最后的请求》②:

> 现在我周身完全围绕着阳光和寂静,生命之果再度圆满——成熟而甜美——我还有一份最后的责任,它源自一段对你我而言想必都亲切无比的回忆:在窝夫拉特绍森,我曾作为母亲出现在你面前。

这位"母亲"详细叙述了"泽马克"曾经如何准确诊断出赖纳的最初病源,过去4年中,他亲眼看到它变得根深蒂固。里尔克不断发作的沮丧情绪——甚至到了歇斯底里的程度——已令她无法忍受。她充满敌意、出乎意料地直言他的痛苦,更形容了她因此的受难。她请求他不要再和她联系。这并非一种出于母性的举措。事实上,她是在收回对他的母性关照。

卢对于里尔克的疾病的愤怒描述,与沃普斯韦德的友人们对他热情

---

① 1901年2月25日来自卢的信;《里尔克与卢·安德烈亚斯-莎乐美:通信集》,55和55页注释。
② 同上,53—55。

的、充满创造性的精神的认识截然相反,想必令他本人也突然陷入不知所措。毫无疑问,他的损失令他饱受打击。第二天他写道,

> 我站在黑暗中,仿佛瞎了
> 因为我的凝视再也无法抵达你
> 在我,日子的疯狂骚乱是
> 一幅挡住你的帘子
> 我瞪着它,希望它能升起
> 帘后是我的生命所在
> 我生命的基础,我生命的渴求——
> 可同时也是:我的死亡——①

在里尔克,又一个阶段开始了。

---

① 《里尔克与卢·安德烈亚斯-莎乐美:通信集》,55—56。

第 8 章　穿过伊甸园

> 突然之间，我已了解喷泉
> 这些不可思议的玻璃之树
> 我可以像谈论自己的眼泪一样谈论它们
> 这些眼泪，我为伟大的梦境触动
> 曾一度挥洒，旋即忘却①
> ——"《关于喷泉》"
> 《图画之书》

1.

里尔克为眼前不停升降、既静止又不断运动的水柱而目瞪口呆。他在早期生活中的一个关键时刻写了《关于喷泉》：1900 年 11 月 14 日，他正式收到鲍拉订婚的消息两天后。或许整首诗，以其对于凝缩的静止和运动的观察，反映出这种唯有出发，没有抵达的危机。

两个月后，在一个他称为《自一个暴风雨之夜》的系列中，里尔克为他的另一次危机绘制了类似图像——鲍拉在 1901 年 1 月 21 日左右抵达柏林。第一首诗立刻暴露出它在吕纳堡灌丛的广阔原野的来源：

---

① 《里尔克作品全集》1:456—457。

> 夜，为渐生的风暴搅动
> 突然之间变得何等无垠——
> 仿佛别的时候它折叠着
> 藏在时光卑贱的皱纹里①

这些诗对诸如星辰、树林和摇晃的灯光加以拟人化，以宇宙尺度丈量了人类的无能，诗歌借助的是一场狂暴的夜晚风暴和无所不知的自我之间的批判性交谈，这是一个与自然力抗争的隐喻：

> 灯摇晃了，茫然不知：
> 光是一个谎言吗？
> 夜晚是延续了千年的
> 唯一现实吗？

一共8首诗——每首都以同样的句子开头："在这样的夜晚"——将夜晚描述为以各种人称或面具行动，"不认识你的苍白面孔"。它们的语言把风暴和夜晚提升到气象世界之上，用打开监狱、歌剧院失火或垂死者头脑清醒地轻抚头发这样的尖锐画面呈现生与死。就像"喷泉"混合静止与运动一样，这些关于危机的诗歌将生死混合，并罕见地以对里尔克死去的妹妹的指涉结尾——里尔克继承了她的隐喻自我：

> 在这样的夜晚，我妹妹成长着
> 她在我眼前出生，在我眼前死去，时年尚幼
> 从那时起，有过很多个像这样的夜晚
> 活到现在，她想必会很美。很快有人娶她。

这些是里尔克藏于心中的一本图画书最初的几张纸页，它们预示、例证并远超出了卢(以及"泽马克")诊断过的他最近的危机。它们实实在在

---

① 《里尔克作品全集》1:460—464。包括一首介绍性的诗("扉页")和八首诗，最后一首是关于里尔克的妹妹("在这样的长夜里")的。

就是一幅幅图画,从令人敬畏的西北大地到巴黎的爱和恐惧均为它们提供着主题,为思考着的诗人所观察和使用。

2.

这是一个惊人的变化,它发生在艺术家的意识的两个层面。失去鲍拉或许曾意味着失去希望——他对她的倾慕之程度和深度,或许永远无法说清——不过彻底地、无可挽回地失去卢,正如他想必感受到的,是一场几乎危及生命的灾难。

里尔克因为自己的背叛——与"两位白衣女士"的来往——导致了与卢不可挽回的分裂,他搬了家,更令分手成为定局。2月17日,赖纳和克拉拉对他们的朋友鲍拉·贝克尔宣布订婚之后的第二天,也是卢写出"最后的恳求"之前9天,他临时从卢附近的施马根多夫公寓搬出,住进柏林市中心的纳兹勒旅馆。① 同时,他告诉母亲,因为"意外情况",他无法展开第三次访俄之旅。②

不仅赖纳,克拉拉也陷入重重疑虑。③ 两天前,她刚离开柏林返回家中,显然对于未来仍毫无把握,尽管已经对鲍拉宣布了订婚。然而,第二天,在回家途中,她再度下定决心。她意识到自己"无法忍受没有他的生活",于是在从汉堡返回的路上,给里尔克发去最终表示"同意"的信息。她还请求他不要按照计划去不来梅拜访她父母,而是先在韦斯特维德和她碰头,"把事情理清"④。

未来对于他们两人似乎都是那么幽暗、莫测。鲍拉的母亲马蒂尔德·贝克尔发现他们"(面对新处境)仍相当不知所措,对于自身的命运晕头转向"。婚姻在最困难的处境中缔结。从一开始,这对夫妇就要面对经济难题。里尔克身无分文,又失去了在安德烈亚斯家的生活供给。他匆

---

① 1901年2月17日给杨格的信的署名地址;《与阿克塞尔·杨格书信集》,17。
② 1901年2月16日给菲亚·里尔克的信;引自《里尔克:人生与作品大事记》,121。
③ 《通信和日记》,542—543【鲍拉·莫德尔森-贝克尔:书信和日记》,496】;比提特,86—88。
④ 1901年2月16日,引自《与阿克塞尔·杨格书信集》,210。

忙派遣一名信使去找他的朋友书商阿克塞尔·杨格,请求借50马克,表示将用英赛尔出版社欠他的几笔颇为可观的酬劳偿还,①并以纹章戒指和护照作抵。令他倍感快乐的是,两天后英赛尔出版社便将这笔酬劳寄到他的旅馆,他得以通知杨格去取它。

按照事先商量的结果,克拉拉和赖纳考察了他们打算安家的小屋,并向朋友们宣布订婚。在沃普斯韦德,这个出乎意料的变化引起轰动。②人们既困惑又开心。"星期五下午——猜猜谁现了身?"奥图·莫德尔森给未婚妻写道,"你没准已猜到啦——克拉拉·W,胳膊上还拐着她的小里尔克。"克拉拉本人也忍不住告诉贝克尔夫妇,"两星期以前,我没准还会发誓这不过是友谊":不过,这再次暗示了这场婚姻的草率。

他们一道返回柏林,卢的"最后的恳求",邮戳日期为2月26日,已经送到。里尔克知道,他的结婚计划意味着与卢彻底决裂。他立刻决定奔向南方,③到阿尔克访问菲亚,克拉拉则回娘家。不过如果说与卢的分手无可挽回,正如与鲍拉的分手一样,那么显然现在压力来自另一面,也就是克拉拉了。她召唤他立即前来。④里尔克因此不曾像许诺的那样在慕尼黑短暂逗留,而是在到达阿尔克10天后,于3月15日径直赶回韦斯特维德。

里尔克以他特有的执著方式,让未婚妻坚信他的爱情。在他的南部旅行中,他给她写了很多情书,每一封都附有一首情诗。一组称为"致克拉拉·韦斯特霍夫"⑤的诗见证了他的求爱,与他4年前追求卢时的《渴望之歌》异曲同工。其中一首以下述发人深省的诗句开始:

爱人,先告诉我我是谁
我便会告诉你你是谁⑥

就在这个节骨眼上,赖纳突然身患重病,或许是猩红热。整整一个

---

① 1901年2月19日给阿克塞尔·杨格的信;《与阿克塞尔·杨格书信集》,17—18。
② 《通信和日记》,542【鲍拉·莫德尔森-贝克尔:书信和日记》,496】。莫德尔森给鲍拉的评论,以及克拉拉给贝克尔夫妇的解释,参见此条注释。
③ 参见注释,《与阿克塞尔·杨格书信集》,210页注。
④ 1901年3月20日给Richard Scheid的信,慕尼黑州立图书馆。
⑤ 《里尔克作品全集》3:729—743。
⑥ 同上,3:733。

月,他不断打寒战、痛苦不堪。不来梅的韦斯特霍夫一家收容了他,护理他,让他恢复健康,①然而他因为发烧,身体虚弱,以至于逐渐恢复时,连笔杆都很难握紧。②为时漫长的发烧症状使他变得既亢奋又虚弱,他在《马尔特手记》中将对此做出详细描写。

他的虚弱症状一直持续到结婚当天都没有消失。我们可能无法重新复原在卢的告别和他的婚礼誓言之间这两个月里他经受的折磨,不过至少可以推想一下。赖纳被卢称为"另一个人"的那个部分——沮丧、歇斯底里——看来占了上风,他发现自己虚弱无助,不断陷入自己造成的局面。这个阶段如此混乱,以至于他只能看清面前的几步。"我病了,"他告诉慕尼黑的朋友弗兰齐斯卡·冯·李文特劳,"现在我要恢复。"他在给这位朋友的问候信中写道,"因为明天我将拥有一位亲爱的妻子。"③

他俩真是奇特的一对:她,身材高挑,属于北部德国的新教徒,而他,身材矮小,是那对古怪的、永远分道扬镳的背运夫妻约瑟夫和菲亚的儿子,他们来自布拉格的德语区,是奥地利公民,名不副实的天主教徒,家道中落。他们冲突甚多,但他们之所以走到一起,是因为两人都是艺术家:她拥有一双灵巧的手,他则拥有圆润动听的声音——构筑形象的女雕塑家和使用语言的艺术家。因此,目前看来,从混乱中倒也营造出些许秩序,它塑造着他们共同的目标。工作正是他们聚少离多的几十年中维持关系的纽带。

整场婚礼给人以一波三折之感。由于新郎的身体状况,1901 年 4 月 29 日,婚礼在韦斯特霍夫家的餐厅举行,没有去附近的教堂。④并没有出

---

① 参见比提特,87;普拉特,《清脆的玻璃:里尔克的一生》,78—79。
② 1901 年 4 月 22 日给 R. A. 施隆德的信;《里尔克书信集,1892—1921》1:157。
③ 1901 年 4 月 28 日;《里尔克书信集,1892—1921》1:158。参见关于造成这场发烧的一个可能的情感原因的讨论,比提特,87—88。
④ 普拉特,《清脆的玻璃:里尔克的一生》,79。

现什么最后一刻的婚礼逃兵。赖纳和克拉拉已经公开表示亲密,因此克拉拉的家庭强烈要求他们结婚,令赖纳无力抗拒。此外,由于行事仓促,不同的宗教信仰给他们带来了大麻烦。里尔克名义上还是个居住在新教区的天主教徒,他试图通过正式退出天主教会避免一切未来的法律问题,但他没等到获得恰当的认可。多年后他们决定离婚时,这一疏忽令他们困扰不已,奥地利政府和教会都拒绝批准他离婚。

稳定生活的可能从一开始就不属于这对新人。历经重重阻碍之后,他们的安家计划再度延误。他们弄到一笔来源不详的资金,到德累斯顿附近的拉德博伊尔一个叫做"白牡鹿"的疗养院住了一个月。这是一个艺术家喜欢去的时髦场所,正适合像里尔克这种偏爱自然疗养的人。拉赫曼(Lahmann)博士(里尔克将频频接受他的治疗)发明了一种疗法,完全依赖沐浴和天然食品。如此一来,他们的婚姻并非在肉欲天堂中开始。相反,正如里尔克对阿图尔·施尼茨勒解释的,他遵行的是一种"严格的养生法"①。

直到5月底,他们才返回韦斯特维德和他们的新家。克拉拉少女时代就熟悉的这处住宅是一幢覆盖了常青藤的农场小屋,有一个宽阔的茅屋顶。它古老的结构和开裂的地板"抵制着一切文化",仿佛它是不经人手,自行从荒野中长出。周围都是荒野,远远分布着零星几户邻居。这种房子只有初来乍到者才会去住。

在海因里希·福格勒和其他沃普斯韦德的朋友们的帮助下,赖纳和克拉拉把这个地方改装一番,让它合适给两个都要搞创作的艺术家居住。书籍、绘画、纪念品和其他个人物品装点了贫瘠的房间。大厅整修一新,原先昏暗的走廊变亮了一点。斜屋顶下的小卧室充任赖纳的书房,克拉拉则在一个小小的附属建筑里建起工作室,不过她的作品很快就挤进主宅。没过多久,他们的客厅就乱七八糟地堆满胸像和雕像。他们也自行制作了一些家具,还多亏了福格勒的大力相助。在这里,他们开始了一年的勤奋工作,尽管与世隔绝,依然参加了一点社交活动。目前看来,他们过的是一种开放的、不乏希望的生活。夏初,他们离开新家,到布拉格短暂旅行,让克拉拉拜见公公,此外里尔克非常谨慎地向母亲描述他们的新

---

① 1901年5月;"里尔克和阿图尔·施尼茨勒",285—286。

家,后者正计划尽快去看看他们。

迈出决定命运的这一步之后,里尔克试图重建生活秩序。只有诗人的清晰头脑才可能超脱地从下述矛盾混乱的状况中总结出意义:利用别人同时也被利用;允诺而不履行;拒绝和被拒;寻求庇护;苦苦哀求友谊与爱情却又拒绝之。幸运的是,接下来几个月被用于大量革新性的创作。

赖纳从卢与她的文字世界迁出,进入克拉拉和她的空间表现的世界,这并非巧合。理解视觉形式,对之加以拆解,用语言的音乐赋予它生命,澄清它的声响,无异于是在将刺耳噪声转换为和谐之音。与这段含糊关系相伴的,正是用语言对生活之混乱的澄清。

赖纳实际上从妻子的艺术创作中受益匪浅。对他而言,她创作的青铜或石雕尤其成为了一种外在表现——图像的世界——它必须为意识所灌入。1901 年的夏季蜜月中,克拉拉的艺术创作提供了从旧到新的灵感过渡。《图画之书》所选的诗以及它的标题,都表明这位灵巧的画家-雕塑家对里尔克的艺术的巨大影响。该诗集于下一年出了第一版,从关于少女和月色的感伤诗到诸如《沙皇》这样的俄国时期的剩余诗歌均被收入,较新的作品也出现在其中,它们或直接或隐喻地描述了沃普斯韦德及其影响。

忙乱之后,里尔克决定让婚姻发挥作用,视之为一次令生活简单化、让双方的创作都有所丰富的机会。①他集中力量,下定决心,对慕尼黑的老朋友、诗人伊曼努尔·冯·博德曼宣布,两个年轻人可以"抵达未来"。不过,他更坚决地补充道,婚姻不应当为了营造亲密而拆除所有障碍。相反,好的婚姻中"一个人必须保卫另一个人的孤独"。这种捍卫婚姻的方式正是最后使之溃败的主要原因之一,不过,暂时看来,这场婚姻貌似挺稳定,仿佛是一棵稳定的家庭之树,再度肯定着家庭的神话。正是出于这种精神,他请他们熟悉的一位艺术家奥斯卡·泽温彻(Oskar Zwintscher)为克拉拉绘制肖像,好让他们的孩子和孙辈可以知道她"无可争辩地美丽优雅"的时光。②各种矛盾之力彼此冲突,将这位备受困扰的丈

---

① 1901 年 8 月 17 日;《里尔克书信集,1892—1921》1:165—166。
② 1901 年 7 月 30 日;《与奥斯卡·泽温彻的十三封通信》,4—6;《里尔克书信集,1892—1921》1:161—162。

夫朝不同的方向胡乱推送。

4.

夏天的拜访者们来了又走了。菲亚和约瑟夫分别前来做客,带来礼物。约瑟夫带来的是一个银碗和水罐,菲亚则主要操心这里的天气。8月,年轻夫妇前往易北河河口的库克斯港,还去了纽维克的河中小岛。为了表示他们对于自己和世界感觉多么美妙,他们给奥图·莫德尔森寄去一张挖空心思的明信片。他们打量着岛上成千上万的奇怪海鸟,相信"亲爱的奥图必定认识它们每一位"①。

回家后,现实打断了他们的美梦。尽管他们节衣缩食地住在荒野上的乡村小舍,但他们仍旧相当拮据。赖以为生的只有里尔克仍从雅罗斯拉夫叔叔的继承人那里收到的不可靠津贴,以及约瑟夫和克拉拉的父母送来的一点资助。不过,促使里尔克与各位作者和期刊编辑,尤其是俄国的作者和编辑加紧联系的,还不止是经济原因。在报纸杂志上发表散文、评论和艺术批评不仅是一种获取零星收入的方式,也是一种维持专业身份的手段,当初正是卢帮他开创了这种身份。

尽管里尔克对俄国的激情不曾减退,但他的计划全都落空。他本打算在柏林和维也纳的"脱离舞台"展出当代俄国艺术,结果却不了了之。很快,他的伊凡诺夫计划,以及一篇关于宗教画家伊凡·克拉姆斯柯依(Ivan Kramskoy)的长篇论文也失去了出版者,尽管这两篇文章一年后经大大压缩,还是在一篇关于俄国艺术最新发展的文章中用上了。而他抱有最大希望的一项工作,即将亚历山大·贝诺伊的《19世纪俄国绘画史》②译为德语,尽管里尔克曾在离开彼得堡前与作者讨论过,还是宣告失败。里尔克一度说服慕尼黑出版家阿尔伯特·兰根(Albert Langen)对它

---

① 1901年8月4日给奥图·莫德尔森的信;《里尔克书信集,1892—1921》1:161—162。
② 1901年7月6日里尔克给贝诺伊的信;1901年7月11日贝诺伊给里尔克的信;1901年7月28日里尔克给贝诺伊的信;阿萨多斯基,284—291。1901年8月12日里尔克给Kofiz Holm(兰根的编辑)的信;慕尼黑州立图书馆。

产生兴趣,但最终依然未果。贝诺伊又将此事转告促进俄国绘画艺术组织的弗谢沃若德·普罗托波波夫(Vsevolod Protopopov),事情到此就再无进展。类似地,试图成为《艺术世界》的德国通讯员的乐观计划也遭到礼貌却毫不含糊的拒绝,或许是因为卢的缺席使得里尔克在俄国人眼中失去了价值。这年夏天的唯一进展是他与丹麦友人,书商和独立出版者阿克塞尔·杨格的专业合作的标志性开始,后者同意将他最近的短篇小说收入一本叫做《他们中的最后一个(The Last of Their Line)》的小书。①

赖纳和克拉拉隐居在他们的韦斯特维德农庄,一反常态地几乎不再展开进入外部世界的旅行,而是越来越投入创作。克拉拉尤其如此,即便很快发现怀孕也没有影响她的工作。雕塑作品源源不断塞进大厅。她和丈夫一样,顽强地投身事业,不过和他不同的是,她很少动摇。她个子比他高出半头,却不知为何非常谦卑。她对自己的艺术、对日常生活,均意志坚定。

赖纳仍在回味俄国,同时又回到一段几乎从不曾忘却的过去,写出了《祈祷》的一部重要续集。矛盾的是,在这个变化时期,他最富原创性的创作却把他带回了俄国之旅的神秘宗教精神,它被嵌入他的新北德世界。1901年9月18日到25日,只用了一周时间,他就写出30多首诗,它们的合集为《僧侣生活之书》。他从最近关于诸如伊凡诺夫和克拉姆斯柯依之类俄国宗教艺术家的论文中获得灵感,又将当前在荒野中的生活与他们对上帝的习惯性探寻加以结合,重现了寻求拯救的主题,这个主题在他而言足以与俄国经验相提并论。不过,尽管他本人身陷固定住所,有违天性地呆在韦斯特维德,但他创造的人物却成为一位漫游者,一位朝拜者。

第一首诗呈现了在一个暴风雨肆虐的夜晚,从窗子一瞥荒野和风中倒伏的树丛:

你并不奇怪风暴的力量
你看着它壮大的。树丛

---

① 1901年9月24日,杨格写给里尔克的信;《与阿克塞尔·杨格书信集》,213—214。1901年9月26日里尔克给杨格的信;《与阿克塞尔·杨格书信集》,22—23。关于Die Letzten译为《他们中的最后一个》,译法参照巴特勒。

逃避着，它们的逃跑造成了
宽敞的大道。
你知道它们逃避的他
正是你寻找的他……①

刮得树木倒伏，创造出"宽敞的大道"的狂风暴雨源自石楠丛和荒野。整幕场景反映了里尔克从去年在俄国度过的夏天到今年乏味的夏天之间的生活，其间平静的"许多个星期伫立不动"，"树木中血液涌起"，暴风雨会突然爆发，仿佛一场狂怒。不过，这种呈现也反映了它的内在性："现在你必须深入自己的内心/仿佛踏上平原"，在那里，巨大的孤独涌现，"日子变聋了"。

尽管这些诗和它们的前任一样风格各异，不过它们中许多的精华之处都表现出一种对人类之无助和身份追寻的尖锐认识：

我四分五裂，我的自我被拆分为
碎片，在敌人当中②

正如几年之后的《新诗集》中，处女之身的欧律狄刻死去时"被拆分为千百个碎片一般"，朝圣者现在惊恐地为自我而呼救："哦，上帝，所有的笑声都在嘲弄我/所有饮酒者都啜饮着我。"最后他让步道，"我自以为是，亲爱的上帝，而你/你有权荒置我。"③

对上帝的寻找不仅出现在《僧侣生活之书》中，在《上帝的故事》中也有涉及，它成为一种对自我的寻找。诗歌的宗教目的与诗人的世俗焦虑彼此结合。朝圣者仍是虔诚的隐士，他跪倒在上帝面前，"身穿僧衣"。不过，当他内心为上帝充盈之后，他也成了那个"创造了"他的人。自我和上帝在一种仪式般的对话中彼此交融。

里尔克描绘着他的俄国僧侣，而且并没有把他与他从前的角色截然

---

① 《里尔克作品全集》1:305。
② 同上，306。
③ 同上，306—307。

分开。神圣的树林转变为狂风呼啸的平原;诗人认出了朝圣者。不过,随着他愈来愈栖身于日常世界,他的崇拜也就公然采纳了性的形式。灵魂被比喻为一个女人。"你面前的女人"是《圣经》中的路得,3个月后,里尔克的女儿也起了这个名字。她是一个忠诚的外族人。白天她作为灵魂的化身,在"成捆的麦子"当中劳作。不过,到了夜里,她下河沐浴,穿上诱人的衣服,像走向情人一样走向上帝。

> 于是我的灵魂睡着了,直到黎明
> 躺在你的脚下,因你的血液而温暖
> 成为一个女人在你面前。像是路得。①

新朝圣者的颠覆性角色有两方面作用。他如今在韦斯特维德,与怀孕的妻子安居在同一个屋顶之下的存在本身,渐渐破坏着这种他似乎是自己选择的新生活。然而他怪异地倾向于世俗的欲望也质疑着里尔克对过去的恋恋不舍。路得诗之前的一首诗,是写给卢的最狂热的情诗中的一首,写于他们1897年在慕尼黑的蜜月期间。

> 蒙住我的眼睛,我也能看到你,
> 堵住我的耳朵:我也能听到你。

或许只是巧合,或者是作者想物尽其用,总之在与卢分手之后,这首狂热的情诗被塞进数年后在另一个女人身边写的新一轮诗歌中。关于这首诗的真正起源,卢本人没有留下什么线索。不过它被收入诗集并非不合理,因为它唤起了——为诗人而不是为读者——里尔克试图加以客体化的一些东西:将过去的卢与当前的克拉拉相连的女性形象,以及两人在他内心的投射。里尔克写作《定时祈祷文》时,无法不对卢展开至少一点点隐晦的追忆,哪怕只有他俩能心领神会。而《朝圣之书》暗暗提及了她,以及他俩最初的爱情,诚可谓曾题献给她的那本书的延续。此外,卢并非一般的诉求对象,她成为诗人内心世界的一部分:

---

① 《里尔克作品全集》1:313。

把烈火抛进我的大脑
我仍会用鲜血托举起你①

最后一组诗中,里尔克深入上帝的内心,就像他深入女性的内心一样,并提供了一段新的对话。起先,他挖掘着上帝,仿佛挖掘"奇珍异宝"和初生之美:"夜深时分我挖掘着你,哦,奇珍异宝。"②随后,朝圣者-诗人竭力将鲜血淋漓的双手举在风中,以便它们"可以像树木一样分杈伸展"。

我用它们将你从空中汲出,
仿佛你在那里四分五裂
以不耐的一举,并且
现在正陨落着,一个粉碎的世界,
从遥远的星辰落回地面
像春雨落地一般轻柔③。

这个复杂却极其生动的意象反映出一个成熟的里尔克。它也比任何日记都更贴切地揭示了一种灼痛。代表诗人的朝圣者创造出他"用鲜血淋漓的双手"挖掘着的痛苦自我和它的宇宙投影之间的这段残酷对话。深入内心世界以抵达通灵之境是一个常见的浪漫姿态,在诺瓦利斯④的《夜之赞歌》或夏尔·波德莱尔深入心灵与精神的内心世界的诗中也有运用。里尔克圣人般的朝圣者此举则充满性意味:在子宫般的黑暗中痛苦摸索,伸手探向遥远的星辰,令神性粉碎,犹如柔和至极的雨点纷洒地面。

20多年后,里尔克将在代表作《杜伊诺哀歌》中,以全新的调子再度运用这一比喻。这里,同样有自我的一个宇宙部分从太空返回,不过它并非由"鲜血淋漓的双手"获取,也不是关于一种"粉碎如尘"的神性。相反,

---

① 《里尔克作品全集》1:313。
② 同上,339。
③ 同上,340。
④ 诺瓦利斯(1772—1801),德国浪漫主义诗人。抒情诗代表作有《夜之赞歌》(1800)、《圣歌》(1799)等。——译注

活生生的自我隐身于黑暗的土地，得以感受到它与"无尽死亡"的无限关联，后者正如"春天"倾落而下的"大雨"。①成熟里尔克的《哀歌》以一段对话结尾，它类似朝圣者和他的上帝之间的紧张对话，在一个将此界自我和彼界自我相互连接的结构中，"幸福"涌现：

> 而我们，以为幸福便是
> 升腾，将会感受到这份激情
> 它几乎压垮我们
> 当幸福的事物降落时。

5.

《朝圣之书》完成后不久，赖纳和克拉拉·里尔克接受施耐希-卡洛拉（Schonaich-Carolath）公爵及其夫人的邀请，去豪斯多夫庄园拜访，庄园位于汉堡以北的荷尔斯泰因。他们逗留了两天。就里尔克的整个事业生涯而言，公爵夫妇占据的位置并不重要。公爵是他的同行，一个业余诗人，里尔克和他曾在《菊苣花》时期有过交流。不过，赖纳向来无法抵御贵族头衔的诱惑，施耐希家族高贵的德国-丹麦血统令公爵分量倍增。目前这只是一次社交访问，不过几个月之后，豪斯多夫庄园将为里尔克的《马尔特手记》提供灵感来源。

在俄国事业上的野心遭挫败后，里尔克以顽强的激情，再度回归戏剧。早在9月7日，也就是《朝圣之书》动笔10天前，他与克拉拉的赞助人，不来梅艺术博物馆馆长联系，②表示希望发表一些关于莫里斯·梅特林克的演讲，后者的思想和手法均令他仰慕不已。他还试图实现一个更早时候的梦想，希望能借用柏林住地剧院总导演关于如何正确上演梅特林克戏剧的观点，制作梅特林克的《碧特丽丝姊姊》。他提出了"框架"建

---

① 《里尔克作品全集》1：726。
② 1901年9月7日；《里尔克书信集，1892—1921》1：167—169。

议——类似小说中的框架概念——它将在舞台上实际搭建出来——希望借此得到为博物馆新馆庆祝活动制作此剧的邀请。

自从娶了一个雕塑家为妻,与沃普斯韦德和当地艺术世界结盟之后,里尔克发觉生活重心已从柏林的知识沙龙或柏林和彼得堡的图书馆转移到了不来梅的艺术博物馆。大约 9 个月中——从 1901 年初秋到 1902 年晚春——事实上他的整个生活都围绕着博物馆及其活动开展。除了将他带离韦斯特维德,它还给他提供了新的机会。展开戏剧活动之余,他还恢复了与艺术史学者理查德·穆特的关系①,后者从布雷斯劳来,在不来梅美术馆发表了两次长篇演讲。他在不来梅的露面成为他们的一系列往来的开始,不出一年,这份友谊以委任里尔克撰写罗丹论文达到高潮,为此里尔克亲赴巴黎,事实上也借此确立了他的事业。

1899 年圣诞节拜访穆特之后,里尔克记住了这位老人的建议:写一些关于俄国艺术的简短论文,穆特希望能发表它们。于是里尔克写出了这些关于现代俄国艺术成就的文章,它们将于 1902 年秋天发表。论文刚写完时,穆特寄来一本他最近完成的关于 15 世纪德国画家和雕刻家卢卡斯·克拉纳赫的论著。里尔克对此书不乏保留意见,直到两年后,他才在巴黎为《不来梅日报》评论了此书,因为此时这篇评论有望为他未来的艺术批评事业奠定基础。②

在不来梅,里尔克恢复了他们的关系。穆特到里尔克夫妇的茅屋中访问,由他俩陪着在附近的沃普斯韦德散步,对此地留下深刻印象。赖纳带领他到五位重要画家(不包括鲍拉)的画室参观,高兴地发现他的客人尤其中意奥图·莫德尔森的作品。里尔克尽了最大努力发展与穆特的关系。③他迫切希望得到有权威之人的接受,一旦遭拒便沮丧无比。他数度尝试打破自己与天神般的斯特凡·格奥尔格之间的壁垒,均告失败——1897 年在柏林,一年后在佛罗伦萨——并为此陷入深深的懊恼。他虽说宣称要保持孤独,但通常对那些通过专业声望、财富或社会地位等等能够助他一臂之力的人万分推崇。

---

① 参见 1899 年 4 月 22 日给弗里达·冯·布罗的信,提及里尔克师从穆特学习的想法,以及不得不搬到布雷斯劳时的不情愿。《里尔克书信集,1892—1921》1:63—65。
② 关于发表历史,参见《里尔克作品全集》6:1434—1435。
③ 里尔克在一封写给 Arthur Holitscher 的信中生动描述了这次拜访,1901 年 11 月 23 日;《里尔克早期书信和日记集,1899—1902》,125 页及之后。

6.

在蜜月之家,生活不可抗拒地推进着。与阿克塞尔·杨格数度书信往来,急切地讨论正确的印刷和排版之后,里尔克的小说集《他们中的最后一个》终于在 11 月问世。该书并非题献给他年轻的妻子,而是献给施耐希-卡洛拉公爵和公爵夫人,让人不免想起 6 年前的那次失败的题献:题献给冯·布莱登巴赫男爵夫人而非他的未婚妻瓦莉的《林中落叶》,尽管瓦莉才是令他的首次出版成为可能的人。

《图画之书》同样不曾题献给克拉拉,尽管这份作品至少有部分是因她提供的灵感而创作的。或许他感到有点勉强,因为其中大多数诗都是在他与卢相处的最后几个月写的,不过更有可能的是,里尔克做的是一个战略性决策,因为此书题献给格哈特·霍普特曼,《米歇尔·克拉默》的作者。女雕塑家克拉拉尽管固执而倔强,似乎也接受了这一做法。

作为里尔克声誉鹊起的标志,享有声望的英赛尔出版社开始施加压力,希望这本书能由它出版。里尔克对这家出版社并不陌生。英赛尔的母公司,舒斯特和劳夫勒出版社(Schuster & Loeffler),正是 1897 年他在路德维希·冈霍费尔的建议下,为了貌似更诱人的出价而抛弃的那家公司。1900 年,他的《上帝的故事》第二版打着英赛尔出版社(舒斯特和劳夫勒)的标志出版。这家新近独立、已颇有名望的公司对里尔克抛出令他愈来愈难以抵御的诱惑。不过,此时,他决定继续与他的知己阿克塞尔·杨格合作。①

因此,接下来几个月,该书被审核、接受、付印期间,这两家出版社掀起了争夺里尔克的第一波斗争。到目前为止,杨格和里尔克之间仍有契约。他们的合作起先以订书和讨论新近的文学现象开始,现在已经抵达高潮,就里尔克著作的性质和包装展开热烈讨论。里尔克对《他们中的最

---

① 1901 年 11 月 7 日;《与阿克塞尔·杨格书信集》,34—36。

后一个》吹毛求疵,①紧接着对《图画之书》也不断提出要求,尽管后者还尚未被接受出版。这家单人公司的吸引力之一就在于他可以自由决定书籍的装帧。不过,从那时起,利用里尔克与其母公司昔日的关系,新成立的英赛尔出版社将摆出坚持不懈的挑战姿态。1901年11月7日,里尔克庄重地将诗稿递给朋友杨格——"我现在将最宝贵之物交付你手中"——此外还提出了关于排版、装帧和封面的精确要求。同时,他对俄国事业的一切希望,终于因为一封来自亚历山大·贝诺伊的终结信宣告彻底失败,未来似乎不容乐观。②

就在这种希望和焦虑共存的时刻,一个孩子诞生了。1901年12月12日,赖纳在距离26岁生日还有8天时当上父亲。他匆忙写信给菲亚:"我们将给女儿起名露丝③,什么别的名字也不加。"④给奥图·莫德尔森的信则是:"令我们惊奇的是,我们有了一个亲爱的小女儿。克拉拉女士很好,我们非常幸福。"⑤赖纳送上"一千次衷心祝福"。

不过,一个月之前,他的快乐便已达圆满。"我们将在圣诞节前得到这个孩子,"他对朋友弗兰齐斯卡·冯·李文特劳宣布,"那才是最重要的:那才是凌驾于一切其他事之上的:不管是全世界、是巴黎,还是君士坦丁堡。"⑥

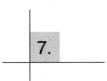

"我们盼着圣诞节到来,"⑦里尔克告诉母亲。他们希望在"埋在雪中的小屋"里静悄悄地庆祝它。贫瘠却温暖人心的小屋,里面住着妻子和孩

---

① 1901年11月7日给杨格的信;《与阿克塞尔·杨格书信集》,34—36。
② 贝诺伊给里尔克的信,1901年11月24日。里尔克给贝诺伊的信,1901年12月6日;阿萨多斯基,308—312;312—314。
③ 中文《圣经》中将这个名字译作"路得"。——译注
④ 1901年12月16日;引自《里尔克:人生与作品大事记》,130—131。
⑤ 1901年12月13日;《里尔克书信集,1892—1921》1:180。
⑥ 1901年11月12日;《里尔克书信集,1892—1921》1:175。
⑦ 1901年12月16日;《里尔克:人生与作品大事记》,131。

子,外面是石楠和荒野——这就是里尔克在西北平原过冬时,在桦树林和雪地中构想的情景。作为圣诞礼物,他送给克拉拉一本刚刚出版的《他们中的最后一个》。题献页上没有她的名字,只有施耐希-卡洛拉公爵和公爵夫人的名字——不过在扉页上他亲笔写道:

> 我们给此书造了一所房子
> 你是我的好帮手。①

这是一份奇怪的题献,因为即便根据里尔克 12 月份写给朋友和同仁们的信,这本书也是早在克拉拉出现前几年就完成了。其中 3 篇短篇小说是 1898—1899 年冬季在施马根多夫写的,当时赖纳与卢正亲密无间。它们写作的时间甚至早于《上帝的故事》。"给此书造了一所房子"要是能用于克拉拉,那也只能是在最广义的意义上而言。或许年轻的母亲对这个题献颇为满意,不过它仍提出了一个严肃的问题:房子是否只为了此书,而非为他们的孩子而造? 露丝·里尔克当时还不到 12 天大,但她悲剧的一生已初露端倪。

自打露丝出生,冲突便接踵而来。她诞生后头几周,一件大家畏惧已久的事终于发生。1 月初,鲍拉和伊莱娜表姐决定,她们已将父亲的遗嘱执行完毕。②她们宣布,既然赖纳结婚,有了孩子,想必不会继续求学——而当初给他的津贴只是为了补助他的学习之用。这笔收入之前已经屡遭威胁,这一回雅罗斯拉夫的女儿们态度坚决。里尔克将在年中失去它。

这意味着韦斯特维德的田园生活的结束,亦是正常的婚姻和家庭生活的结束。里尔克立刻嗅出危险,给出版界、艺术博物馆和剧院的朋友和熟人发去疯狂的求救信。③他热情描述了在石楠荒原上有妻女为伴的生活,并哀悼道,他很可能不得不放弃这一切,离开小屋的隐居生活,为他的小家挣一份活路。除了汉堡的卡尔·蒙克伯格(Carl Monckeberg,里尔克常给他的《引航员(Pilot)》投稿)④,绝望的丈夫还写了一封不合宜的亲密

---

① 《里尔克作品全集》3:755。
② 《里尔克:人生与作品大事记》,132—133。普拉特,《清脆的玻璃:里尔克的一生》,83—84。
③ 1902 年 1 月 6 日;《里尔克早期书信和日记集,1899—1902》,135—138。
④ 同上,135—183。

的信给《艺术和生命》的编辑,诗人兼批评家卡莱尔·波尔·德·蒙特(Carel Pol de Mont)①,后者曾发表过他的一些作品。他也给克拉拉的赞助人鲍利(Pauli)写去一封长信②,要求在博物馆得到一间小屋,以便妻子8月给露丝断奶之后,在那里给私人学生上艺术课,信中还进一步请求给他俩都提供一个位置。他提议,克拉拉上课时,他可以到博物馆作讲座,领固定薪水。这一提议没有被接受。

这场危机令昔日的里尔克,永远的哀求者,再度现身。不过,这次他要帮的是3个人了,而他对付这个困境的唯一方法,就是将它削减到他所习惯的规模。与妻女分别这时显得顺理成章。1月,维也纳有一个艺术通讯员的空缺,里尔克急切地向记者、慕尼黑戏剧导演格奥尔格·富库斯(Georg Fuchs)③提出申请,后者负责在申请人中进行挑选。里尔克介绍了自己的资历:维也纳和其他地方的报刊上许多艺术论文的作者,热爱并熟悉俄国文化,拥有奥地利公民身份,与阿图尔·施尼茨勒有往来,等等,大力强调自己对这份工作的强烈兴趣。里尔克还直接请阿图尔·施尼茨勒帮忙④,表示由于正常津贴的终止,他不得不考虑暂时离开妻子和孩子。

这些努力全都毫无结果,其中甚至包括一次向阿克塞尔·杨格的窘迫请求。⑤很不幸,《他们中的最后一个》反响平平。评论和销售都令人失望。至于《图画之书》,杨格排除了任何延迟发行的可能,以防止里尔克将它提供给更有钱的英赛尔出版社。他在杨格的编辑室里也没有谋到位置:出版社刚刚起步,还不需要任何助手。

这些无果努力反映出里尔克对于在新家是去是留的挣扎。一方面,他喜爱这里的花朵、果树,也喜欢和克拉拉在菜地里忙活,看喜鹊在邻居屋顶上筑巢。另一方面,家庭生活、照料孩子、关心妻子等等事务,随着新鲜感消失,吸引力也日益衰退。哭号的孩子让他好不自在。身陷监狱一样的四壁,里尔克焦躁不安。经济危机确有其事,不过它也提供了一个堂

---

① 1902年1月10日;《里尔克早期书信和日记集,1899—1902》,146—153。
② 1902年1月8日;《里尔克书信集,1892—1921》1:185—192。
③ 1902年1月12日;德国文学档案馆。
④ 1902年1月14日(里尔克),1月17日(施尼茨勒),1月19日(里尔克);"里尔克和阿图尔·施尼茨勒",290—292。
⑤ 1902年1月18日(里尔克),1903年1月19日(杨格,摘录),1月21日(里尔克),1月26日(杨格,摘录);《与阿克塞尔·杨格书信集》,51—57(里尔克);231,233(杨格)。

而皇之的理由,让他可以趁机摆脱日益令他窒息的生活。事实证明,补助终止并非他申请去远方工作的唯一动机,因为他的这些申请中,至少有一份早于坏消息抵达之前就发出了。早在12月,宣布露丝出生时,里尔克就请求亚历山大·贝诺伊在俄国给他提供一个工作。①贝诺伊礼貌却坚决地拒绝了。

同样令里尔克沮丧的是又一出他曾寄予厚望的戏剧的失败。他最近的作品《凡人生活》②是一个关于一位年轻画家的三角恋的故事,尽管不带恶意,却非常有指向性。它于12月20日在柏林上演,却遭到令人沮丧的失败,以至于计划中的汉堡首演宣告取消。不过,里尔克仍怀着一个希望,指望延续戏剧之梦:一个用业余演员在不来梅上演梅特林克的《碧特丽丝姊姊》③的计划。

冬转春,春转夏,里尔克面临的冲突愈发剧烈。他在小屋里无法独处,这对他的平静心情或工作效率都毫无益处。在韦斯特维德度过的这几个月里,他们由朋友们帮忙重新装修的乡下住宅,尽管本打算住上一辈子,现在却四分五裂,它所服务的这场婚姻也同样如此。

8.

里尔克的日常生活充满矛盾。与家中的黑狗玩耍,和克拉拉10岁的弟弟开玩笑时,给朋友和家人讲述他们在荒野上的房子时,他面对的是他真实的快乐生活。同时,困难也切切实实存在,令他夜里辗转反侧。尽管仍不断有零星收入,但他知道它们不足以糊口。布拉格"协和"组织寄来的200奥地利先令补助也远远不够用。随着时间的逝去,他觉得分家是唯一可行的举措,最后这成了他所能面对的唯一现实。

但是,对里尔克来说,这也是一段上升期。他成功地劝说鲍利邀请他

---

① 阿萨多斯基,317—318。关于贝诺伊1902年1月回信中礼貌的拒绝,参见阿萨多斯基,326—327。
② 参见齐恩提供的简短的写作和发表史;4:1054—1056。
③ 1902年1月7日给杨格的信;《与阿克塞尔·杨格书信集》,50。

排演《碧特丽丝姊姊》,为艺术博物馆的新馆的开幕典礼助兴,从而得到最后一次充任舞台经理人和导演的机会,这是他渴望已久的工作。虽然没有报酬,但这份工作却让他倍感满足,同时还能借此得到地方上的认可以及独自生活的机会。12月到次年2月,里尔克全身心地投入此事。这出戏完美呈现了他的戏剧观念。他对充满潜力的女主角艾尔莎·冯霍夫(Else Vonhoff)悉心指导,①给她写去一封长长的论文体信,提出了一种新的现实主义。这封信中,他比先前论文更详细地解释了情节和角色如何创造出情感的象征隐喻,先于任何对实际事实的模仿。囚禁在修道院的碧特丽丝姊姊既是圣女又是个堕落女子,为一个魔法王子所拯救,或许,通过自身的矛盾本性和模棱两可的行为,她反映出了里尔克本人的思想状况。

这个计划使他得以经常呆在不来梅,远离喧闹的小屋。克拉拉对于丈夫繁忙的工作颇为自豪,尽管她也感觉被拘束在家。这一年早些时候的2月9日,里尔克对大约90人的一群规模不大但很友好的听众做演讲,再次强调对象征创作的信念,后者自《白衣妃》以来就一直指导着他的思想。他解释了如何对轮廓加以模糊,以便取得更富洞穿力的效果以及加以内在化、转变为神话的自然主义细节。他总结道,对梅特林克而言,事件的焦点并非在于一个凌驾于我们之上,需要从未知转入已知的神秘王国,相反它叠加于我们的世界、内在的宇宙:"这就是梅特林克的生活观的基本法则:②内在化、聚集内在自我的所有力量,将内在自我拓展为一个比一直以来始终横亘于人类面前,充满威胁和敌意的命运之死寂世界更强大的世界。"这个演讲在1902年3月16、19和20日分三次刊登在柏林杂志《画报周刊(Illustrierte Zeitung)》。③同时,里尔克也从不来梅写来长信,向被迫在家照顾露丝(里尔克称之为"克拉兹彼得岑"④)的妻子做了详尽描述,仿佛克拉拉得知喜讯就能弥补她不在现场的遗憾似的。

演讲几天后,1902年2月15日,里尔克在不来梅美术馆新开放的侧翼,用一群业余演员上演了《碧特丽丝姊姊》。表演反响平平,依旧未能证

---

① 1901年12月10日;德国文学档案馆。
② "莫里斯·梅特林克",《里尔克作品全集》5:539。整篇论文占据了527—540页。
③ 《里尔克作品全集》6:1396—1397。
④ 这个昵称可以译为"小牛彼得",或者意译为"爱哭宝宝"。1902年2月16日写给克拉拉的信;《里尔克书信集,1892—1921》1:211及全书各处。

明里尔克的戏剧实力。他躲在后台听表演,觉得演员都非常协调,很出色,不过唯一的专业演员艾尔莎·冯霍夫富有说服力的表演显得分外突出。观众可谓尽职,尽管发出了一些不合时宜的哄笑,掌声也只是出于礼貌。

接下来是一场宴会。①尾声时,古斯塔夫·鲍利(Gustav Pauli)起立,称颂了从沃普斯韦德被引诱到此地的艺术家们,并邀请所有人走出门。里尔克为这个场合特地创作了一场假面舞剧,②将为广大公众上演。新馆前的平台周围聚集了上千观众观看这一奇观。赖纳躲在女士更衣室里,藏身在大衣和戏服下,身边只有一个发型师陪着,紧张地听着外面的声音。尽管人群规模庞大,但是连发针掉地的声音都听得见,急切的作者兼制作人听出最后几句他写的对白,它在陌生人和艺术家之间展开:

<blockquote>
这里,教堂里,上帝在此被赋予
你所踏足的乃神圣之地。③
</blockquote>

"神圣之地"话音刚落,雷鸣般的掌声爆发了,连藏在大衣下的里尔克都听得一清二楚。

克拉拉接到赖纳描述这一切的长信时,心情或许不乏愉快或满足——它们是一场漫长的靠书信维持的婚姻的开始——但它们并不能弥补她希望自由生活、创作的要求。尽管他相信扶持女艺术家的必要性,但他对自己的家庭却很少实施这一洞见。"我……如此困在家中,"④克拉拉给沃普斯韦德的鲍拉·莫德尔森-贝克尔写信,"根本无法像习惯的那样骑自行车或散步出门。也无法像过去那样,收拾好我所有的家伙和财产,背着它们挪个地方住住,好好地生活生活。"现在她拥有了一切她曾四处寻求的东西——稳定感,家——但损失也是巨大的。"我……拥有了一所房子,但它必须被修建——不断修了又修——整个世界围绕在我周围,而它不让我走。"

---

① 1902年2月16日写给克拉拉的信;《里尔克书信集,1892—1921》1:209—212。
② 参见《里尔克:人生与作品大事记》,137。
③ 西坎普,20。
④ 《通信和日记》,1902年2月9日;308【鲍拉·莫德尔森-贝克尔:书信和日记》,267】。

显然,那会儿克拉拉也是一位急于重拾创作的艺术家。她刚刚开始重新塑造一些小作品,比如青铜小马夫。对她而言,同样地,哭闹不休的"克拉兹彼得芩"威胁着她的工作能力。这一对做父母的生活中面临着相似的冲突,这使他们夸张了他们的经济困境,将之放大为一种强大动力,毁掉了他们的整个家庭计划。露丝1岁还不到,就已经没有了家。

不幸的是,里尔克的家庭危机还引起了克拉拉和她最亲密的朋友之间的裂缝。鲍拉收到一封来自克拉拉的生日贺信,后者除了谈论自己被困在家中的境况之外,还回忆起昔日她们度过的生日——黄色郁金香、格哈特·霍普特曼和莫德尔森的绘画、勃克林的画作,这些她俩都曾非常喜欢。这幅对于她们共同往昔的怀旧描述让鲍拉想起了她们曾经的亲密,她相信如今克拉拉已经因为全心倾注在赖纳和婚姻中而毁掉了这种亲密。"爱就必定是吝啬的吗?"鲍拉写道,"爱就意味着从别人那里取回一切,把它都赋予某人吗?"①面对这幅里尔克夫妇共同营造的亲密无间的爱侣画面,鲍拉感到自己被冷落了。"里尔克的声音从你的话语里奇怪地、热情地传出。"她只有用"我上千遍的爱的表白"才能将他"压下"。"你呀,"出于愤怒的挖苦,她拐弯抹角地指责他道,"以及你那五彩的封印,你用它封住的可不仅是你写的那些优雅信件。"

意味深长的是,回答这封信的不是克拉拉·里尔克,而是赖纳本人,②而且特意将收信人写为"莫德尔森女士"。他一度有特权阅读她的日记,现在却刻意保持距离。使得他无法与她面对面交谈的原因,不仅是他为了监管《碧特丽丝姊姊》而离家,里尔克似乎无法直面鲍拉对他和妻子的复杂感情。他重提当初构想婚姻时的初衷,即成家和彼此守护对方的孤独,强调着克拉拉的新生活:造起家宅,拾柴温暖家人,开创新生活,就好像他们面对的困难的一年不曾造成什么妨碍。相反,里尔克将自己变身为一位隐喻者。他对妻子烦恼的朋友表明,克拉拉的爱情曾耐心地等待大门敞开,如今另一种美已在等待他俩。他油嘴滑舌地高谈阔论一番,给两个女人的处境都添上一圈神秘光辉,从而打发了她俩的希冀。身为父

---

① 1902年2月10日,鲍拉·莫德尔森-贝克尔给克拉拉·里尔克的信;《通信和日记》,308—309【《鲍拉·莫德尔森-贝克尔:书信和日记》,268—269】。
② 1902年2月12日;《通信和日记》,310—311【《鲍拉·莫德尔森-贝克尔:书信和日记》,269—279】。也参见《里尔克书信集,1892—1921》1:202—205。

母的两人均不曾提及3个月大的露丝。

维持一对为自己和孩子营造着小家的幸福夫妻的表象并非易事,严重的经济困境和冲突的野心正将他们分开。强调他们理想的艺术生活的稳定,这正是里尔克一年前请求奥斯卡·泽温彻为克拉拉画肖像时的初衷。①现在,充满嘲讽的是,泽温彻同意了,带着妻子前来长期拜访,以作为绘画的报酬。

起初,这看起来是个绝妙交换。3月2日,里尔克在不来梅与泽温彻夫妇碰面,安排他们住在一间属于海因里希·福格勒的小屋里。他俩住了5个星期,享受着那个初春在艺术村的社交活动,并由克拉拉和赖纳为他们充当了无数次模特,无论天气恶劣还是阳光明媚,他们都享用下午茶,偶尔还共进晚餐。末了,艺术家亲自将完成的克拉拉肖像挂在起居室里。效果并不理想,不过由于这事已越来越无关紧要,所以并没有什么直接的抱怨。5月中旬,里尔克夫妇开始分家,用于充当他们的家传纪念品的画作已经失去价值。克拉拉在给泽温彻写的几张出于礼貌的便条之一中,轻描淡写地用一个平淡的玩笑提到他们的肖像,她已经将它们寄给画家本人:"过几天,你们就将在家收到装在盒子里的我和赖纳·玛丽亚·里尔克啦。"②

住在沃普斯韦德附近,选择画家作为自己最亲密的伴侣,这对里尔克的一生都意味深长。1890年代后期的逐渐发展,在1900年代早期突然加速:他越来越彻底地投身于视觉艺术,也渴望从视觉客体的历史角色的角度来看待它们。1902年春,就在他作为屋主的最后几个月里,里尔克完成了他的第一篇重要的艺术论文《沃普斯韦德》,随后又写了一篇关于海因里希·福格勒的作品的附加论文。

沃普斯韦德系列论文的共同之处,不仅仅在于用转瞬即逝的音乐和语言来解读静态分布的空间客体和景色。里尔克将这两种显然对立的事物的相叠,自从1890年代后期以来在他的所有著作和理论中就很常见。它们也共有一种倾向:将诗人或艺术家视为将自然安排在一个合适视野

---

① 接下来的时间可以从赖纳与克拉拉写给泽温彻的信中获悉,《与奥斯卡·泽温彻的十三封通信》,1—54。
② 1902年5月15日,克拉拉·里尔克给奥斯卡·泽温彻的信;《与奥斯卡·泽温彻的十三封通信》,49。

中的唯一发布指令者。里尔克关注的画家有5位:弗里茨·马肯森,奥图·莫德尔森,弗里茨·奥维尔贝克,汉斯·阿姆·恩德和海因里希·福格勒——他们对他而言,代表了沃普斯韦德流派的核心。奥图·莫德尔森对于批评心怀狐疑,不愿被包括在内,不过最终还是让了步。第六位画家卡尔·维耐恩(Karl Vinnen)也收到了请求,但他坚决拒绝充当批评研究的对象。① 里尔克省略了两位一度是他的生活中心的年轻女士:鲍拉·莫德尔森-贝克尔和克拉拉·韦斯特霍夫。

里尔克以相当的热情写及福格勒的艺术:"教会【福格勒】春天的并不是他居住其上的广袤平原。他是在一个窄小的花园里学会一切的,他的花园,他的……冒着嫩芽的现实,在这里一切都是他亲手安排、指导的,这里一切都无法离开他而存在。"② 这个宁愿选择秩序井然的花园而不是无秩序、无指导的自然的倾向,表明的不仅仅是他表面所写的那些沃普斯韦德艺术家们的取向,也是里尔克本人的倾向。艺术家必须是创造者—认知者,他不得不创造出一个完全依靠他本人和他的技艺的世界。固体的客体被转变为一种意识,从而得到拓展:"赋予一朵花、一根树枝、一棵白桦树或者一个充满期待的年轻女孩一整个充实的、日夜交替的春天的艺术——没有谁能像海因里希·福格勒一样从事这种艺术。"里尔克沉迷于挖掘他讨论的这些画家的历史,从其现实生活开始,进而对被艺术家转为花园的自然景象进行批评性解读。

关于沃普斯韦德的小书在5月完成,这也是《图画之书》首度问世的月份:两本书都是里尔克在北德平原上缔结婚姻这一年中的重要作品。不过,现在他们的婚姻进入了一个新阶段:没有家的生活。里尔克的努力终于有了结果。在理查德·穆特帮助下,他得到邀请,撰写一份关于克拉拉从前的老师奥古斯特·罗丹的传记和批评性研究。现在,他显然必须离开:去巴黎,与艺术家本人一道工作。里尔克尽职地写信给罗丹,要求大师给克拉拉提点建议,并在巴黎给她找个工作室。③ 不过显然他并没有仔细想过这将如何影响自己的生活。

---

① 参见力图获取维耐恩的许可的系列信件,写于1902年1月13到15日;《里尔克书信集,1892—1921》1:195—200。
② 沃普斯维德,《里尔克作品全集》5:124。
③ 1902年8月1日;《里尔克与罗丹书信集》,8页及之后。

夏天刚到,赖纳便出发了,克拉拉和露丝在阿姆斯特丹暂时停留。之后,克拉拉把孩子留给不来梅的孩子外婆,到佩沃姆的福莱西安岛与丈夫短暂会合。不过,出发去法国之前,里尔克的主要目的地仍是豪斯多夫庄园,施耐希-卡洛拉公爵和夫人宅邸,他和克拉拉新婚时曾被邀请到那里做客。这次他决心独自前往。在一间远离主宅,却能够轻易进入巨大的图书馆和档案室的安静书房里,在花园、佣人和他友好的、不施加任何压力的主人们的陪伴下,里尔克决心沉浸在他心爱的孤独中,生活和写作。

9.

豪斯多夫庄园:赴巴黎前的最后一章,令人窒息的家庭生活的避难所,亦是一种能让他无须为每日衣食烦神的生活方式。到达后,他很快给阿姆斯特丹的克拉拉写了一封情书,[①]满是对他的旅行、城堡、巨大的餐厅和美丽花园的描写:这是他们以通信来维持婚姻的开始。他很喜欢自己的房间,这里很凉爽,而且能提供一定的孤独,尽管他觉得房子里还是有点骚动之气,并非总是适合放松或创作。

不过,里尔克还是相当愉快的,因为他能主宰此地:公爵和夫人都出门到温泉去了。赖纳非常高兴能面对面研究档案室里载满丹麦祖先、旧地图和版画的旧羊皮纸。此地在1864年以前还属于丹麦,公爵家族是丹麦贵族之一,他们在德国背景中仍延续着原来的文化传统。一切丹麦的东西——就像一切俄国的事物一样——都令里尔克沉迷,因为他早在1896年就受到过因斯·彼得·雅科布森作品的启发。[②]

在豪斯多夫庄园的宝藏中,里尔克发现了所谓的李文特劳档案[③]:记载着著名的李文特劳家族在18和19世纪的历史的日记和信函,它们由

[①] 1902年6月5日;《里尔克书信集,1892—1921》1:221—222。
[②] 参见索伦森,519页及之后,这是一份较新的研究,介绍了里尔克对雅科布森的作品的欣赏和借用。
[③] 大致情况参见《里尔克书信集,1892—1921》,1:222。关于李文特劳文件和它们与《马尔特手记》之间的关系,参见《里尔克评论(2)》,157—159;《里尔克:人生与作品大事记》,143页及之后。

公爵发起收集,保存在豪斯多夫庄园。两年后,它们成了《马尔特手记》的重要资料来源。里尔克因为不曾充分利用这个机会而颇为懊恼。他知道自己正在接近一段活生生的历史,接近那些人物,将他与他们分隔开的,唯有他的无能:无法解读古老的符号,也不能把一堆未经整理的乱糟糟的文件理出头绪。多年后,他在给卢的一封信中不满地写道,"这本该是何等多产的一个夏天呀,只可惜我不懂档案专家的技艺。"①

不管他是否很好地利用了这个机会,这一年夏天的经验仍旧是全新的:住在一所城堡里,作为一名尊贵的客人、一位诗人而得到肯定,一切应有尽有。他觉得自己宾至如归,倍感安全。除了与克拉拉在佩沃姆度过的几天外,他安安稳稳住到7月,才终于返回韦斯特维德,为赴法旅行作准备,和朋友们告别。他把收拾家中残局的任务留给了克拉拉。

他们的婚姻还将延续多年。他们从来不曾正式离婚。不过,对他俩而言,这都是他们匆忙进入的、他们所在的社会所理解和认可的那种婚姻的结束。这婚姻原本充满了各种期待,更充满了关于延续终生、守护孤独、以创造性工作为基础的田园诗般的家庭生活等等决心:一种诗歌理想,在赖纳从卢的伊甸园被驱逐之后的一座新伊甸园。但是,现在是进入真实世界的时候了——那就是巴黎。

---

① 1904年5月13日;《里尔克与卢·安德烈亚斯-莎乐美:通信集》,165。

第 9 章 悲哀之城:雕像中的痛楚

> 我以为工作便是不死的生命。[①]
>
> ——致奥古斯特·罗丹
> 1902 年 9 月 1 日

1.

工作就是不死的生命! 奥古斯特·罗丹对里尔克发的这番感慨的变体——("没错,必须工作,只有工作"[②])——形容了里尔克投入创作的程度和理由。这也是他选择一种他坚决展开的全新生活的原因:执著于创造、刻意无家可归的艺术家的生活。

里尔克于 1902 年 8 月 28 日首次抵达巴黎,准备撰写罗丹专题论文。巴黎吸引了他的想象力,他几乎与它融为一体,令这一任务变得困难重重。除了在意大利逗留 5 周之外,他在巴黎一直呆到 1903 年 6 月,而且在某种意义上,他再也不愿离开它。尽管里尔克对巴黎不乏厌恶和非议,但此地还是成为了他的新俄国,他通往创造性生活的大门。在这里,他写出了 3 部使他从学徒转变为大师的重要作品:《定时祈祷文》的第三部,也

[①] 《里尔克与罗丹书信集》,16。
[②] 1902 年 9 月 5 日给克拉拉的信;《里尔克书信集,1892—1921》1:260—261。

是最后一部,《新诗集》的两个部分,分别发表于 1907 年和 1908 年,还有他的重要小说《马尔特手记》,它在接下来十年中,将占据他大量的思考、时间和精力。

里尔克在巴黎的第一个住处是左岸的一个学生收容所。它的地址——图里叶街 11 号——因为被用作他在小说中的化身,年轻的丹麦人马尔特·劳里斯·布里格的住址而闻名遐迩。他对此地的第一个反应[①]——在他这一时期给克拉拉写去的数量繁多的信件中的第一封里得到了详细描述——是惊喜交加。他一进房间就觉得宾至如归。人们很友好,非常热情(而且没有要求小费)。房里有个壁炉,还有一个银制大烛台,他特地买来配套的蜡烛,它们将壁炉照亮,犹如圣坛。根据他的要求,他甚至得到了一盏灯,足以让他在天黑后继续写作很久。

他花了几天时间在城里漫步,既研究贫民窟,也参观卢浮宫,不过出于某种潜意识,他也感到一种强烈的焦虑,它使得巴黎突然显得像一头巨大怪兽,而他在其中找不到出路。他写的信——和《马尔特手记》本身一样——都揭示了一种双重存在:在城市中,以及在罗丹世界中的存在。

在城市里,拥挤、嘈杂、肮脏的街道就像蝗虫一样进攻他,它们隐秘的激情让他想起波德莱尔的《恶之花》,尤其是《巴黎之怒》中的散文诗。街道几乎真的携带着黏糊糊的人群之波朝他袭来,笑声从他们嘴里涌出,仿佛脓液从伤口中泛出。[②]这些景象在《马尔特》中得到描述,似乎当时他一心想象着城市发出的贪婪侵袭,这种侵袭专门针对他消极、忍耐的自我,几乎无法抵御。这个自我被困在几乎与小说开篇一模一样的景象中:"电动街车按着铃铛,从我的房间里穿梭而过。汽车在我身上碾压而过……"[③]一年后,一幕类似的场景又得到重复,当时仍饱受这种幻想困扰的他恢复了与卢的联系:"马车飞速穿过我而去……根本不绕过我,而是充满轻蔑地碾压过我,好像我只是一个积聚腐水的水坑。"[④]

对困惑的年轻诗人来说,巴黎始终充满极具个人色彩的情感。他害

---

① 1902 年 8 月 28 日给克拉拉的信(用法语宣布自己到达巴黎);《里尔克书信集,1902—1921》1:21。1902 年 8 月 31 日给克拉拉的信;《里尔克书信集,1892—1921》1:243 页及之后。
② 《里尔克作品全集》6:751—752。
③ 《里尔克作品全集》6:710。
④ 1903 年 7 月 18 日给卢的信;《里尔克与卢·安德烈亚斯-莎乐美:通信集》,65。

怕那为数众多的医院,害怕看到无处不在的患病身躯。"你可以透过蒂尔旅馆的窗口,看到他们身穿怪异的病号服——疾病那悲哀苍白的制服,"①他写信给妻子。给穷人开的巨大医院在他眼中无异于一幢哀悼之屋。他想象着一个充满了"病人的部落、垂死的大军和死亡的民族"的城市。他被迫呼吸垂死之人的空气,感到自己被一种发展缓慢的"生中之死(death-in-life)"所包围,很快会被传染。"巴黎难捱,"②他在城里呆了不到3星期便给海因里希·福格勒写信,"我无法形容有多讨厌它,我四处走动时心里何其充满本能的厌恶。"至于巴黎人:"这些家伙用心脏来洗手和脖子,好像心脏是一块块肥皂,还用他们的良知来梳头。"韦斯特维德显得像是片田园风味的圣地,如今它被一团沸腾的小巷炼狱取代。

日后,里尔克常对朋友透露,他在巴黎度过的第一年如此可耻,以至于他决定在今后避免任何类似的穷困潦倒。尽管他强调周围的病人和畸形人的痛苦——下层人,他们足以上演一幕地狱版的道德剧——不过里尔克还是养成一种对病房和昏暗角落的终身恐惧。对贫困和疾病的畏惧深深刻在他的脑海,这不止是大家在这类苦难面前都会感到的厌恶,而且是一种他个人特有的恐惧,只有栖身于城堡、昂贵的休养地和高级旅馆,才可能减轻这种恐惧。作为对比,他在诸如圣米歇尔大道这样的地方,如今遇到的毫无例外都是被他认为最可恶的一群人。他参观了杜乐丽花园、卢浮宫、植物园、国家图书馆和各大纪念碑,在将巴黎的痛苦和他在童年军校的痛苦相比较时,他把这些景点归入一个与世隔绝的艺术世界。③不过,几周后,他还是宣布决定将这座城市当作他永恒的家。

他作此种比较并非毫无道理,正如在军校一样,消极的神话总能为较不消极的现实所抵消。里尔克实际上郁郁不乐、与世隔绝、精神崩溃,但他并没有加入下层社会。尽管他遭遇了针对他个人的打击——自从17岁以来,他第一次失去了稳定的家族津贴——但他并非绝望地、永无翻身可能地陷入赤贫。相反,他主要针对疾病和死亡、贫困和污秽的厌恶,部

---

① 1902年8月31日;《里尔克书信集,1892—1921》1:246—247。
② 1902年9月17日;《里尔克书信集,1897—1926》1:39。参见里尔克在1902年10月17日给Arthur Holitscher的信中的评价:"你能体会到我的感受吗:巴黎是那样无限地陌生、充满敌意?"《里尔克书信集,1902—1921》1:52。
③ 《里尔克与卢·安德烈亚斯-莎乐美:通信集》,66。

分是一种文学姿态。他理解为何波德莱尔、魏尔伦和马拉美都如此频繁地写到医院。①他会在夜里起床读波德莱尔,在他的诗中找到与自己的痛苦的呼应之处。②里尔克的恐惧和他的审美与文学敏感性之间,他对于被底层世界所追寻的恐惧和他维持艺术的平衡力的任务之间,可谓是彼此互利的。

这所城市尽管肮脏不堪,却已呈现一种朝向内心的境界,古怪而纯净,可谓他的艺术之关键。里尔克部分地模仿着颓废的先锋派,后者将城市生活的细枝末节当作心灵痛苦的意象,即使它们已成为艺术观念的载体。不过,这些关于身体和思想腐朽的生动描述也以一种典型的逆转,导向了他对于巴黎的绝非次要的观点——一个艺术世界——它与第一个世界交织。里尔克像朝圣者一样进入这个艺术家之城。它是死亡之城的反面——出自但丁的《炼狱》——它也是艺术之城。"然而是那样地陌生,呀,这悲哀之城的街道,"③在20年后,他在《杜伊诺哀歌之十》的终稿中写道。它是但丁笔下的"悲伤之城",它是所有的城市,它是巴黎。在1922年的哀歌中,这座城市是进入死亡之域前的最后一站,而在1902年,它也是罗丹的世界。

2.

> 今晨,卢森堡:怪哉! 初次见到,却仿佛似曾相识,怪哉!
> 还是今天在卢森堡:伟大呀——马奈的《奥林匹亚》,一幅大胆的油画。雷诺阿、德加、贝纳德。④
> ——给克拉拉·里尔克的信,1902年8月31日

1902年9月1日星期一,下午3点,里尔克前去拜访罗丹。他告诉过

---

① 给克拉拉的信;《里尔克书信集,1892—1921》1:246。
② 1903年7月18日给卢的信;《里尔克与卢·安德烈亚斯-莎乐美:通信集》,66。
③ 《里尔克作品全集》1:721。
④ 《里尔克书信集,1892—1921》1:244—245。

克拉拉,这所城市是一处死亡之地——它的匆忙和压力损耗着生命——但他又看到了它的另一面。巴黎是个"陌生、陌生的城市"[1],他写道,但他将只关注罗丹。

他搭塞纳河的蒸汽船,去雕塑家在巴黎大学路的工作室。罗丹出了名的火爆脾气,却表现得出乎意料地热情。他正忙着雕一个石膏小像,一个年轻女子形象,他在上面又敲又琢,但他立刻停下,给里尔克端了把椅子。他们进行了一番愉快的谈话,尽管受到里尔克结结巴巴的法语和有限时间的阻碍。克拉拉·里尔克的问候被尽职地传达了,并得到感激的回应。过一会儿,罗丹邀请未来的传记作者在工作室里转转,看他如何工作。然后他继续在石膏像上忙碌起来,一旦被提问,便礼貌地做出详尽耐心的解答。他们第二天将到罗丹在巴黎附近的莫东别墅再次见面。

可以想象,里尔克激动万分。他被大师的外表所震撼。罗丹比他想象的要矮,但也比想象中结实,举止温和高贵。里尔克在他身旁感觉非常自如,[2]仿佛认识他很久。罗丹害羞的笑声在他听来仿佛一个对美丽的礼物分外兴奋的孩子。他富有节奏的话语听起来充满青春,非常迷人。里尔克在给克拉拉的信中激动地描述了一番罗丹的脸部,仿佛他本人就是一个雕塑家,正打量着自己创造出来的形象:倾斜的额头被比作一片石板,有力的鼻子突出,"仿佛一艘离港的船"。显然,他妻子不需要别人提醒也知道自己从前的老师长什么模样。但是里尔克通过按照罗丹的手法来描述罗丹的脸部——这个额头,这个鼻子,仿佛用石头雕出似的——将罗丹变成自己的主题。他并非像个丈夫一样随意地写信,而是已经作为艺术家—传记作者来描述手边的作品。他开始用锐利的语言来研究雕塑艺术。

第二天早上 9 点,里尔克出发去罗丹的乡下住宅。[3]莫东即便当时也已距离巴黎很近——从蒙帕纳斯火车站乘火车 20 分钟就到——但它所在的瓦勒-弗乐里仍是一个景色优美的地方,遍布牧场和葡萄园。里尔克

---

[1] 《里尔克书信集,1892—1921》1:247。
[2] 1902 年 9 月 2 日给克拉拉的信;250。
[3] 里尔克对于初到莫东,以及与罗丹一家最初相处的日子的描述,参见 1902 年 9 月 2 日、5 日和 11 日写给克拉拉的信;《里尔克书信集,1892—1921》1:248—265。

离开车站,走上陡峭的维涅路,经过一家有浓烈意大利风味的欧斯苔利亚餐厅,顿觉进入了一个不同的世界。他不断朝高处走去,一直走进罗丹的别墅范围——他的小路易十三宫殿——位于一条宽阔的碎石路的尽头,两边都是栗树。

这桩房子尽管名字令人浮想联翩,实际上却令人相当失望,正如里尔克很快发现的,它的内部相当不舒适。它是一幢红砖建筑,出乎意料地小,有黄色的木头结构,还有一个斜顶,上面装了高高的烟囱。三扇窗朝向一个乱七八糟的花园。不过,当他走近时,别墅及其环境又显出全然不同的一面。花园里的花五花八门,其中散落着不少白色雕像,分别处于不同的完成阶段。花园中有一座令人难忘的亭子——原是1900年世博会的一部分,由罗丹迁到他的别墅——它有明亮透明的玻璃墙,透出里面更多的白色大理石石雕。

这真令人震撼。泥瓦、陶器和木器工作间全都为艺术家服务,全都是为了他的创作,而亭子的入口令人目眩,闪耀的玻璃门后面,雕塑若隐若现,就像水族馆里奇特、美丽的海底世界。与托尔斯泰接纳卢和赖纳时藏身其后的那扇紧闭的玻璃门不同,这些玻璃门敞开着,欢迎人们进入。不同于和托尔斯泰那次充满敌意的会面,大师的世界的入口直接通往他的工作间。里尔克走进了罗丹别墅,走进艺术家的世界,与他的家人和朋友坐下来共进午餐,他感觉备受鼓舞。

午餐在户外花丛和雕像之间进行。里尔克坐在一个10岁小姑娘旁边,她碰巧是罗丹的女儿。一位慌里慌张的萝丝·贝瑞(Rose Beuret),雕塑家的终身伴侣,因为罗丹抱怨午餐晚点而更加紧张无措。她开口时,声音非常激动。她一头灰色卷发,眼窝深陷,看起来消瘦、邋遢、疲惫又苍老,仿佛受尽折磨。①一个佣人终于端来食物。它出乎意料地美味。里尔克面对陌生食品时,一如既往有点勉强,不过穿着肮脏围裙的男人督促他吃一点。他看到不安似乎控制了萝丝·贝瑞的整个身体,桌上东西摆得乱七八糟,仿佛午饭还没正经开吃就已经结束,他感觉这是一幕熟悉的场面。不过,罗丹悄没声息地建立了秩序,理顺了周围散漫顽固的生活。

接下来几天,里尔克频频拜访莫东,果真像女主人邀请的那样,经常

---

① 1902年9月2日给克拉拉的信;《里尔克书信集,1892—1921》1:256。

与他们共进午餐,在花园里散步。偶尔,罗丹本人会在温暖的 9 月天里和他一起坐坐,谈谈他的创作。里尔克认真地倾听,急切地学习着,不过他不断痛苦地意识到语言的障碍,①它阻止他表达和接受宝贵的信息。罗丹说话很快,对外国人而言,每每难以捕捉,而里尔克发觉他认真学习过的大多数词组在实际交谈中都毫无用处。与罗丹初次见面仅 9 天,他给罗丹写了第一封信,哀叹自己语言上的不足,将之比喻为一种使他与一个他刚刚走近的人分隔开的疾病。为了证明自己的努力,他随信寄去一首法语写的短诗。②

里尔克立刻开始为论文作准备。首次拜访罗丹后,过了几天,他收到罗丹的一个盒子,里面主要是雕塑家收集给他的日记。里尔克表示感谢,但发现这些材料并非很有用,因为大多数都是《鹅毛笔》收集并发表过的。③不过,他和大师交谈时,论文的主题开始成形。从一开始,里尔克就将罗丹制定秩序的精神视为一条线索,它贯穿私人关系和他与工作的关系,在所有他周围的事物中创建了平衡。里尔克开始从这个独特角度看待雕塑家和他的作品。

即便莫东的自然也似乎分享了这种精神。工作到下午 5 点之后,里尔克准备离开,他穿过附近的森林,那里凉爽而孤独。斜坡上的住宅亮起灯,葡萄园的浓荫变成起伏不平的深色。空旷的天空下钟声轰鸣,这声响划过寂静的空间。他回头再次打量别墅,发现这个世界的所有部分,哪怕最小的一片树叶,看起来仿佛都参与进一种巨大的和谐,而他不得不离开此地,回到无法言说的城市的世界,那里臭气熏天,到处是死亡。

结论来得直接而简单:这里缺乏统一性,躯体或躯体的部分都缺乏任何自身的意义。他在巴黎,所见只有一种与世隔绝、分裂而孤独的存在。

这两个世界的并行——巴黎和罗丹——始终萦绕于里尔克心头。有时,为了在莫东之外的地方寻找自然,他会走到卢森堡花园的铁篱笆前,把脸贴上它,以便回忆他在罗丹身上和他的作品中强烈感受到的那种统一精神。但是巴黎的自然与莫东的自然截然不同。城市上空悬着浓稠的

---

① 《里尔克书信集,1892—1921》1:254。
② 1902 年 9 月 11 日;《里尔克与罗丹书信集》,15。
③ 1902 年 9 月 11 日给克拉拉的信;《里尔克书信集,1892—1921》1:263。

空气,过多的树木在狭窄的花坛里挤作一团,好像住在贫民窟狭窄房间里的居民一般,使得城市的空气变得更加憋闷。巴黎生活中他所关注的这两处之间的对比,也被他视为罗丹的所有努力的焦点:在每件事物中看出整体的折射,将整体视为运作着的机体本身,从而与多样性对抗。

里尔克在9月初期与罗丹的关系既包括一场关于艺术的真正谈话,也包括对它对于一种他很快竭力也采纳的生活方式之意义的探索。他不断强调罗丹关于艺术家对工作的神圣、不变责任的信念,结果这也成为他本人的一种信念。某次,罗丹拒绝了女儿送上的一朵鲜花,却对着她随后又递来的一个蜗牛壳发表了一通关于希腊和文艺复兴艺术的晦涩神秘的宏论,小女孩根本听不懂,这个奇异的时刻为里尔克碰巧撞见。[①]不过,里尔克心中对此也不乏狐疑。大多数时候,他将罗丹关于艺术家必须为艺术牺牲一切的信念,按照自己的方式解释为艺术和幸福不可能并存。他注意到他的两位大师,托尔斯泰和罗丹,似乎都拒绝了生活的舒适,以便潜心艺术:托尔斯泰家庭不幸,罗丹的家也是一团糟。[②]

认识到艺术家完全投入的秘密之后,里尔克急于在自己的个人生活和创作实践中履行这一准则。在他们的一次漫长亲密的交谈中,罗丹评价道,独处是最佳的[③],但是对女人的需要以及因此而来的不可避免的负担,则需要一些妥协。艺术家的主要责任还是在于工作,"唯有工作",它要求巨大的耐心。

几天后,在写给罗丹的恭维信中,里尔克急切地拿自己和他作比较[④],宣布他正为了艺术而牺牲家庭生活,只能在这种艺术中才觉得自己活着——而且克拉拉也做了同样的决定。不过,要是他以为罗丹会完全赞同,那就大错特错了。大师并不喜欢他的年轻信徒所持的硬生生地撇下个人承诺的想法。罗丹和萝丝·贝瑞一直到晚年才正式结婚,但艺术家遵循着对这个他所亏欠的女人的道德责任,这使得里尔克不大自

---

① 1902年9月5日给克拉拉的信;《里尔克书信集,1892—1921》1:259页及之后。
② 《里尔克书信集,1892—1921》1:261。里尔克的评论引起了传记作者对这个问题的关注。例如,巴特勒,《赖纳·玛丽亚·里尔克》,144—145;利普曼,205页及之后【169页及之后】;普拉特,《清脆的玻璃:里尔克的一生》,91。塔维斯,《里尔克的俄国:一场文化邂逅》认为,罗丹和托尔斯泰都扮演了里尔克父亲的形象。克莱巴德尤其认为罗丹扮演了这个角色。
③ 1902年8月5日给克拉拉的信;《里尔克书信集,1892—1921》1:260—261。
④ 1902年9月11日;《里尔克与罗丹书信集》,16—18。

在。尽管在莫东吃午餐时的紧张气氛明显令人窘迫——萝丝·贝瑞在桌边紧张发抖——但是罗丹似乎不假思索地接受了自己身为一家之长的角色。

里尔克忽视了罗丹任何可能的不赞同,竭力只关注他俩对于艺术家的位置的相似看法。同时,他对大师的作品的热情是无尽而夸张的。"罗丹无比伟大,"①他告诉福格勒。"而且与他的作品很像,超乎一切想象。他是一个世界,太阳、地球和所有星星都围绕他旋转:一个新的太阳系。"在莫东,里尔克发现自己在雕塑大军中徘徊②——它们彼此距离很远,各有特色,却全都笼罩在一种令他目眩神迷的炫目光线中,与四分五裂的巴黎世界构成了一种美妙却令人痛苦的对比,这使他倾倒于罗丹的广博和魄力。

同时,里尔克也知道罗丹很清楚生活及其苦难与艺术的平静之间的强烈对比,他的雕塑中反映的新视野正是将这两者都阐释为视觉语言,从而令它们彼此结合。脸和身体被视为表面和三维形式,它们在挣扎中彼此交融,这种挣扎与里尔克本人在他的巴黎和罗丹世界之间的挣扎非常相似。

罗丹与小女儿的交谈——拒绝送上的鲜花,却对蜗牛壳发表一番过于博学的宏论——一开始或许令里尔克感到古怪,但他很快就认为孩子的父亲实际上是在深刻表明他的艺术理念。因为它涉及对于描绘形体的轮廓线和填充形体的平面或表面关系的理解。他意识到,在罗丹看来,得到填充的空间而不是丰满的形象才是他努力的中心,正如色彩对画家一样。他认为身体是充满生命的,它的每个部分都生机勃勃,所以胳膊、腿或躯体不是被视为无法独立存在的个别细节,而是被看做一个有形态的实体——因其内容而颤动,正如语言因含义而焕发生机。以这番描述为基础,里尔克提及他对两座雕像,即断臂维纳斯和萨摩塔斯胜利女神③的著名比较。他认为前者过于"现代",受静态轮廓和古典规则束缚。后者则是"真正希腊的",海风猛烈地吹鼓长袍,衣中盈满海洋和光线——胜

---

① 1902 年 9 月 17 日;《里尔克书信集,1897—1926》,40。
② 1902 年 9 月 5 日给克拉拉的信;《里尔克书信集,1892—1921》1:262。
③ 在希腊萨摩塔斯岛出土的约公元前 190 年的萨摩塔斯胜利女神,大理石雕像约 245 公分,现藏巴黎卢浮宫博物馆。——译注

利女神伫立于她的船头。①里尔克对罗丹的雕塑《塌鼻人》将发出如此评论:美"从平衡的概念,从所有运动平面的和谐中产生,也产生于如下认识:所有这些激动的瞬间都必须终止它们的颤动,终结于事物本身。"②

里尔克一般对于档案工作不大耐烦,此刻却埋头于国家图书馆,③研读罗丹的前辈和老师们的著作,或者关于他们的文章——让·巴蒂斯特·加尔波(Jean-Baptiste Carpau),弗朗索瓦·鲁得(Francois Rude),安东·路易·巴尔叶(Antoine Louis Barye)——并同时记着数本笔记,竭力学习关于历史的绘画作品,比如格奥尔吉斯·罗登巴赫关于法国艺术和知识界精英的作品,或者古斯塔夫·热弗鲁瓦的《艺术生活》中记录的各个时刻。他深入阅读,就像是在感受树木或者花朵,顽强地学习着各种思想和引语,以便让自己和读者们在宽泛的意义上理解罗丹对现代雕塑的革命。

诗人里尔克迅速发觉,罗丹视为雕塑迟来的更新(与绘画中类似的更新同步)对于他自己的艺术也不乏深刻意义。因为,正如蜗牛壳奇妙的形状吸纳了可以塑形的生命体一样,里尔克发现在语言和雕塑的互助关系中也存在类似的过程。随着他越来越认识到从但丁到波德莱尔在语言上对罗丹雕塑的影响,他开始越过论文,关注他打算创作的诗歌,关注起外形与内在生命,绘图和描写之间的关系。他熟悉了大师,尤其是年轻时的大师读过的作品,感觉到雕塑家正逐渐认为外形也是语言的一种形式,而形状和轮廓则作充任被内在化的形象,它们吸收着而不是代表着生命。里尔克在论文开始时写道,

【在布鲁塞尔,罗丹】第一次读到但丁的《神曲》。他看到另一个时代的受难者,也越过时光,看到一个被剥去衣服的世纪,看到了诗人给他的时代做出的伟大的、令人难忘的审判。书里还有插图,让他

---

① 1902年9月26日;《里尔克书信集,1892—1921》1:262。
② 《奥古斯特·罗丹》,第一部分;《里尔克作品全集》5:157。也参见哈特曼,《无须中介的视野》,78—79。
③ "我读了很多鲁得、巴尔叶和加尔波的书。他们都是出色的先知,3个勤奋的小先知,然后读到了罗丹,没有哪个人能与他匹敌。"1902年9月14日写给克拉拉的信;《里尔克书信集,1902—1921》1:42。里尔克日后将这段话移入他的论文,将前人的努力与罗丹的《塌鼻人》相比。《奥古斯特·罗丹》,第一部分;《里尔克作品全集》5:155。也参见《奥古斯特·罗丹》,第一部分;《里尔克作品全集》6:1297页及之后的注释。

知道自己是对的，当他读到尼古拉斯三世哭泣的脚，他立刻知道确实存在哭泣的脚这种东西，在人类全身，到处都存在一种哭泣，眼泪可以从所有毛孔中涌出。[1]

人类的生命，它的血肉和心跳，它的哭泣和话语，都与身体形状相对，并被收容其中。不管是从但丁还是波德莱尔的语言中散发出，这些时刻都被塑进了包容它们的外形中。里尔克以过人的敏锐，理解了堪称这篇论文的基础的辩证关系：运动和静止、表面和形式、脸部和身体、巴黎和莫东。巴黎人的形态之不和谐，程度堪比卢浮宫的雕塑之能够"从所有毛孔哭泣"。在罗丹的雕塑中，这种位于表面和轮廓之内的内部生命被出色地保持。

3.

尽管罗丹论文从里尔克踏足巴黎便占据了他的全部精力，但实际上他写完它只用了一个月时间——从 11 月中旬到 12 月中旬。考虑到克拉拉在 10 月中旬到来后对他的生活的打扰，这实在堪称全神贯注创造出的一个奇迹。里尔克设法将备受干扰的头脑集中于工作。他观察罗丹艺术中的顺流与逆流，发觉它们反映出个人内心的冲突，这些冲突同样困扰着他自己的心理和事业。这成为一篇与他本人息息相关的论文。

艺术对比成为里尔克自从充任卢的学徒以来，作为批评者的看家本领，不过在罗丹论文中，它们反映出的是更加成熟深邃的思想，在他自己的诗歌中亦是如此。那年秋天，里尔克撰写论文的同时写的几首诗均反映出这种视野。这些数量不多的诗歌出现在《图画之书》第二版，其中一首《豹》甚至收入《新诗集》，也就是里尔克日后更为成熟的诗集。尽管心灵上压力重重，但在巴黎和莫东的庇护下，里尔克获取了远超以往的进步。

将形式和意识加以关联的想法编织在里尔克对罗丹的评价中，也丰富着他对于那些充溢着历史和诗意的雕塑的理解。里尔克考虑着自己希望在

---

[1] 《里尔克作品全集》5:152。

榜样中看到的是什么。他得出的结论是"雕塑之诗",罗丹本人在一定程度上对此也表示赞同。里尔克看着大理石的达娜埃①形象如何从艺术家的刀下出现,②成为一尊极其感人的年轻女人雕像,她身负重罪,永远处于忏悔中。她是达那俄斯国王的50个女儿之一,和姐妹们一起听从父亲指示,在新婚之夜杀死她们的丈夫,现在遭到了惩罚,必须永远往裂口的水罐里装水。罗丹让她的头部低垂,痛苦展现在她哀痛地弓着的背部,头发披散,融进冰冷的石块。里尔克准确领会了她用坚硬的石头刻出的背部所蕴含的强烈感情。他注意到下跪的女人脸部低垂,"消失在飞扬的头发中",而那长长的、"充分绷紧的背部"的末端是岩石里的脸部,它沉浸在"悲痛的哭泣"中。

一个出色的头脑用语言重新阐释了这些冲突:诗歌展现了凝固在空间中的生动姿态,其中人类和动物的形象是石头的,内里却饱含动态。利用语言,它们再现了罗丹融合悸动的生命与坚硬的材料的做法。精妙的散文诗《狮笼》③即通过叙述来描绘罗丹的雕塑,或曰"雕刻",将之描述为一种空间束缚和力图挣脱的生命之间的均衡。它通过一只围绕病弱雄狮踱步的母狮形象来得到生动展现,两只狮子都困在一艘沉船的船舱中——在逼仄空间中反映出的行动。

诗人现在也成了一位雕塑家。他创造出的大多是外在于他、用于审视的形象,比如《骑兵桥》中的盲人:

盲人站在桥上
灰白有如无名王国的界石
或许他便是那永恒之事物
命运之星也要遥遥绕开的
众星辰风平浪静的中心。因为
他周围一切均飘荡、流动、游走④

---

① 希腊神话传说中阿哥斯国王达那俄斯的50个女儿之一,与众姐妹遵父命在新婚之夜杀死丈夫,遭到天神惩罚。——译注
② 《奥古斯特·罗丹》,第一部分;《里尔克作品全集》5:174。
③ 《里尔克作品全集》6:1135—1136。
④ 《图像集之二》;《里尔克作品全集》1:393。

里尔克聚焦于旁观者眼中的对象,而非诗人-旁观者本身,从而带着一种对他而言前所未有的超然度外,复制出形体与运动的融合。那年秋天写的每首诗都表现出这些特性:在无法逃避的辨证关系中悬而未决的形象,比如在某种界定了运动的束缚中,或者甚至一种抵消动态的直接否定中。

那年冬天写于巴黎的《阿善提人》是一首关于遭束缚的人和动物的生命的诗,令人难忘。里尔克像波德莱尔一样,仍浸淫在殖民思想中。他对非洲男女遭受的道德耻辱迟钝得令人惊讶——他们来自最近被打败的加纳部落,在物种驯化园展出——以至于做了个令人难以赞同的比喻,将他们比为笼中兽。

一个将女人的身体比作发亮物品的比喻同样令人震惊。阿善提人的感情得到了生动展现:棕色女人舞着,脱下外衣,奇特狂野的旋律,歌曲变成发自他们血液的尖叫,眼睛因为武器的光芒而闪闪发亮。然而诗歌否定了它们的存在:

> 没有异国土地的景象,
> 没有棕色女人跳舞的感觉
> ……
> 没有狂野奇特的旋律①

这些否定形象地展现了情感的爆发,就像罗丹将狂乱的绝望之情寄托在达娜埃背部的冰冷曲线中。咧开大笑的嘴部令人不悦、凝固不动,触动着白人旁观者的虚荣心,威胁着害怕看到它们的诗人。在他看来,在栅栏后踱步的动物们远远可靠得多,它们并不试图与超越它们理解力的"陌生事物"求得一致。与阿善提人不同的是,它们仅仅是它们自己,完全属于它们本身,符合集体身份地陷入消亡和死亡:"它们【动物们】像文火一样温和地熄灭……与它们伟大的血液一道。"

有那么一阵,恐惧于舞者们的奇特诱惑的诗人,宣称感受到一种难以定义的情感,与他在巴黎贫民窟里感受到的恶心并着迷的感觉并无不同。

---

① "阿善提人",《图像集之二》;《里尔克作品全集》1:394—395。

不过，这只是一种短促感受，他仅仅来得及否认它们，对之置之不理，将它们贬为客体。通过将它们概括为易变的意识和无感的状态，里尔克也视它们为一些事物，这种奇特的方式将见于他所有后期诗歌。在他的创作储备里，多年来不乏各种"事物"：俄国事物、神圣事物、艺术事物。然而，正是通过对罗丹风格的独特解读，它们的意义才变得成熟清晰。11月初，里尔克开始创作罗丹论文时，写下了他关于事物的最著名诗篇：《豹》，以惊人的技巧开发了它的新寓意。如果说，在《阿善提人》或《狮笼》中，里尔克发掘了将生命转换为事物的譬喻，那么在《豹》中，这个过程明晰地、简练地，并且带着一种惊人的淡漠出现了。

还是一个牢笼。他散步的巴黎诸公园里的动物们迷住了他。豹子在牢狱中被驯服，被塑造为一些事物，同时它们的眼睛和生机勃勃的动作却频频冲撞着牢房。里尔克对黑豹眼睛的运用，堪称这一过程中的重要节点：

它的凝视已因栅栏的不断流逝而
变得如此疲惫，再也看不进其他。①

动物变得凝滞：栅栏在它的凝视前流逝，而不是视线浏览过栅栏。但是，正如阿善提人的生命同时既被否认，又反射着动物的非生命，黑豹的生命能量得到短暂确认之后旋即崩溃。内部的活跃被无法理解的感觉抵消，后者在每次认知的火花抵达黑豹的核心之时便掐灭了它：

于是一个意象进入了
穿过紧张僵持的四肢
并在心中消逝
黑豹沦为了彻底的事物。

---

① 《豹》，《里尔克作品全集》1：505。参见《里尔克：人生与作品大事记》，153。史拉克注意到，《豹》或许写于1902年11月5日到6日，被留存以收入日后的诗集，而1902年写的其他诗都被收入《图像集之二》。

这是至今为止,里尔克的职业生涯中最重要的一次发展:对罗丹的新雕塑的吸收、诠释和再诠释。石头的身体——精神上和物质上都毫无包裹的身体——用嘴和脸的语言说话。罗丹本人将人类的故事转译进他的坚硬材料中——古典的神话、但丁的炼狱、波德莱尔《恶之花》中的场景——里尔克从中获取了恰当的教益。诸如《维克多·雨果》这样的作品令他着迷。在这个作品中,里尔克注意到,孤独的流放者被缪斯包围,后者不仅是一些装饰,也是一种令"他的孤独变得形象"的手段。裸体的形象成为一种身份、内心世界的一个部分,同时又外在地呈现在观者眼前:它们是"坐着的人的器官"①。生命内在化了,通过石头,变成诗人的一个模范。

里尔克在吸收新雕塑方面取得了如此彻底的成功,是因为它的理念击中了一根呼应的心弦。它们随着他的内在生命的节奏而颤动,即便在他貌似极力回避它们时也是如此。一条固定的人际纽带与一种工作的自由(他希望罗丹能证明它)之间的表面矛盾,仿佛正由艺术家罗丹呈现着。克拉拉·里尔克把他们的孩子留在自己父母那里,拆了他们在韦斯特维德的家,跟随他到巴黎。里尔克构思着对罗丹的理解的几个月,以及撰写论文的几个星期里,都充斥着这份矛盾关系的潮起潮落。

作为一个职业人士,里尔克接受克拉拉,这位"客观的"艺术家。她知道如何从岩石中雕刻,而他尊重她的判断。作为他的模特和扩音板,她必须被倾听,并被帮助,这一点是毫无疑问的。里尔克将他的罗丹论文题献给她,不过因为不愿公开承认已婚,他只是简单地写道:"致一位年轻的女雕刻家"。这是因为在他们的人际关系中,他不得不作为对手存在:作为一位要求亲密关系(他对此已经兴味索然)的妻子的对手;作为一位用其对于坚硬、永恒的石头的热爱来构筑他们的婚姻和人际关系的艺术家的对手。她对于稳定、对于一种他畏惧的永恒关系的精神需求,成为了他的一个焦虑之源。

在一个诗人的生命中,鲜有几个时刻能像这种与一个既是亲人却又敌对的灵魂的挣扎一样,如此直接地反映在他的作品中,反映在他如此迫切坚持的艺术观点中:他们在她对于稳定的需求和他对于时间和空间自

---

① 《奥古斯特·罗丹》,第一部分;《里尔克作品全集》5:186—187。

由的需求之间的冲突。这不是一种抽象的辨证,或者仅仅是斗智斗勇,甚至也不是一种老套的浪漫游戏：里尔克所见的现实生活,正是在罗丹的艺术中映射出的东西。

正在里尔克成功地将罗丹这个典范吸收进诗歌之时,罗丹在人际方面的示范却让他倍感精神压力。矛盾的是,在巴黎最初几个月中,他作为艺术家所获取的巨大进步,与为了开放的生活所做的努力遭到的挫折紧密相伴。

4.

里尔克被巴黎街头生活的痛楚和莫东的超凡天地所吸引时,也在等待着他的工作和无法摆脱的人际义务压力之间进退维谷。从他在 8 月底离开韦斯特维德,到 10 月初克拉拉抵达巴黎,其间他在酝酿论文的同时,感到愈来愈强烈的焦虑。论文成形前几个星期,妻子即将到来这一事实对他做着无言的要求。他们在巴黎度过的最初几个月中,他一边完成论文,一边用一种并不成熟的方式解决这些冲突。

克拉拉抵达之前,他们的第一次分居的定义含糊不明。[①]在某种意义上,他似乎是漂亮地将她抛弃在了韦斯特维德,然而夫妻俩仍在试图达成一种合适的身份或者形式。克拉拉看来接受了赖纳最心仪的一幅图景：两个独立的艺术家无怨无悔地追求着事业；作为回报,他则不断将她纳入他的巴黎计划,尽管始终有所保留。

他们展开了一场对话,它强调了里尔克的想法。在去莫东的火车上,里尔克读了一封克拉拉的来信,并写去热情的回信：[②]她的上一封来信的最后一个词与他面前这封新信的第一个词是接上的,构成了一段没有中断的交谈。这是一种令人愉快的巧妙构思,几乎可谓一种情人的游戏,它

[①] 普拉特,《清脆的玻璃：里尔克的一生》对里尔克夫妇在韦斯特维德的分手和在巴黎的重聚这两段充满矛盾的时期进行了分析,不乏洞见地解释出其中的复杂性。普拉特,《清脆的玻璃：里尔克的一生》,86—87,89 页及之后。

[②] 《里尔克书信集,1902—1921》1:262 页及之后。

揭示了他对克拉拉以及他们的共同生活的奇特的含糊态度。如果保持距离的话,他是关心她的,而且支持她的工作。帮她重建与昔日老师罗丹的关系,成为他的一个日益看重、几乎难以挥却的任务。但是,在她履行令人沮丧的拆除韦斯特维德的家的工作时,他仅是远远地对她表示慰问,这个家是他们在两年多一点之前,曾经兴高采烈地建立起来的。

　　海因里希和玛莎·福格勒充任了代理人。他们知道,在韦斯特维德,一切都于里尔克夫妇不利,尤其是钱的方面。"给克拉拉·韦斯特霍夫提点建议吧,"①里尔克给朋友写信时,表达出对于充任他们的生活支柱的福格勒夫妇的感激之情。接下来的日子对于将要单独生活在他们"被毁的家"中的克拉拉会异常艰难。里尔克扮演了一个缺席的管理者,在克拉拉勉力拆家时表示赞赏,以"愉悦和惊奇"观察着她的进展。每次写长信时,他都会大力描述自己对巴黎的抱怨,以及关于罗丹的论文,同时不遗余力地表明,她的工作也绝非轻松。当她抱怨劳累时,他写道:"如果你有点累,那最好了,这是一种健康的累……一个晚上就足以令你恢复。"②毕竟她还如此年轻健康,呆在巴黎的丈夫如此写道,尽管自己也就比妻子大3岁。

　　作为一个尽职的妻子,克拉拉甚至在百忙之中挤出时间给公公写信,允诺送给他一尊露丝的胸像作生日礼物。她对自己的艺术的承诺现在被并入一种日益迫切的赶到巴黎加入赖纳的渴望。同时,里尔克则忙着准备让罗丹接受他妻子的到来。他也警告克拉拉,在缺乏钱财的情况下,巴黎的生活将是多么严酷,以及此地恶臭的空气和高昂的开销,③还有它的地下生活,它日后成了他们在这个城市里分享的一种愤怒的根源。不过,克拉拉也分享了赖纳试图成为独立艺术家的欲望,认为巴黎将是她一展宏图的大好机会。

　　唯一的障碍就是露丝了。她的父母都没怎么将她纳入自己的人生计划。里尔克真诚地表示,他非常愿意看到孩子穿着新的棕色鞋子的模样,也非常想念她,④但同时他却找出各种理由不让她进入他的日常生活。克

---

① 1902 年 9 月 17 日给福格勒的信;《里尔克书信集,1897—1926》,1:38—40。
② 1902 年 9 月 26 日;《里尔克书信集,1892—1921》1:269。
③ 1902 年 8 月 31 日;《里尔克书信集,1892—1921》1:248。
④ 1902 年 9 月 5 日;《里尔克书信集,1892—1921》1:256。

拉拉也一样,尽管对于女儿感到难分难舍,却仍旧觉得她作为艺术家的工作重于照料女儿。露丝被送到外公外婆那里之后,克拉拉表示松了一口气:几个月来第一次夜里睡得安稳,①通往巴黎的道路通畅了,可以有一个崭新的开始了。

克拉拉抵达的日子日益接近,里尔克变得越来越不安。②一方面,他做出种种欢迎表示。他租了一个工作室给她,它在她抵达的那天,10月8日,就可以供她使用。他提醒她一定要带上所有工作中需要的物件。他甚至建议她早几天来到巴黎,这样她就可以和他一起去罗丹每周六在大学路的工作室的开放日,后者在那里刚刚完成一尊女性胸像。

然而,在一个更加私人、与事业无关的层面上,他的欢迎之情就没有这么由衷了。他显然除非到了迫不得已,始终回避妻子住哪里的问题。里尔克无意重新开始传统意义上的婚姻关系,但是当他终于考虑起克拉拉的住所问题时,他似乎想把这个难题抛给她自己解决。他建议她租间房,而且可以临时性租赁,因为或许她也可以住在工作室里。他甚至羞怯地问,她是否希望他在他位于图里叶大街的住所里找找看,尽管他觉得此地并不适合她居住——这里潮湿、粗陋。他觊觎过圣米歇尔大道上的一处宽敞住所,那里还有电灯设施。这个地方是给他俩居住,还是仅仅供他自己享用,这个问题不得而知。不过很快他就发觉此地过于昂贵,因此打消了租赁念头。

这是一个问题重重的时刻,因为给克拉拉寻找何种住所,也就是在对他们的婚姻性质做出决定。他希望她住在他附近,而且住得舒服点,但又不要住在紧邻的寓所。这成了在这段关系中寻找平衡的微妙游戏——里尔克希望将这种关系称为一种"内心的婚姻"——介于身体的分离和思想的相融之间。

9月21日,在他们的争端达到顶峰时,里尔克写了一首相当艰涩的诗,从中可以一窥他当时的思想。这首诗打算作为致孤独生活的一首颂

---

① 1902年9月5日到11日;《里尔克书信集,1892—1921》1:257,264。
② 为克拉拉做的安排,参见1902年9月26日—28日的信;《里尔克书信集,1892—1921》1:269,275—279。

歌,毫无疑问反映出了私人情绪,描述了他隐隐的恐惧和切实的愤怒。这首名为《孤独》①的诗最后一小节如下:

> 雨滴落在凌晨的时辰
> 街道全都转向拂晓
> 一无所获的身体开始
> 彼此告别,失望而悲伤;
> 当彼此憎恨的人们
> 不得不同床而眠:
> 孤独伴随河水流淌……

尽管有着这些焦虑情绪,里尔克仍旧采纳了与克拉拉使用同样的地址这个社交措施。他们搬进拉比德利佩(l'Abbe de l'Epee)大街3号同一幢大楼里的两套不同寓所,对外做出种种延续婚姻的姿态。在这一假象掩饰下,他们可以自由地承认他们工作的地方不在一起,很少见面。但是,他们之间也有着真正的温情。"我们在陌生的巴黎,许多晚上都并肩而坐,"②里尔克11月写信给阿克塞尔·杨格道,"妻子和我,读着让·彼得·雅各布森的作品。"他请求这位丹麦作家给自己一张比较好的肖像照,以送给妻子做圣诞礼物。几周之内,一张照片就寄给他了。但是,不可避免地,变化已经出现。克拉拉从德国动身出发之前,收到的最后一封里尔克来信中写道,"韦斯特维德是一种完成。韦斯特维德已经有过它的时刻,有过它巨大的欢乐,惊人的恐惧……我们已经度过我们生命中一段宏伟的序曲。我们应当将它永记在心。"③

克拉拉和赖纳,两个敏感的艺术家,对于他们日益萧条的婚姻关系中最初这几年的过程惊人地懵懵懂懂。赖纳离开他们唯一婚宅的决定实际上就是分居的开始。克拉拉到巴黎加入他,则表示出相反的愿望。但是,里尔克只是半心半意地迎合她。他们在许多重要方面维持了婚姻,但却

---

① 《里尔克作品全集》1:397—398。
② 1902年11月;《与阿克塞尔·杨格书信集》,84。
③ 1902年9月29日;《里尔克:人生与作品大事记》,152。

是在严格划定的界限之内。这是一种脆弱的亲密,它导向一种为时漫长、奇怪的姗姗来迟的结束。

5.

> 而那就是活着:什么也不知,谁也不认识,
> 观看着,颤抖着,什么都不诠释——
> 燃烧一阵,尽可能明亮,
> 仿佛一根在陌生人中摇曳的蜡烛。①

里尔克从一首由两部分构成的赞美罗丹的长诗中选出这几行,抄在一本古斯塔夫·热弗鲁瓦的《艺术生活》中,作为1902年11月21日赠给克拉拉的24岁生日礼物。他还加上这样一句:"致克拉拉。备受爱戴的母亲。艺术家。朋友。女人。"真是一个附加在一首赞美她的老师和里尔克的偶像的长诗之后的优雅词组!它几乎有点言不由衷:克拉拉并不曾扮演母亲角色;作为艺术家的她发现昔日的老师变得礼貌而疏远。作为女人的她则是里尔克的焦虑根源之一。只有朋友是真的。但赠送她此书和这首诗,并用如此亲密的话语写下献词时,里尔克似乎暗示着,至少在目前,在种种安全措施之下,他们仍维持着婚姻。

里尔克埋首罗丹论文的这个月里,克拉拉关在工作室里一心雕塑。她收到好几份订单,做丈夫的骄傲地宣扬着这一点。克拉拉和赖纳一头扎进紧张的工作日程中。里尔克告诉罗丹,妻子整天都在工作室忙活,②他们几乎只有星期天才有空见面。最初的这几个星期堪称一段幸运的时间;他们回避了噪杂的城市,在工作和避世的生活中找到平静。

---

① "罗丹,II",《里尔克作品全集》3:766,853—854,参见1902年11月21日给克拉拉的信;《里尔克书信集,1892—1921》1:283。
② 1902年10月27日;《里尔克与罗丹书信集》,25。

论文完成后,里尔克越发沮丧。他和克拉拉都将自己的沮丧心情进一步归咎于巴黎。这个城市已开始反对他。它已开始"针对"他的生活了;它变成一场他未能通过的考试。对城市充满恐惧之余,疾病也接踵而至,后者被他用几乎医学般的精确记述下来。"疾病也来了:3 次感冒,佐以没完没了的夜晚发烧和痛苦难熬;我的力量和勇气都消失殆尽。"①

不知是因为贫穷、惰性还是疾病造成的体力不支,里尔克夫妇决定在巴黎过圣诞——看来是个糟糕的决定,因为出于对这个城市几乎是病态的厌恶,以及对这个喜庆节日的看重,他们宣布说没有露丝的这个节日根本算不上真正的圣诞节。1903 年除夕被用于写作常规贺信,②最重要的一封是给罗丹的曲意奉承的贺信。此外,里尔克也悄悄给奥图·莫德尔森写了一封阿谀之信,③宣布通过后者,他终于找到通向自我的道路。不知为何,里尔克对鲍拉的丈夫始终尊敬有加,承认后者在德国艺术世界中的强大地位,并且很看重。信中提到了鲍拉决定重访巴黎、恢复自己的艺术家身份的最新消息。忧心忡忡的里尔克似乎很谨慎,没有表明态度,不过实际上还是流露出真实想法:他以惯用的谩骂诅咒巴黎,又对沃普斯韦德的沼泽赞美不已。

里尔克状态不佳。他对巴黎的谩骂之下是他的绝望之情,不仅是社会和心理上的,也是经济上的。从北德乡村到法国都市的转换,只是让他们能与罗丹为伴,却并没有改善他们拮据的处境;相反,他们的日常生存变得更加窘迫。罗丹论文的收益微乎其微,里尔克的其他版税和进项也大大缩水。克拉拉通过仗义的博物馆负责人古斯塔夫·鲍利的代理,从不来梅城收到一份微薄的津贴。罗丹被劝说着帮助写了一封推荐信,这点钱稍微缓解了他们的困境。但是,即便严格地吃素,将花费控制在最小范围,这对夫妻仍发觉入不敷出。必须采取措施了。

正如在里尔克一生中时不时会发生的,又到了该他考虑像父亲和表兄弟们那样用传统的"糊口"方式挣点钱的时候了,这种可能总是令他万分焦虑。他清楚自己从青春期起就一直在从事的这份工作就是他最擅

---

① 1903 年 6 月 30 日给卢的信;《里尔克与卢·安德烈亚斯-莎乐美:通信集》,58。
② 《里尔克与罗丹书信集》,26—27。
③ 1902 年 12 月 31 日;《里尔克书信集,1892—1921》1:292—296。

长、实际上也是唯一会做的事:自由撰稿。但是,这份职业也有它的问题。为了挣钱而写作——这事实上是他成年大多数时候一直在做的事——里面不乏矛盾之处,因为编辑和读者的要求不可避免会影响他的创作。后来,他告诉一位朋友,当记者和优质的文学是彼此对立的,①这时他已经彻底忘了在他和卢共度的时光中,他们曾经共同拥有当记者的勃勃野心,并且此前不久,他也曾渴望担任俄国艺术期刊《艺术世界》的德国通讯员。现在,作为唯一可能的选择,他再次胡乱打起回到大学,跟着布雷斯劳的理查德·穆特攻读艺术史博士学位的念头。他必须尽快找到一条出路,因为在他再次要求父亲的金融资助时(并非没有成功),在布拉格当个银行出纳的噩梦再度变得充满威胁,②令他恐慌不已。经济问题给疾病和心理不适雪上加霜,赖纳和克拉拉感到茫然无助也就纯属自然。除了一次1月下旬到布列塔尼的圣米歇尔山的3天旅行之外,他们一贫如洗,不得不终日呆在巴黎这个囚禁所。

同时,这两位不情不愿地成了父母的人仍要面对露丝的问题。初秋,里尔克曾向埃伦·凯讨教。赖纳从卢那里听到了很多关于这位进步主义、女性主义的心理学家的事,③他从意大利旅行中匆忙返回柏林时,与这位瑞典作家擦肩而过。最近,里尔克给她的《孩童的世纪》写了一篇赞颂的评论,凯对于他的《上帝的故事》也是欣赏备至。不过,现在她自作主张揽下一项她视为责无旁贷的任务:将露丝送回她父母身边,以此来拯救这个孩子。让里尔克惊讶而不满的是,凯在巴黎找到一个愿意照料露丝的人,甚至提议自掏腰包给这人加点工资。里尔克夫妇被弄得进退两难,只得不断地讨论拖延下去。最后,计划来照顾露丝的瑞士女人艾伦·荣伦(Ellen Ljungren)决定移民美国。里尔克给她寄去一本自己的诗集;露丝继续留在祖父母身边;赖纳和克拉拉终于可以全心投入工作了。

那年冬天和早春的另一场会面则要痛苦得多。鲍拉·莫德尔森-贝克尔1903年2月10日到来,她计划重获创作的自由和思路。这几乎像是一场团圆——事实上,她把拜访里尔克夫妇当成了第一要务——但是

---

① "我一清二楚地看出文学和记者文体之间那种虚假的相似,前者是艺术,是永恒的,后者只是世俗的一项生意罢了。"1903年4月3日;《里尔克书信集,1892—1921》1:336。
② 给凯的信,340。
③ 参见比宁恩,《尼采的不羁门徒》,225,228—229。里尔克给埃伦的信:1902年9月6日。

事与愿违。裂隙仍然深深地横亘在他们当中。

鲍拉在巴黎要住上 5 个星期,起初住的仍是里尔克出现之前,她和克拉拉·韦斯特霍夫在 1900 年住过的上卢瓦尔大饭店,甚至房间都是原来那间,紧挨着当年克拉拉住过的房间。过了没多久,她搬进了卡赛特(Cassette)大街上的一个更安静的住所,几乎始终独自一人,阅读、画画,记录各种旅行见闻,写一些生动的信。有那么几天,他们 3 个人似乎恢复了一点昔日的精神。里尔克夫妇及时回访了鲍拉,第二天他们一起去参观一个日本艺术的私人展览。莫德尔森不在场,因此昔日的三人行仿佛又恢复了。不过,赖纳和克拉拉都不再洋溢着那个遥远秋天的勃勃希冀,鲍拉觉得他俩既无趣又没精打采。如果说,她来巴黎,部分是为了寻求安慰,发掘昔日友谊来减轻自己的痛苦,那么她很快就将陷入失望和迷惘。

她觉得里尔克夫妇令她感到不安,或许她仍能感觉到从前的伤痛。他们"宣传着阴郁"[①],她告诉丈夫,"现在他们有两张嘴来干这事了"。他们尽管充满对巴黎的夸张厌恶,却严格遵循着罗丹的建议[②]——"工作,只管工作"——几乎不敢离开城市,或者做任何与工作无关的事情。

很快,鲍拉就无法忍受赖纳。他第三次因流感病倒时,她到他床边看望,[③]带去一束美丽的郁金香。不过,这个姿态掩饰了她如今的漠然感觉。她已不再无比敬重里尔克了,她一度崇拜过的这个男人似乎已经自甘沦为一个朝奉者,终日只想着他自己和他对罗丹的迷恋。他听任自己缩减为一道小小的火光,试图通过"与欧洲最伟大的精神相联"[④]来发出光亮,也就是那些他时不时提及的有名和不太有名的人物。托尔斯泰和罗丹,理查德·穆特和沃普斯韦德的画家们,埃伦·凯和一个最近的朋友,西班牙画家伊格纳西奥·苏洛阿加(Ignazio Zuloaga),全都在他那份壮观的名单中,而诗人里尔克在鲍拉看来,却变得仅仅只是他昔日自我的一道影子,试图在别人的光辉中沐浴。赖纳应当离开了,她总结道;这样对他妻子更好。

这些判断,多少受到昔日的怨恨和鲍拉本人的彷徨心态的影响,却仍

---

① 1903 年 2 月 14 日;《通信和日记》,337《鲍拉·莫德尔森-贝克尔:书信和日记》,293。
② 1903 年 2 月 17 日;《通信和日记》,339《鲍拉·莫德尔森-贝克尔:书信和日记》,295。
③ 1903 年 3 月 7 日;《通信和日记》,353《鲍拉·莫德尔森-贝克尔:书信和日记》,308。
④ 1903 年 3 月 3 日;《通信和日记》,350《鲍拉·莫德尔森-贝克尔:书信和日记》,309。

旧反映出里尔克夫妇这几个月里经历的痛苦。不管他们曾经多么信心勃勃,现在他们构成的是这样一幅画面:两个不服气的人挣扎着延续他们的创作生活。鲍拉与里尔克夫妇很快就不再频频联系,不过,随着对赖纳的失望,她恢复了一些从前对克拉拉的关心。她发现好友同样专注自我、闷闷不乐,不过仍旧对于自我和作为艺术家的工作感觉良好。实际上,克拉拉在工作中正在进步,这一点鲍拉在参观朋友的工作室时经常能感觉到。不过,现在她开始担心,在与昔日教师的亲密接触中,克拉拉会变成一个"小罗丹"①,因为在鲍拉看来,克拉拉的绘画已开始与罗丹相似。不管这究竟是一个实际的危险,还是因为鲍拉对昔日友人吹毛求疵的结果,有一点是很清楚的:克拉拉一直在创作。她开始接受订单,其中包括为达妮·兰根雕一座小像——她是出版家阿尔伯特·兰根的妻子,挪威作家比昂斯腾·比昂松(Bjornstjene Bjornsson)②的女儿。不过,在问题重重的婚姻的压力下,克拉拉认同了赖纳的观念,③仅仅看到巴黎令人沮丧的一面,而鲍拉则担心自己的朋友尽管有着强大的力量,却仍免不了会泄气屈服。

　　1903年2月23日,鲍拉到达巴黎后两星期,里尔克的沃普斯韦德论文终于到了。④她完全不为所动。这本书没有说清楚任何事,她评价道。它对沃普斯韦德画家们,包括她丈夫,说了不少恭维之语,但是很多地方都存在误解。这本书更多地反映的是里尔克自己,而不是画家们,⑤后者在她看来比他所塑造出的要简单得多。就里尔克对这些画家高度自我的解读,以及过度诗意的风格而言,这些责备中有的不乏道理,不过也有一些是鲍拉觉得自己遭忽视的结果。尽管她很可能明白她和克拉拉都不会被写到,但这个事实仍让她重拾起昔日压抑的怒火。里尔克给罗丹写了一封耽误已久的介绍信,介绍鲍拉为"著名德国画家奥图·莫德尔森的妻子"、一位"狂热的艺术爱好者",而非称她为艺术家,⑥同样令她备感受到

---

① 1903年2月2日;《通信和日记》,339【鲍拉·莫德尔森-贝克尔:书信和日记》,295】。
② 1903年诺贝尔文学奖获得者。——译注
③ 1903年9月9日鲍拉·贝克尔给玛莎·霍普特曼的信;《鲍拉·莫德尔森-贝克尔:书信和日记》,309(德语版中没有)。
④ 1903年2月23日,鲍拉给奥图·莫德尔森的信;《通信和日记》,298【鲍拉·莫德尔森-贝克尔:书信和日记》,343】。
⑤ 1903年9月9日给玛莎·霍普特曼的信;《鲍拉·莫德尔森-贝克尔:书信和日记》,309。(德语版中没有)。
⑥ 1903年3月2日;《通信和日记》,347—48【鲍拉·莫德尔森-贝克尔:书信和日记》,303—304】。

藐视。鲍拉充满嘲讽地向奥图描述了此事。

两星期之后,3月18日,鲍拉决定离开巴黎。两天后的3月20日晚上,赖纳也如法炮制。几星期前,也就是第三场严重的发烧之后(它被写进《马尔特手记》),他开始考虑离开这个城市一段时间,以摆脱沮丧。他考虑了一阵,决定逃往意大利海岸,希望靠父亲的资助成行。他以健康日益损坏为由提出请求——事实上他的健康崩溃了——令人无法拒绝。

里尔克带着沮丧的心情,重新踏上旅途。他独自去车站,不要克拉拉送。马车载着他穿过夜色中的城市,马蹄哒哒,似乎做着令他宽慰的允诺。火车里拥挤不堪,截然不同于沉睡的街道。里尔克蜷缩在座位一角。他告诉埃伦·凯和其他人,他"带着沉重的心"离开巴黎,因为他别无出路。他暂时得以将克拉拉和他们那种高雅的贫困生活抛在身后。他准备用他所知的最佳方式,也就是艺术,来对付痛苦。

第四部分

寻找和更新

第10章　重获缪斯

> 几星期以来,我一直想写下这些话,又担心时机未到;但是,谁知道等到最急迫的时刻,我是否还能来呢?
>
> 如果此时能去你那里一次,在你俩身边躲上一天! 不知这是否可以实现。①
>
> ——致卢·安德里亚斯-莎乐美
>
> 1903年6月23日

1.

诗人哀求他失去的缪斯回头。缪斯回信了。对两人而言,这都是一个至关重要的决定。《最后的请求》之后两年半,赖纳重提卢的允诺:在他"最急迫的时刻"给他提供庇护。她没有选择,只有答应。"你随时可以来我们这里,急迫也罢,平静也罢。"②收到呼救后仅仅4天,她就做出回复。不过,旋即她提出保持距离的请求:"不过我提议:我们首先仅仅书信往来。对你我这两个写字匠来说,这不会显得做作。"此外似乎是为

---

① 《里尔克与卢·安德烈亚斯-莎乐美:通信集》,56—57。
② 1903年6月27日卢的来信;《里尔克与卢·安德烈亚斯-莎乐美:通信集》,57。

了宽慰他,她又加了一句:"……无论你想对我说什么,都可以直说,就像从前。"①

这几年中,他俩过着各自的生活,却又奇特地彼此平行。两人都转向了别的关系:赖纳转向婚姻,它令卢恼怒不已;卢则转向她与"泽马克"的另一种"婚姻",后者是维也纳的内科医生、弗洛伊德的门徒弗莱德里希·派恩列斯,她在窝夫拉特绍森为赖纳而烦忧,以及她在《最后的请求》之前对里尔克已经无计可施的时候,他给她提过建议。像里尔克一样,他也比她年轻,里尔克比她小14岁,他则比她小8岁。不过,他对她的影响完全不同:他帮助她重返小说和散文写作。两年来,卢生活在两个婚姻里,要么与"泽马克"一道旅行、在维也纳同居或住他在奥地利奥博瓦特尔多夫(Oberwaltersdorf)的祖宅;其他时候,她会与弗莱德里希·安德烈亚斯在柏林住上几个月。正如卢曾是赖纳的"医生","泽马克"充任卢身体和精神的医师。

1903年3月,一个决定性的变化将卢的注意力转回弗莱德里希·安德里亚斯和他们共同的生活:他接受了著名的哥廷根大学的伊朗和西亚语言教职,来年冬天就要上任。同时,他们搬进柏林韦斯特恩德(Westend)的一幢小房子,里尔克绝望的短信就是寄到了那里。

完全可以称此为关系的再续。卢借助弗莱德里希·安德里亚斯对赖纳表明,他的信将始终仅只为他们两人所阅读,借此对他表示鼓励:"我丈夫向你致意,他希望你知道:不管你给我写什么,我都将是唯一一个阅读的人,它不会为别人所知。"里尔克的回应是洪水一般的去信。它们仿佛一股情书的洪流,亲密而坦白,如果说不是在用文字做爱的话——他们难道不是"两个老写字匠"吗?——而卢在接下来两年中,始终不让他真正见到自己。她尽管小心不让这些书信的拥抱转为真正的诱惑,却仍旧发现一些昔日的精神在纸上得以恢复。"我在你的信中辨出大体上的你了,"卢一开始就如此指出。不过,她的反应不同以往,没有那么严厉,没有那么庄严,又比从前疏远,这是她自己在不通音讯的几年中度过的艰难时光,以及一点懊悔和旧情难断的结果。

卢对于赖纳的变节的愤怒——向鲍拉求爱,又娶了克拉拉——在很

---

① 1903年7月5日卢的来信;《里尔克与卢·安德烈亚斯-莎乐美:通信集》,62。

大程度上已经冷却。当他再次进入她的生活，她已几乎无法拒绝。显然，她被需要着，这是她在彼此关系中向来喜欢扮演的角色。他在维亚雷焦度过了很长一段恢复期，却没有达到理想的痊愈，之后他回到巴黎，开始给她写信。焦虑像意大利海边的海浪，再度压垮了他。死之恐惧令他畏惧——他担心自己"最急迫的时刻"到来时，他会被关进一个再也无法触及任何人的世界。只有卢可以拯救他："除了你，我无法向任何别人咨询；只有你懂我。"①对这一信念他终生坚定不移——23年后临终时依然如此。

赖纳再次成为坦白者和接受精神分析的病人，就像在佛罗伦萨日记里一样，而卢是倾听者和向导。她了解他，足以明白他的绝望的力量同时也是一种充满创造力的滋养物，是他"用恐惧来塑造"②的需要。不过，在他们重新开始交流之前数月，他已是一位成功诗人了。在维亚雷焦，就在他的恐惧再度爆发时，他找到了自己的声音。一组新诗已经改变了他在信中向她描述的那些痛苦。这组诗成为隐居修士的最后歌咏，其第三组，也是最后一组，写于4月。

2.

3月的地中海之旅对里尔克而言是个失败，对他的诗歌而言却收获累累。巨大的海浪激发了想象力，令他更刻骨地感受到巴黎的焦虑。焦虑如巨浪淹没了他。在惊人的短短数周内，他的诗歌本能激发出了一段贴切想象，这个过程他对克拉拉做了细致入微的描述。③

旅行之初颇为不顺，从巴黎拥挤、闷热的火车开始，一路就充满坎坷。他们在意大利边境被没完没了地扣押，以至于错过了都灵到热那亚的转车。此时，里尔克尚未决定去维亚雷焦。他的目的地是更小一点的

---

① 1903年6月30日给卢的信；《里尔克与卢·安德烈亚斯-莎乐美：通信集》，60。
② 1903年7月18日给卢的信；《里尔克与卢·安德烈亚斯-莎乐美：通信集》，75。
③ 1903年3月24日和27日；《里尔克书信集，1892—1921》1：311—320及各处。

疗养地，里维埃拉列凡特的圣玛格丽塔·利古雷(S. Margherita Liguria)。然而，他在都灵徘徊了漫长的一天，忍耐着炎热和尘土，等待夜里的转车，已经兴味索然。火车以蜗牛般速度开过破破烂烂的栅栏、没完没了的隧道，穿越意大利境内的阿尔卑斯山的艰苦旅程让他充满畏惧，仿佛整个山脉都压在他胸上：岩石、矿石，尤其是那厚厚的积雪、冰冷铁灰色的天空。

圣玛格丽塔·利古雷同样令人失望。他之前在热那亚度过了一个痛苦的夜晚，本指望在这里找到阳光和宽慰。然而，铅色的海面平板不动，仿佛只是一个内陆湖泊。他厌恶棕榈树、橙树林、叶片肥厚的木兰花。旅馆非常逼仄，前面的小花园丑陋不堪。第二天，一个星期天早上，他付了账，幸运地决定不再穿过更多隧道，而是前往南部，去一个他更熟悉的地点。中午时分，里尔克到达了。距离第一次拜访整整5年之后，他再次来到维亚雷焦。

进城时，他情绪突然为之一变。维亚雷焦夏季是个繁忙、时髦的避暑胜地，3月里却是一个沉睡的山谷。里尔克看到年轻女孩们手挽手走在星期天的街道上，就像他在1898年为她们而咏的歌谣里的情景，不由心中一阵温暖。大海不再扁平、充满敌意。他一到达佛罗伦萨旅馆，就扑向仅仅50码开外的海滩。海面广袤美丽，生机勃勃，却又波澜不兴。沙滩洁白细腻。他走上沙地，脚陷进沙子，然后踉跄走进海水，让水直淹到膝盖。他决定恢复健康，想要一次次扑向大海，让疲惫饥渴的身体上每一寸皮肤都感受到海洋和空气。几小时内，他晒了太阳，在温暖的阳光中走进海水，空气清新，充满活力。午后的阳光把细细的光线投在沙滩上和水面上，他一次次奔向温柔的海浪。正如在里尔克的生命中经常出现的那样，开始可谓妙不可言。他抱怨对房间不满意时，旅馆给他安排了一个更好的房间，有个大理石阳台，高高的穹顶，还有简单而赏心悦目的家具。

开头几天，他保持着这种兴高采烈的心情。他感觉自己需要好好休息几天才能恢复。而他的路线似乎就是为了获得宁静而设计。早上8点半起床，走到他的海滩小屋脱衣服，将上午用于沐浴阳光、沿海滩奔跑，挥舞手臂在风中舞蹈。然后，他脱下泳衣，赤裸着冲入水中——这个季节水还很冷——让巨大温柔的海浪把他冲回海岸。此地似乎只属于他一人,因为3月没有什么游泳者。中午,他光着脚,甚至只穿着短裤,回到旅馆,只有在室内或进城时才穿上鞋子。简短地吃完午饭、写一些必要的信之后,他又光着脚在沙滩边,或者开满黄色金雀花、安静无人的松林里散步。

他必须从胸前挪走沉重的负担,而他相信很快就能成功。同时,关于罗丹的书也在里尔克刚刚离开巴黎时就寄到了,①他让克拉拉——在对他的狂喜进行详尽描述,以及问候她的健康之余——亲自将它送给大师,如果不是在"接下来的星期六",罗丹在巴黎开放工作室时,就是在下周去莫东时。另一份抄本则要亲手交给他的朋友,画家欧仁·卡里尔(Eugene Carriere)。此刻,阳光和海水带来的欢乐在看到重要作品付印的激动心情面前相形见绌。它远不同于那篇仓促而就的沃普斯韦德论文。这部新作给他带来的稿酬少得可怜,但是他已经为一种新的艺术绘制出蓝图。克拉拉——在许多方面都是他的中介——将它带给了罗丹。正如里尔克从意大利海滩写给雕塑家的:"大师,在孤独中,我是何等想念您啊!"②

此时,在里尔克的生涯中,罗丹的出现将给隐士的追寻带来全新色彩,这种追寻4年前始于俄国。生活之痛在艺术中爆发,为当时尚未命名的《定时祈祷文》的终结部分带来了一张新面孔,一张朝拜者前所未有的面孔。

克拉拉是信使,也共享着、反射着里尔克的绝望之情。家庭安排令他们两人都很痛苦。他们对于露丝放心不下,却又不愿因为重新承担父母之职而妨碍艺术。对露丝的思念触痛了他们的神经,但可能尚未触及他们的痛苦核心。孩子如今在奥伯尼兰德的祖父母那里,多少算是安顿下来了,她15个月大,已开始学走路,快乐地享受着花朵的陪伴。里尔克承认,没有孩子在身边,他感到痛苦和思念,③但他知道他的痛苦不仅止于这个层面。现在面临的最大问题还是作为诗人的生命、他的整个生存的挣扎。

---

① 1903年3月27日;《里尔克书信集,1892—1921》1:317。
② 1903年3月27日;《里尔克与罗丹书信集》,29。
③ 例如,1903年4月1日给Friedrich Huch的信;《里尔克书信集,1892—1921》1:326。

给罗丹去信后只过了6天,距离里尔克快乐的抵达、一头扎进大海仅仅过了9天之后,他写了一封阴郁的信件给埃伦·凯,[①]后者是一位他几乎不了解的女士,她在他有勇气重新联系卢之前数月先找上了她。他们最近才开始关于彼此工作的交流。凯为露丝所做的努力不曾受到什么真诚的欢迎。联系虽然已经悄悄开始,但仍处于异常平淡的状态。不过,突然之间,里尔克滔滔不绝地袒露起心迹:探求地、试探地、解释地。这封信貌似是在寻求经济方面的建议和支持,实际上倾诉了里尔克在巴黎的痛苦,他绝望地逃离城市,奔向意大利海滩,寻找5年前安静的维亚雷焦的必要。

这封宣告着一种新危机的信,其内核是诗人的自传。一段段惊人的坦诚相告和自我认知之间夹杂着想象,借之,他创造出一个仿佛正做着奥古斯丁式忏悔的自我形象。它也是任性儿子写给母亲的那种典型信件,此外,更具个人意义地,也是一种精心设计的掩饰,就像他还是孩子时,和菲亚玩的那种伪装游戏一样。这封请求之信让人不由得想起一封类似的,不过写于他更年轻时的自传信,对方是小说家路德维格·冈霍费尔,信中描述了类似的情感,从被不负责的母亲装扮成女孩一路写到军校的炼狱般生活。再一次地,里尔克把自己的生活描述成一段历史剧,一种对内心状况的呈现,结尾同样是对于在家人强迫下回布拉格当个办事员或公务员的恐惧。不过,他的心理危机中的各个元素都很明晰,喜欢探索人类意识,充满同情心的凯发现身不由己地迷上了里尔克的生存挣扎,后者充任的是一个为家庭历史和个人经历所压迫的艺术家。这种挣扎在她看来简直不可思议。里尔克的绝望仿佛一个坚硬的内核,没有任何东西能够溶解之。

为何他会在维亚雷焦?为何到那里?在这个安静的地方,紧随在短暂的宽慰和愉悦之后缠住诗人的这种恐惧,似乎难以解释。里尔克的《定时祈祷文》结尾处的许多新诗里痛苦的性意象,作为虔诚僧侣的祈祷的一个部分,几乎难以解释。那些在书中显得格格不入的关于孕育、分娩、堕胎,甚至性器官的赤裸裸的生理描写,或许暗示着一个地下世界的存在,有助于我们一窥诗人本人的绝望内心。尽管诗歌并没有解决里尔克的绝

[①] 《里尔克书信集,1892—1921》1:328—342。

望,但它们展示出他的语言异于以往的关注点,这是一种成熟在即的语言。

3.

从不断拍击的海浪沉闷单调的轰鸣声中,①祈祷僧侣的声音再度响起。坐在沙滩上,沙丘上,或者有着高高天花板的房间里,里尔克花了一整个狂热的星期——从4月13日到20日——写了34首诗。这第三组诗使他的诗歌三部曲的主题走到了结尾部分。从里尔克沉浸于俄国文化时形成的主题已经逐渐变化。第一部,也就是后来的《僧侣之书》中虔诚的主人公,仍旧颇为接近他和卢曾有过的理想,是一本恰如其分地送到"卢手中"的"祈祷"之书,卢仍保存着唯一一份未毁的手稿。

然而,在第二部,也就是写于他结婚之后第一年的《朝圣者之书》中,宗教主题已被韦斯特维德的沼泽和石楠所改变。僧侣变成了一位朝圣者,生活在现实世界中,这个世界表现出明显的性征:女性-灵魂-路得作为情人趋近上帝。而现在,在这部终结篇,也就是因为巴黎的内在恐怖而充满阴郁气氛的《贫穷和死亡之书》中,僧侣的祈祷和朝拜者的痛苦与现代都市人的祈祷和痛苦融为一体。人的诞生被拓展为基督的诞生,人-上帝显然被困在大城市的浮华生活,也就是工业的世纪施加于自然的堕落中。第一部开始关于"邻人上帝"的问题,变成了沉浸在通过永恒视角看到短暂痛苦的神圣精神中的人的问题。

这是一个高难度的任务,里尔克在这没有间断的8天写作中,几乎成功了。在巴黎贫民窟里,贫穷失去了浪漫光辉,而里尔克却在它身上看到了恩典的征兆,阿西西的圣弗朗西斯的神圣。"贫穷,"诗人写道,"是一种

---

① "大海的声音并非总是能让我欣慰。"1903年4月7日给克拉拉的信;《里尔克书信集,1902—1921》1:82。接下来两封写给克拉拉的信中,里尔克解释了自己在天气变化中思想状态的波动:3月31日的一场迫人的大雷雨,以及第二天突然的大晴天。参见《里尔克书信集,1902—1921》1:80—81。

内在的伟大光辉。"①

> 你是穷人,无计可施的人
> 你是无处栖息的石块
> 你是在城市大门前颤抖
> 逡巡的遭放逐的麻风病人

　　1899 年的僧侣,或者 1901 年的朝圣者或许也有过类似情感,但对隐士而言,贫穷和低贱,尽管接近上帝,却是在大城市,也就是遭诅咒的熔炉的阴影中出现的。城市被拟人化了;它们像那些指导它们并让它们变形的人一般行动:

> 大城市并不诚实;它们欺骗
> 白天,黑夜,动物,和孩子;
> 它们的沉默是一个谎言……②

　　在另一首诗中,拟人化的城市毁灭它们触碰的一切,③以危险的速度横冲直撞,熬出玻璃和钢铁的刺耳噪音,"像娼妓一样华而不实"。它们被金钱所拥有,后者像吐出碎石一样吐出穷人:

> 从所有居住地被驱逐
> 像变异的死者一样徘徊穿过黑夜。

　　贫穷是真实的,如影随形。隐士-僧侣的贫穷不仅源自他的誓言——为了宗教而做出的自愿放弃——而且涉及了城市的恐惧:金钱、淫乱、无家可归。里尔克周围的生活变成了诗里的场景——漂浮不定、一贫如洗、

---

① 《里尔克作品全集》1:356。海伦·索德分析道,圣弗朗西斯的角色在《定时祈祷文》的这个结语部分的作用在于构成性、智识和宗教的冲突。第 1 章,第 1 部分,《上帝,女人,里尔克;定时祈祷文》。
② 《里尔克作品全集》1:352。
③ 《里尔克作品全集》1:363—364。

为高烧折磨——然而它又因一种贫穷而变得神圣,也表现出一种神的状态。诗人用穷人的声音说话,表明了人的矛盾的不朽性——他对于死亡的知晓:

> 主啊:我们比可怜的动物还要可怜
> 它们盲目于死亡,却终于死亡
> 因为我们所有人尚未死去……①

因此,第一部诗集里的氛围并未消失。从前的形象用它们的森林、雪地和叹息的叶片骚扰着这些诗句。不过,现在被狂风吹得摇摆不定的树林和无人涉足的山脉被安排在出租楼街区中,它们映射在城市的人行道上——被一种更加酸楚的理解所改变了的符号。上帝、基督和圣母成为了他们自己的反面,与被诅咒的城市、忙于死亡般的受孕的妓女、分娩时像里尔克的巴黎日记和《马尔特手记》中的产妇一样尖叫的女性相提并论。所有这些时刻都表现为圣弗朗西斯达到的神圣境界的反面,却又验证了这种境界。

将性压缩进先验和神圣,这种做法里尔克早已在他喜爱的中世纪和巴洛克诗人和画家那里熟悉了。为罗丹论文做准备时,他在国家图书馆展开的广泛、杂乱的艺术史阅读中,发现了很多中世纪和文艺复兴时期关于基督的材料。对他而言,在任何时候向文艺复兴借鉴都毫无困难,后者从窝夫拉特绍森到佛罗伦萨一直令他迷恋不已,还给他的《白衣妃》提供了灵感。不过,在这个阶段,他以一种几乎是离奇的方式,思考了中世纪和文艺复兴时期的基督概念中的另一个元素。尚未掌握任何确切的历史知识(尽管提到了尼采)之前,里尔克已在他的寓言性的《基督幻象》,也就是把他和卢引到一起的那组诗中,用大量的性描写描述了基督作为人的存在。

在最近这些诗歌里,他甚至走得更远。正如从 15 世纪到 17 世纪的许多绘画和雕塑一样,里尔克视人类的基督为一个出生和死亡时都有其性征的人,强调他的生殖器是他成神之前仍为人类时的身体部分。②同时,他转向

---

① 《里尔克作品全集》1:348—349。
② 例如斯坦贝格,2,及全书各处。里尔克作品中明确的性意向令很多读者都感到困惑,因为这似乎与他的许多诗作中神秘宗教的气氛形成对比。H. W. 贝尔莫在论文"里尔克诗歌中的性元素"中提出了里尔克利用有性征的形象来捍卫他的"圣母怜子"的宗教基础。

了一个同样历史悠久却更常见的对女性性征的诠释:受孕和分娩产生的生命都是本质上受玷污的,只有超越生命才可以救赎。这些因素最终在一种兼收并蓄的视野中汇为一处,这个视野充斥着里尔克对作为上帝之邻的穷人的不断呼告,以及对于死亡中的生命之恐惧和辉煌的迫切呼唤。

然而,毫无疑问地,这些诗中还存在着一种更加当代的、城市的、充满激情的摩尼教模型。夏尔·波德莱尔对于人类之堕落的触目惊心的描写为三部曲的这个终结篇提供了部分力量。在反映了这个阶段的恐惧心情的《马尔特手记》中,他回忆了波德莱尔的诗《一具尸骸》,[1]后者描述了一幕奇景:一匹马腐烂的肉体从死亡中孕育出大量蛆虫象征的新生命,马的四肢朝向天空,嘲弄、玷污地模仿着女性生殖时的姿势。这是一次重要的会和。里尔克看出波德莱尔的任务在于识别"这个对所有存在都适用的可怕的,显然只是令人厌恶的物体"中的存在。他总结道:"没有选择,也没有拒绝可言。"像波德莱尔一样,他将这种恐惧引向宗教、审美的视域。性和死亡,合并到救赎和艺术上,恰好能够引向那些变形,里尔克借之勾勒他的虔诚僧侣的祈祷中的中断和延续。

他称之"祈祷",然而他在这些诗中又比过去任何时候走得更远——包括《基督幻象》。在这些新的组诗中,甚至那些关于作为妓女的女性,以及作为死亡之可怖逆转的出生的诗,也是对圣处女和基督诞生的扭曲模仿。在1899年的第一部诗集中,里尔克还能够写一段赞美篇章,献给"害羞……受折磨的少女",后者刚刚"醒来并发现她的果实",开放着,尚未被窥知。正如《朝拜者之书》中的路得一样,这个早期的圣处女仍旧被特许拥有着恩典的果实:

> 而她,曾经少女般心烦意乱
> 如今如此深沉地沉入她的子宫
> 它如此彻底地被那一个所填充,
> 足以容纳数千
> 以至于仿佛一切都在她身上闪耀
> 她就像一片葡萄园,硕果累累。[2]

---

[1] 《里尔克作品全集》6:775。
[2] 《里尔克作品全集》1:272—273。

然而，在1903年的第三部诗集中，作为果实累累的救赎者的圣处女被另一个传统形象取而代之：没有果实的女性，地狱的孕育者。再次，他以穷人的口吻说话，将贫穷描述为死亡的携带者，只有被诅咒的妇女能够与之比拟：

> 我们年复一年站在你的花园里
> 就是那些孕育甜蜜死亡的树木
> 然而我们在收获季节变得老迈
> 就像你打击过的女人一样
> 封闭了，腐朽而不孕[①]

许多这些新的祈祷都围绕着女性、性以及诞生和死亡的可逆转性质等主题，通过逆转而影射圣处女和她创造生命的角色。它们通过消解进犯和力量，也涉及了男性角色。这些转换以几乎是生理的意象表现出焦虑和冲突，指向一种性危机，以及里尔克的女性概念面临的危机，这种危机由来已经有一段时间。这种变化的发生，并不仅仅因为里尔克的婚姻——毕竟，第二组诗是在他和克拉拉新婚第一年中写的——而是因为一整套经历已经拓宽了他的性意象，后者被施加于隐士对世俗圣母和极富性意义的基督的理解上。然而，许多这些诗中质朴的肉体性不仅因背后的宗教主题（以及它的逆转），也因为对于栩栩如生、富于诗意的语言的使用而变形，后者为它们提供了一种恰当的面纱。

里尔克对于巴黎的婚姻生活的重新安排（从克拉拉到来之前他关于他们如何安置寝室的焦虑开始，到他们事实上的分居作为结束），自始至终伴随以他对巴黎地下世界的复杂态度，后者令人厌恶的特征本身发出一种令他身不由己的诱惑。不过，对他的"祈祷者"，里尔克要求一个更正式的背景。隐士狂热、决绝的性或许源自里尔克在俄国的"僧侣生活"，基督和圣人在中世纪艺术中的受难，以及圣弗朗西斯的榜样，不过，现在波德莱尔的现代和城市神话的力量，像一股厌恶引起的亢奋扫过里尔克，创

[①]《里尔克作品全集》1:348。

造出了一种新隐喻:"是否我们,"他问,仅仅是由性和"可以获取的女人的子宫"所构成?①

里尔克笔下的巴黎街头出售的女性性爱令人反感却又充满诱惑,指向了一条从自然界懵懂的死亡通向借助生理意义的出生来理解死亡诅咒的道路。作为那些行尸走肉般的女人的后代,我们"向永恒卖淫"。因此,隐士在流产和堕胎中看到一种正在死去的死亡,它也是创造生命的一个部分:"我们忍受着/我们自己的死的死亡的流产。""扭曲的悲痛胚胎"用防御的手掩盖住潮湿的眼睛,对于尚未亲历之事的恐惧明明白白印在突起的额头上。因为一切都会"像忙于宫缩和剖腹产/的一个妓女"一样终结。

在别处,里尔克对于男人和女人的性事的态度更为含糊。在一段请求上帝的祈祷中,他赞美阴茎:

> 主啊,让那人显耀,让他伟大
> 给他的生命建造一个美丽的子宫
> 将他的私处竖起,仿佛一座大门
> 在一片细嫩毛发的金色森林中
> 让他前进,穿过不可言说的部分
> 骑士,白色军队的大军
> 聚集成团的数千枚种子②

随着诗的深入,里尔克探讨了性周期和人类生命过程的相似之处,后者有着拯救的可能,以及死亡的确定性。相爱的夜晚,所有事物都开放着,变得比丁香还要芳香,比上帝之风的双翼摆动得还要频繁。诗歌得到了没有被杀戮触及的食物的滋养,陷入无意识、神奇的童年、开端和神秘循环的深处,隐喻地包容了整个内在和外在生命。

不过,最终,死亡若隐若现:他(阴茎)必须"等待他必须生出死亡,也就是主的时辰"。这些诗在呈现男性力量的时候,既召唤力量,又呈现出反高潮。不过,隐士在这些将成为《定时祈祷文》终结篇的诗中的任务并

---

① 《里尔克作品全集》1:348—349。
② 《里尔克作品全集》1:349。

非仅限于任一性别。诗中里尔克提及一种夜晚,爱的夜晚,"当一个人可以承受/从未进入过人的深处的东西"。

在这些诗中,里尔克始终保持着这种风格,在性和穷人之间营建起一种互惠关系,后者被他隐喻地视为一个集体单位:"他们的名字哪怕一个疤痕/也不曾留在他们身上……"①更甚的是,这个形象在一个显然女性的身体中藏匿着显然男性的冲动,用这种紧张对抗展现了双性主题。

> 并且看吧:他们的身体像一个新郎
> 它像一条流淌的小溪一样躺着
> 像美丽的事物一样美丽地生活
> 同样激情四溢,同样令人惊诧。
> 在它的细瘦中虚弱蕴积
> 一种从许多女人那里汲取而来的恐惧。②

随着诗的转折,这个可怕的身体遭到了充满危险的欲望之"龙"的威胁,它拥有一种显然是男性的品质:

> 然而它的性很强大,像一只龙
> 等待着、昏睡着,在耻辱之谷中。

这是一种明显源自《旧约》的未解辩证,它以《创世记》三章16节的伊甸园驱逐开始:"你必恋慕你丈夫、你丈夫必管辖你。"身体被比喻为一个"新郎",然而却又很像女性,内部藏匿着休眠的欲望之力,里尔克将它戏剧化地比作一种有威胁的进攻,仿佛来自一个男性。

最后一行中的"山谷"也并非仅指女性。在使用充满威胁的欲望之龙这一男性比喻时,里尔克将其巢穴刻画为"耻辱",也就是德语"Scham",它指的是性器官,但两种性别皆有可能。先知在《以赛亚书》四十七章3节中说到"巴比伦的处女"时提到了它:"你的下体必被露出、你的丑陋必被

---

① 《里尔克作品全集》1:360。
② 《里尔克作品全集》1:361。

看见。"这样,作为欲望所向,它在比喻意义上与一种女性体内的男性力量相连(该女性身体又被比喻为一个男性形体),强调了里尔克之幻象雌雄同体的性质。

里尔克有意识地将创造生命的时刻视为一种雌雄同体的形式,这一点几个月后在《致一位年轻诗人的信》中昭然若揭。这是一篇写给年轻诗人弗兰茨·夏弗·卡卜斯(Franz Xaver Kappus)的长篇论文,主题是性爱之美与危险。里尔克描述了女性如何充满了母性特征,从充满希冀的少女时代到老迈回顾往事时均如此,又进一步指出,"男人身上也是一样,也有母性……生理上的和精神上的;当他从内在的丰实中进行创作,他的创作也是一种生产。"他继续道,

> 而且,或许两性比人们以为的更加相似,世界的伟大更新或许就将在于:男人和女人,摆脱了所有错误的情感和嫌忌,将不再彼此对立,而是像兄弟姐妹,像邻居一样,作为人而汇聚起力量,单纯、真诚而耐心地,共同承担起施加给他们的艰难的性。①

这种关于两性的共同命运的观点,充任了这些诗的辩证中心。在所有对女性及其与性别有关的责任的歌颂中,里尔克借助于对定义了阳具的行为本身令阳具既强大同时又变得无力的赞美诗风格的描述,叙述了生理意义上的性事。在隐士之死的终结诗篇中,垂死的圣人排空了精液;将恩典洒向果实和花朵时,他也赐予它们以新的生命:一种均衡了征服一切的男子气概的对照物:

> 当他死时,像没有名字一样轻飘飘地,
> 他被散布出去:他的精液流淌在
> 小溪里,在树林中他的精液歌唱着
> 在花丛中静悄悄地看着他。
> 他躺着,唱着。修女们来时,
> 她们为备受她们敬爱的男人哭泣。②

---

① 1903年7月16日;《给一个青年诗人的十封信》,25—26。
② 《里尔克作品全集》1:366。

死亡之时，圣人将生殖之力布向四方，就像在后来的诗中被酒神的女祭司们撕成碎片的俄尔甫斯一样，用创造生命的歌声浸透一切。这个死亡系列为里尔克日后的作品埋下伏笔，增强了这些诗中的性辩证，明确写出了隐士雌雄同体的状态。

如果说，这些由一位虔诚僧侣所做的奇特祈祷中有什么优柔寡断的时刻，那么描述了他对于兼容并蓄的自然——男性和女性、自我和他人、人类和地球上所有生物——的观点的结尾诗篇仍不失其坚定与明晰。自从童年时代就采纳女性面具的这个男人，即便像男人一样谈情说爱，却始终将自己认同于女人的这个男人，在这个雌雄同体的观点中终于找到了一个合适的视角。

不过，这些诗也表明，三部曲的这些终结组诗中的隐士不仅是诗人本人的波德莱尔风格的再现。相反，此时的他实为对圣弗朗西斯的刻意写照，里尔克曾计划在离开意大利前拜访后者的圣地，结果没有实现。不过，8月，他为另一次意大利之旅制订计划时，告诉当时已经恢复联系的卢，他希望在托斯卡纳呆一段时间，在那里"圣弗朗西斯铺展开他那光辉四射的贫困，像敞开一件斗篷，其下所有生物都能寻得庇护。"①

尽管有着所有这些对性的直言不讳——在当时可谓特立独行——《贫穷和死亡之书》中的诗不仅是一个激动诗人自说自话、用复杂的诗歌语言所掩饰的倾诉。它们发自一个私人危机，通过超越这个危机而改变了它。里尔克完全回到了最初构思的那个隐士——用追寻圣弗朗西斯的典范来取代诗人本人与僧侣形象同一的做法——得以将上帝、基督和圣处女安置于矛盾当中：被玷污的圣处女，有性征的基督。这种变形反响斐然。它预示了里尔克作为艺术家的新的成熟，巴黎的恐惧、险恶的山口，甚至已经不再令人愉快的大海，对他而言都已成为一些充满艺术性的形象——将要为罗丹的"雕塑"学说所屠戮的巨龙。

---

① 1903年8月1日给卢的信；《里尔克与卢·安德烈亚斯-莎乐美：通信集》，85。

4.

《定时祈祷文》的这些终结诗篇中的狂野、它们由圣弗朗西斯疗伤性的恩典和雌雄同体的性征结合而成的辨证之力,若隐若现地表现出督促了诗人写作的风景和天气的影响。大海、阳光、风和树丛,都被视为城市之死的对立面。诗的标题恰如其分地指向贫穷和死亡,诗歌本身则是从一组充斥着在无尽雨雾中备受摧残的海滩、树林和大海之景象的头脑和双眼中诞生的。因为,尽管火车在3月从悲伤之城中开出时,自然允诺了生机,但它随之也带来了死亡的遗赠。

在疯狂的诗人四周,狂暴的闪电辉映着阴沉的暴风雨。里尔克被孤独压迫,正如昔日他每每被他人的存在所压迫。他告诉克拉拉,他在作品中找到了"一种新的处子身份",但是这一认知并未让他的恐惧有丝毫减轻。虽然他的资金维持了比以往更长的时间,但是4月22日,他还是不得不动身离开。"祈祷"已经结束。没什么留住他了。不过,他多逗留了一星期,对妻子的解释是他需要更多时间养好身体,好歹让维亚雷焦之行不至于虚度。不过,正如克拉拉很有可能猜到的,他耽误的主要原因还是经济上的。[①]他不得不等待从布拉格他父亲那里寄来的一张支票,以便在佛罗伦萨旅馆结账。里尔克的疾病,以及那些令他恐惧的不适,很大程度上仍是因为他理解为贫穷的潦倒状态导致的,后者仍在折磨他的想象力。

最后,1903年4月28日,沮丧的里尔克掉头回"家",也就是他宣称憎恨的城市巴黎。他设法挤出时间和清醒的头脑,写了一封给弗兰茨·夏弗·卡卜斯的长信,[②]谈论因斯·彼得·雅科布森和诗人理查德·戴麦尔,又写了一封较短的便条给罗丹,[③]告知自己的返回。他途经热那亚和

---

① 1903年4月24日写给克拉拉的信;《里尔克书信集,1892—1921》1:354。参见"经济问题阻挡了……一切"。1903年4月23日给杨格的信;《与阿克塞尔·杨格书信集》,99。

② 1903年4月23日;《给一个青年诗人的十封信》,17—21。

③ 1903年4月25日;《里尔克与罗丹书信集》,31—33。

第戎,①一路上拖拖沓沓,还欣赏了一些中世纪艺术,给自己留一点呼吸的空间。最后,他于7月1日抵达巴黎,心力交瘁。

回巴黎后,里尔克仍旧心不在焉,除了写信,几乎不写别的,终日沉浸于递增的沮丧心情中。他大多数下午都在克拉拉在勒克莱大街的工作室度过,貌似在写作,其实更可能是一边看她工作,一边让自己放松。10天后,他再次因为流感病倒,②在巴黎逗留的整个期间,他事实上再也没有完全康复。他采纳了隐士的姿态,仅仅拜访最亲密的朋友。这种消极态度甚至殃及了最微不足道的责任。他试图帮助格哈特·霍普特曼的小儿子伊沃在这个不好客的城市里打开局面(后者是个画家,后来成了他的朋友)③,但是因为健康问题,半途而废,没能取得什么成功。

几年之后,继在意大利和斯堪的纳维亚的旅行后,巴黎实际上成为里尔克的流浪生活的一则艺术理想、一个落锚之地。不过,目前他对这个城市的阴郁看法始终不变。它一直就是他的内在心境的外在表现,一个关于肉体和道德腐朽的超现实噩梦,标志着他自己内心的处境,一种饱受折磨、被钉十字架、被剥夺男性力量的感觉。作为一个诗人,他像雅各一样哀叹:"我的七弦琴已转向哀悼,我的笛子配合着抽泣之声。"

正是在这种时刻,诗人回头转向他的缪斯。这些诗句里隐含的痛苦迫使他寻找卢。这是一场冒险,因为他耳中犹记得她《最后的请求》的严厉声调。从维亚雷焦返回后,几个星期里,他一直在默默酝酿去找她的念头,要么直接去,要么万一她拒绝的话,就借助"泽马克"之力。他日益焦虑,这种需求也就更加迫切。在维亚雷焦,他设法写出了"祈祷","从恐惧中创造"。但是,现在他需要一个"家"来包容他的恐惧,后者不仅存在于诗歌中,也来自生活。几周后,他们恢复了通信,他懊悔地承认,要是有勇气,他其实始终可以在卢身边找到这样一个"家"。"因为,瞧呀,我是一个

---

① 1903年4月18日从热那亚寄给克拉拉的明信片;1903年4月29日从第戎寄给克拉拉的明信片;《里尔克书信集,1892—1921》1:355—356。
② 1903年7月13日给凯的信;《里尔克:人生与作品大事记》,164。
③ 《里尔克:人生与作品大事记》,164—165。之后写给伊沃·霍普特曼的一封信也提及此事:1909年11月7日;德国文学档案馆。

陌生人，一个乞丐。我会走过去的；但是你的双手拥有一切本来有可能成为我的家的东西，要是我坚强一些的话。"①至于他是否确实变得如此强壮，这一点尚且存疑，不过，现在他决定冒这个风险。转瞬之间，他写给卢的简短便条便让他摆脱了充满焦虑的自我的重负，也令仍旧承担着他的痛苦的克拉拉摆脱了这种重负，将它转移给他昔日的知己和爱人。

"哦，卢，"里尔克感叹着巴黎的可怖。"我被如此地折磨，因为我理解所有这些人。"②他必须确定自己并非这些群氓中的一员。他们注定要死在那个可怕的城市，而他仍可以自由地离开。他需要引导。一个星期后，他提出了独特要求："我可以将这一切都写给你看，因为我心中充满了在你面前敞开自我，让你看到我整个人的渴望。"③

卢接受了挑战。缓慢地，他们破碎的共同生活将在诗人脆弱自我的废墟上重建起来。

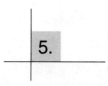

当然，有一些基本规则。他们达成共识，在可以预见的未来将不会见面。此时的卢正深陷为难。她仍与她的医生、爱人和保护者"泽马克"同居。同时她与弗莱德里希·安德烈亚斯多年来始终不失稳定的婚姻又有了新发展。他们正计划着到哥廷根的大搬迁。只要仍能设法保持一段合适距离，她就可以回应他的呼救。很快，她恢复了昔日心灵导师的位置，鼓励他做出甚至最为亲密的坦白，同时又让自己与他们充满爱欲的往昔保持距离。赖纳是个脆弱的病人，卢则是他灵魂的良医，虽然保持着距离，却又不失关怀。

不过，还是有什么发生了。接下来几周，赖纳的笔下像瀑布一样涌出长篇累牍的信件，然而尽管他们的关系亲密，这些信件却奇特地保持礼貌，足

---

① 1903年7月18日给卢的信；《里尔克与卢·安德烈亚斯-莎乐美：通信集》，75。
② 《里尔克与卢·安德烈亚斯-莎乐美：通信集》，75。
③ 1903年7月25日；《里尔克与卢·安德烈亚斯-莎乐美：通信集》，79。

以直接成书出版。他在 6 月和 7 月初写给她的第一批信里充满了他上个秋天写给克拉拉的信中那些地下世界的形象。但是,也有着显著的不同。迥异于丈夫写给妻子的非正式私信,给卢的长篇累牍的描述,至少在部分上持以对着公众的口吻,煞费苦心力图打动读者,而且以一种奇特的方式,他试图让这些信本身充任一部记录,描述他作为人的腐朽和作为艺术家的成长,以此来吸引她。它们对痛苦的细致入微描写显得更加精确生动、字斟句酌。作为巴黎的抗衡之物的莫东,在这个阶段被完全忽略,对于克拉拉也毫无提及。他现在是一个孤独的思考者和牺牲品,完完全全孤独一人。

这些信件中的自我角色也是刻意塑造的。不同于过去一年中的信函往来和日记,这个自我深受一个直接借用于因斯·彼得·雅科布森的形象——尼尔·利内,这位里尔克对所有人都倍加推崇的敏感的丹麦主人公——的影响。他将这位长年受难者和杰出艺术家安置在他体验过的巴黎,让他深深陷入它的精髓。在这些信件中,里尔克开始将自己转向他未来的主角,马尔特·劳里斯·布里格,不过他尚未给这个主人公取名,对于他的存在也暂且懵懂不觉。

至于卢,她将这些信视为治疗赖纳的一种方式。诸如关于中风男人的痉挛的一段生动描述——它在《马尔特手记》中得到大肆渲染——足以充任卢对他的焦虑展开治疗的材料。里尔克的信日后几乎一字未动地被用于小说,不过此刻它更多地描述了他的反应。他跟随着这个"毫无意志,为他的恐惧所驱使"的人,[1]后者的恐惧与他自己的几乎如出一辙。卢几乎立刻做出回应,回信中似乎撤销或至少修订了《最后的请求》中的严厉宣判。她解释道,他体内的那个诗人总是深入他人的焦虑来创造诗歌。通过强调这个人,甚至只是通过"痉挛地"看待事物,他表明了他,作为诗人,如何被这个人的受难深深吸引。她充满创意地指出,他和他的主人公——也就是里尔克和中风男人——之间的重要差别在于,诗人能够领略这个人的痛苦,却不会像受难者那样自我欺骗。因此,诗人通过强烈的认同而获取清晰认知。"你从未像现在这样健康,"[2]卢写道。

---

[1] 《马尔特手记》中的相关章节:《里尔克作品全集》6:899—903。1903 年 7 月 18 日给卢的信;《里尔克与卢·安德烈亚斯-莎乐美:通信集》,71 页及之后。
[2] 1903 年 7 月 22 日卢的来信;《里尔克与卢·安德烈亚斯-莎乐美:通信集》,78。

这是一个善意的、准确的宣称,尽管并没有反映出她真实的想法。她在同一天,也就是1903年7月22日,在日记中承认,里尔克对于巴黎的苦难者的表面认同,实则一种"令人厌恶的自怜"①,她决意帮助他回到他的艺术,来促使他克服这种心态。在他强迫症般再次挖掘巴黎地下世界的形象,生动描述对于他为自己构筑的炼狱的仇恨时,里尔克以散文的形式,重新阐释了他在隐士的许多祈祷文中以诗歌形式写出的东西。卢相对简短的回信强调了他作为一个艺术家的功能,她向他确保,他对巴黎底层生活的描述如此成功,以至于她全然忘却了他本人,在他对于人类苦难的强有力描述之前,经历了一种"奇异的精神转变"②。她急于说服里尔克:他的受难并非徒劳,"你体内的诗人从人类的恐惧中编织出诗歌。"

6.

炎炎夏日炙烤着城市的人行道,一份来自海因里希·福格勒的及时邀请信解了他们的燃眉之急。里尔克夫妇得到邀请去他们最喜欢的一个地方度过七八月份,也就是沃普斯韦德的福格勒夫妇的巴肯霍夫大宅。他们得以立刻逃离巴黎,无须额外花费。对于冬季,他们有一些新计划:克拉拉大有可能从不来梅市参议院得到一份津贴,她打算用它支撑一个冬天在意大利的工作。而赖纳,尽管大多数时候喜欢自顾自的生活,也对于去往意大利的想法兴致勃勃。因此,这个夏天他们急需的正是这样一个过渡用的避难所,而它又允许他们终于履行一番身为父母的职责。18个月大的露丝和外公外婆住在奥伯尼兰德的农场上,距离沃普斯韦德只有两小时行程。

这份邀请立刻被接受了。里尔克尽管仍旧备受久治不愈的流感的困扰,依然以惊人的高效结束了在巴黎的各种事务。他对留在巴黎的朋友

---

① 引自比宁恩,《尼采的不羁门徒》,310,524。
② 1903年7月22日卢的来信;《里尔克与卢·安德烈亚斯-莎乐美:通信集》,6—77。

们进行了正式告别访问,尤其是欧仁·卡里尔和伊格纳西奥·苏洛阿加,最后一刻还匆匆拜访了挪威诗人约翰·博耶斯(Johan Bojers)及其一家,①里尔克是在埃伦·凯的帮助下认识了此人。

6月,向卢发去绝望哀求的同一天,里尔克也给罗丹写了一封非常严肃、周到的告别信。②他请求这位伟人在他们不得不因为他糟糕的健康而突然出发去德国之前,到克拉拉的工作室来看看他们。这份请求部分上是为了克拉拉而发出:她希望向老师展示一尊她刚开始创作的女性胸像。不过,这请求也是为了他自己:他希望大师能够允许他用德语为他朗读几首最近写的诗,尽管罗丹听不懂它们。不过,罗丹当时如日中天,终日为艺术爱好者和商人包围,难以接近。里尔克讽刺地注意到,事实上罗丹只够给所有人每人分配两分钟时间。罗丹很少参加他认为费时的聚会,③到工作室或私人沙龙的拜访尤其如此。不过,他还是写了克拉拉申请津贴需要的推荐信,使得后者毫无阻碍地得到批准。里尔克夫妇逗留巴黎的最后一个星期六,他们到大学路参加了罗丹的每周开放日,体面地表示了敬意。

正如可以想见的,在奥伯尼兰德的沃普斯韦德古老乡村以及不来梅度过的夏天困难重重、毫无收获。莫德尔森一家已经出发去北海的一个福莱西安小岛,夏天结束之前都不会回来。而福格勒夫妇知道他们在巴黎过得很失败,维亚雷焦一开始还不错,最后也以失败告终,而罗丹是个伟大的人和艺术家,尽管很不幸难以接近。关于沃普斯韦德的论文在艺术村并未受到欢迎,因此人们礼貌地避免提及它。而福格勒还没有看过罗丹论文。福格勒夫妇有自己的烦恼。玛莎这个月第二个孩子就要出生,显然此时并非接待客人住家的好时机。里尔克夫妇在一个居住面积本非宽敞的地方还要求分室而睡,使情况更为复杂。孩子即将出生,做父亲的为什么还设法邀请客人上门,这一点始终不得而知。他显然没料到的是,客人居然会要求在一个繁忙的家庭中拥有自己的一个房间,一个安静的工作地点,还要对他的疾病给予照拂和怜悯。

---

① 1903年7月13日给凯的信;《里尔克书信集,1892—1921》1:359—360。
② 1903年6月23日;《里尔克与罗丹书信集》,33—36。
③ 1903年7月18日给泽温彻的信;《与奥斯卡·泽温彻的十三封通信》,33。

表面上，赖纳满意了。他喜爱这个地方的乡村之美，能够在巴黎的紧张之后呆在这个宁静之所，使他倍感宽慰。不过，像卢这样的知已则很容易看出，沉闷的天气、没完没了的大雨，这些他在其他时候都无甚好感的事，自有其重要意义，因为它们反映出他情绪上的消沉。[①]他抱怨便秘、血流不畅、牙疼、眼睛痛，喉咙老是发痛，这一切都因发烧加剧，令他产生怪异的幻觉。他尝试了蒸汽浴。他重新开始赤足散步，一个在巴黎没能坚持的老习惯。但是全都无济于事。安排给他的房间让他很不舒服——阴冷潮湿，位于一棵大树后方，所有光线都被挡住——直到被允许住进有山墙屋顶的他的那间老房间，他才突然又开心起来。尽管在巴黎时他渴望拥有的平静生活似乎仍遥不可及，但他还是相信巴肯霍夫大宅的疗伤之力。不过，一个始料未及的情况令里尔克烦恼不已。他们的主人的女儿玛丽-路易斯年方1岁半，肺活量惊人，性格活泼，终日盘踞在眼前，令他痛苦不堪。

此时去看望他们在奥伯尼兰德的女儿再适宜不过。赖纳和克拉拉已有一年多没见到她。表面上看，露丝过得很好，在外公外婆租下的宽敞农场长大。它让里尔克想起他和母亲在他7岁时曾共同梦想过的、约瑟夫试图申请担任其经理的波西米亚庄园。宽敞、稀松的草顶农屋周围环绕着草地、一个类似公园的花园以及高大树木，树木周围都是弯曲的小径。露丝整个夏天几乎总是呆在户外，光着身子，或者裹着一件与她所习惯的简单生活相称的朴素袍子，[②]快乐地到处跑动。至少，这是做父亲的描述中，身处他所谓的浪漫乡村场景中的女儿，在某种程度上，他相信她是快乐的。

自然地，小孩认不得父母了。对他们来说也是一样，看到他们抛下的娇小无助的9个月大婴儿已经变成一个真正的孩子，会到处跑动、说话，拥有自己的意志，也是很奇怪的一件事。他们在漫长的分离之后首次相遇时，做父母的决定静静坐着，一动不动，以便让她习惯这两个看来对她的生活拥有特殊权利的人的奇特在场。她用乌黑的眼睛盯着他们看了差不多一个小时，终于决定发善心和他们说话。他们感觉自己被接受了。很快，她开始喊克拉拉"妈妈"，做爸爸的则始终是那个"人"，最终发展为

[①] 1903年7月13日；《里尔克与卢·安德烈亚斯-莎乐美：通信集》，63—64。
[②] 1903年7月25日；《里尔克与卢·安德烈亚斯-莎乐美：通信集》，80—81。

那个"好人"。随时间过去,孩子越来越信任他们,①会用一种她独一无二的语言和他们说话,把他们包容进了她自己的世界。

不过,这些时刻令里尔克痛苦地想起他所忽略的作为丈夫和父亲的角色,这与他的朋友福格勒对于家庭生活的投入形成了强烈对比。不过,他对卢表达这种挫败感②——女儿在"陌生人中"长大——的同时,他也表达了要做一个自由艺术家的决心。正如他对幼小女儿像自然之子一样度过的"心满意足"的生活做浪漫描述一样,他也描述着艺术家的形象,强调他的艺术价值高于所有其他家庭和社会义务。赖纳显而易见的榜样就是罗丹:他打算给卢寄去一份他关于这位雕刻家的论文的抄本,它实际上含蓄地表白了他本人的艺术目标。

正是这种宣称艺术的特权地位高于个人生活的各种需要和责任的态度,使得里尔克在奥伯尼兰德住了一星期又返回沃普斯韦德(他希望在那里呆到 9 月)后,与海因里希·福格勒及其家人日益疏远。里尔克希望他的房间能够让他不受干扰地生活,他在里面已经存放了一些材料,准备展开安静的工作。翻译《伊戈尔远征记》,这份他在巴黎和维亚雷焦就已经开始的工作,正符合他目前的需要。他希望重新开始在花园小径上和巴肯霍夫大宅附近的小树林里赤足散步,穿着他的蓝色俄国式束腰外衣。③但是,预产期是 7 月 28 日的婴儿在他们于 8 月 1 日返回后,显然随时有可能出生。一家人好像现在眼里只有这件事。这个地方现在忙于做种种准备工作,变得喧闹不堪,此刻别扭的独处需求——对宁静和工作的渴望——显然与环境格格不入。

对里尔克来说,这种不适造成的紧张转变为一种对于他的老朋友海因里希·福格勒和他炮制出的这整个世界的控诉。他比以往更深切地意识到,他以为的这位密友已经迷失了方向,忘记了生活的首要目的,也就是他的艺术。他将如此多的时间和精力用于维持"家庭",令他的生活范围和艺术家的存在变得狭隘。显然,他不再是里尔克过去认识的那个朋友,那个里尔克曾经觉得非常亲密的自由自在的年轻艺术家了。现在的

---

① 1903 年 7 月 25 日给卢的信;《里尔克与卢·安德烈亚斯-莎乐美:通信集》,81—82。1903 年 7 月 25 日给凯的信;《里尔克书信集,1892—1921》1:373—374。
② 1903 年 7 月 25 日;《里尔克与卢·安德烈亚斯-莎乐美:通信集》,80—81。
③ 1903 年 7 月 13 日给卢的信;《里尔克与卢·安德烈亚斯-莎乐美:通信集》,64。

福格勒已经炮制了一个为小富即安的老观念所束缚的"家庭",不思进取令他视野受限。赖纳相信,他的屋宅在充盈着日常生活的同时,变得闭塞了。充满嘲讽意味的是,几年之后,玛莎·福格勒,也就是里尔克亲眼看着从一位苗条、活泼的金发女子变成的肥胖的农庄主妇,将要给她的居家的艺术家丈夫指路。

小海伦娜·贝蒂娜,一个健康、黑发的女婴,①一出生便发出响亮的哭声。她的哭声令里尔克夫妇不快地想起了小露丝,她不久前才把自己的父亲赶跑,在某种程度上把母亲也驱走了。一旦确定母女健康,赖纳和克拉拉在女婴出生后第二天就溜走了,只是时不时从奥伯尼兰德过来拜访福格勒夫妇一下。海因里希·福格勒本人对这段故事的态度是含糊的,②仿佛赖纳只是个正好路过的祝福者,"同时,我们的贝蒂娜出生了。里尔克正好再度来到沃普斯韦德,常过来看望玛莎。"他特别指出,他这位朋友在来宾签名册上专门写了一首摇篮曲。

不过,里尔克的失落并非仅仅针对海因里希·福格勒。他现在带着一点轻蔑的态度看待整个沃普斯韦德的艺术家群体,③认为他们与强调要全力以赴于工作而非所有那些"不相干之事"的罗丹完全不可同日而语。他认为他们作为艺术家是片面的,作为人是卑微的,为了无关紧要之事摧眉折腰。他试图去爱他们,但他们令他失望。

回到克拉拉父母的"家"——里尔克夫妇出发去意大利之前唯一的另一个去处——也不曾带来什么明显的好转。从一开始,甚至在他们第一次访问此地时,气氛就很紧张。尽管乡村景色优美,庄严的建筑四周围绕着高大古老的树木,但是里尔克感觉茫然若失。他没有可以不受干扰地工作的房间,又因为这里弥漫的沉重、焦虑的气氛而倍感压抑。克拉拉的父亲是个63岁的退休商人,以时而粗野的大发脾气,时而哀叹的忧郁发作主宰着全家。里尔克认为这个可怜的年迈之人——他无休止地摸索的双手,慌乱、转来转去的空洞眼珠——与女儿纯洁的声音形成对比。④

---

① 1903年8月11日给泽温彻的信;《与奥斯卡·泽温彻的十三封通信》,37。
② 福格勒,124。
③ 1903年8月1日给卢的信;《里尔克与卢·安德烈亚斯-莎乐美:通信集》,86。
④ 《里尔克与卢·安德烈亚斯-莎乐美:通信集》,83。

不过,露丝对于不习惯小孩子的父母来说也不是件轻松事。她经常固执己见,尽管看起来并没有明显地不高兴。父母尽管努力分享她的世界,但也忙于计划再次离开。里尔克决定放任自己不安分的心灵。从不来梅到汉堡的快车轰鸣着,沿铁轨飞奔,①随着安静地聚精会神于创作的可能性逐渐消失,他渴望去远方的欲望变得难以抗拒。这两个做父母的尽管对露丝不失关心,却依然做出了再离开她一年的计划。他俩都坚持把事业放在首位,日后又抵制住了他们的朋友埃伦·凯好心好意想让孩子到意大利和他们一起生活的打算。

7.

乡村空气令里尔克的健康有所改善。他们出发进行新的探险时,他的咳嗽和黏膜炎似乎消失了,精神也振奋许多。他和卢的重新开始是一剂大定心丸。通过撰写那些长篇累牍、充满试探,每每不乏神来之笔的信,他设法与她营建起一种关系,它足够稳定,实际上延续了他的整个余生。诚然,他们之间也有过失望、长期的中断和偶然的疏远,但他们之间的纽带再也不曾完全断开。卢对于不再见面这一点非常坚决,直到几乎又过了两年才改变想法,不过她还是做了一件让里尔克高兴的事:她以真诚的热情,甚至惊叹,对于8月初寄到她手上的罗丹论文做出回应。

卢的回信不仅热情,也极其睿智、充满理解。她非常敏锐地看出,里尔克的作品和写给她的信之间,展现出个人事务和非个人性的思想和艺术成分之间互相渗透的关系。类似地,她也意识到,写于他们进行这种书信上的重新结合之前的罗丹论文,是一种以高度敏感的创造力写就的独特艺术作品,其中深藏着一种个人关系。罗丹不仅是一位将人类的敏感心情和渴望创造成型的模范艺术家。他也不仅仅是托尔斯泰拒绝担任的那种庄严的父亲形象,不仅仅代表着她一度试图用来保护他的那种母性精神。他已经成为里尔克自身的一部分。

---

① 1903年8月15日;《里尔克与卢·安德烈亚斯-莎乐美:通信集》,109。

事实上，我们应当看出，卢何等地理解了里尔克在这篇论文中的独特成就——他成功地将心灵的混乱内容与凝练的艺术紧密结合——而且她像一位富有经验的艺术史学者和心理学者一样，将这本小书看作关于创造力本身的一堂实物教学课。赖纳的关注对象，她写道，不仅仅是事实的或者艺术的，而且在极大程度上就是人类本身。"我不知该如何表达，"她补充道，"但是对于我来说，这本书里有一种联姻，一种神圣的话语，一种被引领着进入……可谓奥妙之境的感觉。"①在它表面的内容和对于诗歌与视觉艺术关系的探讨之外，她察觉到一种新的创造的情感和心理基础。她知道这不仅是一篇关于罗丹艺术的文章或者论述，它也承载着里尔克对于艺术本身的理解，它是对人类整体生活的精炼再现。否则，罗丹的观念不可能给里尔克的诗歌以如此重要的影响。她的短信最后部分是一段极其私人，却又极其客观的断言，事实上成为她对于艺术的认识，对于里尔克作为艺术家的成熟，以及对于作为一种人类事业的他们的关系的革命性宣言。

或许还得再过许多年，对于你自己的一些最崇高的认识……才会像回忆一样浮出水面，揭示出将凡人和艺术家、生活和梦想结合在一起的深层逻辑。就我自己而言，我现在很清楚你是什么：这对我而言是这本书里最为私人的部分，也就是说，我相信我们在关于生活和死亡的复杂秘密当中是盟友，就将人类联合为一体的永恒意义而言，我们是一体的。从现在开始，你可以信任我。②

缪斯复返了。

---

① 1903 年 8 月 8 日卢的来信；《里尔克与卢·安德烈亚斯-莎乐美：通信集》，89。
② 《里尔克与卢·安德烈亚斯-莎乐美：通信集》，90。

第 11 章　写完组诗

> 瞧啊:我也不想将生活和艺术割裂开:我知道某时,某处,它们出自同一种思想。但是我拙于生活啊,因此,当它包围住我的时候,它在我而言每每只是一个站台,一种延误……因为艺术是一种对于个人生活而言过于巨大、过于沉重的东西,即便那些已经抵达成熟老年的人都仅仅只是初始者而已。①
>
> ——致卢·安德烈亚斯-莎乐美
> 　　　　　　　　1903 年 8 月 11 日

1.

　　对于一个还不到 30 岁的人,如此强调这种生命短暂,艺术永恒,以及艺术的永恒与艺术家在现实时间中的生命之对比等等老生常谈,难免显得奇怪。里尔克从 1903 年秋天开始在意大利的逗留,成为创造时刻开始之前的一段拖延期。这一时期以他开始动笔代表作《新诗集》和《马尔特手记》达到高潮。不过,这个时期,他也不得不越来越直面他作为艺术家

---

① 1903 年 8 月 11 日给卢的信;《里尔克与卢·安德烈亚斯-莎乐美:通信集》,108。

和作为丈夫、父亲这几种不同的生命角色。

此刻,心照不宣地,这对夫妻回避着这个问题。里尔克抛下陷于夏末暑热的德国,充满希望地出发了,他在一段新生活开始之初通常都是这种心情。他和克拉拉离开前,出现了一个不和谐音符:①布拉格的父亲约瑟夫表示希望儿子和媳妇不要奇装异服,而是衣着体面地出现在优雅的马林巴德,他们计划在奔赴南方途中,在那里与他碰面。尽管最近几年里尔克说起父亲总是赞不绝口,但是这个要求让他想起了昔日的压力。他们刚刚才勉强摆脱克拉拉的家人,现在又要面对来自赖纳一方的烦扰。

实际上,他们在这个时髦的旅游胜地的停留并非无法忍受。不过,整整3天力图迎合父母的偏见之后,他们继续前往下一站时,还是松了口气。他们在慕尼黑和威尼斯欣赏了朋友伊格纳西奥·苏洛阿加的绘画,并在佛罗伦萨短暂停留,然后于9月10日到达罗马,赖纳终于决定还是留下来陪陪妻子。

这是一年中罗马最难挨的时节:暑热和潮湿主宰着这里。里尔克夫妇四处流浪,无家可归。为了试图安顿下来,他们勉力挣扎,这让里尔克再度发现他渴望的迁移会带来的不安感觉。幸运的是,多亏他人脉众多,他们的努力有了成效。他们在城郊为克拉拉找到一个可以当作工作室的小村舍,②它位于一个巨大的私人公园里,后者的主人是一个富有的阿尔萨斯画家和雕塑家。阿尔弗雷德·斯特霍勒-费恩(Alfred Strohl-Fern)很有钱,又愿意为艺术家同行提供创作空间。在这位仁慈地主的气派别墅周围,分布着多达28套小村舍,许多丹麦艺术家就在里面居住和工作。里尔克从丹麦作家伊迪丝·内布隆(Edith Nebelong)处听说了这个地方,后者现在也在罗马,早在韦斯特维德时期,他就开始欣赏她的作品了。令里尔克倍感宽慰的是,他成功地为克拉拉谋到了其中一套村舍,这个住所让他由衷喜爱,以至于他立刻请求自己也能入住一套这样的房子。为了等待空缺,他住在丘比特神殿(Capitol)不远处的卡比托利欧街的一套公寓里。

---

① 参见利普曼,231—232;《里尔克:人生与作品大事记》,171。
② 1903年11月3日给杨格的信;《与阿克塞尔·杨格书信集》105,257—258页及注释。

在罗马,直到此时,计划表上只有翻译《伊戈尔远征记》这一项工作,这使里尔克倍感挫败,心情沮丧。这座城市有着"死气沉沉的博物馆气氛"、一段被过高估价、被糟糕地复兴的往昔,以及一段与当下毫无关联可言的生活的乱七八糟的遗迹,整体感觉悲伤、令人消沉。①他在这种心态中写信给弗兰茨·夏弗·卡卜斯,他的"年轻诗人",信中仅对花园、喷泉、令人难忘的林荫道和楼梯略加赞美。至于罗马艺术,幸存下来的只有零星珍贵的残余物,一点点在城市大众文化中显得特立独行、清晰可辨的杰作:骑马的马可·奥勒留就是这些为数不多的杰作中的一员。

这种不满之情令里尔克流于盲目。从各处的逃离不曾缓解他萦绕不散的不安心情,这种不安看来并非源自外在环境——巴黎的贫民窟或者罗马的湿热和令人厌烦的文化——而是源自他试图维持自己的声音的软弱挣扎。出于无法创作的恐慌,他甚至罕见地向克拉拉求助,后者此时也正在挣扎,力图在艺术创作中达至胜任和娴熟。从位于罗马市中心的公寓里,他写道,"我如此想念你,我很高兴你能有一点点享受,你的黄昏和夜晚能够让你满意,就像我希望的那样。"②至于他自己,终于,他又开始动笔了。

2.

1904 年初,在围绕着斯特霍勒-费恩别墅的美丽公园远端的"小小的花园房子"里,里尔克构思出了许多后来将会构成他的创作核心的作品雏形。如果说,《定时祈祷文》的每个部分都反映出诗人发展过程中的一个独特阶段,那么他在这一时期的出色叙事可谓以清晰明了、几乎堪称经典的形式,标志着他的才华的全新升华。

然而,里尔克的日常生活中,可悲的混乱依然继续着。他整个夏天和

---

① 1903 年 10 月 29 日给夏弗·卡卜斯的信;《给一个青年诗人的十封信》,28—30。
② 1903 年 11 月 5 日;《里尔克书信集,1892—1921》1:406—407。

秋天都不曾写出什么真正新鲜的东西,这一认识让他备受打击,以至于强烈地期待搬到斯特霍勒-费恩公园,相信在一个离城市较远的地方,在其他艺术家的陪伴下,他的力量会得以激发。然而,前进的路途充满各种小障碍和令人沮丧的延误。他本打算1903年11月中旬就能搬进去,然而村舍没能及时清空。①12月,空缺终于有了,但是房间尚未准备好,令里尔克进退两难,甚至无法打开手提箱。他以为自己继承了前任,也就是德国画家奥图·索恩-瑞特尔(Otto Sohn-Rethel)的家具,但是几天后,这人回来了,要求取走自己的东西,继之以一轮为了让里尔克能留下这些东西而展开的复杂谈判。不过,这些障碍全都转瞬即逝,不值一提,不足以掩盖隔绝尘世、远离城市生活的好处,更遮挡不住里尔克周围怒放的灌木丛和美丽的鲜花。

这些温暖的12月夜晚,②从树丛中、灌木丛和月桂树林里,从大量新生的植物和树枝中散发出一种几乎类似夏天的味道。茂密的植物与城里充斥着为了圣诞节而装点一新的橱窗、被粗鲁地照得雪亮的街道形成强烈对比。这里,在斯特霍勒-费恩,他与粗俗的世界隔绝开来,得到了投入创作的力量。透过巨大、高高的窗子,他观察着外面的公园:一片广袤、五颜六色的开阔地,堪称数个奔波不定的星期之后的一幅宁静美景。时值隆冬,周围却让人恍惚以为是春天。里尔克坐在大窗后面,宽阔的桌子前,看着眼前的美景:闪亮的月桂树叶和低矮的圣栎灌木已经露出小小的蓓蕾,在柔风中轻轻摇摆。更多时候,他会使用书房中央的一张站立式桌子:写信,锤炼翻译,等待来自内心的呼唤。

里尔克变得越来越像一个隐居者。他只在极其必要的时候才进城,旋即匆匆赶回他的花园小屋和花丛,离群索居。他和克拉拉各有各的小屋,所以并非经常见面。他借用她的蒸汽浴设备,却与她保持距离。偶尔,他会在附近的邋遢饮食店吃顿饭——甚至吃一点肉,以图有点变化——不过对酒精的厌恶使他远离许多欢宴场所。他唯一的奢侈品就是茶和精心烹制的咖啡。大多数时候他自己做饭——蔬菜、谷物、鸡蛋和水果——不仅是为了增进健康,也是一种表示信念的姿态。

---

① 1903年12月5日给杨格的信;《与阿克塞尔·杨格书信集》,109。
② 1903年12月22日给凯的信;《里尔克书信集,1892—1921》1:407。

缺钱令他痛苦,一如既往地让他分外感到穷困潦倒、漂泊不定。不过,11月初,阿克塞尔·杨格伸出援救之手:①他给里尔克提供了一个职位,内容是征集和审阅稿件。里尔克已经非正式地帮朋友审阅了一段时间的稿件,不过为了满足他的需要,杨格现在提议把这些偶尔的工作变成一份正式职业,薪水是每个月50马克,不算很慷慨,但在那个时候也并非不合理,或许也正好是杨格支付得起的数字。考虑了片刻,里尔克便接受了这一提议,只是提出,杨格不得出版任何他坚持反对的书。

充满讽刺意味的是,大概就在同一时期,里尔克面对着一个令他不安的决定,它将最终导致两位朋友分道扬镳。1月,鲁道夫·冯·坡勒尼茨(Rudolf von Poellnitz)②,也就是如今已经彻底独立的英赛尔出版社的经理,也来拜访里尔克。他拒绝过《上帝的故事》第一版的出版,如今却提议出版它的第二版。里尔克求之不得,他对于英赛尔出版社在文学和知识性出版物方面日益增长的声望垂涎已久。杨格曾勉强同意他的作者在他的出版社之外出版一些作品,因此里尔克觉得自己可以自由地做出同意的答复。他甚至提议埃伦·凯,这位通过他的《上帝的故事》"发掘出他"的人,来为这个新版写序。③

既然在实际生活中出现了这些不乏希望的进步,一股新的火花也就点燃了诗人的想象力。里尔克在痛苦的中断之后,终于重拾创作,回到上一年曾经计划过的道路。1904初创作的诗歌成为他在巴黎得到罗丹、波德莱尔和魏尔伦启发后创作的那些"事物"诗的补充。这一时期的作品中充斥着同样的大胆疏离,同样的试图抵消他的沮丧之情的企图。现在他走得更远了:他将诗歌与叙述压缩为一体,正如他曾看到罗丹将轮廓与面孔,将审美客体与心理压缩为一体一样。不同于《豹》或《阿善提人》,这些在意大利和他挥之不去的压抑心情影响下写就的新诗,其模特是人物和物品的画像,观察者从自己及内心世界出发,隔着更远的距离打量它们。

---

① 1903年11月19日;《与阿克塞尔·杨格书信集》,106—108;258页注释。
② 1904年1月16日;《里尔克:人生与作品大事记》,175—176。
③ 1904年2月6日;《里尔克书信集,1892—1921》1:426—427。

3.

《俄尔甫斯、欧律狄刻、赫尔墨斯》一开始貌似一部一本正经的假面舞剧,但是渐渐转变为里尔克的叙述和诗歌天分出色结合的结果。初稿时它还只是一篇有着出色节奏和韵律的散文诗,到终稿时却反映出一种古老的德国传统,歌德和席勒早在里尔克之前一个多世纪就曾挖掘过它。正如7岁的赖纳就比同学更早地背诵席勒关于希腊和罗马遗迹的长篇叙事诗一样,27岁的诗人成功地用风格与含义的复杂并存重新展开叙述。它独特的形态使这首诗超越了它所属的类别,达到了一种源自画家、雕塑家和法国象征派诗人的独特形式。

这首诗与《贫穷和死亡之书》之间,或者罗马与维亚雷焦之间,仅仅间隔了9个月多一点,但变化却显而易见。代表诗人的僧侣或者圣弗朗西斯已经变成了俄尔甫斯,古典神话中的艺术大师、灵魂的音乐家。凸显这一区别的,不仅是从宗教背景到世俗背景的转变。3年之后完成的《新诗集》描述了很多《旧约》和《新约》人物。用石头刻出的动态的、行动的形象对语言的替换创造了一种戏剧景观,极其生动,却又凝固于不安的姿态:三合一的群体,也就是俄尔甫斯、欧律狄刻和赫尔墨斯,表现出性、死亡和艺术之间的冲突。

里尔克知道这幕由浮雕表现的场景只有三个摹本,分别保存在卢浮宫、罗马的阿尔巴尼宫和那不勒斯一家博物馆。他可能在这3个地方都看过这个群雕,熟悉这幕由3个人物构成、凝固了故事中的行动和冲突的生动场景。诗人的语言令凝固的形象重新运动起来:

> 那是灵魂的奇特矿井
> 像沉默银矿的血管
> 他们在它的黑暗中移动。在根丛当中
> 涌出血液,溅向人类,
> 在黑暗中像斑岩一般沉重。

再没有别的红色。①

这个安置于地下世界的背景透露出里尔克对舞台始终不渝的着迷。它就像演员上场之前的舞台——先是俄尔甫斯,然后是赫尔墨斯领着欧律狄刻——并且设计得恰如其分。血液从颜色可憎的泉中涌出,在黑暗中若隐若现。这个地下矿井也是灵魂的内在之矿,戏剧就在其中展开。正如在罗丹的雕塑中一样,行动凝滞,里尔克将人们熟知的俄尔甫斯的企图,也就是把他的妻子欧律狄刻从地下世界带出,转变为一种在涌动着内在生命的、精心雕琢而出的形象之间展开的一出庄严戏剧。

这首诗不仅描述了俄尔甫斯悲剧性的失败——欧律狄刻挽着赫尔墨斯的胳膊跟随在他后面,他却未能按捺住回头看看的念头——也展示了他在扭头之前,就如何已经失去了他的爱人。俄尔甫斯急切地前行着,迈着大步流星的步伐,而她则迟疑地挽着赫尔墨斯的胳膊,已经毫不依附于他。里尔克将她塑造为一个沉浸于自我的形象,一个自成一体之物,与曾经用歌声令她着迷的急不可耐的丈夫保持着距离。一种伟大的死充满欧律狄刻的心头;她获得了全新的处女之身。里尔克对她的性事的描写迥异于《贫穷和死亡之书》中的狂暴场景。实际上,欧律狄刻:

>……已经获得了新的处女之身
>不容触及;她的性已经关闭
>就像一朵傍晚的娇嫩花朵
>她的双手变得如此不习惯于
>婚姻,以至于即便温柔神灵的
>无限轻柔的引路的触碰
>都弄痛了她,仿佛过于亲密。②

在她固执的死中,这个欧律狄刻自由地上演了最终俄尔甫斯将要遭受的命运。她融化进自然,成为包括了死亡的整体生命的一个部分——

---

① 《里尔克作品全集》1:542。
② 《里尔克作品全集》1:544—545。

预示了里尔克大约 10 年后在《杜伊诺哀歌》中臻于完善的个人神话。她披散的长发"像落下的雨一样倾泻"。而且"她已然生根"。然而,在无法避免的逆转中,她毫不意外地回到地下世界,甚至没有一点悲剧感,俄尔甫斯则成为在入口处徘徊的一道微弱的影子。通过在艺术中的死亡,通过"生根",欧律狄刻因为撤出了生命而存在。《维纳斯的诞生》和《赫泰赖之墓》,两首写于 1 月的散文诗,也都是类似的叙述性独白,借助女性主人公描述了生命向死亡和艺术的转变。

2 月,里尔克着手第一部长篇小说《马尔特手记》时,预见了一种非常不同,却又堪称补足性的功能。与他力图达到非个人性的叙述诗不同,他计划的小说通过保持大量的个人性来探索审美距离。那年冬天和春天在罗马打下的早期草稿仍寻求通过传统叙述来保持距离。第一个版本被设计为一个传统框架故事,在其中马尔特,年轻的丹麦主人公,对住在巴黎公寓中的叙述者讲了他的故事。"起初我认为他的脸应当是令人难忘的,"[①]对话者如此评论这次相逢。"但我觉得很难描述出它。他的手也是一样,非常奇怪,但是我没法形容它们。"

里尔克放弃了这个开头。在分解这个框架故事时,他做了一个刻意的努力,创造出一种新的非个人性,它来自一个反思性的自我对内心的强烈深入。为此目的,他使用了抒情、以审美为目的,但基本上还属于传统的小说,比如因斯·彼得·雅科布森的《尼尔·利内》的那些特征。

起初的草稿用了丹麦乡间的哥特式背景,描写了马尔特·劳里斯·拉尔森(很快就将重新命名为布里格),他的父亲、祖父、表亲和其他家庭成员。在乌尔克劳斯特这个与世隔绝的城堡中,围绕晚餐桌子的一幕场景得到细致描述,在所有之后的草稿中都基本没有改动,它反映出里尔克利用素材的最初努力。这是布莱家,也就是马尔特去世的母亲家的一幕家庭景象,源自里尔克十二三岁时的童年回忆。一个可怕的时刻,令人毛骨悚然,高潮是母亲的表妹,克里斯蒂娜·布莱奇特的复活,堪称里尔克对超自然的喜好和恐惧审美的结合体。

描写和叙述带着压迫力直逼读者:"无论何时这家人走进【餐厅】,蜡烛总在沉重的烛台上燃烧着,几分钟后,你就忘了时辰,以及你在外面看

[①] 《里尔克作品全集》6:949 页及之后。

到的一切。它用阴暗的高顶,从未被完全照亮过的角落,从你心里吸走了所有形象,却没有补偿给你任何确凿的形象。"①

这种老年的隐隐象征——将死亡作为超自然事件灌输进现实当中——导向对于垂死祖父的类似关注。"桌子一头站着我【母亲家的】祖父巨大的扶手椅,一个仆人没有别的差事,专门负责把它推到他身下,然后他在椅子上总是只坐很小一块。"这发生在一幢房子里生死不明的昏暗区域中,而马尔特和父亲在这里不受欢迎。克里斯蒂娜·布莱现身时,这个生死主题将两个因素连接起来:"我父亲的脸现在愤怒不已,涨得通红,但是外祖父,他的手指紧紧勾住他的胳膊,好像一只白爪,却一脸面具似的笑容。"

类似地,马尔特的另一个最后定名为钱伯伦·克里斯托弗·德特列夫·布里格的祖父,②其著名的、破坏性的死亡,也蕴含了超自然的内容——关于死亡和濒死的感觉——方法是将它转变为现实,与欧律狄刻,另一种个人化的死亡有点类似,不过通过与之相反的方式呈现。垂死之人肿胀的身体和痛苦的声音被描写为仿佛属于死亡本身。惊人的形象——关于可怕的死亡日益增长的自主性的生动景象——在这幕充满神秘论的戏剧中层出不穷:变得安静的狗,请求起床的临产女人,停止分娩的母牛(死亡的果实从它们体内被拖出——这让我们想起在维亚雷焦创作的诗歌);一整幅关于充斥着可怕声响的离奇场景的有力画面,在其中甚至响亮的教堂钟声也蕴含着老钱伯伦的死那独一无二的声音。

尽管这幕荒凉场景是在罗马郊外的一个青葱花园里创造出来的,或许有些奇怪,但是这种氛围和背景里尔克考虑了已有一段时间。草稿写于他去丹麦和瑞典旅行之前:他两年前就在施耐希-卡洛拉公爵和公爵夫人的图书馆里研究过这两个国家的文学和历史氛围。日后,里尔克将会充分利用他关于斯堪的纳维亚乡村生活的知识,不过此刻他用得最多的还是他在豪斯多夫庄园读过的东西,记述 18 世纪一个显贵之家的衰败的

---

① 《里尔克作品全集》6:729—730,732—733,738。原初的版本几乎一字不差,只是依旧符合框架故事结构而已。《里尔克作品全集》6:953 页及之后。
② 《里尔克作品全集》6:715—721。

"李文特劳文件"。这些文件在里尔克的想象中诱发了这些巍峨、压抑的场景,现在它们又通过年轻的马尔特的记忆渗出,成为可以同时呈现出公共和个人意义的文件。不过,传统叙述框架的局限性难以促成一种足够深刻、广泛的意识探索,无法满足这位首先而且始终是个诗人的小说家。

里尔克在小说精心构思而出的结构中找到了他的答案。在接下来数月、数年的创作中,最初在巴黎开场的框架添加进了描述里尔克的巴黎创伤的系列描述性场景,后者摘自他的日记和写给卢、克拉拉、埃伦·凯和其他人的信,他写这本书的时候,要求他们把这些信都还给他。他将最初的丹麦片段的恐惧气氛与他早期对巴黎的反思中的社会和心理恐惧加以均衡,编织起一张由互相交织的形象和人物组成的大网——在很大程度上它是个人的,但又极其客观——它将反映出他那一代人的风貌。这些场景在开篇部分的出现,就表明它们是一些有效的工具,足以创造出一种新形式。

这是一种令人激动的新手段,它通过与里尔克在诗歌中的发现紧密结合,将那个世纪早期一度非常流行的"个人小说"风尚加以延伸。它其实是一项极其艰难的任务,作者经常对于寻找合适的姿态深感绝望。在这个早期阶段,"外在的"叙述者退隐进了年轻的流亡诗人马尔特,后者以弗兰茨·夏弗·卡卜斯以及他本人为原型,被安置在一个闹鬼的家族和城堡中。

一方面是"古典"诗歌,另一方面是个人小说,它们揭开了通往更高成就的序幕。困顿的学徒正在变成大师。

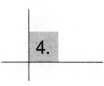

1904年3月初,里尔克仍在写作,尽管已经开始有点力不从心。《伊戈尔远征记》的翻译终于搁置,他暂时允许自己从工作中抬起头来。现在,对于杨格的承诺需要他集中注意力,他也就趁机得以暂离创作的痛苦。他继续担心收入问题。对付杨格的工作时,他不得不一方面严格审读各种稿件,一方面频频要求薪水,不断对收到的钱表示感激,并针对合同展开谈判。

　　罗马令里尔克再度陷入不安。春天开始时,兴奋的游客成群结队来到,其中许多是德国人。为了自我防御,里尔克甚至更深地躲进他小小的红色花园小屋。他继续写作《马尔特手记》,尽管热情已不如前。他再次准备离开了。与丹麦人杨格的友谊坚定了他的信念:离开地中海的南方,到斯堪的纳维亚的北方去,将会帮助他重获正在失去的动力。他开始学习丹麦语,指望很快能读雅科布森和克尔凯郭尔的原著。他还梦想在丹麦找到一个安身之处,或者至少能学到一些具体知识,来支持他的马尔特的写作。

　　2月和3月初忙于创作的几个兴奋又疲惫的星期的光彩尚未退却,一些烦心事又开始了。第一个打击来自3月中旬,菲亚·里尔克抵达罗马,要呆上漫长的3个星期。赖纳努力克制着厌恶心情。菲亚穿着做作的黑衣服,他觉得非常可笑。他感觉到儿童时代常有的想要逃走的冲动。圣博尔滕时代的那种眷恋依赖已成往事,现在她肤浅的宗教崇拜,她"三心二意的虔诚",她希望他作为儿子对自己尊敬有加的暗自期待,都让他难以忍受。出于莫名的绝望,赖纳再次转向卢,描述着他的愤怒之情,他一想到这个女人就是他生命的来源,就感到厌恶无比。卢尽管正因为国际形势而烦恼——她的祖国俄国与日本正处于战争——却还是立刻像称职的心理医生一样写来回信。①她同意他母亲的出现很有可能会造成他的焦虑,不过她也指出,对他来说,任何恐惧都是创造力的来源。她的帮助没有成效。不管赖纳有否夸大他的状态,菲亚的存在都毁了他的写作。

　　与埃伦·凯不和的苗头也影响了他的写作。里尔克礼貌却坚定地拒绝了她又一次试图让小露丝来到他们身边的企图。不过,他最大的威胁还是来自职业上的。凯在3月和4月寄来两份调查表——他一生中将会收到很多这类表格——询问他从因斯·彼得·雅科布森和罗丹那里得到的启发,《白衣妃》中僧侣的含义,他的家庭和背景,包括他在多大可能上想象力受到家族中可能有过的斯拉夫血缘的影响,里尔克尽管尽职地做出回答,却感到很不自在。

---

① 1904年4月15日里尔克给卢的信;1904年5月初卢给里尔克的信;《里尔克与卢·安德烈亚斯-莎乐美:通信集》,145—150。

复活节之后一周,埃伦·凯在哥德堡发表演讲,题目是《赖纳·玛丽亚·里尔克和上帝观念》[1]。出乎意料地大获成功。哥德堡一份重要日报上登出评论,称演讲者吸引了"一群有知识、充满兴趣(尽管多为女性)的听众"[2],而凯则快乐地写信称"听众挤满了大厅,兴致勃勃",并宣布人们开始抢购里尔克的著作,一个博学的学者很快可能举办一次关于他的研讨会。几天后,她到哥本哈根给学生发表演讲,再次大获成功。在隆德的另一次成功演讲中,她遇到了瑞典画家和诗人厄内斯特·诺林德(Ernst Norlind),很快说服他成为里尔克的赞助人之一。在罗马,里尔克夫妇收到埃伦·凯热情地寄来的许多丹麦和瑞典剪报,大多数都是赞美之辞,他们设法译读出它们。

然而,4月下旬,里尔克读到了凯的论文的德译本,它将成为新版《上帝的故事》的序言。他发现自己暗暗的疑虑被证实了。他感觉自己的微妙之处被悉数诠释出来,他的文字中的那些隐晦的谜语被一个爱刨根问底的学者完全揭晓在光天化日之下。他用他惯常的优雅语气写信给埃伦·凯,试图掩盖自己的慌张,却仍不免有所流露:"这些文字像一座小教堂一样建筑在从我最近的信中摘录的片段上,它们对于这本四年前写的关于'亲爱的上帝'的作品诠释过度。它们解释得太多了,足以充任打开它的所有大门的钥匙。"[3]他决定这本书"单独出版,不用序言,就像第一次出版时那样"。两星期后,赖纳仍旧心慌意乱,他告诉卢,凯利用他最近的信件,显然探究了他的个人生活,他已出版的所有作品原本都不可能导致这种结果。

对凯彬彬有礼地表示出的这种反对,带来了一些复杂的问题,直接影响了里尔克的文学创作。事实上,他经常运用私人信件,让人不免想要探究他的作品的个人性基础。更甚的是,在他生命的这个阶段,他试图创造出一种公共形象,为此曾要求凯回避提及他的婚姻和孩子,韦斯特维德或者奥伯尼兰德。相反,他希望作为一个挣扎的孤独年轻诗人,一个遥远、高深莫测的形象,一种与他的著作互补的审美创造来为人所知。

---

[1] 1904年3月3日给杨格的信;《与阿克塞尔·杨格书信集》,131。
[2] 1904年4月26日给杨格的信;《与阿克塞尔·杨格书信集》,133。
[3] 1904年4月29日给凯的信;《里尔克书信集,1892—1921》1;451—453。

令里尔克更加焦虑的是,他发现凯的论文尽管作为序言可以被他拒绝,从而处于他的控制之下,但它在德国的其他地方也有人关注,他的朋友和出版者阿克塞尔·杨格正鼓励凯发表其德译本。里尔克强烈反对这篇令他不适的、深究他的私人生活的文章侵入他的德语空间。①

然而,埃伦·凯的理由也并非不充足。里尔克既强调心理探索,又要求严格地保持疏远,令他的诠释者、仰慕者和批评者们,甚至令他本人,都充满矛盾。凯的长文实际上对里尔克大加赞美,即便遭到谴责,她仍亲切地写信给里尔克,继续为他说话,毫无受到冒犯之意。她尽管力图跨越将身为社会心理学者的她本人与这个极其私人性的诗人之间的沟壑,但她也尊重他保持距离的要求。她承认自己运用那些私人材料时也是心有余悸,②因此向他保证,她使用它们,仅仅因为她希望他能有自我表达的机会。最终,里尔克尽管取消了序言的使用,却加了一份热情、不算短的题献给埃伦·凯,以作补偿。③

春天变成了夏天,天气闷热潮湿。里尔克再次备受病痛袭击:牙疼和他称为"神经质"的头疼,令他夜里失眠,白天无精打采。不过,目前他看不到任何出路,没有地方可去,此外一纸契约也阻止他离开。

日后,里尔克将视在罗马度过的这几个月为他的创作生涯中最成功的时期之一——包括3首代表诗歌,以及一部小说的开头部分。然而,不幸的是,写作《马尔特》的精力之源已彻底干涸,支撑着他的兴奋之浪已经退却。4月,他已经不剩任何能推动他向前的动力。他沉陷在焦虑的梦中;他的神经感觉像是没有空气的房间。必须采取措施了。

现在,狂乱的诗人决定,真正的灵感之源在北方。南方的气候和文化远远不能支撑这个艺术家,他通常总是赞美这里的气候和文化,现在却认为它们腐蚀着他的想象力。就像花园里的花朵,如果一清早就张开花瓣,那只能意味着迅速枯萎,意大利的艺术现状缺乏坚实基础来促成像样的诗歌。他做好了再次迁移的准备。

4月下旬,克拉拉在赖纳给埃伦·凯的一封信里加了一段附言,④询

---

① 参见《与阿克塞尔·杨格书信集》,267页注释。
② 1904年摘录给克拉拉看的凯的来信片段;《里尔克书信集,1892—1921》2:20。
③ 《里尔克书信集,1892—1921》2:20。
④ 1904年5月9日给凯的信;《里尔克书信集,1892—1921》15:44;55。

问有否可能邀请她丈夫去瑞典。回信几乎立刻就来了:凯会为之努力,并相信可以办成此事。麻烦的是里尔克的经济问题,它要求对方能够长时间地完全免费供养他。

凯的努力取得了成功。他们很快得知,厄内斯特·诺林德,也就是凯在隆德遇到的那位艺术家,决定和未婚妻汉娜·拉尔森一道邀请赖纳和克拉拉到拉尔森在瑞典南部的马尔默附近的住所居住一段比较长的时间。诺林德曾在慕尼黑学习艺术,对于里尔克的罗丹论文深有感触,受之启发,他自己也写了一篇相同主题的论文,并将它题献给里尔克。

这个邀请改变了一切。仿佛阳光突然照耀进黑暗的洞穴。里尔克依然无法工作,为闷热的暑气所压迫,但是他可以宽慰地期待未来了。夏天突然摇身一变,即便他日常的那些忧虑都变得不那么重要了。

这是又一次复杂的、兴奋的离别。里尔克飞快地看完他承诺过杨格的稿件,保证随即寄去详细的报告,同时也急迫地要求收到欠他的所有可能的报酬。克拉拉会回到奥伯尼兰德去看看露丝,不过,他们首先要抽空到那不勒斯小住一阵。

他们在那不勒斯度过的短短几天——从6月5日到9日——出乎意料地快乐。① 与他们认为沉闷、拘泥传统,挤满游客的罗马相比,那不勒斯非常自由。他们一个接一个地参观博物馆和艺术展厅,在海湾欣赏落日。令他们遗憾的是,他们不得不很快离开,以便将整整9大箱书籍装箱,还要收拾一些大包、旅行箱和大量包裹。

忙乱的打包进行到一半时,列奥尼德·帕斯捷尔纳克意外而至。② 赖纳与俄国朋友的联系最近几年有所疏淡,对克拉拉而言,这更只是一个她仅仅听说过的世界。看到帕斯捷尔纳克,赖纳想起他几乎忘记的第三次访俄之梦,不过,喝茶和交换致意尚且不足以重新激发他尚未实现的梦想。帕斯捷尔纳克与他们度过愉快的几个小时之后告辞了,巧的是他们北行的火车在贝林佐纳停下时,他们与他再度邂逅。

一路上,他们在杜塞尔多夫呆了4天,参观了60尊罗丹雕像、一个巨大的花园,还有几幅苏洛阿加的画作,还看了仿佛无穷无尽的日本蚀刻画

---

① 1904年7月3日给卢的信;《里尔克与卢·安德烈亚斯-莎乐美:通信集》,176—177。
② 《里尔克与卢·安德烈亚斯-莎乐美:通信集》,177。

和版画。最后,克拉拉到奥伯尼兰德去看露丝,赖纳在基尔上了一艘蒸汽船,在凌晨1点半朝丹麦驶去。他站在黑暗中,下着阴冷的小雨,刮着猛烈的海风,他感觉自己很快就要去到斯堪的纳维亚的北方,那些"严肃的"国度之一。

5.

旅行绝非舒适,既不能让人懒洋洋地沉溺于感性体验,也没能给人以清醒的理性思考。一路寒冷彻骨:在有生以来头一回的大海航行中,他在甲板上度过漫长的一夜。轮船在大雨中颠簸摇晃,里尔克彻夜蜷缩在甲板上,忍受晕船,拒绝下到他的船舱中。早上8点,他到达泽兰西岸的科瑟,然后搭上一辆飞快、洁净、舒适的火车,继续旅行两个小时去哥本哈根。里尔克在码头附近住进一家小旅馆,这里恰好是文学史学者格奥尔吉·勃兰兑斯(Georg Brandes)储藏他的私人图书馆无处安放的部分藏品之处。

里尔克立刻对哥本哈根产生热情。他觉得一个早上的观光之后,他已经了解这个城市。他倾慕它古老的城堡,它的皇家宫殿,巨大的广场和美丽的古老花园。他也欣赏那些挤满街头的人群:年轻和老迈的女性,工人和体面的公民,他们全都雪肤金发,表情轻松。这一天的高潮在于他对新嘉士伯艺术博物馆的拜访,他在那里欣赏到了罗丹著名雕像《加莱义民》的原作。①

两天后,里尔克搭上短途船去马尔默,他与主人将在那里碰面。他再次忍受着凄风苦雨,整整一个半小时的渡海时间都呆在甲板上直面自然。厄内斯特·诺林德在码头等他;里尔克一眼就喜欢上了他。20来岁,尤带学生气,蓄红胡须,长了一个宽阔、不对称的鼻子。不过,同时他又显得比实际年龄老成,有点秃顶,几乎像个僧侣。

他们试着逛市区,但这一天始终大雨倾盆,他们不得不找一间旅馆,

---

① 1904年6月24日给克拉拉的信,《里尔克书信集,1892—1921》2:7—9。

让里尔克擦干身体，换身衣服。诺林德一路上高谈阔论，用飞速的谈话让客人应接不暇。他们终于搭上一辆北上火车——目的地介于马尔默和隆德之间——里尔克已经精疲力竭，诺林德只得放任他打盹，他们差点错过该下的站。一辆马车和车夫已在大雨中等候他们。

他们沿平坦、泛着薄雾的乡间长途跋涉，一路都是人烟稀少的农庄和牛群，最后终于到达博格比-嘉德，他们的目的地所在。马车在砖石台阶前停下，台阶通往一个宽敞的大门，以及城堡的生活区。他们被引进门廊，汉娜·拉尔森立刻欢快地跑出来迎接。她年方24岁，黑发而矮小，有一张晒黑的鹅蛋脸。里尔克觉得她是一个意志坚定、诚恳、礼貌，同时又是中性、几乎有点吸引人的男孩气质的人："与其说是个女人，不如就说是个人吧，"①他对克拉拉描述道。这是一个奇怪的评论，掩盖了他的不适感。他们之间沟通困难，汉娜·拉尔森不会德语，尽管他们都会说法语，但是里尔克自从离开巴黎后，法语已经结结巴巴。这会儿，厄内斯特·诺林德还能够充当翻译，等诺林德出发去俄国后，交流便困难重重。

里尔克很喜欢诺林德为他特地整理的房间。简单，有一扇大窗面对花园，感觉有点严肃，只因为用的是深色墙纸，此外外面攀满整扇窗子的爬藤挡住了光线。楼下是城堡的公共区，有一间巨大的起居室和一间餐厅，他们很快就在那里会面，吃起主餐。这层楼是活动中心，仆人来来往往。宽敞的大厅最近才配上家具，因为此地两年前才归拉尔森所有。其他的大厅不对外开放，仍保留着18和19世纪早期的家具，包括一个有百年历史的音乐钟，汉娜·拉尔森的父亲起初买下它"纯粹是因为好看"②。

里尔克在这些田园诗一般的环境中安顿下来，一切生活需要都得到满足，同样美妙的新创作机会似乎已经到来。不过，鉴于他麻烦的创作习惯，目前的处境未能提供足够挑战。一种感官享受的氛围笼罩了他，这是一种懒洋洋的期待，正是他的《贫穷和死亡之书》中充斥的那种可怕的欲望感。巴黎地下世界那些丑陋的怪异形象的吸引力曾诱发了充满激情却又含糊晦涩的厌恶感，眼下他过的这种出乎意料的豪华乡间生活则以另

---

① 《里尔克书信集，1892—1921》2：11。
② 《里尔克书信集，1892—1921》2：13。

一种方式刺激他的感官。城市街道上的妓女被乡间的女孩们取代,他想象着后者在绿色树林中舞蹈。他将黎明花香比喻成年轻女孩互相追逐时的汗味,①她们无忧无虑地大笑,脸上却带着紧张的表情。大地、年轻的女人、复杂、经常令人生畏的城堡,这一切都被他尽收眼底,成为《马尔特手记》日后的内容。

即便厄内斯特·诺林德离开后,里尔克的写作仍未很好地恢复。里尔克在图书馆里翻阅,希望能找到契机回到他的小说。虽然他始终在研究调查方面毫无系统可言,却依然找到了不少内容补充到他的豪斯多夫庄园素材中。尽管对于瑞典语几乎一无所知,但他还是幸运地辨认出昔日的古老建筑:男人和女人的影子,画在磨损帆布上的一位皇家侍从,祖先的头骨和遗骨——这些都成为里尔克小说的天然材料。

不过,要回到他的手稿,需要的不仅仅是自然和历史,乡村女孩和昔日贵妇。②这会儿,里尔克对克尔凯郭尔的关注仍仅限于其个人自传。自从4月起,他一直与杨格计划出版这位哲学家给侄女的情书,这年夏天在博格,他对此事的兴趣似乎更加强烈。里尔克也计划着写关于因斯·彼得·雅科布森的长篇论文,这似乎永远只是一个未竟的计划。同时,他对于赫曼·邦(Herman Bang)这位小说家和剧作家也产生了兴趣,1902和1903年,他给《不莱梅日报》写过这位作家的评论,对之大加赞赏。里尔克现在借助对邦的兴趣,给《马尔特手记》丰富的内容中又增加了一点北欧元素。

偶尔,里尔克会一路走到卜佳德的一片海滩,这是位于通往隆德途中的一个小小的海边居民区。他会坐在木头小桥墩上,双腿在水面上方悠闲晃动,看着大海和灰色地平线。这里堪称乡村天堂。他因为花园里的鲜花而欣喜,因为一匹小马的出生而感动。他在附近河里沐浴,光着身子做太阳浴,直到被牛群,或者甚至是被别人看到,才穿上衣服。里尔克随后决定仅在他的房间里进行"空气浴"。不过,他继续赤足散步,充满健康

---

① 1904年7月9日;《里尔克书信集,1892—1921》2:25。参见诺林德,10—12。
② 关于克尔凯郭尔和雅科布森和邦,参见里尔克1904年4月26日给杨格的信,《与阿克塞尔·杨格书信集》,134;267—268,以及1904年8月16日给卢的信;《里尔克与卢·安德烈亚斯-莎乐美:通信集》,180。此外涉及邦的部分亦见于1904年7月9日给克拉拉的信;《里尔克书信集,1892—1921》2:29—30;1904年7月15日给杨格的信;《与阿克塞尔·杨格书信集》,150。也可见于阿斯列夫,全书各处。

之感，仿佛独自就能重新振作起来。他与汉娜·拉尔森之间无法展开自如交谈，她又忙于应付她的产业经理人，后者与他们共进午餐，因此里尔克得以大量独处。

8月，面对大量尚未动笔的计划，里尔克转而进行修订工作。到目前为止，他没有产出的这段时间，大多数日子都用来进行丹麦语学习，以便辅助他对克尔凯郭尔信件的翻译。现在，他开始修订早在1897年写的长篇散文诗——如今闻名遐迩的《旗手》——对它进行了修改，与最后的定稿已很接近。

不过，夏天还是一无所获地飞快过去。在这个夏季短暂的国家，秋天的首批迹象开始露头，绿色大地开始褪色。他仍旧动辄无法写作。他收到一张卢的明信片，[①]写明了她在哥本哈根与"泽马克"下榻的旅馆，便将此理解为一种婉转的邀请，匆忙搭上最近一班船，赶去丹麦，到了才发现人去楼空。卢事后抱歉地解释，他们是因为她生病才过早离开。不过，这仍旧让里尔克心情沮丧。里尔克仍希望重新开始工作，因为秋天似乎再度对一种多产的生活做出许诺，但他承受着没有写出成果的压力，一遇到麻烦就分心。

诺林德回来了，汉娜·拉尔森向克拉拉发出正式邀请。同时，赖纳终于设法安排了一次与埃伦·凯的会面，他们尽管密切联系，却从未谋面。在拉尔森的鼓励下，他计划让她与克拉拉同时来博格比。在这些来访之后，里尔克计划回到哥本哈根，他希望马尔特在这个城市里能有大的进展。

6.

里尔克一反常态到哥本哈根迎接妻子，并设法利用这个机会，在阿克

[①] 1904年8月17日卢从哥本哈根写给里尔克的明信片，8月30日从卑尔根写给里尔克的明信片，里尔克8月20日从哥本哈根写给卢的明信片；9月16日卢从彼得堡写给里尔克的明信片。《里尔克与卢·安德烈亚斯-莎乐美：通信集》，181—182。

塞尔·杨格访问故乡城市时与之见面。之后,里尔克夫妇及时回到博格比迎接埃伦·凯。在势利的里尔克看来,她颇为令人失望:模样既不出色也不优雅。个子不高,有点矮胖,说话大打手势,服装也平淡无奇,她几乎一点也不符合他对于北欧女性的想象。不过,在他们长期的友谊面前,外表很快就被忽略了,他们3人在博格比度过的这一周中充满热情的交流,促成会面的汉娜·拉尔森和厄内斯特·诺林德也加入了他们。

凯和里尔克夫妇——尤其是赖纳——变得日益亲密,一个星期飞速过去,他们仍意犹未尽。听说他们接下来打算去哥本哈根,埃伦便坚持他们先到哥德堡见见她的几位好友,她觉得他们应该多了解了解这个国家,而瑞典第二大城足以拓宽他们的视野。

她提到的朋友实际上是祖籍苏格兰的工程师詹姆斯·吉布斯(James Gibson)及其妻子伊丽莎白,后者自称利兹,来自当地一个古老瑞典家族。这对夫妻40来岁,有3个儿子,住在哥德堡附近的琼斯雷德(Jonsered)工业小镇,吉布斯是此地一家纺织厂的厂长。这对夫妻与里尔克夫妇一见如故。"吉米"身为工程师,却偏好文学和艺术,甚至尝试过写诗。赖纳和埃伦在此地的5天访问中,住在他们的郊区别墅富鲁堡,克拉拉则被安置在哥德堡市区,住在埃伦寡居的朋友莉莎·休尔顿-皮特森(Lisa Hulton-Petterson)家。这位女主人为他们所有人安排了一次正式晚宴,许多当地社会和艺术圈的中坚分子都被邀请。[①]几天后,里尔克已经胸有成竹,觉得有望实现征服哥本哈根的梦想。

结果却令人失望。他们原本希望在哥本哈根安顿下来,停留更长时间。除了因斯·彼得·雅科布森的论文外,里尔克还计划写一篇关于丹麦画家斯万·哈姆科伊(Sven Hammerskoj)[②]的论文——令他懊恼的是,他发现无法与这位画家联系上——然后还要继续对克尔凯郭尔的翻译。克拉拉则计划在返家之前,给皇家瓷器厂厂长做一些设计工作。

他们在一条静谧街道上的一家小旅馆住了3个星期,观光、追逐各种社会关系,指望后者像他们在巴黎的社会关系那样带来各种好处。他们

---

① 乔治·斯古菲尔德从 Arvin Baeckstrom 的回忆录中摘录了这段信息,后者是一位学习艺术的学生,埃伦·凯的保护对象。"富鲁堡的一夜",84 页注释。
② "富鲁堡的一夜",84。1904 年 12 月 4 日给克拉拉的信;《里尔克书信集,1902—1921》1:234。

开始培养与一些人的感情,尤其是作家索福斯(Sophus)和凯伦·米凯黎斯(Karin Michaelis)——都是施马根多夫时期的老朋友——以及其他名人。再次在凯的帮助下,他们被介绍给格奥尔格·勃兰兑斯,后者的多卷本著作《19世纪文学大事》刚刚出版。不过,在写给卢的那些可以直言不讳的信中,赖纳以相当的轻视态度写道,他们"与格奥尔格·勃兰兑斯见面甚多,①后者善良亲切,不过已经高龄",与其说是位博学者,不如说是个"花花公子",竟然与高挑、生硬的克拉拉·里尔克调情。

生病的感觉从未远离,里尔克抓住了一个到备受推荐的斯克斯堡郊区自然健康疗养院的机会,他觉得克拉拉也可以从中受益。他们希望能得到一些不太费事的治疗,以便让赖纳继续回到创作,让克拉拉回到她在德国的工作中。不过,当时备受推崇的疗养院院长卡尔·奥图森(Carl Ottoson)博士给他俩进行了一次仔细的医学检查,宣布两人都没有什么严重到需要进行一次严格、昂贵的治疗的毛病,尽管赖纳的心脏瓣膜有点虚弱。他们的资金不足以支付这种昂贵的活动,或许也是原因之一。

最终令他们梦想破灭的原因,依然是他们自己不切实际的想法:他们无法给赖纳找到合适的房间。他们每天都在哥本哈根的大街上走很久,②"像乞丐一样",寻找低租金的高级住所,却一无所获。他们到哥本哈根两星期不到,里尔克就给吉米·吉布斯写了一封长信,③说明了医生的诊断,希望得到邀请。他没有失望;吉布斯夫妇立刻如他所愿回信了。

克拉拉很快也随着丈夫返回瑞典。正如期待的一样,他们在富鲁堡得到热情的接待。不过,他们很快卷入了当地的政治问题,他们的主人对这些事件尤为关心。问题出自一所先锋性的进步学校——所谓的萨姆斯卡拉(Samskola),一所别出心裁的学院,④所谓的"共同教育学院"——吉布斯夫妇都非常关注它。里尔克从小憎恨传统学校,因此也无法无视关于机构教育与个人宗教之间关系的争论。里尔克夫妇一起访问了萨姆斯卡拉,深深为之触动,因为这所学校反映出一种不寻常的开放气氛,与里

---

① 1904年10月17日给卢的信;《里尔克与卢·安德烈亚斯-莎乐美:通信集》,186。"富鲁堡的一夜",85。
② 1904年10月17日;《里尔克与卢·安德烈亚斯-莎乐美:通信集》,185。
③ 1904年9月23日;"富鲁堡的一夜",85页注释。
④ 1904年11月19日给克拉拉的信;《里尔克书信集,1892—1921》2:57页及之后。"富鲁堡的一夜",85页及之后。

尔克记忆中接受过的军校教育形成强烈对比。学校的理念是，宗教不得被纳入规定课程，而是应当成为孩子的信仰的自由发展内容。管理委员会的保守派反对这种看法，这些人又得到一群管理阶层的富裕父母的支持，他们对于有可能威胁到传统教学法的"安全"文化的这些看法畏惧不已。埃伦·凯热衷于让里尔克夫妇去参观那所学校，[①]因为它的理念在很大程度上建立在她最近在《孩子的世纪》中提出的思想上，而此书又深受约翰·杜威和其他"美国教育理念"的影响。

克拉拉离开前的最后一个晚上，也就是她抵达瑞典5星期之后，吉米·吉布斯写了一首致凯的诗，里尔克则写了一封信，感谢她把他们聚到一起。第二天，他陪妻子一直到哥本哈根。在去往丹麦的火车和轮船上，他们谈了很多关于萨姆斯卡拉的感想，它给他俩都留下了深刻印象，因此里尔克决心回到富鲁堡，充任一个坚定的盟友，来回报朋友们的慷慨之情。离开哥本哈根之前，他在一个火车站设法会见了学校前校长阿图·拉斯·本迪克森，[②]后者正准备去意大利度假。里尔克在这场关于宗教教育的斗争中，突然间成了一位重要发言人——这其实并非一个他始终把握自如的话题——并发现自己处于两个强大的对手之间的激烈斗争的中心。

里尔克不曾事先通报就径直回到富鲁堡，[③]出乎意料地又出现在别墅里。不过，他很快就被这家人接纳了。在这里度过的几星期成为他的斯堪的纳维亚之旅始终心情愉快而多产的一段时光。他得以回到工作中，修订了《俄尔甫斯、欧律狄刻、赫尔墨斯》和《维纳斯的诞生》，终于将它们改为诗歌，并创作了一些新诗，比如《斯康纳之夜》，追溯了对博格比的回忆。里尔克与吉布斯夫妇的关系不仅非常友好，而且始终不曾受到他的许多亲密友谊中都难免出现的紧张冲突的妨害。他与吉米·吉布斯谈论艺术、自然和宗教，又与利兹坐雪橇旅行。

突然，里尔克的创作和他们平静的生活被打断了。主人到里尔克的房间与他聊天，[④]无意中看到桌上有一份手稿，标题是萨姆斯卡拉，还用红铅笔着重画出。里尔克告诉他，它记述了赖纳和克拉拉对学校的拜访，以

[①] 1904年10月19日给凯的信；《里尔克书信集，1892—1921》2:55—56。
[②] "富鲁堡的一夜"，85。
[③] 1904年10月10日给克拉拉的信；《里尔克书信集，1902—1921》1:220—221。
[④] 1904年11月19日给克拉拉的信；《里尔克书信集，1892—1921》2:57—58。

及他作为一位艺术家的感想。吉布斯催促朋友第二天晚饭后给他和利兹朗读这篇文章。听完它之后，夫妇俩希望他把这篇稿子公开展示给学校的老板、朋友和员工。

里尔克两次公开露面中的第一次，实则是一场野心勃勃的社会事件，由吉布斯夫妇安排于 1904 年 11 月 13 日在他们家举行。①他们让来自哥德堡的火车在别墅附近停下，放下大约 50 位贵宾，他们聚到利兹的图书馆里，喝白兰地、抽雪茄，听这位被大肆宣传的"吟游诗人"用德语发表演讲。

里尔克大胆谈起教育，这个话题他其实所知甚少，不过他从一个富于理解力的艺术家的角度，探讨了自由宗教和体制化宗教之间的关系。不过，这番高谈阔论同时也与他个人的经历密切相关。在一段即席开场白中，②里尔克不仅提及自己在军校的痛苦经历这个反面教材，还借用了艺术家的自由精神这个正面例子，来反对社会和体制压力——也提到了他经常使用的那些伟人典范，托尔斯泰和罗丹——以赞美一种摆脱了学究论调和外在约束的教育精神。

在演讲的正式部分③（事后发表于柏林的《未来》期刊），里尔克强调了两个主导信念："自由"和"法则"之间的互动，以及"内在"和"外在"存在之间的对立。"自由，"他指出，"是一种移动的、上升的、成长的法则，随人类灵魂而变化。"当前僵硬的法典必须让路给一种更加宽容的视野，后者类似于艺术家的想象，通过将"法则"结合入"自由"来调和矛盾。他提出，在未来，教育必须以类似方式，通过允许学生和教师"每天都得以"创造出新的法则，来化解自由和法则之间的对立。这种在法则和自由之间进行动态交流的呼吁——在很大程度上借鉴了康德、尼采和卢·安德烈亚斯-莎乐美——令昔日学童赖纳与成熟诗人里尔克之间产生了关联。

诗人发表完演讲，听众几乎全都被深深触动，随后客人们涌进旁边的

---

① 接下来几页叙述的事件基于乔治·斯古菲尔德的详尽论文，"富鲁堡的一夜"，92 页及之后。
② 斯古菲尔德完整地记录了里尔克的介绍性开场白。"富鲁堡的一夜"，99—102。他整理出事件的前因后果如下：里尔克在晚宴之后凭记忆写下刚才的即席发言内容。吉布斯的大儿子将它抄下来，加在一封描述此事的长信中寄给阿图·本迪克森，后者还收到一份关于这个晚上的详尽报告，以及一份里尔克的"萨姆斯卡拉"论文抄本。斯古菲尔德的书中附带这封信的复印件和吉布斯的手抄本上的其他相关内容。
③ 《里尔克作品全集》5:672—681;6:1446—1447。

餐厅享受美酒和晚餐。晚饭后,里尔克又重新恢复了诗人的功能,朗读了几首他最得意的作品,包括他的《俄尔甫斯、欧律狄刻、赫尔墨斯》。不过,尽管这个夜晚就里尔克的辩论能力而言可谓大获全胜,但它并没达到目的。他在晚餐期间快速起草了一封对本迪克森的支持信,然而在上面签名的连半数客人都不到。几天后,在哥德堡的一次大型公开集会上,也出现了类似的矛盾情况。同样地,演讲非常成功,在同情者中广泛流传,但并没有改变多少持传统主义的反对者。不过,他还是成功地不仅帮助了吉布斯夫妇,也帮助推广了埃伦·凯和她的思想,事实上回报了她为他所做过的努力。

秋天和初冬很快过去,里尔克计划回家过圣诞节。11月份萨姆斯卡拉的热闹之后,里尔克和吉布斯被邀请去拜访埃伦·凯。①她做了那么多,让里尔克在她的祖国安居下来,因此里尔克早该对她进行这场拜访。到她的老家欧比,一个位于瑞典南部中心的小镇,要经过一段很长的北行旅途。他们在白雪皑皑的下午旅行了7个小时,黄昏时分抵达了埃伦与她哥哥马克同住的那幢孤零零的住所。

他们在庄园一侧的前方停下,马铃在冬天凄厉的寒风中叮当响,埃伦有点慌乱地出现在门口,矮小、穿着黑衣,高兴得红光满面。她引着他们走进她用于写作的乱糟糟的起居室,带客人们参观了这个居所,包括烧毁的主楼遗址,里尔克后来将这个场景用作《马尔特》里的一个神秘片段的背景。尽管旅途漫长,但两个客人第二天就离开了。萨姆斯卡拉仍是他们的主要话题,他们不仅在漫长的火车旅行中谈它,在凯的花园里进行夜间散步时也是如此,埃伦或许也加入了他们。里尔克关于这个话题的论文,正如允诺的,于1905年1月1日在柏林发表。

里尔克在吉布斯夫妇家又呆了仅仅几天。他与利兹进行了最后一次迷人的雪橇旅行,②穿过白雪皑皑的乡间,地面时不时点缀着一点小小的长着树木的山丘,他们朝着明亮的、黄绿色的落日不断驶去,由此结束了这段在斯堪的纳维亚的尽管充满政治意味,却依然非常愉快的逗留。第

---

① 1904年12月4日给卢的信;《里尔克与卢·安德烈亚斯-莎乐美:通信集》,193—195。也参见"富鲁堡的一夜",95。

② 1904年12月1日给克拉拉的信;《里尔克书信集,1892—1921》2:63—64。

二天,他忙着打包,12月2日,也就是他29岁生日前两天,里尔克又上路了,将这个几乎成为他的家的田园诗般的避难所留在身后。

他在哥本哈根又呆了一个星期,它注定将是高潮过后的平静期。他在附近的夏洛特伦一家小旅馆住下,最后拜访了一些朋友,包括凯伦和索福斯·米凯黎斯。1904年12月9日,里尔克离开斯堪的纳维亚,再也不曾回去过。

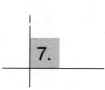

德国风光自然与北欧不同,但是里尔克的疾病体质依然如故。一年半后重返奥伯尼兰德的里尔克没能保住他在富鲁堡时的精气神,立刻又生起病,他称之为一种"水土不服"的感冒。这是一种极其痛苦的感冒,又因为剧烈的牙痛而加剧。他奔波于医生和牙医之间,感觉被困在一个两头尖刺的严刑台上。在某种程度上,再见到露丝也增加了他的压力。这个孩子现在3岁了,喜欢说话,缠人。不过,也不是说一无是处。他们在克拉拉的工作室,在没有外人的情况下,一起庆祝了这个自从露丝出生以来,他们和她度过的第一个圣诞节。① 他们从新朋友爱娃·索米慈(Eva Solmitz)送的一本童话书里给她读故事。后来,赖纳把重新润色的《白衣妃》读给克拉拉听。尽管身体不适,牙齿疼痛,但整个节日还是充满了田园梦幻般的色彩,部分原因大概在于他目前正力图恢复一点家庭生活的表象。

不过,回家后的最初几个月中,里尔克继续在疾病、沮丧和身无分文的情况下挣扎着追求自由。新年后不久,克拉拉收到通知,必须在2月底前搬出奥伯尼兰德的公寓。② 她决定搬回沃普斯韦德,把露丝留给她父母照料。她打算通过教学来谋生,同时看看有否什么工作机会。赖纳意识

---

① 《里尔克:人生与作品大事记》,202。关于萨姆斯卡拉,参见致谢部分,1904年12月29日;瑞士国家图书馆。
② 1905年1月6日写给卢的信;《里尔克与卢·安德烈亚斯-莎乐美:通信集》,198。

到他很快就要无家可归,他再次试图让卢邀请自己去哥廷根。他允诺给她朗读他的《白衣妃》,以及《祈祷者》,此外还一定做个令人愉快的客人。

不过,里尔克的剧烈病痛迫使他另做打算。他决定把自己交给海因里希·拉赫曼博士,到他在德累斯顿附近的"白牡鹿"疗养院,他和克拉拉曾在那里度过蜜月。里尔克在哥本哈根部分因为缺钱的缘故曾被建议不要采纳的治疗,似乎仍让他向往不已。不过,拉赫曼的疗养院他同样支付不起。为了筹集部分费用,他请求吉米·吉布斯看看是否可以说服某位有钱朋友买下他的一份手稿,吉布斯没能说服那位朋友,不过亲自给他寄来200马克。[1]最后,埃伦·凯帮他解了围,把她巡回演讲里尔克的生活和创作获取的全部收益都寄给了他。

赖纳和克拉拉到达德累斯顿,正好赶上埃伦关于他的创作的最新演讲。[2]在他看来,这是一次失败的演讲。他察觉出听众对她的冷淡,他认为缺乏互动是因为听众没有能力领略她所宣讲的那种传记式阐释的自然结果。尽管他们在瑞典友谊亲密,但里尔克仍无法按捺他对于埃伦从心理学者角度诠释他的作品的强烈不满。

然而,通过提供让里尔克夫妇到"白牡鹿"接受治疗的资金,凯间接地促成了一个重要的结果。里尔克在那里度过的几个星期,将大大地改变他的生活,把他转向一个贵族社会,后者在他的余生将成为重要支柱。

里尔克很享受疗养院中的友好气氛,他一生中将频频去拜访在这里认识的朋友。"白牡鹿"的朋友中包括像年轻的波罗的海-德国画家安娜·施维茨-赫尔曼(Anna Schewitz-Hellmann)[3]和她的朋友爱丽思·德米特里耶夫(Alice Dimitriev)这样的艺术家,他和其中的后者成了多年的朋友,不过其中尤其重要的人物是路易斯·冯·施维林(Luise von Schwerin)伯爵夫人[4],当时56岁,体弱多病,正与一种致命的绝症抗争,还能幸存两年。里尔克给凯写的一封感谢信中发了一些简短评论,表明了一段

---

[1] 参见普拉特,《清脆的玻璃:里尔克的一生》,117。
[2] 《里尔克:人生与作品大事记》,205—206 介绍了这次演讲,也引用了里尔克 1905 年 3 月 1—2 日写给凯的信。1905 年 3 月 18 日写给萨姆斯卡拉的信则表明他和许多人一道,在拉赫曼家与凯见面一小时;瑞士国家图书馆。
[3] 参见 1905 年 4 月 18 日里尔克写的回顾性的信件;德国文学档案馆和"与安娜·赫尔曼书信集",801—802。
[4] 1905 年 3 月 30 日给凯的信;《里尔克:人生与作品大事记》,207。

重要关系的开始。"我们谁都没有见到——只在过去 3 天中认识了一位亲切的女士,她知道我们,对我们非常仁慈:一位施维林伯爵夫人。不幸的是,她在这里只能再呆一星期。"这次会面异常友好,伯爵夫人对诗人有所耳闻,对他产生了热情的兴趣。里尔克衣着得体,彬彬有礼,是一位有着优雅风度的出色谈话对象,不大容易让人看出他的赤贫。她离开前,邀请赖纳和克拉拉到她在黑森的弗莱德豪森城堡做客,对此里尔克日后一旦找到机会便欣然赴约。

不过,埃伦·凯仍是他艰辛的艺术生存之路上的重要盟友。他在寻找另一个有稳定可能的停靠站时,发觉柏林像是一个合适的目标。因此,里尔克开始联系在柏林有可能帮助他的熟人,特别是理查德·贝尔-霍夫曼,[1]里尔克与他已培养了多年交情。还有哲学家格奥尔格·齐美尔。实际上,齐美尔正打算去巴黎,即将离开德国,不过他请里尔克为他向罗丹写一封推荐信,里尔克欣然从命。凯的建议依然颇为中肯。[2]她大力提醒里尔克不要接受齐美尔条件苛刻的奖学金,她认为这对于诗人的艺术能力将会是一种威胁,不过,她建议他向奥地利政府申请一份津贴,以便获取进修教育的经济资助。她甚至建议一位博学的维也纳女士,也是因斯·彼得·雅科布森的译者,玛丽·赫泽费得(Marie Herzfeld),帮助他应付复杂费解的奥匈帝国的行政机构。[3]这一申请最后失败了,不过,同时它也让里尔克因为某种切实可行的希望而兴奋过一阵。

类似的一则关于出版的建议则更加成功。这也是里尔克与阿克塞尔·杨格的关系中的一个决定性时刻:一个真正背叛的时刻。里尔克记得自己与英赛尔出版社的主编鲁道夫·冯·坡勒尼茨关于《上帝的故事》的通信,现在他给英赛尔提供了他的《祈祷之书》的三组尚未出版的组诗。4 月 13 日,在一封措辞谨慎的信中,[4]他描述了一个大型的、完整的组诗,也就是统一为一个整体的祈祷诗篇,《定时祈祷文》。这个总标题——模仿十五六世纪的每日祈祷文,也就是有着微缩画装饰、用于每个时辰的祷

---

[1] 1905 年 3 月 27 日;"理查德·贝尔-霍夫曼书信集",IV。

[2] 1905 年 3 月 30 日;《里尔克:人生与作品大事记》,206—207。1905 年 4 月 19 日给卢的信;《里尔克与卢·安德烈亚斯-莎乐美:通信集》,201。

[3] 细节请见 1905 年 4 月 12 日和 17 日记录;大英图书馆。

[4] 1905 年 4 月 13 日给英赛尔出版社的信;《里尔克:人生与作品大事记》,207—208。

文的常规祷告书——堪称充满想象力的神来之笔,它将不同的各种诗歌关联起来,安置在一个统一整体中,直接决定了它们的大获成功。

几天之内,这笔买卖就成交了。里尔克之前的联系人已经去世,不过他立刻就从其继任者,卡尔·厄内斯特·坡施勒(Carl Ernst Poeschl)处收到回信,后者表示对这些诗歌非常感兴趣。里尔克向坡施勒保证,他没有把这些诗交给其他出版社——没有给阿克塞尔·杨格——并要求立刻接受它的出版。坡施勒愿意冒此风险,在没有看过《定时祈祷文》的情况下,就表示接受,甚至提议给这份手写稿制作打字稿。埃伦·凯和卢·莎乐美都被扯进了这件事:卢是因为她必须出让他的《祈祷文》的第一组诗;凯则是因为他决定把她的地址交给打字员作为伪装,以便保密。一份翩然而至的共同撰写的明信片告诉里尔克,①这两位女士目前都在哥廷根。于是他从德累斯顿火车站匆忙写了一张纸条,②请求卢把他的诗歌手稿寄给他。英赛尔希望5月初就能收到修订过的手稿。

柏林却令人失望。齐美尔已经去了巴黎,里尔克非常沮丧,③都没有勇气再与贝尔-霍夫曼进行计划中的会面了。度过了悲惨的几天后,他精疲力竭,回到沃普斯韦德,作为一个突如其来的客人,住在克拉拉安静的工作室里,享受着高阔的天空和刮风的平原。不过他又重新振作起来。4月24日和5月16日之间,在英赛尔的出版激励下,他设法按照要求,修订了整部著作。

不安分的诗人仍在思考接下来到何处落脚,5月21日,期待已久的信终于到来:④卢邀请他在6月中旬的维特森周到"卢弗雷德三世"去见她。与露丝告别之后,他做好了动身准备。里尔克的风格一如往昔。巴黎、罗马、丹麦,还有瑞典——艺术家继续与自己病弱、困惑的肉身斗争着。不过,一个新阶段开始了。1905年6月13日,几乎在他们恢复联系两年之后,赖纳·玛丽亚抵达了卢·莎乐美,他昔日的情人,他的母亲,他的主宰之声的门口。终于到家了。

---

① 1905年4月16日;《里尔克与卢·安德烈亚斯-莎乐美:通信集》,200。
② 1905年4月19日;《里尔克与卢·安德烈亚斯-莎乐美:通信集》,201。
③ 1905年5月4日,里尔克从沃普斯韦德寄来一封道歉信;"理查德·贝尔-霍夫曼书信集",V。
④ 《里尔克与卢·安德烈亚斯-莎乐美:通信集》,204—205。

第 12 章　返回以及被逐

> 可是，大师啊，那会怎样呢？如果说某个有着贞洁之耳的纯洁人儿，躺在您的音乐之侧：他会因为喜悦而死，或者他会孕出无穷概念，而他受孕的大脑将因为孕育生命而崩裂。①
>
> ——《马尔特手记》
>
> 现在，伟大的大师，在我眼中您已不可见了，您上升，进入纯然属于您自己的领域，仿佛飞向天堂。②
>
> ——致奥古斯特·罗丹
> 1906 年 5 月 12 日

1.

《马尔特手记》中的贝多芬音乐；召唤他又弃绝他，同时又为他的《新诗集》提供了重要灵感的强有力的罗丹：这两个元素装点着里尔克的艺术最为多产的时期。他在 1905 年的双重返回——回到卢·莎乐美和回到巴

---

① 《里尔克作品全集》6:789。
② 《里尔克与罗丹书信集》,69。

黎——带来的奇迹就是这两部成熟著作。其余作品,比如《定时祈祷文》,可以说更直接地给他带来了声望,但在主题上、诗歌技艺上、音乐性上,它们都属于他的过去。而证明他是一位重要诗人的石破天惊之作,还要数马尔特的这部向死而生的朝圣之书,以及这些充满空间感的迫人新诗。

尽管里尔克强烈否认,但是他笔下的年轻丹麦艺术家,在某种特殊意义上始终是他的一个翻版,尽管被重塑、被夸大,但他归结了里尔克从布拉格到巴黎,以及之后的整个朝圣之旅。在内在生命方面,马尔特和赖纳其实可以互相替换,作为对方的生活和艺术的互补和逆反之镜,彼此映照。因此,马尔特某个6月的一天在哥廷根找到了他真正的开始,正如赖纳也走进了卢·安德烈亚斯-莎乐美的家门——这扇门与他一度被驱逐的施马根多夫遥遥相应,但又并非完全相同。

这既是一个从未回过家的男人的返家,也是一个新的开始。在他的小房间里,他铺上照要求带来的被褥,并发现了几本书,以及一些小物件,它们仿佛是很久前某次翻船事故之后重新浮出水面的残余物。如今,这里的面貌有所变化。诗人放好他的那一点点家什,朝外部世界看去,被窗外的景色迷住了。正前方,他看到一个小小的木头平台,上面有台阶引向一个狭长的花园,后者微微倾斜,延伸向一片种满果树的草地。花园后是一幕更宽广的美景。一侧是一个阳光照耀的山谷,小小的哥廷根大学城就位于其中;另一侧是绿色的树顶波浪,从一片森林蔓延到另一片森林,一直通向远方波澜起伏的哈茨群山。①

在卢家里度过的几天没有让他失望。两个朋友得以继续发展他们在过去两年中重建的亲密关系。赖纳准备了一长串问题,讨论始终意犹未尽,不过他们发现,尽管近几年来他们彼此逃避,困难重重,但他们之间依然保持着许多善意。事实上,这次危险的重聚中,好几件小事都让他们回忆起共度的早年时光。比如为一只名叫席美勒的狮子狗举行的葬礼,②勾起了对五年前埋葬小狗洛克的回忆。弗莱德里希·安德烈亚斯的在场想必称不上赏心悦目,因为里尔克在记录中完全回避提及此人,不过,这种隐晦笔法以前早已有之。卢有时卧床不起,所以他们没法像从前习惯的

---

① 1905年6月16日给克拉拉的信;《里尔克书信集,1892—1921》2:77。
② 1905年6月25日给卢的信;《里尔克与卢·安德烈亚斯-莎乐美:通信集》,207。

那样共同散步，不过赖纳恢复了一点这种习惯，可以好几小时一个人沿着这片温柔的乡间小路散步，心情平静。

里尔克告诉克拉拉，他来这儿大有好处，而对克拉拉来说，要接受他进行这番朝拜的消息并不容易。这次经历到头来比他所能想象的还要美好得多，不过在婚姻的这个阶段，他仍觉得有必要为了自己的快乐感觉向妻子做做解释。他设法不去忽视对方不可避免的不适之感。因此，他表示希望克拉拉哪天也可以有缘认识卢，这位在他自己的内心历程中扮演了如此重要角色的"亲切、心胸宽广的人"[①]。事实上，赖纳并非夸张地提出，若非抱有这种希望，他不可能如此轻松自如地进行此番拜访。这一意图讨好的评论或许并非发自真诚，因为他对于这次拜访狂喜不已，相信在这次逗留期间的一切快乐之源中，最值得高兴的是找到了难以言喻的信心，它是这几天与他的精神导师共处的结果。不知是由他们的交谈还是什么内心冲动所致，这几天过完后，里尔克决心接受挑战，到柏林充任格奥尔格·齐美尔的学生。

诗人离开了"卢弗莱德三世"，戴着两张可以用来描述他的新作的面具。其一是马尔特，年轻的丹麦诗人。另一个是《新诗集》中的预言家-叙述者，诗人-雕塑家。两张面具都塑造出一个新人，不过都占用着惊人一致的年轻诗人的肉身。《定时祈祷文》的3部中都饱受磨难并慷慨陈辞的僧侣-朝拜者，以及《图画之书》中的诗人-画家，被足以用来诠释里尔克的生命的这两个关键形象所划分、据为己有。僧侣-朝拜者变成马尔特，这个从历史性的现时转向神秘的往昔，进而进入超时间领域，作为作者的变体在虚构空间中行动的人。动物和人的这位无形、无声的雕塑家，先知而感性，用相当于罗丹的雕刻刀的文字绘刻出石头里的历史和神话时刻，此时则成为了诗人统治诗歌空间的另一个自我。而彷徨于这两个面具之间的，是依旧充满人性的诗人，他生活着，爱着，背叛着。

里尔克在山区胜地特里森贝格住了一夜，从卢的花园里带来一篮苹果和草莓给她的老朋友海伦娜·克林根贝格(Helene Klingenberg)和她家人，之后抵达了柏林。在这个城市里，他立刻开始听讲座、学习，尽管他的逗留总共3星期不到，从6月25日到7月16日，其间还不断受到种种干

[①] 1905年6月16日给克拉拉的信；《里尔克书信集，1892—1921》2:75—76。

扰。不过,向格奥尔格·齐美尔学习起到了出乎意料的效果。作为学术界的外来者——犹太人,兼一位标新立异、折衷派的社会思想家——齐美尔比当时的德国学术环境中的大多数更为传统的同仁要平易近人。通过他的正式演讲和非正式谈话(他在其中将里尔克当成一个同事一般对待),他在一个更加宽广的社会和哲学背景中,增强了诗人的神话知识,令其成为《新诗集》的重要主题。里尔克不满足于被动学习,吸收了大量可以迅速付诸使用的信息,[1]不到一年,他就给1904年的那些伟大的叙述诗加上了很多更富价值的古典主题诗歌。同时,齐美尔关于米开朗基罗和罗丹的论文正在酝酿,[2]里尔克感觉自己为之贡献不小,事实也确实如此。自从他4月初着手安排齐美尔和罗丹会面以来,哲学家和雕塑家发现彼此有不少共同点,而里尔克因为将此二人引到一起而沾沾自喜。

　　里尔克离开柏林前一天,罗丹在长久沉默后,发来一份出乎意料的热情邀请。他颇费周章地从女演员葛楚德·艾索德(Gertrud Eysoldt)处得到了里尔克的地址,这位女演员曾是里尔克向罗丹推荐过的。"我亲爱的朋友,"[3]信这样开头,"我写信给你,是为了向你保证我最充分的友情和钦佩,这是我对一位其作品已经因为其勤勉和才华而备受推崇的人和作者所持有的友情和钦佩。"里尔克最钦佩的艺术家发来了如此令人迷醉的话语。里尔克已经收拾好手提箱,自己也已经出发去最后一次参观国家画廊,不过他还是抽空给妻子抄送了这封信(这封友好的信中也提到了她)。他快乐地把它装在口袋里,抵达了下一站:克林根贝格家,他和卢被邀请到此,在山区度过几个星期。

　　假期开始时相当愉快。赖纳在哈茨山区的北部边缘的哈尔伯施塔特与卢碰头,一道旅行去特里森贝格——这次幽会勾起了对于他们从前生活的怀旧回忆。克林根贝格一家热情地迎接他们,不过充满纪念品、明信片和巧克力贩卖机的旅游景区很快让里尔克失去耐心。[4]7月21日,他给罗丹寄去一封热情的回信,[5]宣布他马上就会在9月份露面,还给克拉拉

---

[1] 参见写给克拉拉的短信,其中他详细介绍了与齐美尔的合作,主要是希腊文学、雕塑,以及思考希腊性格。1905年7月15日;《里尔克书信集,1892—1921》2:80。
[2] 齐美尔,157—203。
[3] 参见1905年7月20日给克拉拉的信;《里尔克书信集,1892—1921》2:81—82。
[4] 1905年7月18日给克拉拉的信;《里尔克书信集,1902—1921》1:243—244。
[5] 1905年7月21日;《里尔克与罗丹书信集》,44—45。

寄去一封详细的指南,提议他随身带去她的一份新作。3天后,他再次上路,把卢和她的朋友留在身后,留在那个供游客使用的天堂里。

这个意外的分别,可谓意味深长。在他和卢抵达后几天,里尔克就决定他宁愿立刻去拜访弗莱德豪森①,也就是路易斯·冯·施维林伯爵夫人的城堡,后者在"白牡鹿"与里尔克夫妇结识。卢终于对他温柔相待,他耗费两年时光力图被她接受,如今这努力获得了成功,他却逃之夭夭。《最后的请求》并没有完成。

2.

马尔特的思想从他所处的巴黎转向他在丹麦度过童年的神秘的布里格城堡和布莱城堡,而里尔克与之相反,转向的是一系列真正的城堡,它们是向往骑士生活的小男孩做梦也想不到的。卢仍是他的密友和倾吐对象,但是此刻她的存在——她的哲学、她的心理学、她的小说,以及她在学术界和期刊界的关系——对他而言不再重要。另外一个世界,一个充满巨大财富和显赫头衔的、有着古堡和纹章符号的世界,对他敞开大门,不再把他当作外人,而是视他为亲密朋友。

里尔克朝向贵族社会的转变始终没有彻底完成,不过它将会掌控他生命的很大一个部分。随着他搬进一个神秘辉煌的世界,他写给卢的信明显少了。这个世界不仅仅是他还穿着裙子的那个年代菲亚的势利心态所在乎的,而且也符合他父亲对于有权势人的幻想。里尔克很容易就被这些高贵的人所吸引,他觉得自己被接纳进他们的生活,感觉到他们在城堡的自然背景中表现出来的历史延续性的浓厚根基。弗莱德豪森是拉本诺一家的宅邸所在,②是伯爵夫人的家族产业,位于兰河附近的黑森,坐落于风景如画的山谷中,周围都是草地、精美的花朵和松树。此地几乎像个伊甸园,在诗人眼中,它扎根于超越时间的历史,却又反映出自然的飞速

---

① 1905年7月20日给克拉拉的信;《里尔克书信集,1892—1921》2:82。
② 1905年8月23日给克拉拉的信;《里尔克书信集,1892—1921》2:83。

流逝。

里尔克在辉煌的宅邸里,立刻感觉仿佛回到了家。他与这个家族一群令人难忘的成员邂逅。城堡居民包括伯爵夫人的女儿古德伦(Gudrun)和她丈夫,雅各布·冯·乌克斯库尔(Jacob von Ueskull),一位擅长哲学的生物学家,后者很快与新客人频频展开文学讨论。还有两位引人注目的女士,接下来几年,她们将在里尔克的生命中处于中心位置。她们是住在附近伦多夫村的"诺娜女士",其更正式的称呼是朱莉·冯·诺戴克·朱·拉本诺男爵夫人,施维林伯爵夫人的继母(她丈夫的第二任妻子,不过与伯爵夫人年龄相仿),以及伯爵夫人的姐姐,爱丽思·法亨德里希(Alice Faehndrich),一位平民(非贵族)法官的遗孀。

里尔克对这些陪伴心满意足。8月,克拉拉也来了,同样得到宾至如归的接待。此时他们已经掌握了住在同一幢房子里的不同房间,而且不会引起主人特别的好奇或担忧的技巧。不过,里尔克尽管在这段恢复期心情放松,但他还是没能及时投入写作。像《马尔特》这样的长篇计划只得等到更富创作力的秋天了。不过,《定时祈祷文》已在出版中,里尔克再度沉浸在关于书的形式、印刷风格、装帧等等问题的漫长通信中。8月中旬,克拉拉的父亲去世,她不得不匆匆离去。她丈夫继续呆在弗莱德豪森,住在贵族朋友当中,生活在树林、花园和更多的古老墓地之间。

既然弗莱德豪森对赖纳而言,相当于马尔特返回的童年仙境,里尔克在一次常规的烛光阅读中,便选择了第一幕丹麦场景,[①]也就是祖父可怕的晚餐桌边,克里斯蒂娜·布莱的神秘现身。尽管马尔特这个角色和赖纳本人之间的联系,听众只能加以隐隐猜测,但这一幕情节在这个地方,借助了他的声音和巨大大厅的气氛,显得栩栩如生,非常诡异。

施维林伯爵夫人帮忙促成的这种社会关系上的突变,在里尔克遇到贵族银行家卡尔·冯·德·黑特(Karl von der Heydt)时,又大大前进了一步,后者成为里尔克的赞助者和多年的朋友。这位富裕的艺术收藏家和业余剧作家听说里尔克住在施维林家,为了见见这位冉冉上升的年轻诗人,特地在弗莱德豪森短暂停留。伯爵夫人的女婿雅各布·冯·乌克斯库尔让全家人都注意起这位文学界新星,也向冯·德·黑特介绍了《图

---

① 史拉克,《里尔克:人生与作品大事记》,216。

画之书》和《他们中的最后一个》中的故事。

8月19日,卡尔·冯·德·黑特到达时,里尔克正在对《定时祈祷文》进行最后的调整和安排,因此,很自然地,他给主人和客人朗读了他打算纳入此书的几首诗。①新来的朋友热情地赞美了这些诗,里尔克立刻决定去巴黎时顺道在冯·德·黑特夫妇在莱茵省的家短暂做客。

施维林伯爵夫人病得很重。她早些时候因为某事离开城堡,不过很快就会回来,最后一次在这里住住。里尔克觉得必须制订下一轮旅程计划了。8月26日,他写信给罗丹,询问大师9月5号或6号是否在巴黎,②他届时可能会到那里。到达姆施塔特短暂拜访施维林的一位朋友之后,里尔克回到弗莱德豪森,发现一封令他欢欣鼓舞的回电:"欣慰之至! 希望你7号之后立刻出发来巴黎。"③同时,雕塑家的秘书寄来一封短信,邀请他到莫东做罗丹的客人。里尔克用极其华丽的语言回信接受邀请。④他会在1905年9月12日左右到达巴黎,大约一天之后到达莫东。

赴法途中,里尔克实现了到巴德哥德斯堡附近短暂拜访冯·德·黑特夫妇的诺言。他在那里结识了朋友的妻子伊丽莎白,后者后来与丈夫一道,多年来始终支持里尔克。正如里尔克在一封写给施维林伯爵夫人的热情洋溢的感谢信中清楚说明的,他生活的新格局已经确定。他描述了她为他带来的社会和知识上的收益,对于过去这几个夏季月份的回顾是这封信的高潮,系用普鲁斯特风格的优雅和诗歌的激情语言写作而成:⑤"我有多少次感觉到,在所有未来岁月中,一切将会如何一幕一幕地回到我心中啊,这个城堡,那个时刻,或者这些房间中的某间里展开的某个特别的行动,都已变得无比亲切:当这种返回从充斥着深深怀念的记忆中涌出,降临到我身上的时候,它每次都会显得意味深长,让我想起许多时刻,并且使得各种事情带着新的高贵名称纷至沓来。"

---

① 《与卡尔和伊丽莎白·冯·德·黑特书信集,1905—1922》,第7页及之后,介绍部分。
② 1905年7月26日;《里尔克与罗丹书信集》,46。
③ 1905年9月4日,给克拉拉的信;《里尔克书信集,1902—1921》1:249。
④ 1905年9月6日;《里尔克与罗丹书信集》,47—48。
⑤ 1905年9月10日;《里尔克书信集,1892—1921》2:86。

3.

返回巴黎,几乎有点类似浪子归家。时隔两年多,一个全新的赖纳·玛丽亚·里尔克走进巴黎。他对这个都市、它的贫困和它令人厌恶的性生活的憎恨,实际上已经消失殆尽,仿佛此刻愤怒的重担已经转移到他的互补替身,马尔特·劳里斯的肩头,而他却得以自在地进入他的主人公的过去,在一片巨大领地上的一座城堡里得到悉心照料。新的赖纳凯旋而入的巴黎城不再是但丁的"痛苦之城",而是化为了艺术家和艺术的避难所。

他在一种无情的事业中又经历了两年发展,在许多方面都焕然一新。他的重要作品《马尔特手记》不得不暂时搁置一旁,主要原因是《定时祈祷文》即将由英赛尔出版。诗人对此期待已久,认为它将标志着他生命中的一个重要开端。尽管收录的都是旧作,涉及的也都是他早已驾轻就熟的主题,但他仍觉得这个外界的认可将提供一个平台,让他借之创作出新的诗歌。因此,他抵达巴黎时,正可谓志得意满、兴致勃勃。

在城里待的两天被用于一场怀旧的朝圣之旅,[①]两年前,这样的旅行在他而言简直不可想象。他走进最喜欢的素食饭店,发觉这里比从前略大,但基本还是老样子,令他很欣慰,就连那个把持着现金柜的女人都依旧如故,而他纵容着自己的感伤表演,点了从前常吃的甜瓜、无花果、朝鲜蓟和番茄。周围一切照旧,更衬托出他自己惊人的变化:整整3年前,1902年9月,他第一次抵达巴黎,那时还是个担惊受怕、初来乍到的人。如今的他却在卢浮宫漫步,欣赏伦勃朗藏画,或者随便看看埃尔·格列柯或者弗美尔的画作,或者一连几小时坐在卢森堡花园中的长凳上,或者在河岸边散步。之后,他站在旅馆阳台上俯瞰塞纳河,欣赏秋日残阳的余晖在水上飘荡。

抵达莫东时他同样心满意足。现在,罗丹了解了里尔克对自己作品

[①] 例如参见1905年9月12—14日给克拉拉的信;《里尔克书信集,1892—1921》2:91—92。

的巨大热情,非常热情地接待了诗人。一见面,主人就坚持客人必须在他这里住一段时间。里尔克得到了一套供他独享的小村舍,包括浴室、书房、更衣室,全都装修得颇有品味,装饰着各种小艺术品。很快他就与主人一道长途远足,尤其是到凡尔赛宫,那里的雕塑、花园和建筑全都令他着迷。他们会一大早5点钟就起床,坐火车或马车去凡尔赛宫,在那里漫游数个小时。有很多次,罗丹坚持去看看大特里阿农宫。其他时候他们沿着公园边缘那些两旁种有榆树的宽阔道路驱车或步行,或者离开这些齐整的17世纪风景,转而去Marly树林散步。罗丹的终生伴侣萝丝·贝瑞有时也加入他们,一路摘些野花,或者嚷嚷着看到了什么野生动物或小鸟,唤起他们的注意。

罗丹也会邀请里尔克陪自己进城谈正事。赖纳重新熟悉了大学路的工作室,他们就是在那里第一次见面的。现在他在这个工作室里欣赏着所有完成了和尚未完成的作品。有一次,他们还和画家欧仁·卡里尔共进午餐,他本打算写一篇关于此人的论文,但是后来和他成了好友。此外查理·莫里斯(Charles Morice),一位批评家和象征主义先锋派的重要代言人,也加入了他们。不过,每每里尔克也会呆在莫东,试图理清思路,策划未来。黄昏时分,罗丹从城里返回,他们会一起坐在池塘边,①欣赏水中的天鹅,交流对于各自工作的看法。

年迈的雕塑家和年轻诗人日益亲密,罗丹似乎打算寻找一种方式,将他们的关系固定下来,同时又能对他们俩和他们的工作都有所助益。他在许多方面都觉得负担重重,从日常的琐碎工作,到更加繁重的艺术创作,在这方面,里尔克对他的赞同或许能让他找到他所需要的宽慰。坐在雕塑家的私人"博物馆"里,他们会一连几个小时研究模特儿和雕像,罗丹会请诗人帮忙起标题。每天,他都越发想要正式给里尔克安排一个位置,因为阅读后者对自己赞美有加的论文,使得罗丹觉得安全,与他在这个自觉备受攻击的时期,从他的学生和同行们批评的眼光中感受到的完全不同。②

---

① 1905年9月20日给克拉拉的信;《里尔克书信集,1892—1921》2:95—97。关于罗丹和里尔克之间的父子关系的心理分析,参见克莱巴德,《恐惧之始:里尔克的生活与作品的心理学研读》,165—208。

② 1905年9月27日给克拉拉的信;《里尔克书信集,1892—1921》2:99。

这个安排没过多久就实现了。里尔克到达莫东后,过了不到两星期,一天早上,罗丹邀请他担任自己的私人秘书。里尔克举出一个不乏道理的辞谢理由:他的法语不足以应对大量正式通信。不过,罗丹自有办法解决。他宣称一开始里尔克主要并不负责书记工作。相反,罗丹更需要的是一个忠诚同伴的亲密帮助,一种里尔克发自敏感理解力的忠诚扶持,借此,罗丹可以免受伤害,卸下心理负担。此外,此人同时也是一位人脉广阔的年轻诗人,随时准备对德语世界热情地宣传罗丹,这也使得与他保持紧密的关系大有神益。因此,罗丹做出如下提议时,远不是冲着什么完美无瑕的法语文书来的:里尔克将继续在莫东做客,①同时每天早上花两个小时帮助他处理业务琐事,月薪200法郎。绝不会影响他写作的时间。

这个提议本身就包含了灾难的种子,因为它包括了两种彼此冲突的期望。对于一位艺术家同仁所需要保留的个人时间的认可,必然与罗丹对于书面协助的急需相冲突。一方面,他希望摆脱日常通讯的重负,另一方面,他在事业上承受的压力又需要心理疏导,为此他决定向一位与他拥有共同的敏感性、彼此心意相通的外国诗人求助。

在后半生中,里尔克经常否认自己曾做过罗丹领薪酬的秘书。事实上,这项协议一旦达成,他很快就感到不自在。尽管最初几个月,这种疑虑被大量花言巧语所打发。当新朋友卡尔·冯·德·黑特问到他与这位著名雕塑家的关系时,里尔克答道,过去这个月,他作为一种私人秘书为之服务(尽他拙劣的法语之所能)并发觉与罗丹相处令他疑虑渐消:"一种温暖、令人多产的工作气氛,一种睿智的伟大生命带来的影响……世界充满于他的作品,比生命还要宏大……"②因此,他很满意于自己选择的是"绝非卑微之物",并发誓只要罗丹还能用到他,只要他自己的健康允许,他都将留下来尽可能提供帮助。同时,克拉拉给罗丹寄来一些最近作品的样品,罗丹邀请她来使用他的工作室之一,因此她又来到丈夫身边。③

里尔克很明了自己与一位知名艺术家的这种密切关系,因此尽管身

---

① 1905年11月6日给凯的信,史拉克引用,《里尔克:人生与作品大事记》,220。
② 1905年10月19日,《与卡尔和伊丽莎白·冯·德·黑特书信集,1905—1922》,25。
③ 《与卡尔和伊丽莎白·冯·德·黑特书信集,1905—1922》,288页注释,基于1905年11月6日写给凯的信。参见里尔克在1905年10月26日信中对罗丹邀请她而表示的感激之情;《里尔克与罗丹书信集》,51。

处的环境未必符合他跻身血统高贵的贵族当中的心愿,他仍颇为得意。此外,这份工作能让父亲免去给他提供经济资助的负担,[1]也令里尔克颇为欣慰。罗丹本人对于里尔克成为冉冉上升的重要诗人的可能性也很敏感。克拉拉的赞助者古斯塔夫·鲍利问及里尔克时,罗丹据说回答道,"不错,他是我朋友。我常和他碰头,他偶尔帮帮我的忙。我倍感荣幸。"[2]

因此,当这份秘书工作突然不再只是一份闲职的时候,他俩都很不适应。里尔克因为以罗丹为主题而举行的巡回演讲负担倍增,为此他在10月14日到19日之间几乎夜以继日地做准备。两天后,里尔克出发去巴黎,去德累斯顿发表第一场演讲,在那里遭到了第一次打击。尽管他对自己的演讲很满意,但听众令他相当失望。"650位听众,"[3]他写信给埃伦·凯,"但是都不是合适人选。"布拉格是行程的第二站,结果更加令人失望。他在故乡小镇待了3天,写了一封相当沮丧的信给罗丹,描述演讲的效果。他一共发表了两场演讲,两次都是听众寥寥,毫无反应,尽是些呆头呆脑的老太太和疲惫的官员,[4]他们似乎更关注自己的消化系统而非他的演讲。幸运的是,演讲后有两个男人和几位年轻女士来找他,显然是被演讲深深打动,默默地握了握他的手。尽管如此,这些演讲仍令他失望,而且入不敷出。里尔克的老朋友奥古斯特和艾达·索尔为他举办了茶会,但他与客人们似乎没能进行什么交流。他与父亲的见面也令人失望。约瑟夫·里尔克得了一场严重的肺炎,正在逐渐康复中。

完成任务后,里尔克到莱比锡的出版商那里,为《定时祈祷文》的出版做最后安排,然后又在弗莱德豪森短暂停留,与克拉拉会合。[5]她完成了施维林伯爵夫人的一尊浮雕。他担心罗丹已经按照之前的计划去访问西班牙,因此给罗丹发去电报,请求再休假几天,在归途中欣赏一下一份私人藏品。[6]他想必得到了,或者自以为得到了允许,因为他确实去访问了博物

---

[1] 1905年11月6日;《里尔克:人生与作品大事记》,223。
[2] 史拉克引用,《里尔克:人生与作品大事记》,221。
[3] 1905年11月6日;《里尔克:人生与作品大事记》,222。同一封信中,里尔克提到父亲与风湿病的挣扎。
[4] 1905年10月26日;《里尔克与罗丹书信集》,50—51。
[5] 《与卡尔和伊丽莎白·冯·德·黑特书信集,1905—1922》,291。
[6] 1905年10月29日来自卡塞尔的电报;《里尔克与罗丹书信集》,52。在此之前一封信也提及父亲的病的信的附言中,里尔克表示他"希望"在10月31日之前回到莫东。

馆，又在路上耽误了几天，于 11 月 2 日回到莫东。尽管这次巡回演讲是为罗丹而举行，也是对罗丹有利的，但是里尔克的耽误仍反映出他们之间的裂隙。里尔克过于独立、不安分，过于关注自己的计划，难以契合另一位艺术家的时间表。

4.

罗丹去了西班牙。接下来几星期，里尔克设法应付雇主的事务。不过，他再也没能恢复从前早已颇为勉强的工作节奏。经济问题，以及自己创作的压力，都妨碍着他。因此，他相当看重的那些人对他的艺术做出的充分认可，令他备感幸运。

1905 年 11 月，塞缪尔·费舍尔（Samuel Fischer）的《新评论》发表了里尔克在罗马创作、在富鲁堡改毕的 3 首长篇叙事诗：《俄尔甫斯、欧律狄刻、赫尔墨斯》、《维纳斯的诞生》和《赫泰赖之墓》，它们在现代主义圈子中备受欢迎。他尤其因为以胡戈·冯·霍夫曼斯塔尔（Hugo von Hofmannsthal）为首、包括了他的老朋友雅克布·瓦塞曼及其妻子朱莉的一群艺术家同仁寄来的一张热情洋溢的明信片而倍受鼓舞："我们读了您发表在《新评论》上的无比精彩的诗歌，为之振奋不已，并且由衷地感谢您。"①这是一种重要关系的开端，因为在所有这段时间进入里尔克生命的人当中，唯有霍夫曼斯塔尔认可了他作为一位复杂的现代艺术家的身份，并且起初对他的变化大加支持（尽管后期变得不乏苛刻）。正是霍夫曼斯塔尔，而不是埃伦·凯或卢·莎乐美，鼓励着他遵循格奥尔格·齐美尔和奥古斯特·罗丹提出的那些征兆。也正是霍夫曼斯塔尔在一年后促使他成为一份新期刊的主要供稿人，并大力促成了他 1907 年在维也纳的系列演讲。

这时，阿克塞尔·杨格带着两份计划前来拜访。②其一有助于他那些

---

① 1905 年 11 月 1 日，霍夫曼斯塔尔等；《胡戈·冯·霍夫曼斯塔尔和里尔克：书信集》，44—45。
② 1905 年 11 月 25 日；《与阿克塞尔·杨格书信集》，168—169；282—283 页注释。

技艺上日益精准的诗歌的发展,其二则着重于朝向通俗方向的发展。第一份计划是出一份《图画之书》的修订、扩充版,第二份计划是建议将他的短篇诗体故事,《旗手奥图·里尔克的爱与死之歌》,采用在博格比修订的版本,做单行本出版。这个版本1904年已在布拉格期刊《德国劳工》上发表(根据杨格的要求,主人公的名字改为克里斯托弗)。这份以诗歌形式,对于一个正在消逝的骑士时代做出的简短探索,最初构思于1899年的施马根多夫,只是一段简略描述,灵感源自一份编年史,里尔克的祖先与之似乎并无确凿关联。现在,杨格请他考虑以一个简短版本重新出版它。迟疑一阵之后,里尔克表示同意,不过强调将印数限制在300本之内。

在1905年,谁也没有料想到,7年之后这本小册子由英赛尔再版后,竟然大受欢迎。不过,这个故事开发了一种语言风格,并用一种符合日益崛起的敏感性的视角来看待生死问题。许多读者(不仅那些痴迷的年轻人)承受着日益强大的工业和军事力量的压迫,意欲回头寻找一种较为质朴的生活方式,在其中战斗和个人英雄主义、社团和荣誉,彼此依然和谐同一。这种田园牧歌式的生活或许从来不曾存在,至少在诗中描述的17世纪巴尔干地区的最后一次针对土耳其人的十字军东征中不可能存在。不过,这个起初作为祖先传说的故事,通过几乎照搬原型的情节获取了真实的力量:出身高贵的年轻士兵负责掌旗,他发觉在与一位女伯爵陷入爱河的第一夜,他的军团就遭到进攻。他冲出失火的城堡,扛着燃烧的旗子,重新唤起己方军队的斗志,歼灭了敌人,自己英勇牺牲。

里尔克用一种刻板的、音调优美的语言描述这一场景,描绘战争时的笔触极其柔和。他依旧对两个极其传统的男性和女性角色做出了划分——尚武的父亲和爱诗的母亲——此二人均在他的童年和军校挣扎中扮演重要角色。《旗手》的优点,以及成功的秘密,在于它成功地将这两者加以糅合。里尔克用极其敏锐的语言来描写战争,促成了他行文中的情绪、节奏和敏感性,它与描写久经沙场的老战士的残酷形象,或者指挥着年轻士兵的不怒自威的将军的那些干脆、断续的文字形成对比。

> 终于站在斯博克面前。伯爵站在白马边,身姿挺拔。他的长发散出铁的光泽。
>
> 来自兰根诺家族的他,没有询问。他认出将军,从马边奔来,掀

起尘土,鞠躬致意。他带来一张把他引荐给伯爵的便条。不过他仅仅下令:"给我读这破纸。"他的嘴唇几乎一动不动……年轻士兵念完之后过了很久。他不再知道自己身在何处。斯博克遮天蔽日。天空也仿佛消失。然后,斯博克,伟大的将军,开口了。

"旗手。"

这就足够了。①

其他段落使用了甚至更加干脆的词语和形象来描述生理性的残酷、强奸和始乱终弃,全都由既凝练又富于音乐性的词语构成。同时,柔和的阴影也无处不在,描写着战争的尊严和强调忍耐的英雄主义。

这是一种新散文诗,其吸引力主要来自简单却隽永的语言,以及极其敏锐地描述了战斗、男子汉精神和旗帜的音乐性节奏。但是,它也绝非与里尔克的整体风格脱节之作。它既可向前推延,亦可往后回溯:《白衣妃》中的恐惧和性爱,以及充满威胁的男修士,即将到来的瘟疫,覆盖住优雅的文艺复兴场景的死亡阴影;《定时祈祷文》中既富田园色彩又不失残忍,既奉献又热情的强烈意象;从他最初的作品到《沙皇》、《骑士》、《少女的忧伤》以及《图画之书》和许多其他类似作品中对骑士和士兵的描述。不过,使得《旗手》魅力陡增,令它备受欢迎的,还要数它在内容和形式方面的独特风格。

里尔克的作品已经趋近一个新边界,因此,此时他或许貌似只是在重新出版一份昔日的、他不大看重的作品。但事实与此正相反,他个人与这部作品可谓息息相关。《旗手》中的祖先与他的某位远亲之间的关系难以考证,但是他反映出作者梦想的气氛。里尔克希望杨格将自己的家徽印上封面,对于这个家徽,他无比在意,命令克拉拉把它安全地从沃普斯韦德寄到柏林,②并要求出版商保证它完好无损。不过,这个故事仍旧属于梦境与现实参半,扑朔迷离,就像马尔特的世界里的布里格和布莱家族一样。尽管它基于萨克森国王钦定编年史中的一段真实记录,又由雅罗斯拉夫叔叔特地摘录,试图为他家族谋求合法的贵族地

---

① 《里尔克作品全集》1:240。
② 1906年9月21日;《与阿克塞尔·杨格书信集》,191。

位作证(结果未遂),但是文件中的里尔克家族究竟是否是诗人的祖先,这一点无从证明。

在这个诗人倾注热情的故事中,里尔克描述出一则个人以及历史神话。在某种重要意义上,他始终明了它的政治隐喻,尤其是它对于正身处日益发展的青年运动之内或之外的年轻诗人们的吸引力,这一运动当时正日渐获取一种神话-民间传说风格的影响力。它潜在的意识形态与里尔克在富鲁堡所了解到的萨姆斯卡拉及其教育改革非常吻合,似乎也延续着他曾专门撰写长文的宗教讨论观点。它暗示着借助一种更为私隐的表达方式,重新塑造被敌意的工业环境所淹没的自我,这种表达方式基于一种基础,它强调应把限制性的社会法则纳入自身之内,而非从外部来反对之。这样,尽管他的朋友们反复、坚决地表示反对,对它美化战争的倾向愤慨不已,但是里尔克的这份"业余作品"依然表现出了一整代人的风格。

里尔克正在开发一种新语言,它将强烈改变德语散文的风貌。这种语言由多方之力推动而成——里尔克绝不是唯一一个,甚至也不是第一个走上这条路的诗人——但是主要是因为他的风格的力量、他生动有力的措辞,以及富于音乐性的节奏、刻意简单的句法,为一代人所仿效,他们被他的主题激励,发展出一种新的革命性散文,影响了未来几十年的文学写作。

> 它开始时是场宴会。发展为狂欢,他们对此也莫名其妙。高烛摇晃,声音回旋,酒杯和火光交相辉映,歌声嘈杂,最后从熟透的节奏中涌出了舞蹈……像波浪翻腾过大厅,相会、选择、分别,再重新发现,流动的光影和炫目的光亮中,欲望横流,在栖居于温暖的女人长袍中的夏风里摇摆。
>
> 黑色的酒和一千朵玫瑰中,时辰流动,涌入夜梦。[①]

栩栩如生——里尔克得到充分发挥的看家本领——促成了这些句子,它们通过极其个人的感受,描绘生活和自然景象。几年后,像格奥尔

[①] 《里尔克作品全集》1:242—243。

格·海姆(Georg Heym)这样的年轻诗人得以写道,"夜晚的阴影歌唱。只有乌鸦仍在漂泊。"①《旗手》这样的散文诗帮助促成了这种新的敏感性,在1912年之后,这种诗歌手法成为典范,得到普遍推崇之后尤其如此。因此,《旗手》可以说代表了一个关键时刻。它并非里尔克的生命,或者他如此竭力开创的这段文学史中的异类,而是扎根于一种新的诗歌表达,它恰好始于他1899年的试笔,并延续到他的成熟阶段,终于获得了自觉性,迎合了新时期的需求。

5.

《旗手》和《图画之书》的新版都在1905年11月启动,不过,里尔克原本希望几周之内完成的修订一拖数月。在准备一场新巡回演讲,以及将《定时祈祷文》付诸出版的工作之余,为罗丹进行的大量书面工作也令里尔克负担倍增。罗丹本人秋季很多时候都不在,把大量工作和出了意料的决策都压到助手肩头。不过,最后里尔克还是不得不承认,这些变化不足充任他拖延得如此之久的理由。原因似乎更多在于他缺乏力量面对这些文字工作,尤其是因为个人问题开始介入其间。

里尔克与那些多年来一直帮助他的人日益疏远。与埃伦·凯的不合,在她的演讲终于准备在德国付印时又有所恶化,里尔克心慌意乱,把埃伦的手稿寄给卢,让她作一个最后决断。②他对卢坦言,他觉得凯的偏见和武断超过了她真实的观察,尽管他听说这些演讲稿将发表在没有名气的布拉格期刊《德国劳工》上,从而"不为人知",不禁倍感宽慰。他与凯的旧日抵牾的爆发,其实只是他与罗丹、与阿克塞尔·杨格,甚至与克拉拉之间的分裂的先兆。

1905年12月,里尔克30岁生日成为他的生命地标。《定时祈祷文》终于出版。他虽说抱怨不已,却仍对这部作品的发表欣喜若狂,它记录了

---

① 海恩,"夏季的号角沉默了",118。
② 1905年11月23日;《里尔克与卢·安德烈亚斯-莎乐美:通信集》,213—214。

他从俄国神话到巴黎苦难再到最终苏醒的整个生涯。接下来几个月,来自批评家、诗人同行和朋友们的评论将反映出这部重要作品的矛盾之处:它是以诗人已经远远超越的一种风格写就。喜欢新风格的诗人,比如胡戈·冯·霍夫曼斯塔尔和斯特凡·格奥尔格,认为这部作品中里尔克的旧风格太强烈,令他们不满。霍夫曼斯塔尔事实上全神贯注于他自己的《俄狄浦斯》,直到3月才做出评论。

不过,圈子里的大多数其他人都相信他们正在目睹一位伟大诗人的诞生,比如卡尔·冯·德·黑特在1906年1月就迅速发表了一份热情洋溢的评论。他将里尔克的新作抬高到德国诗歌巅峰的位置,[①]甚至高于诸如利连科隆、霍夫曼斯塔尔和格奥尔格等等重要人物,并宣布里尔克在一个诗歌已遭叙述和戏剧侵蚀的年代,通过强大的主题,也就是寻找上帝,拯救了诗歌。作为反馈,这位诗人尽管向来以不屑于评论自居,却以一首诗来表明了自己的欣赏之情。通过用诗歌的核心充当主题,他承认肩负一份沉重的义务,它同时也是他和他的诗歌的力量之源。这些赞誉堪称这个时节最富个人性,因此也是最珍贵的礼物。

6.

圣诞节时,里尔克返回家中。他天黑后才进入村庄,[②]树木和房子都被浓雾包裹。整幕场景古怪地迎合着里尔克早期的一篇小说。他们的小屋里,克拉拉安置了自己的工作室,还为他们俩安排了住处。他发现妻子在工作室里塑着一尊露丝的小雕像,而孩子——才4岁大——总是动个不停,不肯好好坐着。她喜欢说话,长着圆脸蛋和一头长发,非常美丽。她站在父亲椅子后说个没完,不断提问,急切地给他看这看那。父母很快停下手头所有工作,一心让这个如此缺少稳定的父母之爱的孩子在圣诞节得到快乐。他们在克拉拉的工作室里装点圣诞树,摆了礼物,力图让这

[①] 附录,《与卡尔和伊丽莎白·冯·德·黑特书信集,1905—1922》,245—251。
[②] 1905年12月21日里尔克与罗丹书信集;《里尔克与罗丹书信集》,56—59。

里变得尽可能正常,让露丝欢度圣诞夜。

假日很快过去,其间他们拜访了老朋友,包括福格勒夫妇和莫德尔森夫妇。赖纳很高兴现在克拉拉已经与露丝住在属于自己的住所里,不再屈居于她母亲在奥伯尼兰德的农庄。此外,她的生活也因为与一位老朋友恢复了关系而丰富起来。自打决定在艺术村里再度住下,克拉拉就试着重新建立与鲍拉·贝克尔的友谊。赖纳的缺席为这两个女人恢复友谊提供了便利,不过,里尔克也被允许重新进入她们的魔法圈。令他兴奋的是,现在他可以更加自如地欣赏鲍拉的作品了,他对之充满钦佩和暗暗惊奇。①他们三人的关系改善后,鲍拉坦露真言:她的"百合工作室"太窄小了,她似乎打算在巴黎再呆上较长的一段时间。

日后,在巴黎,鲍拉·莫德尔森-贝克尔和赖纳·玛丽亚·里尔克的命运将会奇妙地交织。起初,鲍拉在他那里寻求她习惯从丈夫那里得到的帮助,因为她与丈夫的分离为时不短。在他们的婚姻中,奥图·莫德尔森始终觉得必须维持自己年长、更有成就的艺术家的身份,鲍拉的艺术创作令他颇为不自在。他不喜欢她的新风格:画裸体和其他形象,而不是她"出色的素描"。"女人不可能轻易地有所成就,"②他在日记里写道,几乎毫不掩饰对里尔克夫妇的不满。"里尔克夫人,比如说吧,对她来讲,只存在一件东西,它的名字就叫罗丹:她盲目地模仿他的所有做法……鲍拉也像那样;……我觉得,如果她一意孤行,迟早会粉身碎骨,把力量全部毁掉。"

贝克尔将1906年2月8日,她的30岁生日,设定为离开之日。③她在日记里写着,"现在我已经离开奥图·莫德尔森,正介于我的旧生活和新生活之间……我好奇的是,我在新生活中会变成什么样?该怎样,那就怎样吧。"里尔克非常帮忙。④在两年前,鲍拉上一次逃入属于她自己的生活时,他还竭力在对做妻子一方的友谊和对做丈夫一方的示好之间保持平衡。不过,现在,尽管仍在罗丹的庇护下,但他似乎已不再有此疑虑。鲍

---

① 1906年1月16日给卡尔·冯·德·黑特的信;《与卡尔和伊丽莎白·冯·德·黑特书信集,1905—1922》,46—47。
② 奥图·莫德尔森的日记,1905年12月11日;《通信和日记》,427【鲍拉·莫德尔森-贝克尔:书信和日记》,378】。
③ 《通信和日记》,389【鲍拉·莫德尔森-贝克尔:书信和日记》,343】。
④ 比提特,207。

拉与奥图分手后到达巴黎时,赖纳尽可能提供了帮助。甚至借给她 100 法郎安顿。①

事实证明,鲍拉回到巴黎,带来的问题比里尔克预料的更加麻烦。她立刻要求在他于 2 月下旬出发进行第二轮巡回演讲之前见面,并明确表现出自己可以肆意占用他的时间和支持。离开奥图在沃普斯韦德的住所之后,她现在面对的是一个从前根本无须面对的世界:在经济上、社会关系上都漂浮不定,甚至与自己的家人都断绝了往来,各处都朝她涌来敌意之浪。

尽管不情愿,但里尔克仍为一种约定所束缚,一段六年前抛弃的回忆现在顽固地回来了。目前,他仍属自由;他还可以随时逃开,因为早已计划要开始第二段巡回演讲。他也知道,等他回来之后,将不仅要面对鲍拉,也要面对他自己。他为她的需求所打动,又对她的艺术充满敬佩,因此无法拒绝她的请求,然而正是她对他这个人的要求和权利令他畏惧。总之,准备踏上新的旅途时,他周身笼罩着意味深长的阴影。

7.

直接的打击来自施维林伯爵夫人的去世。陡然去世不仅是诗歌中的情节,或者故事里发人深省的时刻。它也不仅仅只是死亡这个生理上的事实,尽管这当然也是他畏惧的东西之一。它也不只意味着一个他日渐依恋的人的离去。它是他遭受的一个威胁。伯爵夫人扮演了重要角色,提供了那个富裕的、喜好文化的贵族社会的入口,她的城堡堪称一个闪耀的据点,有着高雅的艺术品位,屡屡展开知识交流。她曾是里尔克的新向导和保护者。"我曾多么渴望在她的庇护之下生活和创作,"他给卡尔·冯·德·黑特写信道,"我曾何等地感觉到,她的存在就是希望,能让我得享备受庇护的美好平静之感!"②他感到深切的个人损失:损失了一个仅仅

---

① 佩泽特,77。
② 1906 年 2 月 8 日给卡尔·冯·德·黑特的信;《与卡尔和伊丽莎白·冯·德·黑特书信集,1905—1922》,48—49。

其存在就足以担保"未来数年的保护、庇护和帮助"的人。尽管当时他处于奥古斯特·罗丹的庇护下,但是一个空洞已经产生,暴露出他对依靠的需求,就像鲍拉从沃普斯韦德的逃离暴露了她对庇护所和支持的绝望需求一样。

巡回演讲始于 2 月 25 日,一开始就吉兆迭出,洋溢着里尔克偏爱的贵族风范。在第一站易北河谷,他成为奥古斯特·冯·德·黑特男爵,也就是他的保护者卡尔的热爱艺术的侄子,及其妻子,同样致力于艺术的塞尔玛的客人。他在主人位于鲁尔河谷北面的工业城郊的华丽别墅得到盛大接待,这个别墅从帝王般的高度俯瞰着低处繁忙的烟囱林腾腾而上的烟雾。在如此优雅的环境中得到如此真诚的款待,令里尔克得意洋洋,演讲的大获成功更令他心情愉快。尽管准备仓促,但他觉得自己在这次演讲中,比在论文里更精确地捕捉到罗丹的意义。根据听众的规模和热情反映来判断,他完全有理由如此志得意满。

这次演讲还有一个更富私心的目的。一段时间以来,里尔克一直希望卢和克拉拉能会面,而这两个在塑造他生命时发挥了最重要作用的女人的相会,将成为一个令人难忘的时刻。柏林将充任他个人历史中的这个分水岭。克拉拉长期以来一直盼望有机会在柏林生活和工作,恰好里尔克有像卡尔·冯·德·黑特这类大献殷勤的朋友相帮,顺利在此谋得一个工作室,并给她提供了一些经济支持。现在,她来到这里,不仅是为了听丈夫演讲,也是为了进一步实现安顿下来的目标。同时,卢和弗莱德里希·安德烈亚斯也来了,一方面是来听里尔克的演讲,另一方面也是为了参加格哈特·霍普特曼的新剧《而皮帕舞蹈》的首演,为此卢正在写一篇重要评论(结果事实上并不怎么受欢迎)。

两个女人之间的首次会面非常顺利。卢作为年长、成就卓然的一方,表现得慷慨大度,似乎对克拉拉极其宠爱。里尔克对她对自己妻子如此真诚的接待千恩万谢。①不过,这种亲密似乎又威胁到了他。认识克拉拉之后,卢对于克拉拉在经济上和心理上的困境痛切地感同身受,她对于里尔克畸形的特权感,他对于罗丹的格言"工作,只有工作"的误解——将之理解为将艺术的卓越高居于所有其他价值之上——都感到不安。她试图

---

① 1906 年 2 月 28 日;《里尔克与卢·安德烈亚斯-莎乐美:通信集》,217。

为克拉拉说话，却没有成功，因为这对夫妻大多数时候仍旧分居。

在柏林度过的最初几天不断举行欢庆活动，还有一次盛大的招待会。其间他们还收到消息，他父亲约瑟夫在布拉格奄奄一息。起初这则消息并未妨碍赖纳的进展。他参加的各种活动充斥着 20 世纪初的炫目光彩，仿佛富裕强大的上层阶级将始终根基稳定、财源广进。里尔克夫妇在这个城市里，在伯恩哈德·冯·德·黑特，里尔克的保护者的一个叔叔，位于城郊的"瓦恩希别墅"里，非常奢侈地度过了第一夜。卡尔和伊丽莎白·冯·德·黑特也在城里，部分是为了参加这些演讲，部分是为了见见克拉拉。他们在 2 月 28 日举办了一次优雅的正式午宴，以及一次由里尔克进行餐前朗读的小型晚宴，两次宴会都标志着里尔克新的成功。

在旧人和新人之间，必须做出痛苦的选择。当他们的主人男爵夫人邀请里尔克到康斯坦丁·斯坦尼斯拉夫斯基的莫斯科艺术剧院去看亚列克西·托尔斯泰的《费奥多尔沙皇》时，他旋即接受了邀请，不过觉得有必要向卢道歉，因为没有事先跟她商量。他希望他们在剧院里碰头，然而她不在被邀之列。

卡西尔沙龙的活动在 1890 年代仍很寻常，系专门为了朗读里尔克作品而举办，两个女人都参加了。更重要的罗丹演讲应卡斯纳伯爵哈利（Harry Count Kessler），一位罗丹的仰慕者以及里尔克的一位亲密的新贵族朋友的要求而延迟，因为他在魏玛召集了一场时间冲突的演讲。这是一次幸运的拖延，里尔克趁机得以溜出柏林，到汉堡和不来梅履行一些别的工作。

朗读会之后，里尔克夫妇在韦斯滕斯住了下来——卢和弗莱德里希·安德烈亚斯也住这家旅馆——不过，事后发现他们因为日程安排有变，只住了一夜就走了。与阿克塞尔·杨格在旅馆匆匆一面之后，他们出发去汉堡，却发现接下来的旅程中他们不得不面对一场重感冒的威胁：里尔克在下一站不来梅的最后一场演讲几乎失声。他们逃往沃普斯韦德，他希望在那里能尽快恢复。幸运的是，在魏玛的演讲悉数取消了。他们决定在克拉拉的住所多呆几天，直到里尔克能够履行改了时间的在柏林的第二场夜间演讲。

这一切在一个诗人的演讲旅行中大概都相当寻常，甚至喉炎和暂时失声都不奇怪，不寻常的只有那个在他们的所有活动过程中都萦绕不去的垂死老人。里尔克在继续演讲任务、休息等待痊愈,以及参加各种社会活动的同时,深知布拉格正在发生着什么,对于这个不可避免的问题他选择视而不见,即使返回柏林后也是如此。一方面,他对于极其传统的父亲愿意克服对他的作品和生活方式的重重疑虑,感到深深的感激。另一方面,在儿子对父亲的天然感情之外,①约瑟夫·里尔克对赖纳而言始终代表布拉格的德语中产阶级,一个他表示不屑的世界。

尽管布拉格的医生告知里尔克他父亲即将去世,但是里尔克不曾采取行动,及时前去看望。卢回忆道,他回避着这个即将到来的结局,坚持继续他的演讲计划。②最后,3月14日,约瑟夫·里尔克的死讯传来。里尔克要面对工作的重担,又发现自己其实深受触动,因此当克拉拉不计前嫌,没有在意上次她自己父亲去世时他的无动于衷,在第二天陪他去布拉格处理约瑟夫·里尔克的住所、财产、资产,更不用说还有遗体事宜的时候,他备感欣慰。他通知卢他们即将回柏林,之后他才找到时间和机会,用动人的语言向菲亚·里尔克告知了她分居丈夫的死讯。

尽管他竭力回避,死亡依然痕迹宛然。如果说里尔克试图在现实中逃避它的影响,但他因此找到了他的诗歌所需的知识、感情和词语。两个月后,他写了一首诗,其克制和张力描绘出一幅个人消逝、意识散去的尖锐画面。这个死亡既不属于他父亲,也不属于施维林伯爵夫人。它是诗人的笔下独特的一种死,由关于死亡的知识本身、关于死亡的变形之力的了解所促成:

> 他躺着。他骨架撑起的面容
> 深陷枕中,苍白而僵硬
> 因为世界和他对之的所有了解
> 已从他的意识中剥离
> 堕回麻木的岁月。③

---

① 参见克莱巴德,《恐惧之始:里尔克的生活与作品的心理学研读》关于里尔克与父亲关系之变化的有趣分析,131—164。
② 比宁恩,《尼采的不羁门徒》,302。
③ 《诗人之死》,《里尔克作品全集》1:495—496。

表面上貌似简单,内里却极尽微妙,《诗人之死》激荡着字面上不曾明言的情感:诗人转变为一件物品。现在,借助理解周围世界的能力的缺失,出现了一张死亡面具。通过寥寥几笔,这几句诗表达了对死亡的恐惧:在死亡中,理解力终止,自我变形了。现在,面具成为证明它存在的唯一之物。不过,以一种奇特的转变——让我们想起波德莱尔的诗《一具尸体》,里尔克对之欣赏有加——死亡面具本身就获取了一种生命,因为诗人已经变得与世界同一:"这些深谷,这些草地/这些水面曾是他的面容。"诗结尾处,里尔克观察着他的脸(现在已成为他的面具)"惊恐万状地死去",变得"柔和、打开了,就像/一枚在空气中腐朽的水果的内部"。尽管死亡阴影沉重地笼罩着里尔克从最早的少年习作以来的许多作品,也为那些《白衣妃》中不洁的死之信使所代表,但现在它变成了他的新理念的一个部分:诗人探索着,在死亡将他转变为一个无生命的、与人造品并无不同的物品时,他对情境和声响的理解力的消失会变得如何。

3月20日,里尔克返回后,终于在柏林的卡西尔画廊发表罗丹演讲,不乏成功。又过了一星期多一点,他返回巴黎,将德国、克拉拉、卢、父亲的葬礼,甚至他的贵族朋友们,都抛在身后,独自回到他在莫东的生活。

8.

不出意外地,里尔克的悲哀之旅不曾改变任何事情。[①]回程之后,他发现各种问题依旧存在,不仅比起3星期前,也就是巡回演讲开始之时毫无变化,甚至比起之前的整个冬天也毫无进展。罗丹自己负担也不轻,因此他对里尔克做出了一些实事求是的要求,大大增加了通信和各种繁琐的书记工作。而且,这位像神一样超凡脱俗的年长之人不曾想到,这位习惯自由自在的助手,在某个地方连呆上一个月或两个月,都令他无法忍受。他觉得秘书最近的巡回旅游为时过久,为此烦恼不已,却并没有意识到里

---

① 参见卢,1906年4月12日;《里尔克与卢·安德烈亚斯-莎乐美:通信集》,218—219;卡尔·冯·黑特,1906年4月7日;《与卡尔和伊丽莎白·冯·德·黑特书信集,1905—1922》,57—58。

尔克实际上已经抵制了不少短途旅游的诱惑。里尔克习惯做一名漫游诗人，现在却被迫违背意志，困在一处，备受拘束，不由自主。诗人觉得受到束缚，越来越躁动不安。

尽管里尔克将写作的困难归咎于在莫东的任务，但实际上他写的比自己以为的要多。整个寒冷下雪的冬季，以及早春的几个短短月份里，他写了不少符合他后期风格的诗，它们将收入《新诗集》。在其中，有两首关于萨福的诗，类似《大卫为扫罗歌唱》这样的圣经诗歌，以及名诗《佛》、《天鹅》、《诗人》和其他许多诗歌。然而，值得注意的是，这些诗中有几首表达着一种束缚和压抑感，一种被阻止着达致诗人的力量之源的感觉。在这个方面，《诗人》表达了一幕清晰、凝固的画面，描述着他感到被时间抛弃的孤绝自我：

> 时辰，你与我拉开距离。
> 你的羽翼拍击，伤了我。
> 孤独一人：我如何处置我的嘴？
> 我的夜？我的日？①

这首诗行文朴素，但其中诗人指涉自己的异化、与事物和生命甚至他自己的隔绝的独特方式不容忽视："我没有爱人，没有家/没有居所。"类似地，在《天鹅》中，他将天鹅在陆地上的蹒跚步态比作无法创作的痛苦：

> 跋涉穿过未竟事物之痛苦
> 沉重不堪，仿佛倍受束缚，
> 犹如天鹅笨拙的步伐。②

这种对诗人的绝望的描述，比波德莱尔关于巴黎街道上的天鹅的长诗更为简洁，反映出里尔克对于显然不堪忍受的处境的不耐心情：用法语

---

① 《里尔克作品全集》1:511。
② 《里尔克作品全集》1:510。

写正式信函的工作过于频繁地占用了写诗或者甚至写作《马尔特》的时间。他的朋友们越来越多地听到这类抱怨：他觉得被剥夺了作为一个艺术家所能借以存在的唯一因素。这种想法通过诗的媒介得到反映，之后才在里尔克的现实生活中爆发出来。

9.

1906年春季以来发生的三件事在里尔克的作品中留下持久印记。第一件是鲍拉·贝克尔的返回，它让里尔克不得不面对大量他以为早已埋葬在遥远过去的感情。第二件是结识了席多妮·纳赫尼·冯·博卢廷（Sidonie Nadherny von Borutin），一位年轻的捷克男爵夫人，后者位于布拉格附近的家族城堡成为里尔克生命中的一个重要里程碑。不过这两件事与第三件事造成的损伤相比都不值一提：里尔克与罗丹的分裂。

席多妮出现在里尔克的生活中，这或许当时对她而言只是小事一桩，但在里尔克而言却是一件大事。她的母亲，男爵夫人爱玛利亚·纳赫尼给罗丹写信，询问可否和女儿一起来莫东他的别墅拜访，参观在那里成形的雕塑。作为罗丹的秘书，里尔克负责处理最初的通信，她们4月到来之后，他又扮演了她们在这个私人展览馆里的向导。[①] 他的渊博知识想必给她们留下深刻印象，两周不到，做女儿的就写来一封表示钦佩之情的信，里尔克欣然回信。他应付了对于他担任向导表示的感激和赞美，表示自己很欣慰可以向她展示罗丹的宝藏，尤其是大理石组像《永恒的偶像》，并向她介绍了它之前的主人，也就是他的朋友欧仁·卡里尔[②]，后者刚刚去世。很快，他们之间编织出一种新的关系网。

席蒂（席多妮·纳赫尼的家人和朋友都这样叫她）属于里尔克的未来。而鲍拉·贝克尔正相反，占据着里尔克很大一部分当前生活。3月

---

① "介绍"，《与席多妮·纳赫尼·冯·博卢廷的书信集》，8。
② 1906年5月6日给席蒂的信；《与席多妮·纳赫尼·冯·博卢廷的书信集》，23。

底,他从巡回演讲中返回,急忙赶回巴黎之后,第二天就去见她,一起呆了3个小时。他被她的勇气打动,[1]这是一种孤独地面对艰难的发展之路的年轻艺术家的勇气。不过,这同时也是一种绝望的勇气。她几乎赤贫,仍旧依赖着她如此决然离开的丈夫的帮助。她利用一幅画——花朵静物——的收益,还给里尔克100法郎,这幅画她设法卖给了海因里希·福格勒。其他时候,她偶尔也能卖一幅画,得到一点收入,但绝不足以保证稳定的生活。

搬到巴黎之后,鲍拉起先住在卡赛特街的老住所。很快,她觉得住在这间装修传统的房间里很不自在,便在梅涅街找了一间小工作室,一年中大多数时候都住在那里。3月初,她安顿下来,给这里添置了一些最基本的用品,包括几个书架和一张桌子,都是一位认识她的保加利亚雕塑家帮她打的。[2]从各方面来看,她都过得穷困潦倒。娘家也未能给她提供资助:她母亲对她的关心,局限于不断请求她回到丈夫身边,过"正常"生活。

鲍拉的放逐与赖纳自己的无家可归几乎可谓异曲同工。他们的艺术理念相同,都以各自的方式履行着罗丹关于工作的箴言。目前,里尔克仍旧稳妥地安顿在一位著名艺术家的秘书这样一个令人羡慕的工作中,不过,随着日益失去罗丹的支持,里尔克在鲍拉需要时提供支援的力量也日渐减退。在美好的表象消失之前,他不曾与她谈起自己的疑虑,直到3月初打击骤然落下。打击并非来自不满的诗人,而是来自他愤怒的主人。他被简单地解聘了。罗丹命令他立刻离开,甚至把他赶出了他非常喜爱的那幢精致小屋。这似乎称得上第二次从伊甸园被驱逐。

解聘背后的原因很复杂。大有可能,罗丹察觉到秘书的不满。自打里尔克3月从柏林返回后,这种情绪就已一触即发。尽管里尔克向朋友们保证他不会弃罗丹于不顾,[3]但他的不耐之情日涨,对于如此多的写作时间被文秘工作占用也愈来愈觉得憎恨。没有哪个敏感的雇主会对这种勉强按捺的不满视而不见。

---

[1] 1906年4月2日;《里尔克书信集,1902—1921》1:304。

[2] 1906年3月8日,艾尔玛·贝克尔给马蒂尔德·贝克尔的信;《通信和日记》,437【《鲍拉·莫德尔森-贝克尔:书信和日记》,386】。也参见佩泽特,72。

[3] 例如1906年4月18日写给卡尔·冯·德·黑特的信;《与卡尔和伊丽莎白·冯·德·黑特书信集,1905—1922》,60。

不过，尽管解释给里尔克听的解聘原因颇为琐碎，但它隐含的羞辱想必不像他以为的那样不值一提。他有时会利用作为私人秘书的变通机会来自作主张。①罗丹不懂德语，因此里尔克处理德语信函时几乎不咨询罗丹的意见。在导致解聘的事件中，罗丹因为里尔克不曾充分咨询他就擅自回复了两封重要信件而勃然大怒。鉴于里尔克在辩解信中提及的那些重要联络人的名字，雕塑家的愤怒不足为怪。第一封德语信不是写给别人，正是写给著名艺术收藏家海因里希·蒂森-博涅米扎（Thyssen-Bornemisza）男爵的，他是强大的蒂森工业帝国的创始者之一。罗丹之所以愤怒，是因为里尔克不向他汇报就擅自回信，尽管里尔克辩解道，他只是在一封早先罗丹批准了的草稿上加了一段附言而已。另一封信是给威廉·罗森斯坦（William Rothenstein）爵士的"一封极其私人的信函"的法语回信，此人是一位享有相当名望的画家，后来成为皇家艺术学院院长。罗丹把他介绍给里尔克做朋友，但这并不能作为里尔克擅自处理重要事务，不经罗丹批准，自作主张展开私人通信的理由。

里尔克利用这个机会，提醒雇主所谓仅仅占用早上的两小时的说法，这份工作已经发展为一个几乎难以忍受的负担，此外他也提及那些演说、销售和热情赞誉，通过它们，他用自己的私人关系给罗丹带来了不少收益。不过，最令他痛苦的是像一个内贼一样遭解聘，②从他本指望能扎根其中的小屋里被赶出。

他立刻回到巴黎，回到在卡赛特街的那间单间小屋，不久前，鲍拉曾在那住过。痛苦转变为快乐。给行李打包，准备搬出小屋时，他渐渐开心起来，因为知道自己已经重获昔日的自由，可以成为自己所有时间的主人了。③房间很小，环境粗陋。窗外，他再次看到那些贴着褪色广告海报的灰墙，以及那棵疲倦的栗树。不过，赖纳回到了巴黎，在这座"明艳丝绒般的城市里"自由自在。"我想到马尔特·劳里斯·布里格，"他以愉快的宽慰之情写信给克拉拉道，"要是他得以经受住他巨大的恐惧而幸存，一定会像我一样喜欢它。"④

---

① 参见里尔克写给罗丹，为自己申辩的信，1906年5月12日；《里尔克与罗丹书信集》，64—69。
② 《里尔克与罗丹书信集》，67—68。
③ 1906年5月11日给克拉拉的信；《里尔克书信集，1892—1921》2:132—133。
④ 1906年5月13日给克拉拉的信；《里尔克书信集，1892—1921》2:137—138。

10.

返回巴黎是赖纳的损失，却是马尔特的胜利。他曾被愤怒的父亲驱逐，现在却瞪大了爱意绵绵的双眼，重新进入这个他一度觉得邪恶而弃绝的世界。回到他的单身汉寓所后，里尔克得以重新思考他的处境，以及这个生活变化给他和他的创作带来的机会。它直接引发了一轮全新的创作，一直持续到夏季，《新诗集》第一卷的很大一部分就在这个时期写就。其标题本身——尽管诗集也收入了不少早先的诗作——很快就显得别有用心：它反映出一种他视为"新"的生存形态和色彩。

远古神灵、男人、女人和事物，既分裂又完整，大理石板上的浮雕——这些都是令"新"诗生机勃勃的形象。生命通过创造一种死亡的类似物，来对自身加以变形，包容进其本身的对立面，这层含义从罗丹指点他领会的那些弹射出形体和"脸部"的大理石和花岗岩中源源涌现。5月底，在一波将要在那年夏天横扫一切的诗歌之浪开始时，里尔克写下了《罗马石棺》，作为他的新风格的标志之作。将生命的流动性倾注于凝固、无生命之物（由石棺及其内容代表）的世界的死亡主题，由相应的语言来表现，后者将隐性的描述之流约束在包裹住它的尖锐轮廓中。甚至在我们自己生命的短暂时光中，我们也在自身当中凝聚了压力、仇恨和混乱：

> 正如一度在这个华丽的石棺中
> 在环链、偶像、杯子、缎带当中，
> 在自我消融的外衣中，躺着个
> 什么，正在缓缓分解——
>
> 直到它被那些不知名的嘴吞噬
> 它们从不说话。（那个曾经盘算
> 有朝一日会用上它们的大脑何在？）
> 然后从古代沟渠中

> 永恒之水被引进它们——：
> 此时尤在里面折射、流动、闪烁。①

一种极其不同的语言——简洁、几乎因为精确勾勒的形象而显得突兀——描绘出具体事物的坚硬轮廓,后者取代了过去曾是里尔克的力量之源以及明显弱点的整个音乐和情感谱系。学徒在《定时祈祷文》中抵达了才华的极限。而大师——被放逐、愤慨不已、无法独立生存——仍面对着一场漫长的挣扎,它将导向一种将会最终对他作出定义的风格。

---

① 《里尔克作品全集》1:509。

下编

大师

第 五 部 分

彻底的修订

第 13 章　朝向一种新风格

> 艺术家,天生是生命中许多事物的观察者,他将会经历生命的一切……在他身上,仿佛生命及其所有可能性贯穿而过。①
>
> ——1907 年 2 月 21 日
> 致卡尔·冯·德·黑特

1.

里尔克坐在卡赛特大街边的房间里,向着外面的灰色城市看去,发现他的内心世界发生了彻底的改变。他失去了一个艺术选择上的坚定向导,却赢得了一种自由,它意味着一种义务,那就是创造他自己的美学道路。他生命的这个阶段的开始,恰好重叠着对鲍拉·贝克尔的重新发现,后者也同样与之前的纽带悉数断绝了关系。

他们之间的联系从 3 月起就断断续续保持着。里尔克被解雇前几星期,他们在巴黎各种场合数度会面。4 月 22 日,他邀请鲍拉陪他参加在先贤祠举办的《思想家》发布会。②萧伯纳的妻子(尽管显然并非当时正由

---

① 《与卡尔和伊丽莎白·冯·德·黑特书信集,1905—1922》,114。
② 1906 年 4 月 22 日给克拉拉的信;《里尔克书信集,1902—1921》1:316。

罗丹塑像的萧伯纳本人)及许多其他名人都参加了这次活动,①包括阿瑞斯提得·马约尔(Aristide Maillol)。5月12日,也就是里尔克"自由"之后,他和鲍拉变成了为艺术而遭放逐的两个人。

根据他们互相之间的便函判断,他们那年春天频频见面。鲍拉抵达巴黎后不久,就与雕塑家伯恩哈德·赫特格(Bernhard Hoetger)关系密切,②后者深为她的敏锐和风格打动。此时鲍拉正为他的妻子丽绘制一幅肖像,自觉找到了一位重要的保护者,在谋生挣扎中迈出了充满希望的一步。里尔克同样忙于工作,正埋头《新诗集》的写作,尽管埃伦·凯的三周来访临时打断了他的工作。③整个5月和6月——包括赖纳为招待瑞典朋友而忙碌的这段时间——鲍拉和赖纳都联系频繁。

他们的会面貌似随意,却也称得上一本正经。比如贝克尔提出他们可以共度一个夜晚,里尔克便会在他最喜欢的素食馆安排一顿晚饭——"我希望有芦笋,按照你喜欢的方式烹制"——不过他会立刻补充,他们不能坐得太晚,因为即便星期天他也必须早起写作。④

鲍拉同样可以自由地宣称工作才是她生命的根本。5月里,她愉快地给妹妹米莉写信道:"我正在变成某人——正在度过一生中最快乐的时期。"⑤初夏的几个星期,这两个富有创造力的人似乎正齐头并进。他们的许多会面中,都包括绘制里尔克肖像的惯例内容,鲍拉在他俩都安顿下来后不久就开始了这项工作,不过,这个活动蕴含的智识和情感共识似乎意味深长。绘制肖像本身,或者他们昔日彼此的好感,都不完全是促成此种默契的唯一原因。事实上,它涉及一种深刻的变化,一种风格的改变,为他俩在彼此的创作中所分享。

这种变化源自对物品的重新审视。对里尔克来说,它超越了他受罗丹启发的将意识与轮廓合二为一的做法。1906年,里尔克已开始在罗丹的形象所留出的空间里"填满"色彩,接下来一年中,他在写给克拉拉的关于塞尚的信中对此进行了生动解释。不知是巧合还是刻意,他日益坚

---

① 1906年4月19日给克拉拉的信;《里尔克书信集,1892—1921》2:1—29。
② 参见《通信和日记》评论,390—391【《鲍拉·莫德尔森-贝克尔:书信和日记》,344。】
③ 1906年5月19日给埃伦·凯的信;《里尔克书信集,1892—1921》2:40—4:1。
④ 1906年6月;《里尔克书信集,1902—1921》2:40—41。
⑤ 1906年5月给米莉的信;《通信和日记》,445【《鲍拉·莫德尔森-贝克尔:书信和日记》,395】。

信的观点,即事物独立并包容思想,似乎正是贝克尔1906和1907年初精致的肖像画和自画像的语言表达。当时她的作品引来一片赞誉,令她欣喜若狂。此时的巴黎——早期毕加索和马蒂斯的城市——充任了一片促成贝克尔觉醒的沃土。她日益相信人类的身体和面孔代表了思想和精神。

这是贝克尔最多产的一个时期,成果包括《花瓶与裸女》,以及预言性的《母亲和孩子》。早些时候,她绘制了精确而超然的《戴琥珀项链的自画像》。赖纳则用诗歌进行着实验,绘制了类似肖像,尤其是《我父亲年轻时的肖像》:

>……至于他的嘴,极度地
>青春,诱惑而严肃,
>在修长的贵族制服
>全套的装饰流苏之前
>马刀的细纹刀把和他的双手——
>等待着,平静,不急不忙。①

类似地,贝克尔在一幅没有完成的里尔克画像中,用柔和的灰色绘制了朋友的高额,没有画完的眼睛——乌黑、深邃,视而不见却情绪浓烈。诗人在《1906年自画像》中描述了自己的面容,它有着明亮、睁得大大的眼睛,但他对于形式和色彩也同样关注:

>童年的痛苦和忧郁尤在眼中
>这儿那儿,谦卑着,不是奴隶的
>而是一种奉献的女性的谦卑。②

贝克尔对他张开、宽容的嘴的绘制,仿佛呼应着如下语言的描述:"像嘴一样的嘴,大而准确"。

---

① 《里尔克作品全集》1:522。
② "1906年自画像",《里尔克作品全集》1:522—523。

很难想象这些创作时间如此接近的作品不是他们彼此的深刻反映。《新诗集》和与之密切相关的新版《图画之书》创造了很多精确描绘的人物、自然物品和艺术品,贝克尔这一时期的绘画也是如此。撇开两位艺术家之间的私人关系不谈,她的绘画和他的诗歌已呈现出一种共同的风格,包含着一种来自跨越19、20世纪之交的早期现代主义的共同影响。

不过,尽管在创作上如鱼得水,但是鲍拉的世俗生活并不顺利。她仍需要经济和道德上的支持。在梅涅街的新公寓里,她很快倍感孤独,日益认识到自己不稳的处境。不过,她抵制住所有"回家"的恳求,①它们不仅来自丈夫和丈夫的朋友们,也来自她自己的家人和诸如卡尔·霍普特曼这样的老友。她宣布希望永远分居,这让事态更加恶化。无论她如何小心避免,她仍痛苦地依赖奥图来提供支付模特薪水、购买颜料、画笔和帆布以及食宿的费用。不过,她仍央求妹妹艾尔玛理解自己:"我正开始新生。不要干涉,让我去吧!多美妙啊。"②

几乎所有人都在贝克尔死后承认了她的天分,但里尔克是少有的几个人之一,在她与丈夫分居、与家庭决裂、力图过一种艺术家的自由生活时就看出,这些举动不仅是一些姿态,而且是一位重要的天才画家力图突破樊篱的绝望挣扎。然而,最后他或者其他支持者,比如伯恩哈德·赫特格,都未能对她的抗争提供支持。没有哪位男士愿意在这种危机中甘冒惹上丑闻的风险。6月1日,里尔克仍以明显的愉悦之情描述着在鲍拉陪伴下与埃伦·凯和他们共同的朋友博耶斯夫妇到尚蒂伊的郊游,并兴致勃勃地告诉克拉拉,他们的这位朋友变得活泼而渊博。③6月3日,世界便陷入黑暗:奥图·莫德尔森出乎意料来到巴黎,劝说妻子回头。他呆了漫长的两个星期,始终没有得到妥协。里尔克按照惯例,突然消失不见,直到听克拉拉说莫德尔森已回到沃普斯韦德之后才再次露面。里尔克给鲍拉送去他的那些鼓舞、同情的便条之一:"从沃普斯韦德那里,听说你再次

---

① 关于卡尔·霍普特曼,参见接下来的通信:1905年4月15日卡尔·霍普特曼给奥图·莫德尔森的信,以及1906年4月22日和6月10日鲍拉·贝克尔给卡尔·霍普特曼的简信;1906年5月5日霍普特曼给贝克尔的信;仅见于《通信和日记》的英语版本:390—391,394,402—403。
② 1906年5月10日;《通信和日记》,447【《鲍拉·莫德尔森-贝克尔:书信和日记》,397—398】。
③ 《里尔克书信集,1892—1921》2:152。

一个人留下了,希望你一切顺利;希望你的工作能够完全让你恢复如常,并且补偿你这一切。"①

自从鲍拉决定严肃地考虑正式分居和离婚之后,他们的关系发生了明显变化。第一个损失是她尚未完成的里尔克画像。他对于中断他们的绘画合作的最初解释是奥图突然到来的打搅所致。他开始了新的写作,不再有时间充任模特。里尔克用抱歉的语气,使用"不忠"一词来描述他的出尔反尔,②这个词也可以开玩笑地指代他们那不牢靠的纽带,可以指克拉拉,也可以指他自己。不过,在更深意义上,这种对诺言的违背,就里尔克一生的模式,就他对于亲密关系的悄然回避而言,却是不堪地真实。他也无法不注意到奥图·莫德尔森身为试图挽回妻子的丈夫所可能带来的威胁。

里尔克礼貌地、古怪地拒绝陪伴鲍拉在 7 月 1 日去一家剧院看演出,③不过他并未彻底回绝今后的出行。当她请求允许她加入他和家人计划的到比利时海滨的休假时,他却没有这么好说话了。这份拒绝对鲍拉来说尤其显得残酷,因为她和克拉拉已经再次成为好友,鲍拉对于露丝也颇为喜爱。里尔克匆忙离开巴黎,整整八个月不曾回到这座城市。

一年之后,鲍拉死了。里尔克写了一首挽歌,它证明了她对于里尔克的重要意义,也表达了他的悔恨之情。不过,他从来不曾安心享受过她在他生活中的存在。多年后,学者赫曼·庞茨在一份问卷中问到他对她后期画作的印象,里尔克答,"我 1906 年在巴黎最后一次见到鲍拉·莫德尔森,无论当时还是后来,我都对她的创作茫然无知——这些作品我直到今天仍无从领略。"④

里尔克被罗丹解雇后在巴黎度过的两个月——他与鲍拉·贝克尔的

---

① 1906 年 6 月 17 日给鲍拉的信;《里尔克书信集,1902—1921》2:36。
② 同上。
③ 1906 年 7 月 1 日给鲍拉的信;《里尔克书信集,1902—1921》2:43。
④ 1924 年 10 月 21 日;《里尔克书信集,穆佐楼,1921—1926》,323。

联系既妨碍又促成了它——成为他记忆中最多产的两个月。除了大量富有新意的诗歌,他最后还设法编辑并寄给阿克塞尔·杨格《旗手》的修订版以及《图画之书》增补过的第二版。《马尔特》同样进展神速,直到夏末才再度被搁下。对莉莉·卡尼茨-梅纳(Lili Kanitz-Menar)伯爵夫人,一位他在弗莱德豪森认识的女歌唱家,里尔克说明了自己写该小说时再度遇到的困难:她曾表示兴趣的"年轻的丹麦人"不得不等到秋天,直到他的作者能完全回归到创作中。①

埃伦·凯不受欢迎的来访阻碍了他能量的爆发。②里尔克曾警告她,他已不再方便把她介绍给罗丹,但她依然在 5 月 27 日到来,呆了整整 3 星期,一直到 6 月 17 日。这似乎是一场漫长得没完没了的访问,但埃伦始终匆匆忙忙,时间紧张,与赖纳接连在各处狼奔豕突,从一班车跳上另一班车。她对食物毫不在意,几乎都是在咖啡馆匆忙填饱肚子,有时甚至就靠他们各种访问中端来的点心果腹。在这些拜访中,里尔克对于在比利时诗人爱弥尔·凡尔哈伦(Emile Verhaeren)在巴黎附近的住所度过的几个小时情有独钟,里尔克在罗丹的社交晚会上与此人初识,日后他们将成为好友。赖纳煞费苦心地说服埃伦独自进行了一些这类拜访,以便自己能够不失礼貌地回到创作中。在写给克拉拉的私信中,里尔克不断表达着对于凯的社会和政治观点的厌烦,嘲讽她的极端节俭,视之为一种愚蠢的吝啬。

他并非始终不知感激——埃伦毕竟将她关于里尔克的巡回演讲的收入全部献出,让他在"白牡鹿"接受治疗——但她的观点总能惹怒他,不管是关于金钱、婚姻、父母之责,还是关于艺术。他从来不曾完全原谅她频频试图调整他与克拉拉的婚姻关系的做法,或者她自视为露丝的保护者以及坚持认为他的艺术是他的心理的一个延伸的做法。出于厌烦,他顽固地忽视着这个事实:这些态度反映的实则是一些她在书里公开表明过的观点。而且,他也似乎不愿看出,她那些说教其实掩盖着对他充满尊敬的温情。对里尔克而言,凯始终是一个俗人,无法以真诚的理解来领悟艺术作品,而是像个学校教师一样评估它们。③他认为她作为一个通过将作

---

① 1906 年 7 月 15 日给莉莉·卡尼茨-梅纳的信;《里尔克书信集,1902—1921》2:51。
② 1906 年 5 月 29 日给克拉拉的信;《里尔克书信集,1892—1921》1:145 页及之后。
③ 《里尔克书信集,1892—1921》1:155。

者和作品结合而营造其社会、道德甚至历史"个性"的文学心理学者,无甚高明可言。在这次不妥的访问之后,他们的友好关系冷却了。

同时,弗莱德豪森召唤着他,上流社会的一些成员将他视为文学界的高人。为了迎合这个圈子,他开始将自己重新塑造为一位关心家庭的人。这份伪装,不管多么敷衍了事,似乎都是一个原因,促成了他不同寻常的决定:与克拉拉和露丝共度夏天的大多数时间。他们在海边休假,之后全体得到邀请去拜访冯·德·黑特一家以及施维林一家,同时得到邀请的还有克拉拉的一位年轻的侄女,她担任他们孩子的保姆并兼任模特。

里尔克计划在比利时与妻子和女儿碰面。起初,他们计划在布列塔尼会和,①他们的一位朋友,画家马蒂尔德·福尔莫勒(Mathilde Vollmoeller)在那里有一幢小屋,不过这一计划成本太高了。自从父亲去世,克拉拉从娘家得到的资助宣告终结,因此她也经济紧张,而且丈夫或家庭都没能给她提供任何有效资助。像鲍拉一样,她苦于无从得到足够的钱,度日艰难,创作的材料费和模特的工资都很难支付。

结果,7月最后一天,一位紧张的父亲在海滨休假地富尔纳等待妻子和女儿。他对人群和旅行的气氛十分不满,在一家名叫高贵罗斯的小旅馆住下。②与家人团聚,在他而言始终伴随着复杂的情感。里尔克夫妇的婚姻在没完没了的详尽通信中仍旧勉强维持,但是一旦夫妇真正碰面,总免不了痛苦。他对于活泼的小露丝和她兴高采烈的话语很是喜欢,但是日复一日与她共度则会令他为难。不过,他还是决定完成举家度假。他们从佛兰德斯海岸的伊佩尔出发,很快在敦刻尔克东面的一个休假地安顿下来。

这是一次再传统不过的家庭活动了,因此,鲍拉·贝克尔无法被纳入里尔克的计划,这一点也就容易理解了。仍旧在富尔纳时,他收到一张她的简短便条,③再次表示她希望加入他们:"这里突然变得如此酷热,让人头晕目眩。如果你在那里发现了什么好去处,我随后就来。"他的回信非

---

① 1906年7月10日给卡尔·冯·德·黑特的信;《与卡尔和伊丽莎白·冯·德·黑特书信集,1905—1922》,77—78。1906年7月20日给克拉拉的信;《里尔克书信集,1892—1921》2:164—167。
② 1906年7月31日和8月给卡尔·冯·德·黑特的信;《与卡尔和伊丽莎白·冯·德·黑特书信集,1905—1922》,86—88。
③ 1906年7月31日;《通信和日记》,454【《鲍拉·莫德尔森-贝克尔:书信和日记》,406】。

常冷酷。①他以几乎是刻意的无动于衷,告诉她在布列塔尼有更好的海滩。他附上一张地点清单和一些旅行指南,仿佛他没明白鲍拉的意思是希望过来与朋友们共度时光。

在海边和妻子和小女儿度过的 10 天对于里尔克这样一个不喜欢安定的漫游者来说已经足矣。他们玩够了冲浪,温和地劝说露丝丢下了堆沙堡游戏,花了几天时间旅行。他们去了根特,又特别去了布鲁日,欣赏那里的耶路撒冷教堂中的勃艮第的马利亚金像。然后他们去了哥德斯堡,住在冯·德·黑特家,准备度过 8 月的下半月。

3.

他们在瓦豪德霍荷,也就是冯·德·黑特一家的庄园,得到热情款待。第一周里,克拉拉创作了一尊他们的小女儿戈尔达的小雕像,赖纳则忙于热情地交谈。

令里尔克始料未及的是与玛丽·涅森瑙(Mary Gneisenau)伯爵夫人意外的友谊,②后者是一位诗人,也是他们主人的同母异父姐姐。他们很快展开了深入交谈,进而升温为一种含情脉脉的交流。里尔克把最近翻译的葡萄牙修女玛丽安娜的情书③借给她看,并且似乎跃跃欲试在自己与这位伯爵夫人之间构筑起一座秘密之桥。

里尔克夫妇辞别的时候到了,他从他们过渡性的住所,兰河边的奇特小镇布劳恩菲尔斯的城堡旅馆,给伯爵夫人写了至少两封彬彬有礼却又相当亲密的信。④他们在这家旅馆住了一个星期,以便按时应邀前去弗莱德豪森做客。里尔克用诱人的语言赞美了玛丽·涅森瑙最近的作品《思念谷之歌》,认为它"宛如夜间茉莉花的清香"。他将她对女性命运的描述

---

① 1906 年 8 月 2 日;《里尔克书信集,1902—1921》2:62—63。
② 参见巴特勒的评论,巴特勒,《赖纳·玛丽亚·里尔克》,174。
③ 1906 年 9 月 11 日给玛丽·涅森瑙的信;《里尔克书信集,1892—1921》2:177—180。
④ 1906 年 9 月 1 日;《里尔克书信集,1892—1921》2:172—174。1906 年 9 月 7 日;《里尔克书信集,1902—1921》2:67—69。

形容为"无法企及、高深莫测",发生在她们身上的一切都已"消融无形、遥在天边"。

他们在弗莱德豪森城堡得到热诚欢迎,他们计划在那里度过9月份的一部分时间。最初几周愉快而舒适。爱丽思·法亨德里希的在场尤其作用不小。作为施维林伯爵夫人的继母的姐妹,她扮演了乐于助人的姑妈形象,陪伴他们在兰河划船、远足到附近小城马尔堡。[①]他们访问了大学画廊和图书馆,并在一家精致的餐馆就餐。露丝回家时带回不少礼物:陶瓷玩具屋和一个穿着当地服装的洋娃娃。赖纳和克拉拉当真度起了假,虽然女儿大多数时候由克拉拉的侄女照料,但是夫妇俩谁也没怎么投入工作。

他们访问的后半部分为疾病妨害。露丝得了麻疹,[②]他们不得不比计划的多呆一个星期。里尔克发觉自己必须扮演忧心忡忡的家长角色,而不是孤独诗人这一更心仪的形象。他倍感失落。玛丽·涅森瑙远在莱茵省,无法见面。不过,他仍用他那些华丽、卖力的信与她联系,它们高度赞美女性给予无私的爱的能力,这个想法源自他借给她的葡萄牙修女情书。不幸的是,雅各布·冯·乌克斯库尔(Uexkull),他最心爱的谈话对象,举家去了海边,他找不到人开展关于康德、审美或现代诗歌的严肃谈话。工作也没有进展。露丝恢复健康,可以继续旅行时,已到了9月底,里尔克急于离开,尽管还不清楚该去哪里过冬。令他宽慰的是,他及时得知,爱丽思·法亨德里希邀请他到她在卡普里岛的家族宅邸过冬。

下一站是柏林。克拉拉把露丝留在奥伯尼兰德,也赶来会和,并且迅速找到一个不错的工作室,考虑逗留较长一段时间。对里尔克来说,接下来几周堪称一场考验。将要断断续续折磨他一生的牙病——严重发炎的牙龈和状况堪忧的牙齿——使得他整整七周不得不频频光顾牙医。他们的社会生活很快变得一团糟,[③]因为他脸孔肿胀,不能出入公众场合。他的主要调剂手段就是频频光顾昂贵的剧院。

[①] 1906年9月11日给乌克斯库尔伯爵和伯爵夫人;《里尔克书信集,1892—1921》2:184。

[②] 1906年9月28日给伊丽莎白·冯·德·黑特的信;《与卡尔和伊丽莎白·冯·德·黑特书信集,1905—1922》,93—94。1906年9月给莉莉·卡尼茨-梅纳的信;《里尔克书信集,1892—1921》2:186—187。

[③] 例如1906年10月26日给卡尔·冯·德·黑特的信;《与卡尔和伊丽莎白·冯·德·黑特书信集,1905—1922》,95。

各方面都毫无进展。他试图被介绍给艾莱诺拉·杜斯（Eleonora Duse），当时正处于事业巅峰的一位女演员，但是因为他此时不堪的样貌，以及因为卡尔·冯·德·黑特，这位女演员的邻居，不知何故决定不满足里尔克的请求向女演员介绍他①，里尔克始终未能如愿。里尔克很想拜见这位女演员，《白衣妃》已经题献给她，他希望有朝一日她能主演这部作品，但他不得不再等好几年，在一首写给她的颂诗之后，才终于得以与她见面。

里尔克在柏林异乎寻常地漫长的逗留期间，出现了两场危机，它们一直到他挪到卡普里岛的避难所后都不曾消停。其一是一场关于出版的短暂喧哗。正如阿克塞尔·杨格读到即将由英赛尔出版《定时祈祷文》的消息时深感不安一样，英赛尔出版社也因为听到杨格宣布将要出版修订版《旗手》和扩充版《图画之书》而大吃一惊。

这是与英赛尔的首席编辑安东·基彭贝格（Anton Kippenberg）打的头一回交道，他自去年以来就是坡施勒的合作主管，目前他视里尔克的出版为自己的特殊计划。他严厉地重提从前的协定，②这标志着一种密切的职业联系的开端，它后来成为里尔克写作生涯的支柱之一。这些争议书目在专业报纸上登了广告，针对这些广告，基彭贝格质问里尔克为何允许另一家公司出版他的新作。里尔克颇费周章地解释，他已计划在英赛尔出版他所有的未来作品，但是这两本书与一份从前的承诺有关。不过，导致这一问题的不仅是误解，也是里尔克致命的矛盾人格，它将影响到他与杨格的友谊：里尔克与英赛尔出版社公司签署了一份严格的协定，却只字不曾透露给这位仍自以为是里尔克主要出版者的人。

---

① 1906年10月26日，11月10日，11月13日给卡尔·冯·德·黑特的信；《与卡尔和伊丽莎白·冯·德·黑特书信集，1905—1922》，95—98。

② 1906年11月10日；《里尔克与出版商［安东·基彭贝格］书信集，1906—1926》，15。

另一次危机更复杂、就个人而言也更痛苦,它就是里尔克难以解决的资金匮乏问题,现在它影响着他的"新"生活。起初,弗莱德豪森的这家人丝毫不曾察觉里尔克的拮据。他被罗丹解雇后,卡尔和伊丽莎白·冯·德·黑特帮助诗人度过了当时貌似临时的困境。不过,对于弗莱德豪森的男男女女来说,发现邀请来一位贵客的同时,他们也是在援助一位穷困潦倒的诗人,依然令他们大吃一惊。里尔克现在意识到离开巴黎、与家人展开狂欢旅行,在比利时和布劳恩菲尔斯享受旅馆、昂贵的饭店和优雅的旅行,是何等欠缺考虑。

里尔克和卡尔·冯·德·黑特之间形成了一种基于互相钦佩的友谊,后者得以大胆邀请他的诗人朋友对他的最新剧作《阿芙洛狄忒》写评论。赖纳知道这是出自业余者之手的作品,不过,由于他钦佩身为成功银行家的冯·德·黑特,并且知道他是一位有眼光的艺术鉴赏家,因此仍对他的剧作做出了认真评价。而现在里尔克经济上的破产威胁到了他们之间无拘无束的彼此信任。

春季返回后,里尔克意识到收入的突然丧失,便为最近的未来做了仔细计划,①并请求支援度过难关。冯·德·黑特立刻慷慨地给了他 2000 马克。此时,卡尔和他妻子担心里尔克会认为这份礼物是一种冷酷的商业往来,特意附上一张特殊便条:"出于对您的友谊,以及对您作品的真诚仰慕。" 7 月,里尔克又一次对开支进行了漫长罗列,包括他们计划中的休假,冯·德·黑特给里尔克的巴黎账户存进 2500 法郎这样一大笔钱。②不过,诗人 11 月就迅速再度破产——他口袋里装着爱丽思·法亨德里希邀请他到卡普里岛的信,却几乎掏不出路费——节俭的商人感到了深深的不安。③里尔克频频的手头紧张反映出他在理财上的无能,这会使他最终沦为一个因为天才而备受尊敬,同时又需要严密监控的孩子。

接下来他们之间进行了一次愤怒的交流。冯·德·黑特觉得必须表明他对这位富有创造力的艺术家和金钱之间的关系的看法,他表示,创造

---

① 1906 年 5 月 25 日;《与卡尔和伊丽莎白·冯·德·黑特书信集,1905—1922》,75—77。参见回信,313—314。
② 1906 年 7 月 11 日卡尔·冯·德·黑特给里尔克的信;《与卡尔和伊丽莎白·冯·德·黑特书信集,1905—1922》,316。
③ 1906 年 11 月 15 日里尔克给卡尔·冯·德·黑特的信;1906 年 11 月 16 日卡尔·冯·德·黑特给里尔克的信。《与卡尔和伊丽莎白·冯·德·黑特书信集,1905—1922》,326。

力只有在艺术家表现出内心独立以及对自己生活的掌控之后,才可能涌现。里尔克不知悔改。他等了3个星期才写回信,然后又寄去一封,几乎通篇都是关于他在卡普里岛的冬季避难所的生动描述,并补充说爱丽思·法亨德里希给他提供了一幢属于他自己的小屋,允许他大量的自由和自决权。这封信其实拐弯抹角地申明了他作为一位弃绝了任何来自记者、翻译或写评论的收入的艺术家的自由。在被罗丹"俘虏"的"失败的几个月"之后,他决定再也不把挣口粮置于他的自由创作之前。尽管冯·德·黑特的立场对他而言可谓再熟悉不过——他为此痛苦地回忆起和父亲的交谈——但他很清楚这个问题的微妙之处,因为这位保护人的支持一直以来都是非常开明、慷慨的。尽管这场争论很快就被抛诸脑后(冯·德·黑特也寄去了里尔克要求的资助),但它在两个朋友之间造成的感情隔膜就像一道阴影,诗人在卡普里岛的第一次逗留期间始终为它所笼罩。

5.

卡普里岛的冬天可谓喜忧参半。一方面,它在个人和经济方面都挽救了他。另一方面,它并没有成为他想象的那种幸福的孤独之岛。尽管主人们尽力给他营造这种氛围,但是里尔克再次意识到,他在巴黎的惨淡修道院般的小屋可能更能催生佳作。

他在 1906 年 12 月 4 日星期二,他的 31 岁生日那天到达卡普里岛,之前在那不勒斯度过了几天怀旧的日子。①爱丽思·法亨德里希在她的"第斯科普里别墅"热烈欢迎他,将他引进坐落于花园中的"玫瑰小屋",这是特意为他准备的。里尔克放下行李,感觉到他在罗马走进斯特霍勒-费恩别墅里的类似住所或者罗丹在莫东为他准备的更精致的居所时的愉悦心情。他眼前是一间朴素的房间,刚够容下一张窄窄的床,一张桌子,一把椅子,一个供他搁书的小书架。主人特地订购了一张立式书桌。

---

① 1906 年 12 月 2 日给克拉拉的明信片和信;《里尔克书信集,1892—1921》2:197—202。

他的同伴包括爱丽思·法亨德里希和"诺娜女士",已故的施维林伯爵夫人的继母,以及玛侬·祖·索门斯-劳巴赫(Manon zu Solms-Laubach)伯爵夫人,一位24岁的年轻女士,里尔克1905年去巴黎之前曾在她父母的达姆施塔特别墅见过她。诗人自然成为这个亲密团体的中心,并发觉自己备受宠爱。

里尔克白天尽可以全心投入创作,不过主人们希望晚上他能加入他们的文化娱乐活动。在这些愉快的聚会中,女人们刺绣或者织毛衣,大家朗读和讨论诸如易卜生的《觊觎王位者》之类剧作、凡尔哈伦写的诗歌,或者像赫尔曼·黑塞(Hermann Hesse)的《彼得·加曼齐德》这样的小说,它于去年发表。里尔克自然会从他正在写的作品中挑几段朗读。多年后,他对诺娜女士承认,他再也没有感受过如此亲密而美丽的夜晚,他满怀柔情地将第斯科普里别墅比作他正在居住的杜伊诺宫。①

里尔克在卡普里岛过圣诞节,大多数时候,他由这3位对他充满仰慕的朋友充任亲密的陪伴。这是第一次他在没有直系亲属的情况下过圣诞节。为了弥补她们的缺席,他将教堂仪式改为看着她们的照片沉思。不过,后来他还是参加了主屋的欢庆活动,②40个当地孩子在这里接受了放在灯光闪闪、饰有玫瑰花的圣诞树下的礼物。新年除夕,他在镇上散步,寻找参加午夜弥撒的机会。一无所获之后,他追踪着一种诱人的声音而去,它来自一家酒吧,或者一家咖啡馆,令他震惊,仿佛是"异教之声",酒馆把血色灯光泼洒在夜晚静谧的街道边铺鹅卵石的人行道上。他在明亮的月光中回到自己的小屋,③爬上屋顶,以一种更加总览一切的视角欣赏这幕景象。

圣诞节也是他通常匆匆发表一些新作的时机。去年此时,他的《定时祈祷文》终于由英赛尔付印。今年则是杨格出版的新版《图画之书》和《旗手》。里尔克欣喜若狂。他喜欢这些书的一切:④封面、排版、装帧和插图等等。他发觉两册书都"并非出自不专业之手",并且"非常有趣",不过他尤其钟爱诗集,它正合他心意。他被它简单、严肃、令人信服的效果所"震

---

① 1912年1月2日给诺娜的信;《里尔克书信集,1892—1921》3:163—164。
② 1906年12月25日给克拉拉的信;《里尔克书信集,1892—1921》2:232—233。
③ 1907年1月1日给克拉拉的信;《里尔克书信集,1892—1921》2:233—235。
④ 1906年圣诞节给杨格的信;《与阿克塞尔·杨格书信集》,193—194。

惊"。许多诗都比第一版中看起来更好:"对所有审美上的自负的删除卓有成效。这些诗因此变得更为生动,也更有效地传达出诗意。"他对杨格的耐心表示感谢,也感谢出版这些作品时投入的敏感性和品味。这是他们作为朋友的最后一次重要通信。

里尔克或许会觉得,自己挪动到欧洲最南部,就可以躲开困扰着他的冲突和义务了。然而,卡普里岛并未能保护他免遭经济上的混乱,这种局势曾袭击了他精心营建的婚姻,也至少有一次妨碍了他和卢的友谊。他因为一贫如洗,拒绝履行任何家庭义务,而克拉拉对于自己被遗弃在柏林,丈夫跑到卡普里岛休假也无法忍受,这导致了他们之间自从他在1902年离开他们在韦斯特维德的家之后的第一次明显分裂。

克拉拉在圣诞节时恰好在柏林再次遇到卢,里尔克这位通常内敛的妻子宣泄了自己的愤怒和绝望。卢大为震惊,建议报警,以便迫使赖纳对自己的妻子和女儿表现出更多责任感。克拉拉将这份威胁如实告诉丈夫,[1]虽然同时尽力显得无动于衷。里尔克写了两封回信。第一封写给卢,[2]对他离开巴黎后遇到的各种事情加以详细描述,从夏天的海边一直写到露丝的麻疹,重申了自己作为丈夫和父亲的尽职。第二封是他真正的回答,写给克拉拉,对于她提到的卢建议报警一事做出回答。他措辞巧妙的辩解,与其说是一封信,不如说是一份摘要,或许其实是写给两个女人看的。它的核心信息与他给冯·德·黑特的声明异曲同工:他从事的是一份艺术家的事业。他主要的义务就是"工作,只有工作"。

自然地,"报警"让他有些受伤,但是里尔克将这个威胁转变为一种无关个人的提问,趁机对公民应当遵循的普便秩序和较高的艺术家的秩序做出区分。这位专注的艺术家不需要民法来提醒他义务。他深知自己在更重要的事业中的义务:"天使们难道不是已经用它们特有的深沉无情的严肃,力图督促我们坚定地履行之吗?"他看起来或许未曾给她和露丝提供一个稳定的家,但事实上,作为一位艺术家,他建造了一幢远远稳固得多的象征之屋,卢也曾帮他添砖加瓦。他辩论道,换言之,为了让他们3

---

[1] 1906年12月17日里尔克给克拉拉的回信;《里尔克书信集,1892—1921》2:215—221。也参见比宁恩,《尼采的不羁门徒》,322—323。

[2] 1906年12月13日;《里尔克与卢·安德烈亚斯-莎乐美:通信集》,220—222,547。

个人都能获取安全和美,他不得不超越世俗和日常,全心追求一种崇高的"超越",①它只有借助艺术才能做到。不过,克拉拉这位也希望达到她自己的"超越"的艺术家,正准备前往埃及。②

6.

新年伊始,克拉拉出发去埃及之前,在卡普里岛停留了几天。她得到朋友梅·克努普(May Knoop)男爵夫人及其丈夫的邀请,他们拥有一家大旅馆以及邻近的疗养院,叫做艾尔·海亚塔,位于开罗附近的合卢安。令里尔克暗自欣慰的是,他发觉尽管他们最近存在冲突,她到来后并未对他本人或他的钱提出任何要求。她计划只待几天,甚至没有想到提出分享他的玫瑰小屋。同时,她却允许他分享她在艺术上的成功——她得到邀请,给克努普一家创作几尊雕像——并分享她的冒险。

她离开之前,他俩共度了一个星期。里尔克在那不勒斯与她碰面,带着一种似曾相识的感觉,再次住进他们在罗马度过的那一年末住过的那家哈斯勒旅馆,把宝贵的时间用于参观博物馆、游览庞贝古城,拜访共同的朋友。后来,克拉拉陪他回到卡普里岛。有3天时间,他每天早上迟些时候到山脚下的"帕加尼别墅"找她,那里特地给她安排了一间房间,然后他们在附近乡间旅行,与主人们一起度过愉快的几个小时。他们的关系似乎即将进入一个新阶段。

赖纳在格兰德玛莱娜与克拉拉告别,后者旋即出发去那不勒斯,准备登上海洋号蒸汽船去埃及。有一瞬间,他想爬上小岛的泰伯瑞奥山,③目送海洋号驶向大海。不过与其他一时冲动的感伤姿态一样,这个想法也因为接下来一天的忙碌日程而迅速打消。他立刻开始给克拉拉写信,甚至在她抵达亚历山大港之前就寄去了,并急切地等待回信。如果说他白

---

① 1906年12月17日给克拉拉的信;《里尔克书信集,1892—1921》2:216—217。
② 参见普拉特,《清脆的玻璃:里尔克的一生》,140—141,对这一点的令人信服的讨论。
③ 1907年1月18日给克拉拉的信;1912年1月2日给诺娜的信;《里尔克书信集,1892—1921》3:163—164。2:242—243。

天用于工作,夜晚用于和3个朋友进行文学朗读和讨论,那么现在星期天则属于克拉拉,用于思念前往异国他乡的她。在这些星期天中,他先是预想着,然后是咀嚼着她的旅行,胳膊肘下压着一本在埃及那一页翻开的地图册。奇怪的是,诗人突然将远方克拉拉的感受吸纳进自己的想象,将她的所见所闻融合进自己的语言和风格:沙漠广袤无边,无法穿越。神秘的尼罗河像一道上升的弧线,仿佛是罗丹一尊雕塑中的轮廓,它几乎具有了生命,表现为"一份阴沉的降生和一种伟大广阔的死亡,介于之间的是……一种漫长、狂野、高贵的生命……千秋万代"。[①]他把自己带进克拉拉;反复咂味各种感受,而这似乎也主宰了克拉拉的思想,以及影响了她的报告。他肆意沉浸在她的埃及经历中。

  里尔克对于远方妻子的旅行的强烈关注,不仅是一位作者对于潜在新素材的反应,就像克拉拉对于一个有趣模特的可能感受。那年春天,他设想着他们共同努力,一道讲述一则"埃及旅行"故事,讲得前无古人后无来者。他说一不二地催促克拉拉记下哪怕是转瞬即逝的印象,他的评论的语气和关注程度,反映出一种试图作为密友和艺术家同仁,以一种艺术创造的方式加入她的生活的隐隐欲望。埃及成为一个特殊的内心地标:他从她那里得到了它,并且几乎立刻纳为己有。仅仅3年多之后,里尔克将在北非,包括埃及,度过4个月以上的时间,同样得到克努普一家的款待,目前这家人正与他妻子作伴,雇用她创作雕像。

  1907年新年,这些冲突和矛盾被浓缩进一部重要作品。《玫瑰碗》,它是这一时期里尔克的代表诗作之一。这是一首"绘画般"的诗歌,由戏剧性的交谈构成。与模仿罗丹和雕塑的《豹》不同,这首诗试图将狂野的行动收纳于一个精致形象中,它自我呈现为仿佛是梵高、塞尚或鲍拉·贝克尔风格的静物。诗以将生命的恐惧与尚不可见的玫瑰加以对比开始:

    你看到他们愤怒的火焰,看到两个男孩
    身体抱团,变得
    类似某种仇恨之物,在地上翻滚

[①] 1907年1月20日给克拉拉的信;1912年1月2日给诺娜的信;《里尔克书信集,1892—1921》3:163—164,2:243。

就像一头被蜂蛰的动物。①

就像两个打架男孩滚成的球一样，里尔克一年中痛苦的矛盾，如实被浓缩在这首晦涩长诗中，将死亡的惊骇与热情，以及对于生命的热切欲望，转变为粉红黄色玫瑰的质朴花瓣。或许摆放玫瑰的碗以里尔克的布拉格朋友艾达·索尔的父亲书房里的碗为原型，年轻诗人曾对它倍加欣赏。不过，花朵本身则取材于玛丽·涅森瑙伯爵夫人在他离开柏林之前，作为分别礼物送给他的一束黄玫瑰。②

玫瑰首先是一种对于伯爵夫人和她的礼物的巧妙恭维。③原初的内容从这朵隐喻的花中撤离了，但它现在充满了珍贵的香料和芳香，"就像一位埃及皇后"。生命或记忆的内在运动不再能触及它。不过，与命运攸关的现象，比如天堂和人间、星空、静寂或者孤独——"难以言喻"之物——仍是玫瑰的一个部分，决定了它的完整性。里尔克将这两种活动压缩一体的成功做法——龇牙咧嘴的愤怒骏马和无声存活、完全朝向内在的玫瑰花——将为时间所催动的生命纳入一种静态生命的形状，从而技艺高超地展现了为空间形状和色彩所抑制的行动，诠释着《新诗集》的思想：

    而玫瑰的运动啊，看吧：
    一点点的偏转导致的姿势
    如此微小，几乎无法察觉
    它们的光芒难道不曾射入宇宙。④

宇宙通过花朵对于外部世界的变形而变得平易近人——用冷静的、几乎是审美的语言，将"风、雨和春天的忍耐"化为"一撮内在性"。

里尔克已经抵达了他复杂的新风格的一个成熟点，不过风格尚未完全确定。12 月和 2 月之间，他写了一系列诗，实验性地起名为"卡普里岛

---

① 《玫瑰花瓣》，《里尔克作品全集》1:552—554。
② 例如，参见布拉德利，190。
③ 1906 年 12 月 15 日给玛丽·涅森瑙的信；1912 年 1 月 2 日给诺娜的信；《里尔克书信集，1892—1921》3:163—164,2:212—214。
④ 《里尔克作品全集》1:552—554。也参见汉伯格，《里尔克》，35。

速写"(后来变成"卡普里岛一冬的即兴创作")①,其风格或许足以让不甘愿的朋友们,比如乌克斯库尔夫妇和和冯·德·黑特夫妇,相信他并非一心追逐"技巧"②。12月15日,他写道,

> 小岛的古代边缘周围
> 冬季的大海变换色彩
> 风里深处躺着其他陆地
> 宛若虚无。一种剪影,一种远方……③

他从来不曾发表这些诗歌,只是在多年后将它们收入一本献给他的出版商的妻子卡塔琳娜·基彭贝格的小册子。不过,随着《新诗集》的迅速发展,以及它们那些令人难忘的描写诗的日增,他得以向伊丽莎白·冯·德·黑特表明,或许一本新的《定时祈祷文》已经可以开始筹备。④

同时,现有的唯一一本《定时祈祷文》首版的500册已在2月销售一空,距离付印刚刚一年多一点。第二次印刷计划印1100册,他相信这本书的成功将令他和英赛尔出版社的关系稳定下来。此外,它也成为里尔克不仅作为精英抒情诗人,而且也是他那个时代少有的拥有广阔持久公共影响力的诗人之一的名声的开始。《定时祈祷文》始终受到各方面读者的欢迎,1926年里尔克去世时,它销售了大约5.9万册。通过这些拥有奇异的蛊惑人心之力的"祈祷"——从质朴的崇拜到复杂的、几乎狂野的对上帝的呼吁——他已经在文化意义上俘获了各种年龄的男男女女。在里尔克有生之年,这成为他最受欢迎的一部诗集。

---

① 《卡普里岛速写》,《里尔克作品全集》2:330—339。1907年春季,里尔克尽心挑选了几首诗送给玛依·祖·索门斯-劳巴赫,标题为"卡普里岛冬季即兴诗"。《里尔克作品全集》2:17—19。
② 1907年2月21日给卡尔·冯·德·黑特的信;《与卡尔和伊丽莎白·冯·德·黑特书信集,1905—1922》,114—115。
③ 《里尔克作品全集》2:331。
④ 1907年2月10日给伊丽莎白·冯·德·黑特的信;《与卡尔和伊丽莎白·冯·德·黑特书信集,1905—1922》,111。参见普拉特,《清脆的玻璃:里尔克的一生》,142—143,他提出了有趣的看法,认为"即兴诗"或者"速写"可能可以被归入里尔克视为新的《定时祈祷文》开端的那批诗作中,但是上述信件中,此点并不明确。

7.

尽管里尔克评论道，卡普里岛不如他希望的那样光彩照人，但他越来越被它那种南方之美，它在冬季绽放的玫瑰丛所打动。他的写作爆发了。《新诗集》的第一组诗实际上就是在这里完成的。他甚至还重新开始，并深入了一个他自1902年起就一直陆陆续续进行着的写作计划，《梦之书》，它于这一年迟些时候在布拉格出版，同时出版的还有一些梦境碎片的散篇。不过，再次地，一种熟悉的干扰又中断了他的进程。

埃伦·凯，不知怎的忘记了前一年的紧张冲突，在3月中旬来到布拉格，特地在从锡拉库扎返回途中去拜访里尔克。对于这一努力，他不得不配合，尽管他担心自己的独处已经受到妨害。令他宽慰的是，他发现凯比在巴黎的时候好相处多了。他们之间恢复了一些友好感觉。埃伦独自去拜访了几位朋友——尤其是她的老友高尔基①，后者住在这座岛上——不过她并没有像她的主人希望的那样，对于高贵的头衔表示钦佩，而且她直率和不拘泥礼节的态度也在他们的小团体中带来了一点紧张。里尔克对于讲究社会关系的新世纪里会出现这位"老处女"感到暗自好笑。像克拉拉一样，凯被安顿在帕加尼别墅，但与克拉拉不同的是，她不肯一个人呆着，频频跑到主宅第斯科普里别墅。她比计划早了几天离开。里尔克设法礼貌地送她离去，陪她一直到码头，热烈地挥手告别。不过他谢绝了在她离开意大利之前，到那不勒斯参加她和一些他也认识的朋友的聚会。②他们之间的紧张关系已经完全消磨殆尽，而这两个截然不同的人之间曾有过的亲密感觉再也没有恢复。

里尔克呆在卡普里岛期间发生的最奇特的插曲，是他与高尔基的会面。③里尔克对俄国事物充满热情，对戏剧也不乏兴趣，他本该因为发觉这

---

① 1907年2月27日给埃伦·凯的信；《里尔克书信集，1902—1921》2：207—208。
② 1907年3月16日给埃伦·凯的信；《里尔克书信集，1892—1921》2：286。
③ 参见塞尔加勒，"奇怪的邂逅：里尔克和高尔基在卡普里岛"；斯古菲尔德，"里尔克，高尔基和其他人：传记性的消遣"；以及最近的塔维斯，《里尔克的俄国：一场文化邂逅》，103—109。

位知名俄国作家和戏剧家正在同一座小岛上避难而兴高采烈。然而,鉴于高尔基的左翼政治立场,里尔克迟疑了。早在12月10日,到达没多久的时候,里尔克就给俄国老友列奥尼德·帕斯捷尔纳克去信,①询问去拜见高尔基是否唐突,并且请求如果对方同意的话,帮他写一封推荐信。里尔克虽然迟疑不决,却仍希望高尔基能符合他对俄国的理想。正如他告诉亚历山大·贝诺伊(他给此人也写了信,讨论与高尔基见面是否可行)的,"我又渴,又饿,一句话,对于俄国人有一种乡愁之情。"②高尔基像资本家一样富有,却又拥有一位社会主义者的意识形态和生活方式,不过他仍是个俄国人,一位艺术家。

里尔克在4月12日终于去拜见高尔基时,他的态度使得这次磕磕碰碰的会面显得毫无变数可言。他发现高尔基非常熟悉当代作家,比如凡尔哈伦和霍夫曼斯塔尔,③但他发觉高尔基的"民主"是一种不幸的障碍。两年前,他评论过高尔基的《底层》④,批评其艺术气质不足。现在,他对作者同样不屑,认为他兼百万富翁和革命者于一身,并指出作为一位革命者,与充任一位俄国人和艺术家是抵触的。⑤在一张圆桌边,坐着高尔基以及他的伴侣玛丽亚·费德洛夫娜·安德里耶娃,以及几个面目阴沉的俄国人。里尔克坐到他们中间,感觉手无寸铁,颇为窘迫。他们起初用俄语交谈,不过由于里尔克对这种语言不够熟练,大家转而用起德语,玛丽亚·费德洛夫娜充当翻译。

在里尔克看来,做俄国人和做革命者是天生矛盾的,他以此观点重新确认了他和卢在赴俄之旅中创造的神话:关于虔诚的仆人、不顾自我的农夫和僧侣。他评论道,"俄国人之适合革命,就像一张薄纱手帕之适合用来擦墨水一样。"⑥高尔基对里尔克的看法,根据他的朋友和传记作者V. A. 德涅斯基(V. A. Desnitsky)的说法,也没有太多奉承之语。⑦他用一系

---

① 1906年12月10日;阿萨多斯基,351—354。
② 1906年12月14日;阿萨多斯基,354—357。也参见1906年12月11日给卡尔·冯·德·黑特的信;《与卡尔和伊丽莎白·冯·德·黑特书信集,1905—1922》,107。
③ 1907年4月18日;《里尔克书信集,1892—1921》2:312—313。
④ 1905年7月7日给克拉拉的信;《里尔克书信集,1902—1921》1:242。也参见斯古菲尔德,"里尔克,高尔基和其他人:传记性的消遣",112。
⑤ 1907年5月3日给卡尔·冯·德·黑特的信;《与卡尔和伊丽莎白·冯·德·黑特书信集,1905—1922》,132—133。
⑥ 《与卡尔和伊丽莎白·冯·德·黑特书信集,1905—1922》,133。
⑦ 塞尔加勒,17—19;斯古菲尔德,"里尔克,高尔基和其他人:传记性的消遣",118—119。

列关于德国作家的询问轰炸里尔克,但里尔克未能很好地做出回答。高尔基得出结论,太多的布尔乔亚艺术家们都令人遗憾地没有尽职阅读他们同代人的作品。尽管里尔克在卡普里岛又住了几星期,并在1908年再次归来,那时高尔基仍住在岛上,但这两个人没有再见面。

8.

这个春天对于鲍拉·贝克尔来说也是变化颇大。里尔克离开后的数月中,变故频仍。莫德尔森在6月的第一次来访期间,里尔克躲了起来,而她答应重新考虑离婚决定,到了9月3日,她变得非常坚定。"让我走吧,奥图。我不想要你当我丈夫。"①她准备出发去乡下,希望靠一些订单或者相关工作养活自己。不过,9月9日,她放弃了,②因为她主要的支持者伯恩哈德·赫特格花了一个漫长而痛苦的夜晚劝告她,③不依靠外界帮助,她要养活自己简直毫无可能。作为妥协的一个内容,莫德尔森同意秋天的剩余时间和整个冬季都和她一起在巴黎度过。他们在蒙帕纳斯火车站大街上租了一套新公寓,带有供两人使用的工作室。重要的是,鲍拉在4月信誓旦旦的话,"我根本无心与你生儿育女,至少现在不想"④——已被抛到脑后。他们再次成了夫妇,准备重新过起过去的生活。

既然莫德尔森夫妇和好了,里尔克就可以返回了——就返回她和返回巴黎而言。2月初,他在鲍拉31岁生日那天写去一封非常热情的信,⑤寄去他和克拉拉在去埃及途中一起度过的一个星期里拍摄的庞贝的绘画照片。鲍拉过了一个月才回信,不过在对照片和题赠的新版《图画之书》的感谢中,她透露了她和丈夫准备收拾行装返回沃普斯韦德的消息。尽管里尔克抛弃了她——至少作为一个支持她的朋友——但是鲍拉仍觉得

---

① 《通信和日记》,457【《鲍拉·莫德尔森-贝克尔:书信和日记》,408】。
② 《通信和日记》,458【《鲍拉·莫德尔森-贝克尔:书信和日记》,409】。
③ 1906年9月16日给米莉的信;《通信和日记》,458—460[409]。
④ 1906年4月9日;《通信和日记》,440【《鲍拉·莫德尔森-贝克尔:书信和日记》,388—389】。
⑤ 1907年2月5日;《里尔克书信集,1892—1921》2:255—256。

有必要为自己的决定对他做解释,有朝一日,她会有所成就,但或许不会成为他期望的那种人。她问他来年夏季会在哪里,并希望"一切都好"。①她也问候了克拉拉:"我经常想起她。"

他终于得以表明,他深知自己尽管对她欣赏有加,却依然曾经抛下她不管。②不过,埃伦·凯访问卡普里岛时,他只字不提她的信和决定,因为他觉得鲍拉的回信过于亲密,仿佛只是写给他一个人看的,而且仿佛是在回答他写去的所有信件,甚至那些他还没有写的信。最后,他终于能够提及自己未能做到的事了。他拐弯抹角地告诉鲍拉,他因为没能应她请求邀请她加入他们的比利时之旅而深感负疚。他解释道,他因为期待着克拉拉和露丝到来而无暇他顾。现在他"相信自己"的反应是错的。他在一个不应该的时刻,对他们的友谊"麻木不仁"。他没有说在她生命的那个阶段,这无异于背叛。

正如里尔克身上频频发生的那样——尤其是在这段折磨人的关系中——道德焦灼与自我认识在诗中得到反映。就在他写去给鲍拉的生日贺信、寄去庞贝照片时,2月7日到10日,他重写了关于阿尔刻提斯的牺牲的古希腊神话,作为一首戏剧诗,它通过两个主人公的交锋,绘制了一幅象征性画面,惊人地折射出鲍拉在作为一个女人与一位艺术家之间的抉择。在欧里庇得斯广为流传的悲剧中,阿尔刻提斯,一位尽职的妻子,将丈夫从死亡中救出,牺牲自己来换取他的生命。里尔克诗中做的两处重要改变,使他的作品明显具有他的个人历史中这一独特时刻的色彩。原先的阿德墨托斯痛苦地哀悼死去的阿尔刻提斯,以至于感动上苍,让她回到他身边。而在里尔克的诗中,自责未能换来如此酬报。③此外,带来死讯的神灵来到阿德墨托斯的婚宴,而不是像欧里庇得斯作品中那样,在数年婚姻之后才到来。这两个变化都强调了阿尔刻提斯勇于放弃的英勇品质与阿德墨托斯对自己生命的强烈迷恋之间的对比。

妻子与丈夫的交锋——里尔克在鲍拉死后所写的著名《挽歌》中,将

---

① 1907年3月10日;《通信和日记》,468—469【418】。
② 1907年3月17日;《里尔克书信集,1892—1921》2:288。
③ 参见齐恩,201—250。这份解读部分基于之前的一份解读;弗里德曼,"神灵,英雄和里尔克",19—20。

谴责"男人"毁灭了一位出色的艺术家——成为这首诗的一个重要成分。两位主人公惊人地吻合里尔克正试图记录的这场戏剧性冲突中的角色。阿德墨托斯,尽管比奥图年轻,却同样软弱,隐隐流露出对于她这个生命之源的依赖与需要:

> 可他打破了恐惧之壳
> 打得粉碎,从中
> 伸出双手,与上帝争辩。①

作为对比,阿尔刻提斯"几乎比他记忆中还要矮小一点",自豪地相信将自己奉献给他,与将自己奉献给死亡是一回事:

> 那就是了:我的死
> 她(珀尔塞福涅)吩咐你来做此事时难道没告诉你
> 那张在里面等待我的床
> 属于冥界?

就当时的里尔克而言,这个死亡意味的只是作为一位自由创造者的鲍拉的艺术的死亡。不过,生命的讽刺难以预测,到头来她果真因为回到婚床上而遭遇死亡:她在这决定命运的一年的尽头,难产而死。对里尔克来说,心理上的预兆无可回避,他实际上抛弃了鲍拉——正如他抛弃了克拉拉——同时他又对于自己的艺术家式的活法振振有词,这些一并构成对这则众所周知的寓言进行的内在化叙述的源头。

9.

胡戈·冯·霍夫曼斯塔尔 3 月来信邀请里尔克给一份新文学-文化

---

① 《里尔克作品全集》1:546—547。

期刊投稿,①里尔克立刻热情地寄去两首在卡普里岛写的长诗:《阿尔刻提斯》,他最近的创作,以及《玫瑰碗》,它巧妙地将静物和行动加以结合。尽管不乏一点屈尊俯就之情,霍夫曼斯塔尔立即回信,赞美了《玫瑰碗》的语言——他感觉到"真正的进步"。他对《阿尔刻提斯》似乎不那么感兴趣,不过同样接受了这首诗。

期刊名叫《清晨》,由各路名人负责编辑,比如理查德·施特劳斯负责音乐,格奥尔格·勃兰兑斯负责文学史和批评,理查德·穆特负责艺术批评,霍夫曼斯塔尔负责诗歌。霍夫曼斯塔尔富于技巧地写道,他只能想起少数几个配得上这杂志的作者,在这些人中,他第一个、也是最愿意选择的就是 R. M. 里尔克。因此他们陆陆续续展开了一些合作。

尽管不乏疑惑和才思枯竭的时候,里尔克依然在卡普里岛完成了不少作品,并在春季得以收获冬天劳动的成果。不过,尽管他在许多场合赞美第斯科普里别墅的友好和那"三位女士"在《马尔特》上对他巨大的支持,不过,真正进展神速的还要数他的诗。4 月,他以明显的满意之情宣布,他完成了对伊丽莎白·巴瑞特·布朗宁的《葡萄牙十四行诗》的德语翻译。②在爱丽思·法亨德里希的帮助下,他让自己的耳朵熟悉了英语诗,尽管他拒绝学习这种语言。令这种合作成为可能的,要多亏一种幸运的情况:爱丽思的母亲克拉拉·菲利普斯是英国人。爱丽思尤其喜爱十四行诗,或许正是她让诗人注意到这些作品。她把原版读给里尔克听,让他熟悉其声调。现在,她又准备了散文体的翻译供诗人参考,实际上充任了这些新近得到再创作的诗的中介人物,里尔克将这些诗题献给她以示感激。

里尔克在岛上度过的其余几个星期社交活动频仍,创作上不免有所松懈。他一边期望在巴黎过上真正与世隔绝的生活,一边又力图充分利用现有环境,充分地探索它。有时,他与年轻的玛侬伯爵夫人一起散步,有时独自行走,研究着卡普里岛曲折的海岸线,从陡峭的岩石走到平坦的

---

① 接下来的通信为:霍夫曼斯塔尔的邀请,1907 年 3 月 17 日;里尔克的回答,3 月 21 日;霍夫曼斯塔尔给《玫瑰碗》的回信,4 月 2 日;里尔克的回信,4 月 17 日。《胡戈·冯·霍夫曼斯塔尔和里尔克:书信集》,48—52。

② 1907 年 4 月 11 日给基彭贝格的信;《里尔克与出版商[安东·基彭贝格]书信集,1906—1926》,22。1907 年 4 月 18 日给埃伦·凯的信;《里尔克书信集,1892—1921》2:311。参见曼森,《里尔克,欧洲,以及英语世界》,剑桥,Eng,30 页及之后。

草场。他们攀爬南岸附近俯瞰海湾的萨拉罗山,远眺一直蔓延到海边的美景。

他们突然迎来了大量客人,欢宴在第斯科普里别墅变得频繁起来。1907年4月19日,里尔克在那不勒斯码头与妻子会合,一起坐船回到卡普里岛,又和更大圈子的客人们一起呆了3星期。克拉拉带回大量有趣的埃及物品和图片,在"玫瑰小屋"展出。

他们在5月16日离开卡普里岛,心情悲伤,不过也为能够离开聚在第斯科普里别墅的突然扩大了的朋友和客人圈子而欣慰。他们在那不勒斯呆了大约两星期,参观博物馆,在周围的乡间散步,最后克拉拉去德国,赖纳奔赴巴黎。

1907年5月31日清晨,里尔克回到巴黎。2月里,他曾向卡尔·冯·德·黑特保证他计划进行好几个月的稳定写作,[1]像一个僧侣一样与世隔绝,以补偿去年离开这座城市的错误。事实确实如此。一旦从二等车厢走出,像他对克拉拉描述的那样,衣服上沾着希腊农夫移民的气味,[2]他就进入了一生中在某处过上最稳定生活的一个时期,完全投入工作。起先,他坚持写完了《新诗集》,不过之后,他终于重拾《马尔特》。

---

[1] 1907年2月21日给卡尔·冯·德·黑特的信;《与卡尔和伊丽莎白·冯·德·黑特书信集,1905—1922》,112—121。
[2] 1907年5月31日;《里尔克书信集,1892—1921》2:321。

第 14 章 死亡和浪子

> 走进烛光。我不怕面对死亡……①
> ——摘自《致一位朋友的挽歌》

1.

1907 年春巴黎的赖纳·玛丽亚始终也是马尔特·劳里斯,因为如果说赖纳决定忘记他在这座城市最初度过的那些贫困交加的时光,马尔特绝不会轻易准许。巴黎始终是一座死亡之城,即便它成为了辉煌的艺术之城。死亡——生命被冻结进无生命——亦可是一种关于艺术的思想,这正成为令他痴迷的一种想法。接下来几个月里,他将被迫面对几次与他密切相关的死亡,其中包括爱丽思·法亨德里希,他在卡普里岛的朋友和女资助者,不过对于他内心而言影响最大的一次死亡,同时也是他的艺术的一个转折点,应该是鲍拉·莫德尔森-贝克尔产下一个婴儿之后的死去,这个婴儿的诞生意味着她对社会的妥协。

回到巴黎时,他像通常一样乐观满满。在临时住处伏尔泰沿河街旅社住了几晚之后,他再次回到卡赛特街 29 号的老住处。接下来几个月,他得出不少成果,它们促成了《马尔特手记》:《新诗集》中的诗艺结晶,对

---

① 《安魂曲》,《里尔克作品全集》1:645。

塞尚的重新发现,以及最重要的,对死亡的探索。为处理诗集,他不得不再次推迟小说写作,不过他从未忘记它。个人生活以及想象生活中的事件,将帮助他编织出这部杰出小说的内容。

里尔克的成功日益有望,但他艺术上的灵魂伴侣鲍拉·贝克尔却正在步入灭亡。直到一年后,也就是1908年,在一首百感交集的《挽歌》中接受了她的死去之后,里尔克才得以再度充满热情地重拾《马尔特手记》。

2.

鲍拉回到沃普斯韦德、怀孕到死亡的这几个月里,她和赖纳之间保持着通信,但是联系不可避免地减少了。鲍拉没有回复他对于去年夏天的举止的道歉信,她希望他照看她急匆匆赶回柏林后留下的家具,他却频频把这个请求忘在脑后。① 一直到收到女房东的最后通牒,他才断断续续采取了一些行动。8月里,鲍拉希望他能卖掉她的东西,用换来的钱再买一枚弄丢的胸针,但是,直到10月,里尔克所做的也无非是把她的各种东西随意赠送给附近几位艺术家的模特儿们。

里尔克在巴黎日渐成名的同时,鲍拉·贝克尔正挣扎着要在一种直到此时她始终决意弃绝的生活中获得自主。"我再次坐在自己的小画室里,"② 她在4月从沃普斯韦德来信,"墙是绿色的,下面是天蓝色。"这是她"比世界上任何其他地方"都更爱的一个地方。她准备工作了。赖纳,与此相反,并没有妥协的压力。尽管有人表示不满,有人为了支持克拉拉和露丝而对他颇有微词——卢·莎乐美、安东·基彭贝格,埃伦·凯,以及后来的爱娃·卡西尔-索里茨(Solitz)——但他仍能回到巴黎,毫无来自家庭的阻碍,全心投入《新诗集》的收尾,以及《马尔特手记》的写作。

---

① 1907年8月10日鲍拉给里尔克的信;《通信和日记》,472【鲍拉·莫德尔森-贝克尔:书信和日记》,421—422】。里尔克的回信在1907年10月21日;《里尔克书信集,1892—1921》2:438—440。

② 1907年4月5日鲍拉给里尔克的信;《通信和日记》,469【鲍拉·莫德尔森-贝克尔:书信和日记》,418】。

《新诗集》的第一组诗事实上已经完成。安东·基彭贝格强烈要求一睹为快,但里尔克始终迟疑着不肯交出它们。即便6月,已经接近收尾时,他仍请求再宽限几个星期来"观察观察它"。①他与克拉拉联系上了,后者正和朋友安娜·雅内肯(Anna Jaenecken)在一起,准备在后者汉诺威附近的住所小住几周,她同意帮他整理手稿,让其能够展示出他的新想法。里尔克知道,要让这些手稿成为一本书,它们关注的焦点必须明晰。与《定时祈祷文》这部有连贯主题的作品不同,现在这些诗彰显的是它们"革命性"的风格。它们强调的远不止是对事物的聚焦。里尔克做了更激进的努力,以便为艺术家自我的消失做准备,②将之投诸客体那活生生的世界。

　　部分这些作品仍旧关注的是精确描述,诗人的眼睛从内部穿透某件事物或某个场景,赋予其生命,然后才撤离。描述去年的比利时假期的短诗,比如关于富尔纳的《塔楼》和关于布鲁日的《罗塞尔码头》,构成了一个系列,它们强调的是像《豹》一样,从内部展开对物的描述——也就是他所谓的事物诗。而在他偏好的戏剧诗中,里尔克很快着意于从《俄尔甫斯、欧律狄刻、赫尔墨斯》和《阿尔刻提斯》这样的描述中抹去自我。

　　在这个阶段,里尔克试图简洁地表达这两种导致矛盾的个人的去个人化模式(核实)。他越来越多地使用古典主题,它象征着一种避开了他早期诗歌的那种类宗教的敏感性的新风格。7月,他写完了两篇关于萨福和她的年轻诗人-情人艾瑞娜的片段,它们早在1905年或1906年就开始动笔,现在,他加上了一段与她的男性对手阿乐凯奥斯的戏剧对话。《阿尔刻提斯》中一个将性与死相连的重要主题仿佛再度出现:"……在你之下我们甜蜜的/少女时代将潦倒地朽坏。"③

　　这首诗源自一尊希腊古花瓶上的铭文,其中萨福在训斥阿乐凯奥斯,后者假装在寻美,却因为羞耻地垂下眼睛而暴露了内心欲望。他们的交锋被铭刻在陶土中——就像俄尔甫斯和欧律狄刻的交锋,或阿德墨托斯

---

① 1907年6月27日给基彭贝格的信;《里尔克与出版商[安东·基彭贝格]书信集,1906—1926》,25—26。
② 索科尔将这个原则用于解释《马尔特手记》中自我的挪移。索科尔,"《马尔特手记》中自我的消解",176—177。
③ 在里尔克的德语中,"Unter euch"(在你之下)是一个双关语,既可指代"在你之下",也可指代"在你当中"。显然此处一语双关。里尔克在1907年7月25日的信中对克拉拉解释了这个历史-神话背景。参见《里尔克书信集,1892—1921》2:350—352。

和阿尔刻提斯的交锋被铭刻在石头上一样——但是,甚至比在这些早期诗歌中更强烈地,里尔克触及了一个痛苦的主题:女人的命运;对女人而言,性等同于生命的终结,一种终极之爱的形式,它意味着自我的终极失去。他继而记录了一位追求美的富有天赋、却又为社会意义上的"暴露欲望的注视"所毁灭的女艺术家的命运,这种命运像威胁古代的女诗人一样,也威胁到现代的女画家。

在这首写于1907年7月这个高产月份的诗里,里尔克运用了巧妙的戏剧或叙述,来控制思考者和事物之间的不稳关系。这个时期的诗歌中,《瞪羚》——貌似超然悠闲,内里却紧扣心弦——以高超的技巧发展了这个过程:用叙述模式来克服绘画形式的局限,从而描述了被观察的形象。一切辅助都被撤除;读者面对着赤裸裸的过程本身:一个精确构思的头脑倾注于客体,力图将之编进诗的语言:

> 着迷的人啊:如何才能让两个选出的词
> 和谐地达成韵脚,后者
> 在你心中随意来去,仿佛应着召唤?①

里尔克的语言描述着植物园里的3只瞪羚之一,没有什么进一步的主题意图。相反,它们描绘了一个想象的过程。他闭着眼睛,看到了被赋予生命的客体:

> ……看见你:被带到那里仿佛
> 每个动作都充满跳跃
> 只因你的脖子让你的脑袋
> 停住以便倾听,才没有发射……

在描述未执行的动作时,里尔克出色运用了德语词"Lauf"的模糊含义——既可以指"跑",也可以指"枪膛"——以传达一幕生动画面:瞪羚头颈之间的紧绷。它被"充填以""跃跃欲试",却不被允许"发射"。对叙述

---

① 《里尔克作品全集》1:506。参见"瓦勒斯·史蒂文斯和里尔克:一种诗歌的两个版本",75。

的抽象运用结束了这幅充满未被实施的动作的"画面"。瞪羚停下脑袋倾听,

> ……就像
> 在森林沐浴时,少女陡然停下
> 转身,面孔映出湖水。

动物被变形了。警惕的瞪羚柔软身体中的紧张,现在被运用于另一个形象和场景,后者让人想起《但以理书》中苏撒拿和偷窥长老。沐浴少女看到的森林湖泊,与湖泊映在她脸上的形象之间的紧密重叠,营造了一种在行动中受惊的自我意识的感觉。

赖纳6月里写信给克拉拉,说他整个早上在植物园观察几步之遥的3只瞪羚,它们躺着,反刍、休憩着。他把它们比作画布上的女士:"就像女人们从画布上看着你,它们也仿佛从什么东西中看出来,无声地、毅然地扭过头,"①这让人联想到那个女孩以及她与湖水复杂的、相互的镜像关系。下一段观察促成了关于跑动和弹膛的双关语。一只瞪羚站起来一会儿,又立刻趴下。不过,里尔克看到"它们绷直身体,测试着这些'跑动'的出色功能(就像枪要发射之前一样)"。他迷恋着它们的美,目不转睛。

塞尚的一次重要画展在秋天开幕,恰逢里尔克在寻找新风格时对空间艺术产生了浓厚兴趣。一连许多天,他仔细研究这些画。从鲍拉·贝克尔的艺术那里获取了超乎想象的灵感之后,他将她对物品和色彩的观念与他对形状和内心分析的感觉彼此结合。说鲍拉给赖纳带来了塞尚和色彩,正如克拉拉曾经给他带来了罗丹和形状,并不为过。

3.

在"秋之沙龙"举办的塞尚画展令3位1900年的艺术家再度聚到一

---

① 1907年6月13日给克拉拉的信;《里尔克书信集,1892—1921》2:328—329。

处。鲍拉回到沃普斯韦德之后,两个女人恢复了亲密友谊,很快她们就分享起赖纳对塞尚的解读。里尔克这些写于画家在1906年去世之后一年里的信——写给克拉拉,但显然目标读者不止是她①——是于6月4日随意地开始的,除了一些关于塞尚的散漫评论,也提到了梵高,10月,信中增加了长篇大论的描述和连贯的讨论。像帕斯卡、卢梭,或者《致一位青年诗人》中的里尔克本人一样,他使用信件中随意的旁带讨论来整理思想。此外,一些貌似无关紧要的记录,记录下前往"秋之沙龙"沿途的一些琐碎见闻,比如糖果店橱窗里的几个古董小银罐。②他把这些也写进信中,将私人的观察与批评观点互相结合。

里尔克经常由朋友,画家马蒂尔德·福尔莫勒作陪,在1907年10月频频参观新开幕的塞尚画展,此时尽管与罗丹存在隔阂,他仍计划再举行一次关于罗丹的巡回演讲。里尔克对这两位艺术大家的运用很难完全一分为二。里尔克在罗丹演讲中讨论其轮廓的物品——在他诗歌的一些习惯用语中也有所体现——又被充填以塞尚风格的丰富色彩。

相应地,里尔克的画评中频频提及塞尚的色彩运用,正如平面和轮廓频频出现在他关于罗丹的论文中。对于《坐红扶手椅的塞尚夫人》一画,他评论道:③

【她的服装】淡淡地覆盖着大面积的黄绿和绿黄色块,一直蔓延到蓝绿色外套边缘,胸前用一个绿色丝绒蝴蝶结系住……看起来仿佛每个色块都与所有其他色块遥相呼应……仿佛整幅画最终达到了客观现实的均衡。

他觉得这些绿色和主人公坐着的鲜红色椅子之间的对比意义重大。
这种色彩的交响乐展现了一种与罗丹的"雕刻"——对于雕塑的内在和外在轮廓的"模仿"——之间的奇特类似。第二天,10月23日,里尔克尝试通过塞尚自画像表明观点,他觉得这幅画较容易讨论。"它立

---

① 参见"里尔克和艺术姐妹",836—846。
② 1907年10月6日给克拉拉的信;《里尔克书信集,1892—1921》2:401。
③ 1907年10月22日给克拉拉的信;《里尔克书信集,1892—1921》2:446。也参见Cezanne,38—40。

即就对你敞开。它并没有波及整块调色板。它似乎聚集在中央的黄红色、赭色、鲜红色和紫罗兰色当中。"他将所有这些色彩与形状关联起来:"画面上有一个人,右侧脸朝外,略微向前倾斜,凝视着……他的眉毛构成的弓形的角落,显眼的头骨结构从内部向外鼓出,再度得到强调。"脸部与这个额头脱离了,"仿佛每个器官都从额头上自行挂下,不可思议地愈坠愈沉重,同时却又被削减到最原始的形态……与孩子或乡下人有时会有的那种按捺住的惊叹神情并无不同。"①颜色、形状和行动彼此关联。和谐的色彩压缩于一组平面之上,里尔克不由得将它们的组合比喻为一则隐喻,象征着匠心独运地设计出的一场生命的戏剧。从而,语言成功地描绘出自画像的特征,仿佛由一位技巧高超的工匠拼接而成:里尔克对塞尚的"感知的伟大、永不妥协的客观"的文字解读。

他在《新诗集》和《马尔特》中都大量运用色彩,比如《俄尔甫斯、欧律狄刻、赫尔墨斯》中的红与黑分隔开生和死,而马尔特对于中风者的领带和帽子的描述:"【领带】是斜斜的黄紫方格图案,至于帽子,是一顶廉价草帽,绿镶边。当然,这些颜色无甚意义。"②它们的意义深嵌于这个将活生生的颜色变成一种滑稽的死亡面具的可怕形象中。

里尔克写完最后一封关于塞尚的信,便出发去东部朗读作品、解读罗丹。不过,这些信的影响绵延不绝。不知有意无意,它们同时也是写给鲍拉的。10月17日,鲍拉在赞美里尔克在《艺术和艺术家》上发表的新罗丹论文时,将他论艺术的新作与她不喜欢的沃普斯韦德论文作了对比,认为他最新的作品远为成熟:"现在,精力充沛而脆弱的年轻人已经消失,成熟男人出现了,话语更精炼,意义更丰富。"③此时,她只是好奇于塞尚的展览,请求要一份目录。不过,几天后她听说了这些信,便请求克拉拉将它们赶紧带来,免得她很快"无暇顾及它们"。④

鲍拉和克拉拉回忆着7年多前在裴乐林画廊看过的塞尚绘画,彼此的亲密关系已经完全恢复。赖纳的信件,根据克拉拉的说法,是鲍拉去世

---

① 1907年10月23日;《里尔克书信集,1892—1921》2:449—450。Cezanne,40—41。
② 《里尔克作品全集》6:902页及之后。
③ 1907年10月17日鲍拉·贝克尔给里尔克的信;《通信和日记》,475【424】。
④ 1907年10月21日鲍拉给克拉拉的信;《通信和日记》,475【425】。

前读过的最后一批东西。①

11月2日,鲍拉产下一个女儿,取名为马蒂尔德,纪念她的外婆,不过日后她被称作蒂尔。过了不到3周,1907年11月20日,孩子的母亲,画家鲍拉·贝克尔,因血栓死去。临终遗言"Schade!"——"多么遗憾!"②

4.

在鲍拉生命的最后几周,里尔克无暇顾及她。在他32岁时仍像20岁年轻人一样认真培养的事业中,他已经抵达一个没有退路的重要位置。就职业而言,他最艰难的任务在于发展他正日益增长的公众声望,英赛尔出版社在这方面可谓助了他一臂之力,不过他同时还要设法得到他的更加"现代主义"的同仁们的赞同,后者的看法他相当在意。成功需要代价。作为蓄积已久的结果,他与老朋友阿克塞尔·杨格的最终决裂不可避免。③

9月,杨格发觉英赛尔出版社在一份行业期刊上登出《新诗集》的广告,不由大为震惊,他甚至不知道这些诗的存在。在他看来,这堪称彻底的背叛。他给里尔克寄去一份愤怒的信函,附上一份广告剪报,上面用感叹号和问号重重标出了广告的位置,然而回信却一派惊讶无辜的口气。这本书根本没有签过任何别的合同,只与英赛尔出版社签过,里尔克声明道。杨格承认在法律上确实不错(事后发现并非如此),但他在道义上感到受辱。这个行为,以及它被百般保密的做法,是无法原谅的。这次分裂预示着友谊的结束。他们后来的业务关系中,大多数时候都在彼此对抗,即便是私人通信中也鲜有什么能让人回想起他们昔日友谊的内容。

里尔克对第三次巡回演讲的激动之情迅速取代了对于阿克塞尔·杨格的遗憾。里尔克像往常一样,最后一刻仍忙于准备,10月30日从巴黎

---

① 参见《通信和日记》,392【345】。
② 同上,392【346】。
③ 参见1907年9月16—17日给杨格的信;《与阿克塞尔·杨格书信集》,195—196,295。

出发时也没停下。他不知何时能返回，因此再次放弃了公寓，将财物，包括他的站立书桌，存在马蒂尔德·福尔莫勒的住所，他希望回来时能住在那里。

他在布拉格试探地呆了4天，这里是他约定演讲的第一处。尽管他现在住在一家时髦的旅馆里，但这仍是一次失望的返乡。他为他的老"协和"作家联盟的朗读似乎陈腐而毫无成效，这个联盟现在由他从前的精神导师阿尔弗雷德·克拉尔主持。太多令人难以忍受的老太太，[1]只知道坐在那里瞧新鲜儿！而演讲后，在索尔家举行的茶会感觉也像是在走过场，几乎没有任何新面孔。

他感到一种痛苦的似曾相识的感觉，它由母亲的在场而恶化。她令人窘迫地出现了，追随着出色儿子的脚步，始终言过其实地吹捧他的成功。里尔克对她的反应与3年前在罗马的感觉一样。"谁会走进一间门窗仅仅刷了层油漆的玩偶屋呢？"[2]他问克拉拉。他知道，母亲无法忍受他的现实，不得不营造出一个她可以凝视的他的形象寻求寄托。他对同样的街道、飘窗和隐秘的角落感到恐惧，[3]这些东西都伴随着他童年的痛苦。他只能短时间地逃离母亲，瞒着她重新访问那些昔日的恐怖场所。

里尔克的烦恼在收到席多妮·纳赫尼的邀请信之后烟消云散。后者邀请他到他们位于Janowitz(现在的Janovice)附近的城堡做客。[4]这封信堪称在一个沮丧的时刻成功地帮助里尔克转移了注意力，令他心情愉快起来，此外，它也成为一份重要友谊的开端。从一开始，这个地方就令他欢欣鼓舞。他很喜欢乘马车从火车站出发，穿过凉爽的秋季乡村，富含传统的小城堡让他充满敬畏。男爵夫人病了，不过她的双胞胎弟弟卡尔，以及他们的哥哥约翰内斯，都非常关照他。他们在连接道路和庄园的老桥上迎接客人，一起散步穿过公园，走向有着宽阔正面、护城河、桥和体面大门的主建筑。屋里，深色的大厅与辉煌的大吊灯形成鲜明对比。他们在一间间房中穿行，两个佣人举着摇晃的蜡烛给他们照亮。

尽管是在正式场合下，但他们一道喝茶，度过了一段轻松、亲密的时

---

[1] 1907年11月4日给克拉拉的信；《里尔克书信集，1892—1921》3：13。
[2] 1907年11月2日给克拉拉的信；引自《里尔克：人生与作品大事记》，287。
[3] 1907年11月1日给克拉拉的信；《里尔克书信集，1892—1921》3：8。
[4] 1907年11月4日；《里尔克书信集，1892—1921》3：11—13。

间。里尔克觉得,这几乎像是一个孩童们的茶会。两个小时很快过去,他不得不离开。此时他对童年的回忆变得欢快了一点,发觉自己恍惚间回到了他在幻想中经常乐意忆起的那个波西米亚。

他返回时,遇到了一份惊喜。在转寄到布拉格旅馆的邮件中,里尔克找到一封来自奥古斯特·罗丹的恭维信,①请他发表对一位维也纳书商雨果·黑勒(Hugo Heller)的看法,后者由霍夫曼斯塔尔介绍来担任罗丹的柬埔寨舞者画作的展览者。里尔克很高兴能以一个好消息来回复:他被安排在同一家商铺进行他的朗读会。显然,分裂一年半之后,罗丹愿意修补关系了。

在布雷斯劳的一次更活跃的露面之后,②里尔克在11月8日到达维也纳,准备演讲。第一个晚上,他在黑勒的店里举行了朗读会,③这里很快就将展出罗丹的柬埔寨舞者画作。里尔克的朗读篇目包括《马尔特》里的管家之死,以及从他更近期诗歌中摘选的片段。

一个短暂的事件差点毁掉这个活动。里尔克刚开始朗读,突然流起鼻血,或许是旅途劳累造成。不过,他到洗手间稍事休整,血就止住了,所以不必接受霍夫曼斯塔尔的提议,由后者代他朗读。

这个晚上标志着里尔克的明星地位的开始。他肩上披着黑斗篷,看起来既抢眼,又非常优美。朗读结束后,人们簇拥在他身边,争着与他握手。后来,他的旅馆房间也挤满了人,④人们都希望能和他交谈片言只语。他像舞台明星一样逐个接待客人,尽管很兴奋,但仍不免很快就觉得疲倦。不过,他还是接见了一位年轻女演员,后者名叫莱亚·罗森(Lia Rosen),刚刚被维也纳城堡剧院聘用。里尔克热情地把她推荐给霍夫曼斯塔尔,⑤作为可以在同仁们帮他安排的晚会上"朗诵点什么"的人选。他收到不少贺电。在许多花束中,还有一个惊喜:一束来自席蒂·纳赫尼的豪华

---

① 1907年11月4日给克拉拉的信;《里尔克书信集,1892—1921》3:9。1907年11月3日给罗丹的回信;《里尔克与罗丹书信集》,71—75。
② 1907年11月6日给克拉拉的信;《里尔克书信集,1892—1921》3:15。
③ 1907年11月9日给克拉拉的信;《里尔克书信集,1892—1921》3:18—19。1907年11月14日给席蒂的信;《与席多妮·纳赫尼·冯·博卢廷的书信集》,44—48。诗人菲利克斯·霍普特曼·奥图·布劳当时也在场,他详细描述了这个过程,包括流鼻血,以及接下来将要叙述到的第二场演讲的尴尬结局。参见霍普特曼·奥图·布劳,555—563。
④ 参见卡斯纳,介绍部分,《里尔克与玛丽·冯·屠恩·塔克西斯书信集》,xx—xxi。
⑤ 1907年11月9日给霍夫曼斯塔尔的信;《胡戈·冯·霍夫曼斯塔尔和里尔克:书信集》,56。

花束,后者专门来维也纳听他朗读,但是之前没有透露行踪。

周末,他在已故的施维林伯爵夫人和她妹妹爱丽思·法亨德里希的密友的别墅度过,周围人中有霍夫曼斯塔尔夫妇以及哲学家鲁道夫·卡斯纳(Rudolf Kassner)。卡斯纳因为生病错过了里尔克的朗读,为此特表歉意,允诺会参加他的罗丹演讲。里尔克离开维也纳之前去拜访了他,从此结下了终身友谊①——以及对手关系。同时,在霍夫曼斯塔尔家举办的晚会也精彩地结束了。

里尔克的第二次露面——罗丹的演讲——在 11 月 13 日,在农业部的巨大大厅里举行。掌声来得有点迟,一时令里尔克颇为紧张,不过最后他还是赢得了通常的喝彩。更重要的是,他收到一封来自罗丹的直接、热情的来信,明显意在和解。雕塑家定了一本充任里尔克此次演讲基础的《艺术和艺术家》的法语译本,对它大加赞叹。罗丹重新将里尔克接纳进自己的内部圈子,堪称是对里尔克日益上升的名望的进一步证明。11 月 19 日,里尔克离开维也纳,出发去威尼斯,这是在鲍拉去世前一天。

5.

《莱达》,这几个关键月份中出现的一首主要诗作,可以视为里尔克对这段时期的总结。它要么是在 1907 年秋季,他在巴黎的最后几个星期动笔,要么是在接下来的春季,他在卡普里岛时写的。它探讨了围绕着鲍拉·贝克尔命运的复杂的性情感之困境。诗歌试图描述这幅可怕场景:宙斯伪装成天鹅,强暴了仙女莱达。里尔克不同于 W. B. 叶芝,叶芝描述了这一重大事件的历史隐喻(这次强暴的后果之一是诞生了特洛伊的海伦),而里尔克却关注神灵隐身天鹅的躯体时的复杂心理,并描述了受害者在他的凶残拥抱中不断减弱的抵抗。

诗歌部分以莱达的角度写成,但主要框架是神灵的双重进入以及

---

① 参见鲁道夫·卡斯纳对这次会面及其对双方未来产生的影响的回忆,见于他的介绍,《里尔克与玛丽·冯·屠恩·塔克西斯书信集》,xxii—xxiii。

变形:

> 神灵在需要时进入他的身体
> 发现天鹅如此可爱,几乎大吃一惊。①

随着粗暴的非礼,也就是第二次进入之后,变形完成了:宙斯和天鹅融为一体。

> 只有在那时他才振翅狂欢
> 在她的私处之中成为真正的天鹅。

在强暴的戏剧性恐惧之下,神灵的行动反映出生命朝向艺术品的变形,它通过一个作为他的容器和牺牲品的女人的中介,达成了身份的变化。不过,这首诗也指向里尔克审美视野中复杂的性爱观。尽管他关注的远非宙斯作为强暴者的天鹅的暴力,但他似乎同样看重这位神灵矛盾的被动性——他的"谎言将他带进行动"——以及受害者的瘫痪,此者的变形成为对彼者的侵犯。

这首诗写作的时期,正值里尔克对自己的艺术自我日益自信,个人自我却日益脆弱之时。对于女性身份的征服或背叛而起的男性责任感,被重塑为一种艺术中的戏剧场景,他个人则从其中被抹去了。鲍拉对于断绝关系的尝试,及其失败导致的令人痛惜的结果——在她的肉身遭难之前就已很明显——在这首短诗中回响,就像种植在莱达挣扎的身体中的死亡种子,折射出身陷神秘悲剧中的人类。

男性将对女性的欲望转变为对女性的毁灭,里尔克百般探究男性因这种做法而生的负罪感,将之转译入诗,由此显示出他的爱情观的含糊本质。在他的女性主人公作为彻底无助的牺牲者遭到毁灭的同时,他又大肆渲染她们的力量——以及她们在爱情中受苦时表现出的惊人坚定。因此,17世纪后期葡萄牙修女玛丽安娜(里尔克正在翻译她的书信),告诉她不忠的情人查米利伯爵关于她的爱情的"上千种痛苦",在最后一封决

---

① 《里尔克作品全集》1:558。

定性的信中,她总结道,"我只有在不得不竭尽全力……治愈我的爱情的伤疤时,才明白我的爱情的奢侈。我相信,如果我能预见它会是如此困难、如此可怕,那我将绝无勇气来进行它。"①

而对里尔克这个血肉之躯而言,升腾又熄灭的明亮火焰,针对的正是当时的威尼斯美女米米·罗曼内里(Mimi Romanelli)。

6.

在浮木码头上,里尔克在威尼斯短暂假期中住的一幢小小的蓝色房子中陷入热恋。他通过一位在巴黎结识的威尼斯艺术代理商,②找到了这个住所。皮埃特罗·罗曼内里(Pietro Romanelli)在自己的宅邸为他安排了住所。两个妹妹安娜和阿黛尔米娜,绰号娜娜和米米,以为诗人是女性,所以对于邀请他来做客毫无意见。

虽然来者是个男人,她们依然表示欢迎。这本来只是一次简单的逗留,但里尔克立刻爱上了米米,这个美丽而富有音乐天赋的妹妹。里尔克早已养就随时被一位女士深深吸引,然后又因为唯恐要承担责任而撤出的习惯。11月26日,他用极具诱惑力的法语对她大献殷勤:"我能遇上你是多么幸运,像你这样一位美丽、令人钦佩的女子。我欣赏着你的美,就像一个孩子倾听一个可爱的故事。"③没过多久他补充道,"我的心不断地双膝跪地,崇拜着你。我爱你。"

这一时刻堪称完美:威尼斯的魔力让他回想起年轻时访问此地的情境,现在又因为一段崭新的爱情而将他笼罩在美好的气氛中。然而,10天之后,他再度离开,出发去沃普斯韦德。鲍拉出乎意料的悲剧结果——他不曾公开谈论此事——或许是这次突然离开的原因所在,不过,或许也有别的原因。他用奢侈的语言歌颂这座美丽的城市,也给它可爱的女儿

---

① Übertragungen,98,114。
② 参见1907年11月22日给皮埃特罗·罗曼内里的感谢条;《给一位威尼斯女友的信》,73—74。
③ 1907年11月26日给米米的信;《给一位威尼斯女友的信》,7。

唱着颂词,不过他的热情没多久就冷却了,尤其在米米明白无误地回应了他的求爱之后。他的欲望似乎被冷静的思考压抑。离开时,他已设法让米米知道他有老婆女儿。不过,接下来几个月,从威尼斯到奥伯尼兰德,最后到卡普里岛,米米·罗曼内里与他始终频繁通信,它们绘制出爱情从发生到消失那段令人伤感的弧线。

在维罗纳短暂停留之后,里尔克及时回到妻女身边,度过他在1907年12月4日的32岁生日,并准备庆祝露丝10天后的6岁生日。他们全都期待着过圣诞节,希望能弥补去年未能在一起庆祝这个节日的遗憾。然而,里尔克生活中的复杂关系始终如影随形。米米越是坚持对他的依恋,他就越是扮演一个合格的丈夫。12月7日,他给她写信:"妻子同意我仰慕你;我俩在你美丽的肖像前待了好几个小时。"①直到圣诞节,里尔克仍坚持几乎每日给米米写一封信,不过热情日渐消退。节日过后,他觉得已经完成了撤退。他不会很快回去:情况迫使他超出计划,在沃普斯韦德和奥伯尼兰德再待一段时间。

实际上,里尔克得了重流感,②卧床一个月。克拉拉照料他。米米对他的不适和失眠百般同情。当她得知他不打算很快返回威尼斯,便绝望地请求来见他,③哪怕只呆上半天,因为她"重新被唤醒的心"把她变成"一个奴隶",她连音乐也无法忍受。在心灵的"一个隐秘角落",她对他所有最近的痛苦感同身受。④

1908年2月18日,痛苦的诗人终于离开奥伯尼兰德,决定接受在卡普里岛再次过冬的邀请。去南方途中,他在柏林呆了3天,得到塞缪尔·费舍尔的接待,后者是安东·基彭贝格的强大竞争者,给里尔克慷慨地提供了3000马克,⑤换取他不定期的投稿,诸如给《新评论》提供的那少许几首诗歌和短文。兴高采烈的里尔克接着转向英赛尔出版社,⑥要求获得每

---

① 1907年12月7日;《给一位威尼斯女友的信》,14。
② 1908年1月18日给米米的信;《给一位威尼斯女友的信》,23—24。
③ 1908年2月10日来自米米的信;瑞士国家图书馆。
④ 1908年2月19日;瑞士国家图书馆。
⑤ 《里尔克:人生与作品大事记》,310—312。
⑥ 1908年3月1日;《里尔克与出版商[安东·基彭贝格]书信集,1906—1926》,35—41,以及基彭贝格接下来的回答,3月28日;《里尔克与出版商[安东·基彭贝格]书信集,1906—1926》,42—44。

月固定津贴的保障,不过基彭贝格并不那么容易被吓到。他提出一份仔细核准过的公式,将里尔克频频出现的创作停止期和他不负责任的花费习惯与他日益增长的名声进行了一番权衡。(他还费心把克拉拉那份名声也计算进去。)结果他愿意提供的数字比里尔克希望的要少,不过后者依然表示感谢,同意留在这家公司。

最后,一路上数次停留(威尼斯却被始终回避)之后,2月29日,里尔克终于再次到达卡普里岛。这一次,他在爱丽思·法亨德里希的"玫瑰小屋"的生活,由于他仍需设法对付刚刚过去的这段痛苦时期,所以似乎不如上次那样美好:鲍拉的死、米米,以及在奥伯尼兰德的长期病痛。他在岛上的文学创作,因为这段时期的创伤而深受影响,尽管这种创伤他始终不曾承认。

米米很快意识到,她期盼的那种丰富亲密的关系不可能出现,但她仍不觉得自己已经完全被抛弃。里尔克继续鼓励着她,让她感觉接下来一段时间,他仍会对她痴情不改。她敞开心扉,对他讲述自己父亲的重症[①]——他在接下来的夏天就将去世——并征求他对于她作为女儿和妹妹的义务的看法,这些义务经常与她的音乐冲突。他乐于帮忙,甚至与她的哥哥和导师皮埃特罗发生了一次尖锐的争执。不过他们的亲密关系仍旧不尴不尬。

4月18日,里尔克离开卡普里岛,在岛上只呆了不到两个月。他慢慢朝意大利半岛的北部挪去,在那不勒斯、罗马和佛罗伦萨(再次回避了威尼斯)逗留一阵之后,他回到巴黎,继续荒废已久的创作。新处境颇为有利。他的生存来源现在变得比较稳定,此外两份重要作品,《新诗集 II》和《马尔特手记》,都正等着他动手。

7.

里尔克于1908年5月1日返回巴黎,这又是一次胜利的归来。罗丹

---

① 1908年6月30日;瑞士国家图书馆。

催促他搬进莫东他最喜爱的那幢小屋度过春天,但他礼貌地婉拒了。他已于几个月前在巴黎找到一处安静住所——马蒂尔德·福尔莫勒在首相街的工作室——此时可供他使用。他不想表现无礼,因此提议或许在那幢"亲爱的小屋"①里度过几天将会非常愉快,但是每次罗丹邀请他,他都设法拒绝。②

里尔克试图掩盖他与罗丹保持的距离,给他写信,真诚地解释道,他刚刚度过一段没有产出的时期,现在急于赶出《新诗集》的第二部分,圣诞节前付印。这次,轮到罗丹来巴结他了。③罗丹不断地发出邀请。有一次亲自上门,里尔克却不在,罗丹只得在门口留下一篮水果。

在巴黎鼓舞人心的阳光中,里尔克一心投入工作。继秋天写的许多诗之后,《新诗集:另一部分》扩展、深化了对他的主人公加以变形和去个人化的过程。他对布朗宁《葡萄牙十四行诗》的翻译也完成了——将于一年后如期出版——它题献给爱丽思·法亨德里希,正是因为她,此书才得以问世。

那年夏天里尔克写的许多诗歌——比如《押沙龙的背叛》、《以斯帖》、《亚当》以及《夏娃》——都是关于《旧约》人物的。其他诗则表现了诸如叙利亚隐士圣西蒙·斯泰利(Saint Simeon Stylites)这样的人物,或者讲述了《圣母颂》中的路加这样的传说。甚至景色和事物也表现为类似某种质朴的自行存在。它们"穿过我们,就像一幅图画穿过镜子"④,里尔克在创作达到兴奋高潮时告诉席蒂·纳赫尼。在诸如《罗马平原》这样的诗中,风景被移入一面镜子,反映出艺术的"死亡面具"中的疯狂和欲望的骚乱:

> 从应有尽有、昏昏欲睡,梦见
> 高地温泉的城市,
> 笔直的墓地小径导向高烧……⑤

---

① 1908年4月7日;《里尔克与罗丹书信集》,88—90。
② 1908年5月15日;《里尔克与罗丹书信集》,90—91。
③ 1908年8月;《里尔克与罗丹书信集》,96—97。
④ 1908年6月13日;《与席多妮·纳赫尼·冯·博卢廷的书信集》,70—71。
⑤ 《里尔克作品全集》2:599—600。

抵达巴黎不久,在罗丹主动示好的初期,里尔克捕捉住这种在一个神话形象中生命的情感和人造物之间的对立,它的独特印记在《新诗集》的第二部分有所涌现。这就是备受推崇的《无首之躯阿波罗》①,以及它的命令:"你必须改变你的生活"。

无法确定里尔克采用的是哪一尊雕像。几年来,他都在卢浮宫寻找合适的希腊神话或艺术模特。在繁杂的阅读中,他也在艺术批评著作中翻找。有不少形象可供选择,其中包括一尊米开朗基罗创作的无头坐像②,由 18 世纪艺术历史学者约翰·约克辛·温克尔曼(Johann Joachim Winckelmann)描述过——这是一个有趣的可能性,因为里尔克素来崇拜米开朗基罗。而更多人相信原型是一尊米利都的年轻人躯干雕像③,现在卢浮宫展出。也有可能模特就是年轻的里尔克几十年前看到过的玫瑰碗边的小雕像,它出现在布拉格艾达·索尔的父亲的书房里。

不管模特是哪一尊,里尔克写这首诗,并非作为一位艺术批评者,或者,甚至也不是作为一位艺术赏鉴者,而是作为一个创造者。他给这尊出色的雕像添加了想象中的头和手:

> 我们不知道他闻所未闻的头部
> 它的眼睛像正成熟的苹果。然而
> 他的躯体仍像烛台一样闪亮
> 从中他的凝视,尽管被压低
> 稳定而闪烁。④

从第一行诗开始,诗里的一切都让人想起缺失,对过去生活的反思凸显出没有生命的现在。感官——比如看和听——变形为无感觉的艺术,强调出一系列的否定。"闻所未闻的头部"——原文是 unerhörtes Haupt(unerhörtes 可以指震惊的、耻辱的,以及放肆的)——同时也意味着一个

---

① 在关于《新诗集》的衍生文献中,布拉德利对于"阿波罗无首之躯","Cretan Artemis","莱达"和其他诗作的解读,经受住了各种批评趋向变化的考验。
② 维冈德,49—62。
③ 豪斯曼,6—10;21—22。
④ 《里尔克作品全集》1:557。

上帝未曾"听闻"的头部。《马尔特》结尾处,浪子希望 Erhörung(倾听)时,他请求的是一种在此处因为头部的缺失而遭拒的行为。①它也是那股倾泻到残缺身体上的光线无人觉察的源头:

> ……否则胸部的
> 弧形不会如此令你眩晕,滑过
> 胯部的温和曲线,直抵那个
> 孕育生殖的中心的微笑也不会。②

矛盾地,利用否定和虚拟,一种现时感得以被营造出来,它不断与如下坚硬的事实发生冲突:一个没有生命的无头雕像,只有依赖缺席的光线,因为滑过臀部和大腿、投向缺失的生殖器这个同时既被指认又已缺失的激情之源的实则不存在的"微笑",才被激活了生命。

从缺失的来源而来的光线映照出躯体的形状。里尔克富于技巧地将无头躯体的坚硬——"死亡"——的形象与满溢的光线——"像兽皮一样微微发亮"——相提并论,后者充满了开展感官运动的可能性。转弯抹角地,始终用着虚拟语气,雕像的形式消散了。这个形象越出了它的空间束缚,恰似里尔克对席蒂·纳赫尼形容的那种穿过镜子的画面。因为,在被加以如此想象的这尊躯体上,"没有哪个地方不在看着你。"阿波罗形象即便在与观者的交谈中扩散拓展,却仍保持着独立的完整性时,它发出这句著名劝诫:你必须改变你的生活。

在这里,里尔克仿效了罗丹。他写信给克拉拉,引用罗丹的话:感性必须对它自身进行铺展、变形,③"直到它在各处各物上都变得同样强大、甜美和诱人"。他补充道,"正如每样事物都以性为基础,它在最感性的完美中,便转变为一种精神状态,一种你只能归于上帝的存在。"在这段写于这首诗成形之后几个月的话中,里尔克生动说明了从感性的、乃至最终从性的源头涌出的满溢,如何被否认了它的生命流动,以至于被嵌入艺术作

---

① 《里尔克作品全集》6:943。
② 也参见"里尔克和艺术姐妹",834—835。
③ 1908 年 9 月 3 日给克拉拉的信;《里尔克书信集,1892—1921》3:40。

品当中。

诗人到达了一种突变。他创造了这首诗,以及它所包含的诗意,使之成为他与罗丹的持续交流的一种更加复杂的方式,它也饱含了他的生命的激情和恐惧:性、死亡和艺术的密切关系;将欲望凝固入艺术,以及它通过创造出的客体达到的最终释放,它对所有人,包括读者和诗人,都提出了新的方向要求。

8.

里尔克全神贯注于新组诗的创作,突然遭遇了又一桩痛苦事件:爱丽思·法亨德里希突然去世。1908 年 6 月 23 日,她突发伤寒而死。仅仅两个月前,他才在卡普里岛最后一次与她相处,当时她一切如常。命运再次让他觉得岌岌可危,法亨德里希,与她去世的姐姐施维林伯爵夫人一样,让他的这种威胁感再次增强。不过,比起这次死讯,还是上回伯爵夫人的去世更让他萦绕于心。5 年后,席蒂·纳赫尼访问卡普里岛时,里尔克请她在爱丽思·法亨德里希的坟上献一束花,①并提及她的死让他不能释怀,"有多少次,我回想起在卡普里岛度过的两冬的平静和安宁,尤其是第一年的冬天。想到那位高贵女士,我心头溢满许多、许多的感激之情。"不过,他又提到了她的姐姐,是伯爵夫人让他俩建立起友谊且"扎下了如此幸运、带来滋养的根基"。

尽管里尔克承认,近来频频传来的死讯令他不寒而栗,但他仍继续写诗。9 月初,在巴黎工作了一段时间的克拉拉决定离开,到汉诺威对朋友安娜·雅内肯进行一次较长的访问。这是她一年中第二次去。去年夏天,克拉拉在雅内肯的别墅里整理了丈夫《新诗集》第一部分的手稿以便出版,②为之她与赖纳借助通信,展开了疯狂的密切合作,里尔克将之称为

---

① 1913 年 1 月 24 日;《与席多妮·纳赫尼·冯·博卢廷的书信集》,174。
② 1907 年 7 月 19 日给克拉拉的信;《里尔克书信集,1892—1921》2:347—348。1907 年 7 月 27 日给基彭贝格的信;《里尔克与出版商[安东·基彭贝格]书信集,1906—1926》,26—27。

他们的"婚姻中的婚姻"。现在,尽管没有上回积极,她还是要给他再次提供便利,那就是允许他使用她在比戎旅馆的房间,该旅馆是一幢位于瓦赖纳街 77 号的大厦,如今成了罗丹博物馆。

这幢建筑展现出符合里尔克口味的富丽堂皇——同样也是克拉拉的喜好——它将里尔克和罗丹的名字联系到一起,直到今天依然如此。这是一幢华丽的房子①,最早是在 18 世纪为某位马里加勒·德·比戎建造,由著名建筑师雅克·安格·加布里埃勒(Jacques Ange Gabriel)设计。晚些时候,它成为圣心修道院学校的所在,后来又成为许多艺术家的住所。让·科克多(Jean Cocteau)和亨利·马蒂斯,还有不少其他名人,都是里尔克的邻居,一度伊莎多拉·邓肯也曾租赁附近的一个画廊用来排练。

里尔克立刻意识到比戎旅馆的历史魅力和堂皇气派,考虑到克拉拉即将返回,他开始在此处另外寻找一间工作室。他还把此地推荐给罗丹,②认为它可以充任罗丹一直想找的在莫东的家之外的那种最有意思的巴黎住所。这成为他们之间新一轮亲密关系的开始。

里尔克搬进克拉拉的公寓的那天早上,罗丹来访,两人展开交谈。年长者无法不注意到里尔克的沉默寡言。为了在他们之间架起桥梁,他坦白了自己与里尔克的矛盾,并表明他的遗憾之情。他们亲切地交谈,仿佛回到了 1906 年,罗丹邀请里尔克为自己工作的那个时期。现在,坐在这幢洛可可建筑的高高的天花板下方,他们试图彼此和解。里尔克接受了罗丹的姿态,知道他们之间结成联盟将对双方有益。不过,可谓是风水轮流转,正如赖纳事后对克拉拉议论的,罗丹对他们的需要,哪怕能及得上三四年前他们对他的需要的千分之一,那也够不可思议了。

罗丹很快被说服搬进比戎旅馆。他租赁了整个底层,重新装修,以符合自己的品味。同时,里尔克在二楼选了一套宽敞、带阳台的房间,打算减少旅游来弥补房租的增加。不过,任何对他自己房间的重新装饰都必须等到罗丹那层楼的装修完毕之后。

在智识方面,这份恢复的友谊给里尔克的内心纠结增加了内容。艺

---

① 里尔克对克拉拉宣讲了这段历史,1908 年 9 月 8 日;《里尔克书信集,1892—1921》3:51—52。
② 1908 年 8 月 31 日里尔克与罗丹书信集》,《里尔克与罗丹书信集》,99。里尔克得意洋洋地向席蒂描述了这一幕,1908 年 9 月 5 日;《与席多妮·纳赫尼·冯·博卢廷的书信集》,76—77。

术家摆脱一切累赘的需要与他对于感官满足的需求彼此矛盾,这成为他们的一个中心话题。面对他日益增长的与女人纠缠不清的名声,罗丹需要寻找证据证明,他选择了一条对艺术家而言正确的道路。艺术的感官性与艺术家的感官欲望融为一体。朱迪丝·克拉戴尔(Judith Cladel),罗丹的朋友和捍卫他的传记作者,记下了雕塑家朱勒·德波瓦(Jules Desbois)观察到的一件她认为颇有启发意义的事:①罗丹俯身在一位女模特儿摆好姿势的美丽身体上,温柔地吻了吻她的腹部。克拉戴尔不觉得这一行为有何不妥或唐突,而是认为这表明作为艺术家的罗丹与作为男人的罗丹的情感,在感官冲动中寻得了统一。不过这也提出一个问题和一种矛盾。罗丹事实上让人思考这一点:开启了他的想象力,指引了他的眼睛和双手的感官冲动,为何又能化身为人类情爱,以至于威胁到艺术家"工作,只有工作"的义务?

在这个方面,里尔克自有一说。两种崇高的象征指引着他。其一是罗丹的雕塑巴尔扎克:②他作为人是富有力量的,作为艺术家是强大的,兼容感官和精神,因此呈现出生命力,以及艺术的自由。第二个象征则是贝多芬写给年轻诗人贝蒂娜·冯·阿宁姆(von Arnim)的一段话,里尔克曾将它翻译给罗丹:"我没有朋友,"贝多芬写道,"我只得独自生存。不过我很清楚在我的艺术中,上帝离我比离其他所有人都近。"他毫不担心自己的音乐。因为音乐让他从对他人的需要中解脱,从"别人必须须臾不离的痛苦中"解脱。

罗丹自然很喜欢这段话,但是看出了它隐含的问题:如果有人在一个女人身上,通过这个女人——"他者"——感觉到艺术必不可少的激情,他怎样才能自由地成为贝多芬形容的自治的艺术家呢?这种观点不免让人想起六年前这两个男人的一场谈话,当时罗丹认为,女人是男艺术家的需要和负担。对妻子(她仍自视为罗丹的学生)提及这场谈话时,里尔克与他们的这位导师拉开了距离,将罗丹的态度归因于其"法国急性子"。里尔克指出,罗丹之所以如此表白,是为了解决自己难以将女性与她们的性功能分离开的问题。里尔克告诉克拉拉,在谈话中,他提到"北欧女性"的

---

① 克拉戴尔,262(《罗丹》,209)。
② 给克拉拉的信;《里尔克书信集,1892—1921》3:39—40。

典范,她们正相反,不会成为艺术的障碍——这个例子令罗丹钦佩不已——形容此事的时候,里尔克其实也是在提醒他的德国北部清教徒身份的妻子,他们曾有过共同约定,不得成为彼此的障碍。

同时,另一段低产期已接近尾声:里尔克转向了小说《马尔特手记》。克拉拉和安娜·雅内肯给他寄来一本《佛陀训诫》,他回信宣布,最完美的死亡就是最崇高的艺术,他觉得塞尚就是一则范例。他无暇细读这些训诫,因为马尔特终于发出"召唤"了。不过,要是他在去年,写完关于塞尚的信之后,就完成了小说,那么联系着两者的死亡概念或许还将更加清晰。"因为塞尚不是别的,正是马尔特未能成功做到的那第一种原始而贫瘠的胜利。克里斯托弗·布里格之死:那就是塞尚的生命,他最后 30 年的生命。"①

感官、死亡和艺术之间的关系最终让里尔克回到了鲍拉·贝克尔,回到她的艺术和死亡,此前他对这些的态度都是否认。她曾热衷于塞尚,坚持着习自于他的艺术。

1908 年初,里尔克终于承认了她的存在。他在卢浮宫看到一尊 18 世纪埃及胸像时想起了贝克尔,想起了她的作品的独特姿态和形式。②这只是开始。10 月 31 日到 12 月 2 日之间,他写下了给鲍拉已离开人世的自我的诗体"信",《给一位朋友的安魂曲》。旋即,他又写了《给卡尔库鲁斯伯爵伍尔夫的安魂曲》,后者是一位他未曾谋面的年轻贵族,1906 年自尽身亡。矛盾的是,他提了伯爵的名字,而鲍拉这位他事实上非常熟悉的"朋友",诗中却始终没有公开姓名。不过,正是通过对她的艺术的理解,对她在人生尽头对生命的哀叹,他宣泄了心中涌现的遗憾和哀悼之情的洪流,将之塑造成诗。

《挽歌》的开头,戏剧性地提及作为生者之变形的死者:

---

① 1908 年 9 月 8 日给克拉拉的信;《里尔克书信集,1892—1921》3:49—50。
② 1908 年 9 月 4 日给克拉拉的信;《里尔克书信集,1892—1921》3:44。

> 我有我的死者，我任由它们去
> 惊讶地发现它们在死中
> 如此自信，如此灵巧，如此平静
> 如此出乎意料。只有你啊，你
> 回来了。你拂过我，你显灵，你希望
> 撞进什么，让它发出你的声响
> 供出你的在场①

死者鲍拉痛苦地返回，影影绰绰、痛苦不堪，带来了不适之感，因为死者也会让生者发生变化。哀悼的诗人宣称：

> 我们改变了这一切；
> 它不在此，我们从内心映射它
> 从我们的存在之外，一旦我们识别出它。

这首感情强烈的长诗表现出赖纳·玛丽亚·里尔克和鲍拉·贝克尔邂逅8年以来的戏剧中的最后一幕。在她死后第一个周年之际，它也解释了为何里尔克大多数时候闭口不谈自己的感受。这种与他备受威胁的自我的危险相似，在很大程度上解释了他的迟疑。

里尔克对于他未曾直呼其名的鲍拉及对鲍拉命运的关注，在某种意义上预示了他数年后在贵族社会里降神般的行为。和欧律狄刻一样，鲍拉"已经进入死之乡"，但是，和欧律狄刻不同的是，她又回来了。他原本以为她已深入死的国度。"这让我困惑啊/你，偏偏是你，会走失而返回了/你原本改变得比任何其他女人都更剧烈"。这位艺术家习惯于重形式而轻物质，将其从自然秩序中挑出，纳入她自己的秩序，这也正是死亡的作为，因此她本该安心留在死的王国才对。另一方面，对生者而言，她"强烈的死亡"干扰了他们的日常生活，将"从此以后"扭转为"在此之前"，以至于他们不得不为之在自身的秩序中寻找一个位置，这尤其是里尔克，这位迟来的哀悼者、艺术家同仁、男人，要完成的任务。

---

① 《给一位朋友的安魂曲》，《里尔克作品全集》1:647—656。

对赖纳来说，鲍拉的死是一个痛苦的标志，因为作为一位年轻艺术家，在完全有望找到自我之际，生命阻挠了她。他视她为被一个男人使用、占有的女人，这个男人因此要对她的死负责，他觉得她承担的是双重重负。她的艺术自我和个人自我之间的冲突近似于他本人的困境；而她，还要承受远超过母性和艺术存在之间的冲突。最后，他不仅谴责奥图·莫德尔森，他逼迫她承担女性的"责任"因而决定了她的命运；也谴责整体意义上的一类男人，或许，也包括他自己：

……然而现在我必须谴责，
不是那个将你从自我拉回的男人，
（我无法找到他，他可以是任何人），
但是通过他，我谴责他们所有人：男人。

这位画家主要是作为女人而沦为牺牲品，但她也演示了所有艺术家的命运："因为不知某处，存在着一种古老的敌意/介于我们的生命和我们伟大的工作之间。"在个人悲剧之外，里尔克想到的是一种致命的社会灾难，它直接导致艺术家的困境。11月3日，他在没有提及与他本人的关联的情况下，告诉席蒂·纳赫尼自己刚刚完成了给一位极其感人的人物的挽歌，[1]她一年前死去，是一位女性，刚刚开始伟大的艺术家生涯，就先行退回了家庭，继而陷入了湮灭人性的死亡之灾。

里尔克希望追随鲍拉的鬼魂，在生死之间来回旅行，但又不确定是否应该这样做。"告诉我，我该上路吗？"她有否可能在身后留下了什么他应该去找到的东西？难道他不后悔在他们关系最密切的时候离开巴黎，拒绝为他的肖像画充任模特，或者拒绝她到比利时海边加入他们？或许他应该出发去尼罗河畔，与那个位于生者的茅屋和死者的金字塔之间的国度的女人们谈谈。

鲍拉，这个里尔克拒绝提及名字的女人，是一个艺术家，又不止是个艺术家：她也是一个女人，因为身为女人而死去。关于艺术家的她，里尔克重提她在生命最后一年中达到的事业高峰，那一年他们共度了大部分

---

[1] 1908年11月3日给席蒂的信；《与席多妮·纳赫尼·冯·博卢廷的书信集》，89。

时光。在许多绘画中,他尤为关注那幅水果静物画和她的自画像,在后者那里,终于,"你将自己视作一枚水果","将自己从袍服中脱出,携着/你自己来到镜前"。而作为女人的艺术家则让里尔克痛苦地想起自己的年轻时代:滞留在佛罗伦萨时,他因为担心卢怀孕而焦虑无比,在日记中写道,"艺术家竭力从自己身上一点一滴地逼榨出点什么,而女人从子宫里就能生出一个世界,充满力量、生机勃勃。"①而这个女人从子宫中生出的是她本人的死。从里尔克的这个角度来看,这个死亡也是她的艺术作品。

里尔克用近似《贫穷和死亡之书》中的简练语言,描述了她不得不踏上的旅途:

> 哦,让我们哀悼吧。你知道吗,通过一条何等
> 无与伦比的循环线路,你的血液返回了,
> 迟疑地、勉强地,在你召唤它返回的时候?
> 以何等的困惑,它重新回到了它小小的
> 循环,在你体内;以何等的
> 不信任和畏惧之情,它进入了胎盘,
> 突然之间因为漫漫归途而精疲力竭。

这封哀悼"信"打开了通往情感的大门。但是,里尔克是否清醒地、明明白白地穿过了它们,这一点仍悬而未决。阿德里安娜·里奇(Adrienne Rich)对里尔克的挽歌的感人续写和变体,②假定了鲍拉和克拉拉之间的亲密爱情,或许这并非事实——鲍拉给克拉拉的最后一封信出奇地客气,③称她为"亲爱的克拉拉·里尔克",使用了疏远的"您"——但里奇以诗人的敏锐,看出了她们的密切关系,它割裂的痛苦、它的渴求,以及它在鲍拉生命的最后一年中的逐渐恢复。里奇想象中的"信"——"鲍拉·贝克尔致克拉拉·韦斯特霍夫"——划破了遮挡住秘

---

① 《里尔克早期日记集》,101—102。
② "鲍拉·贝克尔给克拉拉·韦斯特霍夫的信";里奇,42—44。
③ 1907年10月21日;《通信和日记》,475【425】。

密和困惑的重重帷幕,而里尔克则几乎立刻就拉上了这些帷幕。

里奇的诗里由鲍拉开口对克拉拉诉说,将鲍拉分娩之后的死和里尔克的安魂曲都表现为梦中情境。赖纳,她独白道,写了一首"长而优美的诗",在其中他自称为她的"朋友"。但是鲍拉在这首梦之诗中的真正朋友是克拉拉:她自从他们六年前的婚姻以来所受的痛苦,是因为失去了克拉拉这位女雕塑家,而非因为失去了赖纳这个诗人。阿德里安娜·里奇笔下的鲍拉尖锐地看出里尔克的倾诉诗中的古怪之处:

> 在梦中,他的诗像一封信
> 写给某个没有权利
> 出现,却必须被温柔对待的人,像个客人
> 来得不是时候……

这位现代诗人对女性之爱和因为社会逼迫女人死去而遭毁的艺术的回溯,触及了里尔克或许余生都力图回避的伤口:

> ……但是生命和死亡
> 彼此携手。克拉拉,我感觉如此充实
> 于工作,我看到的未来生命,以及对你的
> 爱,所有人中,唯有你
> ……
> 能听到一切我说出和未说出的。

1975年的美国诗人竟能如此深刻地表达出1900年到1908年之间这3个人之间聚聚合合的紧张关系——这也是他们生命中最意义重大的10年——原因就在于里尔克的重要诗作和鲍拉的日记中,皆清晰地刻入了迟疑和渴望、联系的欲望以及背叛的必要。对里尔克而言,尽管他每每力图回避,但是贝克尔的命运始终不失为一则范例,表明了做出妥协所意味的无法避免的灾难结果:

> 你的生命那么短暂,如果你将它与
> 那些时辰相比的话:当你坐着,无言地将
> 你的各种未来中的各种力量
> 转变倾注到新的孩子的胚胎中
> 那又一次是命运了……①

10.

最后几行诗一写完,里尔克就把整首诗寄到英赛尔出版社。他答应加上另一首诗,《给卡尔库鲁斯伯爵伍尔夫的安魂曲》,以便两首诗可以凑成一本书出版。②里尔克明确表示不希望看到关于鲍拉·莫德尔森-贝克尔的《安魂曲》被单独刊登在期刊上,理由是两首长诗加在一起可以凑成一本吸引人的小册子。以这种方式,在不曾特别指明被哀悼的朋友的名字的情况下,他的诗可被公众理解为一种强烈情感的表达,而没有什么进一步的亲密意味。

里尔克在躲避——对那些了解他的人来说,这纯属徒劳,避免公开承认他的私人感情,试图将这首非常私人的诗归类为所谓的安魂曲——一种无关个人的写作。因此,1908年11月4日,完成写给鲍拉的《给一个朋友的安魂曲》两天后,他转向年轻的伍尔夫·卡尔库鲁斯。他给这位对他而言无名的年轻人所写的挽歌,在音调和语言上,很大程度上与他刚刚完成的私人哀悼史诗相似。

在形式上,新的安魂曲的开头从给鲍拉·贝克尔的安魂曲的结尾处写起:

---

① 《里尔克作品全集》1:652。参见给雨果·黑勒的信,《里尔克:人生与作品大事记》,329,以及哈斯的注释,xxviii。

② 1908年11月13日给基彭贝格的信,《里尔克与出版商[安东·基彭贝格]书信集,1906—1926》,57—58。"今天我也可以给你寄去'Requiem for Wolf von Kalkreuth'……我们2月里可以将两首诗出成一个小册子,接下来在下一部诗集里再把它们也放进去。"

我真的从未见过你吗?我的心
因你而沉重,就像人们因为拖延着
艰难的开头而心情沉重。如果我可以开始谈论
你,死去的你;你,快乐地,
激情四溢地死去……①

里尔克提出了熟悉的问题,但他的用词指的是一个遥远的"事例"——一位为爱自杀的年轻贵族。尽管这首诗日后促成了与死者母亲的一番密切交往,但是写作时的陌生确保了卡尔库鲁斯的死亡是与己无关的。用词仍是"安魂曲"中常用的那些:"不要羞耻啊,当死者拂过你身边,"他劝诫死去的年轻人,"其他那些坚持到底的死者们。"这也是一首令人动容的诗,堪称一种借题发挥。结尾的诗句可以视为针对两个死亡:"谁说胜利?忍受才是一切。"

对鲍拉·贝克尔的哀悼就这样构成了一本书的内容,书名就叫《安魂曲》,直到今天仍备受欢迎。1908年11月完成此书之后,诗人对作为人和作为艺术家的鲍拉的生命所倾注的感情,小心翼翼地抵达了顶峰。将一首极富私人性的诗转变为一本高度文学性,因此可谓不涉私人的书之后,他得以回到他包容更广的艺术日程上。交出此书手稿后仅仅几天,里尔克就高兴地表明收到《新诗集II》的首批样书,②题献给"我高贵的朋友奥古斯特·罗丹"。

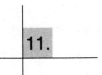

此时,里尔克又听到一个来自过去的声音:③阿克塞尔·杨格在1月

---

① 《里尔克作品全集》1:659—660。
② 1908年11月8日;《里尔克与出版商[安东·基彭贝格]书信集,1906—1926》,55—57。
③ 1908年12月17日杨格给里尔克的信以及1909年1月10日更长的信;《与阿克塞尔·杨格书信集》,296—297。关于里尔克与基彭贝格在1909年1月5日和15日对《旗手》的讨论,参见《里尔克与出版商[安东·基彭贝格]书信集,1906—1926》,65—67—68。

宣布，《旗手》售罄，他提议重印一个更大的版本，将之前的 300 册印数翻番。里尔克拒绝了，他知道英赛尔出版社希望这本小书不再销售，直到基彭贝格成功地得到出版权。这笔生意又花了将近 4 年才完成，因为杨格拒绝卖它。里尔克始终没有同意加印，从而浇灭了他们友谊的任何余烬，不过也因此确定了《旗手》以及英赛尔出版社将给他带来的美名。

进入 1909 年之后，里尔克终于不得不面对《马尔特手记》了。这是自去年以来就日益紧迫的任务。除了两次度假，里尔克将这一年的其余时间都用在巴黎的比戎旅馆，主要就是撰写和改写这部小说。克拉拉 3 月来访，退掉了她在旅馆的房间，他非常得体地把她介绍给米米·罗曼内里，①她和哥哥目前住在巴黎，那年冬天他频频前去拜访。不过，在一段紧张的创作之后，他的健康又开始衰退。他再次发起无名高烧，这预示着低潮期的到来，自童年时代起便经常折磨他。结果，里尔克不得不在 5 月告知基彭贝格他不可能在 8 月按计划完成《马尔特手记》。②他陷入又一段长时间的消沉，无法工作，不过其间也有过几段短暂的愉悦时光。

这类愉快的插曲中的一次出现在 5 月。卢和埃伦·凯共同来到巴黎，③与赖纳和克拉拉来了个和谐的大团圆。不过，他们之间的关系已经出现了根本变化。里尔克日益增长的名望足以让罗丹有所感触，对埃伦自然也影响不小，而在与卢的关系上，它带来了最大的变化。他们的会面促成了一段新交流，在其中，时不时地，里尔克将扮演一种更富决定性的角色。

他们的通信在将近两年的中断后再度恢复，卢仍旧猛烈批驳着他的作品。不过，当他送上迟到的《新诗集 II》和《安魂曲》后，他对她可以预见的回答无动于衷。她照例不喜欢《新诗集》："在里面我寻找着你，就像在一个茂密的、有许多藏身之处的森林里。"④——这其实是一个恰当的评

---

① 1909 年 2 月 23 日里尔克给米米的信；《给一位威尼斯女友的信》，44。米米给里尔克的信，1909 年 2 月 24 日，3 月 4 日；瑞士国家图书馆。
② 1909 年 5 月 21 日；《里尔克与出版商[安东·基彭贝格]书信集，1906—1926》，71—73。
③ 卢的日记片段，《里尔克与卢·安德烈亚斯-莎乐美：通信集》，223。
④ 1909 年 6 月 17 日卢给赖纳的信，《里尔克与卢·安德烈亚斯-莎乐美：通信集》，226—227。埃伦和卢对于《新诗集》的看法基本相同。埃伦告诉卢，这些诗是"写出的，而不是唱出的"。1908 年 11 月 20 日。卢在日记里直到将近 1910 年时仍旧提出，里尔克过于追求技巧。参见比宁恩，《尼采的不羁门徒》，324。

价,反映出里尔克在新手法上的成功。不过她对于《安魂曲》欣喜不已:"你拥有这项才华,是何等幸运啊,赖纳。"①她在这部作品里毫不费力地找出了他。"是的,我丈夫一定会很喜欢《安魂曲》。"

在巴特里波尔德绍的"黑森林"疗养了大约 3 星期,又在阿维尼翁逗留了更短时间后,仍旧未痊愈的里尔克在 10 月回到巴黎,回到他的小说,不过进展仍不顺利。到现在为止,只有半部《马尔特手记》勉强可用。大多数内容都写在小小的笔记本以及散乱的旧手稿中,他觉得很难整理出来。不过,渐渐地,快要写到"浪子回头"的时候,马尔特终于还是成形了。

---

① 卢给赖纳的信,《里尔克与卢·安德烈亚斯-莎乐美:通信集》,226。

第 15 章　马尔特:通向天国之路

> 不知不觉,外貌已然大变,可在你面前,我心依旧。我挚爱的主啊,在你面前,我心依旧。旁观者言:我们静如止水么?①
>
> ——《马尔特手记》
>
> 每个天使都是可怕的。但是,天哪,
> 我们依然向你歌唱,几乎致命的灵魂之鸟。②
>
> ——《杜伊诺哀歌》,次篇

1.

　　《马尔特手记》的创作历程如长蛇般蜿蜒曲折:1904 年完成了最初几章的手稿,到 1909 年底,里尔克手中已积攒下一大堆手稿,然而,各章节间并无联系可言。如此一部书,确实很难说作者有什么清晰的思路和格局。平心而论,里尔克自己都不敢肯定自己最终是否能完成这部作品。太多艰难在困扰着他:创作中的阻碍、疾病和伤痛,种种危机,既有个人生活上的,也有经济上的。可里尔克痴迷于书中的主人公,痴迷于他的个性和命运。最

---

① 《里尔克作品全集》6:920—921。
② 《里尔克作品全集》1:689。

终，他创作出了《手记》，它既是一个完整的故事，又是一部杂糅了各种不同素材的文集；它既是一部散文作品，又是一部超长的抒情诗。①

小说缘起于巧合，但这并不意味着最终成品就是把零散的片段拼凑在一起的大杂烩。灵感来自于视觉艺术，里尔克期望可以再现视觉艺术的构造，并对之加以改造，做到青出于蓝而胜于蓝。当年，在创作《新诗集》时，他已立罗丹和塞尚为楷模，师法于二位大师，希冀渐次超越，两位大师亦没有令他失望。如今，在《手记》的创作中，他已是驾轻就熟，无论是内心的恐惧、厌恶，还是对救赎的渴望，无不呈现于具体直观的形象之中，呈现于活灵活现的物体之上。巴黎这座大都市中，不时可见残垣断壁，墙上的污水管道如长蛇般蜿蜒曲折，隐伏潜行，还有博物馆墙上的壁毯，这一幕幕无不令人想到罗丹的群雕，或塞尚画中的构图。

创作伊始，里尔克心中已有了自己的故事：一位年轻的丹麦人，蜗居巴黎，在污秽不堪的小屋中记录下自己的所见所闻，所思所感，努力适应着这座"恐怖的都市"。小说中不少内容出自里尔克自己的笔记，也有不少出自从克拉拉和卢那里讨回的旧日信函。②里尔克一度视巴黎为一座都市大粪坑，随着小说创作的缓慢进展，他对这座城市的负面印象也逐渐消退。小说一度满纸是墙角的残尿汗渍，沿街乞讨的女人，躺在公墓里等待死神造访的男人，可随着故事的主角由四处游荡的赖纳转变为漫游于异国他乡的马尔特，巴黎这座都市也逐渐改变了面貌，呈现出新的意义。

自传升华为隐喻！在《贫穷和死亡之书》这部诗集中，许多诗也反映了巴黎的日日夜夜，那时，噩梦般的个人经历已经开始升华，结晶为独特的思想和诗歌结构。那之后，在罗马的数周以及其后延绵迤逦的数年光阴中，里尔克往日的经历再次出现在《手记》中，如今，它们已改头换面，融入一个叫做马尔特的诗人身上，融入他在丹麦的传奇故事中。赖纳和马尔特这两个人物有太多相近之处，如今看来，这种相近体现在两个层面上：青年马尔特的人生不仅反射出赖纳的梦想，更反射出小说创作的目的。因此之故，克里斯蒂娜·布莱起死回生，阴恻恻地再度登场；因此之故，马尔特高居总理之

---

① 关于抒情诗的形式，参阅弗里德曼，《抒情小说》，4—10；焦乌科夫斯基，《现代小说的维度》，24—32。
② 伊娃，《论里尔克的作品》，7。

位的祖父在乌尔斯伽德的战斗中马革裹尸,以身殉国;因此之故,故事中所有的逝者,从马尔特深爱着的妈妈,到他严厉冷峻的父亲,都勾勒出赖纳与自我的疏远,同时也勾勒出他对这种疏离感的抗拒。

《手记》也独特地呈现出死亡与艺术的妥协,[1]以及为实现这种妥协,诗人所经历的挣扎。再翻开《新诗集》,那一座座了无生机的雕像无不浸透着诗人的内心挣扎。小说中漂浮着大段大段的回忆和故事,都是关于布里格和布莱这两大家族,涉及到的人既有生者,亦有逝者,而裹挟在回忆之中的则是马尔特的沉思:诗人当如何写诗?贝多芬、易卜生、贝蒂娜·冯·阿尔尼姆(Bettina von Arnim)何以伟大?他也描绘出像葡萄牙修女玛丽安娜·阿尔科福拉多那样深具爱心的女性,描绘出她们"不可名状的痛苦":

> 女性很少有机会表白自己的悲伤:这种悲伤曾现身于埃洛伊兹书信集的第一、第二封信;之后,过了整整500年,它才再度现身于葡萄牙修女的书信中。每当有人与其相逢,宛如听到天堂中的鸟鸣。数百年来,人们寻寻觅觅,上天入地,苦苦追寻萨福的倩影,可总是徒劳无功,因为人们只知道在命运中求索。突然之间,那远在海角天边摇曳的身影穿越时空,逼临灵感之前。[2]

小说中,许多人物来源于里尔克的个人经历,但面目已模糊变形,不可辨识。例如,小说中马尔特的妈妈绝不是现实中里尔克的母亲菲亚,尽管这两个人物确实有许多接近之处,颇能迷惑读者。更确切地说,小说中的那个女人代表着长大成人的赖纳无法实现的梦想:当年小勒内的妈妈为什么不是这样一个女人!又例如,马尔特那位事事喜欢发号施令,一派军人作风的父亲也绝非里尔克那个一辈子失败的父亲约瑟夫可比,两个人仅仅在一点上有共同之处:在自己儿子的诗歌和书信中,两个人都被抹上梦幻的色彩。《手记》全书由当下开始,追溯往昔,书中马尔特的经历与里尔克的个人经历大抵可一一对应。例如,布里格一家在乌尔斯伽德的

---

[1] 关于马尔特和赖纳的关系,可参阅克莱巴德,《恐惧之始》,48—67。
[2] 《里尔克作品全集》6:899。

一段经历对应着里尔克初到巴黎时的黑暗岁月,而布莱一家在乌尔克劳斯特的经历则再现了幼年时代的勒内在海因里希路和赫伦路的日子。

最终,在里尔克的笔下,最初的自传素材彻底改头换面,故事的核心是马尔特对母亲的小妹阿贝伦娜的爱。1910年小说初版时,马尔特对阿贝伦娜的回忆成为一道分水岭,把小说分成相对独立的两个部分。这样的安排令人想起彼特拉克的十四行诗《致劳拉》,里尔克打小就痴迷于这首十四行诗传世名作。和彼特拉克一样,里尔克让自己小说中的主角把目光由爱人的生命转向爱人的死亡,由生前的灿烂转向死后的超越。

死亡成为《手记》的核心主题,与之并存的还有一份深厚的爱意,那是只有经历了阴阳相隔,人鬼殊途的人才能体会到的爱意。爱和死的邂逅如夜空中的闪电,骤然间照亮了小说的每个角落,把小说的内部构造与格局清晰地呈现出来。有好几年时间,《手记》是里尔克最重要的作品,把诗人的内心世界表现得淋漓尽致,以至《手记》完成后,里尔克竟一度以为,自己从今以后再没什么可说、可写的了。爱是一切的起点,那是对阿贝伦娜的爱,然而斯人已逝,黄泉无门。小说结尾处是一连串描写,惊悚中不乏诡异,刻画出恐惧和颓废,还有一位遥远时代的法国国王,面对死亡这一巨大虚空时,他精神错乱,手舞足蹈。

小说中,里尔克把个人对压抑和污秽的感受同历史上游离于边缘,甚至成为神魔鬼怪的人物糅合起来,可马尔特的朝圣之旅该如何结局呢? 安东·基彭贝格向里尔克发出邀请,请他去莱比锡,帮助整理手中杂乱无章的里尔克手稿。此时,里尔克心中对小说的结局尚无头绪。在早期的许多评述中,里尔克表示,马尔特最终不该留在这个世界上。可随着他越来越接近小说的结尾,他愈发认识到,这位主角的内心世界简直就是座迷宫,不可实现的爱同神话般的死交织在一起,错综复杂,难以洞悉其中一切。

结局有两种可能。其一,以一首描写托尔斯泰的散文诗结束全书,里尔克早年曾完成过一个类似的片段,如今这首更长,内容更充实,技巧上也更考究;其二,从新的视角再现《圣经》中"浪子归家"的故事。[①]1907年

[①] 1913年10月22日,在致安东·基彭贝格的信中,里尔克回顾了他阅读纪德的《浪子归家》的过程,他觉得由库尔特·辛杰翻译的早期德文译本并没有最大呈现出纪德的散文节奏,因而显得颇为不妥。参阅《里尔克与出版商[安东·基彭贝格]书信集》,233—234。

时,曾出现过一本安德烈·纪德的《浪子归家》的德文译本,尽管译得相当勉强,里尔克还是在第一时间就搞到一本。6年后,他更是亲自执笔,把纪德的大作译成德文。"浪子归家"这个主题始终沉甸甸地压在里尔克心头,写这个故事时,他笔锋一转,使这个《圣经》寓言更契合马尔特的追求,甚至,同之前的某些章节亦建立起某种联系。在里尔克版的"浪子归家"中,浪子必须离家出走,唯因众人爱他过甚。他归家后,爱他难于上青天,唯有天父才能给予他爱(尽管不情愿)。或许,这样的结局更符合小说的作者里尔克,而非小说的主角马尔特,因为它所探讨的既非爱的不易,亦非爱与死的相近,而是被爱的恐惧。

里尔克把"托尔斯泰结局"也一并送到英赛尔出版社,[①]其实,这个结局或许更接近全书的主题,它以细腻的笔触描绘出托尔斯泰的一生,着重突出了爱和死的亲缘关系。这个结局里,里尔克时常用一些异常曲折隐晦的内容,只有对托尔斯泰十分熟悉的读者才能把这些征引同托尔斯泰的生平对上号。[②]不过,在这区区几页纸中,里尔克还是塞入了许多他一贯的看法,对于托尔斯泰"拒绝艺术"的态度(按照一般的看法),里尔克尤其表示了强烈的不满。尽管如此,贯穿这个结局乃至《手记》全书的主题,也正是托尔斯泰浇灌培育出的思想:死固然不易,爱更加艰难。这一思想发轫于《挽歌》,在《手记》中再次呈现于世人面前。

在"托尔斯泰结局"的开头,里尔克旧事重提,再度提起1900年与托尔斯泰见面时的不愉快,当然,里尔克把自己换成了马尔特,卢也从画面中被抹去了。接着,他又描绘了一位修女的肖像,里尔克还记得,这幅肖像就挂在客厅中,等主人出现时,他曾把这幅肖像仔细端详一番。由这个形象他引入了爱与死的主题。与之相关的另一个形象是托尔斯泰的继母塔季扬娜,托尔斯泰的父亲丧偶后,塔季扬娜一直深深地爱着他,虽然她嘴上从不肯承认,直到她安静、祥和地离开人世。结尾部分写得很精致,也再次捉住了爱和死这个主题。借马尔特之口,里尔克不经意间提出一系列问题:这个女人

---

① 在恩斯特·金所主编的《里尔克作品全集》中,可发现两种版本的"托尔斯泰结局",参阅《里尔克作品全集》6:967—971。然而,这两个版本都不完整,完整的结局出现于《里尔克作品全集》6:971—978,包括之前两个版本的大部分内容。由此可以判定,之前的两个版本为早期草稿。
② 根据恩斯特·金的注释,里尔克使用到了比茹科夫的《列夫·托尔斯泰的一生和艺术》(巴黎,1906—1909)中的一些材料。参阅《里尔克作品全集》6:1454。

如此忠贞不渝,她的爱难道不伟大吗?不也超越了世俗功利吗?同伟大的死相比,不也同样轰轰烈烈吗?塔季扬娜全部的爱难道仅仅给了托尔斯泰的父亲吗?托尔斯泰难道没有分享吗?一如既往,对于这些问题,马尔特一概没有给出答案,因为它们已超出他的智慧:"他差点儿就重重责备了她;他不再明白。"①

最后,里尔克还是选中了"浪子归家",虽然在结构上与小说的其余部分远了点儿,寓意却更为清晰——被爱的恐惧。米米·罗曼内里的爱已由负担加剧成为恐惧,或许,还要加上自暴自弃的鲍拉。当里尔克的个人经历再现于马尔特身上时,它们已渐渐麻木,失去往日的切肤之痛。

《手记》完成后,等待着里尔克的是他一生中最大的精神危机:长时间无产出,严重的抑郁。

2.

《手记》的创作接近尾声时,里尔克已遇到重重阻碍,前途迷雾茫茫,直到1909年末,新的道路才在迷雾中出现。那年12月,里尔克仍在为如何杀青《手记》而挣扎,这时他结识了玛丽·冯·屠恩·塔克西斯侯爵夫人(Princess Marie von Thurn und Taxis),奥匈帝国最显赫的贵族,亦是里尔克之后人生中的资助恩主。侯爵夫人当时已年过花甲,一向以热心资助艺术闻名欧陆,很久以前,她就曾表示过想会会这位著名的诗人。最终,夫人在巴黎小住期间,与里尔克取得了联系,为二人牵线搭桥的是二人共同的朋友,哲学家鲁道夫·卡斯纳(里尔克和卡斯纳1907年相识于维也纳)。1909年12月10日,星期五,侯爵夫人给里尔克留下第一封笔讯,措词毕恭毕敬。②首先,她为未经介绍就擅自联络诗人而道歉,接着语气一转,说并不能说自己对诗人毫无了解,因为自己对诗人心仪已久。继

---

① 《里尔克作品全集》6:978。
② 1909年10月10日,参阅《里尔克与玛丽·冯·屠恩·塔克西斯书信集》,3。关于侯爵夫人对两人初次会面的描述,可参阅《追忆里尔克》,9。

而,她邀请里尔克下周一莅临她下榻的饭店,与她,还有她的朋友,安娜·德·诺瓦耶伯爵夫人(Countess Anna de Noailles)共度一个下午的时光。

安娜出身于罗马尼亚贵族家庭,自己也是位颇有声望的诗人,同里尔克也并不算陌生,曾写过一篇简短的诗评,把他的诗歌评定为一位伟大的女性爱人的作品。在自己的回忆录中,玛丽·塔克西斯用更多的笔墨描写安娜的穿着如何瞩目夺人,①又写到,里尔克公开说,担心自己会拜倒在安娜的石榴裙下,至于她自己对里尔克的痴迷,反倒轻描淡写,一笔带过。不过这点早有定论,亦无须多言。伯爵夫人告退之后,两人继续促膝长谈,有两个多小时。之后,侯爵夫人尚未离开巴黎,就与里尔克频频书信往来,没过多久,二人已成为密友。

如此一来,里尔克同一位重要的艺术资助人建立起了极佳的私人关系,这一关系也不仅限于侯爵夫人本人,更扩及她的丈夫、儿女、子侄,以及其他家庭成员。可以说,这是里尔克一生中最具决定意义的一件大事。长期以来,里尔克一直梦想着敲开某扇豪门,成为御用诗人、文化使节,侯爵夫人的出现令他确信,自己终于找到了这样一个位置。多年来,富豪们对他多有恩惠,也包括经济上的资助,可直到此刻,里尔克方始确定,自己终于成为艺术资助体制的受惠人。此时,贵族政治在欧洲大地已是日薄西山,气息奄奄,里尔克终于捉住了与这种政治体制相伴而行的艺术体制的尾巴。就在里尔克深陷黑暗的隧道时,侯爵夫人的出现为他点亮一盏明灯,在隧道另一头等着他去发现的,就是《杜伊诺哀歌》。杜伊诺那令人神游太极,思接上古的风景和建筑,曾在那里隐居的方外逸士,再加上传说中的宫廷天使,所有这一切表现出一种弥足珍贵的精神气质,一种在里尔克看来只有在最高层社会才能一觅踪迹的精神气质。一切的中心,巍然屹立着杜伊诺城堡。

与侯爵夫人初识,里尔克对她所属的社会结构并没有太多的认识,尽管如此,诗人还是被她宏伟壮阔的人生所打动。在里尔克看来,这样的人生只应天上方有,人间能有几回见闻?他逐渐把侯爵夫人的社会理想融入到自己的生活和思想中,侯爵夫人在他心目中也逐渐占据了母亲的位置,而他的亲生母亲菲亚反倒被挤到边缘(在里尔克看来,自己的生母自始至终都是个失败的人)。里尔克一生中,多名女性曾在这个位置上出现过,侯爵夫人无

---

① 参阅《追忆里尔克》,9。

疑是其中最重要的一位。夫人也确实不负厚望,她不仅位高权重,高居欧洲社会金字塔的顶端,更对里尔克有着一份特殊的依赖。同样,她也相当依赖另一位偃伏于她的羽翼之下的受助人,哲学家鲁道夫·卡斯纳。常言道,一入侯门深似海,夫人的文化视野也不可避免受到限制,但她依旧有着广博的兴趣,她本人就是一位颇具才华的作家、翻译家、画家,同时在艺术鉴赏方面也颇有造诣。坐拥数之不尽、用之不竭的家财,她拥有彻底的自由,投身于文化的追求。令里尔克为之汲汲的正是这种自由。

3.

1909年12月,里尔克新结识的朋友将打开家中所有的门户,迎接贵宾的到来。可接下来的一年里,里尔克仍在为尚未杀青的《手记》而备受煎熬。直到那年11月,在给席蒂的一封颇为感人的信中,里尔克还提到,自己正在"跟一部作品较劲,那简直就是一头体积庞大、野性难驯的野兽"。[①]不幸的是,这头野兽似乎比里尔克的"力气大得多"。里尔克同席蒂这位年轻姑娘的友谊虽有了萌芽,却难以开花结果。不过,他信中流露出的情感已预示了两年后《哀歌》的出现,二者有着相同的主题:恋人瞻前顾后,进退失据,既想上前握住对方的手,又想退后,在孤独与隔绝中隐匿。

1910年初,安东·基彭贝格邀请里尔克去莱比锡,帮助他解开了死结。里尔克原本想请基彭贝格帮自己在巴黎找一位会说德语的打字员,这样自己就可以口述小说,基彭贝格回信说,为何不来莱比锡?可以住在我家中,也可以利用出版社的设备,做好小说的定稿、打印工作。里尔克也明白,要想把自己庞杂的手稿变成一部可供读者阅读的成书,自己实在需要这方面的帮助,可他还是犹豫不决,好几个月后才接受了基彭贝格的邀请。毕竟,在莱比锡可以衣食无忧地口述整部小说,这个诱惑实在难以抗拒。

---

① 《与席多妮·纳赫尼·冯·博卢廷的书信集》,109。

12月,里尔克的计划已很明确。首先去德国几所城市办几场朗诵会,包括埃尔伯费尔德和耶拿,也为自己筹集些旅费,然后去基彭贝格的住处,与基彭贝格一家住在一起。为旅行做准备原本是件令人心情舒畅的轻松事,可没完成的小说的浓云始终压在里尔克心头,令他坐立难安。他原本希望,基彭贝格一家的介入可以大大卸去自己肩头的重担,可小说的出炉依旧艰难。巴黎曾为他的创作提供养分,可现如今,只有离开这座城市,自己的小说才能呱呱坠地。如果说侯爵夫人的出现为《哀歌》的问世打开了一扇门,现在,里尔克却不得不弃巴黎而去,为《手记》的最终完成营造出空间。

12月底,里尔克退了自己在比戎饭店的房间,把自己的物品寄存在饭店的一间空屋子中。带上房间的门,里尔克在行动上,同时也在精神上,同这里道别。圣诞节期间,他处理好自己的大小事务,同方方面面道别,尤其是同即若离,亦友亦敌的罗丹道别。新年过后,里尔克收到一张手绘的卡片,罗丹的圣诞礼物,①虽然晚了些,却也慷慨大方地表达了谢意,一如既往。最终,一切就绪,里尔克乘1910年1月8日的夜班火车,离开巴黎。

1月11日,星期四,黄昏时分,里尔克抵达莱比锡。之前,他去了趟埃尔伯费尔德,办了场朗诵会,在当地的旅馆过了夜。次日清晨,基彭贝格收到一封短信,上面写着:"终于到莱比锡了。我已到,昨晚6点稍过到站。"②到达的当晚,里尔克没有立即去主人家,因为时间已经晚了。之所以没有事先通知几时到站,是因为埃尔伯费尔德的活动安排中有太多未知因素,里尔克自己也不清楚何时可以动身。基彭贝格一收到短信就飞身赶到旅馆,把里尔克接回家。这之后,里尔克就一直住在基彭贝格家直到月底,中间仅仅去了趟耶拿,去办场诗朗诵会。

在基彭贝格家,里尔克第一次见到女主人卡塔琳娜·基彭贝格。日后,卡塔琳娜出版了一部研究里尔克的专著,满纸都是溢美之词。那本书中,卡塔琳娜记叙道,里尔克到她家时随身仅带了一口大旅行箱,里面装

---

① 致罗丹的信,1909年12月28日与1910年1月3日,参阅《里尔克与罗丹书信集》,142—144。

② 致安东·基彭贝格的信,1910年1月12日,参阅《里尔克与出版商[安东·基彭贝格]书信集》,87—88。

满了各个时期的《手记》手稿,①这样才好口述"定稿"。最后,定稿的口述在所谓的"高塔屋"中进行,那是一间高大、安静的屋子,同主屋隔开,这样里尔克工作时就可以避开家里两个小姑娘的吵闹。屋里有一张古老的写字台,成了诗人工作的核心,在那儿,他口述、修订自己的小说,有时甚至大段大段地背诵。打那以后,这张写字台就有了一个专属于里尔克自己的名称——"马尔特书桌"。由此开始,里尔克也同卡塔琳娜建立起长期而密切的友谊。这一次,这位女性在里尔克人生中扮演的角色既非情人,亦非母亲,而是一位大姐姐,常想管住弟弟的手脚,对他又十分宠爱。

基彭贝格一家住在城北格利斯的里希特街,那儿是莱比锡风景秀美的外郊,主宅是一幢维多利亚风格的大屋,高天花板,大窗户,草坪打理得很好,四周围着铁栏杆。这里一度成为里尔克的第二个家,和杜伊诺城堡一样,成为诗人生命中的补充。每当诗人长期游荡,感到身心俱疲时,这两个地方就会成为他的避风港,可以休养生息,潜心创作。一切皆合时宜,里尔克堪称无可挑剔的客人。然而,在他彬彬有礼的行为举止背后,出版商的妻子还是清晰地感受到了诗人的职业特性。她写到:"他有着神圣的使命,在最平凡的小事中,它依旧闪闪发光,犹如不小心坠入泥潭的金子,依旧光彩夺目。"②

1910年初到1912年初是过渡期,《手记》最终杀青,《哀歌》尚未动笔。这两年中,除了与侯爵夫人和安娜·德·诺瓦耶伯爵夫人保持联系,里尔克又结识了一位地位显赫的女性。1910年1月21日,《手记》的口述已接近尾声,里尔克把手头的工作停了两天,去了趟耶拿。遵照早先的约定,他出席了一个学生组织的聚会,聚会非常成功,来的不仅有学生,还有其他一些慕名而来的人士。正是在这次盛会上,里尔克结识了海伦·冯·诺斯济茨-瓦尔维茨(Helene von Nostitz-Wallwitz)。海伦的丈夫阿尔弗雷德是政府的一位高官,夫妇俩专程从魏玛赶来,一睹诗人的风采。

虽然里尔克和海伦之前素未谋面,但两人都与罗丹关系密切。之前,里尔克就听说过,罗丹1907年曾为海伦画了一幅肖像,大师作画期间,海

---

① 《缅怀里尔克》,57。
② 同上,58—59。

伦和丈夫就住在莫东的小寓所里,①那正是里尔克自己也曾住过,为之付出许多感情,留下刻骨铭心的回忆的寓所(听到这些消息时,里尔克心中并非毫无嫉妒之情)。海伦比里尔克年轻3岁,自打她22岁那年在巴黎见过罗丹,就成为大师的忠实仰慕者。1900年早些时候,她还和母亲一起,在意大利的宅邸中招待大师小住了一段时间。显然,把海伦和她的丈夫从魏玛家中吸引到耶拿的会场的,是里尔克同罗丹的那段亲密交往,当然还有那段交往对里尔克诗歌创作的影响。

　　海伦对里尔克也十分赞赏,却非毫无保留,有时也会掺入几句尖锐的讽刺挖苦。她写道:"小小的礼堂半隐在黑暗之中,里尔克走上讲台,身上穿的还是他的挚爱,那件亘古不变的浅灰色长袍,却结了条艳丽的领结。"她觉得,"里尔克把巴黎的回忆带到了他的衣着上,那是他钟爱的巴黎,塞纳河上,小汽艇来回穿梭,时而有某位神情忧郁的年轻画家立于船头,头上戴着顶软帽。"接着,她又描写里尔克缓缓除去手上深灰色的手套,向台下的听众举起双手。"他那双温和、深蓝色的眼睛令他脸上的其余部分黯然失色。"然后,他向听众朗诵起《手记》结尾的"浪子归家"的故事。②

　　朗诵会结束后,里尔克陪着冯·诺斯济茨夫妇等火车,与夫妇二人做了番深谈。两天后,也就是1月23日,海伦给里尔克写了封颇有长度的信,信中说他的朗诵令自己的心胸为之开张,她尤其为里尔克作品中的创新而吸引,里尔克的诗在她心中引起了强烈的共鸣,因为他"始终能以自然的目光去审视微妙玄通的心理意识。"③里尔克塑造的视觉形象毫无做作之处:出现时,它们就是人类意识中的本来模样,同时又具有新形象方有的清新和芬芳,不为前人的诗歌想象所左右。

　　海伦的这段评述颇有见地,她清晰地感受到里尔克的后期诗歌创作同生活具象之间的密切联系,里尔克从自然景观中创作出有形有色的形象,把自己的诗歌建基于鲜活跳动的生活材料之上,同时又让这些材料去承载宏伟的主题,例如精神的超越,又如新人类意识的创造过程中爱的力量。这封信的结尾,海伦写到:"衷心希望您能大驾光临魏玛,盼望与您再

---

① 《里尔克与海伦·冯·诺斯济茨书信集》导言,8。
② 海伦·冯·诺斯济茨日记,1910年1月23日;《里尔克与海伦·冯·诺斯济茨书信集》,127,注释。
③ 致里尔克的信,《里尔克与海伦·冯·诺斯济茨书信集》,17。

度畅谈。"这封信令里尔克十分受用,这是当然的,同时他也感到了真心触动,当即回信,信中抱歉说自己要再耽搁一段时间才能去魏玛,因为手头上口述《手记》的工作还有最后一点儿尾巴。收到海伦来信的次日,即1910年1月27日,《手记》终于定稿。

里尔克第一时间把《手记》定稿的消息告知了侯爵夫人,口述完小说最后一句话不到30分钟,他心情舒畅地伏案写到:"要是我没错,一部新书诞生了。现在,它问世了,再也不属于我了,它要面对自己的现实,为自己作出安排。"①虽然此时距他与侯爵夫人初次见面不过短短5周时间,里尔克已确认,侯爵夫人对自己的创作是何等重要。信中除了通报小说完成的喜讯外,里尔克还说自己打算先去趟罗马,希望在那里能见到席蒂。去完罗马后,他打算造访杜伊诺。

然而,里尔克首先要去的地方既不是罗马,也不是杜伊诺,而是柏林。他厌恶这座城市的嘈杂和普鲁士军人的氛围,此次柏林之行的任务更是情非所愿,实在是身不由己。这次柏林之行主要是去见他的合法妻子克拉克,还有二人的女儿露丝。3人来自不同的地方,克拉克从苏台德山区的阿格内滕村来。来柏林之前,她一直在那儿,完成一尊格哈特·霍普特曼的胸像,露丝则来自奥伯尼兰德。甚至连一贯视里尔克为偶像的卡塔琳娜也不得不承认,这位常常在诗歌中歌颂童真的诗人其实对孩子没什么感情(有一次,他亲口说,狗更让他着迷),即使对自己的孩子也不例外。②自然,这种更像是例行公事的见面无论对于父亲还是孩子,都是不小的负担。至于里尔克与克拉克,两人分居已久,不过,在一些社交场合还是会出双入对,维持一下夫妇的形象,有时也会在露丝面前扮演一下父母的角色。尽管如此,两人间的关系不无紧张。

这一次,里尔克和克拉克双双出现在胡戈·冯·霍夫曼斯塔尔的新喜剧《克里斯蒂娜回家之路》的首演典礼上。基彭贝格夫妇也到了柏林,出席了这场典礼,中场休息时,里尔克夫妇迫不及待地找到基彭贝格夫妇

---

① 致侯爵夫人的信,1910年1月27日。参阅《里尔克与玛丽·冯·屠恩·塔克西斯书信集》,10—11。
② 参阅《里尔克与卡塔琳娜·基彭贝格书信集》,59。玛丽·塔克西斯也说过类似的话,参阅她的《追忆里尔克》,25。

俩，央求两人次日陪他一起去见露丝。①霍夫曼斯塔尔的首演反响并不热烈，不过里尔克刻意避开批评，丝毫没有流露出不满，说这出剧令他的心灵深受震动，他所说的倒也并非虚言。首演结束后，在罗马大酒店举办了盛大的招待会，里尔克并未出席，不过午夜时分，他派人给霍夫曼斯塔尔送去笔讯，盛赞今晚的演出，并抱歉道，演出一结束，他就想挤到台前祝贺，可尽管自己立下了排除万难的决心，也使出了浑身的解数，但还是没能挤过去。夜里，里尔克派人送花到霍夫曼斯塔尔的房间。

1910年时，里尔克与霍夫曼斯塔尔的关系已进入平稳期，1907年时霍夫曼斯塔尔心中高涨的热情如今退去了许多。两人彼此依旧热诚相待，却发现见面越来越不易。这一次，霍夫曼斯塔尔为自己的首演忙得颠三倒四，以致数日前的一次约会竟然未能如期赴约，这可伤了里尔克的心，认为霍夫曼斯塔尔根本没把自己放在心上。②出席首演典礼时，里尔克夫妇持的是嘉宾赠票，是霍夫曼斯塔尔特地为二人留的，可里尔克还是担心在剧院门口会被拦下盘问。③每到这样的场合，他就担心自己会被拒之门外（且不论这种担心是否有真凭实据，或仅仅出自他个人的臆想）。真若如此，那对他的伤害就不可估量了。收到里尔克的笔讯和鲜花后，霍夫曼斯塔尔立即热情回应，解释道，自己前晚排演一直到深夜，并邀请里尔克夫妇二人随时可以过来茶聚一番。④可里尔克已经没有时间了。

其实，里尔克还有过一次机会，可以理清自己与霍夫曼斯塔尔的纠葛。海伦曾邀请他来魏玛，参加霍夫曼斯塔尔的一部新喜剧的朗诵会，也就是后来上演的《玫瑰骑士》，地点是哈里·卡斯纳伯爵（Count Harry Kessler）的豪华别墅（此公既是外交家，亦热心于艺术）。里尔克与伯爵也一直有着不错的关系，虽然仅限于职业，他当即接受了邀请。海伦请他提前一天到，不过里尔克更情愿当晚和海伦夫妇住在一起。次日上午，他首先要在海伦家出席一个小规模聚会，然后再去朗诵会现场。

那天中午，冯·诺斯济茨家中举办了场特别午宴，里尔克来时乘了辆

---

① 《里尔克：人生与作品大事记》，344。
② 致海伦·冯·诺斯济茨的信，1910年2月8日。参阅《里尔克与海伦·冯·诺斯济茨书信集》，20。
③ 参阅《里尔克与海伦·冯·诺斯济茨书信集》，187页注释。
④ 霍夫曼斯塔尔致里尔克的信，1910年2月13日。参阅《里尔克与海伦·冯·诺斯济茨书信集》，65。

单驾马车,出席宴会的有不少名流,其中包括比利时设计大师亨利·范·威尔罗(Henry van de Velde),他是卡斯纳伯爵大宅的设计者,如今已是魏玛艺术博物馆总监。10年前,初到柏林时,里尔克曾热情称赞过范·德罗别具一格的三人沙龙。午宴后,卡斯纳伯爵大宅的主功能厅,更是群星璀璨,嘉宾如云,其中就有大哲学家尼采的妹妹伊丽莎白·福斯特-尼采。高大宽敞的宴会厅里放满了艺术奇珍,在这里,霍夫曼斯塔尔向一众宾客朗诵了自己新喜剧的台词,为该剧谱曲的是理查德·施特劳斯。①

朗诵会并未能促进里尔克同霍夫曼斯塔尔的关系,两人根本就没有机会单独交谈,倒是促进了里尔克同海伦的相互了解。两天以来,两人开始了一种关系,温柔而亲近,不无恋爱的意味,但绝不会越过世俗礼教的底线。这段友情持续了数年,显然,这位举止优雅、感受敏锐的女性、里尔克的同龄人,也感受到了诗人的魔力。

在自己的日记中,海伦生动详细地描述了里尔克的这次造访,以及不久之后,她赴莱比锡的回访。在莱比锡,两人一边在公园中散步,一边谈罗丹。②里尔克觉得,自己这位年长的好友在保持晚节方面做得不尽如人意,或许暗指大师晚年狂躁的情欲。与大师最热烈的仰慕者娓娓而谈,里尔克直言不讳,自己始终不明白,大师艺术上的伟大成就为何没能延伸到他的个人生活中。突然,里尔克打断交谈,聆听林鸟的歌声。他的举动令海伦深受感动,面前这个人即便在谈论艺术和艺术大师时,对自然依旧情深意切。与之同时,凭着敏锐的第六感,海伦从里尔克身上感受到了分裂,那也正是他对罗丹执微词的缘由。

终于,里尔克可以把心思转向罗马。这次恰好颠倒了5年前的行程,从德国北部出发,一路南行,犹如一幅构图精巧的画面。此时,里尔克的

---

① 致克拉拉的信,1910年3月2日,参阅《里尔克书信集,1892—1921》,95。
② 海伦·冯·诺斯济茨日记,参阅《里尔克与海伦·冯·诺斯济茨书信集》,21。

诗歌创作正处于低谷,诗人由衷希望,1904年在斯特霍勒-费恩别墅那段诗情勃发、思如泉涌的日子可以再现于此次罗马之行中,尤其是将要见到近来他心中的女神,席蒂。

席蒂是里尔克的女性密友,可交往中有着重重阻碍;她也是诗人追逐的猎物,一场从未大获全胜的战争,因为席蒂同时与作家卡尔·克劳斯过从甚密。3月25日,里尔克抵达罗马,心中充满恋爱中人的焦躁与不安。在里尔克的心目中,席蒂扮演着一个浪漫恋人的角色,类似于贝蒂娜·冯·阿尔尼姆。一入住罗马的罗希饭店,里尔克即遣人送上笔讯,他不无调侃地写道:"一个问题出现了:贝蒂娜现在和谁在一起呢?我已到罗马,在我心目中,这座城市完全为你所拥有。确实,你是这座城市的主人。我能见到你吗?我已按捺不住躁动的心,即便冒莽撞冒失之嫌,也要立即问你:何时见面?"[①]

嗨!席蒂,这个撩动里尔克心扉的女人,刚刚离开罗马回家乡去了。2月底,她骑马时摔伤了手腕,这会儿正在老家雅诺维茨休养。事故发生时,里尔克已经上路几个星期了,没能接到消息。里尔克把买给席蒂的白色康乃馨交到意大利女仆手中,千叮咛万嘱咐要常换清水,然后给席蒂修书一封,信中说,花儿可以一直开到她回罗马。说不准,这花儿还能令她早日康复,早日返来。[②]

罗马原本就是为了席蒂而来,如今席蒂不在,罗马的春天也变得了无生机。感情上的失意也感染到里尔克对这座城市的感觉,和上次一样,他感到成群结队、吵吵嚷嚷的游客难以忍受。[③]此时正值复活节假期,他通常下榻的饭店里人声鼎沸,音乐声震耳欲聋,到处是临时加的行军床,连洗浴间也不能幸免。其实,真正令里尔克坐卧不宁的是,席蒂遥不可及,甚至她人回到罗马后依旧如此。

其实,里尔克抵达罗马后没几天,席蒂也回到了罗马,手腕上的伤势尚未痊愈。出乎里尔克的意料,她似乎对里尔克十分冷淡,两人间的交往变得异常艰难。虽然同处一座城市,两人却不见面,而是相互写条子、留

---

① 1919年3月19日,参阅《与席多妮·纳赫尼·冯·博卢廷的书信集》,113。
② 参阅《与席多妮·纳赫尼·冯·博卢廷的书信集》,113—114。
③ 1910年3月25日,《里尔克与出版商[安东·基彭贝格]书信集》,95页脚注。

笔讯。不仅如此,里尔克的语气也越来越强烈,暴露出他内心的慌张。一次笔讯中,他劝席蒂全心庆祝即将到来的复活节星期日,随后,他下意识地加上几句:"和你近在咫尺,只不过隔了几幢阳光暴晒下的房子。祝你节日快乐。该怎么说呢?真是太好了,好得不能再好了!"接下去,他又写道:"要是哪天下午,你受伤的手腕需要抚触,又无人在身边,来找我吧!"①

两人住得很近,时间又都很宽裕,见上一面却难上加难。席蒂回罗马不久,里尔克在日记中写下这样一段话,反映出他此刻的心境:"我害怕收到信……害怕约会又被取消。"②他在席蒂的住处四周散步,突然会有一阵惶恐袭上心头,生怕席蒂此刻已不辞而别,直到见到席蒂住处的百叶窗还开着,才放下心来。③下次和她见面时,自己还能为她朗诵吗?在哪儿见面才好呢?户外太空旷了,且说不准什么时候就会被游客打搅。她的住处呢?里尔克把自己的想法一股脑写进信中,投入她门口的邮箱,希望她当晚就能看到自己的信。为席蒂惴惴不安,更加重了他的消沉。

4月,席蒂又走了,这次不会来了。她母亲病重,已近弥留。里尔克寄上一封情感炽烈的信,希望能振奋她的情绪:"用心体验身边发生的一切吧!真心体验,不要带任何矫饰和伪装。"④危机很快过去,席蒂的母亲一直撑到了7月底,可席蒂再也没有回到罗马。里尔克之后一封接着一封写长信,想解释清何以两人在罗马时书信不断,却连一面都没能见上,其实他更多是在宣泄郁积于心头的遗憾。时不我待,机不再来,花堪折时却未折,如今只有空对寂寞满园春了。两人昔日的美好时光犹如浩渺大海中的星岛孤屿,星星点点,漂流在"回忆的大陆"之外。

其实,令里尔克妒火中烧的倒不是具体哪个人,而是席蒂的个人生活。里尔克觉得席蒂更喜欢一个人自由自在,而不是有他陪在身边。此时此刻,疲惫和忧郁深深笼罩着里尔克,他感到形单影只,目光开始越过罗马,向杜伊诺的方向投去,希望在那里找回自己的力量。可初次杜伊诺之旅并不成功,在未来的生涯中,杜伊诺城堡无论将扮演着何等重要的角

---

① 1910年3月27日,《与席多妮·纳赫尼·冯·博卢廷的书信集》,114—115。
② 1910年3月,《与席多妮·纳赫尼·冯·博卢廷的书信集》,115。
③ 1910年4月,《与席多妮·纳赫尼·冯·博卢廷的书信集》,118。
④ 同上,119—120页。

色,以里尔克目前的心境来说,此次杜伊诺之旅注定会让他失望。里尔克走得匆忙,没有留足充裕的时间,抵达杜伊诺时,侯爵夫人按计划正要出门远行。不仅如此,他也不是城堡中唯一的客人,夫人的儿子亚历山大(别名帕查)也在,同时在城堡中做客的还有里尔克和夫人共同的朋友,鲁道夫·卡斯纳。有他在,里尔克估计,城堡就不是自己一个人的舞台了。里尔克的担忧并非毫无根据,可他还是无法接受在夫人面前,看着她把注意力分给别人。与席蒂感情失败,又深陷创作欲望的低迷之中,里尔克原本希望从新结识的精神母亲处寻得安慰,可她太忙了,看到城堡中门庭若市,宾客如云,一切皆如自己所思所愿,不禁心为之喜,意为之扬。

夫人原本想见到自己门下的两大明星来一场酣畅淋漓的大辩论,于是急电里尔克,希望他于 4 月 19 日或 20 日到达,因为卡斯纳 23 日就要走了。显然,卡斯纳的在场已经令里尔克感到有些不情愿。后来,他曾在信中对克拉拉说,和这位哲学家同坐一席如同参加一场他并不想参加的考试,于是他悄悄逃之夭夭。①这段话不无讽刺和幽默,却也是对卡斯纳相当深刻的评价。更确切地说,这段话也表达出里尔克心底的不安,更有稍许不满,自己先被人甩在一边,接着又赶鸭子上架般硬被推入自己根本就不熟悉的领域。不难想象,夫人金碧辉煌的大会客厅中,里尔克蜷缩在一角,刻意避开与卡斯纳直接交锋(在他看来,哲学家的智力无疑超出自己一头),而是与身边的帕查谈些轻松的话题。

尽管里尔克首访杜伊诺并不成功,城堡的恢弘壮伟还是在他心底留下深深的印记,影响到他日后的一生。城堡的外观极为雄伟,带着十字军时代军事要塞的冷峻与威严,体量巨大,雄踞于亚德里亚海边,古老而神秘。这里是多民族聚居地区,居民有说意大利语和斯洛文尼亚语的,也有说德语和克罗地亚语的。城堡靠近陆地的一侧连接着通向的里雅斯特的大道。城堡外部是厚重的石墙和巨大的城门,散发着中世纪的古朴雄浑;内部,城堡的墙上挂满绘画珍品,从文艺复兴直到近代,房间里陈设着皇家气派的家具;会客厅和沙龙里金碧辉煌,每到重要场合更擦拭得熠熠生辉,迎接着川流不息的贵客嘉宾。

城堡是侯爵夫人的祖产,也是她的家宅。夫人的父亲埃贡·霍恩洛

---

① 5 月 5 日,《里尔克书信集,1892—1921》3:105。

厄-瓦登贝格-席林-福斯特侯爵出生于德国,1865年没于威尼斯,年仅46岁,老侯爵一生大部分时光都在城堡中度过。不过,与城堡关系更密切的是侯爵夫人的母亲,特蕾莎·屠恩-霍佛尔·瓦尔萨希娜,她出生于1815年,1893年以78岁高龄在城堡中卒世。1858年,老侯爵与老夫人的婚礼在城堡中举行,虽然老夫人的5个子女(包括玛丽)都出生于威尼斯,杜伊诺始终是整个家族的中心。玛丽·塔克西斯对自己父母的城堡有着特殊的感情,虽然现在她一家人的正式居所是丈夫位于劳钦(现位于捷克境内,叫卢琛)的波西米亚城堡,只要她繁忙的社会应酬和不断的跨国旅行间稍有间隙,夫人就会回到亚德里亚海边的城堡中来。

卡斯纳走后,里尔克又待了数日。很快,他动身去威尼斯,于4月28日到达。为了冲破缠绕着自己的抑郁,他决定为14世纪的威尼斯海军元帅卡诺·雅各布·芝诺立传。接下来的数年中,里尔克断断续续提到这个计划,一位叫马勒格拉的图书馆员几乎手把手地教里尔克,引导他去哪些博物馆和档案馆搜寻文献资料。[①]可5月11日,里尔克动身去了巴黎,其间短短10来天,仅仅能接触到研究对象的皮毛。里尔克也曾和侯爵夫人讨论过这个计划,以此证明自己并非无所事事,还是有想法的。可与此同时,里尔克还是要提醒自己,8年前,自己就曾在法国国家图书馆收集过资料,为撰写罗丹评传做准备,那时就发现,白首耗玄经并不符合自己的本性。8年后的今天,这一状况似乎并未改变。

威尼斯并不是一座适宜停留的城市,到了这里,不可避免要陷入与米米·罗曼内里的情感纠葛,米米可是一直在盼着他的到来。这会儿,里尔克可不想陷入任何纠葛,自然也没有住进米米家,而是在饭店找了间房。顾及对方的面子,里尔克还做不到对米米熟视无睹,可她的身影又实在让他心烦。米米已经尽量克制了,尽量少与里尔克见面,可只要她一走近,一表示出依赖,里尔克还是会感到透不过气。

就在不久之前,里尔克在罗马也曾有过同样的奢望,感受到过同样的痛苦,可这并没能令他领悟米米的处境。相反,他总是找出一贯的借口,说自己需要工作,需要安静,再附带一些刻板的说教,一副老师教训学生的口吻。离开威尼斯时,他给米米留了封信,语气异常严峻:"或许,我的

---

① 1910年4月29日,《里尔克与玛丽·冯·屠恩·塔克西斯书信集》,14—16。

留言会让你心痛,可在离开威尼斯之前,我还是要告诉你,如今想起你只会给我带来痛苦。"①里尔克承认,错误并不全在对方,自己也要承担起部分责任,可米米也要承担起自己的那部分。"您不是在依靠我的坚强,而是在利用我的软弱。"对这个女人,当初里尔克用尽人间一切赞美犹嫌不够;如今,还是对这个女人,里尔克说,把人绑在一起的都是枷锁,无论那是什么样的关系,对他人的任何所求,都是道德上的罪恶。

两人的关系并未就此断绝,还会延续上好多年,里尔克依旧是皮埃特罗·罗曼内里开在巴黎的艺术品商店的忠实顾客。不过,两人的书信还将有一次巨变,不仅反映在内容上,也反映在写信人的语气上。

5.

1910年5月12日,里尔克回到巴黎,立即住回比戎饭店,这次他的套房在3楼,紧邻露台。这套房间包括书房、卧室、还有一间小屋可以作厨房,价格相当低廉,入住也很便利。里尔克尤其喜欢房间的窗户,高大、宽敞,从地面几乎一直伸到天花板,窗外就是椴树的树冠。一条长长的走道把里尔克的住处同其他住客隔开,至少可以给他孤身独处的错觉。对于一个渴望独处的人来说,这里再理想不过了。可待在那儿的几个星期,里尔克压根就没有动笔工作,终日忙于赴约,处理琐事,写各种事务性信函。工作,甚至连他通常连篇累牍的私人书信,都搁在了一边。

这是一段干涩、不定的时光,仅有一个亮点——里尔克终于与安德烈·纪德会面了。之前,两人并无直接联系,只是因为都是爱弥尔·凡尔哈伦的朋友,才扯上点儿关系。自里尔克在1907年读到纪德的《浪子归家》,他倍感亲近,两年过去了,一直希望能结识纪德本人,这样自己的热情也算有所收获。终于,在1910年6月,里尔克获邀去纪德家共进午餐,一起受到邀请的还有另外两个人——亨利·范·德罗,以及纪德的朋友

---

① 1910年5月11日,《里尔克与一位威尼斯女友书信集》,58—59。

西奥·凡·里斯尔贝格。①自从这次会面后,里尔克和纪德保持了终生的友谊,虽然谈不上至交好友,但通信探讨的问题却十分广泛。两人会面后的次年,纪德文兴大发,把《手记》的部分章节译成法文;相应地,里尔克3年后也为纪德的《浪子归家》拿出一个大大改进的德文译本。

1910年6月9日,里尔克收到了《手记》的首印样书,分上下两册,这原本可以吹散终日笼罩着他的愁云惨雾,他的抑郁很大一部分来自为这部著作所付出的持续不懈的劳作。毫无疑问,那是个令人开心的时刻,里尔克当即给安东·基彭贝格写了封信,盛赞该书的装帧,第一套样书立即送给了克拉拉,第二套送给了卢。②整个夏天,一直到初秋,里尔克隔三差五就给朋友们寄样书:侯爵夫人、霍夫曼斯塔尔、海伦、纪德,还有许许多多其他亲故。经过这么多年的痛苦煎熬,《手记》终于面世,这确实给他带来不小的欢乐,可笼罩他的愁云依旧没有消散,他的才思依旧枯竭。

《哀歌》的出现似乎并无预兆,如果硬要找出一点,说明里尔克正在朝着那个方向发展,那就是他请基彭贝格为他寄来一本歌德诗集的通俗本。③当年,他和基彭贝格夫妇一起去魏玛的歌德纪念堂,参观了陈列在那里的魏玛日记。此时,里尔克提出,不妨就这些日记写些东西。这一愿望如冬雷夏冰,一现即逝,里尔克也从未动笔写过这方面的文章,可其中依旧有真情:早年,他视歌德为供在图书馆中的偶像;如今,他要重新发现歌德。更为重要的是,对歌德重新燃起的兴趣表明,里尔克正在考虑采用一种古典的诗歌形式——哀歌。在这方面,歌德的作品堪为师法的典范。

深陷抑郁之中的里尔克坐卧不宁,又易心血来潮,做出出人意料之举。突然间,他匆匆离开巴黎,去了奥伯尼兰德,和克拉拉和露丝相聚。可这一步一开始走得就不顺,在一封信中,里尔克向一位他刚刚结识几个月的女性吐露心声,这个人就是侯爵夫人。这封信里,里尔克大吐苦水,感到自己从"创作的天堂"——巴黎,被扔了出来,可心里毫无释怀之感。④

---

① 纪德致凡尔哈伦的信,1910年6月,转引自雷纳·朗为《里尔克与纪德书信集》所撰写的引言,16。
② 1910年6月9日,《里尔克与出版商[安东·基彭贝格]书信集,1906—1926》,104—106。
③ 1910年6月30日,《里尔克与出版商[安东·基彭贝格]书信集,1906—1926》,107。
④ 1910年7月15日,《里尔克与玛丽·冯·屠恩·塔克西斯书信集》,19—21。

奥伯尼兰德是个自欺欺人的避风港,和自己的妻女待在一起时,他浑身不自在,更谈不上从她俩那里寻得慰藉。里尔克说,自己感到喘不过气来。

侯爵夫人没让里尔克等多久。发出这封近乎哀求的信后仅仅3天,里尔克手中已捏着一封电报,邀请他去劳钦的城堡。电报上写着:"快来吧!我们会给你许多欢乐。"①

可收到这封翘首以待的电报后,里尔克却一拖再拖,迟迟不动身。又过了3个多星期,在两封加急电报的催促下,他才出发。途中,里尔克两次短暂停留,一次是在莱比锡同基彭贝格夫妇见面,另一次是去看他的母亲,等里尔克最终抵达劳钦城堡,侯爵夫人按计划又要出门远行了,没多少时间能同他待在一起。里尔克突然想起,自己忘了带出席晚宴的礼服,不过,他觉得,哪怕是能和侯爵夫人在一起待上两三天,对自己也会大有帮助。②

遭受了罗马的挫折,1910年夏末秋初,对里尔克来说最重要的一件事就是拜访了席蒂和她的几位哥哥,此行极为愉快。8月20日,侯爵夫人按计划启程前往杜伊诺,里尔克接受了席蒂和她的几位哥哥的邀请,去了席蒂家的庄园。从8月21日到9月12日,整整3个星期的时间里,里尔克和席蒂朝夕相对,彼此倾心,忘掉了一切不愉快的过去。③二人依旧相互留笔讯,不过文字中跳跃着喜悦。一次,里尔克写到:"早上好,第一千次感谢。我心已满足,再无奢望。希望今天是个好日子。"④

可如此卿卿我我也不是没有问题。里尔克一直在给席蒂朗诵自己《定时祈祷文》中的诗歌,也朗诵一些图书馆常备的大师作品,如荷尔德林、克莱斯特,还有因斯·彼得·雅科布森,席蒂则为他弹奏巴赫和肖邦。两人在乡间漫步,可到头来,席蒂还是无法接纳他。根据她的日记,她曾认真地问自己,到底爱不爱里尔克,最后的答案是否定的。⑤某个时候,里尔克肯定知晓了席蒂内心的秘密,待了3个星期后,他突然决定告辞。在

---

① 1910年7月16日,《里尔克与玛丽·冯·屠恩·塔克西斯书信集》,21。
② 1910年8月11日,《里尔克与玛丽·冯·屠恩·塔克西斯书信集》,23。
③ 1910年8月21日,《与席多妮·纳赫尼·冯·博卢廷的书信集》,125。
④ 1910年,具体日期不详,《与席多妮·纳赫尼·冯·博卢廷的书信集》,126。
⑤ 参阅布鲁姆为《与席多妮·纳赫尼·冯·博卢廷的书信集》所撰写的"导言"。

一封笔讯中,里尔克冷不丁辞行:"明天必须走了,亲爱的朋友,今天就让我和你多待会儿吧。早安。"①

里尔克说到做到,次日一早就动身,那作风倒令人想到 10 年前他离开沃普斯韦德时的样子。9 月 13 日晨,他给席蒂的信已是发自因斯布鲁克,信中盛赞她和几位哥哥的盛情款待,也盛赞因斯布鲁克灿烂的阳光和如画的风景。②可里尔克并未逗留,一路远行,去到加达湖边的里瓦,他母亲也去了那里,同他会合。两个月后,里尔克陪一位家财万贯的女资助人去了趟北非,广为游历。

这段经历中,里尔克和席蒂都做了努力,两人使劲想找出共同的人生,开始时满心期许,结局却难掩失望。时机也不是很好,里尔克抵达雅诺维茨时,依旧深陷抑郁不能自拔。不过,里尔克的辞行并不意味着他同席蒂忽冷忽热的关系到此画上句号,在许多方面,两人性情相近,都是当对方前进时,自己反而后退。接下来的数年中,两人还要携手合演一出奇异的舞蹈,舞伴向前迈步时,自己却向远方退却。在因斯布鲁克,里尔克给席蒂写了一封致谢信,其中写道:"无论如何,一个人必须保持真心和自信。"无论如何,那年的夏末,在雅诺维茨,赖纳·玛丽亚·里尔克和席蒂度过了两人在一起最美好的一段时光。

6.

和母亲在里瓦小住后,里尔克又开始漫游。他在慕尼黑待了 3 个星期,受到一位叫做珍妮·奥尔特斯多夫(Jenny Oltersdorf)的贵妇的款待。③此人家财万贯,丈夫是皮货商人,夫妻俩感情并不好。依靠这位贵妇,里尔克实现了自己的一个心愿,把视野拓展到地中海以南的广阔土地。奥尔特斯多夫提议,何不组个旅行团,到北非游历一番?其实,所谓

---

① 1910 年 9 月 11 日,《与席多妮·纳赫尼·冯·博卢廷的书信集》,126。
② 1910 年 9 月 13 日,《与席多妮·纳赫尼·冯·博卢廷的书信集》,126—127。
③ 关于里尔克同弗劳·奥尔特斯多夫的关系,以及其背景,普拉特在他的著作中做了详细的探讨。

的"旅行团"只有她和里尔克两人。

此时的里尔克仿佛身中魔咒,才思枯竭,只有不断地游历才能感觉到生命还在继续。11月初,他取道科隆,最后回到他在巴黎德瓦勒内路上的"巢穴",精神依旧低迷。个人感情上的起起落落,再加上长时间写不出任何东西,如今一齐涌上心头。鲁道夫·卡斯纳此时在巴黎,里尔克偶尔与他见上一面,只为了缓解心头的压力。如今,他的危机已成为无力承担的重负。

里尔克觉得,计划中的远游可以拔自己于沉沦之苦,便全身心投入到准备之中。几周前,他写信给纪德,希望能见上一面,听听他的建议,也了解一下北非风情。[①]纪德的回信十分热情,说随时欢迎里尔克的到来,还说里尔克这趟北非之行令自己艳羡不已。[②]动身去阿尔及利亚之前,里尔克还写了封信给罗丹,问他能否见上一面,其实,他是想把奥尔特斯多夫太太介绍给罗丹认识,信中,他称她为"同我结伴同行的朋友"。[③]不凑巧的是,奥尔特斯多夫太太不会说法语,可里尔克还是想把她介绍给罗丹认识,顺便也见识一番大师的绘画作品。

在这位新朋友的陪同下,里尔克匆匆结束了巴黎的各项事务。克拉拉给他寄来了本《一千零一夜》,里尔克觉得这本书可谓了解"东方"的向导。直到此时,里尔克才向克拉拉透露,自己应邀即将踏上一次神奇的北非之旅。[④]同样,他对席蒂也有所保留,只是说自己即将开始一趟豪气干云的长途跋涉。

饭店方面表示,可以为里尔克保留下他住的套间,房间里的书籍物品一概等他回来再处理。得知这个消息,里尔克很开心。资金始终是个恼人的问题,里尔克写了一封长信给基彭贝格,竭力鼓吹这次"东方之旅"将给他的智力和情感带来巨大的机遇,可结果只收到一笔500马克的稿酬预支。[⑤]无论是里尔克,还是基彭贝格,都知道这点钱根本就是杯水车薪,好在珍妮·奥尔特斯多夫承担了里尔克大部分的费用,毕竟这趟旅行源

[①] 1910年10月28日,《里尔克与纪德书信集》,44—45。
[②] 1910年10月31日,《里尔克与纪德书信集》,46。
[③] 《里尔克与罗丹书信集》,153。(原书中把这封信的日期标注为5月9日至10日,显然是讹误。)
[④] 《里尔克书信集,1892—1921》3:116—117。
[⑤] 1910年11月5日,《里尔克与出版商[安东·基彭贝格]书信集,1906—1926》,108—109。

于她的邀请。

1910年11月19日,里尔克和珍妮·奥尔特斯多夫在马赛登船,驶往阿尔及尔。究竟为什么要做这趟跨地中海之旅？里尔克为自己找的理由是:去了解"东方世界",丰富自己的创作。可如果说旅行之初,他的精神确曾为之一振,他依旧没有创作的冲动。里尔克早该明白,这趟旅行中,创作绝非易事,随着旅途的延伸,他与他的旅伴迟早要在感情上摊牌(对此,里尔克一直绝口不提,直到1925年才证实,确曾有过这样的事)。一战期间,他的大部分私人物品被法国政府扣押,战后法国政府发还了这些物品,里尔克在其中找到一些信件,寄信人都是那位曾同他一起走过阿尔及利亚、突尼斯、埃及大地的"神秘旅伴"。"这都是什么啊！"当着一位朋友的面,他大呼,然后把这些信付之一炬。"都这么多年了,现在读起来,还让人害臊。"

旅行的第一周,两人在阿尔及尔,住在圣乔治饭店。没过多久,里尔克已感到旅行的疲惫,户外阳光刺眼,马不停蹄地四处观光,他在信中对纪德写道:"这里的一切都那么新鲜,一切都在当下之中,简直让我头晕目眩。"①同大多数欧洲游客一样,里尔克把阿尔及尔看作一座欧洲城市,尽管阿拉伯人居住区占据了这座城市广阔的地域,可在里尔克眼中,那不过是站在城市白人区的边缘望到的一片小土坡。里尔克的目光短浅,为旅游所限,脑海中浮现的就只有《一千零一夜》、行乞者、负重者,因为他们都象征着"命运"。

里尔克原打算见识一片新天地,开始时情绪还算饱满,可他并不舒服。渐渐地,随着旅行朝向内陆,向突尼斯延伸,他的抑郁又冒出头来。里尔克和珍妮·奥尔特斯多夫由阿尔及尔南行,途经比斯克拉,然后转而向东北,向迦太基进发,一睹那里宏伟的废墟。之后,进入突尼斯境内。随着两人到访神秘之都凯鲁万,此次北非之行的第一阶段告一段落。

里尔克抵达阿尔及尔后不久,即写信给纪德,向他索要一个人的地址。②这个人住在比斯克拉,他就是纪德的朋友,同时也是纪德昔日的同志,阿思曼。里尔克希望能请阿思曼做自己的向导,这样就不必担心落入

---

① 1910年11月26日,《里尔克书信集,1892—1921》3:118—119。
② 11月底,《里尔克与纪德书信集》,47—48。

奸诈的职业导游之手，任其宰割。纪德的回信语气很重，提醒里尔克小心这个人，他一贫如洗，毫无责任感可言，简直可以说既贪心又无耻。[1]得知阿思曼也并不可靠，里尔克对他也就再没有什么兴趣，也再没见过这个人。

里尔克和珍妮·奥尔特斯多夫在比斯克拉待了3个星期，许多年后，他对席蒂说，自己真想在那个地方待上半辈子。[2]在沙漠边缘的艾尔-堪大拉，两人同一位波兰特太太共住一家外墙铁锈色的小客栈，这个地方给里尔克留下了极其深刻的印象，在他50岁生日时，他还对侯爵夫人说，要是可能，自己一定会逃到那个地方隐居。

不同于阿尔及尔，突尼斯给里尔克的感觉更富于"东方"情调。3年后，他依旧能清晰地记起"市场的气息"，还有手鼓的节奏。[3]虽然此后再也没有来过，这座城市的形象已深深烙入里尔克的心中，他不时回忆起城市的旧城门，通向阿拉伯卡斯巴（当地人爱去的一间市场）的道路，还有市场四周如蛛网密结的狭窄巷道，石板屋顶，狭小的铺面，里面摆放着五颜六色的布料织物，还有黄金饰品。夜里，他会孤身一人游荡于空荡荡的巷道中，有的巷道只点了一盏灯。

圣诞节前几天，里尔克和珍妮·奥尔特斯多夫游历了突尼斯的圣城凯鲁万，城中的清真寺宏伟壮观，以清真寺为核心，四周散落着许多立柱和遗迹。瞻仰着这些立柱和遗迹，里尔克心情起伏跌宕，不由想到古罗马帝国昔日的辉煌。他在情感上始终都和"东方"保持着距离，不时唤起身上的"欧洲精神"，也无法做到对"东方"和"西方"真正一视同仁。自始至终，里尔克都是名旁观者，一个匆匆过客，尽管他也学过几句阿拉伯语，尝试去解读另一种文化。尽管如此，这趟"东方之行"中他还是吸收了不少形象，在《哀歌》以及他后期的许多诗歌中，都能见到这些形象的影子。

不过，在这座一度封闭的城市里，里尔克被狗咬了，这是他一生中唯一一次被狗咬。[4]稍后，回想起这件事，里尔克觉得自己纯属自讨苦吃，这种反应也反映出他心底日渐积累的沮丧：为了这趟旅行，他付出了高昂的

---

[1] 1910年11月29日，《里尔克与纪德书信集》，49—52。
[2] 1923年1月21日，《与席多妮·纳赫尼·冯·博卢廷的书信集》，323—324。
[3] 1913年3月30日，《与席多妮·纳赫尼·冯·博卢廷的书信集》，182。
[4] 1912年3月16日，《里尔克与卢·安德烈亚斯-莎乐美：通信集》，269。

代价,那位旅伴对他的情感索求越来越强烈,淹没了旅行之初的兴奋。1913年3月,里尔克在西班牙长期逗留后归来,他向席蒂回忆道:"整趟旅程就是个错误……让人身心倍感沉重,注定不会有好的结局。"①

按照原计划,两人还要去埃及,一路向东,直到巴勒斯坦。然而,两人一路上非高级饭店不住,开销实在巨大,于是取道帕勒莫,先回那不勒斯,筹集资金。②在那不勒斯停留期间,里尔克发现,《定时祈祷文》的第五、第六版将给自己带来一笔900马克的不小收入,于是决定再次上路,向埃及进发,沿尼罗河溯流而上。

里尔克意识到,自己正在追寻3年前克拉拉留下的足迹。在拉斯美斯大帝号游轮上,他写了数封颇有长度的信给自己的妻子,详述了自己面对新世界时心底的惊奇和赞叹。"我们的船两次穿过棕榈林,庞大的拉斯美斯陵静卧其间,仿佛是个自成一体的世界,在时空中苍然独立,泰然自处。"③这趟尼罗河之旅让里尔克回忆起多年以前的伏尔加河之旅,不过如今身边这位旅伴同当年的卢相比就相形见绌了。有时,乘客们也会上岸,去游览沿岸的重要景观,河岸两边长满棕榈树,更远处是高高的山脉,科普特修道院,以及布满土黄色小屋的村庄。

游轮抵达卢克索,泊东岸,驻留3日,让乘客们尽情游览此处宏伟壮观的寺院,以及周围的其他古迹。众游客骑着骆驼,穿过国王谷,山谷中每一座山头下静卧着一位国王的陵墓,一律正对太阳升起的方向。④距卢克索不远就是著名的阿尔·卡尔纳克考古发掘现场,1920年,在一首长诗中,里尔克如此写道:"我俩骑马到卡尔纳克,海伦和我。"⑤卢克索之后,里尔克继续南行,直到阿斯旺,才折返回开罗。这趟旅行中,里尔克几乎一封信也没有写,也没有留下连贯的日记,不过这段表面上看很精彩、骨子里却让人心痛的旅程,对里尔克不久将来的创作还是留下了明显的印记。

回到开罗,里尔克和珍妮·奥尔特斯多夫住进牧羊人饭店,又回到久

---

① 1913年3月19日,《与席多妮·纳赫尼·冯·博卢廷的书信集》,178。
② 1911年1月4日,《里尔克与出版商[安东·基彭贝格]书信集,1906—1926》,111。关于基彭贝格通知里尔克有900马克版税的信,可参阅《里尔克:人生与作品大事记》,361。
③ 1911年1月10日,《里尔克书信集,1892—1921》3:122。
④ 致克拉拉的信,1911年1月18日,《里尔克书信集,1892—1921》3:124。
⑤ 《一位伯爵的文学残章》,完成于1920年11月30日,《里尔克作品全集》2:118—121。

违的欧洲氛围之中。酒店设施豪华,与周边阴暗低矮的贫民窟相比,简直有天壤之别。在这里,里尔克再度被悲观沮丧的情绪所淹没。他看到金字塔和斯芬克斯像,数千年来巍然屹立,不动分毫,四周却是流水般的芸芸众生,随时势流走,如今落入欧洲人的掌控之中。①在里尔克眼中,这标志着回归黑暗。里尔克还遇上几桩不快的事儿,更加剧了他沮丧的心情,其实也没什么大不了的,不过是些跟钱有关的细枝末节。里尔克的抑郁与日俱增,没过几天已发展到威胁身心健康的地步,不得不去一个朋友家休养。②这次,他去了克拉拉的朋友约翰和克鲁普的别墅,这也是克拉拉3年前曾居住和工作过的地方。这趟旅程从一开始就麻烦不断,再加上这样一个结局,或许,这正是里尔克其后多年对它绝口不提的原因。到达开罗之后,珍妮·奥尔特斯多夫就从里尔克身边消失了。

2月底,里尔克写信给侯爵夫人,这或许是他踏上北非之旅以来首次写信给夫人。继这封信后,里尔克又给夫人的丈夫,亚历山大侯爵写了封信,这封信或许比写给夫人的那封更能表白里尔克的心声。这两封信中,里尔克试图说清这趟北非之行的两个结果:全新的认识,却也是异常艰难的一段时光。在给侯爵夫人的信中,里尔克说,虽然这趟旅行带来了全新的认识,可自己如今异常思念欧洲。③然而,真正入木三分地刻画出里尔克心境的却是他写给侯爵的那封信(给侯爵写信,这已属罕见)。④这封信中,里尔克把自己阴暗的心境归咎于一路上的种种见闻,再加上一连串倒霉的遭遇,更是雪上加霜,他似乎已不能控制自我,滑入怀疑的深渊,认为"一切都不大可能,甚至包括他自己的存在"。

3月底,里尔克已做好返程的准备,此时他囊中羞涩,连路费都凑不足(这也表明,为了这趟奢华的旅行,里尔克在经济上付出了多么高昂的代价)。万般无奈之下,里尔克只好给基彭贝格修书一封,央求他再预支一些稿费。⑤虽然不太情愿,基彭贝格还是汇来500马克。

里尔克在威尼斯停留了一段时间,原计划陪侯爵夫人一起外出走走,

---

① 1911年2月10日,《里尔克与出版商[安东·基彭贝格]书信集,1906—1926》,112—113。
② 1911年2月25日,《里尔克与出版商[安东·基彭贝格]书信集,1906—1926》,115。
③ 1911年2月27日,《里尔克与玛丽·冯·屠恩·塔克西斯书信集》,30。
④ 1911年2月28日,《里尔克书信集,1892—1921》3:124—127。
⑤ 1911年2月28日,《里尔克与出版商[安东·基彭贝格]书信集,1906—1926》,117。

也包括去趟杜伊诺,可偏偏天公不作美,这个计划也泡了汤,转而与夫人在威尼斯的府邸中深谈几番作罢。物质方面,一些好友的帮忙大大减轻了里尔克的痛楚,由霍夫曼斯塔尔牵头,里尔克的那些富有的仰慕者们纷纷慷慨解囊——侯爵夫人、海伦·冯·诺斯济茨、哈里·卡斯纳伯爵,还有许多,不再一一历数。①最后,筹集到的款项远远超出解燃眉之急所需,基彭贝格原本想把这笔钱转成一笔基金,可没能办成。

1911年4月中,里尔克再度回到巴黎,再度尝试从头再来。

7.

1911年夏,诗歌依旧少得可怜,个人事务却多得恼人。5月底到6月初,基彭贝格一家来访,差不多有3个星期的时间,里尔克尽心尽力尽到主人的职责,领他们参观卢浮宫和克吕尼博物馆,又带他们去马尔利勒鲁瓦市的阿里斯蒂德·马约尔家。6月稍后,陪哈里·卡斯纳伯爵欣赏俄罗斯芭蕾舞团的表演,这可不单是为了满足声色之娱。《玫瑰精灵》中瓦斯拉夫·尼金斯基高超的舞技深深打动了里尔克,他也动过念头,把这段舞蹈变成一首长诗,甚至是一部舞剧。②不过,这些想法最后都不了了之,只有舞蹈家的肢体语言,还有精彩绝伦的舞台表演在他心底留下深刻的印记,流传后世。

还是在比戎饭店,里尔克找到一小处避世之所。有件事让他挺开心,就是再遇格哈特·霍普特曼的儿子伊沃·霍普特曼。1903年时,他差点儿就与格哈特·霍普特曼失之交臂。动身去北非之前,伊沃曾上门拜访过一次,如今他同未婚妻住在一起,他的未婚妻叫埃里卡·冯·希尔(Erica von Scheel),是一位年轻活泼的女画家。在里尔克留在巴黎最后的几个月中,伊沃和埃里卡着实帮了他不少忙,里尔克有时和两人一起喝茶,再一起出去走走,有时就埃里卡一个人陪他。有这两个年轻人陪在身边,

---

① 参阅霍夫曼斯塔尔于1911年3月29日写给海伦·冯·诺斯济茨的信,该信转载于《里尔克与海伦·冯·诺斯济茨书信集》133—134页的注释中。
② 1911年6月21日和7月4日,《里尔克与玛丽·冯·屠恩·塔克西斯书信集》,47—48、50。

里尔克觉得轻松愉快了许多,有什么事也可以找他俩帮忙。

这期间,里尔克遇上的另一个人可就阴郁多了。一天清晨,天刚蒙蒙亮,雨水打在建筑阴冷的石壁上,向地面流淌。里尔克看见一个小姑娘,约莫16岁上下,长长的黑发部分遮挡住一双目光如炬的眼睛,一脸的反抗和愤怒。她是谁?是错过了上班时间的女工吗?是站街的妓女吗?或者,二者兼而有之?[①]

姑娘叫玛尔特·亨内贝特(Marthe Hennebert)。里尔克向她伸出友好的手,不仅同情、怜悯她,更感受到深深的责任,去改造她。或许,姑娘悲惨的命运拨动了里尔克心灵深处的某根弦,提到玛尔特时,里尔克称她为长期遭受残酷剥削的工人。在写给席蒂的信中,里尔克写道:"漫长的过去几乎把小姑娘给毁了。"当玛尔特开始在恶劣环境中工作时,她才年仅8岁。多年后,曾有人引用里尔克的原话,姑娘"心灵纯洁,却堕入一无所有,遭人鄙视的世界中",是里尔克把她从那个"声名狼藉的家庭"中救了出来。总之,里尔克很想给她一个新的人生,帮助她学得一技之长,成为一个自立自尊的人。首先,里尔克要让她远离食不果腹之苦,再擦亮她的双眼,带领她去见识她从未见识过的高雅文化。或许,里尔克想再造皮格梅里翁的神话,也或许,他脑子里尽是陀思妥耶夫斯基,或者其他哪个俄国小说家小说中的场景。

里尔克对玛尔特的爱颇为复杂,其中不乏父亲式的慈爱。里尔克带着这个单纯得像一张白纸的小姑娘去游览巴黎市内的名胜古迹——林立的博物馆和教堂,卢森堡公园中的高塔,姑娘虽名为巴黎人,之前却与这些巴黎引以为傲的名胜古迹无缘相识。里尔克为姑娘朗诵,姑娘也为他的关注而开心,他至少为姑娘写过两首诗,不过都是用德文写的,姑娘也无缘赏读。写这些诗前,两人有时一起坐在河畔,姑娘的身边放着大大的太阳帽;也有时,两人一起在阳光下观赏花卉。毫无疑问,此时的里尔克为姑娘所吸引,在两人奇特关系建立之初的日子里,里尔克悉心把握着内心涌现的灵感,他为姑娘所写的诗总体上情调柔缓,其中也不乏如此矛盾的诗句:"你纯净的发端飘起淡淡的清香/融入四下,仿佛一切都好。"[②]

[①] 1911年7月5日,《与席多妮·纳赫尼·冯·博卢廷的书信集》,132。
[②] 《里尔克作品全集》2:382。

为了玛尔特的生计，里尔克四下接触他的有钱朋友们。此外，既然里尔克已经把她从原先的世界中拉了出来，就需要找一个家来安置她。几经询问后，里尔克找到了一个愿意接受姑娘的朋友，海德薇·沃尔曼（Hedwig Jaenichen-Woermann）。海德薇是位德国画家，丈夫是位雕塑家，两人一起住在巴黎。海德薇一时心软，答应收留玛尔特，并承担起教育她的重担。①可没过多久，海德薇就后悔了，自己当初也太不知天高地厚了，居然妄想扮演这个小姑娘的母亲。

对玛尔特而言，这是段艰难的日子，她落入一个完全陌生的世界中。最后，她只好再找②到那个当初"拯救了她"的那个人。那年秋天，她在信中央求道："快来吧！"可里尔克正身在德国，无法回应她的央求。海德薇的家教很严，没过多久，这里已难以忍受。那个说德语的诗人把姑娘的世界搅了个天翻地覆，可玛尔特自始至终对里尔克死心塌地，她对自己说，自己难以实现里尔克的期许，而这反过来更加深了她对里尔克的忠心。里尔克的反应体现于多个方面，侯爵夫人如此评论道："里尔克的心同这位年轻姑娘最为接近，超过他同其他所有女性朋友的关系。"在梦中，里尔克见到玛尔特变为一个聪颖、高雅的姑娘，迎着他赞赏的目光，款款走来。里尔克把无法给自己女儿的爱给了玛尔特。

8.

最近几年以来，里尔克就数在巴黎待的时间最长。不过，巴黎正在远去。他翻译的莫里斯·德·盖因的《牧神》刚刚出版，由纪德翻译的《马尔特手记》的部分章节也刊载于《新法语批评》杂志的 7 月号上（翻译过程中，纪德的卢森堡友人圣休伯特-梅里希【St. Hubert-Mayrisch】帮了不少忙，并为之撰写了书评）。③里尔克也公开表示，再没有第二个人可以用另一种语言如

---

① 1911 年 9 月 23 日，《里尔克与玛丽·冯·屠恩·塔克西斯书信集》，66。
② 玛丽·冯·屠恩·塔克西斯，《追忆里尔克》，31—32。
③ 1911 年 7 月 6 日，《里尔克与纪德书信集，1921—1926》，62—63。

此贴近他那"不可解、不可读的散文语言"。可此时,里尔克的心已离巴黎远去。7月9日,里尔克上路,目的地是侯爵夫人在劳钦的城堡。

这一次,里尔克依旧不是唯一的客人,除了侯爵夫人自己一家人外,同时在的还有佛罗伦萨作家卡罗·普拉希(Carlo Placci)。不巧的是,里尔克刚到10天,夫人最小的孙子,4岁大的雷蒙德染上了猩红热,所有宾客不得不告辞走避。①里尔克在布拉格度过了闷闷不乐的几天,终日流连于大大小小的书店,与阿克塞尔·杨格不期而遇。②两人彬彬有礼地聊了几句,不过并没有流露出再联系的意思。次日,杨格就离开饭店,走了。还有大把时间要打发,里尔克去了雅诺维茨,可席蒂去了英国,里尔克在雅诺维茨待了几天,这样席蒂从英国回家,途经布拉格时,就可以赶去与她会面。

8月15日,里尔克重返劳钦。此时,歌德重新回到他的文学世界中。侯爵夫人要去莱比锡见自己的丈夫,然后两人一起去邻近的魏玛,参观歌德故居和纪念堂。③这趟旅程中,里尔克被委以重任,实际上,整个行程计划都是在里尔克回劳钦后才开始的。

此时,侯爵夫人正思忖着,该给自己的御用大诗人起个什么样的笔名好呢?他的原名太长,也太平淡。突然,夫人脑海里灵光一现:希拉费科博士。在自己的回忆录中,夫人写道,她仿佛听到有人在她耳中轻轻呼唤这个名字,却不知道那个声音来自何方。④显然,这个名字令人想到圣伯纳文图拉,或许,夫人觉得二者间的联系显而易见,没必要再去详细说明,仅仅给出其意大利语的形式。从此以后,希拉费科博士成为侯爵夫人对自己的御用大诗人的亲密称呼。

魏玛之行原本平淡无奇,但这位"御用大诗人"依旧丝毫不敢懈怠,他请卡塔琳娜·基彭贝格帮忙,卡塔琳娜立即写下一份描述详尽,指引清晰的说明,寄到里尔克在莱比锡下榻的饭店。⑤收到卡塔琳娜编写的说明,里

---

① 1911年8月8日和10日,《里尔克与出版商[安东·基彭贝格]书信集,1906—1926》,131—134。
② 1911年9月8日,《与阿克塞尔·杨格书信集》,198—199。
③ 关于这趟旅程,参阅玛丽·冯·屠恩·塔克西斯的《追忆里尔克》,28—29。
④ 同上,28—29。
⑤ 卡塔琳娜写给里尔克的信,1911年8月20日;里尔克写给卡塔琳娜的信,1911年8月20日至21日;《里尔克与卡塔琳娜·基彭贝格书信集》,28—30。

尔克如释重负，心里有了底，于是与夫人会合，一起乘汽车去魏玛。里尔克一贯对现代科技嗤之以鼻，不过对乘汽车这种旅行方式还是挺喜欢。卡塔琳娜的指引不负厚望，连从歌德故居开始哪条小道最适合散步也标得一清二楚，涵盖的范围也十分广泛，一直延伸到故居周边的餐饮住宿。

这趟歌德故居之行中，可以说里尔克的每一个足印都吻合卡塔琳娜的指引。最重要的是，里尔克日益意识到，自己对歌德的兴趣正与日俱增。陪侯爵夫妇在魏玛待了两天后，里尔克去了莱比锡，侯爵夫妇则去了伦敦和巴黎。此时，里尔克感到意犹未尽，数天后，他在基彭贝格夫妇的陪同下再访魏玛，很可能正是此次魏玛之行点燃他心头的火花，令他看到了《哀歌》。①

9.

正在这一紧要关头，杂务又恼人地袭来。继在布拉格同杨格不期而遇后，里尔克再次陷入版权纠纷中。②如今，他大部分作品的版权都归英赛尔出版社所有，甚至连一些博文广见之士也仅读英赛尔的版本，这就造成由杨格出版的一部早期重要作品，《图画集》深藏闺中，知者甚少。

为了这件事，里尔克专程去了趟柏林，试图说服杨格，交出《图画集》的版权，他提出的公开理由是希望自己的每部作品都获得与读者见面的均等机会。③其实，里尔克更支持基彭贝格的雄心，即把里尔克的所有作品都揽入自己手中。会谈没有丝毫结果，9月13日，里尔克收到一封措词强硬的信，断然拒绝了他的要求，并提出，两家出版社按拥有的作品数搞相应的宣传，这样里尔克所有的作品都可以为读者所熟悉。如果说这封信的措词尚不失礼节，语气却是冰冷刺骨，在里尔克看来，甚至有些恶毒。

---

① 歌德点燃里尔克心中《哀歌》的火花，关于这一观点，参阅焦乌科夫斯基的《德国经典哀歌》，239—240。
② 1911年9月8日，《与阿克塞尔·杨格书信集》，198—199页。杨格给里尔克的回信写于9月13日，参阅该书注释第300至302条。
③ 1911年9月14日，里尔克在写给安东·基彭贝格的信中也附上了杨格的信。《里尔克与出版商[安东·基彭贝格]书信集》，138—140。

让他宽心的是,基彭贝格让他把这件事暂且放一放。实际上,仅仅一年后,1912年8月9日,里尔克就要感谢基彭贝格了,他从杨格手中购回了《图画集》的版权。里尔克写道:"您的大胆义举令《图画集》得到了新生,也令我惊讶不已。就让恶龙抱着金子打滚吧!"①

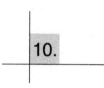

将日常经验转化为艺术的魔术再一次带来惊奇。事务上不顺心,再加上个人生活上亦不如意,这些原本在几周前就应当加剧里尔克的抑郁。神奇的是,此时里尔克已做好了准备,两度魏玛之行(一次同基彭贝格夫妇一起,另一次则是陪同侯爵夫妇),歌德故居的所见所闻,即将在他心中融会贯通,为新的创作打开大门。

侯爵夫人递过了另一把钥匙。②里尔克正在为去哪儿过冬而犯愁,比戎饭店的套间照理应该另有住客了。此时,侯爵夫人允诺里尔克住进杜伊诺城堡,想住多久都行。稍作迟疑后,里尔克从慕尼黑发了封回电,愉快地接受了侯爵夫人的好意。之所以去慕尼黑,是因为里尔克要见克拉拉。

两年前,里尔克还在同马尔特缠斗;如今,他就要面对天国的信使。帮他走上这条道路的有侯爵夫人和她的城堡,有歌德和他的诗歌、日记、信札。当然,还有里尔克自己,去直面自己的孤独,并重新塑造它。在杜伊诺,里尔克终于见到了天国信使,他的样貌着实令人胆战心惊。

---

① 1912年8月9日,《里尔克与出版商[安东·基彭贝格]书信集》,177。
② 玛丽·冯·屠恩·塔克西斯,《追忆里尔克》,26—27。

第 16 章　天使和情人：早期《哀歌》

> 一直以来，14 世纪对我来说是个完全陌生的世界，与当下完全不同的世界。如今，它令我目眩神怡。那个世界中，一切都蕴藏于内心，自然流露，根本没有必要到外界去寻找什么对应。说实话，就算找也找不到。①
>
> ——致卢·安德烈亚斯-莎乐美的信
>
> 1912 年 3 月

1.

描写出内心的景观，排除"外界对应"，或者把外部世界融入到内心生活中，当里尔克开始构思《哀歌》首篇时，这就是他为自己定下的目标。或许，这个目标不大可能一次就完整地呈现于里尔克脑海中，正如洋洋洒洒数卷的《追忆似水年华》也不大可能一蹴而就，一下子就完整无缺地呈现于普鲁斯特向内凝望的目光中。更可能，里尔克的每一首长诗都催生出新的想法，由此内心中的形象层出不穷，内心的舞台也不断得到丰富。里尔克开始创作《哀歌》的首篇和次篇时，他也踏上了一段心灵之旅，虽然这

---

① 《里尔克与卢·安德烈亚斯-莎乐美：书信集》，266。

段心灵之旅可以说发源于他过去的游历,却青出于蓝而胜于蓝,非后者可望其项背。

《哀歌》的首、次两篇都同时有两个焦点:生存和死亡,为观察内心生活的形成打开了一扇窗。这两首诗也在里尔克的个人危机和文学大厦间建立起联系,其后10年中,里尔克呕心沥血,劳作在这座大厦的工地上,虽然中间也有停工和间歇。抵达杜伊诺7个月后,在写给一位青年作家的信中,里尔克写道,见到天使之日,也就是生命走到尽头之时。在里尔克眼中,天使高临内心世界的至高点,既是生命,亦是死亡,既是救赎,亦是毁灭。正是这种看法令里尔克1912年初完成的两篇《哀歌》同之前的《手记》连为一体。

意识到自己即将在杜伊诺长住之日,也是里尔克意识到一个全新的重要开端即将到来之时。9月23日,里尔克写信给侯爵夫人,讨论两人一起去杜伊诺的计划。信中,里尔克提到:"在巨石岩壁里面,我们将踏上一段伟大的内心之旅。"①之后数月,里尔克仍在四下奔波,直到次年5月才停下脚步,把目光投向内心深处,"在外在的沉静中体会内心的奔流"。②其间,除了在12月1日去了趟威尼斯稍作停留,杜伊诺成为里尔克这趟旅程的极限,这趟旅程也注定由外向内,向心灵深处延伸。

2.

直到1911年秋,里尔克为长住杜伊诺做准备时,《哀歌》依旧未现端倪。9月,里尔克去慕尼黑见了克拉拉,两人谈的内容包括女儿露丝的未来,一笔遗产的处置,尤其谈到了离婚问题(首先由克拉拉提出)。

所有这些问题其实都纠缠在一起,难分彼此。里尔克提出克拉拉在养育女儿方面要更积极一些,他自己对于父亲的责任倒是退避三舍。里尔克新近过世的表姐依琳·冯·卡茨切娜-瓦波斯基为他留下了一笔遗

---

① 《里尔克与玛丽·冯·屠恩·塔克西斯书信集》,67。
② 致海德威格·费希尔的信,1911年10月25日,《里尔克书信集,1897—1926》1:318。

产,于是,他向克拉拉提要求时底气也足了些,毕竟有钱撑腰。不过,令他失望的是,这笔钱一年之内无法拿到手,里尔克找到了布拉格的家族律师约瑟夫·斯塔克博士(此时,博士已上了岁数),委托他由遗产中解冻出部分资金,以供养克拉拉和露丝的生计,以及露丝的教育开支。除此之外,律师还负责处理里尔克与克拉拉的离婚事务,里尔克口头上答应了克拉拉的离婚要求。结果,两桩事都难于上青天,好在在第一桩事上,依琳的妹妹鲍拉帮了大忙,预付了一笔钱,等到遗产兑现时再由里尔克偿还。

12月和1月,里尔克和克拉拉的离婚申请进展到最紧张的关头,这也是《哀歌》开始在里尔克脑海中成形的时期。之后,两人的离婚案拖了数年之久,迟迟未决。尽管夫妇二人已分居多年,可依旧阻碍重重。一个主要阻碍是,里尔克名义上是天主教徒,虽然他已放弃了教籍,可这一时间是在婚后不久,而非之前。麻烦接二连三,仅仅1911年10月至1912年1月间,里尔克同斯塔克博士就有5封书信往来。最终,申请转到了维也纳,在那里僵持不前。

正当里尔克在慕尼黑讨论离婚事务时,他收到侯爵夫人从伦敦发来的加急电报,要他电报回复,何时去巴黎,又何时能从巴黎动身去杜伊诺。[①]4天后,里尔克回到维勒内路上的老地方,又遇上了麻烦。他原以为可以同侯爵夫人一道乘汽车旅行,经法国南部和意大利北部,到达杜伊诺。可当他抵达比戎饭店时,发现所有住客,包括罗丹在内,都收到通知,要在年底前搬出去。出于自身的考虑,罗丹说服了法国政府,把饭店改造成一座博物馆,[②]展出他的作品。可对里尔克而言,这就意味着动身去杜伊诺之前要退掉自己的房间,寄存好自己的家具,把所有的图书装箱打包。这是一项艰难的任务,搬运工上门来看活儿有多重,断定单单把书装箱就需要6到7个大板箱。

里尔克匆匆赶到巴黎与侯爵夫人汇合,可不久就知道,两人结伴去杜伊诺的计划泡汤了。实际上,里尔克还期望和夫人一起去托雷多,一起去瞻仰埃尔·格列柯(El Grecos)的绘画杰作(不久之后,他独自一人完成了这个心愿)。侯爵夫人于10月10日终于抵达巴黎,却患了严重的感冒。

---

① 《里尔克与玛丽·冯·屠恩·塔克西斯书信集》,65。
② 1911年9月26日,《里尔克与出版商[安东·基彭贝格]书信集,1906—1926》,142。

一见到里尔克,她就说自己要直接去维也纳,有一大堆信函正等着她去处理,她自己也没料到要处理的信函有这么多。①不过,夫人留下了自己的汽车和司机,让里尔克单独完成去杜伊诺的汽车之旅。

里尔克挺开心。侯爵夫人的司机把那辆宽敞、豪华的汽车开到维勒内路,恭候里尔克上车,然后把车开过查伦顿桥。②这趟耗时9天的旅程穿越法国南部和意大利北部,路线是里尔克自己定的,先到阿维尼翁和戛纳,再途经圣雷莫、皮亚琴察,最后到达博洛尼亚。③在博洛尼亚,里尔克下了汽车,一个人继续前行,在10月23日抵达杜伊诺。这趟旅程沿途风景如画,尤其在普罗旺斯,以及穿越山区下到艾米利亚平原的途中,风景更是美不胜收。④

如果说,里尔克到杜伊诺的一路走得十分称心,他在杜伊诺城堡开始的日子住得并不如意。到城堡时,侯爵夫人已在从维也纳来城堡的路上。和以往一样,里尔克还是希望能和夫人独处一段日子,可他也知道,这次夫人依旧不是一个人来。和夫人一起来的有她的长子埃里希一家,此外,一如既往,夫人身边还是陪着各式各样的嘉宾。一个星期后,鲁道夫·卡斯纳也到了,之前他去了趟俄罗斯,一路可谓跌宕起伏。一如既往,里尔克静静地等着所有宾客离去。

里尔克的为客礼仪依旧无可挑剔,用尽浑身解数给身边的人留下美好的印象。他同卡斯纳的关系也改善了许多,夫人欣喜地注意到,自己的两大明星嘉宾在城堡中一起散步,交头接耳。⑤不过,里尔克还是为自己和夫人开辟了块自留地,两人一直在讨论合作把但丁的《新生》译成德文,如今,两人终于可以花上几小时时间坐在一起,朗诵、讨论这本书,探讨翻译的种种可能。⑥若干年后,一战爆发,杜伊诺处于意大利炮舰的炮火威胁下,此时夫人还能清晰记起与里尔克倾心相谈时的情境:两人坐在摆满鲜花的小起居室中,轮流为对方朗诵但丁。⑦夫人是个大忙人,自然,任何能

---

① 玛丽·冯·屠恩·塔克西斯,《追忆里尔克》,34。
② 1911年10月14日,《里尔克与出版商[安东·基彭贝格]书信集,1906—1926》,147—148。
③ 1911年10月23日,《里尔克与伊沃·霍普特曼和弗劳·埃里卡书信集》,36。
④ 致海德威格·费希尔的信,1911年10月25日,《里尔克书信集,1897—1926》1:318—319。
⑤ 玛丽·冯·屠恩·塔克西斯,《追忆里尔克》,35。
⑥ 同上,37—38。
⑦ 玛丽·塔克西斯致里尔克的信,1915年8月17日,《里尔克与玛丽·冯·屠恩·塔克西斯书信集》,433—434。

与夫人独处的机会都值得珍惜。晚宴上,里尔克也十分活跃,同时也给女主人助力不小,帮助她去照应餐桌旁星光耀眼的众多嘉宾。

夫人又离开杜伊诺,去了劳钦,同丈夫见面。这次,里尔克又帮上了忙,更深深卷入到夫人的家庭事务中。讽刺的是,里尔克正在为结束自己的婚姻而做着漫长而无果的交涉,居然可以帮助夫人去调停夫人小儿子的婚姻纠纷。当时,夫人的小儿子帕查与德·里格侯爵夫人的婚姻陷入了僵局,两人直到1919年才正式离婚,不过裂痕的出现正是在这段时期。夫人深为帕查的心理健康而揪心,于是里尔克义无反顾地卷进这乱麻般的家庭官司中,仿佛他也是当事者。他写道:"我把自己想象成帕查,设身处地地为他着想(其实,对我来说……这不像你想象得那样艰难)。"①

显然,这既是自我定位,也是心理换位。里尔克同帕查推心置腹,交谈很深。里尔克建议帕查去研习法律(这正是他自己年轻时放弃的道路),别再去碰艺术。他如是写道:"千万别碰艺术!让艺术去见鬼!"②对里尔克来说,也正是在这段时间,他终于打破抑郁的魔咒,重新找回了创作的意愿。

3.

一首诗的孕育绝非易事,在军事要塞一般的城堡中,里尔克为了它而绞尽脑汁。此时,生活中和艺术中的众多恋人形象为他提供了殷实的素材。恋人既象征着人类的苦难,又象征着人生的肯定,在恋人身上集中了脆弱善变的情感和坚贞不渝的希望。随着里尔克在内心的探索上越走越远,爱情与恋人逐渐占据了他通信的核心,他从历史和文学中撷取了数位女性形象,似乎在她们身上看到了伟大女性的典范。一周又一周的孤身独处中,这些分散的材料渐渐汇聚到一起,衔接成一个连贯的主题。

---

① 1912年1月12日,《里尔克与玛丽·冯·屠恩·塔克西斯书信集》,79。
② 1912年1月16日,《里尔克与玛丽·冯·屠恩·塔克西斯书信集》,95。

"一个男人一旦成为某人的爱人就完了,枯竭了,就像一只破手套,与爱的对象就此绝缘。"① 这段话出自里尔克致作家阿涅塔·科尔布(Annette Kolb)的信中(里尔克与科尔布结识于慕尼黑),时间是他完成《哀歌》首篇的当天。这段话总结出了这首诗的主要内容,作为女性的伟大爱人,里尔克始终如一地追求着纯粹的爱,不为一时的情欲所打动。

那年秋冬两季,里尔克还在不断与席蒂通信,信中依旧保持着一位真心诚意却不为对方所接受的追求者的形象。信中,里尔克向席蒂倾诉自己的家庭遭遇,有时也会在经济上向她求援。11月时,在里尔克从杜伊诺发出的信中,语气依旧十分亲密。他回忆道,一想到席蒂,就感到一股热血涌过心头,把温暖带到全身,直到四肢的末梢。②信中,里尔克抱怨城堡中的人太多了,太嘈杂了,接着又像说悄悄话般地写道,那些人走后,自己会留下来。之前,他好像邀请过席蒂来杜伊诺,此时已绝口不提了,或许怕安排不了,反而失了面子。同席蒂在一起,里尔克感受到自己的脆弱。此外,在与女儿露丝的关系上,里尔克把席蒂看作是克拉拉的对立面。当时,露丝仍住在奥伯尼兰德,克拉拉时常去探望她,可就是不肯把她带在身边。一个梦里,里尔克看到席蒂和露丝手拉手,向亮着灯光的圣诞树走去。"她会一头扎进你怀里,"里尔克不禁喃喃低语。③

那年秋冬两季,里尔克给席蒂的信中透着一股子绝望后的轻松,还有一些处世哲学和人生智慧。显然,里尔克还想吸引住她。一封信中,席蒂提到自己正在打点行装,打算外出旅行,里尔克在回信中立即提到了持之以恒。后来,这也成为《哀歌》系列的一个母题:定居于乌有之乡。"人生就是变化,好事是变化,坏事也是变化。"接下来,里尔克把话头直接扯上席蒂的旅行计划,扯到她打算放进行囊的东西之上。里尔克写道:"一旦我们下定决心,不再迟疑,东西自动就归置好了,它们是自身所是的一切,蕴含于所有新奇之中。"④这可是一首诗的主题!不过此时,它尚未成熟,可为了博取席蒂的爱慕,里尔克也毫不吝啬地把它献了出来。

然而,最令里尔克刻骨铭心的还是他与米米的关系。他与这位现代

---

① 1912年1月23日,《里尔克书信集,1892—1921》3:185。
② 1911年11月20日,《与席多妮·纳赫尼·冯·博卢廷的书信集》,136。
③ 1912年12月8日,《与席多妮·纳赫尼·冯·博卢廷的书信集》,139—140。
④ 《与席多妮·纳赫尼·冯·博卢廷的书信集》,138—139。

威尼斯女性的交往忽冷忽热,令他心痛,可也是在这一过程中,里尔克最切身体会到爱情的理想与现实的巨大差距。在米米面前,里尔克做出困难重重的姿态,可她的反应始终如一,这使她成为某种固定不变的原型,犹如玛丽娅娜·阿尔科福拉多修女,或文艺复兴时期的法国女诗人路易斯·拉贝(当时,里尔克正想着翻译拉贝的十四行诗)。12月初,里尔克到威尼斯小住了几日,两人的关系有所复苏。或许,上一年被里尔克粗暴拒绝后,此时米米的心中再次燃起了希望。两人在丽都及城中多个地方散步,走遍威尼斯城中的大街小巷。回到杜伊诺之后,里尔克为米米寄去一本阿贝·邦尼特(Abbe Bonnet)的《玛德琳的爱情》,该书德文版由他执笔翻译,即将面世。书在12月2日寄出,随书寄去的还有一封信,信中谈了一些具体事务,同时也再次拒绝了米米,不过语气较为温和,措词也较为含混。①

侯爵夫人曾请里尔克帮忙搞几张18世纪威尼斯画家米歇尔·马里斯奇(Michele Marieschi)的画,而作为艺术品经营世家,罗曼内里家中有藏货。里尔克在威尼斯时,曾亲眼见过这些画。在12月2日的信中,他感谢米米和她姐姐把这些画拿给他看,接下来的讨价还价中,米米在巴黎的哥哥皮埃特罗也加入进来。最终,这些画以16000法郎成交,比夫人最初给的价格高1000法郎,但比罗曼内里一家人的要价要低。交易中,里尔克扮演着双重角色,一方面写信给米米,表示实在抱歉,自己实在不是做生意的料,没能帮她争取到理想价格;另一方面,他又对侯爵夫人的成交价居然比最初报价要高表示愤愤不平。其实,里尔克原本可以说服夫人按米米的要价收购,那点差价对于这位奥匈帝国最富有的女人来说简直是九牛一毛,可他偏偏没这么做。这件事很微妙,对绝大多数人来说,也可以说微不足道,只有米米除外。

追逐和逃避再次上演。早先,里尔克以热烈的语言感谢了米米,感谢她的盛情款待,并说自己不久后还要去威尼斯。他甚至问米米,能否终日面对他而不会感到厌倦,似乎话外有音。②可一等到米米满口答应,里尔克又退缩回来,在信中说不想打断自己的创作计划,因此,在她明年年头动

---

① 《里尔克与一位威尼斯女友书信集》,62—63。
② 1911年12月2日,《给一位威尼斯女友的信》,62。

身去巴黎前,自己不会去威尼斯了。不过,对于米米始终如一的爱,里尔克也并非完全无动于衷,在《哀歌》中也耗费笔墨大加褒扬。在写给米米的信中,虽然里尔克再次拒绝了米米的爱,可措词上已大大不同于上次冰冷、严厉的说教。里尔克承认自己违背了当初的承诺,不能再去威尼斯,并说,离开杜伊诺这个"冷峻的住所"对自己不无诱惑,可自己还是要顶住,不能为之所动。①

里尔克并非没有缘由。1912年1月正是《哀歌》呱呱坠地的日子。在爱情面前,里尔克自相矛盾,进退失据,可这一切被他用下面一段话搪塞过去:"我一定要走完整个沙漠,然后才能找到那棵棕榈树,在树阴下美美地睡上一觉。我想,自己坚持这样做并没什么错。"②这段话也表明了里尔克心中自己的形象:英雄、朝圣者、沙漠中的漫游者,把深爱着自己的人抛在身后。

在这个思潮起伏、诗意涌动的秋冬季节,里尔克心中还时常出现另一位女星,另一位他不愿意承认的爱情女主角——玛尔特·亨内贝特。同玛尔特的关系中,里尔克觉得自己既像一位父亲,又像一位可能的情人;同样,玛尔特既像个孩子,又像个年轻女性。一方面,里尔克想起玛尔特饱含哀怨的央求,求他回到自己身边。③有一阵子,里尔克真不知道自己是不是该和她见上一面。此时,《哀歌》的创作正令他脱不开身,可百忙之余,里尔克还是没有忘记请侯爵夫人代自己选一块有雕饰的纹章,打算在玛尔特18岁生日那天送给她。为了这件事,里尔克数度发急函给侯爵夫人,由此可见他用心之深。

可另一方面,里尔克又要处理好玛尔特的反抗,在沃尔曼家中,玛尔特就像个难以管束的野孩子。在给侯爵夫人的信中,里尔克毫不掩饰自己的失望,他写道:"这孩子与众不同,很难接受家教的约束。"海德薇·沃尔曼显然难以控制这个小姑娘,仿佛小巫师④。里尔克本人也未必能办到。信中,里尔克自我解嘲地说道:"反正瓜熟蒂落,水到渠成。可怜的希拉费科博士,过去不是干什么都成吗?可这次呢?"⑤

---

① 《给一位威尼斯女友的信》,64—65。
② 同上,65页。
③ 1911年9月9日,《里尔克与玛丽·冯·屠恩·塔克西斯书信集》,62—63。
④ 法国作曲家杜卡创作的谐谑曲,取材于歌德的叙事诗《魔法师的弟子》。——编注
⑤ 1911年9月23日,《里尔克与玛丽·冯·屠恩·塔克西斯书信集》,66。

又过了些日子,冬末春初,玛尔特安静了许多,也做出了妥协,油盐酱醋让她闷闷不乐,执笔绘画就好多了。不过,这只不过是昙花一现,玛尔特真正做到波澜不惊还要再过许多年。她同里尔克的情感纽带始终很强烈,从狂躁不羁的青春岁月,到后来的分离、战争,再到更为安静的成年岁月,她对里尔克的感情始终没有减淡。一次又一次,她对里尔克的爱涌上心头,令她自己都为之困惑,更令她身边的人困惑不解。

这些个人关系的背后,下意识的成分构成一道道经纬线条,支撑起《哀歌》的整体框架。《新诗集》曾经描写过的世界则再次出现于被意识之光照得轮廓分明的表面:古代传说和《圣经》中的男男女女,文艺复兴时代的前人偶像。1911年和1912年交替之际,结构复杂的《哀歌》经过长期的孕育,终于成形。

4.

《哀歌》首篇中,诗人的声音穿越无极,渴望传入天使的耳廓。暴风骤雨中,正当诗人深深为才思枯竭而焦灼时,一个声音传入诗人的耳朵,为他指明了方向,就有点像伊斯特里安(Istrian)在沙漠中听到上天的指引。这段如今已是众人皆知的经历被侯爵夫人记入她的回忆录中。① 那一天,风雨大作,里尔克正在为一封重要信件而沉思,在屋前踱步。突然,呼啸的风中传来天使的声音,由此引出了《哀歌》的首句:

   如果我呼喊,各级天使中间有谁,
   听得见我?②

故事还在继续,里尔克在纸上匆匆记下这几句诗,然后走进屋子,继续写信。当天夜里,《哀歌》首篇就呱呱坠地。当然,更多的证据表明,这

---

① 玛丽·冯·屠恩·塔克西斯,《追忆里尔克》,48—49。
② 《里尔克作品全集》1:685。

首诗的创作绝非如此简单,这首诗其实是一个复杂的混合,其中包含了许许多多的要素,既有思想上的,也有情感上的。在里尔克寄居杜伊诺的这几个月中,所有这些要素在他的书信中都露过头。不过,里尔克确实经历了一场神灵附体式的巨变。

实际上,《哀歌》首篇的前奏《玛丽生平》完成于1月中旬,这表明诗人长期以来休眠的心灵再度活跃起来。一方面,《玛丽生平》为里尔克日后的创作开辟了一条道路;另一方面,这首诗也令里尔克扭转过头,回顾自己走过的道路,回顾1900年时的自己。当时,他和海因里希·福格勒一起首度有了创作这样一组诗的想法。①

昔日的里尔克如何过渡到创作《哀歌》的里尔克的呢?这一过程肯定很吸引人,它迫使里尔克把昔日转化为新生,跨越12年的时空,把1900年拉到1912年。1912年1月,伫立于自己的新工程之前,里尔克一次又一次唤起昔日见到的天使。当年,他从福格勒的画中首度见到这个形象。十多年来,他一直把这个形象藏在心底,暗自欣赏,不停拂拭。创作《玛丽生平》时,里尔克广阅杜伊诺城堡中的藏书,他开始沉思,天使是传统上的保护者,也是上帝的信使,由他宣告了玛丽的死讯:

> 还是那位伟大的天使
> 曾向她传达受孕之讯
> 静候一旁,等着她的目光
> 对她说:时间到了,该入列了。②

这样的天使尚未远离基督教传统,依旧为世人所熟悉。可以说,里尔克以想象创造出的强大天使形象部分源自于《玛丽生平》中的天使。不过,主宰着《哀歌》中的风暴的天使已是一位全新的天使,经历了彻头彻尾的转变。

里尔克去世前一年,他向《哀歌》的波兰语译者维托德·胡勒维奇(Witold Hulewicz)解释道:"《哀歌》中的天使同基督教的天堂、天使毫无

---

① 参阅《里尔克在沃普斯韦德日记》,1900年9月29日。
② 《玛丽生平》,《里尔克作品全集》1:678。

关系，或许更接近于伊斯兰教的天使形象。"①《哀歌》首篇完成之后的岁月里，里尔克的思想几经转变，可杜伊诺的那一幕始终是石破天惊的突破，破蛹化蝶的巨变，此时的天使也成为造物主的创造，完美无缺，法力无穷。他不分性别(不过大多数时候，我们还是称"他")，包容一切实在，无论是感知之内的，还是感知之外的。他将前者纳入后者之中，唯有在感知之外的实在中，万物才达到巅峰。

《玛丽生平》与《哀歌》有着诸多重叠之处，前者完成于1月15日至22日间，后者动笔于21日，仿佛《玛丽生平》中仍属于人界的天使在《哀歌》中骤然无限放大，虽然还保留着人的外表，其感受力和法力已近于无限。不过，里尔克在玛丽身上已埋下伏笔，不单以天使为完美人性之典型，更加上一层意思：完美的天使源自完美的爱情，完美的爱人在瞬间结合，由此赋予天使以力量。

为了突破小我的极限，打破死亡的必然，里尔克把天使幻化为一个全新的形象——遥不可及，又法力无边的意识。不过，在创造这一形象的过程中，里尔克抛弃了诗人创作的自我，仅仅被动接受灵感投射来的光线。在《哀歌》首篇中，里尔克高呼：

> 如果我哭喊，各级天使中间有谁
> 听得见我？

与此遥相呼应的是次篇的开头：

> 每个天使都是可怕的。但是，天哪，
> 我仍然向你歌唱，几乎致命的灵魂之鸟。②

如此的语言出自先知之口，那正是兰波曾为之放声高唱的先知。也可以说，它们出自预言家之口，就如同《新诗集》中的耶利米，把自己的喉舌借给造物主，让芸芸众生聆听主的声音。

借助笔下的天使，里尔克发出声音。1912年1月12日，他在信中告

---

① 1925年11月13日，《里尔克书信集，穆佐楼，1921—1926》，376。
② 《里尔克作品全集》1:689。

诉侯爵夫人:"我着了魔一般写作,那又如何?您将体会到,我别无选择,那个选中我的声音远比我强大得多。"①1月16日,也就是里尔克把完成的诗稿寄给夫人5天前,他提到:"那天,我听到的声音,不亚于响彻大地的闷雷……我匆匆记下。"这段话中,他把自己比作聆听到《启示录》的圣约翰。据载,这位使徒孤身流亡中突然听到身后涌起巨响。里尔克把自己变成了工具,犹如一把竖琴,他向侯爵夫人写道:"我像一株小草,在风中摇摆,我一定要让他附上我的躯体。"②

5.

9月时,里尔克曾问道:"没有托起他的祥云,神灵又是什么?如果法力已耗尽,神灵又会怎样?杜伊诺就是我的祥云——离群索居,远离一切,您定能体会到,我是多么需要这一切。"③

杜伊诺是里尔克艺术复兴的源泉,在这里,他的一切形成全新的视像,上达语言之表,其中既有他的感受,亦有他的孤僻、欺疚、疾病,还有各种可能的色彩和欢愉。在杜伊诺这个外在有形的堡垒中,里尔克出发去寻找内心无形的堡垒,去探知内心的焦灼。

不过,他不久就感到,城堡的高门厚壁不单可以用来避难,同样可以用来囚禁。他甚至从城堡的主建筑中搬了出来,搬到外面一幢亭屋中,试图以此减轻囚禁之感,可结果并不如意。眼前空旷无物,在其重压之下,初到时的兴奋化为灯下灰烬,随风散去。

这样的背景下,里尔克重新与卢·安德烈亚斯-莎乐美通信,与她探讨已放下多年的精神分析问题。④1912年,弗洛伊德的学说已有了相当大的影响,精神分析不再令人震惊,里尔克对其尤其关心,他感到自己需要治疗,又怕治疗会影响到自己的创作。

---

① 1912年1月12日,《里尔克与玛丽·冯·屠恩·塔克西斯书信集》,91。
② 1912年1月16日,《里尔克与玛丽·冯·屠恩·塔克西斯书信集》,92。
③ 1911年9月23日,《里尔克与玛丽·冯·屠恩·塔克西斯书信集》,66。
④ 《里尔克与卢·安德烈亚斯-莎乐美:书信集》,237—242。

多年以来,卢与精神分析界的关系很近,早在1895年,她就见过弗洛伊德。不过,她真正下决心做一名分析师,还是在她结识里尔克数年后,而促使她作出这一决定的正是她与里尔克的交往。用她的话说:"深入一个不同寻常的心灵,去探究它的命运。"杜伊诺的长冬重重压在里尔克心上,使他再次找上卢,这一次是想听听她的意见,要不要请卢的同事维克多·埃米尔·弗莱海尔·冯·葛布萨特尔(Victor Emil Freiherr von Gebsattel)为自己作分析治疗(此君数度与卢有恋人关系)。

这一局面对两人来说都有些棘手。1911年9月,里尔克正在为长居杜伊诺而做准备时,卢参加了在魏玛召开的第三次精神分析大会,在这次会议上,她建立了同弗洛伊德的牢固关系。也正是在这次会议上,她作出了事业上的决定,不久将去维也纳短期逗留,参加弗洛伊德的培训班,把自己训练成一名精神分析师。因此,1912年1月至来年春,她和里尔克通信最为频密之时,也正是她作出抉择和改变之时。

1911年和1912年新旧更替之际,就在《哀歌》诞生之前,里尔克感到,自己正身处一场激烈的对抗中,对手无迹可寻,那正是他所追求的艺术。在写给卢的信中,里尔克写道:"艺术也有可怕的一面,就是你涉足越深,就越需要去触摸极限,去抓根本不可能抓住的东西。"如同他所创造的天使一样,艺术和艺术家远隔万里,最极端的情况下,艺术家唯有绝望,别无他策。"我的一生就是一场漫长的康复,这些是否就是病症?"里尔克在信中向卢问道。"或者,它们是新疾病的征兆?"[1]

卢对里尔克的情况颇为关切,当即回信。给卢的回信中,里尔克表示,对于卢的关心自己颇为感激,并说,自己在花园中来回踱步,仿佛要把卢的信一字不漏背下来。重要的是,里尔克与卢通信最频繁的那段时间,也正是他创作最紧张的一段时间,先是《玛丽生平》,接着又是《哀歌》。1912年1月14日,里尔克找上了冯·葛布萨特尔医生,直接问他治疗有无可能。这封信中,里尔克写道,城堡"有着庞大的身躯,却没有灵魂,自以为坚不可摧,却恰恰困顿于此。"[2]不过,城堡坚不可摧的外表并没有给

---

[1] 《里尔克与卢·安德烈亚斯-莎乐美:书信集》,240—241。
[2] 致埃米尔·冯·葛布萨特尔医生的信,1912年2月14日,《里尔克书信集,1892—1921》3:178。

里尔克带来内心的宁静,他再度陷入瞻前顾后,模棱两可之中。给冯·葛布萨特尔医生的信刚刚寄出,他又找上卢,就在《哀歌》完成前一天,他还给她写信,信中说弗洛伊德的分析方法有时让人毛骨悚然,会把自己榨干,最后只剩下经过消毒的心灵,"不满红墨水痕迹的自我,犹如小学生的作业本"。①不过,里尔克依旧在权衡、犹豫。

冯·葛布萨特尔医生的回复十分迅速,一收到里尔克的来信,他就匆匆回信,鼓励里尔克接受治疗,并相当详细地把治疗过程向里尔克介绍了一遍。此时,里尔克却退缩了,他也承认,冯·葛布萨特尔医生的治疗或许更有效,可他还是强调,最根本是通过工作达到"自我治疗"的效果。这封信的完成日期仅仅比里尔克把《哀歌》首篇的定稿寄给侯爵夫人提前了一天,因此,里尔克所谓的"自我治疗"有所确指。

正在此时,卢介入进来,②且举动极为激烈,让人想起上一次她对里尔克的干预,也就是两人的恋人关系即将画上句号之时,她向里尔克发出的"最后的请求"。这一次,她发来电报,叫里尔克千万不要接受冯·葛布萨特尔医生的治疗。里尔克的回复也表明,当他犹豫不决时,他还是很信赖卢的判断。1月24日,里尔克在信中对卢说,自己在感情上更倾向于她的判断,精神分析只会加剧心灵的干涸。要是自己想告别诗歌,永远不再提笔创作(创作《手记》时,里尔克就曾动过这样的念头),精神分析倒是值得考虑。那样的话,要是他想借助外力驱走盘踞于自己心底的恶魔(布尔乔亚的心灵为此而痛苦万分,不得安宁),也不必介意是否会同时毁掉天使在自己心中的营盘。③总而言之,里尔克最终决定,只有当自己的职业对创造力没有那么高的要求时,精神分析对自己才有意义可言。遵照自己的承诺,里尔克把这个决定立即告知了冯·葛布萨特尔医生。

卢,弗洛伊德学说的信徒,几乎自己就是一名精神分析师,居然会赞同里尔克的看法,实在有点有悖常理。实际上,她不仅赞同,更积极催生出这一看法。她对里尔克说,冯·葛布萨特尔医生没治过几个病人,而且每个病人的治疗期都很短,她似乎没说真话。其实,里尔克的妻子克拉拉

---

① 《里尔克与卢·安德烈亚斯-莎乐美:书信集》,250。
② 致里尔克的电报,1912年1月22日。
③ 1912年1月24日,《里尔克与卢·安德烈亚斯-莎乐美:书信集》,252—253。

就是冯·葛布萨特尔医生的病人,接受过好几个月的治疗,而冯·葛布萨特尔医生也对治疗里尔克表现出极大的兴趣,可里尔克还是情愿接受卢的说法。卢确实担心,治疗有可能会干扰心灵的艺术创造,不过,她可能还有另一层担心,也可以理解:她可能担心自己的同事会深入到里尔克心灵的深处,那里处处可见自己的影子。对于两人的过去,卢一向极为敏感,以至于竭力说服了里尔克,把两人热恋期的书信统统付之一炬。在许多场合,卢都表示过,那是自己一生中做过的最艰难的决定之一。

所有这些问题出现时,里尔克已开始了他的创作,他在这一时期的书信同《哀歌》有着内在的对应。这种种对应表明,他想令自己的心灵澄澈见底,而他的努力也反映到,更确切地说,是折射到他正在创作的诗歌中。里尔克向卢发出呼唤,为自己的心灵找到一块地方,可以同时容纳下他的内心和他的诗歌,那就是他写给卢的信。如此心境下,里尔克表示,一个人的行为、失败、拒绝会变成气体一样的物质,于是,我们的作为与不作为会令天地万物有所不同。①《哀歌》的首篇和次篇中,这一想法化为数个隐喻,无论对于了解里尔克的内心世界,或是对于了解诗歌中的艺术世界,这些隐喻都至关重要。《哀歌》首篇中有这样一句诗:"且将空虚从手臂间扔向我们所呼吸的空间"②,次篇中,诗人发问:"我们化解于其间的宇宙空间是否带有我们的味道?"③

种种对应中,有人指出,在去卡普里的路上,里尔克曾瞻仰过几处那不勒斯古墓,墓前的"阿提喀"石碑成为《哀歌》中石碑的原型(《哀歌》中,石碑这一形象代表着温良谦恭)。次篇中,诗人问道:"阿提喀石碑上,人类姿势的审慎难道不令你们惊讶吗?"④一个念头如迅雷疾电闪过里尔克的心头,与人做身体接触时,只应使用雕刻于石碑上的那些姿势,断然不可更激烈。里尔克在给卢的信中写道:"我衷心希望,自己终于可以表达出自己心底的热望,又不造成损失和不幸,所要做的其实就是把手轻轻放在别人肩头之上。"⑤在诗中,里尔克写道:

---

① 1912 年 1 月 10 日,《里尔克与卢·安德烈亚斯-莎乐美:书信集》,243。
② 《里尔克作品全集》1:685—686。
③ 同上,690。
④ 同上,691—692。
⑤ 1912 年 1 月 10 日,《里尔克与卢·安德烈亚斯-莎乐美:书信集》,246—247。

>……爱与别离可不是
> 那么轻易地置于肩头，仿佛是由别的
> 什么质料制成的，而不是发生在我们身上？记住
> 那双手，它们是怎样毫无压力地歇着……①

艺术家一头要生存在现实之中，另一头又要去追逐极端和几乎不可能实现的事物，在里尔克看来，艺术的这一品质同精神疾病有着内在联系，而"温良谦恭的姿态"正可弥补生存必须和艺术追求之间的鸿沟。这种姿态可视为指示牌，指向里尔克希望可以替代精神分析进而起到自我治疗作用的工作。

转眼间，一切归于平静，人们或许不会理解，里尔克干嘛要自找罪受？其实，这三位感受敏锐、智力超群的人之间的通信，都是里尔克勤力编织的图案的一部分：当他已经开始创作《哀歌》时，他求别人助自己一臂之力，以摆脱心灵的长久旱季；当他开始接触那位杰出的精神分析师时，其实对于精神分析的效果里尔克心中早有定论，他后来与卢的交流不过把这一定论表白了出来。②

仅仅"囚禁"于杜伊诺的外在城堡还不够，虽然城堡的与世隔绝有时确实有一定疗效（不过，其强度和持久性从来都没有达到里尔克的预期），里尔克也需要一些自己能够掌控的人际交往。他一个人与两个舞伴翩翩起舞，这一过程中，里尔克似乎为苍白孤独的创作生活涂上了些许色泽。其实，里尔克这样做已是驾轻就熟，1900年早期，当他创作《定时祈祷文》时，以及，那个10年的最后几年，当他创作《手记》时，都做过类似的事。如同过去一样，里尔克对自己内心生活的关切折射到他的诗歌语言中，他下定决心，以艺术治疗心灵的创伤。由此看来，里尔克与精神分析的"游戏"对于他的创作其实起到了严肃意义上的作用。

里尔克的生活内容，以及他为压制过于苛刻的艺术所做的内心挣扎，构成了理解早期《哀歌》的先决条件，尽管并非全部条件。至于早期《哀

---

① 《里尔克作品全集》1：691—692。
② 尽管许多专家学者对这一时期的往来信件和诗歌创作做了细致的解读，可并没有谁能拿出满意的解释。或许，对于里尔克独特的内心世界，也没有谁敢加以解释。

歌》的形式,以及与主题相关的一些重要方面,里尔克找到了一个大大出乎人们意料的典范——歌德。上一年夏天,当里尔克访问魏玛,瞻仰歌德故居时,他终于彻底领悟到了歌德的意义。彼时,里尔克对歌德的矛盾情感尚未完全消失,但他已做好准备,去接受歌德壮阔恢弘的诗风。

6.

里尔克选中了"哀歌"这一传统形式。回首看来,对于一部探讨死之必然的诗歌,这一选择合乎逻辑,可在创作之初却绝非必然。其实,里尔克并不适应哀歌这一形式,也不像十四行诗那样以往有创作经验。事实是,正是哀歌这一形式引导里尔克最终走出创作低迷的泥沼。

哀悼是哀歌传统的一部分,之前,在给鲍拉·贝克尔写挽歌时,里尔克已学会了如何哀悼。在魏玛时,里尔克见识到了又一部以女性为中心的悲剧,剧中主角叫克里斯蒂娜·纽曼,歌德的哀歌《欢乐女神》就是为她所做。那次经历对于里尔克来说意义非凡,琐事杂务,以及随之而来的种种阻碍被一一清除后,创作一个哀歌系列的想法开始在里尔克心底萌发。[①]

歌德的诗中,重点是克里斯蒂娜英年早逝,歌德把她的早逝,以及她在生活中所扮演的角色,同莎翁历史剧《约翰王》中的一个人物,男孩亚瑟,作了一番对比。里尔克对侯爵夫人说,从克里斯蒂娜这个人物身上,自己仿佛看到了死者身上散发出的一道光晕,让人感到无畏无惧,富丽堂皇。[②]歌德的诗照亮了里尔克的道路,为他的创作指明了方向。歌德的诗中,青春与死神拥抱,女演员静静地躺在远离人世的静谧中,躯体仿佛笼罩在一层奇光异彩之下。面对拖曳迤逦的长句,不断更换的韵脚,里尔克立即有了亲近之感。这是一次醍醐灌顶式的遭遇,歌德的诗中,生命与死亡相拥,把里尔克引上一个全新的方向。里尔克感到,哀歌这一形式为自

[①] 1911年8月25日,《里尔克与玛丽·冯·屠恩·塔克西斯书信集》,59—60。这一人生细节对于里尔克的《哀歌》至关重要,它令里尔克更深入地去挖掘歌德。关于这个问题上,西奥多·焦乌科夫斯基在他的专著《德国经典哀歌:1795—1950》中做了精辟的论述,令我受益良多。

[②] 1911年8月25日,《里尔克与玛丽·冯·屠恩·塔克西斯书信集》,59。

己提供了一个机会,可以把狭隘的自我探究点化为广博的万物求索。《哀歌》首篇中,里尔克写到生存和死亡的交互影响:

> 他们始终不再需要我们,那些早逝者,
> 他们怡然戒绝尘世的一切,仿佛长大了
> 亲切告别母亲的乳房。但是我们,既然需要
> 如此巨大的秘密,为了我们常常从忧伤中
> 产生神秘的进步——:我们能够没有他们吗?①

歌德不仅让里尔克发现了一种形式,以及这种形式同死亡的关系,也令他领悟到作为爱人的歌德。在创作《手记》的晚期,贝蒂娜·冯·阿尔尼姆致歌德的信已在里尔克的想象中占据了一席之地,也更加剧了他对歌德在爱情问题上的责难。②在里尔克看来,歌德没能理解放在眼前的这份爱有多么深厚。不过,里尔克对歌德的另一位异性笔友也表现出同样浓厚的兴趣,这也是一位年轻女性,不过同贝蒂娜相比,所知者没那么多,从她身上体现出爱的另一面。她叫奥古斯特(有的书中称她为古斯滕)·冯·斯托贝格,歌德忠实的读者,歌德与她完全未曾见过面,可在与她的书信交往中,歌德为自己想象中积聚的情感找到一个宣泄口。在现实中,他绝不敢这么做。

所谓"古斯滕书简"的对象是一位19岁的年轻姑娘,出身贵族,但门第算不上显赫,当时歌德本人也尚未到而立之年。上一年夏天,里尔克在基彭贝格家中读到这些书简,深受触动,这些书简仿佛写出了他的心声。在基彭贝格家做客时,里尔克时常与主人夫妇谈起这些书简,虽然它们在1839年和1881年曾两度出版,如今已为大多数读者遗忘,基彭贝格打算在自己的袖珍经典系列中重新出版这些书简。里尔克一下子就迷上了这批书简,书简的对象奥古斯特出身贵族,家中排行老五,父亲

---

① 《里尔克作品全集》1:688。
② 可参阅里尔克致席蒂的信,1910年7月,《与席多妮·纳赫尼·冯·博卢廷的书信集》,101;也可参阅里尔克1911年9月14日致海伦·冯·诺斯济茨的笔信,《里尔克与海伦·冯·诺斯济茨书信集》,32。乔安娜·卡特琳对所谓"贝蒂娜"现象做了十分精彩的论述,参阅《里尔克和永恒的女性》,38—39、40—45。

克里斯蒂安·斯托贝格伯爵在丹麦军中服务。显然,无论对于歌德,还是对于里尔克,这位奥古斯特都有着充足的神秘感,吸引里尔克的是奥古斯特那位信奉虔敬派的母亲,以及她的童年生活散发出来的浓厚的神秘色彩。与里尔克不同,歌德对奥古斯特着迷,更多源于自我反思。两人的交往始于歌德的《少年维特之烦恼》,这本书如同一声惊雷,震撼了年轻姑娘的心,令她心潮起伏,澎湃不已。她请自己的哥哥帮忙联系书的作者,歌德的回复很热情,但两人终身没有见过面。1823 年,已步入迟暮之年的歌德在给奥古斯特的信中写道:"我亲爱的朋友,从我俩年轻时起,我俩的心就已经相识,虽然我俩的目光从未接触。"①

对里尔克而言,这次发现为他指引出一个新的方向:在写给一位素未谋面的笔友的信中,歌德用自己的想象至少部分重塑了奥古斯特的形象,当他在这位亦幻亦真的奥古斯特面前出现时,他自己也披上了虚幻的色彩,请信中的奥古斯特(而非她本人)参与到自己的生活中,分享自己的喜怒哀乐。初读歌德书简两年后,在写给一位年轻笔友,玛格达·冯·哈汀贝格的书信中,里尔克也以饱含情感的文字,呈现出理想中的自己(两人的亲密关系一直维持到见面为止,见面后不久,两人就往来稀疏了)。

里尔克珍爱"古斯滕书简"中的情感,亦珍爱其中典雅的文风,他把英赛尔出版社出版的新版送给朋友,并在 12 月向聚于杜伊诺的宾客们极力推荐这本小书。②这些书简似乎最终解除了里尔克对歌德的反感,2 月时,他在信中对卢说,自己阅读了"写给古斯滕的充满青春活力的信",把自己同歌德分开的魔咒终于打破了。③现在,里尔克可以去研读歌德的《意大利之旅》了。在同一天写给侯爵夫人的信中,里尔克的语言更为激昂:"自从我发现了'古斯滕书简',魔咒就打破了,我开始感受到歌德的伟大,而在此之前,我心灵的大门对歌德始终关闭。"④

歌德在书简中谈到爱情的两个方面,在里尔克心中引起共鸣:其一,歌德在书简中表示,恋爱中的人可以摆脱现实中的爱人,在自己的内心创

---

① 贝伦兹,《歌德致奥古斯特·冯·斯托贝格书信集》,76—95。
② 1911 年 12 月 7 日,《里尔克与出版商[安东·基彭贝格]书信集,1906—1926》,153。
③ 1912 年 2 月 19 日,《里尔克与卢·安德烈亚斯-莎乐美:书信集》,262—264。
④ 1912 年 2 月 19 日,《里尔克与玛丽·冯·屠恩·塔克西斯书信集》,112。

造一个仅仅属于自己的世界。歌德一直避免同奥古斯特见面,去问他究竟有没有爱过这个姑娘根本就已经离题万里。歌德在自己的心中描绘出爱人的形象,至于她本人,除了一张朦胧的画像,歌德从未见过,也不愿去见。歌德的做法成了里尔克的艺术感受的关键,在里尔克看来,这其实就是传统观念的现代翻版:所谓远香近臭,距离产生美,完美无缺的爱情只有当双方各不相见时才有可能。歌德的书简从男性的角度重新审视了这一主题,同里尔克歌唱过的那些文艺复兴女性相比,歌德的立场所去并不算遥远。

男性有需要,女性忠贞不渝,爱情中,这两方面交织在一起,而里尔克对歌德书简的反应也体现出他对这一问题的痴迷。《哀歌》首篇中,里尔克唤起人们对加斯帕拉·斯坦帕的记忆,那是16世纪一位威尼斯女诗人,爱上一位年轻的伯爵,可最终遭到背弃。受此刺激,她写下200多首十四行诗,31岁时英年早逝。在里尔克眼中,这位女诗人代表着完美的恋爱女性。与之对照,里尔克对歌德书简中"疾风骤雨般的语调"大加赞赏,这恰恰反映出男女两性的区别。《哀歌》次篇中,这种区别成为主题之一:

> ……当你们彼此
> 凑近对方的嘴唇开始啜饮——:饮了一口又一口
> 哦饮者会多么不寻常地规避这个动作啊![1]

"古斯滕书简"中并没有恋爱中的女性,从现实意义上说,她并不存在。相反,我们在书简中仅仅看到一位被爱的女性,为一个漂浮于偶然之上的男人深情颂扬。里尔克给席蒂也寄上了一本英赛尔版的"古斯滕书简",同时在信中说:"我几乎就要以为,我亲爱的朋友,歌德的这些书简是我送给你最美妙的礼物。"[2]里尔克一向视女性承受着不可更改的命运,《哀歌》中,他对这一看法做了一些修正,以适应越来越宽广,直至囊括寰宇的视野。

---

[1] 《里尔克作品全集》1:690—691。
[2] 1912年8月5日,《与席多妮·纳赫尼·冯·博卢廷的书信集》,157。

7.

　　1912年至1922年,这磨人的10年中,《哀歌》一首接一首问世,许多其他的对象和场景,关系和主题,以及像荷尔德林的颂歌这样的文学典范,一一融入《哀歌》之中,同里尔克的个人生活和文学生涯混合在一起,孕育出《哀歌》的形式和结构。直至今日,它们依旧是里尔克诗歌作品中引以为傲的主力军。早在1912年时,大量此类主题已出现在里尔克的诗歌中:城堡的边边角角,高塔的回廊甬道,尤其是富丽堂皇的客厅中,一面面镜子反射、扭曲着各种光线,在里尔克心中留下深刻的印记。这一时期,里尔克时常在信件中提到格列柯。那一年晚些时候,他去了托雷多,又继续做了一番研究;埃及的古老传说和诗歌在他的心中依旧占有一席之地;还有在写给卢的信中曾提到的,他在那不勒斯见到的阿提喀石碑;还有,他在威尼斯和米米一起参观过的玛丽娅·福摩莎教堂。所有这些人生中的点点滴滴,转瞬即逝的时光,被里尔克藏在心底,继而再现于诗歌之中。

　　伊沃·霍普特曼(Ivo Hauptmann)给里尔克来信,报告说自己在汉堡境况不错。给伊沃·霍普特曼的回信中,里尔写道:"你的汉堡来信令我欣喜不已,汉堡这个地方,还有那里的各项条件,正适合你的工作。"①汉堡之于伊沃,恰如杜伊诺之于里尔克。沉静安宁的信仰令世间万物结为一体,然而,生命的可能却源自于追求变化的冲动,这一静一动之间的复杂关系被里尔克浓缩入《哀歌》首篇以下几句中。这几句诗中,诗人精彩地表达出自己心中,爱的忠贞不渝与流动无定之间的冲突:

　　　　但精疲力竭的自然却把爱者
　　　　收回到自身,仿佛这样做的力量
　　　　再用不到第二回。你可曾清楚记得

---

① 1912年1月9日,德国文学档案馆内部资料。

> 加斯帕拉·斯坦帕,记得任何一个
> 不为被爱者所留意的少女,看到这个爱者的
> 崇高范例,会觉得"我也可以像她"一样吗?

里尔克唯恐因爱而永久带上枷锁,一生为之焦灼。《手记》中,浪子拒爱于千里之外,也是出于同样的焦灼;还是这种焦灼,塑造出形象,决定了恋爱中的人的姿态:

> 难道还不是时候,我们在爱中
> 摆脱被爱者,战栗地承受着
> 犹如箭矢承受着弓弦,以便聚精会神地向前飞跃时
> 比它自身更加有力。①

这实在是一个惊人的形象,精致的语言背后,可以直接看到里尔克的人生创伤。这首诗中,诗人从女性的角度发声,渴望将个人的小爱转化为超越个体的大爱。②同样的诗句完全适用于里尔克的个人生活,他深深陷入困于一隅的恐惧中,于是不知疲倦地漫游,从一个情侣到另一个情侣,从一个地方到另一个地方。里尔克的人生本身就是一个隐喻,将动与静,空间与时间,艺术之永恒与人生之短促在刹那间融入一句诗中:"居停就是空无。"③

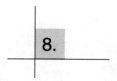

那个冬天,杜伊诺,《哀歌》,还有里尔克的个人生活,被诗人编织到一

---

① 《里尔克作品全集》1:686—687。
② 参阅柯玛尔,《歌德致奥古斯特·冯·斯坦托贝格书信集》,30 页脚注;加亚蒂尼,《里尔克论"此在":解读杜伊诺哀歌》,46—50。
③ 柯玛尔从时空的角度对这句话进行了一番阐释,参阅《歌德致奥古斯特·冯·斯坦托贝格书信集》,32。

起。此时的里尔克仍在与精神分析挣扎,不过,他还另有他法去填补生活中的空白与孤独。其一,照看他所居住的"永恒的城堡";其二,与他的母亲导师通信,往往一写就是好几个小时。侯爵夫人此时远在劳钦,与她的通信正好可以平衡卢的影响。除了创作诗歌,与卢讨论精神分析,里尔克也向侯爵夫人写了大量信件,协助她买到马里斯奇的画作,抚慰米米的情感,此外还要留意玛尔特的近况,外加为帕查提供忠告,帮助他走出困境。此外,里尔克还要报告城堡修葺工程的进展和遇到的困难。按照侯爵夫人的意思,城堡在主人不在时要做一些改造,由此引出的麻烦数不胜数,同工程人员开了无数次会。里尔克怎么可能挤出时间,同时做这么多事情?这实在是个谜。不过,他确实对城堡建筑的一些细节特别留心,这一点在哀歌首篇中也有所体现。到了1月下旬,日常生活中的各种细枝末节,仆佣们的口角争吵,都在诗人的作品中至少暂时定形下来。在构造自身形式的过程中,诗歌也为一切提供了一个立足之地。

1月16日,里尔克在写给侯爵夫人的信中仍在大吐苦水,倾诉创作的艰难。仅仅5天之后,1月21日,他就满怀自豪地向侯爵夫人寄去了两人在魏玛时一起买的绿皮笔记本,宣告:

> 终于,我亲爱的夫人,我可以把这本绿皮笔记本送给您,请您永久保存。本子上记载了我在杜伊诺完成的第一部作品(这也是隔了很长时间后我完成的第一部作品)。当初咱俩买下这本绿皮小本,不就是为了这一刻的来临吗?请欢迎它,善待它,始终如一!①

这番话为《哀歌》首篇的完成而写,仅仅两周之后,次篇也诞生了。这两首诗中,里尔克踏上了一趟伟大的旅程,超越尘世间追求的旅程,一趟他的但丁之旅。在首篇中,他写道:

> 天使(据说)往往不知道,他们究竟是
> 在活人还是在死人中走动。永恒的激流总是
> 从两个区域冲走了一切世代

---

① 《里尔克与玛丽·冯·屠恩·塔克西斯书信集》,97—98。

>　并比两者的声音响得更高。①

　　然而，这一切仅仅是开始。《哀歌》逐渐占据了里尔克的全部心灵，恰如多年以前，他为《手记》而寝不安枕，食不甘味。在《哀歌》的强大力量面前，里尔克已五体投地。

---

①　《里尔克作品全集》1:688。

第六部分
内心图景

第 17 章　诗人皈依

> 天使性如烈火，不愿徒作壁上观。在他们面前，我们望尘莫及，恰如在天父面前，他们也望尘莫及。在我看来，他们最爱管闲事。①
> ——致卡尔·冯·德·黑特的信
> 1913 年 3 月 15 日

1.

创作《哀歌》次篇时，里尔克已达到一个高峰，之后的人生已一览无遗。未来的岁月里，他的人生道路有上有下，有起有落，但总体而言是向上攀升。此时，里尔克 36 岁，已接近人生的巅峰，尽管把他送上巅峰的社会秩序已到分崩离析的边缘，而他自己也将在这一秩序消亡后不久慨然长辞。虽然他的诗歌名动 20 世纪，他本人亦是世纪初那批拓荒者之一；虽然他也追求自律的艺术，可他还是离不开贵族和上层中产阶级，凭借他们，摆脱对艺术心怀敌意的势利世俗。

1912 年时，这样的结局尚不可预见，其他的力量正在塑造里尔克的内心世界。作为诗人，里尔克已掌握了技巧。当年，卢率先对他的诗提出

---

① 《与卡尔和伊丽莎白·冯·德·黑特书信集，1905—1922》，188。

了严肃的批评,她的话里尔克犹在耳中;如今,他师法更讲求精确严格的艺术形式——雕刻和绘画,以取代卢曾批评的音韵和美、多愁善感(不过此时,在卢看来,里尔克的做法有些造作和偏激)。昔日还是有一些残存了下来,里尔克依旧喜欢用儿时学会的习语,依旧喜欢做出哀求的姿态,不过在他日益讲求视觉效果的诗歌语言中,这些亦不断被提炼和雕琢。此外,还有一个因素,就是音乐。如果说之前在里尔克诗歌创作的十八般兵器中,音乐的地位并不突出,如今它的作用开始强力凸现出来。天使拨动手中魔力无限的琴弦,发出振聋发聩的声音。

不过,上述一切依旧不是里尔克诗力之源的全部。在那些岁月中,里尔克身上依旧带着几分灰暗阴郁的色调,那是对自己的担心,感到危险正在接近,自己艺术的完整受到了威胁,甚至可能四分五裂。1907年,鲍拉·贝克尔的死对他的影响至为深刻,在他的心灵中留下深深的伤痕。多年来,他的思想以及创作,大都建基于内心的焦灼;多年来,他始终痴迷于性和生育所引起的死亡,思想亦为之深受影响。里尔克踏上了一条新的道路,再次可以把昔日的伴侣和大师抛在身后。1913年,他第二次,也是最后一次同罗丹决裂,而这也仅仅是发生在他身上的大变化的一部分。

鲍拉·贝克尔的死留下了巨大的阴影,完全遮盖了两人究竟是不是情侣的问题。在里尔克一生中,那是他第一次,也许是唯一一次亲耳听到一位艺术家的死讯,一位正在为本真的自我而挣扎沉浮的艺术家的死讯。虽然里尔克在自己的诗歌中,尤其在《定时祈祷文》中打破了生与死的界限,死神的阴影始终挥之不去。当年他创作《白衣妃》时,死神的阴影就缠上了他,如今,似乎距他更为近切,面目也更为清晰。由《哀歌》第三篇开始,这一系列的剩余部分平缓问世,先是在杜伊诺,之后在巴黎,等到第十篇,也就是最后一篇问世时,已是一战之后了。每一篇《哀歌》中,死亡这一主题在方方面面得到探究,里尔克创造出自己的死亡天使,那是一位包容一切的伟大天使。

这是一位全新的天使。相应地,一套全新的世俗神学代替了昔日的隐士—朝圣者—僧侣,以及他心目中的天父。人们常常把里尔克的一生视为一个个片段,彼此间缺乏关联。实际上,他的创作涵盖了他的一生,也经历了漫长的演化,只是在几个关头突飞猛进,完成由蛹到蝶的惊艳之变。蝶变的最初信号出现于《定时祈祷文》的最后一节中,1903年里尔克在维亚雷焦所经历的危机把这部作品的宗教神秘色彩同具有毁灭力量的性融合在一起,《手记》的部分章节中也可以看到这一主题。不过,彼时的里尔克还要待以时日,提炼自己的语言,然后才能打开一扇扇门,去描绘融生与死于一体的内心世界,在但丁精神的引导下,去构筑一座神学大厦。

《哀歌》第三篇依旧完成于杜伊诺,在其断裂破碎的开头部分,里尔克再次使用了他一贯喜爱的爱与性的语言:

> 歌唱是一回事。唉,歌唱
> 那个隐藏的有罪的爱之河神是另一回事。

同以往一样,里尔克再次重复,爱情之中,女性克己守中的力量令完美成为可能,可完美总是被男性的不专所破坏,他总是在自己欲求的驱使下,不知疲倦地去追求。凡人的结合为何难以企及天使的高度?原因正在于此。对此,古来自有定论。第三篇的开头部分中,里尔克再次使用有形的性形象表达出这一思想,不过这次,他的语言更为精妙。接下去:

> 他是她从远方认识的,她的小伙子,他本人
> 对于情欲之主宰又知道什么,后者常常由于孤独,
> (少女在抚慰情人之前,常常仿佛不存在)
> 唉,从多么不可知的深处流出,撑起了
> 神头,召唤黑夜从事无休的骚扰。

鲜血成为内心世界景观的一部分,在《俄尔甫斯、欧律狄刻、赫尔墨斯》这首诗中,里尔克已把这一意象运用得十分出色。如今,在《哀歌》第三篇中,诗人更招来了海洋之神和他的手下:

> 哦,血之海神,哦他可怕的三叉戟
> 哦,他的由螺旋形贝壳形成的胸脯的阴风①

---

① 《里尔克作品全集》1:693。

10年之前,里尔克在《定时祈祷文》中收录了《白色士兵》这首诗,同那首旧作相比,如今这首已有了天壤之别。不过,从这两首诗中都能发现诗人对性爱的悖论的颂扬,它既可以腐蚀生命,亦可以成为创造和救赎。

诗歌依旧表现了从未离开过里尔克的内心焦灼,不过已改头换面。一定程度上,可以说,它是杜伊诺结出的果。里尔克在那里为诗歌而挣扎,又恢复了同卢的通信,此外还要加上葛布萨特尔医生,试图在一场三边对话中与精神分析达成妥协。1912年1月,所有这些在里尔克心中记忆犹新。他与精神分析的遭遇同样也结出了果实,催生出一些新奇的形象。由此,里尔克对人之沉沦提出了自己的一套反宗教正义的见识,把沉沦的罪责归于男性,归于他的毁灭性的欲望。里尔克似乎是在回应弗洛伊德的学说,不过在众神之水的伟力中又加入了一层"负疚"意识。①这一段结尾处,里尔克引入夜间的星辰这一形象,恋人为自己爱人纯洁的容颜而欢悦,这一欲望的源泉正是点亮夜空的繁星。满天星斗之下,爱人的面容被映亮,象征着生与死的对立,而天使的出现就是要解决这一对立。

早期《哀歌》生动描绘出里尔克深沉的思想,同时也为他日后的创作奠定了语调和格局,令他能够在接下来的10年中,把它发展成为一个庞大的系列。创作之初,里尔克根本没想过一定的时间内,连续不断地创作出一个庞大的系列。当年,为了创作《定时祈祷文》,他已付出太多,无论如何也不想重演那段经历了。不过,创作的冲动又一次违背了他的意愿。

这就有点像一条冲上沙洲的船,要滑行上一段才能完全停下来。直到5月的第一个星期,里尔克在杜伊诺度过了大部分时光。这期间,他又完成了一些片段,甚至为后续两篇写了零星几个诗节,这两篇分别是第六篇和第九篇。此外,他还为第十篇写了个开头,可他已渐渐追不上自己的灵感。一方面,他的心跳为这个宏伟的计划而加速;可另一方面,要把计划变为现实又面临着重重困难,实现如此庞大的计划需要十分稳健的生活和工作步调,而这种四平八稳的步调实在难以长时间维持。无论如何,这一计划始终是里尔克所有创作的核心,他一有机会就会回到这一系列的创作上

---

① 普法伊弗曾提出,《哀歌》第三篇的开头几句可能比首篇和次篇更早问世。参阅《里尔克和精神分析》,273—274。

来。一战之前,以及一战期间,里尔克又完成了两篇:第三篇的剩余部分1913年定稿于巴黎,第四篇1915年定稿于慕尼黑。之后,尽管他多次动笔,也完成了一些片段,可始终没能拿出完整的作品。直到1920年代的早期,他定居于瑞士境内的穆佐楼,这一情形才得以改观。多年来积累的文本、笔记,以及积压在他心头,尚未来得及形诸文字的诗句,在数日内喷涌而出,连贯清晰,俨然成形。1923年,公众终于一睹《哀歌》的全貌。

2.

在杜伊诺的最后两个月中,《哀歌》的创作渐渐停了下来,里尔克开始寻找别的"消遣"。他自命监工,监督城堡的改造工程,并把工程进展情况一五一十向侯爵夫人汇报,这也帮他打发掉不少时间。在写给侯爵夫人的信中,他还详细汇报了城堡管家格林厄姆小姐的工作,言语上没少冷嘲热讽。当然,交游广阔的他还有大量信件要写。

里尔克的计划之一是博览城堡中丰富的藏书,这些藏书不仅为他的创作提供了翔实的资料,也令他可以重温一下做历史学家的儿时梦想。一段时间里,里尔克迷上了城堡中大量有关威尼斯历史的藏书。里尔克回想起,昔日,自己也曾为丹麦和瑞典的历史着迷。这一次,他读了安东尼奥·穆拉托尼奥编写的《意大利编年史》,目的之一是了解芝诺元帅的生平事迹。[①]两年前,他在威尼斯时,他对这位威尼斯历史上鼎鼎大名的人物产生了兴趣;目的之二,提高自己的意大利语水平。此时,里尔克仍在想着为芝诺元帅写一部传记,为此还曾致函侯爵夫人,询问她此计划可行与否。[②]他甚至找上了玛丽·赫兹菲尔德,因斯·彼得·雅科布森的译者,同时也是埃伦·凯的朋友。[③]1905年时,就是在此人的帮助下,里尔克阴差阳错地拿到了那份奥地利奖学金。赫兹菲尔德不单翻译丹麦语作品,

---

① 1912年3月8日,《与席多妮·纳赫尼·冯·博卢廷的书信集》,147。
② 1912年3月2日,《里尔克与玛丽·冯·屠恩·塔克西斯书信集》,97—98。
③ 1912年2月22日,德国文学档案馆内部资料。

也是位意大利语翻译家,在维也纳关系众多。因此,里尔克希望在维也纳大学找到一位芝诺研究的专家,于是想起了她。之后数年,这个计划始终萦绕在里尔克心头,不过自始至终,里尔克也没有动过笔。

过了一些时日,侯爵夫人决定为这位学富五车的嘉宾找项新任务——帮她整理藏书。夫人的藏书谁见了都不免心动,不幸的是,实在缺乏条理。里尔克本打算自己动手做这项工作,可最终还是请了一位专业图书馆员。① 然而,此人手脚极慢,效率极低。最后,他居然未经许可,就私自把图书室中找到的一封里尔克的信件寄给一家捷克期刊,公开发表。②

所有这些消遣都无法掩盖自年初就袭上里尔克身心的抑郁,只是在完成《哀歌》首篇期间,抑郁才有所缓解。在致侯爵夫人的信中,里尔克语气昂扬,掩饰着日日夜夜煎熬着他的疼痛——头上,太阳穴上,还有脸上。阅读令疼痛加剧,里尔克感到血液中仿佛滴进了柠檬汁。③ 有一次,重读蒙田对一位友人之死的描述,里尔克泪如雨下,几夜无法入眠。清晨一醒来,他就感到疲惫不堪,浑身上下的关节,直到每根手指,都是僵硬的。有时,他沿着海岸边裸跑,把躯体沐浴在清凉的海风中。通常,这可以令他身心舒畅,可如今也毫无效果。

抑郁的重压下,里尔克还要考虑与克拉拉离婚定什么样的条款,采取什么样的策略,再加上行动总是徒劳无功(例如,以性格不合为理由申请离婚),进一步消耗了他的情感。此时,杜伊诺也不再是避世之所,相反,这里的与世隔绝,如果说曾令最初的几篇《哀歌》得以诞生,如今却开始让里尔克反感,也阻滞了他的创作。

里尔克要逃出去,至少也要逃出去几天。他去了威尼斯,不过此次诸事不像以往那样顺利。他讨厌在城里和大批游客一起挤旅馆,于是在更为富丽的格兰德饭店找了处僻静的住所,假期也延长至10日。他原打算同鲁道夫·卡斯纳见上一面,可这位朋友最终没有出现。不过,里尔克见到了梅·克鲁普男爵夫人,此时她正在回埃及的路上,途经威尼斯。不巧

---

① 1912年6月5日、9日、26日,《里尔克与玛丽·冯·屠恩·塔克西斯书信集》,161—163、165—167。
② 1912年10月20日,《与席多妮·纳赫尼·冯·博卢廷的书信集》,164。
③ 1912年3月16日,《里尔克与卢·安德烈亚斯-莎乐美:书信集》,286—291。

的是，她行色匆匆，走得很急，但还是把里尔克介绍给了一位英国作家阿尔格农·布莱克伍德，此君号称有通灵的神通。①不过，里尔克一直心存狐疑，没多久，他就称此君为"蹩脚货色，就会大话唬人"。侯爵夫人倒是挺喜欢他。

和她的整个社交圈子一样，侯爵夫人热衷于通灵，里尔克也受她的影响，信奉起了超自然的力量。或许，通灵术号称可以打破生与死的界限，这对里尔克的诱惑不言而喻。不过，另一个原因是，在社交上里尔克还是八面玲珑的，虽然对布莱克伍德时有刻薄言语，里尔克还是很清楚，对于侯爵夫人而言，这种超感官的感知方式有多重要，于是也尝试着认真对待这位英国作家和他的通灵术。

逗留威尼斯期间，里尔克得到了侯爵夫人的姐姐，玛丽娅·特蕾莎·冯·荷恩洛厄侯爵夫人的款待（身边的人都称她为热吉娜），她同自己的妹妹并非同路人，不过，两人有一个相同点，就是都笃信感觉之外的世界。里尔克帮助她陶冶了一下心灵，一道接受心灵陶冶的还有侯爵夫人的大哥弗雷德里希·冯·荷恩洛厄侯爵。晚些时候，进入夏季，里尔克搬到威尼斯居住，侯爵给了他不少资助。在这个大家族中，里尔克越来越感到如鱼得水，应付自如，也越来越感到，自己御用诗人的地位坚如磐石。

与此相比，金钱总是令里尔克伤透了脑筋。在杜伊诺离群索居的那段日子里，里尔克没有任何工作可以立即带来收入。至于《哀歌》，他特意对自己的出版商守口如瓶，不想在全部完成前匆匆出版。收到里尔克寄来的《哀歌》的首篇定稿后，侯爵夫人搞了个私人读诗会，会后基彭贝格也收到了《哀歌》的风声。②当前，基彭贝格的目标是购入所有尚不在自己手中的里尔克昔日作品的版权，杨格原本不肯交出《图画集》的版权，可最终还是让步了。到了5月，英赛尔出版社又从巴德出版社拿下了《罗丹传》的版权，距出版《里尔克选集》的目标越来越近了。昔日的成就前途远大，可与之相比，当下却笼罩在一片愁云惨雾中。里尔克总是囊中羞涩，他自己，还有他的家人，不断要接受他人的援助，可他偏偏长期无产出，其创作步调完全不能满足编辑哪怕最微小的压力。

---

① 1912年3月29日，《里尔克与玛丽·冯·屠恩·塔克西斯书信集》，130—131。
② 1912年5月13日，《里尔克与出版商[安东·基彭贝格]书信集，1906—1926》，173。

威尼斯短暂的假期是个放松,里尔克 4 月 2 日回到杜伊诺,那里没有分毫变化,同样没有变化的是他的抑郁与消沉。之前,里尔克不断对自己说,自己的避世之所是多么美丽,可当他回到那里时,却发现天气糟糕,全不如风和日丽、气候和煦的威尼斯。无论在内,还是在外,所有迹象表明,里尔克的心境已下探到了新低。

突然,一位好友的介入带来了好消息,令里尔克有机会从教育露丝的重责下解脱出来。伊娃·索尔米兹是里尔克的一位仰慕者,早在 1904 年,她就通过埃伦·凯结识了里尔克。一直以来,她都十分关心露丝的情况。如今,她与柯尔特·卡西尔博士结为夫妇,她的夫君是奥登地区一所久负盛名的寄宿学校的董事之一,她本人也在这间学校教授德语和历史两门课程。现在,她可以直接而具体地向诗人提供帮助了,她向里尔克 11 岁的女儿提供了一笔 1 万马克的助学金,供她就读自己的学校。① 不幸的是,克拉拉坚决反对送女儿上寄宿学校,无论是学校的照片还是宣传册都不能令她回心转意。② 不幸中的大幸,卡西尔夫妇最终同意,无论露丝上哪家学校,都提供那笔助学金,而露丝本人似乎也更希望和妈妈一起住在慕尼黑。

除了身陷抑郁,里尔克还要紧密协商这些事,因此更不可能挤出时间搞创作了。4 月中,侯爵夫人回杜伊诺,里尔克状态之差已一览无遗。夫人当即提出,诗人搬到自己在威尼斯的豪华公寓中度夏,以减轻他内心的痛苦,把诗歌创作拉回正轨。威尼斯是个不错的提议,不过当时里尔克还是婉言谢绝了,担心那里奢华的环境把自己给"宠坏了"。③ 1912 年 5 月 9 日,里尔克回到威尼斯,对未来没有具体的计划,脑子里装满了还没来得及写出来的诗句,希望在那里找到心灵的安宁。

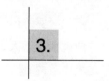

在靠近卡莱那桥的扎特拉街,里尔克找到一间带家具的房子。这

---

① 致伊娃·索尔米兹-卡西尔的信,1912 年 4 月 4 日,瑞士国家图书馆内部资料。
② 1912 年 4 月 13 日,德国文学档案馆内部资料。
③ 1912 年 6 月 7 日,《与席多妮·纳赫尼·冯·博卢廷的书信集》,155。

间房似乎没什么值得一提之处,除了两个优点:其一,窗外景致好;其二,租金不高。里尔克曾花了数天时间,想在威尼斯宫找个住处,却发现美国来的阔佬们已把租金给顶上天了,无论他上哪儿,都出不起那么高的价。①实际上,在里尔克内心的天平上,从他离开杜伊诺之日起,那个地方的分量又上升了起来。无论如何,得益于侯爵夫人的社会关系,也依靠里尔克自身的魅力,里尔克在威尼斯还是结识了一些饶有趣味的新朋友。②同这些新朋友的交往中,他的心情渐渐平静下来。

一个显赫的门第立即为里尔克打开了欢迎之门,那是朱斯蒂娜·瓦尔玛拉娜伯爵夫人,她的儿子安德烈,还有她21岁的女儿阿加皮亚·迪·瓦尔玛拉娜(姑娘管自己叫皮亚)。侯爵夫人在她们家的大宅中租了套公寓,不过两家人历来过从紧密,事务性的联系不过是顺手而为。伯爵夫人对自己的这位贵客十分热情,这也帮助里尔克叩开了瓦尔玛拉娜家族的大门,成了府上的常客,与皮亚成了好朋友,在接下来的数年中向她写过不少热情洋溢的信。③尽管内心世界焦躁不安,乱如丝麻,里尔克还是在这个家庭的款待中找到些许宁静。

成功的社会交往对于里尔克提振精神确实帮助不小,尽管他此时总是把抱怨挂在嘴边。僻居杜伊诺的几个月中,里尔克在侯爵夫人的社交圈子中建立了不少有价值的社会关系,其中包括佛罗伦萨作家卡罗·普拉希(途经威尼斯时,他曾和里尔克待了一个晚上,谈谈诗歌),鲁道夫·卡斯纳(谈哲学),以及夫人的哥哥姐姐(谈通灵术)。当然,这仅仅是其中的一小部分。

里尔克时常受邀去参加各种文人雅会,他谈吐自如。当前,他的人生主要就是社交。一次,他参加了莫赛里戈伯爵夫人家举行的餐会,开始时聚餐的规模似乎并不大,里尔克也乐在其中。可突然间,宾客多了许多,里尔克立时沉默寡言,想找个借口先走。他和一位同伴刚走到门口,就被一位热心的宾客拦了下来,此人是瓦伦丁伯爵夫人,坚持要里尔克回去,

---

① 《与席多妮·纳赫尼·冯·博卢廷的书信集》,155。
② 1912年5月22日,《里尔克与玛丽·冯·屠恩·塔克西斯书信集》,157—158。
③ 1912年5月18日,《里尔克与玛丽·冯·屠恩·塔克西斯书信集》,154。拉克相当深入地探讨了里尔克与瓦尔玛拉娜一家的关系,尤其对里尔克与皮亚的关系进行了一番细读。

她要朗诵他的一首诗作,并与他做一番探讨。①心里虽有些不甘,里尔克还是遵从了伯爵夫人的意思。不过,里尔克时不时还是有些怨言,虽然说得很婉转。他尤其讨厌入夜的圣马可广场,电灯光把广场照得一片雪亮,每个游客脸上都泛着红光,看上去像一群夜魔,难分彼此。②

抵达威尼斯几天后,里尔克还是决定接受侯爵夫人的好意,住进了她在瓦尔玛拉娜家大宅中的公寓。屋内装饰奢华,推开窗,外面就是古运河。瓦尔玛拉娜一家很热情,为里尔克,也为她们自己:能与这位名诗人为邻,实在是不小的缘分。侯爵夫人当即回复:"您随时可以在方便的时候住进去,那房子总算有人住了,我心甚慰。"③之前,一位俄罗斯裔音乐家和艺术评论家亚历山大·沃尔科夫-穆隆佐夫也曾主动提出,在自己的住处为里尔克辟上一间房,可一番比对之下,侯爵夫人的公寓毫无悬念地胜出。

6月1日,先前租的房子一到期,里尔克就搬进了侯爵夫人的豪宅,心跳也不禁为之少许加速。有那么一会儿,他真心以为,新住处会为自己带来好运,也没有把这里仅仅看成暂住之地。里尔克买了张二手的大写字台,换掉侯爵夫人那张过于花俏的写字台。几天后,他又招来一个专门打造橱柜的匠人,为自己打一部立柜。愉悦中,他在自己的住处中放满鲜花。又一次,里尔克满足了;又一次,满足仅仅维持了一小段时间。

或许,这是侯爵夫人同她的希拉费科博士关系最为密切的一段时间,尽管两人在一起的时间并不多。或许,出于对侯爵夫人的维护,也或许,里尔克自己真心皈依,无论如何,里尔克越来越多,也越来越深地卷入到通灵活动中,并承担了现场书记的工作。至为重要的是,侯爵夫人毫不掩饰自己对《哀歌》的钟爱,这如一缕清风,稍稍吹开正在里尔克心头积聚的阴霾。夫人把《哀歌》的首篇和次篇朗诵给身边的所有至亲好友听——两个儿子(埃里希和帕查),还有卡罗·普拉希。实际上,任何宾客有幸能在夫人的客厅中找到一席之地,就有耳福聆听到夫人的朗诵。夫人还开始动手把这两首诗译成意大利文,与这两首诗一起译成意大利文的还有里

---

① 1912年5月14日,《里尔克与玛丽·冯·屠恩·塔克西斯书信集》,148。
② 同上,147—149。
③ 玛丽·塔克西斯致里尔克的信,1912年5月18日,《里尔克与玛丽·冯·屠恩·塔克西斯书信集》,151。

尔克的许多短作,足足可以出一本诗集。

在威尼斯的日子里,里尔克同那些上流社会的友伴们无分彼此,日子过得舒适而雅致,同昔日那位囊中羞涩,以执笔度日的诗人判若两人。天气酷热,却偏偏患上感冒,地中海上吹来的热风也令他感到不适,可里尔克还是从各种邀请中找到安慰,暂时摆脱抑郁的包围。例如,6月下旬,他就受瓦利斯伯爵夫人的邀请,在她家阳台上观赏一年一度的花车游行。对于诗人里尔克来说,这些当然无法替代写作;可对于尘世中人里尔克来说,这些消遣足以分散他的注意力,自然再适宜不过了。

4.

那个威尼斯之夏,里尔克身上发生了一件意义深远的大事,就是结识了当时首屈一指的女演员爱莲诺拉·杜丝。杜丝刚过50就息演退休了,早在6年前,里尔克就曾想经卡尔·冯·德·黑特的介绍结识杜丝,可徒劳无功。[①]现在,里尔克喜出望外地发现,自己的住处原来同杜丝的住处相距不远。[②]同杜丝住在一起的是她的伙伴,一位叫科杜拉·波莱蒂(也可能叫里娜)的青年作家。当然,这还要多谢侯爵夫人的慷慨。双方随后过从甚密,不久更深深为对方痴迷。

里尔克为这位伟大的演员着迷已不是一年两年了。如今,突然发现这位心目中的偶像就住在距自己住处不远的地方,真是天赐良机。更令里尔克喜出望外的是,杜丝主动提出和他见面。[③]7月,里尔克在写给海伦·冯·诺斯济茨的信中说道:"让我告诉你一件大喜事,杜丝想和我见面。我并没有做什么,可说心里话,能与杜丝见上一面,可还了我10年来最大的心愿。"[④]

帮两人穿针引线的是匆匆过访威尼斯的卡罗·普拉希,两人一相

[①] 1906年10月10日,《与卡尔和伊丽莎白·冯·德·海特书信集,1905—1922》,96。
[②] 参阅《杜丝传》,286—290;亦可参阅雷姆的《里尔克和杜丝》,286页脚注。
[③] 1912年8月3日,《里尔克与出版商[安东·基彭贝格]书信集,1906—1926》,175。
[④] 1912年6月5日、7月12日,《里尔克与海伦·冯·诺斯济茨书信集》,34,35。

逢，可谓已胜却人间无数。7月1日，在给普拉希的信中，里尔克写道："我早知道，一切定然会美好，只是没有料到，竟甜美如斯，简直无与伦比。"①

最先留意到这段邂逅的还是侯爵夫人。在给里尔克的信中，她写道："希拉费科博士，听闻你见过了杜丝，快说来听听，我感兴趣之至。"②于是，里尔克大费笔墨，把《阿西西的圣弗朗西斯的小花》中的圣路易，以及《埃吉迪奥神父传奇》详详细细向侯爵夫人描述了一遍，从形象到口吻无一遗漏，仿佛同杜丝的会面也是这些传奇故事中的一段对白（在写给普拉西的信中，里尔克故伎重施）。无论对里尔克，还是对杜丝，见到对方犹如在"澄澈之极的空气中见到自己的影子"，两人像"碰在一起的酒杯，激起醉人的浪花"。③7月中，诗人和女演员的交往达到顶峰，两人几乎天天见面，谈各自的理想和计划。

如此密切的交往来自长期爱慕。里尔克一度幻想，能否聘请杜丝出演自己的剧作《白衣妃》，更把她写进了《手记》。可以说，杜丝在里尔克的心中始终占据着一席之地。当然，他也明白，如今这位垂青于他的女士已年逾50（准确年龄是53），体态微胖，早已不是当年那位与萨拉·贝恩哈特一起名若中天的悲剧女主角了，可里尔克对她的痴迷丝毫未减，至少从外表上看不出一点迹象。相反，里尔克更加倍用心，逢人便说能成为杜丝的朋友是自己莫大的荣耀。在里尔克眼中，杜丝依旧是昔日那位悲剧女主角，依旧是他在《新诗集》中所描绘的那位悲剧女主角，风采丝毫不减当年。

> 任凭心中苦楚，面容
> 依旧坚毅不露半分伤悲
> 她迈着迟缓的步伐，
> 走过悲剧，一出又一出
> 面容如一束鲜花
> 可爱，临近凋零

---

① 参阅雷姆的《里尔克和杜丝》，380—399页；普拉特的《清脆的玻璃：里尔克的一生》，211—212。
② 1912年7月9日，《里尔克与玛丽·冯·屠恩·塔克西斯书信集》，168。
③ 1912年7月12日，《里尔克与玛丽·冯·屠恩·塔克西斯书信集》，170。

"有些女人生来就是要给诗人带来灵感,"①侯爵夫人在信中写道,言外不无几分酸涩。在3个星期的时间里,与这位新友的交往占用了里尔克大多数时间。开始时,获得自己倾心多年的偶像的垂青令里尔克自豪不已,可后来,竟发展到阻碍里尔克正常社会交往的地步。里尔克过度沉溺于这段交往,竟然拒绝了基彭贝格夫妇的邀请,不愿同他俩一起去瑞士的希尔斯-玛丽亚消暑度假。②他明确表示,自己情愿留在威尼斯捱酷暑之苦,因为这里有杜丝。

不过,里尔克与杜丝的这段交往很快就横生出许多枝节,简直就像一部生活中上演的戏剧,剧中的女主角就是杜丝。里尔克发现,除了自己,杜丝还受到两个人的两面夹击。一位是30刚出头的年轻演员亚历山大·莫伊西,他自诩为杜丝的救星,凭借他同著名导演马克思·莱恩哈特的关系,可以助杜丝一臂之力,以完成她的心愿——重返舞台。另一位是年轻作家里娜·波莱蒂,过去两年中她一直和杜丝住在一起。此女占有欲极强,过去两年中一直在写一部剧本(实际上,是不断在重写),剧中女主角叫阿里阿德涅,是忒修斯的悲剧情人,正适合杜丝,从而也可以帮助她重返舞台。③除了这部尚未出笼的剧作外,杜丝还忙着参与一部叫《乱伦》的戏剧,在剧中出演一个近似于卓卡斯塔的角色。不过,她的心思还是放在阿里阿德涅身上,期望通过古典悲剧和宗教神秘剧,再次塑造自己的舞台辉煌。

没过多久,里尔克也加入到杜丝身边的群星中。一天晚上,莫伊西突然出现在里尔克的住处,为杜丝传话,说她一会就到。④两人齐齐向窗外望去,看到杜丝和波莱蒂正乘着一条贡多拉向这里划来,于是两人也上了贡多拉,一起向长洲划去。不久,莫伊西先下了船,令里尔克心头的负担减轻不少,剩下3人到了杜丝的住所,共进晚餐,然后挑灯夜谈,一直谈到很晚。⑤里尔克此时已成了杜丝家中的常客,餐桌旁有一个位子是专门为他留的。

盛夏的这几个星期中,杜丝心情烦躁,坐卧不宁,行为举止更是造作得令人抓狂。此时,对于重返舞台,她已不抱希望,同波莱蒂的关系也日

---

① 玛丽·塔克西斯致里尔克的信,1912年7月29日,《里尔克与玛丽·冯·屠恩·塔克西斯书信集》,175。
② 1912年7月1日,《里尔克与卡塔琳娜·基彭贝格书信集》,36。
③ 1912年7月20日,《里尔克与玛丽·冯·屠恩·塔克西斯书信集》,177—178。
④ 1912年7月12日,《里尔克与玛丽·冯·屠恩·塔克西斯书信集》,172—173。
⑤ 1912年7月23日,《里尔克与玛丽·冯·屠恩·塔克西斯书信集》,181。

益恶化,可她依然无法恢复心头的宁静。一次,大家在一座小岛上的花园中野餐,花园中一只孔雀突然发出一声尖叫,此时杜丝正在递一杯水给里尔克,孔雀的叫声令她大受刺激,她大叫一声,双手猛地向空中挥去,不单扔了手中的杯子,更把所有在场的人都吓了一大跳。[①]

还有一次,里尔克陪杜丝去见律师,律师住在顶楼,楼道阴暗。开始,杜丝还大步流星地上楼,"犹如一位女皇,在主教的陪同下,去见等候着自己的群众"。可走了一会儿,目标似乎越来越远,她整个人都变了,脚也软了,手也耷拉下来了,整张脸因痛苦而变了形,口中吐出一声声叹息。不过,犹如在演出一场悲剧,她再次打起精神,把外套从肩头上甩下来,继续前行,一脸坚毅之色。最后,两人终于到了顶楼律师门口,此时杜丝彻底崩溃了,一屁股坐在楼梯上,头发凌乱不堪,口中喃喃不已:"我不可能见到这个人了。"里尔克突然觉得,这一刻不就是悲剧中的一幕吗?以后数年中,那一刻始终萦绕在里尔克心头,挥之不去。在另一个场合,里尔克的描述更加入木三分:"爬第一层时,她是一位公主;爬第二层时,她开始犹疑;爬第三层时,她就是个老乞婆。"[②]

那个夏天,最大的悲剧就是已近暮年的女演员同她正处壮年的情人争吵不断,最终不免以破裂收场。虽然并未明言,两人破裂背后的一个重要原因是,杜丝对于爱情已不再奢望。多年前,她和加布里埃尔·邓南遮曾在世纪之交上演了一场轰轰烈烈的爱情史诗,可最终还是以失败收场。时隔这么多年,杜丝依旧没从那场失败中完全恢复过来。于是,里尔克目睹了又一幕分离。杜丝和波莱蒂已到了破裂前的最后阶段,年轻作家一心以自己的剧作助杜丝一臂之力,帮助她重返舞台,可她的作品反应平平。杜丝曾请里尔克读读他的剧本的原稿,里尔克觉得剧本写得"有些怪,不过也有出彩的地方",要认真对待的话,"还是能看出一些不凡之处"。[③]可不久,他的意见又动摇了。作家,沮丧;杜丝,失望。两人的关系急转直下。

里尔克发现,自己不但目睹了激烈的争吵,更身不由己担当起了调停人的角色,处境相当尴尬。从感情上说,他当然站在杜丝一边;可不自觉,

---

① 此事曾被海伦·冯·诺斯济茨提起,《里尔克与海伦·冯·诺斯济茨书信集》,141—142。
② 根据海伦·冯·诺斯济茨的转述,《里尔克与海伦·冯·诺斯济茨书信集》,141—142。
③ 1912年7月20日,《里尔克与玛丽·冯·屠恩·塔克西斯书信集》,178。

他又同情波莱蒂这位年轻作家,从他身上仿佛见到了自己的影子。当年,自己与罗丹不也是这样吗?他觉得,要解脱两人的痛苦,办法只有一个:年轻作家必须离开杜丝,以平和的心态从事自己的创作,这也正是他这个过来人的经验之谈。坚信波莱蒂必须离开,里尔克甚至征询了侯爵夫人的意见,问能否邀请波莱蒂去杜伊诺住上一两周,让她心平气和地写作。侯爵夫人婉言拒绝了里尔克的请求,只是提出几个度假地,有的在海滨,有的在山区。或许,可以说服波莱蒂到那些地方休整一段时间,可话又说回来,高昂的费用可能超出了她的承受能力。

里尔克花了一个又一个小时调解纷争,有时分别同两个女人私下谈心,也有时同两人一道谈心,可心灵已再无沟通的可能,里尔克内心的天平也渐渐转向杜丝,毕竟多年以来他都是杜丝的忠实崇拜者,对她的才华面佩服得五体投地。在杜丝面前,里尔克会惊呼:"多么精彩!上天对您是何等慷慨!又是何等遗憾!"[①]至于波莱蒂,此时她在里尔克眼中已是野心勃勃,兼冥顽不灵,不再值得他这个作家同行的同情和尊重。她"是有点儿小聪明",可她的才能僵硬不识变通,她的学识,以及视野都不够宽广。随着目睹的争吵越来越多,里尔克越来越深地卷入到两个女人之间,试图扑灭两人心头的怒火,他自己也渐渐丧失了内心的清醒和理智。侯爵夫人的担忧并非杞人忧天,一封信中,她写道:"我担心,你又在虚耗自己。你的处境我能理解,可我也想得出,你自己已完全陷入到这件事里去了。"[②]夫人的这番话并非没有事实根据,整个夏天,里尔克就没干过正经事儿。

如果说有那么一刻,里尔克也曾同情过波莱蒂这位年轻向上的剧作家,以及她对杜丝的爱,他的心无疑更加为杜丝所倾倒。这位昔日首屈一指的表演艺术家,她仍在追求爱,仍在怀念她昔日的艺术,仍在为种种既没有解释,也无法解释的阻碍备受煎熬,身心交瘁。如果阿里阿德涅不能助她重返舞台,或许里尔克的《白衣妃》可以办到,也算了了他多年来的一桩夙愿。里尔克向杜丝朗读了自己的剧作,杜丝当时大受感动,希望里尔

[①] 1912年7月23日,《里尔克与玛丽·冯·屠恩·塔克西斯书信集》,181。
[②] 玛丽·塔克西斯致里尔克的信,1912年7月27日,《里尔克与玛丽·冯·屠恩·塔克西斯书信集》,183。

克的作品能尽快译成意大利语。

杜丝或许自己也明白,自己也年过半百,那位正值如花妙龄的"白衣妃"并不适合自己,可她太想重返舞台了,一心想重新披上华丽的戏装,再屹立于流光溢彩的舞台中心。大家都没少下工夫,莫伊西的努力就没有完全白费。根据里尔克的回忆,那个夏天,马克思·莱恩哈特派来了代表,双方至少见了一次面,可最后无果而终。里尔克和杜丝的合作也仅仅停留于胚胎阶段,连里尔克本人也看得出,自己笔下的白衣妃不大可能帮助杜丝重返舞台。里尔克曾把自己的这部早年作品寄给侯爵夫人,夫人的措词很圆滑,首先表示赞同,王妃这个角色由杜丝出演会很精彩。接着,她又表示,很少有人会懂得欣赏这部梦般朦胧的剧作。其实此时,里尔克自己也明白,要实现自己的这个梦想,如今为时已晚,侯爵夫人的回复不过再度证明了自己的判断。不过,他依旧在孜孜不倦地寻找自己理想中的悲剧女主角。

一切结束得很迅速。8月1日上下,这个悲剧性的家庭终于破裂。杜丝去了巴伐利亚一个湖滨度假胜地疗养,顺道见一位老朋友,波莱蒂则动身去了罗马。看到年轻的女作家痛失所爱,里尔克又同情起她来。事后,回想起之前的前因后果,里尔克总结道:一个确实不凡,另一个"年纪尚轻,技艺仍未纯熟,有着一颗躁动的心。她有雄心大志,待人也诚挚,可开始就走了弯路。可话又说回来,恐怕她也干不了别的什么"。①

里尔克仍在为杜丝的前途而操心,可她已远游他乡,仿佛这出小小的悲剧中,所有的角色都已心力交瘁,不想再见到其他角色。听闻结局如此,里尔克的朋友,如侯爵夫人,都长舒了一口气,还一个劲儿地安慰里尔克,对他说,无论对于杜丝,还是对于波莱蒂,他都没有任何责任要承担,无论是现实上的,还是道义上的。②虽然内心有些不安,里尔克还是接受了朋友们的安慰,转而思考自己在这场情感纠葛中的损失。8月下旬,他坦承,在结识杜丝之前,自己总算鼓起了一点儿创作的勇气,可自打结识杜丝之后,自己就一蹶不振。③杜丝此时也开始同里尔克拉开距

---

① 1912年8月3日,《里尔克与玛丽·冯·屠恩·塔克西斯书信集》,185。
② 玛丽·塔克西斯致里尔克的信,1912年8月8日,《里尔克与玛丽·冯·屠恩·塔克西斯书信集》,191—192。
③ 1912年8月26日,《里尔克与玛丽·冯·屠恩·塔克西斯书信集》,196—197。

离,不过两年后,她又拐弯抹角地提出,自己可以出演一出独角戏,装扮成牧羊女,在舞台上朗诵里尔克的《玛丽生平》中的诗句。①这可不是茶余饭后的笑谈,杜丝真心想恢复戏剧作为宗教仪式的本源,可即便是一贯对杜丝忠心耿耿的作家本人也觉得这个点子根本行不通。除此之外,里尔克就主要通过报纸追踪杜丝的近况了,如她大病了一场,在维亚雷焦康复,等等。私下里,里尔克仍在断断续续地为杜丝的复出努力。最终,杜丝也确实复出了,不过并没有借助里尔克的力量,到1924年时已达到演艺生涯的第二个高峰。可也正是在这一年,她巡回演出到美国匹兹堡时意外逝世。

对里尔克而言,威尼斯的这段伤心往事不仅令他回想起同罗丹在一起的日子,更让他想起差一点就成为自己妻子的卢,这也解释了他何以放弃自己的追求,一心奉献几近于自毁前程。杜丝离开威尼斯几天后,里尔克在写给席蒂的信中不无遗憾地写道:"前几天,杜丝的桌上插着几支小花,花开如撑开的伞。那时,我还同她谈起你……如今,这里已是人去楼空,而我依旧没有任何抉择。"②

5.

里尔克的这个夏季以灿烂期许开始,在黯然神伤中结束。之后,许多朋友聚到里尔克身边,显然颇为他操心,侯爵夫人尤其热心,想要抚平自己御用诗人的心。她感到,里尔克被杜丝利用了,再次从他身上嗅到抑郁的气息。夫人从劳钦给里尔克写信,表示自己非常想见到他,问他能否在威尼斯多停留些日子,她会乘汽车来威尼斯,然后带上他一道去杜伊诺。或许,两人可以在杜伊诺待上几天,即便这样不行,两人也可以一起向南行,去罗马、那不勒斯,甚至西西里都行。里尔克深受感动,不过还是婉言

---

① 1912年7月17日,《里尔克与海伦·冯·诺斯济茨书信集》,80,82。
② 1912年8月5日,《与席多妮·纳赫尼·冯·博卢廷的书信集》,157。

谢绝了,但愉快地接受了去杜伊诺的邀请。回信中,他写道:"您能来实在太好了,咱俩可以静静地谈谈心,一个说,一个听。"①

从那场他主动跳进去的争斗中摆脱出来,里尔克再次面临着人生和职业生涯的冲突。他开始利用自己与罗丹的关系,向罗丹施加压力,请他为克拉拉做一次模特。②之前,克拉拉受约曼海姆艺术博物馆韦彻特博士,塑一尊罗丹胸像。尽管两人正在办离婚,里尔克还是坚持帮克拉拉这个忙,8月下旬给罗丹写了一封颇有些长度的信,10月又寄去了一封短信,语气已显得有些不耐烦。这是糟糕的一步,由此引发他与罗丹的第二次决裂,以后两人的关系再也没有恢复。

冲突的另一个源头是席蒂,她不断给里尔克写信,要他信守诺言,来雅诺维茨看望自己和哥哥,甚至希望里尔克同自己一道去希腊旅行。里尔克之后把自己当前的困境摆出来,为自己不能践行诺言开脱。③这个夏季的威尼斯成为"一段艰难苦涩的经历",里尔克尚未从中完全恢复过来。好在,在杜伊诺,他大多数时间与侯爵夫人独处,或许,正是有了夫人陪在身边,这位时常分不清东南西北的诗人才能再度找回方向,知道自己下一步该往哪儿走。突然间,里尔克想到,自己可以完成一个旧日心愿,和侯爵夫人一起去托雷多,从埃尔·格列柯的绘画中汲取精神力量。许多朋友都鼓励他做这趟旅行,从侯爵夫人的家人到基彭贝格夫妇,里尔克自己也立即行动起来。

9月30日至10月10日间,杜伊诺举行了4次通灵会,其结果更坚定了里尔克的决心。参加通灵会的有侯爵夫人的儿子帕查,还有她的姐姐热吉娜,里尔克任书记。里尔克的私人档案中保存了这些记录,描绘出当时离奇古怪的一幕。所有人围一张圆桌而坐,凭借通灵板来记录来自另一个世界的信息。所谓通灵板就是一块小木板,上面放着一支铅笔,据说,铅笔的自由振动可以记录下一位已辞世的幽灵传来的信息。这次,被唤起的是一位不知姓甚名谁的女士,据描述,她站在桥头,向桌边的人点头示意。④种种迹象表明,那位女士所站的地方在托雷多,这就使得里尔克

---

① 1912年8月31日,《里尔克与玛丽·冯·屠恩·塔克西斯书信集》,200。
② 里尔克于1912年8月19日和10月4日两次给罗丹写信;《里尔克与罗丹书信集》,161—165,166—169。
③ 1912年8月31日,《与席多妮·纳赫尼·冯·博卢廷的书信集》,158。
④ 《里尔克与玛丽·冯·屠恩·塔克西斯书信集》,903;后来,里尔克曾说,自己只是个旁观者。

去西班牙的心更为坚定。之前,里尔克已写信给利奥·冯·柯尼格,他结识的一位肖像画家,临摹过格列柯的名作《耶稣升天》,对西班牙了如指掌。里尔克向他咨询了格列柯的一些情况,也咨询了托雷多的衣食住行。①

然而,里尔克的家庭同他的艺术再次打起架来。按计划,里尔克将不在德国过圣诞节,这就意味着他一整年不能见到女儿了。伊娃·卡西尔听到这个计划,当即用最强烈的语言表示坚决反对,里尔克决不能这么长时间把女儿扔到一边,看都不看一眼。伊娃的话可要比露丝昔日的老师埃伦·凯的话有效得多,或许是因为她一贯不大爱说话。里尔克也感到自己的安排暗藏危机,当即应允在动身去西班牙之前先去趟慕尼黑,看看克拉拉母女。10月11日,里尔克一到慕尼黑,就对伊娃大声说:"你是对的。"②露丝的学校准了3天假,让她陪在父亲身边。这3天中,里尔克终于当了一回传统意义上的父亲,从中也收获了不少欢乐。

在这个事到临头才匆匆做出的决定中,伊娃的作用至关重要。自打克拉拉拒绝了她的提议,不肯把女儿放到她任教的欧登寄宿学校后,她和丈夫就想方设法把捐出的那笔钱用到露丝的教育上。虽然有了这笔钱,里尔克依旧要承担妻子女儿的日常开销,卡西尔一家的捐款毕竟有限,这就引出了一个问题:如何养活自己的家人,又为自己计划中的西班牙之旅筹足资金?依琳表姐留下的那点遗产上一年已经花个精光,无计可施,里尔克只得写了封措词圆滑的信,请求从那笔教育基金中拨出一部分,以应付克拉拉母女的日常开支。里尔克的请求得到了批准,而这仅仅是第一步,时常身处经济窘境的里尔克终有一日会动用那笔基金,不过那已经是后话了。

里尔克打算在慕尼黑只待三四天,可他还是在回杜伊诺之前给席蒂发了封电报,虽然来去匆匆,他还是希望走之前和席蒂见上一面。席蒂就是席蒂,一收到电报就快马加鞭,赶来同里尔克共度了一个周末。

"你能来真是太好了,"③里尔克在送去旅馆的留言条上写道,可麻烦事接踵而至。那天中午,他已约好和克拉拉母女一起,去看望他在慕尼黑

---

① 1912年9月18日,《里尔克书信集,1892—1921》3:254—255。
② 1912年10月7日,瑞士国家图书馆内部资料。
③ 1912年10月12日,《与席多妮·纳赫尼·冯·博卢廷的书信集》,163—164。

的主要资助人,出版商胡戈·布拉克曼和妻子艾尔莎,在他的家中吃饭。主人表示,要是席蒂能一起来,他们也很高兴。里尔克正打算带露丝去博物馆,于是给席蒂留言,说自己不久就会来见她。

可里尔克爽约了,他并没有去旅馆,而是派人又送来一张留言条,说自己要早一点去布拉克曼家(应该是有公务要谈),叫她直接去布拉克曼家,与他在那儿见面。席蒂感到有些别扭,毕竟人家又没有直接邀请自己,可还是去了,一起吃了午饭,饭后和里尔克父女二人一起在英国风格的花园中散步,推着小车,里面躺着一只大玩具娃娃。终于,席蒂和里尔克父女一起,上演了一幕温馨的家庭画面。

这几天实在有些古怪,里尔克住在玛丽安巴德饭店,席蒂天天上那儿去看他,不过两人谈的大都是些无关紧要的东西,例如如何训练猎鹰,以及家谱的重要性。两人也谈到了艺术,尤其是托雷多的格列柯,还一起去了慕尼黑旧美术馆,一起参观了拉奥孔雕塑。一切尽如人意,可总让人感到缺了些实质性的东西,一种若有所失的感觉笼罩在席蒂四周。告别时,她感到,自己今后再也见不到这位最好的朋友了。[①]席蒂走后仅仅一天,她哥哥约翰内斯也来了,他正处于非常严重的抑郁中,希望从里尔克那里找到些许安慰,不过里尔克小心地同他保持着一定距离。

给席蒂的电报中,里尔克说自己这趟来去匆匆,希望她尽快来。可在里尔克的生活中,时间具有相当大的弹性,原计划的3日之旅拉长成3个星期。牙医找上了他,更不巧的是,母亲菲亚此时也要见他。菲亚突然现身,想看看自己的孙女,更想同如今很少能见面的儿子一起待上一段时间。露丝可开心了,终于可以让爸爸接自己放学,陪自己去公园散步,一起看儿童剧了。这样的机会实在难得。

与此同时,里尔克也遍访故交旧友——阿涅塔·科尔布,雅克布·瓦塞曼,胡戈·冯·霍夫曼斯塔尔到里尔克下榻的饭店坐了一会儿,两人间的关系有些升温。《玛丽生平》终于出版,可没能附上海因里希·福格勒的画,[②]这个缺憾令里尔克的一些旧友,如杨格,颇为心痛。既然提到杨

---

① 关于席蒂此次慕尼黑之行的细节,参阅里尔克于1912年10月12日、14日和20日致席蒂的信,《与席多妮·纳赫尼·冯·博卢廷的书信集》,163—165。
② 1912年10月25日,《里尔克与出版商[安东·基彭贝格]书信集,1906—1926》,183—184。

格,如今连《旗手》也不在他手上了。① 正该如此,里尔克寻思着。这么多年,杨格就在原地踏步,而英赛尔已经大踏步向前。

登上驶往托雷多的列车,里尔克又遇上一个难题——玛尔特·亨内贝特。10月10日,她突然离家出走,接下来的几天音讯皆无,仿佛融化在巴黎的大街小巷中。里尔克既焦急,又伤心,最后只好请侯爵夫人帮忙。夫人立即行动起来,5天后,玛尔特终于被找到了,原来她跟一位夸夸其谈的俄罗斯艺术家住到了一起。可在动身去西班牙之前,里尔克就是不肯同玛尔特直接联系,这次连侯爵夫人也不能说服他。相反,他请夫人代自己写信给玛尔特,虽然夫人同玛尔特连一面都没见过。②

此时,里尔克只希望自己身在慕尼黑数百英里之外,远离牙医的转椅,也远离自己的母亲。不过,有露丝陪在自己身边,还是令他的心情开朗了许多,等待也没有那么漫长。侯爵夫人到了,她要去斯图加特,出席理查德·施特劳斯作曲,霍夫曼斯塔尔编剧的音乐剧《阿里阿涅德在纳克索斯》的首演礼,途经慕尼黑时在玛丽安巴德饭店停留了一下,同里尔克见了一面。③ 夫人到后不久,在10月21日给里尔克留言,请他次日晚8点务必到布拉克曼家出席一个正式晚宴,还要带上《哀歌》手稿。不仅如此,侯爵夫人实际上叫里尔克中午就去(午饭时讨论晚宴如何安排)。午饭后,里尔克又陪夫人去了旧美术馆,不过根据里尔克的记述,博物馆当天闭馆。不管怎么说,里尔克的时间归侯爵夫人支配,对此,这位"御用诗人"也唯有俯首听命。

里尔克必须走了,这一点毫无疑问,《哀歌》的后续能否出来全系于此。1912年10月28日,里尔克终于登上了开往西班牙的列车。

这是一趟长途旅行。11月4日,席蒂收到里尔克从托雷多发来的电

---

① 1912年1月15日,《里尔克与出版商[安东·基彭贝格]书信集,1906—1926》,183—184。在这封信中,里尔克提到,杨格和福格勒都颇为令他头痛。
② 1912年10月17日,《里尔克与玛丽·冯·屠恩·塔克西斯书信集》,206。
③ 1912年10月21日,《里尔克与玛丽·冯·屠恩·塔克西斯书信集》,207。

报:"抵达托雷多,入住卡斯蒂娜饭店。"①电文用法语写就,自然,里尔克对此地的景致大大赞叹上一番,说其美丽无与伦比。

进入西班牙之前,里尔克在法国一侧的小镇巴约纳休整了一天,前面就是陌生的土地了,里尔克希望在这个法国文化和西班牙文化交汇的地方,欣赏一下这里的建筑和艺术。可他发现,这里的建筑瑰宝已被现代城市建筑所淹没,古老的桥梁包裹在密密麻麻的脚手架中,大教堂被一遍又一遍翻新,已沦落到同一般建筑无异的地步。里尔克在市立博物馆逛了一圈,倒是有几件藏品引起了他的兴趣,尤其是两幅格列柯的绘画。此外,他还见到了罗丹的老师安托万·路易·巴里的几幅水彩画,也算是找到了大师的根。这些水彩画中有几幅动物速写,对光线的塑造颇有特色,仿佛是青铜雕塑前打的草稿。结合自己对罗丹的了解,里尔克对这几幅作品的兴趣尤其浓厚,他对罗丹造型的全部理解,即布满体态线条的表面,似乎都浓缩在这几幅画中。②

第二天,里尔克赶往托雷多,在马德里仅仅是从一座火车站赶往另一座火车站,换乘另一趟列车。如同任何一座充满20世纪新技术的大都市,马德里也让他恐惧。不过,一到托雷多,里尔克就爱上了这座城市和城市中的建筑。里尔克对西班牙文学所知甚少,就知道有个塞万提斯,对这里的社会也缺乏整体上的认识。他之所以来西班牙,为的就是这里的建筑和艺术。早年,在巴黎那阵子,自结交了巴斯克画家伊格纳西奥·苏洛阿加之后,西班牙的风景和艺术就在里尔克心里扎下了根。

里尔克之所以对西班牙知之甚少,③依旧一头扎了进去,有多个原因。原因之一,在侯爵夫人的通灵会上显灵的那位无名女士据称就在托雷多。其实,里尔克心里也是半信半疑,去托雷多还有出于职业和心理上的考虑。他确信,在托雷多,徜徉在戈雅和格列柯的艺术杰作之间,沐浴在西班牙所特有的基督教—伊斯兰教精神氛围中,他最终可以完成《哀歌》的创作。西班牙绘画的出现是个重要标志,它表明此后的《哀歌》中,宗教情感将越来越浓烈,尽管它们依旧维持着世俗作品的架构。1912年在里尔

---

① 1912年11月4日,《里尔克与席多妮·纳赫尼·冯·博卢廷的书信集》,165。
② 1912年10月31日,《里尔克与玛丽·冯·屠恩·塔克西斯书信集》,215—216。
③ 参阅利普曼的《里尔克:人生与作品》,328—329。

克的一生中实在是至关重要的一年,这一年伊始,他拜服在自己所创造的异教天使的脚下。后来的《哀歌》中,格列柯的宗教视野和戈雅的道德现实主义留下越来越清晰的印记,西班牙成为《哀歌》的试验场,由此产生出的文化视野一直延续入下一个10年。

除此之外,里尔克还有着迫切的心理需要,必须逃到一个遥远的地方。和他之前去过的俄罗斯、意大利、瑞典一样,西班牙成为一座避风港。在这里,里尔克一方面可以逃避苦苦相逼的抑郁,减轻内心的重压;另一方面,他也可以暂时从金钱、婚姻这些外部世界施加给他的麻烦中脱身。他只想一个人独处一段时间,把一切看得到、想得到的纠葛都抛到脑后,既没有伸手向他要钱的克拉拉母女,也没有野性难寻的玛尔特,更没有席蒂,还有她那个深陷抑郁不能自拔的哥哥。

里尔克于1912年11月2日抵达托雷多,开始几个星期,里尔克胸中热情沸腾,难以抑制,这座城市一下子就抓住了里尔克的心。①城市坐落在花岗岩山体上,塔霍河三面环绕,河上有两座桥梁,仿佛两只臂膀,伸向远方。里尔克觉得,这座不可折服的小城仿佛坐落在荒瘠的星球上,它是一个巨大的标志,象征着所有那些翱翔于可感世界之上的心灵。在写给伊娃·卡西尔的信中,里尔克写道:"无论是动物的眼眸,还是天使身上,都能看到这种迹象。"他把托雷多视为张力汇聚的中心,"事物与事物在这里碰撞,令人目不暇接。"②在里尔克栩栩如生的想象中,这座城市中的高塔仿佛尖叫着拔地而起,桥梁的身躯犹如在重压下弯曲,紧闭双目,向河对岸延伸,直至与荒野面面相觑。在这些内心影像中,《哀歌》的后续作品逐渐成形。

托雷多不仅有格列柯,更是一座神秘之城,那位不知名姓的女士正在这里静候着里尔克的到来。这里亦是灵感迸发之地,诗人独立桥头,仰观夜空,一颗流星划破苍穹,消失在黑黢黢的大地之上,短暂的辉煌后归于永恒的沉寂。③那一刻深深地镌刻入里尔克的心灵中,6个星期之后,他在一首诗中把那一幕描绘了出来;又过了6年,那一刻依旧清晰地呈现于他的记忆之中。对于诗人充满浪漫情调的心灵(相较之下,他做的实事常常

---

① 1913年1月11日致伊娃·卡西尔的信,瑞士国家图书馆内部资料。
② 1912年12月,《里尔克与海伦·冯·诺斯济茨书信集》,57。
③ 里尔克曾把这一幕说给侯爵夫人听,夫人在《追忆里尔克》中记下这一幕。《追忆里尔克》,96—97。

毫无浪漫可言），刺破托雷多夜空的流星为他带来神秘的信息，然后就坠向黑夜笼罩的大地，去拥抱自己的死亡。

抵达托雷多不久，里尔克就开始构思一首名为《致长久的等待》的诗，最后只完成了片段，但依旧令人印象深刻。诗从不同角度唤起缺失和死亡这个主题，似乎是为那位向他显灵的不知名女士而写，其实也是为所有令他有所期待的女性而写。诗的开头写道：

　　一定要来时，就来吧
　　这一切，已流过我的身躯
　　流入你的气息。

借助那位无名女士，里尔克再次化蛹为蝶：

　　什么样的风才能
　　托起我，穿透
　　浓浓的夜色，化身
　　为另一种生命。

管弦丝竹在耳中残存下的声响，奇珍异果在嘴唇上留下的清香，还有童年在心底投下的残影，所有这些，都可能随着那位女士一起到来。骤然间，诗人笔锋一转，之前他已同那位女士融为一体，现在又迷惑起来：

　　不知是否
　　在你身上闪耀的亦为我所属。

或许，她的美仅仅发自于她自身，是她生命的一部分，与诗人无干。最后，诗人写道，这位令他"长久等待"的女士或许永远不会来：

　　因为，暗黑的夜色中
　　你耳中听到窃窃私语

因为,你已忘记
我姓甚名谁
因为,你不愿听
因为,你是女人……①

写到一半,诗人戛然而止,诗没有写完,诗人的思绪也不完整,仿佛从一连串思绪中斩下的一截。虽然被斩头去尾,从这个片段中还是可以发现冲突:一端是当下的"我",深夜独立托雷多的桥头;另一端则是已不闻其声,不见其影的"他"。当下与以往,在场与缺席,在这两种存在的夹击下,诗人衣带渐宽终不悔,为伊消得人憔悴。

里尔克登临托雷多一座座教堂的尖顶,放眼四周的景物,在格列柯的画作中漫步徜徉。就这样,基督精神(这已是改天换地的基督精神)在他心底被唤醒,汹涌袭来。②离开托雷多之后,这股浪潮依旧在里尔克心中澎湃。那年夏天,里尔克虽然身在巴黎,可心仍留在西班牙,写下了一系列基督教主题的作品,用语言把格列柯的绘画再现出来。这一系列作品包括:《致天使》、《马利亚感孕》、《拉撒路重生》,以及《西班牙三部曲》、《耶稣入地狱》、《圣·克里斯托弗》等等。在圣文森特大教堂观赏格列柯的画作时,里尔克感到一种与性极为相近的精神体验,之后这种体验更突破一地一画的局限,满溢到托雷多全城。

这段时间里,终日就是漫游,欣赏绘画、雕塑,甚至可以静下心来读读书。塞万提斯的西班牙文原著(读起来难度可是不小),圣安吉拉·福利尼奥的意大利文原著(也不太容易对付),法文的《霍夫曼的故事》,还有18世纪末、19世纪初的法国诗人兼学者安托万·法布尔·德科特的著作,他关于希伯来语的起源与结构的看法引起了里尔克不小的兴趣。③这一趟西班牙之旅,就是要在思想上和精神上为《哀歌》的创作做好准备,如今万事具备。可就在里尔克即将动手之际,又刮来一股风,吹皱了他已平整如镜的心潭。

---

① 《里尔克作品全集》2:388—389。
② 参阅里尔克于 1912 年 11 月 2 日和 15 日写给侯爵夫人的信,《里尔克与玛丽·冯·屠恩·塔克西斯书信集》,218—219。
③ 1912 年 11 月 17 日,《里尔克与玛丽·冯·屠恩·塔克西斯书信集》,232 页脚注。

11月20日,也就是里尔克抵达托雷多不到3周后,他在信中对自己的朋友们说,不知道自己在托雷多还能待上多久。①此时,他的健康不佳,情绪低落。到第四周结束时,里尔克已下定决心,不能再待下去了。天气变化是一部分原因,在写给侯爵夫人的信中,里尔克解释到,倒不是这里缺乏阳光,可无论这里的阳光有多么灿烂,空气还是照样冰冷刺骨。"要是再没有阳光,就意味着这里已不宜居住。"②

　　12月1日,里尔克撤了,一路南行,希望能捉住冬日的暖阳。首站在科尔多瓦停留,可看到那里的清真寺已改造成一座教堂,里尔克吓得扭头就走。清真寺里,里尔克看到穹顶拱起,廊道宽敞,四处贴着图案繁复的瓷砖,富于伊斯兰风情。残缺不全的基督教文化和完整的伊斯兰传统,在这里被硬生生绑在一起,里尔克不禁又开始浮想联翩。虽然从精神气质上依旧接近基督教的神话故事,不过里尔克一直想把自己从世俗所接受的基督教形式中解放出来。③在这里的文化冲突中,里尔克再度看到了那个藏在自己心底,融旧约传说和伊斯兰精神为一体的天使。

　　至于别的方面,里尔克对于科尔多瓦的印象倒也没什么不好的,但也没什么能令他精神为之一振之处,于是他决定继续前行,找一个能长久待下去的落脚之处。他去了塞维利亚,原打算能在那儿歇歇脚,好好完成他带到西班牙的任务,不想塞维利亚也令他失望。在里尔克眼中,塞维利亚和科尔多瓦一样也是座荒瘠的城市,商业气氛浓厚,城市公园中杂草丛生。失望之余也有惊喜,给他的心头送去一丝丝暖意。不过意想不到的是,这份意外居然出现在一家养老院中,院中窗明几净,被褥整洁,枕套上还有绣花图案。④日后,里尔克在自己的《西班牙三部曲》中再现了这个地方,不过笔调并不像他当时的心情那样明朗。可话又说回来,在这古今驰名的文化十字路口上,居然只有在养老院中才能找到最后的一点安慰,这不能不说是一种讽刺。

---

① 1912年11月26日,《与席多妮·纳赫尼·冯·博卢廷的书信集》,166。
② 1912年12月4日,《里尔克与玛丽·冯·屠恩·塔克西斯书信集》,239—240。
③ 1912年12月17日,《里尔克与玛丽·冯·屠恩·塔克西斯书信集》,245。
④ 参阅格布瑟尔,19页;关于里尔克在诗歌中对这一形象的重塑,参阅《西班牙三部曲》,《里尔克作品全集》2:44。

在塞维利亚度过闷闷不乐的5日后,一位偶然结识的朋友向里尔克推荐了一个叫龙达的小镇。[1]小镇位于加的斯到马拉加的途中,四面群山环绕,不远处就是地中海。里尔克当即向这个小镇进发,仿佛自己能否得到救赎就全仰仗此地了。接下来的几个月中,他终于有了个立足之地。从小镇乘火车3个小时就能抵达直布罗陀,[2]海峡对面就是摩洛哥的丹吉尔,从那儿到小镇也不过区区五个小时的路程。

里尔克对小镇相当满意。小镇的选址相当壮观,坐落在两片巨大的岩石上,中间,河水冲出一道深槽,把两块岩石劈开。里尔克很喜欢镇上的广场,弯弯曲曲的小巷,这里的民居农舍,还有规模不大的宅邸,时常耸立在陡峭的悬崖峭壁边上,令人叹为观止。镇上的大广场,以及庞大的18世纪斗牛场倒没有引起他太大的兴趣,他时常漫步于精耕细作的田间地头,走过橡树林和棕榈树林,足迹踏遍小镇周边的山山水水。

托雷多的刺骨寒风吹冷了里尔克的心田,龙达成了理想的栖身之所。这里气候温暖,山区纯净的空气抚慰着他的双眼和神经。清晨,一起身,眼前就是巍峨壮阔的群山。里尔克把这一切都在信中告诉了罗丹,把龙达形容为"地球上绝无仅有的美景,一个岩石巨人在自己的肩膀上负起这座白色的小镇,跨过一条窄窄的小河。这一幕,就如同圣克里斯托弗把幼年的基督负在自己肩上,跨步过河。"[3]

当初,里尔克踏上西班牙大地时,身负多项职业任务。如今,其中一项已无法完成了。同温暖和煦的气候和清净安宁的居所相比,艺术欣赏也要退居其次。这座小镇同旅游淡季时的维亚雷焦倒也有几分相似,尤其让里尔克感到舒心的是丽娜·维多利亚客栈。[4]这是一家英式客栈,是从直布罗陀到这里度假的英国人的挚爱,旺季这里人满为患,可现在,整间客栈几乎让里尔克一个人独占了(有一段时间,里尔克就是整间客栈唯一的住客)。这里居住舒适,远离外面世界的纷扰,对于从事严肃写作的人无疑是上上之选,美中不足的就是客栈少了点儿西班牙风情。在这里,

---

[1] 参阅普拉特的《清脆的玻璃:里尔克的一生》,216。
[2] 1912年12月17日,《里尔克与玛丽·冯·屠恩·塔克西斯书信集》,246。
[3] 1912年12月13日,《里尔克与罗丹书信集》,174—175。
[4] 1912年12月18日,《里尔克与出版商[安东·基彭贝格]书信集,1906—1926》,191。

里尔克度过了生命中 4 个月的时光。如今,这座客栈依旧屹立在小镇上,接待四方宾客,并在院中树立了一座里尔克雕像,纪念这位曾在这里度过 120 多个日日夜夜的大文豪。雕像中,里尔克一手托书,双目眺望远方的山谷。当年他曾下榻的房间也被保留了下来,里面陈列着当年他曾用过的用品。

里尔克需要先喘口气,因为他再度陷入深深的抑郁之中。在写给卢的一封信中,里尔克把再度降临的"沉重心情"尽数注入浓浓的墨水中,泼洒在信纸之上。[①]每当他面临危机,需要人拉上他一把时,卢始终是他的心灵诊疗师。里尔克感到前额和太阳穴里的血管在跳,痛苦不堪。他渴望昔日在柏林的夏洛滕镇,在黑森林温泉,甚至在瑞典的旧日子,最希望能有埃伦·凯陪在身边。或许,去卢住的地方,去那附近的湖泊也好;也或许,就去一座小巧的德国大学城,例如哥廷根。

卢的回信语气爽朗而坚定,也打消了里尔克心中的一切幻想,无论是埃伦·凯,还是她家附近的湖泊,都是不切实际的幻想。她强烈建议里尔克,按照自己一直以来的计划,返回巴黎。[②]在里尔克面前,卢从来都是导师,虽然她并不喜欢里尔克那些在罗丹的调教下做出来的诗,可她还是奉劝里尔克去巴黎。如今,她依旧不喜欢里尔克那套创作之道,也曾婉转地向他表示过,之所以他时常会深陷抑郁,就是因为他的诗和他这个人严重脱节。无论如何,卢开出的药方是:回到老地方,去找你的旧导师,这样疗效最佳。

卢的介入证明效果显著,里尔克明显轻松了许多,随之创作也出现了一波高潮。从新年之夜到他 2 月末离开西班牙这一期间,一批作品跃然纸上,包括一篇《哀歌》的部分,还有许多片段、笔记、草稿,记录下他在西班牙的所见所闻。他在托雷多的见闻,以及他在宏伟壮观的大教堂中见到的艺术瑰宝,终于被他一一写入自己的诗中。当然,在那心潮澎湃的几个星期中,他更获得了格列柯的视界,一种看待世界的方式,这也将成为他诗歌创作的素材,其影响远及之后的许多年。在他日后的诗歌中,可以清晰看到圣文森特大教堂中绘画杰作的影子,如《完美的受孕》。

[①] 1912 年 12 月 19 日,《里尔克与卢·安德烈亚斯-莎乐美:书信集》,274。
[②] 1912 年 12 月 30 日,《里尔克与卢·安德烈亚斯-莎乐美:书信集》,278。

1912年底,里尔克身上最大的变化就是他对罗丹的态度。可以说,他对世界急剧变化的看法(从他的《哀歌》中,我们已能感受到这种巨变)既是其果,也是其因。一个重要的标志是,他与卢的关系越来越近,在两人日益接近的心灵背后,正是一种焕然一新的思想,那是对死亡和转世的精神领悟。昔日,里尔克自以为已从罗丹那里学会了如何放逐自我,可如今,在新思想的映照下,昔日的旧认识虽然未被完全推翻,却仿佛又有了新内涵。

这是里尔克在西班牙苦苦追寻的灵感,那是一种近似于基督教精神的内心体验,却又超出基督教或伊斯兰教的边际。在这种内心体验的引导下,里尔克终将找到自己的《哀歌》。诗人亲身经历这种体验,像旁观者一样观看自己所承受的痛苦。在笔记中,里尔克曾把自己比作阿西西的圣弗朗西斯,这位圣人有一项连耶稣和俄尔甫斯都叹为观止的成就,能从自己极度困顿的处境中获得欢乐的自由感,一种不可抑制的欣喜之情。日记中,里尔克写道:"或许,圣弗朗西斯被人生吞活剥了,却彻头彻尾,由内向外都浸透于快乐之中,以至于所有人口中都残存着他快乐的香味。"①里尔克把圣弗朗西斯比作世人俎上之肉,他把这个有点血腥的比喻继续深挖下去,继续写道,圣人并非自己动手剥开自己外面的壳,而是"硬生生把自己从皮囊中揪了出来",把那副皮囊扔在路上,如一堆烂肉。在写给卢的一封信中,里尔克用上了这段话。或许,他想再度接近她,这位昔日的伴侣曾同他一起走完俄罗斯之旅,也跟他一起深入基督教之前(另一个意义上,也是之后)的神秘世界。如今,里尔克再次向这位昔日伴侣靠拢,越来越远离罗丹,远离《新诗集》,毅然决然地转向《哀歌》。

1月的这几个星期里,里尔克何去何从,卢的影响至关重要。在一封长信中,里尔克罕见地向卢表白了自己心中的爱:"如今,我心中之大愿,我亲爱的卢(原信中,这几个字下面画了三道着重线),就是我俩可以彼此相见。"信纸的边白上,里尔克又写道:"我的支持,我的全部,一如既往,直到永远。"②信的最后一句被人涂掉了,显然是卢干的,不过她还是准备施

---

① 1913年1月6日,《里尔克与卢·安德烈亚斯-莎乐美:书信集》,279。
② 《里尔克与卢·安德烈亚斯-莎乐美:书信集》,279—280。

以援手,尤其是关于圣弗朗西斯的那段话让她感触良多,她仿佛又看到了昔日的里尔克,那个写下《定时祈祷文》的里尔克。

"我相信,你必须受苦,"卢在信中写道,"还将继续受苦。"①没有人可以改变里尔克的命运,可卢觉得自己的使命就是与里尔克一起承担。同两人尚是情侣的昔日相比,如今她对里尔克严厉了许多。然而,她发现自己内心"多了几分母亲的慈爱",只为里尔克而生的爱。她称里尔克为"我最亲爱的孩子",收到里尔克寄来《哀歌》头两篇的手抄稿后,她在信中对里尔克说,自己每天都在同他的天使交心,"打心底里"发出问候。②

尽管面临抑郁,里尔克心里十分明白,自己来西班牙的目的就是要重走圣人的足迹,他的每一步都走得很认真。实际上,《哀歌》越来越接近宗教圣人的神秘理想,那也是昔日他在《定时祈祷文》中探索过的理想。《哀歌》似乎往回走,绕过了《新诗集》,又点燃了《关于贫穷与死亡》中探讨过的主题,以及圣弗朗西斯的殉道事迹。

对此,无论是卢,还是侯爵夫人都有些惴惴不安。侯爵夫人轻声细语地说:"别,希拉费科博士,别这样。你并非圣人,即便你弯下膝盖,一天24小时长跪不起,你依旧不是。幸亏如此,圣人是写不出《哀歌》的。"③卢有些犹疑,在十字架上受苦受难和死后复活其实是一回事,诗人要找回完整的自我,就必须受难,这也是一种殉道。④

里尔克在抑郁的泥潭中越陷越深,既自怨自艾,内心又燃烧着怒火。可与此同时,诗情却不请自来,他的笔记本中写满了诗句,把他过去两个月中所积累的视觉图像转化为纸上的文字。在《玛丽就位》中,他成功地把格列柯的绘画转化为一系列复杂的诗歌形象:

> 众使徒灼热的目光中
> 你的长袍闪耀着忧伤的光芒⑤
> 不单如此,你的形象

---

① 1913年1月13日,《里尔克与卢·安德烈亚斯-莎乐美:书信集》,281—282。
② 卢致里尔克的信,1913年1月底,《里尔克与卢·安德烈亚斯-莎乐美:书信集》,285。
③ 玛丽·塔克西斯致里尔克的信,1913年1月3日,《里尔克与玛丽·冯·屠恩·塔克西斯书信集》,254。
④ 卢致里尔克的信,1913年1月13日,《里尔克与卢·安德烈亚斯-莎乐美:书信集》,281。
⑤ 《里尔克作品全集》2:47。

>也显现于,花瓣的圣杯
>也显现于,空中的飞鸟
>当它自由翱翔之时。

在《致天使》这首诗中,诗人向一位天使倾诉衷肠(同《哀歌》联系紧密),他感到在天使的目光中,自己的存在得到了确认:

>任我嘶声怒吼,也不会
>在你心中激起回响
>如果你未曾感受到我
>那真正的我。①

所有这些诗都创作于龙达,创作于那个痛苦不堪而又创作力充沛的一月,写在里尔克的笔记本上。之后,这组诗,再配上其他一些作品,组成一部24首的诗集,命名为《致黑夜》。经过一番波折,诗集最终于1925—1926年间出版于《英赛尔年度作品选》中。

这几个月中诞生了又一篇《哀歌》的主体部分,即第六篇。这首诗的创作始于杜伊诺,它把圣人的自我放逐变为诗人和他所承担的功能的准则。日记中,里尔克写下圣弗朗西斯面对杏树的那一段(之前,在写给卢的信中,里尔克已经用上了这段文字),②这段文字在这首诗中再次出现,略有改动。这里,杏树变成了寓意更深刻的无花果树。

>无花果树,长久以来我就觉得事关重大
>你是怎样几乎完全错过花期
>未经夸耀,就将你纯粹的秘密
>催入了及时决定的果实。③

---

① 《里尔克作品全集》2:49。
② 1913年1月6日,《里尔克与卢·安德烈亚斯-莎乐美:书信集》,279—280。
③ 《里尔克作品全集》1:706页脚注。

后来,里尔克告诉卢,这是一篇"英雄之哀歌",这也是继恋人和夭亡者之后,里尔克在《哀歌》中创造出的又一个形象,他们都象征着对可感世界的超越。不过,昔日的圣人同今日的英雄在诗中碰面,这倒是该诗的独特之处。1903 年时,里尔克如此描写隐士:

> 他被打包发运,精血在奔流
> 仿佛欢腾的溪流。①

如今已是 1913 年,这 10 年间他已出了两部《新诗集》。现在,里尔克再次搬出了圣人这个形象,令其同英雄在富于暗示的形象中结为一体:

> 像温泉的水管你弯曲的树桠
> 把汁液驱下又驱上:它从睡眠中
> 几乎还未醒来,就跃入最甜蜜成就的幸福。
> 看哪,就像大神变成了天鹅。②

很明显,里尔克已开启了自己创作生涯中一个新的篇章,它既强调同《定时祈祷文》的一脉相承,又越过往日的成就,奔向新的目的地。抚今忆昔,里尔克的诗歌风格已焕然一新,《哀歌》沉郁绵长的八音步取代了《定时祈祷文》所使用的无韵体。不仅如此,诗人还运用《新诗集》中用过的修辞手法,把昔日的形象重新呈现在读者面前,其中之一就是喷泉这个时常用到的形象。植物的汁液由根部向上运行,这被比作喷泉把水自下向上抽。最后,喷泉喷洒出水花,而植物播撒出自己的种子。这里,同《定时祈祷文》中的隐士有所不同,圣人-英雄的精血不是播撒出去,而是汇聚成流,推动一个具有决定意义的行动。这又把里尔克引向他昔日描写过的主题:宙斯诱拐丽达。圣洁的诗人-英雄像宙斯一样披上天鹅的白羽,其结果不仅是丽达受辱,更催生出死

---

① 《里尔克作品全集》1:366。
② 同上,706。

亡和灾祸。

在西班牙的最后两个月中,里尔克的产出也再次证明了他思维中的缺陷:他始终认为,诗人内外越归于平静,所产出的诗歌就越是优秀,可实际情况与此恰恰相反。他自己的内心在焦灼中沸腾,举世也仅有卢一人可以洞观他内心的全部;在新的宗教幻影和艺术灵感的感召下,里尔克时常在心底上演死亡的戏剧;可他依旧写出了思想极为深刻的诗歌,以思想的深度取代了不久前的诗歌作品的结构,在技巧上也达到了更高的高度。

接近两个月的时间里,里尔克一直在龙达生活、创作。诗作在日日增多,精神却日益低落。到了2月底,他已准备离去了。离开之前,里尔克先去了趟马德里,确保自己欣赏了格列柯和戈雅的全部作品,无所遗漏。毕竟,欣赏两位前辈大师的艺术杰作是此次西班牙之旅的目的所在。刚到西班牙时,他曾在马德里短暂停留,匆匆转车,这一次同上一次相比,他对这座现代化大都市的印象并没有什么改观。即便他对这座城市的印象好转了,他也耐不下性子多待些日子,一股强有力的冲动推着他向前行。下一站——巴黎。

第18章　梦想心灵之约

> 如何同上帝相处？在这个问题上，圣人拒绝命运，自己作出抉择。在如何同男人相处这个问题上，女性要顺从自己的天性，也要自己作出抉择，哪怕前面将遇到恋爱的所有艰难险阻。她的爱人蜕变更新，而她毅然决然地站在爱人身边，直到永远。①
>
> 　　　　　　　　　　　　　《马尔特手记》

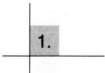

"对我而言，西班牙已是一场梦。回到巴黎，回到生机盎然，万物勃发的春天，我又回到阳光之下。"②长期在外漂泊，先后寄居杜伊诺、威尼斯、西班牙，现在，里尔克终于回到了家，说出了上面这番话。他独居卢森堡公园附近安静的工作室中，谁也不想见，满脑子都是创作。这次，他可以回到自己昔日曾住过的寓所，地址是第一田园大街17号。不久，这个地址就同维勒内路和比戎饭店一样，成为里尔克在巴黎的标志。

---

① 《里尔克作品全集》6:899。
② 致伊娃·卡西尔的信，1913年4月1日，瑞士国家图书馆内部资料。

安定下来并不容易,里尔克面临不小的经济问题,牵涉到自己身边几乎所有人,从安东·基彭贝格到伊娃·卡西尔。①不幸的是,这又招来卡尔·冯·德·黑特的一番尖酸刻薄的长篇大论,大谈那些搞艺术的人总是挥霍无度,入不敷出。不过,更让里尔克伤心的是他不由自主卷入了玛尔特和她的不幸中(当初,里尔克匆匆逃奔西班牙,就是想避开这堆麻烦)。

动身去西班牙之前,里尔克没有听从侯爵夫人的建议,写信给玛尔特。在西班牙独自旅行的那几个月中,他更鼓不起勇气,提笔给玛尔特写信。现在,终于回到了巴黎,虽然才刚刚两天,虽然此时他尚未联系好自己的工作室,里尔克却前往巴黎市郊的苏镇,看望玛尔特。此时玛尔特刚满20,已彻底脱离了沃尔曼的家,和一位俄裔雕塑家一起过着清贫的生活。

里尔克在沃尔曼家附近公园的一间工作室里找到了玛尔特。里尔克一敲门,玛尔特的同居男友立刻为他开了门。那人身材短小、结实,像个地里干活的,一头棕发,与耶稣倒是有几分相似。工作室中,暗淡的灯光照亮他的身影,听完客人自我介绍,他大呼"里尔克",声音在屋中回荡。屋子后面一道门帘闪动了一下,玛尔特走了出来,额头上缠着一条金色链子,身上穿了件异域长袍,看样子是想模仿古希腊的女性。见到了里尔克,玛尔特心花怒放,一想到可以跟自己的保护人到城里去,就更开心了。那天,她特别做了准备,洗了澡,梳妆打扮了一番,想好好跳跳舞。里尔克不跳舞,上一次跳舞还是在13年前,1900年在沃普斯韦德的聚会上,可他还是想逗她开心,尽己所能带她在城里过上快乐的一天。玛尔特的快乐和天真让里尔克心动,给她好吃好喝的,还自欺欺人地暗想,她和那个搞雕塑的俄国人也就是兄妹关系。

这一天在欢乐中开始,结局有些悻悻。两人错过了回苏镇的最后一班车,而这时里尔克尚未联系好自己的工作室,结果两人只好整夜在城里游荡。为了衬托那件希腊长袍,玛尔特没穿袜子,只穿了一双凉鞋。两人

---

① 1913年5月13日,《里尔克与出版商[安东·基彭贝格]书信集,1906—1926》,205—206;致伊娃·卡西尔的信,1913年4月11日,瑞士国家图书馆内部资料;致卡尔·冯·德·黑特的信,1913年2月28日,《与卡尔和伊丽莎白·冯·德·黑特书信集,1905—1922》,184—185。

从餐厅到舞厅,再到酒吧(里尔克并没有喝酒),最后又逛到了并不雅观的后街背巷,这一路不免让人有些伤感。玛尔特已完全打消了跳舞的念头,打起精神,端坐在咖啡馆中,摆出高雅的姿态。

之后一段时间,玛尔特断断续续来看望里尔克,在他的新住所门前怯生生地敲门。在自己保护人的鼓励下,她离开了那个俄国人和他乱成一团的住处,这也给里尔克带来了新问题。如今,玛尔特已不再是流落街头的孩子,自己要做的也不再是为她找一个家。她已是一个成年女性,渴望自己的生活。渐渐,玛尔特高昂的兴致转为悲痛,她发了烧,只能住在姐姐家。她一心希望那位保护人能为自己遮风避雨,给自己的心灵带来安慰,可那个人办不到。在写给席蒂的信中,里尔克用一个异乎寻常的形象,描绘他所理解的玛尔特。他也表示,自己也意识到了,自己没有尽到责任。里尔克如此写道:"我把她从那个俄国人身边带走了,可她的生活既非充实,更谈不上精彩。可以说,她的人生就像一条小船,之前在阴冷潮湿的漩涡中上下颠簸,随时有覆舟之虞;如今,小船搁浅在沙洲上,安全倒是安全,却再也动不了了,再也感受不到水流,只能干枯、锈蚀。"①这一次,里尔克在巴黎居住了数月,其间也去看了玛尔特不少次,但他还是尽量不让她成为自己生活的中心。

尽管里尔克已尽了全力,社会交往还是冲击着他孤身独处、以自由之身全力创作的愿望。斯特凡·茨威格邀请他和爱弥尔·凡尔哈伦,列昂·巴扎尔盖特(《国际评论》杂志的创刊人),还有小说家罗曼·罗兰一起共进午餐。②茨威格当时30出头,是事业正蒸蒸日上的小说家,三年前,他关于凡尔哈伦的书引起了里尔克的兴趣。里尔克原本就有些担心,这些年来同凡尔哈伦有些疏远了,于是高兴地接受了邀请,也利用这个机会巩固一下同老朋友的关系。他也很想会会罗曼·罗兰,不过老实说,他并未拜读过罗兰的大作《让·克里斯托弗》(小说的最后一卷去年刚刚问世)。

午餐的地点是贝尔夫零点餐厅,餐厅的菜肴几乎全是荤腥。③午餐

---

① 里尔克在1913年3月21日写给侯爵夫人的信中十分详尽地描述了这一段经历,《里尔克与玛丽·冯·屠恩·塔克西斯书信集》,275—281。
② 1913年3月12日、14日,《里尔克与斯特凡·茨威格书信和文件集》,50—52。
③ 1913年3月22日,《里尔克与出版商[安东·基彭贝格]书信集,1906—1926》,207。

上,里尔克很是惹眼,在南方的西班牙晒了几个月,他皮肤的古铜色尚未褪去,言谈充满风趣与幽默。他向在座的各位讲托尔斯泰的趣闻,即便有时涉及到自己尴尬之处也不忌讳,也讲在西班牙见到的趣闻轶事。里尔克心情十分放松,在午餐行将结束时说,其实巴黎什么都有,真不明白自己干嘛还要远行。最后,茨威格提议,由在座5人联署,给安东·基彭贝格寄去一张明信片。开端其乐融融,后来里尔克又做东招待了自己的同行几次,直到茨威格离开巴黎前夕,才礼貌有加地从他身边走开。

如果说,斯特凡·茨威格这样的同行加好友占用了里尔克3月的部分时间,他的红颜知己席蒂对他的创作的威胁就更大了。自从里尔克从西班牙归来,两人的关系升温不少,里尔克从巴黎给她写去不少长信,口吻亲密,其中也回顾了自己的北非之旅,以便为席蒂计划中的北非之旅提供参考。或许,里尔克以为,让席蒂多花点时间去考虑北非的旅行,她就不会上巴黎来了。可令他隐隐不安的是,他刚到巴黎不过区区数周,就收到席蒂即将到来的消息。由此开始,每过一周,里尔克离开自己的创作就更远一步,直到这一年深秋,他才能静下心来完成这一年中最重要,也是唯一的一项工作:完成激情澎湃的《哀歌》第三篇。早在一年多前,在杜伊诺,里尔克已开始了这一篇的创作。席蒂抵达巴黎那天,里尔克慷慨地恭维道,你带来了昔日美好的回忆,也带来了灿烂的阳光,整个巴黎城都为之生色。接下来的几个星期中,两人一起度过了不少甜蜜时光,有时和朋友们共聚,也有时独对伊人。

前途不单有阳光,也有阴影。在他婚姻生活的最后一程,里尔克夹在克拉拉和罗丹之间,两头受气。这是他自找的,自然要忍受。回想起来,1902年10月之初,他情绪低落,与此也不无干系。1913年4月初,里尔克向伊娃·卡西尔表示,克拉拉该来巴黎了,要完成合约,为罗丹塑一座胸像,时机已成熟。[①]又一次,露丝被交到外祖母手上;又一次,克拉拉在巴黎落脚。

从这一年开春起,里尔克就惴惴不安。几个月前罗丹就应允了,让克拉拉为自己塑一尊胸像,当然里尔克为此费了不少口舌。4月4日,里尔

---

① 1913年4月1日,瑞士国家图书馆内部资料。

克在给罗丹的信中为自己带来的麻烦连声道歉,但还是坚持原计划不变,否则可真就是灾难了。①这是克拉拉事业上的紧要关头。不过,里尔克还是能感觉到罗丹的态度有些模棱两可,他也十分清楚,从克拉拉从事雕塑开始大师对她的天分抱什么样的看法。过了这些年,罗丹给克拉拉提了不少建议,又在雕塑界为她赢得了不小空间,可这一切都只有一个原因:她是里尔克的妻子。对此,里尔克心知肚明。

罗丹一向对追求艺术的女性心存疑虑,这一点里尔克很清楚。也正因为如此,当年他向罗丹介绍自己的画家朋友鲍拉·贝克尔时,称她为"莫德尔森的妻子"。如今,罗丹已经72岁高龄,正与美国出生的舒瓦瑟尔侯爵夫人打得火热,同许多老朋友都疏远了,就更没有义务去帮克拉拉一把了。②不过,罗丹迟疑不决的真正原因,还是他对克拉拉的艺术造诣缺乏信心。对此,里尔克辩说道,克拉拉现在的作品可能存在着这样那样的局限,可如果能为罗丹这样一位伟人塑像,必然会激发她奋发向上,在艺术上精益求精。里尔克写道:"没有哪个艺术家,尤其是女性艺术家,可以抛却激情。"③可这样的话注定打动不了罗丹。

里尔克还在努力,试图力挽狂澜,对放在眼前的种种迹象视而不见。3月时,罗丹病了,里尔克去探望时带去了一本书。整个4月和5月初,他不停地给罗丹写信,抬头一律是"亲爱、伟大的罗丹",促请罗丹信守自己的诺言,其中一封甚至用上了克拉拉信中的一句话:"我永远不敢相信,罗丹会让我为他塑像。"④

罗丹也维持着面子。5月11日,里尔克接到罗丹的邀请,请他夫妇俩特别走访莫东一趟。接到邀请,里尔克喜不自胜,称这真是个"无与伦比的早晨"。⑤自己的使命似乎完成在即,里尔克甚至问罗丹,能不能见安东·基彭贝格一面。当时基彭贝格也正好在巴黎,为新的插图版《里尔克选集》的出版作准备,希望从罗丹那里拿到一些一手照片。罗丹5月4日会见了里尔克和基彭贝格,对基彭贝格的要求满口答应,可到最后关头又

---

① 《里尔克与罗丹书信集》,180。
② 1913年3月21日,《里尔克与玛丽·冯·屠恩·塔克西斯书信集》,281。
③ 1913年4月4日,《里尔克与罗丹书信集》,181。
④ 1913年4月,《里尔克与罗丹书信集》,184。
⑤ 1913年5月13,《里尔克与罗丹书信集》,187—188。

决定不给照片了。这件事令里尔克颇为不快,说:"如今他说什么也不能太当回事儿了。"①

罗丹最终亮了底牌,明确无误地表示,不会让克拉拉为自己塑像。里尔克并未感到惊讶,而是切断了同罗丹的一切联系。整整 11 年中,这个人始终是里尔克生活中的一部分。自此以后,里尔克再未踏足莫东,连经过维勒内路和比戎饭店时也绕道而行。基彭贝格向他问起照片的事,里尔克回答说自己同罗丹又闹崩了,"事发突然,就像 8 年前……或许,这次不会和好了。"②

克拉拉只好找上席蒂,请席蒂做自己的模特,两人都挺开心。里尔克心中的怨恨丝毫未减,为何罗丹的拒绝激起他如此之大的反应?毕竟,克拉拉已同他渐行渐远,两人的夫妻关系早已名存实亡。这实在是个令人费解的问题。当然,罗丹早已不再给别人做模特了,就算是里尔克本人也不例外。克拉拉并不是里尔克怒火的源头,毕竟,两人正在离婚程序中。虽然里尔克一贯支持克拉拉的艺术追求,可归根到底,罗丹真正伤害的还是里尔克本人的荣誉感。

里尔克对别人的轻视极度敏感,罗丹拒绝了克拉拉的请求,一定让里尔克想起 8 年前被赶出莫东的旧伤。对于这一事件,克拉拉本人作何感想并不重要,她那位一直在伟人的城堡中寻找栖身之所的丈夫一定被这位老人一而再、再而三的拒绝而深深刺痛。之前,他无数次向人讲起自己同托尔斯泰伤痕累累的相遇;如今,他又要把另一个父亲形象从自己的生活中抛出去。

就在席蒂为克拉拉做模特那阵,她家里发生了桩悲剧。5 月 28 日,在慕尼黑,席蒂那位身陷抑郁不能自拔的哥哥结束了自己的生命。③席蒂没能见到他最后一面,对于席蒂的悲痛,里尔克不单是理解,简直就是感同身受。不仅如此,他更打心眼里理解那个在而立之年结束自己的生命,撒手人寰的年轻人。里尔克不禁想到,在帮助他摆脱抑郁方面,自己的贡献实在微薄。在慕尼黑时,自己冷落了他;在西班牙时,自己在写给他的信

---

① 1913 年 5 月 29 日,《里尔克与出版商[安东·基彭贝格]书信集,1906—1926》,212。
② 1913 年 6 月 3 日,《里尔克与出版商[安东·基彭贝格]书信集,1906—1926》,213—214。
③ 1913 年 5 月 31 日、6 月 3 日,《与席多妮·纳赫尼·冯·博卢廷的书信集》,190—191。

中也只说了些陈词滥调,不过是为了保护自己。如今,突然之间,里尔克明白了席蒂的悲戚,明白了其中的所有曲折,她同这个哥哥实在太亲了,她生命的意义简直就是为他而生。虽然对席蒂的悲痛感同身受,里尔克还是劝她不要太过悲伤。席蒂给里尔克回了一封短信,署名只有一个小写字母"s"。在写给侯爵夫人的信中,里尔克说,似乎席蒂名字的剩余部分都已被她的泪水冲走了。①

这个和暖的春天,里尔克原本打算完成手头的工作,结果却大失所望。热浪向巴黎袭来,似乎是外界的一个信号,表明他内心的抑郁又"回家"了。入夜,天气又闷又热,仿佛已到了8月。不仅如此,黑夜更带来了各式各样丑陋的鬼怪精灵。《玛丽生平》终于问世了,同以往一样,里尔克向所有的友人寄去新书,可毕竟这已是两年前的旧作,对于他日渐干涸的心灵并没有带来多少安慰。只能离开巴黎了,别无他法,至少暂时离开一阵子,在别的什么地方休憩避世,或许疗伤养病。

2.

里尔克又去了黑森林的疗养院,希望疗效迅速,转眼间拔出他胸口和肩头的所有病痛,令他可以安心写作。此时是6月初,旅行又一次取代了写作。里尔克相信,黑森林的温泉可以令他脱胎换骨,再次精力充沛地投入到诗歌创作之中。

和以往一样,里尔克仅仅能在开头维持热度。温泉胜地同4年前并无分别,空间紧凑,一次至多只能接待60名客人。环境很舒适,下午播放轻音乐,吃饭时客人们柔声细语地交谈,医务人员也轻手轻脚,对客人有求必应。宾客、工作人员,都表现出良好的教养,除了他们的轻声细语外,四下一片寂静。疗养地视野开阔,放眼望去,眼前就是黑森林地区起伏的群山。这是令里尔克舒心的地方,在这里,他唯一要做的就是彻底放松。

可命中注定里尔克的心无法长久在满足中安宁。或许,他要寻找改

---

① 1913年6月11日,6月11日,《里尔克与玛丽·冯·屠恩·塔克西斯书信集》,295。

变的催化剂,他坠入爱河。在黑森林那缓慢而了无变化的3个星期中,里尔克结识了一位年轻女演员。

她叫海德薇·伯恩哈德,在柏林的吕森剧场演出,此时正在度假。她年轻、活泼,身上焕发着青春的色彩,又不失明理,目光中折射出内观己心的平静,打动了里尔克的心。在这一方面,这位姑娘同席蒂不无几分相似,里尔克就时常为席蒂的内心活动着迷,仿佛自己也融入了对方的内心世界中。眼前这一幕令里尔克回想起1898年第一次去维亚雷焦时的情境,那一次,他差点儿对伊琳娜·维勒内娜展开追求。如今,亦如往昔,两人在乡村,在森林中狭窄的小径上漫步,友情迅速滋长,两人下榻的旅馆外面处处留下两人的足迹。里尔克娓娓道出自己的旅行:俄罗斯、丹麦、威尼斯,还有杜伊诺。日记中,伯恩哈德开始频频提到里尔克,这个声音轻柔和美,体型小巧单薄,额头高高耸起的男人,尤其是里尔克那一双眼睛,被她比作"两汪湛蓝的湖水"。[①]

如果可以相信里尔克的信简,两人在双双离开黑森林之前才真正成为恋人。有那么一小会儿,里尔克仿佛被汹涌袭来的激情吞没,伯恩哈德的回应同样热烈。信中,里尔克称对方为"你",这个称谓通常只用在最亲密的朋友和爱人身上。两人曾在雨中漫步,许多花朵从里尔克的手心传到伯恩哈德的手心,有玫瑰,还有玫瑰红的天竺葵,两人计划在柏林重逢。

可诗人的心不久就冷却下来,激情和期待渐渐转淡,化为友情,最终以误解收场。对里尔克来说,下一场约会才是压倒一切的——哥廷根。这将是他8年来首次与卢见面,也标志着两人冰释前嫌。从6月9日到21日,里尔克和卢在一起度过了12个不平凡的日日夜夜。

新的精神让两个老朋友的心更加贴近,两人动辄聊到深夜,挑灯不让白日。后来,两人也表明,两人间昔日那种关系依旧牢固,里尔克依旧要找个人把心里话"倒出来",无论是经济上的窘境,还是社会上的交往。但同以往相比,两人的关系也已有了不同,卢日记中一段话将此表现得淋漓尽致:"一天,薄暮时分,我俩分立篱笆墙的两侧,谁也没有说一句话,两双手紧紧相扣。"[②]两人间,心灵送暖也无需语言的中介,自从1903年两人关

[①] 海德薇·伯恩哈德日记,1913年6月28日,参阅"乌尔巴赫书目",180。
[②] 大约发生于1913年7月22日,参阅《里尔克与卢·安德烈亚斯-莎乐美:书信集》,288。

系复苏以来,这样的情形尚不多见,它指明一个新方向:里尔克远游西班牙期间,与卢的交流更拉近了两人心灵间的距离。

21日,里尔克由哥廷根启程去莱比锡,去见自己的出版商。此时,他的心中仍旧萦绕着和卢的一席谈话。里尔克把自己的许多作品拿给卢看,除了已经截稿的两篇《哀歌》外,还有自寄居杜伊诺以来写下的许多片段残章。他不单拿出了新作,还给她留下了旧作《基督幻象》。当年,就是这部诗令两人走到一起。卢原以为它同自己藏在银行保险箱中的原稿一模一样,可一读之下,发现里尔克增加了许多恢弘壮阔的联想,给她留下极为深刻的印象。她注意到,里尔克所创作的一切无一例外都处于流动之中,一头是昔日的《基督幻象》,另一头则是正在显现的天使。不过,她也注意到里尔克新作中存在着一个瑕疵,就是语言越来越晦涩。她写道:"许多诗我读起来很艰难,这样说还不够准确,简直就是横在面前的一堵墙,挡住了更为广阔的视野。"①

到了莱比锡,里尔克却发现基彭贝格夫妇不在家,只好在旅馆中住了5天,而不是基彭贝格家特别为他留的"塔屋"。虽然有些意外,莱比锡这几天过得还不错。安东·基彭贝格透露,一批里尔克的朋友和仰慕者凑了些钱,当里尔克没有版税稿酬收入时,可以每月接济他500马克。②这样一来,他就无须再为经济问题烦扰,可以安心创作了。虽然与里尔克有不少分歧,卡尔·冯·德·黑特也在捐助者之列,其他的捐助人包括鲁道夫·卡斯纳、哈里·卡斯纳伯爵,等等。未来几年似乎已是一片坦途,况且他的书销售业绩一向不俗,可他总是摆脱不了入不敷出的窘境。③ 9月初,里尔克不得不再次央求伊娃·卡西尔,从露丝的教育基金中分出一点,以解他的燃眉之急。

7月,里尔克收到海伦·冯·诺斯济茨的信,信中盛赞了波罗的海沿岸的度假胜地海利根达姆,说那里环境优美,安逸宁静,希望这一年能和里尔克见上一面。④里尔克先去了趟魏玛,再度瞻仰了歌德故居,然后突然

---

① 卢1913年7月24日写给里尔克的信,《里尔克与卢·安德烈亚斯-莎乐美:书信集》,290页脚注。
② 1913年7月22日,《里尔克与卢·安德烈亚斯-莎乐美:书信集》,289。
③ 里尔克1913年8月16日写给安东·基彭贝格的信。这封信并未收入《里尔克与出版商[安东·基彭贝格]书信集,1906—1926》,但英格伯格·史拉克在《里尔克:人生与作品大事记》438页引用了这封信。
④ 1913年7月11,《里尔克与海伦·冯·诺斯济茨书信集》,41—42。

心血来潮,临时决定去会见正在度假的诺斯济茨夫妇。①那之后,他要去柏林,再度在牙医的躺椅上受罪了。虽然原本他已答应了去柏林和伯恩哈德相会,可里尔克爽约了,转而奔向朋友一家,除了诺斯济茨夫妇外,还有夫妇俩的两个孩子,以及海伦的母亲。显然,这一家人可比一个名不见经传的年轻女演员显赫得多。

到了那里,里尔克才发现,眼前并非自己想象中的睡意蒙眬的世外桃源,而是人头攒动,喧嚣哗然的海滨浴场,旅馆里住满了人。在送到海伦房间的笔讯中,里尔克写道,自己到了,不到半小时,已经想走了,实在受不了这里的吵闹。两人在旅馆大厅中见面时,里尔克看上去"灰头土脸,精神萎顿"②,那双大大的蓝眼睛似乎只望着自己的内心。可一旦海伦领着他走进海滩边静谧的树林,里尔克迅速恢复了过来。海伦没费多少口舌,就说服里尔克留了下来。

之后数日,里尔克和海伦既时常漫步于海边的林阴小道上,亦踏遍周边的乡村,在诺斯济茨一家人的簇拥下,这几天过得充实而繁忙。里尔克这个旅伴堪称一流,沙滩上,旅馆中,里尔克向海伦,还有她的家人朗诵诗歌。他逐渐喜欢上了这个地方,诺斯济茨一家人走后,他一个人又待了两个星期才离开。

这段时间,里尔克也去见了卢的一个好朋友,那人恰好也在附近。近年来,卢开始照顾一些年轻女孩,扮演起她们"母亲"的角色,其中一位叫艾伦·沙奇安,一位年轻的演员,不久改艺名为戴尔普。卢觉得,这个女孩不单相貌美,智力也超群。1912年,卢去维也纳求学于弗洛伊德,埃伦就陪在她左右,两人在一起生活了近两年时间。如今刚到1913年,里尔克发现卢的这位朋友也在附近,不禁喜出望外,立即联系上了她,有点儿俏皮地称她为"卢的女儿,黎明般的艾伦"。③剩下的时间里,两人时常在一起。

新的社会关系大网正在编织中,与此同时,里尔克又有了新发现。那年夏天早些时候,里尔克对一位来自布拉格的老乡的作品赞誉有加。那

---

① 1913年7月22日,《里尔克与卢·安德烈亚斯-莎乐美:书信集》,289。
② 根据海伦的回忆,参阅《里尔克与海伦·冯·诺斯济茨书信集》,42页脚注。
③ 1913年8月10日,《里尔克与雷吉娜·乌尔曼及艾伦·戴尔普书信集》,10。

人叫弗兰兹·维尔福,诗人,后来也创作小说。当时,维尔福正处在由犹太教皈依天主教的当口上,对抒情诗作了一些创新,也是表现主义干将之一。每当里尔克迷上了哪位艺术家,无论是画家、雕塑家、诗人,或是小说家,他都情不自禁要把那人的作品介绍给自己所有的朋友。如今,他在海伦面前读维尔福的作品,还把它们寄给海德薇·伯恩哈德,附上赞美之词。里尔克交际圈中所有的人,从卢到席蒂到侯爵夫人再到卡塔琳娜,无一例外都骤然面对大量维尔福的作品,里尔克也在自己心底为这位年轻诗人画了一幅肖像。①他期望在10月能见到这位诗人。②

去柏林,向自己的牙医缴械投降前,里尔克与克拉拉母女在汉堡和周边待了几天,也利用这段时间见见老朋友伊沃和埃里卡·霍普特曼。最后,他终于践约去见了海德薇·伯恩哈德,不过已经迟了好几个星期,这也是两人最后的浪漫。里尔克在柏林城里待了差不多有3个星期的时间,不单去看了牙医,也上剧场,逛聚会,所有这些活动他似乎不屑一顾,却又乐在其中。然而,柏林和海德薇一样,仅仅是间奏,主旋律依旧是他同卢和好如初,当两人隔着篱笆墙四手紧握时,那份亲密无间可并不常见。1913年剩下的大部分时间里,两人就像早年一样,一起工作,一起旅行。

里尔克9月6日离开柏林,去慕尼黑与卢会合,她正在那里参加第三届世界精神分析大会。里尔克再度下榻玛丽安巴德饭店,有一天花了几乎一整天的时间旁听会议。③让他开心的是,精神分析运动的一些名家大腕认出了他,和他攀谈起来,例如马克思·艾丁格,来自苏黎世的精神分析专家,数年后他成为柏林精神分析医疗所的所长。找上里尔克的甚至还有一位荷兰诗人,弗雷德里克·凡·伊登,此人一向视里尔克为自己诗歌创作的精神支柱。卢的瑞典老朋友保罗·比约尔也去了,此外还有冯·葛布萨特尔医生,就是那位差一点说服里尔克接受自己治疗的心理医生。对于诗人里尔克而言,他最关心的是精神分析的社会功能和个人

---

① 例如,里尔克于1913年7月26日寄了一首维尔福的诗给海德薇·伯恩哈德,并于8月8日又去信,催问她的感想;德国文学档案馆内部资料。

② 里尔克于1913年8月14日、21日、9月18日写给维尔福的信,摘录于歌德斯塔克的文章《里尔克和维尔福》中。

③ 详细情形,参阅里尔克1913年9月15日写给海德薇·伯恩哈德的信,德国文学档案馆内部资料;1913年9月15日,《里尔克与玛丽·冯·屠恩·塔克西斯书信集》,317。

功能之间的冲突,即便弗洛伊德本人亲临会场,依旧无法改变里尔克对精神分析的批评意见。相反,里尔克感到了某种危险,刻意避开弗洛伊德,没有同他见面。①弗洛伊德倒是几次提到想会会这位诗人。或许,原因之一是他的长子恩斯特就是里尔克的忠实读者。

里尔克在慕尼黑一直待到10月初,一直住在玛丽安巴德饭店,广交朋友,也发展发展自己事业上的关系。除此之外,他还在露丝面前尽自己之所能扮演好父亲这一角色。②日后,当露丝回忆起这段日子时,心中总是有一份特别的温暖。一位友人的去世令里尔克感慨良多,就是诗人格哈德·库加玛·努普。不久,里尔克就促成努普的一部作品在英赛尔出版社出版,稿酬的大部分捐给了努普的遗孀和一双孤女。③努普的小女儿薇拉和露丝是很好的朋友。

在里尔克的艺术生涯中,1913年9月15日是个具有特殊意义的日子。那一天,他参观了洛特·普利茨埃尔的蜡像偶人馆。④里尔克和普利茨埃尔之前就认识,对她的展品赞不绝口,也开始对偶人艺术产生了浓厚的兴趣。那年秋冬之季,里尔克同普利茨埃尔书信往来不断,最后他发现,自己的种种想法正汇聚成一篇重要论文,那将是他自返回巴黎到一战爆发间最重要的作品之一。同样,日后他在抒情诗创作中至关重要的舞蹈论也发轫于这段时期,源于他所欣赏到的精湛舞技,表演双方是亚历山大·萨克哈罗夫和他的未婚妻克洛岱尔·冯·戴尔普(此戴尔普非彼戴尔普)。⑤

10月4日,里尔克和卢启程去德累斯顿,与席蒂会合,然后3人一起乘汽车去海利瑙,在那里见到了许多旧友,大家聚在一起,庆祝保罗·克洛岱尔的戏剧《玛丽报喜》的德语版首演。⑥里尔克见到了剧作者,对他大

---

① 参阅利曼,《弗洛伊德和里尔克的对话》,423—427。
② 1913年9月15日写给海德薇·伯恩哈德的信,德国文学档案馆内部资料;1913年9月11日写给伊娃·卡西尔的信,德国文学档案馆内部资料。
③ 该书于1914年3月出版,1914年3月23日,《里尔克与出版商[安东·基彭贝格]书信集,1906—1926》,105—106。
④ 参阅恩斯特·金的评论,《里尔克作品全集》6:1487页脚注。
⑤ 1913年10月22日、11月4日,《里尔克与海伦·冯·诺斯济茨书信集》,54—55页。
⑥ 摘录自卢的日记,后刊载于《里尔克与卢·安德烈亚斯-莎乐美:书信集》,302。关于里尔克对该剧的评价,参阅1913年10月22日写给海伦·冯·诺斯济茨的信,《里尔克与海伦·冯·诺斯济茨书信集》,50—51页;1913年10月22日写给霍夫曼斯塔尔的信,《胡戈·冯·霍夫曼斯塔尔和里尔克:书信集》,78。

加赞赏(不过,和侯爵夫人私下交谈时,里尔克的评价就不那么肯定了)。更令里尔克兴奋的是,他见到了许多老朋友:海伦·冯·诺斯济茨、艾伦·戴尔普、阿涅塔·科尔布、基彭贝格夫妇,还有建筑大师亨利·范·德罗。当然,里尔克身边还有两位他生命中最亲密的人——席蒂和卢。

或许,克洛岱尔的剧作并未令里尔克感到赏心悦目,不过,观看首演并非此次行程的全部。里尔克此行还有一个重要目的,就是会见弗兰兹·维尔福。结果,两人都大失所望。维尔福长着厚实的嘴唇,明亮的眼睛,头发灰白。谈到里尔克时,他说,自己大吃一惊,对面这位诗人怎么如此表里不一？里尔克则对维尔福的为人大失所望,觉得现实生活中的维尔福和作为诗人的维尔福反差太大。

里尔克并没有拐弯抹角,向胡戈·冯·霍夫曼斯塔尔坦白道,自己原打算要拥抱这位杰出的年轻诗人的,可一见到他本人,就无论如何也抱不下去了,最后只好和对方握握手作罢。一次,两人一起散步,里尔克一直把手背在身后。里尔克直言:"他是不是犹太人对我来说无关紧要,可他工作时那种根深蒂固的犹太作风实在让我受不了。"①对里尔克而言,这种作风就包括认识事物时不是为了事物自身之故,而仅仅是为了避免"被捉"。因此,里尔克觉得,对这位诗人而言,所谓"狂喜"泛着造作的泡沫,看起来"更狂暴,却也更阴郁"。在写给侯爵夫人的信中,里尔克写道,席蒂对这位诗人的印象与自己相似。据里尔克转述,席蒂对他说:"在海利瑙和德累斯顿,我跟弗兰兹·维尔福相处了不少时间。真可悲,他是个犹太小子。"②里尔克觉得席蒂并没全错,不过几周后,里尔克从巴黎给席蒂写信,信中写道:"上次晚间相聚时,维尔福为我们朗诵了一首他的新作。要是我没有见过他本人,那首诗会给我更加纯净的感觉。"③目前,里尔克把维尔福一分为二,一半是才华横溢的年轻诗人,另一半则是令人局促不安的犹太人。④

和他的政治观点一样,里尔克对犹太人的看法大都未经过深思熟虑,且往往自相矛盾,随时局和潮流而动。他是日耳曼人,却生长于布拉格,一座日

---

① 1913 年 10 月 22 日,《胡戈·冯·霍夫曼斯塔尔和里尔克：书信集》,77—78。
② 1913 年 10 月 21 日,《里尔克与玛丽·冯·屠恩·塔克西斯书信集》,323。
③ 1913 年 10 月 20 日,《与席多妮·纳赫尼·冯·博卢廷的书信集》,199。
④ 参阅施瓦茨,《无声的啜泣：里尔克、政治与诗歌》,65—66 页;亦可参阅里尔克 1915 年 6 月 26 日写给玛丽安妮·米特福德的信。

耳曼人、犹太人、捷克人三足鼎立的城市,他身上也注定会反映出当时甚嚣尘上的反犹主义。这种影响不仅存在于里尔克少年和青年时代所接触的地方文化中,亦体现于当时的欧洲文化整体中,伴他走过一生。毕竟,里尔克长成于母亲,一位偏见根深蒂固的妇人之手,再加上他本人痴迷于贵族和虚衔,自然令他在文化上,甚至在日常社会交往中沾上反犹主义的色彩。

不过,在个人生活中,里尔克同不少犹太人交往不浅。当年,初到慕尼黑时,里尔克就结识了数位犹太朋友,其中有雅克布·瓦塞曼,还有美国来的化学专业学生内森·舒尔茨伯格(曾邀请里尔克一道去慕尼黑)。卡西尔夫妇也是犹太人,二人不仅是里尔克忠实的读者,更在经济上给予他很大帮助,对他女儿露丝的教育尤其贡献巨大,伊娃自始至终都是里尔克的仰慕者和知己密友。数年中,里尔克一直在与斯特凡·茨威格对话,尽管茨威格的出身中也有犹太色彩。里尔克爱过的许多女性也是犹太人,其中有犹太女演员海德薇·伯恩哈德(后来,她遇害于奥斯维辛),到他后期的一些重要恋爱关系中,他都被"犹太气质"所吸引,在思想上和肉体上做出反应。尽管如此,他还是会信誓旦旦地重复单调枯燥的政治标语,指责犹太人侵蚀了人们的智力,是富于创造力的心灵的公敌。

里尔克和卢一起,在苏台德北部的卡尔帕奇温泉小镇度过了5天。其间,他同那里的首席医师聊起了自己的健康状况,医生建议治疗,可出于某些原因,里尔克退缩了。他还是喜欢散散步,同卢聊聊天。两人想一览当地最高峰施尼坎普峰的美景,可偏偏峰顶云横雾锁,无缘一识庐山真面目。此时,里尔克和同一个人在一起的时间已经太长了,已经有点儿厌烦了。当然,卢是他最亲近的人,两人时常书信往来,一起探究里尔克心中的高低曲折。可毕竟两人自6月以来就断断续续在一起,这已超出了里尔克的忍受限度,经过紧张的一天后,里尔克突然离去。

里尔克在10月17日的留言中写得很明白:"带着你的祝福,我在追寻内心的踪迹。我去巴黎了,你的老赖纳。"[1]卢当天就回了电报:"想着你,仿佛身处花园中。卢。"[2]随后,她又寄去一封信,痛苦地表示,两人的关系已经调了个儿。她在信中写道:"你到自己的房间应该有几个小时

---

[1] 1913年10月17日,《里尔克与卢·安德烈亚斯-莎乐美:书信集》,302。
[2] 1913年10月17日,《里尔克与卢·安德烈亚斯-莎乐美:书信集》,302。

了,我仍在想着你,仿佛你仍在我身边,我仍能看见你。恐怕我将一直如此了。我最亲爱的人,亲爱的老赖纳。"①3 天后,里尔克写给席蒂的信中写道:"我把卢一个人留在德累斯顿了,她接下来要去柏林。在山中,我俩一起走过美丽的山间小径,可总待在同一家疗养院让我受不了。"②

不管出于何种原因,里尔克踏上了回巴黎之路,等待他的有他惯用的书桌,离群索居的宁静,还有等着他完成的《哀歌》。

3.

> 看哪,我们并不像花朵一样仅仅
> 只爱一年;我们爱的时候,无从追忆的汁液
> 上升到我们的手臂。③

《哀歌》第三篇中的恋人并非像首篇和次篇中那样,仅仅是两具躯体,两颗心灵,虽然结合到一起,却难逃相互背叛的命运。如今,他们被分解、研究,最隐秘的心理也一曝无遗。里尔克已漫游了许久,威尼斯、龙达,同罗丹决然分手,在黑森林中缓缓燃烧着热情。如今,他拿起精神分析的透镜,去观察恋爱中的人,那句"无从追忆的汁液"颇有点《圣经》诗歌的韵味。20 个月前,他以众水之神开始了这篇《哀歌》;如今,这位大神已在理解中俯首帖耳。

里尔克把卢留在了德累斯顿,自己孤身一人回到巴黎寻找灵感,她的身影已镌刻在里尔克心底。卢不仅给他带来柔情蜜意,更有她对弗洛伊德学说的理解。④众水之神有了一个新的面目——本我。里尔克对思想的感知有着很大的流动性,全凭直觉,很容易受到周围环境的影响,不过也常常激起他执拗的反抗。此时,他正殚思竭虑去寻找一条全新的,全然内向的道路,去理解人类意识,弗洛伊德学说适逢其会地走到他身边。

---

① 1913 年 10 月 18 日,《里尔克与卢·安德烈亚斯-莎乐美:书信集》,302—303。
② 1913 年 10 月 20 日,《与席多妮·纳赫尼·冯·博卢廷的书信集》,199。
③ 《里尔克作品全集》1:696。
④ 例如,参阅希曼纽尔对"河神"的经典解读,《里尔克:传奇与神话》,656 页脚注。

1913至1914年间,就在大战爆发之前,里尔克在杜伊诺唤醒的那位"血之河神"已在他心中扎下根,其意义超出了单纯的比喻,他的作品渐渐沉淀成形。此时,里尔克仍在忙着翻译纪德的《浪子归家》,还要分身应付1907年时的一个早期译本所引发的法律问题。①里尔克也终于完成了那篇论偶人的论文,就是9月他参观完洛特·普利茨埃尔的偶人展览后一直在构思的那篇。2月,论文匆匆完成,发表于《白皮书》杂志上,这件事还惹得安东·基彭贝格隐隐不快,他觉得那家杂志配不上里尔克,会损害诗人的名望。②对于基彭贝格的担忧,里尔克付之一笑。

　　旧调亦有重弹。1913年10月下旬,里尔克曾下定决心,重启自己的离婚申请;如今,1914年1月,就在他重归巴黎的工作室,重归宁静后,他给伊娃·卡西尔写了一封长信,信中列出自己心中所有的愁苦和怨言,并宣称要重启这桩已搁置了两年之久的离婚案。③尽管克拉拉的意见时常令他得益,尽管克拉拉是他的《塞尚信简》的托管人,亦是他的《新诗集》的实际编稿人,里尔克还是抱怨自己的妻子越来越难以相处。帮克拉拉母女搬进慕尼黑的新公寓后,这个很少帮人的男人只是赞了赞12岁的女儿露丝,称赞她聪明能干。不过,里尔克也意识到,克拉拉也在承受着艺术家的痛苦,而且两倍于他,一份为了她自己,另一份为了丈夫。里尔克写道:"我所需要的,她也需要;我所匮乏的,她也没有。"

　　新的行动注定走不出几步。一次又一次,里尔克找上法律顾问,寻求帮助;一次又一次,他恳求维也纳铁石心肠的官员高抬贵手,可得到的答复依旧——离婚不予批准。不过,这一系列行动也是一个开端,由此开始,克拉拉开始真正过起了独立的生活。大战期间,克拉拉的母亲在小村费希胡德建了幢房子。不久,这幢房子就为克拉拉母女所用。

　　如今,里尔克同克拉拉的"精神契约"也不复存在了,他似乎获得了彻底的解放,可以委身那位"血之河神"。毕竟,里尔克在他的掌握之中,他对诗人的控制力远超过其他。

---

① 1913年11月22日,1914年1月17日、25日,《里尔克与出版商[安东·基彭贝格]书信集,1906—1926》,233—234、251—254;纪德给里尔克的信始于1914年1月;里尔克给纪德的回信,1914年1月8日、25日;《里尔克与纪德书信集,1921—1926》,80—82、85。

② 关于基彭贝格的不满,以及里尔克的反应,可参阅1914年2月25日和4月1日写给基彭贝格的信,《里尔克与出版商[安东·基彭贝格]书信集,1906—1926》,262、268页脚注。

③ 1913年10月29日,瑞士国家图书馆内部资料。

4.

　　1914年1月22日,里尔克的内心风雨大作。这一天,他收到英赛尔出版社转来的一封不知名的读者来信,这封信一下子就抓住了里尔克的心。信中言语似乎平淡无奇,可里尔克读着读着,猛然顿住,仿佛收到了来自另一个世界的信息。表面上看,这不过是一封迟到的赞赏,对《上帝的故事》说了一些恭维话,可信中的一句话抓住了里尔克的心,激发起他的翩翩浮想。写信人是一位不知名的女性,她写道:"过去,我从未想过要做另一个人,一刻也没有想过,直到最近读了您的《上帝的故事》。读完后,我只想化身为埃伦·凯,哪怕只有一分一秒,好教您知晓,我对您的爱非其他任何人所能及。"①读者是一位维也纳的女钢琴教师,化名玛格达·冯·哈汀贝格,她在信中所指的是里尔克在诗开始之前致埃伦·凯的献词。无意中,她拨动了里尔克心底一根久久等待的琴弦。

　　里尔克时常都梦想自己是另一个人,于是他立即回信,毫不掩饰自己的热情,仿佛信中朴实无华的语言已把他变成了另一个人,一具情感和歌唱的工具,一位先知,就像阿尔图尔·兰波笔下的神树一样,一觉醒来,发觉自己已化身为提琴。里尔克就是那棵神树,那封信犹如一双神奇之手,轻轻触碰之下,里尔克化身为一具乐器,流淌出诗意浓厚的散文。之后相当长的时间里,这种诗意散文取代了诗歌的位置。由这位不知名的女性出现开始,里尔克写下了一系列长信,篇幅之长即便是对于里尔克来说也属罕见。他由最喜爱的话题,柏林博物馆中收藏的古埃及君主的木乃伊谈起,渐渐转入音乐,哈汀贝格的专业领域,诉说着对自己,对自己的艺术的新认识。里尔克向这位陌生人问道:"或者,可以说音乐是逝者的重生吗?在音乐王国境内,精神不再是死去元知万事空,而是在华丽辉煌中再度挺立,不可摧毁,是这样吗?"②

---

① 玛格达·冯·哈汀贝格写给里尔克的信,1914年1月22日,《里尔克和本文努塔》,16。
② 1914年2月1日,《里尔克和本文努塔》,25—26。

这些信中的语言同里尔克的《哀歌》遥相呼应,这也证明,这些对于作家来说原非正业的文字从一开始就带着浓厚的文学色彩。里尔克喜欢给自己交往的女孩子起上特别的名字,他称这位不知真名的女子为"本文努塔",一个法语词,意为"欢迎"。这位女子的真名叫玛格达·里希琳,出生于维也纳,比里尔克小10岁,当时正和丈夫分居。自与里尔克书信往来之后,她逐渐踏上了成功的道路,最终成为交响乐团的钢琴主奏。

里尔克在信中倾注了洪水般汹涌的激情。他写道,玛格达出现前,自己就像冬日的花园,枯萎、凋零,而玛格达的出现带来了灿烂的阳光,自己却未做好准备。接着,里尔克用娓娓动听的言语恳请,把自己干涸的自我变成充满期待的诗人-预言家,那正是主宰着《哀歌》的诗人-预言家:

> 我想令高山平地崛起,也想让大河远远奔流。所有人看到我的十棵树,说这就是树。就在此时,一场意蕴无限的风暴从天而降,接着是泛着神圣之光的宁静,一种神秘深不可测的东西,推着大家向前行。①

里尔克发出滚烫的电报,用语越来越亲近。有一小段时间,他称玛格达为自己的妹妹,称谓也就由您改口成了你。又过了不久,两人不再兄妹相称,而是书信中的恋人,由此到成为真实的恋人也只有一步之遥了。里尔克一生中,语言和行动,诗歌中的爱情和现实中的爱情常常相互交织策应,因此,这些信件也绝非仅仅是浪漫的记录,记下一位渴望爱情,又不想卷入到情感纠葛中的男人的心境。可以说,这些信就如同雕塑家的素描底稿,呈现出主题,等待着二维图形升华为三位实体,获得想象的形式。

一战爆发之前的短短几个月中,真实的爱情和想象的爱情携手而行。宛如彼特拉克再生,里尔克为自己阳间的劳拉写下许多饱含激情的文字,早已超越了肉体欲望。不过,其结局也早有定数,再次重复了学生时代的他与瓦莉·隆菲尔德的故事。不过,此时的里尔克距学生时代已年长了20岁有余,这段感情的后果也远为激烈。

里尔克文字中的激情如奔流的洪水,玛格达的回应则柔韧细弱,文字交流亦如肉体缠绵。玛格达就如同里尔克在《哀歌》中写到的恋爱中的少

---

① 2月5日,《里尔克和本文努塔》,31。

女,善良,知足,心细如发,腼腆时如妹妹,火辣时如爱人。她在自己的信中和里尔克谈音乐,谈自己的老师费鲁乔·布索尼,向里尔克推荐音乐美学方面的书籍。开始时,她只是视里尔克为大哥,可随着里尔克的用语越来越激烈,书信内容也越来越私密,她也小心翼翼地作出回应。一封信中,她写道:"我亲爱的,亲爱的心,伸手给我,我说的每个字会让你双眸明亮,满心喜悦。"黄昏时,她坐在钢琴前,突然感到一股情感流过心田。她写道:"你身在远方,我却仿佛可以伸手触摸到你……在你孤寂的屋里,点着绿纱罩着的灯,你感觉到了吗?"她的面前立着里尔克的相片,她并没有开口索取,是里尔克主动寄给她的(值得玩味的是,这张相片的拍摄人是海德薇)。看着里尔克的相片,玛格达到次日下午才写完这封信,结尾如此写道:"亲爱的赖纳,你让我幸福,非常。"①

这一天是2月15日,星期日。3天后,里尔克回信,再度与她在文字中相拥,其用语也再次令人联想到《哀歌》:

> 我俩彼此相爱;天地初开之前,我俩已相爱;两小无猜时,我俩已相爱。我俩彼此相爱,发自最纯粹的内心,犹如夜空中的繁星,只要看见身边的光辉,就注定要相爱。如今,我也知晓,自己只想拨动你信中长成于童年,音色至纯至净的那根琴弦,此外我别无他求。听着它发出的声音,我也可以找出自己心中最纯净的一抹光辉,把它先给你。②

这里,我们似乎看到了《哀歌》第三篇的最后一节:

> 而你自己,你知道什么——你将
> 史前时代召遣到爱者身上来。③

里尔克在信中介绍了自己的一些生平(花衣服,童年时代的从军梦,等等),对妻子克拉拉只提到寥寥数句,对女儿露丝提到就更少了,两人的

---

① 玛格达·冯·哈汀贝格写给里尔克的信,1914年2月15日,《里尔克和本文努塔》,86—87。
② 1914年2月18日,《里尔克和本文努塔》,101。
③ 《里尔克作品全集》1:696。

交往主要限于书信。玛格达一直努力把文字付诸行动,2月20日,她写道:"赖纳,或许过不了多久……伟大的爱情来到时,无声更胜有声。亲爱的赖纳,快来吧!"①从信中得悉玛格达到了柏林,里尔克再也按捺不住自己,2月26日,他匆匆装好旅行箱,上了火车。玛格达,在柏林街头和公园逛了又逛,终于鼓起勇气,来到里尔克时常下榻的地方,霍斯匹兹·达斯·威斯滕斯饭店,敲响了里尔克房间的门。②

两人在信中早已无数次相拥,那短短的四个星期更是亲密无间,正应了上文"无声胜有声"之境。见面之前,两人已是恋人。不过,相会的第一周,两人还是在发现对方,两人的共同生活落入一种既有模式。每当里尔克用心和某位女性谈情说爱时,都会落入这种既有模式。开始时殷勤、体贴、温柔、甜蜜,不时送上精致的小礼物;接着,生活开始时像居家过日子一样波澜不惊,最后两人渐行渐远。

见面后没多久,两人搬进了格鲁内瓦尔德郊区的比斯马克·普拉茨公寓。每晚,入睡之前,里尔克都会为玛格达念一首诗。凭着自己从未失灵的第六感,里尔克为玛格达找到一间很棒的房间,房里居然还有一台大三角钢琴,里尔克时常静静地坐在一边,听玛格达弹奏。屋子很宽敞,内部布置得犹如童话世界,里尔克忍不住称其为"安徒生屋"。玛格达一下子就喜欢上了这个浪漫的名字。

没过多久,里尔克和玛格达受邀,去作曲家费鲁乔·布索尼家中吃饭。③当时,布索尼在柏林是一位名声很响的钢琴家,也是玛格达的老师,指导玛格达已经有数年之久。里尔克给布索尼帮了点忙,让他更广泛地为德国社会所接纳。到3月3日时,里尔克向安东·基彭贝格建议,不妨把布索尼执笔、1907年初版的《新音乐美学速写》纳入到英赛尔出版社的袖珍经典系列中,可以参照亨利·范·德罗即将出版的建筑小书的模式。④里尔克向基彭贝格保证,布索尼在这篇专著中表达了他对音乐极其深刻的理解,或许只有贝多芬的信简方可与之一较高下。

---

① 玛格达·冯·哈汀贝格写给里尔克的信,1914年2月20日,《里尔克和本文努塔》,133。
② 《里尔克和本文努塔》,147;在《本文努塔》一书中,玛格达栩栩如生地描绘了当时她忐忑不安的心情;《本文努塔》,47。
③ 《本文努塔》,68页脚注。
④ 1914年3月3日,《里尔克与出版商[安东·基彭贝格]书信集,1906—1926》,264。

虽然也有尴尬的时候,里尔克同玛格达相见后最初的几个星期堪称两人的蜜月。日后,玛格达以自己的日记为基础,出版了《里尔克和本文努塔》。在这本书中,她揭示了自己同里尔克的关系,五光十色,眼花缭乱的表面之下,一些严肃、深刻的东西浮现出来。①这部回忆录也强调了二人真正成为恋人之初的甜蜜,只要有里尔克陪在身边,玛格达就感到无比自信。可接下来,里尔克就几乎以固定不变的步伐从她身边渐渐远去,玛格达的心也渐渐沉了下去。

开始,里尔克满腔热情,也毫无保留,希望全世界都艳羡自己这段恋情。当时,侯爵夫人对里尔克的这段恋情尚不知情,3月6日从巴黎写信给里尔克,说她和皮亚·瓦尔玛拉娜将一道去阿维尼翁,希望里尔克能到那里同她俩会合,然后一起乘车去杜伊诺。②新形势下,里尔克只能婉言拒绝,不过又说希望能带上一位"亲爱的朋友"一道去杜伊诺,他肯定侯爵夫人会喜欢上玛格达。信中,里尔克写道:"音乐存于她身上,恢宏华丽。"③里尔克将由此开始,从音乐中崛起,恰如他也曾从罗丹的雕塑中崛起。

里尔克再度焦躁起来,他打算结束在格鲁内瓦尔德的田园生活。日后,玛格达把柏林的这段时期形容为里尔克一生中最快乐的时光,④可里尔克还是令其戛然而止。两人在柏林待的时间其实不到两个星期,从1914年2月26日到3月10日。

两人的下一站是巴黎,途中多次停滞。首先在慕尼黑,两人又见了布索尼,也见了里尔克的一些老朋友,如布拉克曼夫妇,卡斯纳,所有人都接受了这对新伴侣。继续前行前,里尔克也去见了克拉拉母女。接下来,两人去了奥地利的因斯布鲁克,然后是瑞士的温特图尔和巴塞尔,直到3月底才抵达巴黎。尽管两人一起到巴黎,里尔克还是让玛格达单独找个住处。⑤如今,蜜月的热度已退,里尔克退行的速度越来越快。

此时,两人尚未完结,又在一起待了一个月左右,里尔克住在自己的工作室,玛格达则住在伏尔泰饭店。⑥抵达巴黎刚刚3个星期,里尔克和玛

---

① 《里尔克和本文努塔》,53—67。
② 《里尔克与玛丽·冯·屠恩·塔克西斯书信集》,363。
③ 1914年3月10日和12日,《里尔克与玛丽·冯·屠恩·塔克西斯书信集》,369。
④ 《里尔克和本文努塔》,85页脚注。
⑤ 玛格达在《里尔克和本文努塔》中对旅程有详尽的描述,91—100。
⑥ 《里尔克和本文努塔》,102—168。

格达又上路了,先去了尚蒂伊,继而取道米兰和威尼斯,去了杜伊诺。①此次杜伊诺之旅(实际上,这是里尔克一生中最后一次出现在杜伊诺)一点儿也不让人痛快,尽管玛格达在自己的回忆录中竭力掩盖一路上的种种痛楚。侯爵夫人的态度相当冷淡,全无里尔克想象中的热情。没过多久,侯爵夫人就看了出来,里尔克的这位新伴侣又是他的"灾星",就连之前在慕尼黑已经和两人见过面的卡斯纳这会儿也拉开了距离。这一次,杜伊诺的人很多,除了帕查,还有霍雷肖·布朗,一位出生于威尼斯的苏格兰历史学家,里尔克上次住在威尼斯时见过。杜伊诺宾客成群,里尔克望着客厅里攒动的人头,通常都不会感到舒服。

里尔克和玛格达在杜伊诺城堡住了两周,处处循规蹈矩,一点儿也不舒心。玛格达还在钢琴上演奏,可身边沉重的气氛令她同里尔克的关系日益紧张。5月4日,两人离开城堡,去了威尼斯,侯爵夫人早两人一步去了那儿。在皮亚·瓦尔玛拉娜的帮助下,侯爵夫人令这对关系原本已脆弱不堪的恋人彻底分手,里尔克去了阿西西休养,然后返回巴黎。

日后,里尔克对卢说,自己也不明白那年的2月,自己何以在信中倾注了如此汹涌的情感,不知什么把他变成了另外一个人。玛格达不单是个有血有肉的人,早在两人会面之前,里尔克在书信中早已把她化身为诗歌中的形象。不过,玛格达的信同痛苦的现实更接近一些。那年1月,她的信刚刚转到里尔克手中时,之所以对里尔克产生了那么大的吸引,就是因为她没有留下姓名。她是浪漫爱情的精灵,是无名无姓、深不可测的女性精神,救里尔克于抑郁之中。她也是那位托雷多的神秘"无名"女士,只不过多了副血肉之躯。不过,她依旧是个独立的人,因此,当两人见面后,两人的恋情注定不会长久。

不过,玛格达依旧同昔日的海德薇·伯恩哈德有所不同,她亦是一位引导里尔克心灵的音乐家,她的音乐像罗丹的雕塑一样为里尔克带来灵感,因此她始终没有完全走出里尔克的视线。两人的关系回到平常后,她为里尔克的许多诗谱上曲。这段经历也再次证明了里尔克的人生道路,不断经历失败,又不断把失败和拒绝转化为诗歌

---

① 《里尔克和本文努塔》,171页脚注。

艺术。

里尔克于 1913 年到 1914 年间写的一首诗表明,欲望潮起潮落,其潮汐力是塑造诗人心灵的力量。自我在反射、反观自身的同时,也在艺术创造中改造自身:

> 你,我的爱人
> 早已失去,你这从未到临之人。①

5.

开始时,里尔克迷失于阿西西。②每次爱情遭遇失败,里尔克既感到若有所失,又感到如获重释。如果爱情失败后他没有立即投入诗歌创作,这种感觉尤其强烈。侯爵夫人建议他分手后留在威尼斯,好好在夫人的豪华公寓中享受一阵子,就像 1912 年夏天那样,可里尔克还是坚持要走。此时,他已无力面对故旧,真要与瓦尔玛拉娜一家面面相对,真不知自己该做何等解释。

此刻,里尔克的内心痛苦而焦灼,既无法克服内心的窘迫和迷失,又隐隐觉得自己犯了傻,他再次找上了卢。从意大利归来,又过了闷闷不乐的一周,他又找上自己这位红颜知己,向她写出一系列痛苦的信。同玛格达分手后一个月,觉悟突然袭来,其强烈程度丝毫不逊色于当初他写给玛格达的那些信。在给卢的信中,里尔克对自己刚刚逝去的这段恋情做了尖锐的批评:"这段情始于书信,轻柔优美的书信,如狂风暴雨般从我的胸中喷射而出,真不记得自己过去有没有写过这样激烈的信。"这些信令里尔克感到,自己的内心向前一跃,化身为"源源不息的涌泉"。现在,他感到,"幸福之流"在内心流淌,一种"神秘的祥宁"。③

---

① 《里尔克作品全集》2:79。
② 1914 年 5 月 18 日,《里尔克与玛丽·冯·屠恩·塔克西斯书信集》,376—378。
③ 1914 年 6 月 8 日,《里尔克与卢·安德烈亚斯-莎乐美:书信集》,322。

这些反思并非事后之明,由此所触发的觉悟深深影响到里尔克的诗歌创作,虽然一开始听上去更像是绝望的哀鸣。在此之前,里尔克觉得自己的每段恋情都少了点儿什么,每次自己都不为对方所了解,某种程度上可以说遭到了误解。如今,经过几个月的痛苦之后,他终于悟到,病根在自己身上,没有人可以帮助他。里尔克觉悟过程本身就是一次精彩的自我分析,他意识到,诗歌在自己的人生道路上设下重重障碍,即便是至纯至净,全身心奉献的人也无力助他跨越这些障碍。

　　收到这些信,还有里尔克隔天寄出的又一封信,卢不禁潸然泪下。[①]她落泪,是因为她知道,里尔克一直在努力寻找着现实,一种可以带他回到诗歌世界之中的现实,可他一次又一次碰壁。里尔克屡屡在两性关系上失败,却又从中汲取到创造力,直到《哀歌》第五篇中,他才为此找到传神的形象比喻。此时,他的艺术之途依旧是重雾茫茫。在那封把卢感动落泪的信中,里尔克说得很明白:"3个月的失败压在上面,仿佛又重又凉的玻璃板。如今,那段经历已不再属于某个人了,如同博物馆中的展品,可供世人参观。"最后,他写道:"玻璃亦是一面镜子,我在里面只看到自己的脸,那张你铭刻于心的脸,往昔的往昔的脸。"[②]

　　这段文字之后,里尔克开始了一段颠沛流离的人生,产出几乎为零。尽管夹杂了自己的切肤之痛,卢为里尔克洒下的热泪依旧良有以也。

---

① 1914年6月11日,《里尔克与卢·安德烈亚斯-莎乐美:书信集》,322。
② 1914年6月9日,《里尔克与卢·安德烈亚斯-莎乐美:书信集》,324。

第 19 章 欧洲牢笼

> 我们总是放开和平之神的手,结果
> 另一位神,战争之神,突然攥住我们
> 火焰飞舞:我们装满家乡的心田上
> 血染长空,他驾风驭电,轰然降临。①
> ——《五支咏叹曲:1914 年 8 月》

1.

大战终于爆发。仅仅数周前,里尔克离开他在巴黎的寓所,锁上房门,蹬上火车。他以为,这不过是一趟例行的德国之旅:去哥廷根看看卢,去莱比锡看看基彭贝格夫妇,去慕尼黑治病,也顺道看看克拉拉母女。日后,他回忆道,自己站在寓所门前,等着马车接他去火车站。此时,他的房东太太突然掩面痛哭。显然,这位房东太太对政治的直觉远比诗人要敏锐得多。

里尔克正在阅读荷尔德林的颂歌,和他的许多同代人一样,他从这些诗歌中,从诗的节奏和比喻中,听到了自己这个时代的声音。突然间,他感到自己被连根拔起。"可怕的命运女神,满不在意地在我耳边哼着单调

---

① 《里尔克作品全集》2:87。

的小曲，"①荷尔德林写道。荷尔德林的诗令里尔克深受感触，面对这场整个欧洲谁也没有预见到的浩劫，里尔克踌躇不前。对于他这个足迹遍天下、欧洲意识已相当淡漠的诗人来说，大战的爆发令他的人生转向新的方向。他写道：

> 战神，对你时有耳闻，你却在遥远的地方
> 如今，终于一睹你的真面目。②

里尔克很是羡慕安东·基彭贝格，基彭贝格此时已是预备役中尉，正在等待征召入伍。里尔克心中又升起跃马沙场、建功立业的儿时梦想。③青年时代，对战争的浪漫幻想推动他写出了《旗手》这首诗。在里尔克对头衔和荣誉的热衷的背后，是他对贵族和英雄气概的深深尊敬。

然而，里尔克也想起自己在军校中不堪回首的那几年，对军国主义的反感也勃然而生。对于眼前这场战争，他越来越感到厌烦，这也把他同格哈特·霍普特曼和托马斯·曼（保守时期的曼）区分开来。里尔克为自己颇为不合群的态度辩说道，眼前是一场现代技术操纵的钢铁战争，同他在《旗手》中所颂扬的战争截然不同。1917年时，他对卡塔琳娜·基彭贝格说，1914年8月，还能看到他所熟悉的传统战争的影子，"还有着可彪炳史册的骁勇"；可如今，眼前所看到已是"一场世界浩劫，邪恶到顶，从里到外都烂透了"。面对这样的邪恶，没有哪个真心爱国的人可以自欺欺人。

里尔克越过边境，由法国进入德国时，战事尚未成为人们茶余饭后的话题。往后的6年中，他再也没能越过这道国境线，自己所有的物件都留在了巴黎的工作室中。哪怕再笨的人，只要读读报纸，也会留意到国际局势急转直下，可里尔克是云游四方的诗人，他把所有同社会、政治沾边的想法都从脑子里驱逐了出去，只要跟那些事一沾上边，他就感到危险。一场翻天覆地的巨变即将到来，他却背过身去。7月19日，他抵达哥廷根，可停留的时间远比他预计的要短得多。

---

① 《荷尔德林的诗歌和残章》，84—85。
② 《里尔克作品全集》2：86。
③ 1917年5月24日，《里尔克与卡塔琳娜·基彭贝格书信集》，229。

卢在车站接他，正值仲夏之夜，车站上尽是到这里来开会的体操运动员，吵吵嚷嚷，二人裹挟其间。两人一路笑声不断，居然错过了回家的路。不巧的是，卢过不了几天就要去慕尼黑赴约，对方是葛布萨特尔医生，里尔克只能待到 7 月 23 日。两人商定，里尔克先去莱比锡，同基彭贝格夫妇住一阵子，然后两人在慕尼黑会合，可以优哉游哉一段时间。① 不想，8 月大战爆发，一切因之而改变。

里尔克一心想和卢多待些日子，卢仍旧是他的心理医生，除了她之外，里尔克的心门不向任何人敞开。抑郁时，里尔克渴望卢的帮助，可对她的精神分析观点里尔克还是有看法。里尔克仔仔细细描述了自己目前的状况：每日无所事事，既要忍受身体上的病痛，又无力拿出新的作品。他表示，要去看医生，治疗自己病痛缠身的躯体。他又表示，自己要找的"不是精神分析医生。精神分析始于人初有罪的假设，然而，以另一种魔力去面对人初之罪，这不仅是我最根本的职业追求，亦是所有生活之艺术态度的动力。我要找的是一位内科医生，由肉体的治疗开始，深入我的内心。"②

先肉体、后心灵，对于里尔克而言这似乎是罕见的表示。早期《哀歌》中，里尔克已开始表示，心灵发源于肉体的痛苦和欲望（即水神的暗血），可即便在那里，他还是坚持由这一过程中净化出新的视野。当然，此时此刻发声的是卢的朋友赖纳，而非诗人里尔克，他所探讨的并非自己的诗歌，而是抑郁中自己肉体的作用，以及其对心灵的影响。里尔克的这段话可谓弦外有音，不仅针对弗洛伊德和葛布萨特尔，也隐隐针对卢的思想世界。里尔克决定去找威廉·冯·斯多芬贝格医生，一位他过去就曾咨询过的内科医生。③

在莱比锡，里尔克在基彭贝格家度过了愉快的 8 天，可抑郁依旧不退。他和安东·基彭贝格就几项经济安排达成一致，也再次探讨了进大学搞研究的可能性。不过，或许两人间最大的突破是，里尔克终于正式向自己的出版商展示了现阶段的《哀歌》，具体发生地点是一个仅限亲朋好

---

① 摘录自卢的日记，刊载于《里尔克与卢·安德烈亚斯-莎乐美：书信集》，349。
② 《里尔克与卢·安德烈亚斯-莎乐美：书信集》，347。
③ 1914 年 9 月 2 日写给玛格达·冯·哈汀贝格的信，德国文学档案馆内部资料。

友参加的朗诵会上。日子还在继续,同以往似乎并没有什么不同,里尔克在极力躲避着这场日渐逼近的大战,直至避无可避。

对卢而言,大战从一开始就已经是压倒一切的现实。德国向俄国,她的另一个故乡开战。此时,她要做的就是赶回哥廷根,越快越好。她估摸,里尔克也没法从莱比锡赶到慕尼黑了,大战初期,整个民用交通系统都停摆了。她差一点儿就没能赶上慕尼黑回哥廷根的最后一班火车,可里尔克还一心想着同卢在慕尼黑相会,搭上了开往慕尼黑的最后一班车。两位朋友失之交臂,向着两个不同的方向驶去。

此次到达慕尼黑之后,里尔克经历了比以往任何时候都要大的改变,他不得不把自己的落脚点从巴黎迁移到慕尼黑,而他的生活方式也由成年后的云游四方退回到青年时代的偏居一隅。里尔克对于巴黎的怀念从未消退。作为一名奥地利公民,里尔克险遭被法国当局拘禁的厄运,可他并未为此而庆幸,而是暗自恼怒,因为自己再也得不到巴黎的精神滋养,慕尼黑同巴黎不可同日而语。大战爆发前,里尔克按照自己的愿望流浪四方;从今往后,他流浪的方向就要交给历史的潮流了。

1914年8月1日,支撑着这位诗人,让他绽放出奇葩的社会秩序轰然倒塌。新的神灵改天换地,远非诗人视力可及:

> 依旧,质问的声音深夜向我呼叫
> 轮船的汽笛声,质问我:
> 路在何方,路在何方
> 上苍的神灵啊,你见到了吗?
> 如同灯塔上的闪光,指向刀光剑影的明天①

2.

里尔克到了慕尼黑,原本是要检查一下身体,办一些私事,不料在这

---

① 《里尔克作品全集》2:89。

里一住数年。他的财产全都躺在巴黎的寓所中，等待着再也没有回来的主人。

大战爆发的头3个星期，里尔克觉得自己也该出份力，觉得自己也可以加入军旅，当个卫生兵，或牧师助理什么的。他甚至认同了奥地利政府，对席蒂说："如今，没有人可以置身事外。"①一方面，他要克服内心的负疚感，身边的年轻朋友，还有年长朋友的子侄，都应召入伍，自己却尚未接到征召令；另一方面，他又无法盲目追随政府。毕竟，法国和俄罗斯是他的两座精神家园。没过多久，他眼前的已是欧洲各地战场上尸横遍野、填沟平壑的惨状。

8月初，里尔克开始接受斯多芬贝格医生的治疗，两人常常在医生的办公室和检查室长时间交谈。尽管里尔克一再坚持，仅谈身体问题，可最后还是要深入心理问题，同去心理治疗所也不远了。受早期精神分析学说的影响，斯多芬贝格在里尔克身边一陪就是好几个小时，以里尔克的文学作品为打开他内心之门的钥匙。有时，斯多芬贝格会去里尔克下榻的饭店，两人一边散步，一边深入里尔克对儿时的记忆，那些一现再现，怎么压也压不下去的记忆。里尔克并不太开心，他把这一治疗过程称为"精神呕吐"。②

医生发现，里尔克的肺部机能有轻微损伤，建议他治疗，于是里尔克去了伊萨尔谷地的欧欣豪森，一座有医学监理的温泉疗养院。8月24日，抵达慕尼黑刚过3个星期，里尔克住进了风景如画的疗养院。外界，战事紧逼，这年夏天，德军取得了辉煌的战果。即便是在里尔克的私人生活中，他也不可能完全与外界隔绝。克拉拉和露丝即将回到慕尼黑，露丝还是喜欢这里的学校。可无论是对战事的忧，还是对家人的爱，都消解于他对自我的探索中。里尔克还在梦想着找到驱走自己周身上下所有病魔的灵丹妙药。

有一种药在里尔克身上包治百病。在欧欣豪森住了3个星期，正当里尔克打算拔营起寨时，他遇上了年轻画家露露·阿尔伯特-拉萨德。里尔克依稀记得，在巴黎时，与这位年轻的女画家曾有一面之缘。这位女画

---

① 1914年8月16日，《与席多妮·纳赫尼·冯·博卢廷的书信集》，222。
② 1914年9月9日，《里尔克与卢·安德烈亚斯-莎乐美：书信集》，353。

家神情忧郁,有着一双能洞穿人心的黑眼睛,外加一下子就能抓住人的面容,周身上下散发着美和魅力。美中不足,她的一条腿有点儿瘸,虽不算严重,却也一眼就能看出来。里尔克对她一见倾心,当即拿出自己的拿手本事,向她发起猛烈的进攻。

两人在一次宴会上见了面,这原本是里尔克的告别宴,他打算宴会一结束就上路,连行装都打点好了。显然,露露一开始并没有认出里尔克,听他大谈托尔斯泰和俄罗斯,说到兴起,手舞足蹈,满桌人洗耳恭听。日后,露露回忆道,自己当时就纳闷,这个"俄国人"怎么能穿越战线,成了这里的座上嘉宾?① 很快,里尔克就驱散了疑云,他走到露露跟前,问是否与她在巴黎有过一面之缘。给露露倒水时,里尔克甚至把水给洒了。一番猜测后,里尔克的真实身份终于落定。此时,宴会结束,里尔克命人把自己的行李送回房间。

正是战争把露露推入欧欣豪森这座世外桃源,令她与里尔克相见。她原本在布列塔尼作画,丝毫没有察觉到危险正在步步紧逼。突然,一场史无前例的浩劫在她眼前展开,把她的个人生活砸得粉碎。作为一名德国公民,她差点就身陷洛林,再也回不来了。之前,由于她的个性,也仰仗她丈夫的财富,她可以过着与世隔绝的隐逸生活;现在,历史的巨轮把她的隐逸碾成齑粉。

露露的丈夫长她半甲子,是位科学家,也是位成功的商人。她回家时,她丈夫的欢迎词就是:艺术已终结,在战火纷飞的世界中,艺术家没有容身之地。显然,他的意思是说,自己过去一直支持着你,让你过着奢华的生活,专心搞艺术;如今,时事吃紧,那样的日子也一去不复返了。可除了做艺术家,露露不想扮演任何其他的社会角色,抑郁似乎向她掩面袭来。于是,她来到伊萨尔山谷中的疗养胜地,一心避开世上的纷争,不想遇上了里尔克。

露露的前途似乎一片黯淡,可突然间,那杯泼出的水似乎带来新的光明。②面前这位诗人对她已心仪多年,亦以激烈的方式向她表示欢迎,这不由得令她心宽了许多。刚开始,她坚持一人独处,回到自己的座位上,对里尔克不理不睬。可里尔克并没有气馁,在她身边一坐就是几个小时。她有所

---

① 《与里尔克同行》,12。

② 同上。

松动,里尔克就静静地聆听她呓语般的独白,让她讲出心中的苦闷。

艺术是二人手中的红线,艺术中也体现出二人成长的文化氛围。两人都来自于双语城市,里尔克来自于当时属于奥匈帝国的布拉格,居民讲德语和捷克语;露露来自米兹,当时尚属德国管辖,居民讲德语和法语。不过,除此之外,两人的过去中似乎并没有什么能令两人走到一起。露露生于 1885 年,父亲利奥波德·拉萨德是位退休银行家,丈夫尤金·阿尔伯特,曾发明了早期显影技术,也是一家化学品公司的负责人之一。对这位年轻女性来说,她那位长了她整整 30 岁的丈夫更像是她 70 老父的同代人,心里就只装着工作。无论是对于老父,还是对于丈夫,她都像个调皮任性、喜怒无常的女儿,其实她的目的是守住自己的自由,做一名严肃艺术家。露露外出旅行创作时,她的女儿英戈·德·克罗(后来也成为一名画家)有时住在自己家中,有时住在外公家。

露露说完,就该轮到诗人开腔了。一连几个小时,里尔克向她倾诉自己人生中的一桩桩、一件件,露露也一样静静地聆听。里尔克甚至谈到了最近发生的事,例如他与玛格达·冯·哈汀贝格的感情纠葛。他在回顾,也在反思,毫不回避,已然超然事外。对此,年轻的画家亦有评论:"自由而开放"。同样封闭在魔山之中,同样面临着人生巨变,两人的关系由淡转浓,开始一段热恋。

3.

或许,天气变了;也或许,里尔克的钱包空了。总之,里尔克和露露在世外桃源的日子很快就到了头。里尔克只能回慕尼黑,不过两人早已议定,要形影相随,永不分离。露露同意搬进施瓦宾的一所公寓,把自己的工作室设在那里。在这座人口稠密的城市里,两人只能在公寓的四楼找到栖身之所,因为大战爆发之初,大多数公寓和旅馆都没有住处,即便能找到住处,也无法确保服务。[①]

[①] 1914 年 10 月 16 日,《与席多妮·纳赫尼·冯·博卢廷的书信集》,228。

里尔克把露露接到自己迅速布置好的小窝中,殷勤周到令露露大为感动,甚至连去火车站接她的汽车上都摆满了鲜花。她很快就重新投入创作,把女儿留给孩子的祖父照看。在欧欣豪森求爱期间,以及两人共同生活(其实并不长)的头几个月,里尔克一共为露露写了15首诗,其中不少都表示,虽然两人恋情很浓,却也很脆弱。对此,里尔克心知肚明:

> 瞧,我知道,世上有些人
> 从来学不会,如何双双对对
> 翩翩起舞
> 他们首先,骤然上升
> 飞入空气稀薄的高空
> 接着,飞过,爱的千年
> 直到永恒①

露露的日记记下了两人恋情温度的升降。1952年,她61岁时,出版了《与里尔克同行》,书中没有帮里尔克掩饰,把他的一些不大见得光的行为一带而过,也没有贬低他作为一名诗人的成就。不过,看得出,作者为当年这段情感纠葛而深深恼怒,怒火过了那么多年还没有熄灭。书的开头部分记述了两人在芬根大街上的公寓中的生活,开始时风平浪静,里尔克对这个地方挺满意,这地方让他想起了自己在巴黎的工作室。公寓挺宽敞,也挺舒适,不过在战时,已不能正常提供膳食服务。这地方就快关门结业了,把旧家具和设施都留给了他俩,让他俩自己做饭。两人请了个佣人做饭,可没过多久,还是喜欢上附近一家餐厅去解决吃饭问题。

回到施瓦宾,里尔克同几个过去已不大联系的旧朋友又建立起联系,其中与他交往最久的就是年轻的瑞士女作家雷吉娜·乌尔曼。早在1908年时,里尔克同乌尔曼已结识,当时他读到乌尔曼的独幕抒情剧《原野布道》,当即把书寄给了乌尔曼,并在书上写下激励的文字。一年后,里尔克同意为乌尔曼的一部短篇小说集作序。乌尔曼正成长为一名德语写作大家,个人生活却不大稳定,独力抚养两个女儿,一个9岁,一个8岁。两个

---

① 《里尔克作品全集》2:217—225。

女儿有两个父亲,却一个也没有同她正式结婚。她时常身陷抑郁之中,需要安抚,也越来越接近里尔克,把里尔克拉近自己的朋友圈中。露露对乌尔曼也挺好,帮了她不少忙。

露露和里尔克过起了悠闲的日子,可只维持了几个星期。里尔克的激情上限是6个星期,上一次同玛格达·冯·哈汀贝格的那段情也是如此。不过,直到10月,里尔克仍觉得自己同露露的关系很牢固,在给新近结交的朋友的信中坦承,自己和露露住在一起。一切宛如传奇:一位年轻的艺术家情人,无论在经济上,还是在社会关系上都颇有实力,可以让他过着舒适的生活,又不会粘在他左右,让他不得自由。

舒适的生活似乎有增无减。9月底时,里尔克从安东·基彭贝格那里收到好消息,英赛尔出版社旗下表现主义杂志《烈焰》的主编路德维希·冯·费克尔手上有一笔不小的捐款,有2万奥地利克朗,正准备分配。① 捐款人未留下姓名,只是表示,要把这笔款子捐给一位重要的奥地利诗人,以支持他的创作。费克尔说服了这位捐款人,由里尔克和格奥尔格·特拉克尔平分这笔捐款。这位捐款人不是别人,正是大名鼎鼎的路德维希·维特根斯坦,他继承了一笔可观的遗产,想在自己上前线之前,拿出一部分来支持文化事业。不久,受捐者就知道了捐赠者的身份。

里尔克喜出望外,有了这笔意外之财,就可以同露露开始新的生活了,这个大苹果简直就是为了露露才从天上掉下来的。不过,在这笔钱的使用上,里尔克和安东·基彭贝格有了分歧。安东坚持把整笔款项投资到安全的地方,定期付息给里尔克。一番踌躇后,里尔克还是接受了出版商的建议,不过坚持要先付给他2000克朗,以偿还债务,添置冬衣,自己的衣物统统留在了巴黎。②

为了《旗手》的处置,里尔克同安东·基彭贝格又有了分歧。这篇颂扬爱神和战神的散文诗成了战时里尔克最大的收入来源,可他手头依然缺钱。此外,见到自己的作品被用于赤裸裸的战争宣传,里尔克心里也不大痛快。触发点是玛格达·冯·哈汀贝格,她很希望为《旗手》谱上曲,由

---

① 参阅《里尔克:人生与作品大事记》,483页脚注。日后,里尔克向费克尔表示了感谢,参阅他于1915年2月8日和15日写给费克尔的信,《里尔克书信集,1892—1921》4:33—37。

② 1914年10月6日,《里尔克与出版商[安东·基彭贝格]书信集,1906—1926》,285—286。

自己领衔演奏。里尔克打心眼里不情愿,可安东·基彭贝格全力支持,在他的重压下,里尔克的反对意见从来就强硬不起来。到这年年底时,他已不再反对在莱比锡举行的战时募捐活动上演奏自己的作品。①那次活动也得到了里尔克的老朋友,海伦·冯·诺斯济茨的大力支持。②

不过,里尔克还是忍不住表示,自己对活动有所保留。谱曲者是奥地利作曲家卡西米尔·冯·帕兹索里,朗诵者是演员库尔特·斯泰德,钢琴伴奏是玛格达。对于这场表演,里尔克心中的不快久久不退,他批评原文和配曲不协调,在他看来,配曲有些滥情,故而有失真实。

宁静的生活突然面临威胁,露露早该登场的丈夫终于现身了。尤金·阿尔伯特,妻子红杏出墙,可他还在为两人买单。两个男人终于面对面而立,根据露露的回忆录,三人甚至一起吃了饭。③稍后,她对情人说,丈夫觉得,除了自己之外,要是还有第二个男人配得上他的妻子,那就非里尔克莫属了。大家都温文尔雅,可并不等于没有伤痛。一次,尤金和妻子私下谈了一番,然后送她回寓所,他若有所失地说道,自己回到了当初追求她的地方,却把她送进另一个男人的怀抱。露露的心乱成一团,感到亏欠了自己的丈夫,自然也影响到里尔克的情绪。这是两人恋情中的第一丝裂痕。

不过,露露还是重新燃起了艺术家的自信,这其中也有里尔克的不少功劳。之前,在布列塔尼,噩梦般的经历已把她的自信碾得粉碎。她曾写下一首名为《战争爆发》的诗,讲述自己逃出法国的经历。在里尔克的帮助下,该诗发表于反战杂志《论坛》上。里尔克竭尽全力帮助露露突破心中的障碍,重新拾起画笔,最终他成功了。

开始时,里尔克首要关心的是露露有足够的空间和光线创作。搬进公寓后不久,他坚持把同一层另一套空置的房子也租下来,这样的好处是两人都有了属于自己的空间。由此开始,两人开始了一种生活,可到头来露露却牢骚满腹:里尔克既想接近她,又想躲得远远的。里尔克怂恿露露向自己的丈夫求助,看来,里尔克此举别有动机。一连几个星期音讯全

---

① 1914年12月29日写给玛格达·冯·哈汀贝格的信,德国文学档案馆内部资料。
② 1914年12月2日和1915年1月6日,《里尔克与海伦·冯·诺斯济茨书信集》,86—87。
③ 《与里尔克同行》,40。

无,此时里尔克感到局势已尽在掌握中,就亲自写信给自己情人的丈夫,希望他能为艺术作出一点儿贡献,承担下额外的费用。

里尔克的信写得不同寻常。信中,他表示,新增加的那套公寓不单供露露使用,对自己的创作也有特别的意义,而他是一位誉满天下的诗人。根据露露的回忆录,里尔克表示,如果你觉得把钱投给那个年纪尚轻,一心想成为画家却尚未满师的妻子身上风险太大,我可是一位见多识广,思想成熟,誉满天下的诗人,而您的投入对于我的创作同样也是至关重要。在这人与人自相厮杀的日子里,他一定要和露露工作、生活在一起,这样两人才可以"相互扶持,相互帮助"。里尔克接下来的话就更让人咋舌了,露露在自己的回忆录中把这段话一字不漏地摘录了下来。里尔克承认,自己的要求有悖常理,他接着写道:"我知道,露露求助的绝非一般人。或许,她对您的爱更像是孩子对父亲的爱,却也堪比我们对天父的爱。因此,我俩对您充满信任,一切尽凭您来决断。"[①]

这封措词奇特的信写给一位宽宏大度的男人,实际上把他变成了自己妻子的父亲(毕竟,他已年近六旬,做自己年轻妻子的父亲倒也并不过分),接着又往他头上大戴高帽,说他妻子对他如孩子对父亲一般,这种爱同人们对天父之爱有所类同。露露在自己的回忆录中写道,至少从表面上看,这封溜须拍马的信达到了预期的效果。面对心胸开阔的尤金,里尔克的这一步走得很大胆,也收到了效果。他极力强调自己作为诗人的重要性,却把自己的情人写成个没长大的孩子。两个星期过去,杳无音讯,接着阿尔伯特突然出现,找上自己的妻子,表示自己同意里尔克的提议。解释自己何以作出这一决定时,他几乎站到了自己情敌一边,重复着里尔克信中说过的话,说自己的决定不仅是为了妻子,也是(或许,主要是)为了那位伟大的诗人。他把妻子的变故称为"一件大事","百年一遇",他表示,如果自己再不放手,妻子一辈子也不会原谅自己。现在,两位爱侣可以各住一套公寓,以确保私人空间。回忆录中,露露不无苦涩地说,诗人终于有了创作的空间了。

一段时间,两人生活如画,白天各自创作,交流就主要靠相互传递纸条;晚上,两人一起散步,长谈。里尔克甚至提议,两人合力把但丁的《新

[①] 露露在《与里尔克同行》中引用、转述了信中的内容,参阅《与里尔克同行》,42。

生》继续翻译下去(里尔克一度和侯爵夫人合作翻译此诗,但不久就中断了)。据露露的回忆录,一次里尔克说道:"咱俩在一起这么幸福,真是奇迹。你不觉得这是一生只有一次的金玉良缘吗?"①一次又一次,两人认为,凭着坚韧和辛劳,两人可以建造起自己的伊甸园。

可这座伊甸园(如果它确实曾经存在过)从一开始就并不牢固,缺陷在所难免。突然间,里尔克由热情洋溢转为低沉抑郁,悄悄退去,尽管他会说些好听的加以掩饰。两人似乎既贴近,又遥远;里尔克既近在眼前,又远在天边。一时间,两人在朋友面前双人双出,似乎是共同生活的伴侣;又一时,两人心中都隐隐忧虑,这种关系还能维持多久。无论如何,好几个星期的时间里,日子过得还算平静。10月初,里尔克的母亲菲亚来访,两人看上去还相敬如宾,克拉拉母女也曾来探访过他俩。然而,转折即将到来。

尤金·阿尔伯特感到无力对抗这位名满天下的情敌,开始正式与妻子分居,并提出离婚要求。收到丈夫律师发来的信,露露希望自己的情人别插手,让她自己把事情处理好,尤其是她丈夫现在只要一见到里尔克就不痛快。里尔克犹豫了一番,然后同意和露露暂时分开一段时间。他的忧郁发自真心,此时的他内心也很矛盾。里尔克开始的计划是到距慕尼黑不远的城市乌尔兹堡走上一遭,露露觉得他此行不会超过一个星期。可里尔克一上路,情势急转直下。出发时,里尔克没有任何计划安排,像浪人一样走入未知的地域,去追寻自己年轻时的梦想。没过多久,他已觉得,无牵无挂的生活更适合自己。这不单是怀念单身汉的自由自在、无拘无束的生活,他也感到了对手的挑战,决定悄然隐身而退。

一路上,他两次停留,一次在法兰克福,见了个叫弗雷赫尔·菲利普·冯·谢伊的人,此人是奥地利皇家军队中一位地位颇为显赫的军官,即将赴德军总司令部任联络官;接着,里尔克又去了威斯巴登,见了露露的父亲。之后,里尔克到了乌尔兹堡,打算像原先约定的那样住下来,变故也就出在这儿。在乌尔兹堡住了仅仅3天,里尔克突然决定不回慕尼黑了,而是向东北行,去了柏林。他给露露写了一封长信,也可以说是分手信,信中他吐露真言,自己希望一个人待上一段时间。关于爱情,他写

---

① 《与里尔克同行》,45。

道:"这世上有人一再上起跑线,却怎么也冲不出去。我就是这种人。"他的灵魂在向何处飞跃?里尔克问道。对于之前的一切,他无怨无悔,两人都已尽了全力,"你的付出比我更大上百倍"。①虽然写了这封告别信,两人的关系此时并未真正了结,依旧在矛盾中摆动,时断时续,聚少散多,拖上了两年多的时间。可至少在里尔克发出这封告别信之后数周的时间里,两人的人生轨迹背道而驰。

露露感到自己被抛弃了,还好,此时她正在为雷吉娜·乌尔曼画肖像,乌尔曼也利用为露露作模特、静坐画布前的机会向露露说一些安慰的话。露露生活圈子中其他一些人对她也十分关照,甚至连斯多芬贝格医生也上门探望,担心她一个人孤零零地过圣诞节。此时,里尔克正在重温他最心爱的生活,做云游四方的游吟诗人。战争大大限制了他云游的自由,可摆脱了家居生活,他至少还拥有有限的选择。揣着这样一颗心,里尔克奔柏林而去,奔自由而去。

里尔克奔德国首都而去,除了避开慕尼黑,他还有一个目的,就是去探望自己一位奄奄一息的故人。在法兰克福时,菲利普·冯·谢伊告诉他,抒情诗人阿尔弗雷德·沃尔特·海默尔从前线回来了,不是受了伤,而是染上重病,感染了致命的肺结核。10月初时,面对那位诗人对自己诗歌的一些批评,里尔克还相当不耐烦;后来,他又盛赞海默尔的新诗集,祝他早日摆脱病魔的困扰。如今,一到柏林,里尔克就坚持到病榻旁探望这位沉疴难起、病入膏肓的故人。数日后,海默尔不治身亡。11月28日,里尔克帮忙将抒情诗人下葬。

葬礼上,里尔克发现了新目标。参加葬礼的亲朋好友中有一位米莉·冯·弗雷德兰德-福德,一位阿姆斯特丹著名银行家的女儿,丈夫是犹太矿业大亨,因其对国家的贡献获得了普鲁士贵族头衔。更重要的是,同时出现的还有米莉的女儿玛丽安妮·米特福德,不久前刚刚嫁给约翰·米特福德勋爵,两人新婚后不久就分居。约翰·米特福德有3个侄女,戴安娜、优里蒂和南希,分别以狂热支持纳粹和娴于小说创作而出名。

里尔克迅速与玛丽安妮熟络起来,第一个好处就是住进了一幢并不

---

① 《与里尔克同行》,82—84。

很大的宅子,在里面有了自己的一套房间。①房子在繁华的柏林西区,归弗雷德兰德-福德家族所有,原本是为新婚的约翰和玛丽安妮准备的,不料战端一开,两人便天各一方,不过,却解了里尔克的燃眉之急。他急需找个落脚的地方,手头的钱已经不够他长期住饭店了,他甚至想过去莱比锡,住进基彭贝格家的"塔屋"。②幸亏有玛丽安妮慷慨相助,里尔克才能在柏林待下去。

这也标志着里尔克同露露的同居关系正式结束。不过,此时里尔克还不打算跟她彻底一刀两断,他突然请她来柏林,与自己一起过圣诞节。露露12月23日满心欢喜地到了柏林,随身还带着已完成的雷吉娜·乌尔曼的肖像,里尔克见了赞不绝口。之前,他已收到了露露寄来的圣诞礼物,一只绣花靠枕。里尔克并没有要露露和自己住在一起,而是帮她在旅馆中订了房间。尽管如此,接下来的几天中,两人还是柔情蜜意,礼物频频。露露一到,里尔克送给她的第一件礼物是一只蓝色琉璃碗,碗面上用青铜色和紫色龙和兰花的图案。圣诞树下,露露发现一本带金质扣子的皮面笔记本,上面写着"圣诞1914"字样,出自里尔克手书。③

露露于12月29日离开柏林,这其间的6天中,里尔克一心想向她证明,自己这个情人有多么温暖,对她关怀备至。里尔克带上她去自己最喜欢去的地方之一,柏林的埃及博物馆,特别请馆长把小小的阿门诺菲斯雕像从玻璃展柜中取出来,让露露临摹。里尔克也让她走进自己繁忙的社交生活中,看到里尔克在柏林东奔西走,忙得不亦乐乎,就跟在慕尼黑时一样,露露实在有些吃惊。尽管自己很开心,她还是不禁有些好奇,有这么多活动分心,他何来精力搞诗歌创作?要知道,当初里尔克北上柏林,打的借口就是要专心创作。

回去数日后,露露终于鼓足勇气,要里尔克回慕尼黑,里尔克居然也应允了,着实令露露本人都感到吃惊。尤金·阿尔伯特已同意离婚,条件是等到战争结束再办手续。除去了这块心病,里尔克觉得露露的要求他无法拒绝。于是,和以往一样,他匆忙中启程,把图书、手稿,还有其他私

---

① 1914年12月8日写给露露的信,德国文学档案馆内部资料。
② 1914年12月7日,《里尔克与卡塔琳娜·基彭贝格书信集》,114。
③ 关于露露在柏林的经历,转述自《与里尔克同行》,86—87。

人物件统统留了下来,一心以为过不了多久就会回来。次年2月,卡塔琳娜·基彭贝格问里尔克,此趟去慕尼黑是否又是回柏林前的一段插曲,里尔克答道,是一段插曲,但这段插曲要演奏到什么时候,自己也不清楚。①

> 但是我们专注于一物,我们就会
> 感到另一物的亏损。敌意是我们
> 最初的反应。爱者们相互允诺
> 幅员、狩猎和故乡,难道不是
> 永远在接近彼此的边缘么?②

这几句诗出自里尔克大战期间的最主要成就,《哀歌》第四篇,其中所浸透的痛苦和矛盾正来自于他同露露的这段恋情。两位恋人的确已到达"彼此的边缘",冲突和分裂不可避免。可要是没有这段恋情,里尔克的诗歌也只能停留于对立的层面上,无法企及新的高度,在对立中统一。在这首待产期漫长的诗中,里尔克既在揭示,又在掩饰偶人的方方面面。他曾坦言,自己对于偶人这一形象的喜爱更超过面具。

回到慕尼黑,里尔克并没有立即住进芬根大街上的公寓,而是又住进了玛丽安巴德饭店,尽管开销不小。开始时,他还想着回柏林,对那儿的朋友,如玛丽安妮·米特福德说,自己去去就回。③他把自己的物品都留在了柏林,由此也能看出。实际上,里尔克匆匆离去,不仅把有形的东西留了下来,也中断了他同柏林几位大学教授的讨论,尤其是格奥尔格·齐美尔,讨论的主题是重拾学术研究。数年来,齐美尔一直在帮里尔克筹划,可总是胎死腹中。

---

① 1915年2月16日,卡塔琳娜·基彭贝格写给里尔克的信,以及里尔克在2月22日的回信,《里尔克与卡塔琳娜·基彭贝格书信集》,116—117。
② 《里尔克作品全集》1:697。
③ 1915年1月15日,《里尔克与玛丽安妮·米特福德的书信集》,61—66。

如果说《哀歌》既反映又隐藏了里尔克个人生活中的冲突,那么乍看上去倒是看不出他对战争的焦虑。1915年是生死攸关的一年,德军的军事优势正在一点点丧失,到《哀歌》第四篇问世时,前线的士兵已经长期趴在战壕和泥浆中,动弹不得。战事也带来了里尔克的矛盾:他越是想投身到战争的苦难中,就越发感到要支持这场战争;他越是试图同自己那些反战朋友,尤其是阿涅塔·科尔布联络,就越发感到爱国热血在沸腾,一发不可收。

随着时间的推移,里尔克同反战阵营的联系越来越密切,可他同时也并没有中断同社会主流的联系。一方面,他从未阻止把《旗手》用于战争宣传;另一方面,他也支持阿涅塔·科尔布主编的著名反战杂志《国际时评》,该杂志也希望能从敌对阵营中找到一些知名人士为其撰稿,如罗曼·罗兰和乔治·伯纳德·肖。①

里尔克对战争的态度模棱两可,这恰恰也反映出他个人生活中的摇摆,当他和露露试图挽救两人的关系而无果时尤其如此。根据露露的回忆录,她同里尔克的共同生活一直延续到春天,甚至初夏,可其间,里尔克常常心血来潮,突然出走。最后,他再也没有回到柏林的"小屋"。

欧欣豪森,伊萨尔山谷中两人定情之地,成为这两位爱情角斗士休养生息的地方。2月到3月间,两人都去过那个地方。2月15日,两人回到慕尼黑,参加托马斯·曼的一个讲演,曼在那次讲演上表达的观点四年后凝结为他的一部专著——《对非政治的人的反思》。讲演上,曼表现出对威权的极大热诚,里尔克和露露都对此大为反感。根据露露的回忆录,讲演期间,海因里希·曼对里尔克低语道:"我哥哥的看法比我的更适于印刷物。"②

政治从未走远,战争已无所不在。不过,里尔克并未因为要躲避战争的压力,就全身心投入到诗歌创作中。相反,他更喜欢欧欣豪森消沉的低声呢喃,躺在阳台的折叠椅上,他醉心于眼前冬日的景观中,皑皑白雪覆盖了眼前大片大片的土地。以往,他通常去南方过冬,以躲避寒潮,已数年没有见过雪景了。自然,当他一面沐浴在冬日的暖阳下,一面欣赏着白

---

① 1915年1月18日、27日,《里尔克与玛丽安妮·米特福德的书信集》,61—66。
② 《与里尔克同行》,46—47。

色的大地在森林间绵延伸展时,心中充满了惊异。月底,他又回到了慕尼黑,参加了一系列讲座。在里尔克无家可归的那几年中,各种公开的和私下的朗诵会和讲座就成为他的主要活动。

这次,里尔克离开了冬日的世外桃源,回到慕尼黑,再次与露露共同生活,缘起于一个很特别的时机。长期以来,艾尔莎·布拉克曼一直在资助里尔克,这次,她组织了一个题为"战时人文"的系列讲座,里尔克和露露每场必到,有时还叫上其他的朋友。

就这样,两人聆听了艾尔莎·布拉克曼的侄子,诺伯特·冯·黑林格拉特就荷尔德林所作的两场讲座。诺伯特·冯·黑林格拉特是位年轻学者,1910年10月,就在里尔克离开巴黎之前,里尔克同他首度相遇于巴黎他姑母的家中,当时这位年轻人也是巴黎高等师范学校的讲师。这些年来,里尔克一直没有中断同黑林格拉特的联系,因为后者的研究涵盖了数个专业领域,而这些又都是里尔克感兴趣的领域。黑林格拉特的博士论文写的是荷尔德林翻译的古希腊诗人品达的作品,里尔克至少部分读过这篇论文,不仅丰富了他对荷尔德林本人的了解,更令他对荷尔德林的希腊渊源有了更充分的认识。1910至1911年间,两人走得相当近,当时里尔克正在北非远游,他允许黑林格拉特随意取阅他的藏书。不仅如此,黑林格拉特同斯特凡·格奥尔格过从甚密,这也触动了里尔克心中一片敏感的地方。斯特凡·格奥尔格这位诗风严峻的诗人可以说是里尔克的门徒,而里尔克对他却是又敬又畏,中间还夹杂着几分嫉妒。黑林格拉特编撰一部荷尔德林作品选,读者评价相当高,可编撰工作刚刚结束,战争就给他套上了军装。

黑林格拉特的临时驻地离家不远,故而他还可以在姑母组织的系列讲座上出场两次,第一次的标题为"荷尔德林之疯",于2月27日举行,里尔克和露露都去了,陪里尔克一起去的还有雷吉娜·乌尔曼。讲座结束,露露和乌尔曼热烈鼓掌,3人都"深受感动,精神振奋,莫可名状"。[①]露露看到,黑林格拉特完全沉浸于自己的讲座中,听众简直以为"那颗不平凡的脑袋就是荷尔德林本人"。[②]除了讲座精彩,露露也为讲座人的俊美而惊

---

① 里尔克于1915年2月28日写给艾尔莎·布拉克曼的信,《里尔克书信集,1892—1921》4:38—39。

② 《与里尔克同行》,47—48。

叹,黑林格拉特的父亲是日耳曼人,母亲有着土耳其血统,他综合了两人的长处,漆黑的睫毛下长着一双摄人魂魄的蓝眼睛,再配上一身古铜色的皮肤,真是……不久,露露就在自己的画布上留下了他的英姿。

里尔克听得也很投入,不过同自己的职业关联更紧密些。他觉得,黑林格拉特对荷尔德林之疯的解释精彩绝伦,因为他清晰地道出,当一个诗人坚持不懈地追寻自己的使命时,会如何堕入悲惨、漆黑的精神深渊。里尔克惊坐当场,一语不发,讲座结束后,他环顾四周,想从人群中找出艾尔莎·布拉克曼,同她握手,表示祝贺,却发现她早被一群道贺的人围在当中。于是,里尔克悄然退场,想把方才讲座上的残影余音在心中多保留一会儿。日后,他在一封信中写道,他看到了一道"辉煌灿烂的精神之光","喷射出至为纯净的火焰"。①

最近这几个月中,里尔克读了许多荷尔德林的作品,他对这位茕茕孑立的浪漫主义诗人的发现虽然晚了一些,却在此时达到顶峰。当然,这背后也有时事在推波助澜,例如日耳曼民族主义浪潮(宣称荷尔德林是本民族自己的诗人),格奥尔格小圈子内的思想精英们也起了不小的作用。里尔克对荷尔德林的痴迷也并非全然来自于自己的阅读,他十分认同黑林格拉特对荷尔德林所做的阐释,把黑林格拉特所描绘的荷尔德林形象完完整整纳入心中,以至于在他后期的哀歌中也留下了明显的痕迹。黑林格拉特暂时住在母亲家,就在附近的森得林,讲座第二天,里尔克就去了那里,拜访了他这位年轻的士兵-学者朋友,一直呆到次日晚才回来,去听题为"荷尔德林和日耳曼民族"的讲座。在上前线之前,黑林格拉特也常常可以从军营中溜出来,为露露做了几个小时的模特,里尔克也插了进来,利用这段时间同他做一番深谈。

黑林格拉特之后,讲座的主题转向其他方向,里尔克一直到最后才又再次出现在会场。3月8日,他出席了系列讲座的最后一场,主讲人是阿尔弗雷德·舒勒,一位刚过花甲之年的学者。舒勒的讲座再次点燃了里尔克的想象,也令他更加对自己的想法深信不疑:世界是一个广阔无垠、包容万象的浑然整体,死亡是其中的一个组成部分。这也就是《杜伊诺哀

---

① 里尔克于1915年2月28日写给艾尔莎·布拉克曼的信,《里尔克书信集,1892—1921》4:38—39。

歌》背后的思想，同时也是日后推动他创作《俄耳甫斯十四行诗》的动力。舒勒是一位训练有素的考古学者，专长是罗马史，同斯特凡·格奥尔格身边的圈子相当熟悉。关于罗马帝国的衰亡，他发展出自己的一套理论，根据他的理论，死者才是真实的存在，构成一个完整的整体，而世间独立存在的个人不过是这整体结构外的体例。①舒勒旁征博引，论证自己的理论，他说，罗马帝国的衰亡始于尼禄的统治，那是一个转折点。这套理论实际上是在颂扬死亡，②在里尔克看来，在这样一场日日在与死神打交道的战争中，这样一套理论倒也合时宜。不仅如此，里尔克也看到，这套学者-哲学家的怪论同斯特凡·格奥尔格的现代神话有着重合之处，在他自己的作品中也隐约可以看到痕迹。

里尔克同露露原本就不那么牢靠的关系还在拖曳前行，一路上磕碰不断，时而破裂，时而复合。最后，里尔克在写给侯爵夫人的信中，把自己胸中的苦闷和焦躁和盘托出。之前，他一直向侯爵夫人瞒着自己和露露的事，或许，他实在不想在同玛格达失败后不久就再坦白一段不成功的恋情。可如今，他已实在难以抑制胸中的苦闷，结果却换来了一通数落。侯爵夫人说，他实在是无可救药，称他是当代的唐璜。就像母亲数落儿子，侯爵夫人毫不留情，说他总喜欢挑上那些"让人发闷的"女人，那些女人像水蛭一样缠上他的身，吸食他的血液。用侯爵夫人的原话说，那些女人都是"呆头鹅、精灵猴、毒蛇、夜猫子、屎壳郎、毒蝎子"，③她们令生活变质，必须把她们统统扔进垃圾堆。侯爵夫人嘴上虽然说了很多，可并没有什么实际表示，以缓解里尔克的困局。

里尔克只剩下一条路了，就是再找上自己最亲密的朋友，卢。此时，露露的丈夫，尤金·阿尔伯特突然施加压力，要求离婚，露露一时慌了神，里尔克对此又如何回应呢？露露在回忆录中记下了里尔克当时的原话："我会问问卢·安德烈亚斯-莎乐美，你会发现，她既是益友，亦是良师。天总会晴的。"④2月，情形已十分恼人，里尔克热情邀请他的老朋友和女

---

① 1915年3月18日，《里尔克与玛丽·冯·屠恩·塔克西斯书信集》，410页；里尔克也曾向卢提起过舒勒的理论，1915年3月9日，《里尔克与卢·安德烈亚斯-莎乐美：书信集》，370。
② 利普曼对这点做了一番总结，参阅《里尔克：人生与作品》，358。
③ 1915年3月6日，《里尔克与玛丽·冯·屠恩·塔克西斯书信集》，404—405。
④ 《与里尔克同行》，55。

神来慕尼黑,和自己共处。

开始时,卢耽搁了一阵子,她哥哥亚历山大·冯·莎乐美在俄国前线战死。丧电经由丹麦,发到柏林,接到电报时,卢整个人都呆了。这位哥哥是她家真正的一家之主,她的"靠山"(在她的日记中,她就是这样写的)。已届花甲之年,她却突然发现自己没了依靠,①目前,她谁也不想见。②

里尔克的信件和电报还在一封接一封地到,语气越来越紧迫。以往,见到别人痛失亲人,他都会深表同情,可现在,他迫切想见到的卢的心情已让他顾不上同情。他表示,卢可以把她那条白色的小猎犬(名叫德鲁兹霍克,也叫小朋友)一起带来,食品配给也不成问题,反正大家都是吃素的。

露露一样也迫不及待地想见到卢,想找到一位与自己同性的心灵导师,为自己疗伤止痛。里尔克此时想到了那位曾和卢一起生活过一段时间的女演员艾伦·戴尔普,想露露是否也能和卢建立起这样一种母女关系,还把自己的心事向露露透露了出来。

卢3月19日抵达慕尼黑,一呆就是两个多月。到的那天,她带着那条白色小猎犬去了里尔克的住处,也在露露的工作室里坐了一会儿,不过她还是强调,能和老朋友再相逢"真是再好不过了"。③没过多久,她就整天和里尔克在一起,两人一起阅读荷尔德林,也读巴霍芬和凯瑟林的著作。

次年,卢在自己的日记中提到,有一天,她、里尔克,还有克拉拉母女一起出游,看到克拉拉经过自己的努力,现状大为改观,她十分高兴(用她的原话说,那是"十分灿烂的一段记忆")。克拉拉接受葛布萨特尔医生的治疗已经有一段时间了,情况大有改观,可里尔克居然对此一点儿也没有留意,这实在令卢感到惊讶。那次出游去的是所谓男子汉之岛,不过露露并没有去,虽然里尔克请卢来的理由就是帮助她渡过难关。自始至终,她始终是个外人。

卢的出现撒开了一张大网。④她身着宽大的灰色衣裤,看似漫不经心,

---

① 卢,《人生回顾》,44页。
② 《里尔克与卢·安德烈亚斯-莎乐美:书信集》,368。
③ 同上,374页。
④ 普法伊弗列出一张长长的名单,包括许多人。《里尔克与卢·安德烈亚斯-莎乐美:书信集》,373。卢自己对于这段经历也有生动的描写,参阅《人生回顾》,55页脚注。

实则经过精心安排。她睿智,也有着广博的知识,从文学、哲学到唯心论和精神分析,她几乎无所不通,形形色色的男男女女都被吸引到她的视野中来。她所见的人皆为一时之俊杰;诗人有属于斯特凡·格奥尔格小圈子的卡尔·沃尔夫凯尔,还有诗人-医生汉斯·卡洛萨,他在西线战场负伤,当时正在慕尼黑休养;作家有里卡达·胡赫,当时埋头写作一本宗教书籍,《路德的信仰》,还有盲人小说家埃德瓦多·冯·凯瑟林,她和里尔克常去探望;艺术家有阿尔弗雷德·库斌,一位奥地利画家和版画家,是青骑士集团的一员,还有大名鼎鼎的保罗·克利。

与这许多才俊迎来送往中,卢和里尔克又迎上又一波亲密的浪潮,两人如旋风般往来穿梭,看望的人中也不乏许多私交好友,比如说葛布萨特尔医生、雷吉娜·乌尔曼、露露·曼,有时也去看看赫尔塔·柯尼希,一位富有的艺术爱好者,自己也写诗(日后,他将成为战时那几年中里尔克最诚挚的资助者)。两人还与阿涅塔·科尔布重新建立起了联系,科尔布刚刚在《白皮书》杂志上发表了她的文章《致死者的信》,深深打动了里尔克,文章对战争的控诉可谓震撼。

那些日子里,里尔克在芬根街的寓所成了卢表演的舞台,她和她的小猎犬几乎占据了整套公寓,人声鼎沸,宾客往来不息。露露开始觉得,自己的住处成了马戏场。有时,里尔克也被卢拖去参加各式各样的应酬,露露真不明白,这两个性格截然不同的人,怎么可能有如此亲密的关系。她暗自思忖,或许,是俄罗斯的记忆,也或许,里尔克所需要的不过是位母亲。①

最后,露露脱逃了。有那么一阵子,她出了城,去了自己的(也是里尔克的)避难所,欧欣豪森。回来时,发生了一些微妙的变化,危机似乎缓和了一些。5月中,3个人,里尔克、露露,还有卢,一起去赫尔塔·柯尼希的寓所,去观赏毕加索的名画《江湖艺人》。3人还在基姆湖上的另一座小岛——女人之岛上呆了几天,可距离感并没有消除。卢离开慕尼黑后几周,写来了一封信,对所接受到的款待表示感谢,露露在回信中心平气和地写了一段话,揭露出她此刻的心情:既渴望为卢所接受,又清楚地意识到两人间关系紧张。她是这样说的:"我衷心希望能有那么一天,当我

---

① 《与里尔克同行》,56—57。

站在你面前时,我的形象不再完全是贫乏,完全是负面。"最后,她写道:"吻你。"①

卢同里尔克和露露一起呆了两个月之久,虽然问题重重,却也对两人本不牢固的关系产生了决定性的影响。在卢的斡旋下,两人决定,在乡下找个地方住下,身边只带一个佣人,这样里尔克可以远离外界的干扰。

两人首先挑中了阿默尔湖畔的一幢小房子,房子坐落在一座漂亮的公园中,可最后计划成为泡影。②最后,里尔克找上了赫尔塔·柯尼希,请她帮忙。当时,柯尼希正打算去她在威斯特伐利亚的别墅避暑,里尔克直截了当地提出请求,希望能使用她在城外伊萨尔河边的那套漂亮公寓。里尔克直言不讳地说,在那间悬挂着毕加索的名画《江湖艺人》的房间中,他能找到灵感。③赫尔塔当即就应允了,3天后,即1915年6月14日,里尔克搬进了这套公寓。抚今忆昔,他不禁想起,当初在威尼斯,他也曾借宿在侯爵夫人的公寓中。赫尔塔当然不会收他的租金,他可在那儿一直住到秋天。这里的位置、景致,还有艺术氛围,仿佛就是为诗人量身定做的。他在信中对席蒂说,毕加索的画令他感到仿佛又回到了巴黎,站在画前,一整片天空为他打开。④

柯尼希的寓所成了里尔克的避风港,可远处还是传来战争的轰鸣,挥之不去,妨害着他的想象。1915年5月底,意大利向同盟国宣战,令里尔克的心境更为黯淡。一方面,里尔克为杜伊诺城堡的命运而揪心,坐落在亚德里亚海边,城堡在意大利战舰重炮的射程之内;另一方面,他意识到,有一条出走避世的路线被切断了,威尼斯、罗马、佛罗伦萨,现在这些地方统统向他关上了大门。一想到这些,绝望的情绪便悠悠而来,不可断绝。

战争进行到第二年,里尔克认识的人中越来越多成为战争的牺牲品,他也开始更深刻地质问这场战争的正义性。由于年龄的缘故(虽然此时他还没有过40),他还没有被送上战场,可他不断想到那些在前线厮杀的年轻人:泰克马尔,卢的朋友安娜·冯·莫琛豪森男爵夫人的儿子,不久

---

① 1915年6月9日露露写给卢的信,《里尔克与卢·安德烈亚斯-莎乐美书信集》,374—375。
② 1915年6月9日,《里尔克与卡塔琳娜·基彭贝格书信集》,120—121。
③ 1915年6月11日写给赫尔塔·柯尼希的信,《里尔克书信集,1892—1921》4:46—48。
④ 1915年7月27日,《与席多妮·纳赫尼·冯·博卢廷的书信集》,237。

前还是一名法律系大学生,现在却在军营中服役;诺伯特·冯·黑林格拉特,年轻的荷尔德林学者,现在是前线一名军官,一年后战死在凡尔登;还有许多,许多。里尔克感觉到,他们的牺牲最终将没有任何意义,虽然仍受安东·基彭贝格及其他一些保守派朋友的影响,他反战的立场日渐坚定起来。

5.

在他那摆满艺术珍品的住处,里尔克发表了最强烈的反战言论。一位好友在前线战死,他写信给海伦·冯·诺斯济茨,表示慰问。但是,他并没有采用常规的措词,而是大谈战争是人类的共同悲剧。而且,这一次他并不是仅仅谴责战争本身,而是更加深入,去谴责那些令战争悲剧一再上演的人,这是他第一次这样做。他说,就算上帝也无法召回战神,因为有人不让他那样做。他写道:"那些贪得无厌的人,带着周身罪孽,死死拉住战神,不肯放手。"他还提到那些伟大的艺术家和预言家:"一个叫塞尚的老人伫立在艾克斯悄无声息的街道,发出刺耳的嘶鸣,'看啊,人啊,真可怕'。人人都说他是预言家,都说需要有人发出这样的嘶鸣,可真到了时候,又个个扭头走开,掩耳不闻。"[①]

里尔克既非为阵亡者和战争的不公做些表面功夫,亦非沉湎于自己的抑郁中,因为战争把他变成了笼中的困兽。战争进行到一年之时,他与它拉开了距离,其时,他对这场战争在道义上的厌恶已经隐约可见。里尔克的许多信件,尤其是写于大战期间的那些,都写满了他自己的抑郁和病痛,[②]但面对暴戾无常的死神时,他超越了自身的苦痛,以自己手中的笔,向操控着世界的金钱和武力发起控诉。自由开放的欧洲,他曾经的家园,如今已一去不复返,他为之哀悼,为之落泪。

---

① 1915年7月12日,《里尔克与海伦·冯·诺斯济茨书信集》,91—92;亦可参阅《政治书信集》,125—126。
② 例如,1915年7月8日写给伊娃·卡西尔的信,瑞士国家图书馆内部资料。

此时困扰着里尔克的不仅有他对政治全局的看法,他的反战情绪,还有对他自己命运的担忧:他这一年龄组别就要接受征召了。他的许多痛苦情绪都围绕着一个几乎具有象征意义的事件:巴黎陷落。可谓忧从中来,不可断绝,不过,他的这些想法很少直接影响到他的行动,在他的主要作品中也没有直接体现。因此,克莱尔·高尔(大战临近结束前他的一位情人)认为,里尔克是个彻头彻尾的"浪漫"唯美者,只有当战败和革命在即,反战成为应有之义时,他才会正视自己的反战情绪,将之付诸行动。①高尔的评价严厉是严厉了些,却也符合里尔克大战期间的大部分行为,也符合他这一时期的大部分文学创作。

除了政治,里尔克面临的最大难题依旧是,如何创作出全新的作品,而不仅是把一些旧酒装进新瓶。能否进行鲜活的创作,这取决于他能否跳出时事纷争之外,同时又对世界格局的大走向不失敏感。他和露露虽然此时已不住在一起,但还未分手,柯尼希的寓所他严格保密,只告诉了几个最亲近的朋友,如雷吉娜·乌尔曼,还有从部队休假归来的黑林格拉特和泰克马尔。

为了对抗自己孤身独处的冲动,里尔克特意高调参加各种社会活动,交往的人中既有当时知名度已很高的作家,如鲁道夫·卡斯纳,也有当时知名度还不那么高的作家,如雷吉娜·乌尔曼。乌尔曼的老家在靠近奥地利边境的小镇博格豪森,当时,乌尔曼和她的母亲海德薇正在为保住老家的一座高塔而争斗,里尔克给了她俩不少成功的建议。除此之外,里尔克还给了一位刚刚年满20,一心向上的女演员阿涅塔·德·乌里斯-休姆斯不少帮助,凭借他同艾伦·戴尔普和马克思·莱恩哈特的关系,帮那位女演员获得了正规的演艺训练。②

7月底,卡塔琳娜·基彭贝格先把两个女儿,还有她俩的玩具和洋娃娃一股脑送到波美拉尼亚,然后自己去巴伐利亚的风景胜地巴德·科尔格拉布,路上在慕尼黑停留了一阵子。③到的当天晚上,她就张罗着和自己最喜爱的作家共进晚餐,不过她也很想见到露露,对露露的作品相当感兴

---

① 高尔,《我不原谅:我们这个时代的文学丑闻》,83页脚注。
② 1915年秋,具体日期不详,《里尔克与雷吉娜·乌尔曼及艾伦·戴尔普书信集》,39—40。
③ 卡塔琳娜1915年7月19日写给里尔克的信,以及里尔克7月21的回信,《里尔克与卡塔琳娜·基彭贝格书信集》,130—131。

趣。两个女人迅速熟络起来，9月，卡塔琳娜回莱比锡时又在慕尼黑停留，请露露为自己画一张肖像。①

暑期就要结束，可里尔克在创作上毫无进展。8月下旬，露露去瑞士呆了6个星期，部分原因也是与里尔克的关系越来越紧张。此时，里尔克面临着一个十分关键的问题，为自己找一个长期落脚之处，这个地方既要安全，又要能令他心平气和，如此才能开始诗歌创作。赫尔塔·柯尼希已表示，自己肯定会在9月底返回，②里尔克感到压力更大，加快了寻找住处的步伐。这件事儿让雷吉娜·乌尔曼也颇为上心，她劝里尔克道，将来别再只图一时之便了。她对那些只是暂时向里尔克伸出援手的人颇有些看法，认为他们的做法妨害了诗人，令他不能长期安定下来。③此时，露露从瑞士返回，同里尔克的关系也回暖了许多，9月，两人回到当初定情之地——欧欣豪森，庆祝两人相识一周年。

此时，发生了一件事，让里尔克对安东·基彭贝格甚为不满，两人相识这么多年，一直合作无间，这种事儿还是头一遭。9月初，里尔克收到消息，说他留在巴黎的物件已四散零落，不少已经丢失，不是因为法国政府采取了什么行动，而是因为他的出版商的疏忽，甚至可以说是言而无信。里尔克的家具、图书、藏画、手稿、私人信件，都被没收拍卖，以偿还拖欠的房租。一年前，里尔克原本已作出安排，从那笔匿名捐赠中拿出一部分，经由一个荷兰中介支付房租，可显然，英赛尔出版社并没这样安排，而是把所有的钱都拿出来填补他的日常开销了。

当然，里尔克也明白，在这个每天都有许许多多生命消逝的日子里，丢点东西实在算不上什么，可这件事还是令他很痛心，感到在这个为强权所左右的世界上，自己的力量实在微不足道。他也知道，自己在理财方面实在乏善可陈，基彭贝格对此早有看法，可无论如何，不单用光了利息，连老本也用上了，却跟他连个招呼都不打，这实在不应是一位精明经理的所作所为。实际上，也正是基彭贝格打消了不少里尔克的富有仰慕者为他设立基金的念头，说他只会把钱浪费在游山玩水，住一流旅馆上。

---

① 《与里尔克同行》，116页脚注。
② 1915年7月23日，德国文学档案馆内部资料。
③ 1915年秋，具体日期不详，《里尔克与雷吉娜·乌尔曼及艾伦·戴尔普书信集》，30—31。

不仅如此,同样令里尔克深感震惊的是,他的书一向畅销,可突然之间,有人对他说,单是日常开销就花光了那一大笔天上掉下来的财富。这件事也表明,里尔克对安东·基彭贝格的依赖已到何种程度。最后,里尔克不过是在10月5日写了一封信,表示自己的愤怒,此外就没有任何行动了。①

诗人的意外之财花光了,连自己的物件也没了,他把自己的损失说给了斯蒂芬·茨威格听,茨威格当即给当时正住在日内瓦的罗曼·罗兰写信,②而罗曼·罗兰又联系上了安德烈·纪德和雅克·科波。在帮助里尔克追回财物方面,纪德特别积极,战争本是国与国之间的对抗,不干个人的事儿,可如今居然如此侵犯一位诗人的私产,一想及此,他就怒不可遏。此时距里尔克离开巴黎已过了许久,亏了纪德的帮助,追回了好几大箱物品,其中有里尔克的私人信件、家庭照片,还有一些书籍。

里尔克和露露在欧欣豪森小住一段时间,回到慕尼黑,可旧怨未走,又添新愁。有时,里尔克还会出现在芬根街的工作室,尤其到了暑期之末,他对柯尼希寓所的兴味已消耗大半。一直到10月,他还在找寻新住所,动过不少点子,甚至提出过到莱比锡的英赛尔出版社帮忙,以解决自己的问题。安东·基彭贝格此时已在军中服役,出版社由他的妻子卡塔琳娜打理,卡塔琳娜深深为大战期间人手的短缺而苦恼,因此里尔克提出自己可以帮帮忙,同时也在莱比锡大学参加一些讲座。③不过,卡塔琳娜对这个提议毫无兴趣,毕竟,里尔克是她最钟爱的作家,她怎么忍心看着他去做那些用不了多久就会深感厌恶的日常琐事呢?

最后,里尔克在赫伯特·阿尔伯蒂医生家的一楼找到了合适的落脚之地,④医生自己也写作,还是位外交家,战时受命出使荷兰海牙了。医生的家在慕尼黑英国花园边上,毗邻一条小河,四周绿树掩映,又与外界相

---

① 《里尔克致安东·基彭贝格的一封不为人知的信》,33—36。
② 茨威格于1916年1月13日、17日写给里尔克的信,《里尔克与斯蒂芬·茨威格书信和文件集》,78,80。
③ 1915年10月7日,《里尔克与卡塔琳娜·基彭贝格书信集》,144—145。
④ 1915年10月31日,《与席多妮·纳赫尼·冯·博卢廷的书信集》,246。

隔,显得幽深安静。这里风景如画,已算乡村,不过离城市并不远。里尔克把这幢房子看成了自己真正的家,最近这段时期以来,在这里长期落脚的可能似乎比其他任何地方都大。10月,他终于确定了自己的落脚点,可没过多久,威胁再次袭来。

6.

8月的一天,里尔克对雷吉娜·乌尔曼说:"早上,我收到邮件,泰克马尔肯定要回来了,他只争取到很短的假期,今后几天我可能要陪在他身边。"①这位年轻士兵刚刚负伤痊愈,即将再上前线,里尔克把自己的时间奉献给他,有着特殊的含义,这个人同他自己有着颇为相近的遭遇:从痛苦中来,回痛苦中去,与死神面面相对。正因如此,他对这位年轻的士兵深感同情。

战争越来越近,也越来越真实,越来越多的朋友身处险境,不过对里尔克个人来说,战争还很遥远。对他来说,真正困扰他的幽灵是居无定所,画地为牢。他曾对乌尔曼说,大战中的世界不仅关上了大门,而且所有出口处都挤满了人,就像一座着火的剧场。②

到了1915年8月,里尔克的平民地位已响起警钟,那个世界牢笼的形象也越来越具体。如今,战争对他来说已不仅仅是可以笼而统之的人类制度,更是眼前的现实威胁。此时,里尔克遇上了英戈·荣格汉斯(日后,荣格汉斯把《马尔特手记》翻译成丹麦语),向她倾泻出对战争的满腔怒火,这场战争所侵犯的不仅是他国国土,也有他的内心世界。他说,这个世界需要斗士,而不是"面色苍白,默不作声"的人,后方的战斗同前线同样激烈,即便少了那份战死沙场、马革裹尸的荣光。③里尔克的这段话实在荒谬,既表明他对战争的看法是多么不切合实际,也表明他越来越担

---

① 1915年8月16日,《里尔克与雷吉娜·乌尔曼及艾伦·戴尔普书信集》,42。
② 1915年7月2日,《里尔克与雷吉娜·乌尔曼及艾伦·戴尔普书信集》,240—241。
③ 1915年8月11日,《里尔克与英戈·荣格汉斯书信集》,8—9。

心,自己即将被征召入伍。

　　自己很可能直接卷入战争,再次接受军营铁律,再次面对童年时的梦魇,一想到这些,里尔克就越来越无法站在道义的高地,以超然的目光去审视当前的局面。外面的世界一片愁云惨雾,报纸日日在报导战事的惨烈,鼓动家日日在抨击战争的罪恶,政府的宣告一个接着一个,这些正应和了里尔克内心的冲突。战前,巴黎是多么辉煌,多么生机勃勃,多么富于艺术气质;现在,它成为里尔克心中的神话,对抗着战时的恐怖。里尔克不是没读过战时巴黎的描述,但他还是宁愿坚守自己记忆中的巴黎:青年时代,那里是他四处漂泊后的绿洲;如今,那里依旧灯火辉煌,令战时的慕尼黑黯然失色。在写给自己的老朋友埃里卡·霍普特曼的一封信中,里尔克吐露了自己的心声,他写道,这场战争像一只巨手,"压在我嘴上,压在我心上"。①

　　这一情形也并非新鲜。一个月前,他写信给伊娃·卡西尔,为自己长时间没有给她回信而致歉,信中,里尔克形容道,如今"很难提笔写东西"。他描绘出一幅精确的图像,以形容自己心中抑郁之苦闷:世界一刻不停地在晃动,仿佛坐在夜行的列车上;车厢中灯光早就熄了,放眼望去,伸手不见五指;一只大钳子夹住他的嘴和心,也夹断了一切感知;车窗外隐着不知名的怪兽,挎着枪,随时可能闯进车厢,播撒死亡。最后,他一声长叹,写下了下面一段意味深长的话:"多么恐怖,世界落入了凡人的手中。"②

　　10月和11月,周遭世界的苦难开始化为对他个人自由的真实威胁,可也正是在这一时期,里尔克终于能够提起笔,开始创作他的《哀歌》系列中语气最为严肃,寓意也最为深刻的第四首。此时,他坦承,诗歌女神已完全舍他而去,可说是这样说,他还是开始了创作,这情形和他当初在杜伊诺创作《哀歌》首篇时颇为相似。新作沿袭了他4年前开创的主题:天使和恋人,但在这首整个《哀歌》系列中情绪最为绝望的作品中,他说出了几个月来一直想向身边的朋友和恋人说的话——个人的地狱和公众的地狱你中有我,我中有你,难分彼此。

---

① 1915年8月10日,《里尔克与伊沃·霍普特曼和弗劳·埃里卡书信集》,43—45。
② 里尔克1915年7月8日写给伊娃·卡西尔的信,瑞士国家图书馆内部资料。

7.

自这年春季以来,《哀歌》在里尔克心中就挂了起来,如今,有迹象表明,昔日的《哀歌》又回来了。此时,里尔克同露露的关系剪不断、理还乱,死亡的阴影也时时来袭。纵观里尔克全部职业生涯,死亡的阴影自始至终没有离他而去,鲍拉·贝克尔的死是一个巅峰,那次事件凝结成《挽歌》这部作品。里尔克的作品中也不乏虚构的死亡,例如,在《马尔特笔记》中,马尔特的祖父,克里斯托弗·戴特列夫·布里格就死得轰轰烈烈;又如,在《定时祈祷文》的最后,读者读到隐士之死。除此以外,在许许多多诗歌和短篇小说中,读者都会遭遇死亡。人难逃一死,生命终有尽头,在这一问题上,里尔克形成了更为恢弘的思想,也正是这些思想激励他创作出《哀歌》系列,直至如今。现在,他要向前再迈出一步,在新一篇《哀歌》中,以及围绕这篇《哀歌》所形成的一组作品中,其核心秘密就是:战场上肉体的伤痛深刻反映出个体意识的死亡,必须把这种体验以诗歌的形式记载下来,为之呕心沥血亦在所不惜。

在正式创作《哀歌》之前,里尔克先写下了一组诗歌,一首比一首更重要,其中一首是《贝尔曼颂》。[①]贝尔曼是瑞士18世纪的一位作曲家,这首诗的创作同里尔克新结交的一位朋友,英戈·荣格汉斯大有关系。一次,他听到荣格汉斯唱起贝尔曼所作的一首歌曲,受到启发,写下了这首诗。因此,可以说这首诗也标志着里尔克的又一段友谊,开始时似乎前途远大,实现起来却留下了遗憾。刚刚迁入新居那阵子,里尔克常去拜访英戈和她的丈夫,画家鲁道夫·荣格汉斯,三人一起谈天说地,也谈谈音乐。有一段时间,三个人关系相当密切,荣格汉斯夫妇二人有什么话都跟里尔克说,里尔克也时常为他二人出些点子。此时,英戈也积极投身到《马尔特手记》的翻译中。可以说,《贝尔曼颂》这首诗的出现要归功于英戈,该诗以语言对音乐进行了技术性研究,在这方面里尔克原本兴味索然,不

---

① 《里尔克作品全集》2:100—102。

过,在他日后的《哀歌》和十四行诗创作中,音乐的技术性问题将起到关键性作用。

从题材方面来看,另一首更为简短,也不大容易理解的诗要更为犀利,这首诗就叫做《死神》,单就其题材来说就已经够触目惊心的了,更用上了罕见的诗歌技巧,像立体主义拼贴画一样,从多个角度同时去审视死亡。该诗创作于10月,正值里尔克为寻找住处而四处奔波之时,更为自己是否将被征召入伍而心里没底。诗中,主题表现于不同物体的并置中:

死神就在那里,淡蓝色的残迹
在茶杯中,下面没有托盘。
茶杯的位置实在不同寻常:
伫停在手背之上。

侯爵夫人在自己的回忆录中描述了这首诗的详细创作经过。那天,里尔克在慕尼黑一座公园里散步,突然看到一个人在手背上放了只茶杯,不让它滑下来。里尔克当即回家,把这一刻写成一首诗,从依旧栩栩如生的心像中发展出一系列形象,从日常生活中的具体物件,如一张早餐桌、一只杯子,直到与死神为伍,要用毒药才能赶走的幽灵。诗人笔锋一转,把焦点投向那些搅扰人早餐的幽灵,颇有点儿超现实主义色彩。这些要用毒药才能赶走的幽灵,它们曾经姓甚名谁?它们是活动的尸首:

除去它们有形而坚硬的存在
就像除去一口假牙
它们就只能嘟囔,嘟囔,嘟囔……

突然,死神降临时的阴风冷雨化为耀眼夺目的光辉,彗星划过长空,撞向水面,那正是里尔克在托雷多曾经看到过的画面:

哦,坠落的星辰
曾见到过你,我伫立桥头

永远铭记于心。起身！①

然而,死时再壮丽,死后还是要变作那些没有牙齿,只会嘟囔的幽灵,骷髅白骨,走线木偶。也可以把这首诗解读为一首战争诗:活动的尸首是由死神的骷髅中复制出来的,它们为垂死的星辰所追逐,在这一星象的背后,读者仿佛看到一颗炮弹在天际画出一道弧线,然后落地,把平静的生活(那只伫停在手背上的茶杯)炸个稀烂。这实在是一幅焦虑的画面。

住进阿尔伯蒂宅邸的最初几周,里尔克完成了一组7首以男根为中心的诗歌,虽然这里环境幽雅,与外界隔绝,这组诗依旧反映出里尔克此时心中的烦闷,而且笔调更为赤裸。几年来,里尔克一直想为勃起的阳具写几篇颂歌。1913年,第三届世界精神分析大会期间,他同卢讨论之后有了最初的想法,可等到他真正动手去写时,他已赋予这组诗另一个使命:反映出大战之中世界的混乱。搬进新住所后,里尔克感到,当下一切美满,未来却前途难料,二者间的反差实在太巨大了。如同当初在维亚雷焦,里尔克再次通过颂扬男根,创造出力量感:死神令人疲软,爱洛斯方能赋予人力量。不过,如果说当初年轻的里尔克创造出形象性别含混,难分雄雌,如今他却毫无疑问是一位男性,一位血脉贲张,阳具勃起的男性。这首诗中的女性已全然不同于《定时祈祷文》中的处女,沦为让男性"施展拳脚"的舞台。

可一番"拳脚"之后并没有幸福可言,性欲聚集起的力量在自己的动作下消散。这7首诗中,死神始终与勃起的男根为伴,恰如重生与墓碑般的阴户为伴。诗中,里尔克如此写到女性:

这就是我的身躯
它从死者中勃起
爬出闷热的墓穴
轻而柔地进入
你的天堂②

---

① 《里尔克作品全集》2:103—104。
② 参阅尤恩谢尔德,《歌德和里尔克的七篇"日记"诗》,150页脚注。战争阴云密布,与露露的关系时起时落,除此之外,尤恩谢尔德还发现了文学中的联系。歌德曾就阳痿写过一首相当隐晦的诗,1913年时,里尔克从歌德的日记中发现了这首诗。

在这里,里尔克依旧把女性的生殖器官和男性的阳具对立起来,由此对死亡辩证展开最为严厉的批判:勃起的阳具被视为"僵直尸首"。在《贫穷和死亡之书》中,里尔克也曾使用性隐喻,以解释贫穷;在这里,对男性阳具的颂扬和对死亡的意识比肩而立;性行为中,生命力有起有落,而这被转化为统一整体中生命和死亡的交织融合。

从完成了7首阳具颂歌,到完成《哀歌》篇四,里尔克只花了一个星期的时间,这篇新的哀歌承袭了前作的主题和情绪。里尔克自己说,创作这首诗时,他正处在自己生命中的最低潮,他在这首诗中和入浓重的死亡和衰败的色彩,再通过恋人和天使把这种色彩铺散开。1946年,卡塔琳娜·基彭贝格说,这首诗中"黑暗的内部世界"恰恰反映出外部生活中的黑暗与混乱,[①]从这一点来说,这首诗同《马尔特手记》有异曲同工之妙,不过在广度上更超越前者:

> 哦生命之树,何时是你的冬天?
> 我们并不一条心。并不像候鸟那样
> 被体谅。被超过了而且晚了,
> 我们于是突然投身于风中并
> 坠入无情的池塘。[②]

诗的开头已令人惊异,为全诗三个主要部分定下了调子。在这里,里尔克使用最为简约的语言,抛去所有多余的语法形式,以描绘出一幅空旷、凋零,只等着寒风呼号,绝望来临的景象。生命之树喷出汁液,却在无法确定的时间,喷入空无一物的黑暗。原诗的这几句中没有用一个动词,也没有用任何代词,既影响到全诗的色调,也反映出诗人的整个心境:他正面临生命中最黑暗的时光。

如果要追溯其源头的话,这里的"生命之树"也属于男根之树家族,7年后,里尔克在《致俄尔甫斯十四行诗》的首篇中再次描绘了这棵树,在那里留下这样闻名遐迩的诗句——"耳朵中的大树"。[③]不过,更具体地说,这

[①] 《里尔克与卡塔琳娜·基彭贝格书信集》,39页脚注。
[②] 《里尔克作品全集》1:697。
[③] 关于这几句诗的解释,参阅柯尔玛的《超越天使:里尔克的杜伊诺哀歌》,73页脚注;亦可参阅哈特曼的《诗歌直观:华兹华斯、霍普金斯、里尔克和瓦莱里的诗歌阐释》,88—89。

首诗承受了前面 7 首的全部重量,同时呈现出希望的绝望的色彩。几个星期前,他写道:"他直起身躯,向苍穹生长,在群树旁投下自己的身影。"①在这里,季节轮替,情感起伏,甚至耶稣的死而复生,都成为男根勃起又疲软的象征,昔日的"僵硬尸首"化身为《哀歌》的旋律:死亡潜藏于生命和力量之中。

里尔克对个人苦痛的叙述同毕加索的《江湖艺人》也有着不小关系,整个夏天,里尔克都在端详这幅画。里尔克首先从画中看到昔日的影像——候鸟、恋人、树木、寒冬,继而看到了人类的处境:舞台之上,一群提线偶人操纵在一位技艺高超,隐而不见的艺人手中。

> 谁不曾惶恐地坐在他的心幔面前?
> 心幔揭开:布景就是离别。
> 不难理解。熟悉的花园,
> 而且轻轻摇晃着:接着来了舞蹈者。②

诗人心静如水,坐看这出木偶戏在自己心中上演,他把自己变成了一面镜子,世间万物透过自己反射,形变;他也调换了演员和观众,现在,恋人成了舞台上的舞者。帘幕拉开,舞台映入眼帘,那是心灵内部的舞台,上演的是离别。花园依旧,细草在轻风中摇曳,恰如里尔克在他"男根七颂"的首篇中所写,"细草花园在她体内消失"。③舞者(表演者)到了,却不是真正的舞者,他只不过是个普通人,打算穿过厨房,回到家中。

这首诗的关键是偶人,虽然里尔克在这个形象上着墨较少,却倾注了他全部的人生感悟:

> 我不要这些填满了一半的面具,
> 宁愿要傀儡。他给填满了。④

---

① 《里尔克作品全集》2:435。
② 同上,1:697—698。
③ 同上,2:435。
④ 同上,1:697—698。

偶人首先是儿童的玩具，里尔克和女儿露丝在慕尼黑英国花园中就一起看过木偶剧表演，而诗也在一个儿童的死亡中收场；偶人也是一件没有生命的东西，却假装有生命，是"一张给人看的脸，却不是一张真正的脸"。其最早的根源可追溯到里尔克的幼年时代，那时，他妈妈菲亚鼓励他跟玩具娃娃一起玩；1913 年，里尔克遇到洛特·普利茨埃尔，观看了她的偶人展，受到启发，于次年写下短文"论木偶"。里尔克也读过海因里希·冯·克莱斯特于 1810 年写的文章《论玛丽安内特剧场》，在 1913 年 12 月时曾向侯爵夫人提起过，对那篇文章赞不绝口。①

里尔克和克莱斯特的文章可以说交相辉映。第一次提到偶人时，里尔克称其为"东西"，一具没有生命的躯壳，里面填满东西，却在模仿活人的一举一动。在里尔克看来，偶人同残缺的面具相比，是一种进步：至少它完整了。里尔克的文章写道，偶人既非东西，亦非人，只有观众将人的特点投射到偶人里面去，它的一举一动才熟悉起来，可如果只看其本身，它是件不可知的东西。如同将死亡和性能力中和起来一样，里尔克在这里把在场和缺席也中和起来，让二者轮番登场。

这首诗中，对逝者的回忆，如诗人的父亲，还有他的堂弟埃贡（在《马尔特手记》中，诗人已经令这两个形象成为不朽），如同灰色的旋风，从空无一物的虚空中刮来。诗人心如槁木，看着他们的残影余音在眼前闪现，仿佛在观看一出偶人戏，直到天使出场，驱散偶人：

> 天使和傀儡：接着终于演出了。
> 接着由于我们在场而不断使之
> 分离的一切团圆了。②

一系列遭遇中，天使和偶人相遇，相斗。结尾处，诗歌黯然调转，写到一个朋友的孩子，小彼得·杰菲，8 岁夭亡：

---

① 1913 年 12 月 16 日，《里尔克与玛丽·冯·屠恩·塔克西斯书信集》，336。
② 《里尔克作品全集》1:699。

> ……凶手是
> 不难识破的。但是这一点:死亡,
> 整个死亡,即使在生命开始之前
> 就那么温柔地被包含着,而且并非不吉,
> 却是不可描述的啊。[1]

　　这首诗处处在阻挠着生命的冲动:性力被唤起,又归于平静;记忆出现,又破碎;孩子无辜,却要被死亡吞没。在心灵的烹调下,以往和未来被烹成一锅浓汤。在自己生命中最黑暗的时期,看着人类历史上第一场现代战争在身边进行,里尔克写下了这篇最为悲痛阴暗的哀歌。

---

[1] 《里尔克作品全集》1:699—700。

第20章 从流离到混乱

> 世上诸王已老迈,后继无人
> 诸王子早已早早夭折
> 众公主面色苍白
> 交出黯然失色的王冠。[①]
>
> ——《朝圣集》

1.

1915年11月26日,里尔克,这位魏斯基兴高级军校的肄业士官生,终于收到征召令,命令他于1916年1月4日到波西米亚的小城特瑙报到,加入二级预备役部队。此时,战事已发展到关键阶段,德军的辉煌战果正在消失,同盟国迅速取胜的希望已成为泡影。"世上诸王"摇摇欲坠。

里尔克对这场战争的幻想已破灭,思想上越来越站到反战阵营一边,如今自己也要入伍从军,不禁令他胆战心惊,就连报到的地点也透着怪异,令他回想到自己的童年:特瑙是铁路线上的终点站,当年,他父亲就工作在这条铁路上。他忧心忡忡,当即向位高权重的相识发去信件,自己也

[①] 《里尔克作品全集》1:328。

匆匆赶往柏林。他首先拜求的是侯爵夫妇,此外,其他一些朋友都收到了他的紧急求助信,包括海伦·冯·诺斯济茨和伊娃·卡西尔。在柏林,他接触了菲利普·希,现在已是奥地利在德军总司令部的联络官,军阶很高,可希说,现在要干预为时已晚,劝里尔克还是安心准备入伍吧。不过,他还是为希望之门留下一道缝,说可以帮里尔克谋一个不那么严酷的岗位。

侯爵夫妇向里尔克透露了德奥两国间的一个协议:如果有奥国公民在德国居住,而他的专业或艺术活动又对"德国的公众利益"贡献斐然,可由其所居住地军事领导机关批准,免除其回奥国服兵役的义务。于是,里尔克向卡塔琳娜·基彭贝格求援,希望她可以为自己作证,自己对于日耳曼民族和文化都具有重大价值。① 此时里尔克信心满满,毕竟有德国规模最大、声誉最隆的出版社在他身后支持着他,他也开始收集证词,以证明自己是国家的一笔巨大财富,甚至连他在布拉格读书时的教授奥古斯特·索尔博士都找到了。

里尔克担心,奥地利对自己在诗歌领域取得的成就会无动于衷,这种担心并非杞人忧天,毕竟,他离开布拉格时还是个年轻小伙子,自打那以后就同维也纳少有往来,也从未把自己视为奥地利诗人。不过,侯爵夫人把里尔克介绍给维也纳军事档案局的一位官员,年轻军官鲁道夫·汉斯·巴特什,他是里尔克的仰慕者,也一心想帮助里尔克留在首都。于是,里尔克匆匆赶往维也纳,为自己的命运而上下奔波。其间,他住在侯爵夫妇位于维克多大街的寓所(日后,在他服役的大多数时间里,他都住在那里),用尽浑身解数,试图影响到官僚决定,至少能让自己留在首都。

直到最后一刻,里尔克仍然没有放弃活动,就像在国际灾难发生前,外交家仍在两国间来往穿梭。能试的都试了,甚至连一年前的肺部诊断都用上了,可还是没用,里克尔回到慕尼黑,处理好自己的事务,准备接受无情的命运安排。他身边的朋友们也很哀伤,露露刚刚从莱比锡归来,看到里尔克的遭遇,胸中燃起熊熊的反战烈火;雷吉娜·乌尔曼也气坏了,一想到里尔克一身军装的样子,她实在不敢想下去。人人都在担心,里尔

---

① 1915年11月11日,《里尔克与卡塔琳娜·基彭贝格书信集》,155页脚注。

克本人尤甚。在给侯爵夫人的信中,他写道:"我害怕,害怕……"①鲁道夫·卡斯纳无言以对,由于腿部有疾患,他被免除了兵役,可他觉得,里尔克的心理疾患一点儿也不亚于他的腿疾。

一切戛然而止,犹如喜剧中的间奏。1915年12月4日,里尔克回到维也纳,这天正是他40岁生日。席蒂如约赶到他身边,倒好像他身染重疾,将不久人世一样。在帝国博物馆门前,里尔克迎上席蒂,也向自己的平民生涯挥手告别。两人一起迎来1916年新年,可前途白雾茫茫,看不见道路。

就在最后一刻,里尔克终于收到通知,命令他在维也纳服役,而不必跋山涉水,去波西米亚北部的小城特瑙,他悬着的心终于放下了。可他依旧没有为从军做好准备,离开魏斯基兴高级军校25年后,他又回到军旅,而他对扼杀思想的军营铁律的看法丝毫没有改观。

2.

无论从生理上,还是从心理上,里尔克参军入伍从一开始就是一场灾难。昔日,他衣冠楚楚,手上的白手套一尘不染;如今,他瘦弱的身躯裹在一套肥大、破旧的军装里面。从里到外,他糟透了。不过,这具羸弱的身躯里可没有反抗精神。他照了一张照片,照片中的他样貌憔悴,目光低垂,眼角的余光似乎向照片外偷视。无论他在文字中、书信中如何表达自己的怒火,照片中的他可丝毫没有愤怒的表情。分配到档案局工作的可能越来越大,可即便如此,他首先还是要参加为期3周的新兵训练,那肯定又是勾起圣伯尔滕和魏斯基兴的痛苦回忆的3周。

昔日仿佛重来。里尔克再度为自己"娘娘腔"的中间名而为同伴取笑,觉得自己整个人被扔进军营和操场。有一个流传很广但未经证实的故事,说有一次,侯爵夫人亲自带上侍从官,去军营救了他。一看到侯爵夫人到来,这位虽然身着军服,却未脱胎换骨的诗人一下子扑到侯爵夫人

---

① 1915年12月9日,《里尔克与玛丽·冯·屠恩·塔克西斯书信集》,466。

身边,仿佛孩子投入妈妈的怀抱。①操场上的训练把他给压垮了,他已经有20多年没有这么大的体力支出了,尤其让他痛苦的是,自己一向与达官贵人为伍,引以为傲,可如今却成了一名普通士兵,简直是耻辱。入伍前,他就对席蒂说,他感到自己即将被投入"最贫贱的草民"中间。②

在军营中度过难熬的3周后,里尔克的生理能力已被拉到极限,1916年1月27日,他被分配到军事档案局,协助撰写战史,这对他来说实在是一个巨大的解脱。可没过多久,里尔克发现,即便这个算得上十分轻松的岗位也令他苦恼,他的工作时间是从早上9点到下午3点,无论以世界上任何地方的标准来衡量,这都已经是最最轻松的工作了,可即便如此,他还是觉得自己自由创作的时间被削减了,为此惴惴不安。现在,他的任务是根据上峰的命令,为战争暴行涂脂抹粉,里尔克觉得这是世间最为下贱的工作,他常常轻蔑地称之为"为英雄梳妆打扮"。里尔克身边的同事也都和他一样,为一时之翘楚,既有学者,也有作家,他们倒是接受了这份轻松的工作,也接受了帝国首都的自由生活,代价就是要把战争打扮得漂漂亮亮的,供公众消费,也供后世观看。里尔克身边的8位同事,一位是鲁道夫·汉斯·巴特什上尉(能分配到军事档案局,里尔克第一个要感谢的人就是他),其余7位都是里尔克的熟人,其中就有斯蒂芬·茨威格。领导他们工作的是上校阿诺伊斯·维尔茨,人不错,没入伍时也是一位作家,还编辑杂志。不过,由于里尔克明显不满手头的工作,他只分配到一些辅助性杂务,例如编写页码,查找卡片,这又加剧了他的抑郁。

在军事档案局工作了两周,闷闷不乐的诗人争取到一个机会,回慕尼黑公干。他还保留着阿尔贝蒂宅邸一楼自己的住处,能回来令他高兴,屋里的信件已堆积如山,还有好多东西要整理归置,更重要的是,要去见朋友。坐在自己昔日的写字台前,他提笔给安东·基彭贝格写信(此时,安东正驻守在比利时),说自己刚刚进入一个创作异常活跃的时期,可征召令从天而降,把一切都打断了。里尔克这样说倒也不是一点儿道理没有,除了《哀歌》篇四和一系列其他诗歌外,他一直在翻译米开朗基罗的诗,他

---

① 西格弗雷德·特雷比希在1951年出版的《回忆录》中叙述了这一幕;后来,普拉特在编辑里尔克与茨威格的书信与文件集时,也转载了这段叙述。《里尔克与斯蒂芬·茨威格书信和文件集》,81。

② 1916年2月15日,《里尔克与出版商[安东·基彭贝格]书信集,1906—1926》,294页脚注。

似乎已看到曙光,整个《哀歌》系列就要出炉了,可就在此时,"厚厚的灰军帽从天而降,落在我的脸上"。①从2月12日到16日,里尔克在慕尼黑过了自由自在的5天,然后回维也纳报到。

里尔克憋了一肚子气,身边的同事都不知道该拿他怎么办。侯爵夫人两个儿子也都在服役,而且她也知道,里尔克的工作其实是很轻松的,不过她还是支持他,帮他向高层诉苦,说怎能让体质如此羸弱的诗人去承受军事单位的铁律和艰辛?在侯爵夫人看来,她所荫庇的这位诗人根本就属于另一个种类。

侯爵夫人在维克多大街有套房子,四周环境幽雅,里尔克起初在那里住了一段时间,然后搬进了维也纳郊区黑特辛的一家旅馆,从他就职的战争部回这里要乘很长时间的电车,一回到住处,他就蜷缩在沙发的一角,读读书。可他实在太疲倦了,连读书都困难,每晚一过8点半就上床睡觉,把一日的痛苦埋入睡眠之中。②

友人的努力一刻也没有停止。许多位高权重的人都曾支持过里尔克,试图帮他免去在战时服兵役之苦,其中包括巴伐利亚皇室,还有里尔克服役单位的最高首长。或许,里尔克此时在公众面前的形象尚未同战争直接作对,这帮了他不少忙,再加上他的《旗手》此时已成为脍炙人口的名篇,更令他显得可靠。在许多人看来,一位如此美化英勇战争的诗人,怎么可能有什么可疑之处呢?因此,他绝不会反对这场战争,在公众面前宣扬反战情绪,他就是个艺术家,深信自己是一座文化的丰碑。

无论每天6小时的工作时间如何沉闷,栖身维也纳对里尔克来说也绝不能说是社会交往上的损失。一到维也纳,他就想法儿联系上住在市郊罗敦的胡戈·冯·霍夫曼斯塔尔,不巧此时霍夫曼斯塔尔到柏林办事儿去了,他留言,让霍夫曼斯塔尔回来一定和自己联系。到了3月,里尔克身边已聚起了不少人,他也不再晚不到9点就上床蒙头大睡了。鲁道夫·卡斯纳隔一段时间就会来趟维也纳,此外还有卡尔·克罗斯和丹麦作家卡林·麦克利斯(当年他与里尔克在哥本哈根结识,此时正在维也纳访友)。画家和剧作家奥斯卡·柯柯施卡在前线受了重伤,此时也回到维也纳的家中养伤。

---

① 1916年2月15日,《里尔克与出版商[安东·基彭贝格]书信集,1906—1926》,300页脚注。
② 1916年3月1日,《与席多妮·纳赫尼·冯·博卢廷的书信集》,257。

这些人形成了一个小圈子,时常下午在帝国咖啡馆聚会,他们想法接近,也几乎都是流落他乡的羁旅之人,被这场战争聚到一起。有两个人对里尔克的前途尤其重要,就是富有的工业家理查德·魏林杰和夫人玛丽安妮(也称梅兹),夫妇俩不久就成了里尔克的好朋友,给了他不小的帮助。

玛丽安妮·米特福德(此时,她又姓弗赖兰德-福德了)再度出现在维也纳,四处留下她美丽的倩影。对于里尔克在柏林的那段时间,她似乎有所保留,可当她发现里尔克也在奥地利首都,而且同侯爵夫妇过从甚密时,她的看法又有了改观。里尔克把玛丽安妮介绍给了侯爵夫人认识,后来在帝国旅馆遇到侯爵夫人时,他说,自己那位朋友"能得到侯爵夫人的接见,高兴得简直冒了泡"。①当然,他也没有忘记利用那个机会,向自己美丽的女伴大献殷勤。

虽然不当值的时候社会活动颇为丰富多彩,明眼人还是能看出来,里尔克神情抑郁,常常退避人后,缄默不语。卡尔·克罗斯,也就是一直在和里尔克争夺席蒂的情敌,向自己的朋友们描述了这一时期里尔克的精神面貌。席蒂此时正在瑞士,在写给席蒂的一封信中,克罗斯特别用上秘语,以免在国际邮件检察官那里把里尔克给暴露出来,他说,"玛丽亚"现在困在宅中,待遇不大好。不仅如此,还有另一个情况更为可怕,"要做的事令她感到害臊,虽然健康状况还不错,可思想和道德都受到了伤害。"②

虽然穿上了军装,里尔克还是努力保持住了自己一贯的生活方式,只是每天上午9点到下午3点之间要干一些日常工作,还有就是没有许可不能离开大维也纳地区。4月初,侯爵夫人请他搬回维克多大街上的寓所,他当即照办。实际上,4月中,霍夫曼斯塔尔请里尔克到自己家中做客时就曾指出,里克尔嘴里说的同他的实际生活似乎有些不一致。他说:"根据你自己的介绍,我得出一个结论:你只想一个人安静会儿。可我也听说你晚上还常常去这儿去那儿,我不得不问问自己,你的话能不能当真。"③虽然身披帝国皇帝的战袍,里尔克还是把自己身为平民时的正常生

---

① 《里尔克与玛丽·冯·屠恩·塔克西斯书信集》,478。
② 卡尔·克罗斯于1916年3月9日至10日写给席蒂的信,转载于《里尔克:人生与作品大事记》,530—531。
③ 霍夫曼斯塔尔1916年4月16日写给里尔克的信,《胡戈·冯·霍夫曼斯塔尔和里尔克:书信集》,87。

活复制了出来，真实的战争似乎离他越来越远。

3.

5月中，里尔克向露露发出呼唤，露露应声而至。在霍夫曼斯塔尔的建议下，她也在维也纳市郊的罗敦落下脚，那儿住了不少成功的艺术家。她来与里尔克相会，表面原因是为里尔克绘制肖像，可更深层的原因是，里尔克需要她此时陪在身边。

霍夫曼斯塔尔就住在附近，关注着两人的一言一行。有那么一段时间，其实并不长，两人如胶似漆，仿佛又回到了1914年9月的蜜月期。露露回忆道："当里尔克叫我去维也纳时，心中的仇怨一扫而空。经过这场磨难，我俩又重新发现了对方，真是太好了。"①露露刚来的几天，里尔克热心地把她介绍给自己圈子里的人认识，有卡斯纳、海伦·冯·诺斯济茨（当时，她丈夫正在维也纳担任重要的外交职务）、卡尔·克罗斯、奥斯卡·柯柯施卡，还有里尔克的表哥奥斯瓦尔德·冯·库茨切拉。露露还遇见了里尔克的同事，斯蒂芬·茨威格，由此开始两人间的友谊。甚至侯爵夫人都同意接见露露。

就在这个当口上，伯爵夫妇决定把维克多大街上的寓所重新装修一下，自然需要把整幢房子腾空，于是里尔克搬到了罗敦，和露露住在一起。在霍夫曼斯塔尔的建议下，两人在斯特尔泽旅馆落下脚，这是家旧派客栈，特别合适，因为即便外面战事如火如荼，这里依旧可以提供"最精美的奥地利膳食"。为了协助二人创作，霍夫曼斯塔尔把自家旁边的一座小亭子提供给二人使用，亭子坐落在一座小花园里，里面开满了春花。未来几周，两人无须去操心战事进展如何，只要一心一意把里尔克的肖像完成就好了。霍夫曼斯塔尔时常过来看看，像是两人的教父，他还向露露提出了一些未来可以继续的工作，例如，白天为里尔克绘制肖像，晚上则可以画点儿静物，又劝里尔克帮露露布布景，洗洗笔。附近的乡村留下三人的脚

---

① 此句话，以及其后的一连串经历，皆出于露露的《与里尔克同行》，130—146。

步,有时是露露和霍夫曼斯塔尔,有时是里尔克和露露,也有时三人一起,还有时连格尔蒂·冯·霍夫曼斯塔尔也加入进来。可有一样露露不得不忍受,里尔克有时情绪波动实在太剧烈,一天早上,刚刚还说得好好的,要陪她一起去户外写生,突然间又一言不发,径直回到自己的房间,写自己的东西。

显然,霍夫曼斯塔尔夫妇看出了两人关系中的问题,一直在努力帮助维持。有一次,霍夫曼斯塔尔请露露帮自己为一出芭蕾舞剧设计舞台布景,露露本不打算接受,可里尔克却自作主张,替她接受了邀请。之后,就在花园中搞了个茶会,大家坐在一起,讨论如何布景。霍夫曼斯塔尔夫妇俩还请露露为霍夫曼斯塔尔夫人画一张肖像,完成后,胡戈把画挂在家中最显眼的地方,旁边赫然是一幅梵高的画。

露露在自己的回忆录中栩栩如生地描写了这一段生活,简直就是世外桃源,同里尔克对这一时期的描述截然不同。里尔克总是淡化两人这一时期的亲密关系,不是说她外出探望朋友去了,就是说她是自己不得不背负的一个负担。渐渐,露露也懂了,爱情虽然是推动里尔克诗歌创作的动力,却很难在他的现实生活中延续。在自己的回忆录中,露露详细记载了一件事,以说明自己对里尔克的态度越来越走向对立,而里尔克也越来越意识到自己的失败。她说,一天夜里,自己在梦中惊呼,里尔克冲进房来,她记得自己喃喃自语道:"我不想做你。"里尔克问她为什么不,她答道:"因为你是心灵的冒险家。"听到这句话,里尔克答道:"没错……对不住,可我也没办法。"①露露的记忆应当很准确,而这样的回答也确实符合里尔克的一贯风格。露露还是颇为大度,总结道,是里尔克的创造力令他对自己的感情三心二意,他必须超越平常人的生活,必须超越自己的情感,作为艺术家,他必须把这一切抛在脑后。

日后,露露的回忆录遭到不少人的诟病,包括一些有影响的批评家,如莫里斯·贝兹和迪特尔·巴瑟曼,甚至连她自己的朋友雷吉娜·乌尔曼都对她颇有微词。尽管如此,里尔克身边的人中,没有哪个像她这样对里尔克观察入微,剖析精细准确,简直像是医生的临床诊断。里尔克时而热情四射,柔情蜜意,时而又退回到郁郁寡欢之中,让露露受够了。她说,

---

① 《与里尔克同行》,144。

里尔克总是感叹,要是自己在什么地方该多好啊。她打算离开他时,里尔克又是甜言蜜语,又是苦苦哀求,求她留下来。她记得,里尔克最后说的是:"亲爱的,请教我如何分身,让我能既在这里,又不在这里。"①这正是里尔克一生的纠结,却也是他的艺术的秘密:他的诗歌热情地颂扬生活,却又同时否定了它。

1916年6月9日,里尔克终于收到复员令,为了这纸复员令,许多人都付出了不懈的努力,包括里尔克的上司维尔茨中校,他的友人,他在高层的种种关系,当然还有他自己。命令来自军方高层,指示解除里尔克的现役,里尔克的从军时间只有半年多一点点,而且在其后期,根本就不像是在服役。此时,露露也完成了里尔克的肖像,许多朋友都来罗敦观赏,个个拍手称妙。10年前,鲍拉·贝克尔也为里尔克画过一幅肖像,不过没有完成,露露的这一幅同10年前的那幅完全不同。早先的那幅肖像中,画面阴暗,画中人留着胡子,沐浴在半明半暗的光线中。画家出色地捕捉到里尔克沉郁、内观的性格特征,画面线条流动不定,眼睛部分没有完成,呈黑色,倒也恰好同画中人内敛的个性融为一体。

露露的画中,里尔克完全是另外一副模样。如果说,贝克尔未能用画笔接近那个无法接近的诗人,露露的画中则洋溢着温暖和情感。画面中,画家着力表现出诗人温情脉脉的神态,眼睛半睁半闭,画家更多着墨于诗人漫不经心的领结,还有温文尔雅的双手之上,背景是霍夫曼斯塔尔家的金色壁毯,图案柔和,令人想起《马尔特手记》中马尔特曾欣赏过的那些壁毯。一年后,里尔克与露露彻底决裂,他也对这幅画的价值提出质疑。他同意卢的评价,认为这幅画虽然画得形似,却缺乏神韵,还说,这幅画实际上就他这个人画了一个大大的问号,却几乎没有给出任何答案。②

肖像完成,里尔克同露露的关系也不可逆转地走到头了,剩下的就是如何悄悄抽身而出。接到复员令后的两周,里尔克继续住在罗敦,直到6月27日,他同军事档案局的关系正式解除了。7月初,露露启程去慕尼黑,一心以为自己的情人会紧随而至,可里尔克在动身离开维也纳

---

① 《与里尔克同行》,140。
② 1917年7月14日,《里尔克与卢·安德烈亚斯-莎乐美:书信集》,377—379。

这座一度令他咬牙切齿的帝国首都之前,他又搬回城里,在帝国旅馆住了两个星期,常同新结识的朋友理查德和梅兹·魏林杰在一起,两人在帮他复员这件事儿上出了不少力。里尔克似乎在自己和情人之间建立起一片缓冲地带,一片无人区,可以让他先喘口气,然后再迈出最后的一步。

露露回慕尼黑后两个星期,里尔克终于也回到慕尼黑,再度住进阿尔贝蒂的房子,仿佛什么都没有发生过。他感到终于自由了,终于可以支配自己的生命了。在写给席蒂的信中,他写道:"现在我脑子里一锅粥,现状还不好说,不过有一件事儿是确定无疑的,就是要回家,越早越好。"[①]他回到自己的桌案前,去完成神圣却尚未完成的目标——创作。

露露感觉到自己同里尔克的关系又悬了起来,于是去了瑞士,在日内瓦见到了罗曼·罗兰。[②]从瑞士回来后,两人的关系越发黯淡,她和里尔克在最终分手前又苦撑了好几个星期。里尔克越来越远,态度也越来越冷淡,自两人相识以来,露露第一次接受了冰冷的事实——两人已破镜难圆。到暑期末,露露心中的爱完全转为恨,以至于有一次她去雷吉娜·乌尔曼家,乌尔曼都不敢和她见面。[③]雷吉娜向来把露露和里尔克视为一人,可现在,那个形象彻底破碎了。她写道:"如今,我不得不把露露给扔掉了",仿佛她不过是一件衣服。诗人卡尔·沃尔夫凯尔则说,如今的露露看来像一只"白乌鸦"。

雷吉娜同里尔克和露露都很熟,她的态度表明,这场恋情的双方都已对恋情心灰意冷。不仅如此,她也表明,露露对爱的执著已变成偏执。露露决定离开这个伤心地,远走瑞士,虽然大战期间有些不便,她还是可以以看望住在那儿的姐姐为由,自由地去那里而不受限制。

离别让人黯然神伤,露露在自己的回忆录中略去了里尔克的许多拒绝,描绘出一幅两人相对而泣的画面,她对离别那一幕的刻画还是有一定可信度的。里尔克的态度自始至终模棱两可,可她此时已铁了心,烧毁了他的大部分来信,对他说,自己此去瑞士就再也不会给他写信了。这时,

---

① 1916 年 7 月 20 日,《与席多妮·纳赫尼·冯·博卢廷的书信集》,261。
② 《与里尔克同行》,151。
③ 1916 年 8 月 11 日至 12 日,乌尔曼写给艾迪莎·克利普斯泰恩的信,《里尔克与雷吉娜·乌尔曼及艾伦·戴尔普书信集》,109—110。

里尔克却大声说:"你怎么能那样做!"①每次她要离他而去,里尔克都似乎回心转意,有那么一会儿她差不多都心软了。可最后,她还是看出来了,里尔克的踌躇不过是片刻的内心歉疚,于是她扭头上路。

4.

　　创造新的艺术始终是镜花水月,此时的里尔克手头上并没有什么大作要完成,于是便委身于他对戏剧的终生热情。不过这次,他并不是像自己年轻时那样,试图编写剧本,指导演出,而是做起一个一场不落的观众,向那些女演员套近乎,献殷勤,同其中几位还有些不清不楚。到了秋天,他已坐卧不安起来,手头没什么可做,只能翻译更多的米开朗基罗的诗作,差不多也快翻完了。他感到如坐针毡,阿尔贝蒂,他的女东主,去了瑞典,他也想去那里。之前他就同露露一起谈起过去瑞典的计划,可不管是那次,还是这次,计划一样行不通。

　　虽然战事正酣,里尔克还是想和以往一样,去遥远的地方旅行,他的想法招来安东·基彭贝格的严厉呵斥。此时,基彭贝格正任驻守比利时的德军第四军军报编辑,信的语气异常严厉,内容隐约指向里尔克去年秋天怒气冲冲的去信。里尔克的编辑兼出版人在信中说,过去两年中,里尔克总共收到2.5万马克,按照1916年的标准,这可是一大笔钱。虽然里尔克的版税不俗,又收到一大笔捐赠,可他还是欠了英赛尔出版社2000马克。基彭贝格继续写道,时局如此还想着出国旅行,根本没门儿。不过,他又许诺,战后再组织一个里尔克书友会,为他筹集资金,以供他出国旅行之用,不过目前,要英赛尔出版社出资供一名奥地利公民周游列国根本无法想象。②收到信,里尔克明白了,要维持自己一贯的生活方式,要继续追求自己的艺术,就必须找到其他的资助。他向不少可能资助他的人发出试探,一段时间之后,他将再度收到一位匿名仰慕者的资助。此时,

---

① 《与里尔克同行》,153—154。
② 1916年9月27日,《里尔克:人生与作品大事记》,540—541。

克拉拉和露丝母女已在德国北部住了有一段时间了。

出国旅行行不通,里尔克想到了雷吉娜的家乡博格豪森,一座颇有些中世纪风味的小城,在巴伐利亚的最东部。10月,他在那里同雷吉娜,还有雷吉娜的母亲度过了数日,颇让他心里暖洋洋的,甚至动过长期搬到那里的念头,可最后还是决定回慕尼黑,住回阿尔贝蒂的宅子中。这次,他遇上了格雷特·利希滕斯坦。利希滕斯坦是一个艺术团体的成员,对里尔克向来心仪,两人的友谊始于在里尔克的住处举行的一次朗诵会。之后,两人关系迅速升温,书信频频,这种关系一直维持到3年后里尔克去瑞士才告一段落。

1916年10月,又出现了新危机,里尔克从鲍拉·贝克尔的母亲那里收到一个包裹,里面有书信,还有贝克尔的日记。3年前,里尔克曾向贝克尔的哥哥柯特建议,保存好贝克尔的书信,以便日后出版。贝克尔的母亲马蒂尔德一向自负,多年来,她一直为没能在女儿活的时候注意到她的天赋而内疚,此时她找上了里尔克,要求他协助编辑、出版女儿的信件和日记。开始时,里尔克挺愿意承担这项工作,为这位不平凡的女子编辑信件日记是一项颇具挑战性的工作。可回头再一想,他又迟疑起来。当时克拉拉恰好在慕尼黑,一天晚上,里尔克和克拉拉一起把这些信件细细查看了一番,两人觉得又回到了1900年,又回到那段三角恋情中。此时,里尔克已打定了主意,不单是他,克拉拉也不愿这些信件公开出版,把当年三人间的隐情公开于世人的睽睽众目之下。

几个月后,里尔克婉言拒绝了这项任务。1916年12月26日,他给马蒂尔德写了一封长信,为自己辩解,只字不提自己可能牵涉到这些信件之中,对自己不利,而是说这些信件已称不上鲍拉杰出的艺术成就,信中尽是些个人私事,既没有谈到美学、技巧,也没有谈到同历史的关联,那些才是读者所关注的。不过,他也没把门全部关死,又过了几个月,在安东·基彭贝格的一再催促下,他才做出最后的答复。

直到1917年8月,在多方试探之后,里尔克公开表明了自己的态度,同他的私下表示相去不远。此时,他依旧似乎完全不为自己的秘密可能公诸世人而操心,不过,他还是加入了一些个人情感。他写道,这些信件从来就不能当作贝克尔的全部,它们令贝克尔的形象蒙尘,而不是为其增光,也破坏了人们对她的记忆。这些信件仅仅揭示了贝克尔人生的一个方面,即她的情感方面,显然也是令里尔克深深不安的一个方面,远远没有反映出那位把法国现代主义传入德国的杰出女画家的全部。基彭贝格最终放弃了这项计划,可别人迅速捡起,这次是索菲·高尔维茨,歌剧歌手出身,后来投身于音乐评论和新闻写作。1917年末,加满注脚的贝克尔书信集面世(删去了分手和追求自律两个部分),当即热销。

1916年到1917年的冬季很寒冷,战争的伤亡越来越惨重,里尔克也持续无产出,陷入深深的抑郁之中。黑林格拉特在凡尔登战死,消息传来,里尔克深受触动,他一方面去安慰自己亡友的母亲、祖母、姐姐,另一方面又竭力同这一悲剧保持距离,避免陷入过深。死讯接二连三,他的神经已经麻木了。

又一条死讯传来,这次是里尔克的朋友爱弥尔·凡尔哈伦,不是死于战场,而是死于比利时境内的一场铁路事故。[①]虽然似乎毫无意义,也没有什么政治蕴含,凡尔哈伦的死给里尔克带来的悲痛却更为剧烈,他深深陷入抑郁之中,仿佛看到自己也终究难逃一死,日日与死亡面面相觑。他在给席蒂的信中写道:"凡尔哈伦的死太可怕了,它给了我重重一击,把我洗劫一空。凡尔哈伦是我最坚定的朋友,给我的支持最多,现在身边的朋友越来越少了。他一直与我并肩而战,同呼吸,共命运,从来没有极限。如今,在这世上真感到孤苦伶仃。"

里尔克又开始猎艳,有一小段时间,他同一个叫米娅的年轻女人住在一起,他甚至在给卢的信中提到这个女人,把她美化了一番。他写道:"过去几个月,躁动不安的天使搅得我心神不宁,如今,我身边有位年轻貌美的姑娘陪伴,终于安心了。"[②]开局似乎阳光灿烂,结局却模糊不清:米娅从里尔克的身边消失了。

与此同时,基彭贝格夫妇一直在向里尔克施加压力,虽然措词很委婉,要他创作新作品。新作来得异常缓慢,里尔克寄去了一些新近写的诗,以供英赛尔年刊刊登,可大多数时候他还在跟米开朗基罗的十四行诗纠缠不清。许久以前,他从路易丝·拉贝的十四行诗中精心挑选出一些,

---

① 1916年12月2日,《与席多妮·纳赫尼·冯·博卢廷的书信集》,267—268。
② 1917年1月5日,里尔克在写给雷吉娜·乌尔曼的母亲海德薇·乌尔曼的信中曾提起这位女性,语气颇为亲热。《里尔克与雷吉娜·乌尔曼及艾伦·戴尔普书信集》,127—128。

译成德文,现在这些诗终于面世了,配上了荷尔贝因的木刻画。4月,里尔克向安东·基彭贝格坦白,自己手头的所有工作进展都很缓慢,简直如蜗牛般爬行。

5.

1917年春是大战的转折点,也成为里尔克政治立场的转折点。美国在4月6日加入战事,乐观的情绪已烟消云散,生活水准也江河日下。此时,里尔克依旧以慕尼黑大大小小的剧场为生活的中心,过着超然世外的生活,可他的反战态度也强烈起来。胡戈·冯·霍夫曼斯塔尔此时担任了奥匈帝国外交部的文化巡回大使,来慕尼黑,做了一个题为"文学中折射出的奥地利"的演讲,里尔克忍住,没有做任何表示。无论是演讲的标题,还是演讲的组织者,都反映出里尔克同霍夫曼斯塔尔此时的分歧。

4月下旬,露丝来到慕尼黑,仿佛是她妈妈寄出的一件包裹。[①]克拉拉此时接到任务,去了波罗的海边上的特拉弗明德,把女儿送到一个她和里尔克都认识的熟人那里,管吃管住,顺便也学点儿手艺,那个熟人在达豪经营一家养蜂场。露丝现在已长成一个16岁的大姑娘,正在努力找寻自己满意的生活方式,醉心于农场、养蜂,以及其他种种同父母搭不上一点儿边的活计。里尔克去车站接女儿,把她带到阿尔贝蒂的宅子里,让她梳洗换装,然后陪她一起去达豪。那是片景色秀丽的乡村,知道的人不少,不过后来在那里设立的集中营,知道的人就不多了。有那么一小刻,里尔克感到亏欠了女儿,没有为她做得更多,可他安慰自己道,自己和克拉拉都不是传统的父母,女儿的人生只能建立在这一基础上。这样想来,他也就心安理得了。

实际上,在里尔克滞留慕尼黑的那几年中,他同女儿的关系已经算是最融洽的了,露丝对自己父亲的许多正面回忆都来自这一段时期:两人一起去公园,一起去博物馆,还有其他的活动。克拉拉的出现则带来了一些

[①] 1917年4月18日写给克拉拉的信,《里尔克书信集,1892—1921》4:132—136。

麻烦,5月底,她从特拉弗明德回来,接下来还要去魏特森,在基姆湖的女人之岛与里尔克和露丝呆了一天时间。带着几乎已成为陌路人的妻子和女儿,里尔克来到车站,却发现车站人头攒动、沸反盈天,他竟然扔下母女俩,逃回了阿尔贝蒂的住宅,让克拉拉母女自己去女人之岛。没过多久,他再次和克拉拉母女一起外出,同行的还有魏林杰夫妇,可他一点儿也不开心,"没有心情去尽享人生的自由和自然的愉悦"。①他决定,第二天再来,而且在6月剩下的日子里都住在岛上雅致的宾馆里,不回慕尼黑市区了。

这个夏天余下的日子里,里尔克注定要在乡下过了。意识到自己住在阿尔贝蒂家的日子已屈指可数,里尔克提前向身边的朋友打了招呼,以免突然提出要求,引起别人的不快。在里尔克的殷切恳请下,赫尔塔·柯尼希请他去自己在威斯特伐利亚的加特·博克尔的别墅度夏,去的路上里尔克绕道柏林去看望朋友。他陪格哈特·霍普特曼一起,参加了马科斯·利伯曼的70大寿,又重新联系上了一位昔日的朋友伊利莎白·陶伯曼。10年前,当里尔克在巴黎为罗丹工作时,曾与这位女画家有过数面之缘。也是在这段时期,他发觉左派鼓动家的言论对他越来越有吸引力。之前,在赫尔塔·柯尼希的介绍下,他见过索菲·李卜克内西,著名的社会主义者卡尔·李卜克内西的妻子。这次,他在柏林与索菲偶遇,很是高兴。两人在皇家博物馆度过了几个小时,大谈政治,全无顾忌。不过,也非事事顺心,玛丽安妮·弗赖兰德-福德此时就同他疏远了,他参加了玛丽安妮父亲的葬礼,却没法找个机会同她单独见面。启程去威斯特伐利亚时,他对玛丽安妮已心灰意冷。

这个夏天过得糟透了,让里尔克回想起年轻时在纽伦堡高地上的遭遇,不过这次身边并没有一帮人同他一竞高低。威斯特伐利亚土地贫瘠,却又没有一望无际的大平原,毫无壮观可言。里尔克来之前,这里下了很多天的雨,别墅外墙色彩惨淡,很容易被人当成一幢泥水斑驳的公寓楼。虽然外面看了让人泄气,可里面的房间十分华美,里外隔着17世纪建造的厚厚的墙壁,这多少令里尔克心情舒展了一些。他感到孤独,虽然停留的时间一延再延,他并不快乐。

---

① 1917年6月11日,《里尔克与卡塔琳娜·基彭贝格书信集》,234—235。

最终，里尔克走了，回慕尼黑时又路过柏林，可没想到途中一站变成长期滞留，在柏林一呆就是两个月，期间他一直住在房价不菲的西班牙酒店。酒店里的气氛同战时的萧条全然不同，餐会、茶聚，还有其他各种各样的社会活动，让住客们想起和平的时光。这段时间，里尔克与玛丽安妮见了几次，向她朗诵自己的诗歌。此外，他同格哈特·霍普特曼也见了不少次，去听了大钢琴家万达·兰朵夫斯卡的演奏，更有幸同钢琴家本人见面。

战争并未走远。德军打了几场胜仗，接着，俄国溃败，同德国单独媾和。1917 年 11 月 17 日，罗丹与世长辞，消息传来，里尔克和克拉拉都深感震动。克拉拉读到新闻，当即给里尔克写信，这件大事把两人的心又暂时聚在一起。虽然离开罗丹时，两人已把罗丹视为仇寇，可毕竟他曾经占据两人年轻岁月的中心。如今，罗丹走了，那段岁月也一去不复返了。克拉拉写道："罗丹去了，巴黎已是一片荒芜。"她想象着罗丹躺在灵柩之上，"面容安详"，如同哥特墓碑上的雕像。里尔克在回信中说，自从读到罗丹的死讯以来，自己所思所感无一不与对他的回忆有关。[1]大师去世原本是件大事，理应引起公众的高度关注，可现在却掩埋在世界的混乱和杀戮中，这也颇令里尔克感到心烦意乱。

6.

12 月初，里尔克回到慕尼黑，然后在这里又度过了一年半的时光，目睹战争结束，革命，反扑，时局动荡，于 1919 年 6 月去了瑞士。这段时间里，他内心越来越焦灼，身体状况也越来越差，最后只好遁走他乡。十月革命后，苏联成立，又唤起他心中对俄罗斯精神的热情，他给在德累斯顿的海德薇·沃尔曼写信道："和平之星在东方升起，衷心希望这颗新星冉冉升起，升到苍穹之顶，照亮全球。"[2]

---

[1] 1917 年 11 月 18 日，《里尔克：人生与作品大事记》，578；1917 年 11 月 19 日，写给克拉拉的信，《里尔克书信集，1892—1921》4:169—171。
[2] 1917 年 12 月 19 日，德国文学档案馆内部资料。

1917年11月15日,东线战事平息,那一天是巨变的起点。昔日,沙皇俄国、威廉德国,再加上奥匈帝国,三强分割了莱茵河以东的广大地域;如今,4年的伤亡和损耗令三强奄奄一息,昔日井然有序的世界开始分崩离析。虽然里尔克同几个贵族豪门关系颇为密切,此时他在政治上已不再同贵族站在一边,同时,他也开始感到社会动荡给他的个人生活带来的影响。带着一颗惴惴不安的心,他改变了自己以往对政治不闻不问的冷漠,开始更积极地投入到革命政治中,连他自己都没有想到。他的个人生活也并不舒坦,圣诞节,一个人孤零零地坐在宾馆房间里,他开始反思过去这毫无产出的一年。他的译文《路易丝·拉贝十四行诗二十四首》(1555年莱恩宫廷的产物)最终面世了,可除此之外颗粒无收,即便是那部译文也非新作,而是拖延了许多年的旧作,最早的翻译早在1911年就开始了。

安东·基彭贝格传来好消息:他把里尔克的版税收入每月提高了100马克,[1]这表明,里尔克以往的作品销售颇佳。还有一个更好的消息,他建议为里尔克的译文单独出一本合集。[2]这个消息或许给诗人的心带来几许阳光,但还不足以驱散他心头的抑郁浓雾。

突然间,里尔克发现露露正承受着巨大的痛苦。分手后,露露通过自己的姐姐获取了瑞士的永久居住权,可一到瑞士,她就独居独行,拒不接受任何帮助,骄傲得近于固执。如今,两人分手一年后,里尔克得到消息,露露身染重病,孤身一人躺在苏黎世附近一座修道院的诊所里,准备接受乳房手术,手术风险颇高。斯蒂芬·茨威格同露露一直有联系,当露露在维也纳为里尔克绘制肖像时,茨威格就对她挺好,后来联系一直未断。有时,茨威格受政府公务去苏黎世,就会顺道探望一下露露,看到她的现状,茨威格深感震惊。平安夜,茨威格给里尔克写了一封长信,力劝里尔克去信安慰自己昔日的情人,或者发动他在瑞士的亲朋故旧,去探视露露,让她别那么孤单。[3]里尔克并没有心软,辩称露露自己在苏黎世有的是朋友,

---

[1] 1917年12月29日,《里尔克:人生与作品大事记》,583—584。
[2] 安东·基彭贝格于1917年12月15日给里尔克的信,及里尔克于12月28日的回信,《里尔克与出版商[安东·基彭贝格]书信集,1906—1926》,319。
[3] 摘录自茨威格1917年11月20日、21日、12月24日的日记,转载于《里尔克与斯蒂芬·茨威格书信与文件集》,97—101。亦见于茨威格于1917年12月24日,1918年1月6日给里尔克的信。

照顾她绰绰有余。最后,他还是写了信,还请卡塔琳娜·基彭贝格向她寄去自己的拉贝十四行诗译文,[1]虽然如此,他始终和露露保持距离,在他在瑞士的岁月中也只见过露露一次。

1918年2月13日,里尔克的医生,也是他的密友,威廉·冯·斯多芬贝格医生突然去世。大战刚刚爆发那几个月中,这位医生尽心尽力地照料着里尔克的健康,在之后的日子里,在里尔克滞留慕尼黑的那段艰难岁月中,医生也始终是他的好朋友,给了他许多支持和帮助。如今,医生骤然永别,这一损失对于里尔克来说丝毫不亚于凡尔哈伦和罗丹的死。在写给医生妻子的慰问信中,里尔表示出强烈的感觉:这一切才刚刚开始,今后,越来越多的朋友将舍自己而去。在给斯多芬贝格夫人的信中,里尔克写道:"与君一别,竟成永诀。骤然间,一个如此完美无缺的朋友离我而去,在我心中留下的伤痕永远无法愈合。"[2]斯多芬贝格夫人对里尔克的《哀歌》有所耳闻,表示想读读这些诗,里尔克并没有答应,不过保证,一旦整个系列完成,就立刻向她寄上一份。斯多芬贝格一向视《哀歌》为里尔克个人的图画,不过嫁接入哲学的结构中,这也似乎证明了里尔克最初的想法。

东线的战事已结束,可西线的战火依旧猛烈。虽然战争在里尔克心中激起强烈的情绪,日常生活中,他主要游走于亲朋故旧之间,为他们出计献策,穿针引线。现在,他的关系网包括安妮·缪斯(1916年时在维也纳结识的一位女演员)、格雷特·利希滕斯坦、赫尔塔·柯尼希、艾伦·戴尔普,还有雷吉娜·乌尔曼和她的母亲。此时,里尔克依旧没有放弃自己的戏剧之梦,一个星期去剧院好几次。4月,他帮助海德薇·沃尔曼组织了一系列讲座,地点是艾尔莎·布拉克曼的家中,主讲人是学者阿尔弗雷德·舒勒。早先里尔克就听过这位学者的讲座,他那套关于死亡的理论给里尔克留下了深刻的印象。

寻找了几个月之后,里尔克最终找到一处满意的落脚之处。一次,他应邀去艾恩米勒大街34号,参加一位朋友,奥地利外交家保罗·屠恩伯爵的葬礼。房子的现主人叫弗雷赫尔·埃贡·冯·兰姆贝格,50不到一

---

[1] 1918年1月23日,《里尔克与卡塔琳娜·基彭贝格书信集》,272。
[2] 1918年2月28日,《里尔克书信集,1892—1921》4:178。

点儿,即将迎娶一位伯爵夫人。兰姆贝格说,可以租一套屋子给里尔克居住,里尔克当即接受,对这个住处十分满意,有两间屋子,一处露台,外加种满玫瑰花的小花园。房里有一名奥地利佣人兼厨子,叫罗莎·施密特。房子位于慕尼黑北部施瓦宾格镇的繁华地带,周围住的都是艺术家,保罗·克利就住在旁边一幢房子的一楼,附近还有不少住客里尔克都认识,因此他住在这里一点儿都不陌生。协议很快就签了。

恰在此时,卡塔琳娜·基彭贝格来了,呆了好长一段时间。看到里尔克已有了固定住处,她感到既高兴,又觉得如释重负,当即表示新住处的家具由她来解决。①安东·基彭贝格在约定好的月版税之外又额外汇来1000马克,以应乔迁之需。此时,克拉拉的妈妈把自己在费希胡德村的房子完全交到女儿手中,克拉拉母女搬了进去,在那里永久定居下来。

终于,里尔克也感到自己有所归属,又无牵无挂,无论是爱情或是家庭。他觉得,自己已漂泊一生,这个新住处理应成为自己安歇的巢穴。他早就觉得,或许是时候落地生根了,可在慕尼黑时,他总是对那里感到不耐烦。如今,这个新住处同他在慕尼黑阿尔贝蒂家的住处不同,这里的一桌一凳都是他自己的,他感到,自己是时候该歇歇脚了。有那么一段时间,这个住处成为一处避风港,把战争末期和随后的革命年代的惊涛骇浪挡在港外。

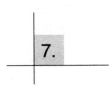

对于里尔克来说,艾恩米勒大街的住处在各个方面都很理想,不像阿尔贝蒂的宅邸那样远离市区,又远离城市的喧闹,像是都市中的大学区。不过,住了两个月后,他又有怨言,说自己的住处成了个中心,形形色色的人都喜欢上他那儿去,他无法,实际上也不愿意将别人拒之门外。他又一次向他人敞开自己的大门,同时却又想远远地躲起来。

---

① 1918 年 5 月 23 日,《里尔克与卡塔琳娜·基彭贝格书信集》,290;1918 年 7 月 25 日,《里尔克与出版商[安东·基彭贝格]书信集》,325—327。

这种模棱两可的态度此时也反映在政治上。政治从来都不是里尔克所熟知的领域,战争最后阶段,他接受了身边发生的巨变,同以往一样,心中既感到绝望,又残存着一丝希望。对战争感到疲倦和失望,和许多同他类似的知识分子一样,里尔克开始寻求思想上的更新,开始支持左派政治立场。

战争的最后一年,以及战争结束后天翻地覆的几个月中,里尔克的直觉政治观受到了非常严酷的考验。早在1918年1月,他就与库尔特·埃斯勒有书信往来,后者后来担任社会主义巴伐利亚自由州的首相,直至遇刺身亡。实际上,里尔克是帮赫尔塔·柯尼希与库尔特·埃斯勒取得联系,柯尼希希望利用自己在威斯特伐利亚的资产帮助那些需要帮助的战争受害者,希望在这一方面得到埃斯勒的协助。①里尔克也借这一机会,同代表着未来的人建立、巩固联系。

1918年8月,德军最后一次攻势颓然止步,军队中哗变之声此起彼伏,里尔克的反战情绪也转为对革命的公开支持。安东·基彭贝格对于时局的变化十分敏感,知道自己要竭尽全力保护自己最珍贵的资产,不要为任何一方所伤害。从自己在比利时的驻地,基彭贝格给里尔克去信,劝他不要和造反者搅在一起,说必须以内心建立起传统的核心,以之对抗外界日益剧烈的变化。里尔克回信说,旧体系的崩溃已屈指可数,新的大门即将打开,新的生活大潮即将涌入开阔的未来。不过,他也想让自己的职业经理人安心,写道,当下的动乱持续的时间越长,就越是需要延续和传承传统。把他塑造成为一名诗人的那些社会条件已陈旧腐朽,然而,它们确然存在过,超越时间,即便即将分崩离析,一样可被视为完美无缺,不可动摇。

基彭贝格嗅到了危险。里尔克此时依旧深陷才思枯竭的抑郁中,于是把自己的《哀歌》手稿,无论是完成的还是未完成的,统统交给了基彭贝格,以防自己无法最终完成整个系列。基彭贝格担心自己的首席诗人可能会卷入什么先天不足的政治冒险活动中,觉得当前必须把他同纷乱的时局隔离开。于是,出版家在去瑞士公干途中在慕尼黑停留了一下,主动打破了限制里尔克到德国以外讲演的禁忌,更由自己的出版社出资,送里

---

① 1918年1月21日,《里尔克:人生与作品大事记》,587—588。

尔克去国外讲演。于是,里尔克去了苏黎世,开始一系列讲演。

1918年11月初,随着德国接受了威尔逊十四条和平条款,一切骤然改变。卡塔琳娜·基彭贝格此时很紧张,以为自己的丈夫受命去瑞典了,在11月2日的信中,她详细描述了周围紧张的局势:无论走到哪里,街道都笼罩在死一般的寂静中;社会主义者的报纸公开鼓动革命;在莱比锡,在慕尼黑,大事即将发生。①

1918年11月4日,也就是在停火协定签署前一个星期,公开的革命迹象开始出现在慕尼黑,到处有大规模的集会示威。②里尔克一直对库尔特·埃斯勒另眼相看,参加了由他组织的一个集会。③集会原计划在一家啤酒馆中举行,可一下子去了7000人,只好移师户外。次日,里尔克又去听了马克思·韦伯的演讲,当时韦伯正在海德堡任经济学教授,虽然里尔克对演讲的主题并不感兴趣,现场的气氛还是令他倍感振奋。④一方面,他聆听了学生无政府主义者斗劲十足的发言;另一方面,现场也有即兴发言,发言的有刚刚从前线回来的士兵,也有年轻的工人,呼吁跨越战线,所有"普通老百姓"相互理解。这一次,里尔克甚至连集会现场熏天的烟味和啤酒味都忍受了,他感受到了集会的情感力量,以及政治意义。11月6日,12万人在慕尼黑著名的啤酒广场集会,次日,巴伐利亚宣布独立,成立社会主义共和国,库尔特·埃斯勒任新政府之首。消息传来,里尔克心中充满惊异,虽然他后来说,自己对新成立的政府并不抱什么幻想,可实际上,在一段时间里,他还是衷心信任新政府,认为它可以改变日益僵化的社会,也能追寻右翼军方所反对的种种目标。

时局变幻,如风如电。在德国北方,工厂工人持续掀起工潮,前线士兵也如潮般涌入,11月9日,温和派社会主义者菲利普·谢德曼宣布共和。然而,革命派内部不久发生分裂,令革命的目标摇摆不定。一派是由

---

① 卡塔琳娜·基彭贝格于1918年10月30日和11月2日的来信,《里尔克与卡塔琳娜·基彭贝格书信集》,309—314。
② 盖伊在他的著作中详述了这一系列最终导致魏玛共和国出现的政治事件,参阅《魏玛文化:迷局内外》1:1—22。我亦参考了阿伦特,33—56;胡尔斯,79—108(后者尤其详述了由共产国际主导的革命后期)。
③ 《政治书信集》,226—227。
④ 里尔克曾向克拉拉写了一封颇长的信,十分详细地描述了慕尼黑的革命,其中就包括韦伯的演讲。1918年11月7日,《政治书信集》,228—231。

卡尔·李卜克内西和罗莎·卢森堡领导的激进左派斯巴达联盟,另一派是由温和左派和中间派别社会民主党组成的联盟,两派为争夺权力而争斗不休。类似的分裂也发生在巴伐利亚。

1918年11月11日,停战协定签署,之后数周内,不但有罢工和革命,还有如潮般涌入的军人,如何重新安置成了一个大问题。里尔克本人也出了份力,帮助从前线回来的军人,既有正式复员的,也有非法回归的,曾帮助过一名精神分析医生埃里希·卡赞斯坦,①甚至和激进派诗人兼剧作家恩斯特·托勒成了朋友。这一期间,他的住处变成了反现政府的知识分子和艺术家聚会的场所,他还特意把自己那架硕大的书桌和其他家具挪到一边,好让他那些客人们有更大的空间,一边慷慨激昂,一边指点江山。

1918年冬那几个月中,里尔克还在希望,自己正见证着新时代的到来,可此时怀疑的情绪也悄悄袭来。他拒绝在一份从柏林送来的政治请愿书上签名,因为自己感到不舒服,可到底为什么不舒服,他自己也说不上来。他声明,只要和自己的作品没有直接关系,他什么也不会签署。与此同时,他从未断绝同侯爵夫妇的私人关系,丝毫不提政治。他甚至接受了奥地利政府的勋章,不过后来,政治环境发生了改变,殊荣变为问题,他把勋章又退还给奥地利政府。

大战结束头几个月里,中欧大地一片萧条肃杀之景,充满不确定。革命中的暴力激起旧势力的反扑,同样充满暴力,却有计划,有条理得多。以德国为例,希望推动社会变革的左派力量受到阻遏,中间力量社会民主党和右派保守力量组成联盟,而在它的对立面,左派中又有一部分分裂出来,一心想建立共产主义政权。1919年2月,库尔特·埃斯勒被一名右翼军官暗杀,其后成立了一个带有社会主义色彩的共和国,可存在的时间并不长。和俄国和东欧一样,德国的红色革命力量和白色保守力量展开激烈斗争,最终局势向有利于现政权的一方倒去。然而,这一过程中洒满了鲜血和仇恨,例如,军方炮轰工人住宅区,许多人都感到被出卖了,愤怒的余火在燃烧,每隔一段时间就爆发出来。

---

① 卡赞斯坦于1918年11月13日的来信,《里尔克:人生与作品大事记》,611;里尔克于1918年11月15日的回信,《政治书信集》,232—234。

1918年到1919年的冬天对所有人来说都是个艰难的冬季,致命的流感大爆发还在蔓延,这一时期,里尔克呆在慕尼黑自己的住所,还在同左派政治人物你来我往。直到1919年3月,他还在为革命的价值辩护,认为革命中暴力是必须的,它同"人为的"战争暴力完全不同。里尔克曾对卡尔·冯·德·黑特说,自己每天要读五到六份报纸,其中激进左派的报纸最合自己的胃口。①最终,革命断送在了两个社会民主党人手中,总统弗雷德里希·埃伯特和国防部长古斯塔夫·诺斯克,里尔克为此而彻底绝望。

　　慕尼黑的局势也紧张起来,这些月来,它始终是巴伐利亚社会主义共和国的首都。有那么一段时间,虽然并不算长,里尔克由衷支持这个共和国,库尔特·埃斯勒遭暗杀时,他为之深深哀悼,称赞埃斯勒是个真正的绅士,胸怀全人类的福祉。不久,卡尔·李卜克内西和罗莎·卢森堡也在柏林遭到暗杀,这两桩悲剧也令里尔克悲痛不已。不过,这个效仿苏联建立起来的共和国仅仅存在了一个月,就被右翼准军事组织"自由军"、军队以及警察合力扼杀了。此时,里尔克知道,自己的处境已经不妙。希望的窗户砰然关上,变革的美好前景骤然消失,接下来是充满血腥暴力的镇压。随着希望破灭,里尔克短暂的政治活跃期也宣告结束。一年后,他对卢说:"不能为了某个共同的明天,就要求每个人都放弃自己的未来。"②

　　1919年初,里尔克陷入实实在在的危险之中。

8.

　　在这些危机四伏的岁月中,里尔克内心的分裂也反映在他同两个女性的关系上。其中一个叫埃尔斯·霍托普,一位上校的女儿,也是一名积

---

① 1919年3月20日,《与卡尔和伊利莎白·冯·德·黑特书信集,1905—1922》,219页脚注。
② 1919年1月13日,《里尔克与卢·安德烈亚斯-莎乐美:书信集》,381—383。施瓦茨曾引用曼森的《里尔克、欧洲与英语世界》中的一段,以解释里尔克的矛盾。施瓦茨认为,尽管里尔克暂时会做出反叛的态势,可他从骨子里属于右翼,抗争和冲突令他打心眼里忐忑不安。

极向上的演员,艺名叫爱尔雅·内瓦尔。她同里尔克最初结识于1918年,两人先是逢场作戏了一番,后来成了真正的朋友。

里尔克与另一位女性的关系则全然相反。另一位女性叫克莱尔·(也叫克拉拉)爱希曼·斯塔德,不过世人更多知道的是她日后婚后的名字——克莱尔·高尔。她是一位诗人、左翼记者、反战活动家,身上有部分犹太血统。她原先和自己的情人,先锋派诗人兼画家伊凡·高尔居住在瑞士,可当伊凡向她求婚时,她给吓坏了,扔下了自己的情人,逃到慕尼黑。(后来,两人还是结为夫妇。)飘过边境后,她就向里尔克飘去,毕竟里尔克是一位声名卓著的诗人,而且对左派事业的支持也小有名声。不长的一段时间里,大概只有几个星期,两人曾是情人,后来,两人的关系发生了转变,并一直保持下去,直到里尔克生命的最后。

爱尔雅·内瓦尔与克莱尔·高尔不同,她全心爱着里尔克,对他从来没有半句怨言。虽然她也算不上什么传统女性,可她只要能接近里尔克,在里尔克身边就心满意足了。在是否与里尔克有过肌肤之亲这个问题上,克莱尔·高尔从来都是毫不迟疑地说有,而爱尔雅·内瓦尔则从来不碰这个话题,以她对这位杰出诗人的忠诚来看,有或没有都已经无关紧要。从第一刻开始,她写给里尔克的信中就浸透着万千柔情,言语难以形容。她清晰地记得,一次在诗人埃尔斯·拉丝克-舒勒的朗诵会上,里尔克的样子,里尔克在公共场合给她留下的印象同其他许多人的描述不谋而合,举止温文尔雅,出现时满场皆惊。她写道:"接着,一个男人的身影出现在门洞里……看上去很俏皮,甚至有些孩子气。我看到一双明亮的蓝色大眼睛,刹那间,我俩四目相接,接着他就被迎接他的人群围在当中。"①后来,她又回忆,除了里尔克那双蓝色的大眼睛,他那把怪模怪样的胡子也让人感到,他仿佛来自东方。

或许是命运的巧合,1916年至1917年间,埃尔斯·霍托普(或者爱尔雅·内瓦尔)离开家乡阿尔萨斯,到德国腹地求学,住在凯菲儿大街,里尔克寄居的阿尔贝蒂宅邸也在同一条大街上。她的父亲和哥哥都在前线,母亲和妹妹同她一起来到慕尼黑。每天,当她抱着书本匆匆向大学赶去时,时常能遇上出来散步的里尔克。1917年夏天,里尔克突然消失了,有

---

① 《爱尔雅·内瓦尔与里尔克:相遇、会谈、书信、记录》,12。

人对她说,诗人去维也纳服役去了,其实那段时间里尔克去了加特·博克尔,在赫尔塔·柯尼希家做客。里尔克回来后,两人又开始相遇。最终,在1918年初夏,两人不再仅仅是在街上匆匆一瞥,她在诗人最中意去的场合遇到了里尔克,虽然并非直接相遇,那个场合就是剧场。爱尔雅加入了一个演员团体,每年演出几场中世纪神秘剧,那次,她扮演公主的角色,她的同伴对她说,里尔克也在观众席上。里尔克几乎每晚都上剧场,这已经成为一种习惯,尤其是发现剧中的女主角年轻漂亮、才华出众时,就更是一场不落了。演出的最后一晚,有人对她说,里尔克会到后台来表示祝贺。听到这番话,她心潮起伏,满心期待,可结果却大失所望,里尔克没出现。

或许,要是爱尔雅没有主动打破坚冰,向里尔克送去一张充满诗意的短信,也就没有后话了。她发现,里尔克现在的地址在艾因米勒大街34号,发现的过程也很有意思,在邮局,她看到自己前面的一位女士正在向信上贴邮票,而信封上的收件人赫然写着里尔克。短信的日期仅仅是1918年9月,短信中,爱尔雅写道:"赖纳·玛丽亚,我曾深爱着您的心灵,一如我深爱着天父。当我初次读到您的《定时祈祷文》时,对您的爱涌过我的心。"落款也很简短,只写了"爱尔雅"。[1]

里尔克当即回复,开始了两人的交往,离开慕尼黑去瑞士之前的这段日子里,两人关系密切,书信频频,过访不断。没过几天,爱尔雅就接受了里尔克的邀请,到他的住处,听他朗诵自己的诗歌。[2]里尔克只有在第一封回复中措词相当正式,之后,两人在书信中就以"你"互称了。不过,虽然两人时常见面,书信频频,有时更是言辞热烈,两人之间始终保持着一定的距离。在革命爆发当天的晚上,里尔克邀请爱尔雅,她的妹妹弗雷达,还有一位不知姓名的女性朋友,一起去市中心听音乐会。音乐会结束后,他居然让两姐妹独自回家,自己把那另一位女伴送回住处。要知道,那时城市的夜晚可谓危机四伏,而全部的公共交通已经停运。

就在爱尔雅同里尔克的关系顺风顺水时,克莱尔·斯塔德突然出现,或许这推迟,甚至根本就阻碍了两人的关系由友情升温为爱情。爱尔雅

---

[1] 1918年9月,《爱尔雅·内瓦尔与里尔克:相遇、会谈、书信、记录》,21。
[2] 爱尔雅的陈述,1918年10月2日,《爱尔雅·内瓦尔与里尔克:相遇、会谈、书信、记录》,25。

同里尔克交往两个月后,克莱尔出现。停战后数日,里尔克给克莱尔发去一封短信,邀请她当天过访,要么吃完午饭就来,要么稍迟一点儿,等到午茶时间再过来。收到里尔克的短信,克莱尔当即回复。几天前,她给里尔克送去自己的一本诗集,现在她想代瑞士的朋友向里尔克致以问候。两人见面之前,里尔克尚没有对克莱尔的诗集做出回应;见面之后,他会对之交口称赞,毫不吝惜优美的词句。

虽非全部原因,年轻气盛的女诗人也可以说是冲着里尔克才来到慕尼黑的。在瑞士时,她一边和自己的反战朋友们庆祝停火,一边审视自己的人生,决心拒绝伊凡·高尔的求婚,逃到另一个地方。显然,克莱尔觉得里尔克可以为她带来更为自由的人生,在离开瑞士之前,她已经隐隐感觉,或许自己同里尔克有一段露水姻缘。①当她向艾恩米勒大街34号走去时,霎时她感到心狂跳如脱缰的野马。在回忆录中,克莱尔写道,她先在里尔克家隔壁,也就是保罗·克利的住处停下脚鼓一鼓勇气。保罗·克利的妻子也是为颇有成就的画家,她为年轻的女诗人端上一碟点心,令女诗人的心更坚定些。那碟点心精致得简直像是艺术品,有一匙羹酸白菜,两小块咸肉,上面撒满香芹籽,几片香肠,还有几根药草。②

关于里尔克的外表,克莱尔的印象和爱尔雅相差不多,也觉得他体格十分脆弱,头很大,身躯却瘦弱,像个孩子,蓝而明亮的眼睛,棕色头发,略带点儿灰,嘴唇和下巴上长着一把栗色胡须。③同爱尔雅一样,里尔克屋里的陈设也给克莱尔留下了深刻的印象,不过她觉得有点儿太艳丽了。两人都留意到了那间瞩目的书房,根据克莱尔的回忆,书房的尽头是一扇宽敞的玻璃门,门外是一座教堂的侧影,墙上全是书架,放满装帧精美的大块头;爱尔雅则回忆道,书房里的阅读椅十分舒适,墙上有壁炉,一张大大的橡木桌上放着成包成包的书,都还没有开包装。书房里有一部俄罗斯茶炉,整套的茶具,墙角放着常见的立柜。

爱尔雅的信中只有她自己和里尔克两个人,在这场心与心的交谈中,她把其他人统统拒之门外,只有一次她提到了自己之外的其他女性,就是

---

① 《我不原谅:我们这个时代的文学丑闻》,80页。
② 同上,82—83。
③ 同上,83—84。

革命之夜去听音乐会那次。与之形成鲜明对比,克莱尔常常会扭过头去,关注一下背景中的其他人,提到里尔克的离群索居时,她就说,他那护得严严实实的小窝其实从来就没有断过女性的身影。①克莱尔是实话实说,还是夸大其词? 无论如何,这都表示,她对自己的对象有相当的警醒。显然,那摇曳不绝的女性身影中,就有爱尔雅。

初访两天后,克莱尔和里尔克就以"你"互称了,要知道,雷吉娜·乌尔曼同里尔克交往了数年,才获得这个象征亲密的称呼。里尔克还为克莱尔取了个自己专用的爱称——莉莉安。②根据克莱尔的记述,两人同时在吸引对方,里尔克亲手为她做上煎蛋(显然,她在的时候,里尔克的女佣人罗莎·施密特就消失了),不厌其烦地把餐桌上精美的瓷餐具和桌布摆来摆去。她喜欢里尔克的贵族品味,喜欢他对女性的专注,也喜欢他的温柔(不过,她也感受到,这实际上也是一种自我保护)。③最能说明问题的就是里尔克总喜欢给肌肤之亲加上许多诗情画意,在自己的回忆录中,克莱尔写道:"情爱之夜简直给他整成了一千零一夜。"里尔克叫自己的莉莉安戴上面纱,在自己面前翩翩起舞,克莱尔说,自己的舞技堪称出众,里尔克就"把我饱餐一顿,用他的眼睛"。

里尔克给自己的莉莉安写过3封言辞越来越炙热的信,一封信中,他表示,自己一直在想着她,可还要过4天才能相会。④读到信,克莱尔决定,别等那么久了,于是搬去和里尔克住在一起。里尔克喜欢带上她一起去慕尼黑旧美术馆,附近大大小小的公园中也处处留下两人的足迹。住在里尔克家那短短的几个星期中,克莱尔从没看见他创作。

克莱尔觉得,里尔克之所以无法创作,原因在于他的抑郁,而在她呆在里尔克身边那短短的几个星期中,她也无能为力,只能静观。关于里尔克同绘画的关系,克莱尔所知不多,不过她的描写还是很深入细致的,刻画了里尔克这一时期如何卷入各种社会活动中,在各类精英齐聚、高谈阔论的场合上滔滔不绝。她以批判的眼光审视着里尔克的一言一行,觉得他对战后的社会动荡似乎漠不关心,不过话又说回来,正是因为里尔克内

---

① 《我不原谅:我们这个时代的文学丑闻》,85。
② 1918年11月25日,《里尔克与数位女性的书信集》,24。
③ 《我不原谅:我们这个时代的文学丑闻》,85—86。
④ 1918年11月18日、23日、25日,《里尔克与数位女性的书信集》,22—24。

心中存在着分裂,在他的审美态度和政治立场上存在着分裂,他才可能同一位激进的左派诗人居住在同一屋檐下。

不久,问题和障碍如期而至。另一方面,里尔克同爱尔雅的关系从来就没有发展到如此紧密,故而可以稳步向前。12月,克莱尔和里尔克同居的那几个星期中,爱尔雅出演了另一出神秘剧,等到这轮演出结束时,她的对手也差不多主动出局了。

发生的两件事儿,干扰了克莱尔和里尔克的"蜜月",没过多久"蜜月"就烟消云散了。其一,伊凡·高尔,也就是克莱尔打算离开的那个男人,开始定时定期从瑞士给她写来大量信件。[1]在自己的回忆录中,克莱尔思忖道,高尔的妒火尤其猛烈,或许是因为自己选了一个比他更负盛名的诗人。致命打击来自第二桩事儿,显然,克莱尔的政治立场已十分出名,甚至超出了她自己的想象。随着反对革命的力量越来越强大,她在里尔克家的行踪也引起了某些方面的关注,里尔克开始接到匿名电话,威胁他不要在家里包藏布尔什维克危险分子。之前,里尔克并没有把她的政治活动太当回事儿,可如今他感到危险正在逼近。12月末,克莱尔收拾好行李,去了柏林,去会自己的一位好友——女演员伊利莎白·伯格纳。

里尔克的处境远比克莱尔想象的要严重得多,爱尔雅更是毫无察觉。血腥政变其间及其后,里尔克的安全都受到威胁,虽然他的政治立场并不明确,反对革命的力量还是可以挑出他的很多毛病。12月初,侯爵夫人想把他从局势混乱的慕尼黑救出来,邀请他去劳钦,甚至许诺他,可以把儿子帕查空置的房子单独供他一人使用,里尔克很是心动,差不多就去了,可最后还是退缩了。[2]帕查现在在欧洲的一个新成立的国家——捷克斯洛伐克,到那里去又要护照,又要签证。大战刚刚结束之时,穿越国境还是让里尔克感到胆战心惊。现在,他为自己当初的犹疑追悔莫及。此外,原计划到瑞士的演讲之行也是一拖再拖,显然,里尔克的犹疑不决不仅仅体现在他的政治立场上,也影响到他个人生活的方方面面。

---

[1] 《我不原谅:我们这个时代的文学丑闻》,87—89。
[2] 1919年1月4日给里尔克的来信,及里尔克于1月15日的回信,《里尔克与玛丽·冯·屠恩·塔克西斯书信集》,568—569。

与此同时,里尔克依旧保持着同克莱尔和爱尔雅的关系,书信不断,爱尔雅更频频造访,这种情形倒有点儿像马拉美的诗《午后的牧神》,里尔克身边陪着两位仙女,一位黝黑,一位白皙。爱尔雅显然是那位白仙女,自始至终对里尔克支持有加,黑仙女克莱尔去了柏林后,她就在里尔克身边绕来绕去,成了他的保护天使。倾心于里尔克那"天赐的"诗感,这位仙女担心,诗人身边回旋激荡的政治大潮会给他带来伤害。

那位黑仙女也并未完全销声匿迹,圣诞节前,她离开里尔克,去到柏林,试图同那里早已断了联系的文学和艺术先锋们再接上线。不久,那里的革命政府就被陆军元帅冯·兴登堡和信奉社会主义的国防部长古斯塔夫·诺斯克联手推翻。2月初,感到自己已暴露在危险之中,克莱尔回到瑞士,回到伊凡·高尔身边。如果她的回忆录可信的话,当她回到瑞士时,她已怀上了里尔克的孩子。她把这个消息告诉了里尔克,里尔克当时心情不错,英赛尔出版社那里传来消息,虽然时局动荡,他的书销得不错。还有件事儿令里尔克精神为之一振,就是2月下旬,卢有可能来慕尼黑,同里尔克好好呆上一段时间,而且这种可能性越来越大。在这段动荡不安的时期,卢的来访是个预兆,或许由此一切就可以回到常态,里尔克也可以由此开始创作。

据克莱尔说(说到底,她到底有没有怀过里尔克的孩子,也只有她自己清楚了),里尔克和高尔频频交换信件,信都很长,措词很礼貌谨慎,谁也不想承担那个孩子的责任,最后克莱尔只好去堕胎。①极其文雅地做了一番书信交流后,两个男人一致同意,把两人的书信付之一炬。此后,里尔克同克莱尔还保持着朋友关系,不过已疏远了许多,也一直称她为莉莉安,直到她成为高尔夫人。

战争的结束在里尔克女儿的生活上也打上烙印。之前,露丝在费希胡德附近的一座农场上做徒工,她也颇为自己的这份工作而自豪。战争结束后,农场主在前线服务的女儿回来了,露丝的这份工作也就没了。里尔克需要钱,为女儿另谋一个培训职位,他找上了卡尔·冯·德·黑特,黑特也不负里尔克的厚望,向他预支了1000马克,其他人也纷纷解囊,露

---

① 整件事经过,参阅《我不原谅:我们这个时代的文学丑闻》,98—99。瑞曼对克莱尔·高尔的回忆录作了十分详尽的批评,但并未提到怀孕事件。

丝再次有了稳定的前途。①

里尔克本人的前途则远为变幻莫测,在慕尼黑最后的几个月中,他的生活中充满外界的危险和内心的恐惧,面对不断攀升的焦灼,卢的到访确实给了里尔克很大的安慰。卢的心思一点儿也不放在战争和革命之上,她的爱犬德鲁兹霍克1月刚刚去世,她还沉浸在丧犬之痛中。②里尔克明白,对自己这位挚友而言,失去爱犬不亚于失去一位老友,于是也同卢一齐哀悼。

里尔克一心想让自己这位挚友开开心心地在自己这里呆上一段时间,于是与卢的忘年交艾伦·戴尔普(实际上,相当于卢的女儿)想出一个点子,由戴尔普陪卢住在"花园洋房"里,日常饮食和其他开支统统由里尔克来承担。③里尔克还同意,有必要的话,可以在自己的住处为卢提供一定的工作空间,可这并非易事,当卢从哥廷根来慕尼黑的时候,大罢工的阴云遮天蔽日,路上居然走了整整3天。当时,里尔克患重感冒,卧床不起,无法亲自去车站接卢,可他还是不时向戴尔普发去简信,询问卢何时能到达,两人信中的语气都显得颇为焦灼。④卢经受了一段折磨人的旅程,不过到达慕尼黑后,受到的招待还是很隆重的,房间里放满了花,还有各式各样那个时期的稀罕玩意儿,有鸡蛋、牛奶、曲奇,等等。⑤

卢在慕尼黑从3月26日一直呆到6月2日,整个期间她对自己身边的政治局势始终保持超然世外的姿态,一心为自己的朋友们提供一些帮助。雷吉娜·乌尔曼很快成为卢最好的伙伴,卢很喜欢她,特别想帮助她走出困扰着她的抑郁。当然,这也能用上她在精神分析方面的专业知识。她同艾伦·戴尔普的关系也再度亲密起来(戴尔普同乌尔曼也是好友),不过后来,两人出于某些原因再度疏远。5月,玛格达·冯·哈汀贝格来访,卢说她"又漂亮,又可人",⑥这番话也表示两人至少关系还不错。此

---

① 1919年4月7日和20日,《与卡尔和伊利莎白·冯·德·黑特书信集,1905—1922》,223—231。
② 1919年1月16日,《里尔克与卢·安德烈亚斯-莎乐美:书信集》,386—387。
③ 1919年2月21日、3月19日,《里尔克与卢·安德烈亚斯-莎乐美:书信集》,394—398。
④ 《里尔克与雷吉娜·乌尔曼及艾伦·戴尔普书信集》,173—174。
⑤ 1919年3月26日日记,转载于《尼采的不羁门徒》,443页脚注。
⑥ 1919年5月27日日记;《里尔克与卢·安德烈亚斯-莎乐美:书信集》,408。

外,卢也见了爱尔雅,也挺喜欢她,还把她介绍进了自己的交际圈。①

不过,同卢最亲密的自始至终都是里尔克。在一起的那段时间里,两人十分亲密,或窃窃私语,或并首共读。在卢回哥廷根前不久,里尔克把自己新完成的两篇《哀歌》读给她听,还与她一起讨论1915年时完成的7首男根颂。②可与此同时,政治时局风雨欲来,不时刮起的狂风中夹杂着种种现实和潜在的威胁,最后两人也无法对此装聋作哑,视而不见。虽然卢一直避免谈论政治话题,她在自己的日记中也提到,一天晚上,乌尔曼来访,走时枪声大作。③

里尔克一直保持着同爱尔雅亦恋人亦友人的关系,未受外界因素的影响。④有时,爱尔雅自称是里尔克的妹妹,更有时甚至称自己是里尔克的弟弟。里尔克受到邀请,和爱尔雅的父亲,一位退役中校,一起饮茶。里尔克把自己屋里的家具统统移往别处,从而确保自己的住处仅供自己创作之用,不会用于什么危险的政治集会,而这至少也部分归功于爱尔雅的促请。改变来得并不迅速。

反革命派士兵蜂拥入城,带来混乱和暴动,也预兆着四年后,1923年的慕尼黑纳粹暴动,里尔克的危险也在增加。革命开始之时,红色暴动者从他的住处门前过而不入,表示里面住着一位朋友。如今,他们的死敌对里尔克可没有那么客气,里尔克也陷入怀疑和监视之中。恩斯特·托勒,左派戏剧作家,革命活动者,曾到里尔克的住处寻求庇护,虽然于心不忍,里尔克最后还是拒绝了托勒的请求,因为自己这里也不是安全之所,最多只能让托勒呆一个晚上。⑤有传言说,托勒所属的社会主义巴伐利亚自由国曾想任命里尔克为文化部长,可里尔克婉言谢绝了。警察从一大堆没收的照片中发现了里尔克同托勒的合影,这对里尔克可是极为不利。里尔克被传唤上地方法庭,澄清包庇革命党的指控。

---

① 1919年4月20日日记。
② 1919年5月16日日记;《里尔克与卢·安德烈亚斯-莎乐美:书信集》,408。
③ 1919年4月30日日记。
④ 从1919年3月2日到5月17日,两人的通信中记载了两人由相识到里尔克出走瑞士间的一系列事情;《爱尔雅·内瓦尔与里尔克:相遇、会谈、书信、记录》,83—100。
⑤ 史拉克引用了奥斯卡·格拉夫的回忆,描述了里尔克同一些左派领导的关系,参阅《里尔克:人生与作品大事记》,639页。克莱尔·高尔根据一些传闻也添油加醋了一番,不过某些细节还是可信的,参阅《我不原谅:我们这个时代的文学丑闻》,96—97。

5月,军人和警察两次闯入里尔克的住处,把屋子翻了个底朝天,搜寻颠覆文学和参加左派活动的证据,一次是在凌晨5点。不少证据对里尔克不利:克莱尔曾在他的住处住过,左派激进知识分子曾在他的住处集会,还有他与索菲·李卜克内西和库尔特·埃斯勒的来往。当然,也有对他有利的一面,例如他是著名的保守出版社英赛尔的掌上明珠,与德国和奥地利的许多贵族过从甚密,当然,他还是《旗手》的作者,一位几乎带有传奇色彩的诗人。因此,当另一位作家,奥斯卡·格拉夫在1918年革命集会中的表现引起警察注意时,里尔克居然还可以为格拉夫担保。①里尔克从未遭到监禁,这段时期的遭遇令他对慕尼黑和德国心灰意冷,从此再也没有缓过来。不过,他从来都不承认自己远走瑞士是为了躲避政治警察的迫害,坚持说那仅仅是接受邀请,去举办一系列讲演。

卢终于要走了,里尔克本人也即将离去,两人还不知,有生之年将再无缘相见。里尔克同其他朋友一起,在车站为卢送行,两人人生的又一个篇章即将画上句号。卢对此已隐隐有所预感,第二天,卢去探望施塔恩贝格湖附近的一位友人,途中给里尔克写下了下面这封信:

亲爱的赖纳:
  结束了,再也见不到你了,可我俩的心超越时空,紧紧相连。无论能不能意识到,我都将把那份快乐珍藏在心底。

卢已朦胧地感到,人生之旅所剩已不多了,这份感觉也表达在下面的文字中:

  我还没有机会告诉你,这种心灵联接对我的意义。有那么一会儿,我感到你就在附近,过条街就能看见你,这种感觉托着我飘飘升举,升入光天白日之中。②

卢早就想对里尔克说出这番话,可一直没有机会,只好在走后表白于

---

① 1919年5月19日致检察官恩斯特·塞登贝格的信,《政治书信集》,267—268。
② 1919年6月6日,《里尔克与卢·安德烈亚斯-莎乐美:书信集》,409。

文字之中，信纸之上。

9.

里尔克流离德国的生涯即将到头，他明白，自己得另寻他处了，避开凶险的政治和混乱的时局，平心静气，专心于艺术。最近几个月来，他一直在琢磨着这件事儿，动身日期几度确定，又几度推迟，既有办事程序方面的原因，例如护照问题，领事不在，经济拮据，也有他个人方面的原因。现在，不走不行了，他的安全已受到威胁。

爱尔雅有些伤心，始终对他忠心耿耿。两人一起度过了里尔克在慕尼黑的最后一个晚上，把屋里的东西归置好，以备里尔克需要时可立即发送出去。里尔克保证说，远行不过是暂时的，自己不久就会回来，其实他心底更清楚，自己讲的是不是实话。那是他这一生中在德国度过的最后一晚。

离开艾恩米勒大街的住处，里尔克并不情愿，在这里他花了很大的心思，一心想把那里变成自己工作生活的永久住处。可现在，左派和右派争斗不休，差点就波及到了他，他也就远走他乡了，离开自己的家，离开全心全意爱着自己的爱尔雅，离开这座城市中的许多朋友和熟人。又一次，他踏上逃亡之路。

第七部分
俄尔甫斯的魔力

第 21 章 优遇中的逃亡

> 我时常唤起以往的形象,不过,请不要因此就产生误解。如果我们把注意力放在烈度,而非内容之上,我们就会发现,所谓以往其实也存在于当下的全部之中……①
>
> 引自《瑞士公共朗诵会总序》
> 1919—1920

1.

在匆匆写就的《瑞士公共朗诵会总序》中,里尔克以极其凝练的语言陈述了近年来他的诗歌创作的内容和意义。这些年来,他一直致力于将以往、当下和未来融为一体,这是他的《哀歌》系列的首要主题,也是他的《总序》的题首语。这段话清楚表明,里尔克视人生为一系列不断转换的迹点,往事可以昭示出经验现实背后不可测的未来。里尔克接着写道:"以往的感受更为真实,我们也越来越倚重于以往的真实。如同身处一部寓言剧中,我们想象着以往的辉煌,辉煌虽已成为过去,余温却依旧笼罩在当下之上。"②

---

① 《瑞士演讲录》,35。
② 同上。

洞见亦体现于语言之上。《总序》的文字凝重而萦回,小句与小句既相互勾连,又相互推斥,由此开始了里尔克晚期的语言风格,而这种风格同样在《哀歌》中早已有所表露。

里尔克清楚,自己此行要全力展现出诗人灵感的独特力量。在慕尼黑的最后一夜,对着爱尔雅,他喃喃自语,自己还要回来,可那时他已是言非所想,心不在焉了。每次启程去拥抱新的人生之前,他都会留下念想去重温以往的一切,其实那不过是一个象征,标志着那一切已贴上回忆的标签。日后,每当他为经济状况所迫,面临着不得不回到德国的命运时,令他心潮起伏、难以平静的不是对昔日的怀恋,而是对昔日的恐惧。此时,里尔克希望,前面等着自己的是全新的人生。

里尔克把自己的一切都交到爱尔雅手中,在爱尔雅的精心料理下,他可以舒适而高效地向人生下一站奔去。①清晨,爱尔雅安排了一辆出租车来接里尔克,要知道,在那个时期找辆出租车可是项难度很高的任务,车到时,行李也全部准备停当了。不过,爱尔雅自己并没有陪里尔克去车站,她知道,在那儿为里尔克送行的人已经够多了。她看着里尔克离去,隐隐感到,诗人一去不复返。

列车刚刚驶出车站,里尔克已感到,命运已经在发生变化。就在他驶向人生新一站之初,他在车上偶遇两位对他帮助极大的女性贵人。其中一位叫安妮·玛丽·西德尔,一位女演员,在慕尼黑一家先锋小剧场演出,她碰巧同林道镇上边检站的一位军官很熟。因此,虽然里尔克手头的资料不全(也可能是有瑕疵),在安妮·玛丽·西德尔的帮助下,还是顺利通过了康斯坦斯湖,进入瑞士境内。②

另一位贵人叫阿尔贝蒂娜·卡萨尼-波尔默,一位在夜总会做歌舞表演的艺人,有时也即兴表演一两出滑稽戏,她的目的地是苏黎世。③出发之前,里尔克为自己选好了落脚的酒店——设施时髦的鲍尔酒店,可车出了站他才得知,邀请他去做讲演的组织——"霍廷根朗诵协会",无力(也可

---

① 《爱尔雅·内瓦尔与里尔克:相遇、会谈、书信、记录》,101—103。
② 1921年3月14日写给克里特·李奇滕斯坦的信,德国文学档案馆内部资料。
③ 《里尔克与一位旅友(阿尔贝蒂娜·卡萨尼)的书信集》,13页。关于究竟是谁帮助里尔克安全越过边境,历来有些争议。里尔克在写给李奇滕斯坦的信中说是西德尔帮的忙,而乌里希·凯恩,《里尔克与一位旅友(阿尔贝蒂娜·卡萨尼)的书信集》的主编,则把这份功劳记在阿尔贝蒂娜·卡萨尼头上。本书尝试中和两种观点。

能是不愿意)承担那家酒店高昂的房费。此时,是卡萨尼帮里尔克同苏黎世方面取得电话联系,并帮他订下另一家合适的酒店——伊登酒店。在那里,里尔克可以一面在阳光下吃早餐,一面欣赏着苏黎世湖的旖旎风光。

　　开局不错。到达苏黎世当天的下午,里尔克与卡萨尼见了面,[①]向她表示感谢,原本还打算请她共进午餐,可没料到同"霍廷根阅读协会"董事会成员的会面十分漫长,干扰了他的计划。不过,会面还算是令人满意,里尔克可以把讲演的时期向后压一压,这样就有时间先去趟莱恩了。玛丽·多布罗森斯基伯爵夫人正在那里等着他,在促成此趟讲演之旅方面,伯爵夫人可出了不少力。

　　这些计划也带来了一个新问题,也是今后的两年中一直困扰着里尔克的问题:里尔克的居留签证仅有10天,他迅速申请把居留期延长到3个星期,得到批准,这样就可以在瑞士好好游历一番了。事实上,瑞士的情况并不像他当初想的那样一帆风顺,但无论如何,里尔克已铁了心,要在这里待下去。这片世外桃源般的土地似乎完全没有受到刚刚结束的大战的波及,刚到这里时,里尔克觉得,犹如由阴暗的室内突然走入室外刺目的白光中,等到感官逐渐适应了这里的环境后,里尔克越来越爱上这片土地。眼前简直就是童话中的世界,放眼望去,尽是价格不菲的奢侈品、服装、肥皂、香水,不一而足;各种瓜果蔬菜一应俱全;书店里摆放着各种语言的大家名著,法语、德语、意大利语,还有其他欧洲语言;在这里,尽可以无忧无虑地徜徉在古堡城池中,而无须担心革命派,或反革命派力量会发起突然袭击。在这里,诗人似乎找到了自己最后的归宿,一片可以容他把自己腹中的全部诗稿实现为文字的详宁之土。在这里,新旧两个世界同时向他张开臂膀:这里是可以靠岸的港,可以生活的家。

　　苏黎世的事一完,里尔克立即赶往莱恩,去会见自己的朋友。在日内瓦湖边,多布罗森斯基伯爵夫人租下了一间小教堂,里面汇聚了满堂才俊,正等着里尔克的到来。伯爵夫人的城堡现在在新成立的捷克斯洛伐克境内,那里曾是她社交和思想活动的中心,现在,她把自己人生的中心迁移到了瑞士的庄园,也把那里变成不少流亡人士的避风港。

[①] 1919年6月13日,《里尔克与一位旅友(阿尔贝蒂娜·卡萨尼)的书信集》,23。

对于里尔克个人来说，那也是激动人心的一刻，因为等着他的宾客中有一位他已数年未见的密友——席蒂。席蒂同伯爵夫人是好朋友，同伯爵夫人一样，她也想方设法把里尔克从环境险恶的德国救出来，在这方面，她与伯爵夫人出力程度不相上下。奇怪的是，两个老朋友隔了这么多年再度重逢，席蒂却显得有些拘谨，欲言又止。她与里尔克的关系其实并未疏远，在这段几乎持续了终生的友谊中，两个人总是时而靠近，时而行远，而在帮里尔克搞定访问邀请方面，席蒂出力甚多，甚至为里尔克寄去了来苏黎世的路费。这么多年来，两人书信从未断绝，更时时会面，可尽管如此，曾经的拒绝还是在两人心底留下些许阴影。里尔克到达后，席蒂陪他坐在花园凉亭里，两人单独相处的时间头尾相连不过区区一个小时。

身处气氛热烈的人群中，里尔克却突然感到自己是陌生人，突然意识到自己是去国怀乡的流亡者。后来，他曾对席蒂说，仿佛时事的变化不再推着他向前，而是把他扔在了沙洲上，搁浅在浅水湾里。[1]小教堂的招待会虽然隆重，却并未打动他的心，面对如此之多的宾客，皆为一时翘楚，谁也不会低头，里尔克感到了威胁。于是，来了还不到3天，里尔克就收拾行装，离开了莱恩，他走得如此匆匆，甚至连日常礼节都没有顾及，反而令席蒂颇为尴尬。他觉得，像是有人在后面推着他走，那是再度活跃的抑郁，爆发出有形的力量。

里尔克旋即启程去了日内瓦，于6月19日到达，在那里呆了一周时间。如今，群贤俊秀已远在身后，里尔克也感到自在了一些，他选了一家上好的旅馆，开始在城里溜达，享受自由。新近成立的国联即将在这里召开大会，这座城市也正在为接待工作做各种准备，彩旗飘带处处飘扬，透着一股子国际太平的气氛。

里尔克决定，去找城里一位在战前的巴黎认识的熟人，她叫伊利莎白·多萝西·克洛索乌斯基，是一位画家，喜欢在自己的作品上署名"巴拉迪内"。[2]伊利莎白闺名沙皮约，出生于德国一个犹太正教家庭，在柏林长大，成年后大部分时间在巴黎度过，在那里与艺术史学家恩里希·克洛

---

[1] 参阅里尔克1919年8月5日写给席蒂的解释信，《与席多妮·纳赫尼·冯·博卢廷的书信集》，290—294。
[2] 《致梅尔林书信集，1919—1922》英文版的导言中简单介绍了巴拉迪内，以及她与里尔克的关系。关于她的家庭背景，可参阅特拉默，汉斯，《里尔克最后一段真实人生》，83页脚注。

索乌斯基结为夫妇,育有两个儿子。大战前,一家人搬到日内瓦,接着与丈夫分居。在巴黎时,最先把里尔克介绍给克洛索乌斯基夫妇认识的是埃伦·凯。如今,在这个陌生的新国度,里尔克迫不及待地想多建立起一些联系,于是找到了巴拉迪内。巴拉迪内的日子很繁忙,她既是一位从业的艺术家,又要养育两个儿子:皮埃尔,时年14岁,日后成长为一名小说家兼画家;巴尔蒂斯,时年11岁,日后成长为一名著名画家。仅仅一年间,里尔克将深深卷入这个一母二子的家庭中,不过现在,双方都还仅仅在试探对方。离开日内瓦去伯尔尼之前,里尔克去巴拉迪内的家中拜访过几次。

里尔克一下子就喜欢上了伯尔尼。来这里原本是要理清移民方面的麻烦,可一到这里,他就被这座瑞士的首都深深吸引。这座城市同日内瓦全然不同,极其安定,透着一股子无欲无求的味道。里尔克对这座城市赞不绝口,城市的"面子",居民的凝聚和贵族渊源,遍布四处的喷泉,古老的宫殿,色彩斑斓的纹章,都成了他称赞的对象。然而,在所有这些溢美之词背后,是里尔克的局促不安:这座城市实在是太完满了。

不过,对于正努力在瑞士扎下根的里尔克来说,伯尔尼倒是提供了一个不错的机遇。如果说,里尔克在日内瓦找到了巴拉迪内·克洛索乌斯基,那么他在伯尔尼就找到了伊冯娜·德·瓦滕威尔,一位迷人的资助者。瓦滕威尔是地地道道的瑞士人,芳龄28,不单漂亮迷人,更在社会和政府中交游广阔。在帮助里尔克定居瑞士这件事上,她可是个出了不少力的关键人物。与此同时,里尔克也向他在莱恩的朋友们求援,虽然先前他几乎是不辞而别,朋友们对他的求助并未无动于衷。抵达伯尔尼3天,他就听闻,莱恩当局要求为他发放移民卡。7月9日,他离开伯尔尼,此时他已确定,下面可以休息上一段时间了。

2.

回到苏黎世,里尔克觉得,自己目前的状态还不适合去履行进入这个国家的任务,即做一系列讲演。他时时感到疲倦、头痛,这已不再是搪塞移民局官员的托词。他去了贝克尔和比彻尔活力健康疗养院,做了数次健康检查,希望能在那里治疗,不过最后还是放弃了,或许因为那里十分昂贵,已超出他所能承受的限度。① 身体上的不适如影随形,挥之不去。

　　对于踏上新的逃亡之路的里尔克来说,最有意义的一件事就是同玛尔特·亨内贝特重新取得了联系,里尔克一向把玛尔特看作自己的女儿,战争爆发时,两人被迫分离。里尔克的旧相识中有著名的作曲家费鲁乔·布索尼,玛格达·冯·哈汀贝格的老师,作曲家碰巧也认识玛尔特和她的朋友让·卢卡。让此时已是诗人外加画家,日后更在织锦艺术上大有作为,也将成为玛尔特的夫君。里尔克给玛尔特寄去了一封情感炽烈的信,请她与自己见上一面。不久,里尔克收到了卢卡的回信,措词彬彬有礼,可信正文下面却写着玛尔特的一段话,字迹潦草,情感同样炽烈。玛尔特写道:"请原谅我,赖纳,我喝了点儿酒,法国酒。这会儿,在我身边,是我的心灵之交。这酒挺烈……我的头脑无比清醒,眼前突然看到了你,还有我的心灵之交,他叫让。突然间,我好害怕,怕会再也见不到你。你永远在我心里。"署名是:"你的玛尔特,你漂亮的玛尔特。"② 几天后,卢卡来访,而与玛尔特的重逢则稍后到夏季才实现。玛尔特让里尔克想起大战前的时光,那时的人和事,那时的旧识中,里尔克如今想继续往来的已经为数不多了,玛尔特算一位,另一位则是克莱尔·斯塔德-高尔。苏黎世的最后一晚,里尔克去拜访了克莱尔和伊凡·高尔,如今两人又住在了一起,不过还是没有结婚。

　　里尔克一直想找个落脚的地方,调理一下身体状况,同时也为秋季的系列讲演作准备,此时有了结果。友人推荐了格劳宾登山中一座风景如画的小山村,叫索格里奥,里尔克旋即决定,就上那儿去了。不过,在确定具体的动身日期之前,他还是给英戈·荣格汉斯发了个电报。荣格汉斯是里尔克的丹麦朋友,一直热心于把《马尔特手记》翻译成自己的母语,向里尔克提了不少问题,其中不乏涉及到私隐的问题。荣格汉斯的丈夫叫鲁道夫·荣格汉斯,一位德国画家和雕塑家,现在两人居住在西尔斯-巴萨戈尼亚,也是恩噶丁谷地中的一座小山村。急着想拓展自己在瑞士的

---

① 1919 年 8 月 5 日,《与席多妮·纳赫尼·冯·博卢廷的书信集》,292。
② 卢卡的回信,1919 年 7 月 18 日;玛尔特的回信,1919 年 7 月 18 日;瑞士国家图书馆内部资料。

联系,里尔克向荣格汉斯建议,两人见上一见,荣格汉斯的答复很热烈:"野芳幽香,绿草如茵……咱俩实在太应该见上一面了。"①里尔克在那里待了3天,时常与英戈和鲁道夫徜徉于山间小道上,一天晚上,对着幽暗的烛光,他向夫妇二人朗诵了自己的《哀歌》的部分。

7月29日清晨,他踏上前往索格里奥的旅程,先乘马拉得邮车到达村庄附近,然后换乘载货的马车,一路风光无限,道路两旁遍布栗子树。抵达目的地后,他惊喜地发现,餐桌已为他铺好,上面已摆满丰盛的佳肴,大堆信件已静静地躺在他的房间里,等着他拆封阅读。未来的两个月中,这里将成为他的基地,直到他回到苏黎世,去履行自己此次瑞士之行的任务——做系列讲演。

索格里奥村规模不大,全村仅有30幢房子和一座小教堂,此处距意大利边境步行也仅需一个小时。里尔克住在村里的赛里斯宫,此时已改名叫"威利公寓",坐落在半山腰上。把这里改造成客栈的是古蒂奥·德赛里斯,出身于显赫的德赛里斯家族,自己就是建筑师。不久,他就成了里尔克在瑞士的好朋友和资助者。里尔克一到这里,就为这座建筑的质朴古拙所倾倒,建筑内的木板上雕刻着精美的花纹,楼梯上铺着未经雕饰的本色条石,还有那拱顶宴会厅,巨大的画像,堪称古董的家具,餐桌的大理石面,还有静悄悄的老图书室,无不令里尔克惊叹不已。图书室的内部装饰足足有好几百年的历史,改造为客栈的过程中一点儿也没有遭到破坏。室外同样印象深刻,黄杨木的栅栏排列齐整,里面是精心打理的花园,盛开着各式各样的夏季小花。躺在折叠椅上,沐浴在和煦的日光下,四下悄无一人,诗人想,只要能在这样的地方呆上一个年头,自己的创作就有救了。②

里尔克一在村里住下,就结识个重要的人:奥古斯特·诺尔克(也叫古蒂),工程师汉斯·诺尔克的孀妻。大战前,夫妇二人带着两个儿子旅居日本,汉斯也是在日本亡故。初见古蒂时,她正带着两个儿子,身边还有她家的日裔家庭教师兼保姆,而里尔克当时正坐在光线阴暗的客栈餐厅里。③一看到古蒂一家4人,里尔克立即向她们走去,今后的数年中,古

---

① 英戈·荣格汉斯1919年7月12日来信,《里尔克与英戈·荣格汉斯书信集》,124。
② 1919年8月5日,里尔克在信中向席蒂详细描述了索格里奥村,以及他在这里的生活,《与席多妮·纳赫尼·冯·博卢廷的书信集》,293。
③ 《里尔克与诺尔克夫人的通信》导言,279—280。

蒂也给了里尔克很大的帮助,无论是在经济上,还是在私人事务上。

山村的一切无不令里尔克满意。小小的图书室总是给他留足空间,客栈主人也不遗余力,为他营造一个清净安详的环境,可成果还是屈指可数。①里尔克偶尔写几首小诗,完成了《瑞士公共朗诵会总序》的初稿,在里面就诗歌作了一些发人深思的思考,可除此之外,他的大多数时间都花在了写信上,一写就连篇累牍。其中有两封是寄给住在卡塞尔的一位年轻女性丽莎·海思,并由此开始了一段有趣的书信交往。②海思时年26,被丈夫遗弃,独立抚养幼子,日子过得很艰难。里尔克承担起良师益友的角色,就如同在《致青年诗人的信》中那样,不过,在自己的信中,里尔克不仅提供各种人生忠告,更开始深入探讨一个主题:恋爱中的女性惨遭遗弃,这也正是主导了他的系列《哀歌》的主题。两人的书信交往时断时续,一直持续到1924年,里尔克间或在信中探讨爱的背叛和艺术之神圣。1930年,里尔克去世后,他写给丽莎的信札公开发表,命名为《致一位年轻女士的信》,丽莎随后也把自己写给里尔克的信公开发表。

里尔克最终也提笔给巴拉迪内·克洛索乌斯基写信,问候她那两位"迷人的儿子",也为未来继续交往打开门户。他大费口舌,好好向巴拉迪内感谢一番,感谢她在日内瓦对自己的照顾,说日内瓦的最后一晚给自己留下"甜美而不可磨灭的回忆"。③不过,直到一年之后,两人才再次书信联系。他也收到了让·卢卡的来信,两人商定,里尔克从索格里奥村回来后,就与玛尔特见面。④

里尔克的部分生活仿佛又回到了昔日的轨道上,可《哀歌》,还有其他的主要创作依旧遥不可及。9月初,荣格汉斯来访,同里尔克探讨了她对《马尔特手记》的翻译,这或多或少勾起里尔克对昔日作品的回忆,可创作依旧没有持续下去。

天堂终有归时。1919年9月21日,里尔克离开索格里奥村,去贝格宁-瑟-格兰德,去赴与玛尔特的约会。里尔克要先到库尔,一路漫长而难

---

① 1919年9月9日,《与席多妮·纳赫尼·冯·博卢廷的书信集》,296。
② 1919年7月、8月23日,丽莎·海思来信;里尔克回信,1919年8月2日、30日;《里尔克与一位年轻女士(丽莎·海思)书信集》,5—16。
③ 1919年8月4日,《里尔克与梅尔林书信集,1919—1922》,9—11。
④ 1919年8月16日,瑞士国家图书馆内部资料。

受,他乘坐的马拉邮车穿行在高山之间,彤云密布,风雪呼号,空气稀薄。到了库尔,里尔克换乘火车去洛桑,就舒服多了。两天后,他到了靠近莱恩的小村贝格宁-瑟-格兰德,在一座设施简陋的小公寓里等着玛尔特的到来。①

玛尔特之前去了布列塔尼,回来参加让·卢卡的绘画和织锦展出,抵达日内瓦时,她给里尔克寄来一封情意切切的短信,上面写道:"能见到你吗?什么时候?怎么见?"这不仅仅是一次久别重逢,更浸透着长期埋藏在心底的情感。她继续写道:"这一切都是真的吧,亲爱的赖纳?我还想再见到你,你也还想再见到我。"随后,她又略带点儿迟疑地写道:"希望见到你时,阳光依然灿烂,空气依然清新,我也无须言语。"②

两人上次见面还是在里尔克从西班牙回来时,距今已有 8 年之久,这次重逢也注定既兴奋、又失望。③无论这 8 年间都发生了什么,里尔克依旧把玛尔特视为自己的杰作,可另一方面,他也不得不认识到,那场把两人的国家隔在战线两端的战争也把两人分开,永远不可能再回到过去,当年的小姑娘已长大成人,不再事事都要依赖他了。玛尔特令里尔克回想起巴黎的日日夜夜,对那诗情勃发的往昔他满心期待,玛尔特象征着创作和希望。不过,两人的见面同过去已大不相同。里尔克如此写道:"这感觉有点儿哀伤,已不再那样鲜活,边缘已有点儿枯萎。不过,她还是散发着昔日的活力。"④里尔克欣赏着玛尔特亲手绣的壁毯,想说上两句,可实在对此不在行,也想不出什么好说的。玛尔特在艺术之路上羽翼已丰,她还是当年的小女儿,不过两人间的爱意已渐渐转向另一个层次。

两人在一起待了 3 天时间,一直待到 9 月 30 日,然后里尔克出发去见玛丽·多布罗森斯基伯爵夫人。这次,他在伯爵夫人那里待了差不多有两个星期时间,一心想为上次的失礼做出补偿,也希望能在经济上得到一些资助。他也担心自己上次惹恼了席蒂,一而再,再而三地向她解释。⑤不过,里尔克觉得,伯爵夫人的小教堂依旧宾来客往,地窄人稠,只希望自

---

① 里尔克在致古蒂·诺尔克的两封信中尽数这一路上的艰难,1919 年 9 月 22 日、29 日,《里尔克与古蒂·诺尔克书信集》,7—12。
② 约 1919 年 9 月 24 日至 26 日间,具体日期不详,瑞士国家图书馆内部资料。
③ 1920 年 1 月 16 日,《里尔克与卢·安德烈亚斯-莎乐美:书信集》,417—418。
④ 1920 年 1 月 18 日,《里尔克与玛丽·冯·屠恩·塔克西斯书信集》,587。
⑤ 1919 年 10 月 3 日,《与席多妮·纳赫尼·冯·博卢廷的书信集》,299。

己尽完礼貌之道后,就可以逃奔日内瓦。

玛尔特从莱恩给里尔克寄来书信,两人在日内瓦又见了几次,然后玛尔特去了苏黎世和卢卡会合。在和自己的朋友和恩主谈起与玛尔特的重逢时,里尔克还是一副前辈指教后辈的姿态,倒是玛尔特写给里尔克的那些短小简练的信,甚至是里尔克自己回信中采用的姿态,反而展现出一种全然不同的情感。玛尔特一直在忙着绣工,赶在客户定的期限前交货,她的客户中也包括费鲁乔·布索尼的妻子,里尔克能再次给她带来一些安慰。在一封情意浓厚又略显哀伤的短信中,她写道:"走之前,非常想见到你。我爱着你,就要去向远方,天知道什么时候能重逢。我想抱住你,就像过去那样抱住你。"信的结尾,她署名:"你的朋友,你的孩子,玛尔特。"①

里尔克到日内瓦没多久,就拜访了巴拉迪内·克洛索乌斯基,两人相谈甚欢,里尔克待了几小时后离去。巴拉迪内有点儿歉疚,觉得自己对里尔克帮助不大,当她走出户外散步,任日内瓦湖上吹来的寒风驱散自己的忧郁时,里尔克突然又调转回来,手里还拿着一大束鲜花,把花留给巴拉迪内的一个孩子,就又走了。巴拉迪内真是又惊又喜,在写给里尔克的致谢信中,她写道:"您的玫瑰太美了,仿佛慈爱、温暖的臂膀。"②那是充满温情的一刻,对里尔克来说也是一个新的开始。

里尔克在自己栖身的这个新国度渐渐扎下根来,几乎把自己的全部过去统统抛到脑后,过去数年中从未断绝过的书信联系如今也日渐稀疏,直至完全断绝。他与过去的断绝颇为彻底,虽然出于经济上的考虑,他仍不情愿地随身携带着回德国的签证,可他从来都不想用到它。如果运气好,再加上他的决心,他将在瑞士永久居住下去,为自己开创出一片全新的天地。

3.

离开日内瓦后,里尔克又滞留了4天,从10月20日到24号,地点是

---

① 1919年10月3日,瑞士国家图书馆内部资料。
② 1919年10月17日,《里尔克与梅尔林书信集,1920—1926》,8—9。

提契诺州的小村布里萨戈,然后才去苏黎世,向邀请自己的"霍廷根读书会"报道,简直像个走向人生最后一刻的死囚。虽然他极不情愿,讲演最终还是极为成功,听众掌声雷动,喝彩声如潮,他也沉浸在喜悦中。

自从罗丹系列讲演后,里尔克就没有试过在大批听众面前做讲演,此时他发现,原来自己还保留着吸引听众的魅力。直到第一场讲演开始当晚前一会儿,他才最终完成了内容颇为繁复的《总序》,现在每场讲演都可用上这篇稿子了,只要稍作调整即可。《新苏黎世报》的著名文评人埃德瓦多·克罗迪写了一篇专栏文章,对讲演的评价相当之高,①随后,里尔克得到了隆重的欢迎,人群颇为壮观,足足有600人之多,其中包括他新近结交的朋友阿尔贝蒂娜·卡萨尼,舞蹈家亚历山大·萨克哈罗夫和克洛岱尔·萨克哈罗夫,还有南妮·冯德利-福卡特,日后,她也将成为里尔克的好友。里尔克精神焕发,朗诵完自己的作品后意犹未尽,又做了一些补充,既有对自己作品的详细解说,也有就一系列诗人和艺术家所发的文学随感,整晚显得轻松充实,善始善终。

里尔克共做了七场晚间讲演,介绍完自己的一系列作品:两场在苏黎世,为"霍廷根读书会"所做,其余5场在瑞士其他德语区,由各地组织。②所选的作品几乎囊括了里克尔的整个诗歌创作生涯,从早期的施马根多夫村和沃普斯韦德,到巴黎时代的《新诗集》,再到他近年来创作的宗教和世俗题材诗歌作品。

为"霍廷根读书会"所做的首场讲演于10月27日举行,这是一场向公众开放的讲演。讲演中,里尔克主要朗诵了自己的作品,也穿插了对几位已故巨擘的回忆——托尔斯泰、罗丹、凡尔哈伦。里尔克说,他们都是自己师法的楷模。讲演一开始,他就捧出那位举世闻名的俄罗斯文学大师,作为铺陈。③次日,《苏黎世邮报》的记者如此转述道:"20年前,里尔克陪在托尔斯泰身边,两人一齐走过亚斯亚纳·波利亚纳盛开着勿忘我的田野。那一刻,里尔克就清楚地意识到,有一个问题自己必须弄清:自己

---

① 该文转载于《瑞士演讲录》,189—193。
② 苏黎世,1919年10月27日、11月11日;圣加伦,1919年11月7日;卢塞恩,1919年11月12日;巴塞尔,1919年11月14日;伯尔尼,1919年11月24日;温特图尔,1919年11月28日。参阅《瑞士演讲录》,194—277。
③ 下面的例子援引自两篇报评,《新苏黎世人报》,1919年10月29日;《苏黎世邮报》,1919年11月1日。参阅《瑞士演讲录》,201—202。

究竟有没有权利存在于这个世上。"回答来自于对艺术的献身,言下之意,诗人必须去追求作品的审美价值,视其为一种历史使命。里尔克也提到罗丹,以加强自己的观点,并从自己的《新诗集》中节选出一些受罗丹的启发而作的诗句,例如《豹》。最后,他向听众朗诵了自己的一些诗歌翻译作品,既有米开朗基罗的,也有路易丝·拉贝的,将它们归功于爱弥尔·凡尔哈伦,其间又即兴发出一些事先并无准备的感言。

　　虽然在职业上获得了极大的成功,诗人面对社交应酬时还是显得十分羞涩,一如在莱恩时那样。第一场讲演结束后,主办方为他举行了一场欢庆晚会,可他早早就退场了,居然没几个人见到他的真容。其后,苏黎世大学著名的德语教授埃米尔·埃尔马廷杰邀请他"吃顿便饭",可他坚辞婉拒,结果生出自他来瑞士以来的第一个事端。①

　　第二场讲演在 11 月 1 日晚举行,听众仅限于"霍廷根读书会"的成员,其间里尔克也朗诵了丰富的作品,气氛在《悼男童之死》中达到顶点。不过,讲演的最后,里尔克做了一番颇为深奥幽冥的解说,算得上是一席漫谈,探讨了一个全新的话题。关于这个话题,里尔克已思考了许久,在他独居索格里奥的时候,里尔克开始构思一套相当引人入胜,却也相当纤巧复杂的诗歌理论,其核心是所谓"原始音象"。根据这套理论,大脑的工作机制同原始的录音设备有着近似的结构,大脑的有意识感知有着一定的限度,如果根音高于或者低于这个限度,就可以奏响潜意识中的乐曲,它支配着人的情感,无论是在爱情中,还是在诗歌中。因此,超出大脑感知限度的根音就成为诗歌音韵结构的主要成分。根据学校物理课上的一个小小实验,里尔克进一步指出,诗人必须超越可知可感,去探索无形无迹的世界,再现出大脑中潜在的声音构造,在诸感官的协力下再现出所有深埋在心底最深处的情感和记忆。②好在,在讲述这一套颇为绕人的诗歌理论时,里尔克显得十分轻松,像是在漫谈,毫无托大摆谱的样子。讲演结束时,听众同样报以热烈的掌声,仅比第一场结束时稍稍稀落了一点儿。此次瑞士之行找回了昔日的本领,已足以让里尔克笑

---

① 埃米尔·埃尔马廷杰的来信,1919 年 10 月 28 日、11 月 2 日;里尔克的回信,1919 年 10 月 29 日、11 月 3 日。瑞士国家图书馆内部资料。
② 《里尔克作品全集》6:1085—1093。

逐颜开,而寻回昔日的旧识,尤其是玛尔特,更可谓锦上添花。随后,里尔克又在圣加仑、卢塞恩、巴索尔、伯尔尼和温特图尔五地举办讲演,各地的主办者各有不同,相同的是均获得了成功。各场讲演中所朗诵的诗歌和翻译作品基本相同,不过里尔克再没提起那篇关于"原始音象"的小文章,而是根据各地和主办者的具体口味,知趣地对"漫谈"部分做出具体调整。

走出苏黎世后,里尔克的第一场讲演在圣加仑举行,这儿是里尔克的老朋友雷吉娜·乌尔曼的老家,乌尔曼自然也就成为讲演中的一个话题。讲演由圣加仑的博物馆协会举办,此时距上一场在苏黎世的讲演刚刚过去一个星期,可里尔克已经迫不及待想重归索格里奥村的宁静生活中,差一点儿就取消了这场讲演。① 思之再三,他还是改变了主意,囊中羞涩也是一个不可忽视的因素。下一场讲演的举办地在卢塞恩,时间是11月12日,组织者是一个叫"同好者自由联盟"的组织,宣传中里尔克被贴上了"当代最伟大的抒情诗人"的标签。② 这场讲演中,里尔克做了标准的序言,所朗诵的诗歌相对要少一些,最后又谈了谈罗丹。

苏黎世之外,里尔克最有分量的一场讲演在巴塞尔举行,时间是11月14日。讲演当天恰逢讲演组织者,"奎德里贝特文学会"的成立纪念日,《新苏黎世报》称这个组织为"少数致力于严肃文学探索的人士的组织",在当地的文学和思想界始终是一柄标杆。③ 这次讲演的内容更丰富多彩,除了托尔斯泰和罗丹轶闻,里尔克又加上了富有当地色彩的人物,一位是法律史学家约翰·雅各布·巴霍芬,以其母系社会理论而著名,另一位是历史学家雅各·布克哈特,奇怪的是里尔克并没有加上另一位曾寄居巴塞尔的鼎鼎大名的人物——尼采。讲演前,主办者就同里尔克打了招呼,讲演结束后无论如何要出席一个晚会,因为这一天也是该组织的诞生纪念,好在里尔克也接到邀请,到城中一处豪门做客,那是城里最为显赫的几户门第之一,里尔克的心宽慰了些许。邀请里尔克的是海伦·布克哈特-施瓦茨曼和她的家族,宴会在华美的瑞特霍夫酒店举行,很是对

---

① 《瑞士演讲录》,208—209。
② 同上,216—217。
③ 同上,222。

里尔克的胃口。

伯尔尼和温特图尔的讲演安排得更为周详,允许里尔克10天的空闲做休整。伯尔尼的讲演11月24日举行,活动组织者是一个学生组织,里尔克也被介绍为"当代最伟大的抒情诗人"。不过,讲演后的反响并不整齐划一,《伯尔尼人》报上刊登了一篇目光犀利、言辞尖锐的批评文章,不单单对他的朗诵和杂评,甚至对他的外貌和个性评头论足。文章作者说,讲演定在晚8点举行,可里尔克直到8:30分才姗姗来迟,他"身材瘦削,相貌儒雅,身上的燕尾礼服一尘不染。他快步走向讲台,懒懒地除去白手套,露出一双纤细、白皙的手。接着,他睁大双眼,目光中包含忧郁的柔情。"听众顿时觉得面前就是"抒情诗人的典范",甚至正式讲演还没有开始,他们就被征服了。

文章的作者并没有署名,虽然开始时语气还算友好,接下去他就要开始剖析里尔克讲演中的几个往往为其他评论者所避而不谈的问题。首先,他援用里尔克自己的话,说诗人应当学会把诗歌放到个人情感之外,而代之以世间万物的精准描绘。接着,他向里尔克发起尖锐的批判,批评他在《定时祈祷文》和《新诗集》这两部作品中方法前后不一。作者认为,里尔克说诗歌唯在于细致入微的观察,既非"创造的力量或强烈的情感",亦非郁积心底非鸣不得以平的个人经历,甚至无关心灵创新的游戏和愉悦,这样就把自己逼进了"苍白羸弱,了无生趣的唯美主义死胡同",等于是"刻意对自己不忠"。最后,作者建议,"当代伟大抒情诗人"这一称号还是保留给赫尔曼·黑塞以及 Max Deuthenthey 这样的主流诗人更为妥当,不过此二者不大写抒情诗,至多也只能颁给胡戈·冯·霍夫曼斯塔尔、斯特凡·格奥尔格、斯蒂芬·茨威格之流。①

4天后,在温特图尔,里尔克作了最后一场讲演,这次加入了更多漫谈,不仅有托尔斯泰和罗丹,还谈到了他在布拉格的童年时代和军校中的少年时代。听众人数不多,可听得聚精会神,不过讲演后所提的问题也反映出,他们对里尔克绝情寡心的严峻态度感到颇为不安。一篇评论写道,在众多听众面前拿出这样一种"冷淡漠然的艺术",实在有点儿太大胆了。对于大多数出席了讲演的听众而言,这位"哥特风格的抒情

---

① 《瑞士演讲录》,248—251。

诗人始终深奥难明"。①不过,里尔克还是竭尽自己之所能,对自己的意图加以解释,不仅动情地回忆起自己的童年、少年时代,更以塞尚为例,说明自己的诗歌观应如何理解,自然又如何在艺术家的手中得到改造。

总体而言,里尔克的系列讲演均获得了成功,在大都市苏黎世近于完美,在其他几个地方则留下了小小缺憾。此后,他要延长自己在瑞士的居住时间就更容易了,慕尼黑那几年中侵袭着他的牢笼意识如今在一片新的天地中渐渐淡去。不过,他的心理状况蒸蒸日上,经济状况却江河日下。除了一些来得快,去得更快的小笔捐赠,里尔克在德国以外没有经济来源。虽然他的书销售得出奇地好,可德国此时正处在通货膨胀的狂涛之巅,马克兑换外国货币的比值一泻千里。里尔克不得不再次依赖富有的读者,到他们家里做客,期待他们能慷慨解囊。

事实证明,系列讲演对于里尔克的未来,对于他作为一名自律艺术家的地位,都起到了至关重要的作用,不仅令他广结朋友,更在经济上给他带来直接的利益。数次讲演中,里尔克结识了一批朋友,在他有生之年爱护他、支持他。最重要的一次聚会发生在1919年11月3日,女主人南妮·冯德利-福卡特是一位富有的制革厂主的妻子,身材娇小,步履轻盈,儿子已经22了,可看上去还是出奇地年轻。一家人住在苏黎世城郊的迈伦,房子颇有气派,就坐落在自家工厂旁边。席上,女主人端上了各色水果和不含酒精的果酒,里尔克则为女主人奉上一本自己翻译的伊利莎白·巴拉特·勃朗宁的《葡萄牙十四行诗集》,宾主顿时倾心如故。②这两位俱是写书信的行家老手,此次会面后几乎立即开始书信往来,数量巨大。昔日,里尔克同卢和侯爵夫人的书信往来频率可谓繁密绵长,可南妮一出场,就大有把两位前辈力压下去的势头。南妮比里尔克小3岁,里尔克不久就称她为奈克,心目中却把她视为自己夭亡的姐姐。

在最后一站,温特图尔,里尔克经人介绍结识了南妮的两位表兄,莱

---

① 听众对里尔克绝情寡心的严峻态度感到颇为不安,参阅1919年12月5日《伯尔尼人报》上的评论。《瑞士演讲录》,269—271。
② 1919年11月7日,《里尔克与南妮·冯德利书信集》,17。

恩哈特兄弟,此二君皆酷爱艺术,在里尔克的最后岁月中与诗人的关系堪称笃定。① 还有三兄弟不能错过——格奥尔格、维尔纳和奥斯卡,三人继承了外祖父和外祖叔公开创的产业,经营印度特产进出口,生意颇为红火,可谓家大业大,也积极资助各类艺术活动,里尔克也是受此三兄弟恩惠比较多的一位艺术家。

4.

里尔克讲演到圣加仑时,一位舞蹈家亚历山大·萨克哈罗夫传出话,说有位叫埃尔维尔·巴赫拉赫的女翻译家,也是一位富有商人的妻子,愿意从自己位于阿斯科纳的宅邸中拨出一间房子,供诗人长期居住。听到这个消息,里尔克立即想抓住这个机会,结果却引发一场误会,最后不了了之。

里尔克主动写信,向埃尔维尔·巴赫拉赫发出请求,后来却动摇了,不知是否该接受女翻译家的房子。开始时,他的请求直截了当:"您能给我片瓦遮头吗?"不久,他就预见到,和埃尔维尔·巴赫拉赫一家人同住屋檐下会遇到很多麻烦。例如,在就餐方面,里尔克为自己定下规矩,只有午饭才和埃尔维尔·巴赫拉赫一家人一起共进,至于早餐,来点儿粥就行了,直接送到他的房间。然而,里尔克对早餐的安排显然同埃尔维尔·巴赫拉赫家厨师的想法格格不入。里尔克不免为之踟蹰,找了一个又一个借口,拖了好几个星期迟迟不肯搬进去,更一再请主人保证,绝对尊重他的私隐,不要搅扰了他的清净。②

12月9日,里尔克终于启程南行,他首先在罗加诺的大饭店停了一程,想去看看埃尔维尔·巴赫拉赫的宅邸到底如何,然后再决定自己到底要不要搬进去。主人一家正打算去日内瓦,他们隆重接待了这位贵客,安

---

① 参阅《里尔克与莱恩哈特兄弟书信集》中对两兄弟的介绍和家谱。
② 致埃尔维尔·巴赫拉赫的信,1919年11月7日;巴赫拉赫来信,1919年11月8日、19日;致巴赫拉赫,1919年11月10日(电报)、18日、21日。瑞士国家图书馆内部资料。

排了一顿丰盛而冗长的午宴,席间主人家18岁的女儿还做了舞蹈表演。主人盛意拳拳,客人却另有心思,里尔克暗想,这家人也太闹腾了,自己真和他们住一起还能有清净日子吗?宴后,他独自一人去看了看主人给自己准备的住处,发现那就是个两居室,不远处是一座旧公园的入口,旁边还有处鸡棚。屋内陈设简陋,寒冷潮湿,如果不增加取暖,根本没法住人。①而且,里尔克也看出来了,他的主人对自己近无周详之心,远无长远之虑。

3天后,里尔克作出决定,搬进了不远处的另一家客栈,不像原先住的那家那么豪华。此处叫维拉·穆拉尔托公寓,里尔克在里面有两个房间,分立过道两边:一边是一间不大的卧室,另一边是书房。②按照里尔克的标准,屋内的陈设非常简陋,地上铺着粗糙的木地板,不过至少清净无扰,也能提供必要的服务。这一周结束时,里尔克向巴赫拉赫夫妇写去一封长信,直截了当地表示,自己不会来了。他表示,鸡棚鸭舍近在咫尺,那嘈杂声自己实在难以忍受,而且,对于一位品味高雅的诗人来说,那个地方简陋得实在是——难以启齿。除了这些实在的理由,一股愤愤然之情也跃然纸上,难以掩饰:你们虚占主人之名,怎能如此轻慢自己请来的贵客?埃尔维尔·巴赫拉赫从日内瓦回来,就给里尔克写来了一封信,表示自己的歉疚,也竭力想说服里尔克和自己一家人住在一起。③可里尔克已铁了心,只是回了封信,表示感谢。

这一段小插曲相当程度上反映出里尔克对自己个人生活的处理特色。他主动向巴赫拉赫一家求助,可一旦发现自己可能陷进去,立即拔腿后撤。无论何时、何地,他都渴望有一个安稳的居所,一片立足之地,可到头来还是发现,自己其实更向往开阔的天空。如此犹疑反复,归根结底还是反映出里尔克人生中的矛盾:他既是一位诗人,也是一个男人;既想随风而去,在开阔的天地间追寻来去绝踪、无迹可寻的诗情,又想落地生根、开花结果,过上安定的家庭生活。面对他人的帮助时,无论是居所,还是其他方面的资助,里尔克的态度总是反映出了这种矛盾,在他的拒绝背

---

① 以上描述基于里尔克1919年12月9日、11日写给南妮的信,以及12月19日写给巴赫拉赫的信。
② 1919年12月19日,瑞士国家图书馆内部资料。
③ 1919年12月22日,瑞士国家图书馆内部资料。

后,能看到的是他的恐惧和欲望。

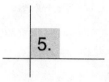

里尔克不单方方面面需要他人的资助,自己也渴望资助他人,尤其是那些有艺术天分的年轻女性,他觉得自己有义务帮她们一把。抵达罗加诺不久,他就在一家书店(店主是个叫卡森的瑞典人)邂逅一位30上下的女性,两人立即成了知己。① 里尔克开始以为这位女性是俄罗斯人,在她身上发现了一种俄罗斯气质,也就是他在《修道生活》中大加赞赏的那种俄罗斯气质。其实,这位名叫安吉拉·加特曼的女性来自摩拉维亚,距他的老家布拉格不远。这位女性体态娇小,面容憔悴,周身上下散发着一种精神之美;她写诗,作品在表现主义期刊上时有发表;目下,她境遇窘迫,身边只有一位中年佣人在尽心尽力照料着她。

安吉拉也并非同俄罗斯无缘,大战前,她曾远嫁俄罗斯,在那里生活了不少时间,那场婚姻最终以悲剧收场。从她自己的描述背后,里尔克可以猜到,那场失败的婚姻背后既有贫穷和暴力,也有孩子的夭折。其后,她再嫁给一位来自柏林的表现主义诗人,西蒙·加特曼。如今,她第二次遭遇婚姻失败,生活清贫,时而卧病不起,困顿于阿斯科纳和罗加诺的德语艺术家和知识分子小圈子中。

随着同安吉拉的交往越来越深,里尔克了解到,她打小由奶奶带大,后来她卷入宗教浪潮,在13岁时改信了犹太教,为此同家里人也闹翻了。经历了两次失败的婚姻,她对犹太教的信仰始终未变,现在更试图把自己的宗教观点传播给里尔克。安吉拉的皈依犹太教打动了里尔克心中那根弹拨出浪漫之音的心弦。

好几个星期,两人过从甚密,耗费了大量时间和精力,里尔克本该把这些时间和精力放在诗歌创作之上。这是个闷闷不乐的冬季,里尔克仍

---

① 1919年12月30日,《里尔克与南妮·冯德利书信集》,74。安吉拉·加特曼的介绍可参阅《里尔克与诺尔克夫人书信集》,181—182;《里尔克:人生与作品大事记》,675—676。

然漫无头绪,不知从何动笔,他在散漫的书信中耗费着自己的精力。一方面,他这段时间无法静心,精力分散到各种七零八碎的事情上;然而,这尚非阻止他重新提笔创作的唯一原因,另一个原因是他遇上了安吉拉,她的遭遇在他心中唤起强烈的情感共鸣。

糟糕的健康和深深的抑郁令安吉拉既近在咫尺,又远在天边,这位女性的遭遇像一块磁石,吸引着里尔克,令他不能释怀。同自己的一些朋友,例如南妮谈起这位新结识的女性时,里尔克特别把安吉拉同玛尔特做了一番比较,当然,部分原由也是打消友人们的疑虑,说明自己同安吉拉是朋友,仅仅是朋友。①里尔克把安吉拉同玛尔特作一番类比也自有其适切之处,对这两位女性,他都扮演了一位慈父的角色,只可惜对自己的亲身女儿,他却少有这份父亲的慈爱。

1906年,当里尔克初遇玛尔特,把她拥入怀抱时,她已是个情窦初开的少女。如今,她同安吉拉差不多年纪,两人对于里尔克也同样有着复杂的情感,既有对父亲的敬,亦有对男人的爱。在这两段交往中,玛尔特和安吉拉也并非仅仅被动接受了一位慈父,也反转回去,影响到里尔克关于性的许多看法。可以说,首先打动里尔克心弦的固然是两人的贫穷困顿,可他的恻隐之心接着就引发一系列本能反应。倾听安吉拉诉说自己的悲惨遭遇——被丈夫毒打,失去自己的孩子,饥寒交迫,无家可归——里尔克觉得,面前简直就是一位《马尔特手记》中的人物,不过更加真实而具体。不仅如此,安吉拉的遭遇也令里尔克想起巴黎贫民窟中的情色片段,以及《定时祈祷文》中将贫穷和情色合二为一的那些诗歌作品。

安吉拉也曾去过巴黎,同里尔克一样,既醉心于它的美丽,也曾饱尝过它的艰难。虽然里尔克同马尔特这个虚构的人物有着种种默契,里尔克始终坚称,自己和自己小说中的主人公是两个完全不同的人。如今,他更看清了自己同马尔特之间的差别:他,里尔克,总能穿过那道窄窄的门,找到欢迎自己、支持自己的人群,而马尔特做不到。同马尔特·劳里茨相比,里尔克总能"从贫困的魔掌下溜走"。②在他看来,玛尔特·亨内贝特和安吉拉·加特曼才是真正的受苦受难者,出于某种无法解释的原因,他总

---

① 1920年2月1日,《里尔克与南妮·冯德利书信集》,141—142。
② 1920年1月9日,《里尔克与南妮·冯德利书信集》,92。

是为各种苦难所吸引。

差不多有两个月的时间,里尔克时常造访安吉拉,在她的病榻前一坐就是几个小时。两人相识之时,安吉拉的心脏不好,是昔日的胸膜炎留下的旧疾(两年后,安吉拉病重不治,心脏不好也是病因之一)。里尔克为她的健康担忧,为她拿来毯子,还请自己在当地的医生,赫尔曼·波德默医生为她看病。安吉拉上医生的诊所复诊时,里尔克还特地去诊所看她,带上粥和她一起吃,为她朗诵自己的作品。在诊所住了一段时间后,安吉拉坚持要回到自己家中,里尔克也依旧悉心照料,情之切切,丝毫没有减退。

里尔克不仅关心安吉拉的健康状况,同样也为她的经济状况操心,此时的安吉拉可谓已陷入赤贫,更无改善自身经济状况的手段。虽然心中对保罗·巴赫拉赫颇为不满,里尔克还是向他写去一封求助信,希望他能够伸手拉一把这位恶疾缠身、身无分文的年轻同胞,定期为她提供一些资助。信中,里尔克说安吉拉是位天分颇高的作家(诚然),在文学界颇为重要,自己正打算把她的作品结集出版。① 里尔克的信奏了效,接着,他又写信给自己的一些至交好友,他们也纷纷慷慨解囊。

这段时间,里尔克还是把自己的创作才能花在了书信之上,同南妮,莱恩哈特兄弟,甚至远在德国的海德薇·沃尔曼都保持着频密的书信来往。听说里尔克和玛尔特久别重逢,海德薇也很是为里尔克高兴。② 这段时间,里尔克的通信对象还包括玛尔特,玛尔特的男朋友让·卢卡,以及其他许多故交新友。然而,他的《哀歌》还是躺在那里,只字未动。此时,里尔克也隐隐担忧起来,照顾安吉拉的付出越来越大,再这样下去,只怕自己再无自由之身去完成诗歌创作。

窘迫之中,突然之间有人扔来了救生圈:他接到邀请,这样就可以体面地从安吉拉身边全身而退了。之前,在巴塞尔,海伦·布克哈特-施瓦茨曼曾为他办了场晚会,如今居然结出了意外的果实。那次晚会上,霍夫曼斯塔尔热情地把里尔克介绍给海伦·布克哈特-施瓦茨曼的儿子,里尔

---

① 德国文学档案馆和瑞士国家图书馆内部资料。在写给南妮·冯德利的一封信中,里尔克也详述了为安吉拉筹资的情况,1920年2月20日,《里尔克与南妮·冯德利书信集》,156。
② 1920年2月14日,瑞士国家图书馆内部资料。

克早已被这一家人视为座上贵宾;如今,海伦·布克哈特-施瓦茨曼的女儿希奥多娜·冯·德·穆尔,还有她做建筑师的丈夫,一起邀请里尔克到夫妇俩的别墅小住几个月,别墅位于普拉特恩的肖恩伯格山中,距巴塞尔也不远。①接到邀请,里尔克长舒了一口气。

不过,里尔克心中还是充满歉疚,不管出于什么理由,自己的行为依旧是临阵脱逃。安吉拉的健康每况愈下,不得不令他扪心自责,更由此想到当年自己扔下玛尔特,孤身一人去西班牙,内心就更难安宁了。如今,还有一件事让他揪心:安吉拉会不会追着自己不放,一道去巴塞尔? 里尔克把邀请的事儿说给安吉拉听,并说自己已接受了邀请,安吉拉一言不发,这更加剧了里尔克心中的隐忧。这段时间以来,安吉拉一直致力于研究非洲雕塑,不过病痛时常令研究中断。②以她的经济状况而言,她根本无力去购买非洲雕塑,一个合理的选择就是去巴塞尔的博物馆,研究馆中的收藏。开始时,里尔克似乎支持安吉拉去巴塞尔,可心中又隐隐担忧,巴塞尔距他住的山区并不远,只怕安吉拉迟早还是会找上门来。

里尔克担心安吉拉会追着自己不放,可就这样走了,她的处境又实在令自己放心不下。冬季寒冷,她住的地方又没有足够的供暖,里尔克询问了数家诊所,试图为安吉拉找一个过冬的地方,可恰逢结核病流行,所有诊所都满员了,根本找不到床位。在波德默医生的劝说下,里尔克最终还是走了,安吉拉也只有住在自己寒冷的家中。自己就这样甩手而去,里尔克也为之而不齿,却也只好安慰自己说,为了创作,这也实在是无可奈何。他感到,过去这段日子,自己完全失去了自由,时时去满足他人之所需。随着他离去的日子越来越近,两人的关系也越来越僵,最后里尔克不得不挥刀斩乱麻,干净利索地作个了断。走后刚几天,里尔克就收到一封加急电报,发电报的是安吉拉的佣人弗劳·魏德默,电报中说安吉拉健康急转直下,还整天牵挂着里尔克的消息,可里尔克并没有松动。在日记中,他写下这样几个字:诀别的象征。③

去普拉特恩途中,里尔克先在巴塞尔停了一下,到海伦·布克哈特-

---

① 里尔克在信中把这件事告诉了席蒂,1920 年 2 月 1 日,《与席多妮·纳赫尼·冯·博卢廷的书信集》,301。
② 1920 年 2 月 16 日、3 月 4 日,《里尔克与南妮·冯德利书信集》,154,171—172。
③ 1920 年 3 月 3 日、4 日,《里尔克与南妮·冯德利书信集》,167—172。

施瓦茨曼家中做客。上次,在巴塞尔讲演时,招待他的也是海伦一家。女主人海伦对里尔克说,只要您来了巴塞尔,鄙屋的蓬门始终为君敞开,里尔克煞是感动,这座充满18世纪高雅格调的建筑也着实令他怦然心动。①其实,上次来这儿做客时,他的心已为这里所动。在巴塞尔小停之后,他去了海伦的女儿,冯·德·穆尔一家在普拉特恩的乡村别墅,面对这幢建于1764年的建筑,里尔克更是赞不绝口。他在那儿从3月3号一直住到了5月17号,各方面都被主人照顾得舒舒服服,大厅成了他的工作间,主人家里藏书颇丰的图书室也供他随时使用。各方面条件优越如斯,可里尔克依旧笔下乏力,鲜有所出。

　　开始时,里尔克对安吉拉·加特曼的情感依旧充满矛盾:一方面,里尔克既担心她的状况,又感到歉疚;可另一方面,他又暗自担心真会追到巴塞尔来(里尔克已下定决心,安吉拉真要到巴塞尔来,自己立马就走)。里尔克一直担心自己同安吉拉的关系会被他人知晓,不久,他就知道,纸终究包不住火。在写给南妮的信中,里尔克一方面对安吉拉颇有微词,另一方面又为她做辩护。自从自己彻底拒绝了安吉拉以后,安吉拉同一个重病缠身的塔木德学者走到了一起,里尔克对此颇为关注。信中,他也把自己的关注向南妮做了番倾诉。②

　　除了贫穷和困顿,安吉拉·加特曼对里尔克影响至深的就是她的犹太教信仰。皈依犹太教后,安吉拉成了一名狂热的信徒,还试图让里尔克也皈依犹太教。藏身于肖恩伯格群山之中,里尔克此时对安吉拉已是敬而远之,可他还是读了一本安吉拉曾向他强烈推荐的书——《犹太宗教流派》,作者是萨缪尔·阿巴·霍洛德斯基。③该书主要探讨了犹太教哈西德教派的历史和意义,书中有一点特别引起了里尔克的兴趣,就在不久之前,他曾写了一篇名为《上帝以爱回赠》的论文,探讨了神圣的爱,文中表达了类似的观点。后来,那一观点更在《哀歌》中拓展为对人和宇宙万物关系的思考。上帝的光芒太耀眼,力量太强大,难以言表,无所不至。因此,上帝不得不限制自己的光芒,减弱它的光辉,凡人所感应到的上帝不

---

① 1920年3月3日,《里尔克与南妮·冯德利书信集》,167。
② 1920年3月9日,《里尔克与南妮·冯德利书信集》,176。
③ 1920年3月15日,《里尔克与南妮·冯德利书信集》,184。

过是其本相所发射出的浮光掠影。

里尔克旅居瑞士的那些年中,尤其是在后期《哀歌》的创作中,他与犹太教神学思想始终纠缠不清,他的一些表示,尤其是在涉及到弗兰兹·维尔福时,可为佐证。早在19世纪最后10年,从他与卢·莎乐美的通信中,就可以察觉到他对犹太教《旧约》的痴迷,在《新诗集》中,他大量使用到《旧约》中的人物。不过,安吉拉皈依犹太教后的宗教热情对里尔克另有一番魅力,在他看来,安吉拉虽然信仰坚定,可一样要受苦受难,甚至可以说,正是由于她的宗教信仰,她必须受苦受难,其中不乏几分殉道的色彩。里尔克为这种今生无悔、至死不渝的殉道精神而感动,恰如14年前,他也曾为玛尔特一贫如洗的过去而大发恻隐之心。

里尔克在肖恩伯格山中住了10日,奈克驾汽车来访,特意为他带来一些礼物,有毛衣、头巾,等等。与此同时,许久以前在德国结识的一位旧友登门造访。来客叫泰克马尔,其母安娜是卢的好朋友,上次里尔克见到泰克马尔时,他还是一名一战中的士兵,从前线回来养伤。现如今,他早已退出军队,出现在里尔克眼前的是一位优渥的旅行家,很是愿意在这里呆上几天,陪陪里尔克这位长辈。

席蒂这位里尔克的至交老友,在经历了一次不幸的婚约之后,终于打定主意要结婚了,对象既不是里尔克,也不是卡尔·克罗斯,而是一位出身贵族的运动理疗师,麦克西米兰医生,有着伯爵头衔。从法律上说,两人的婚姻一直维系到1933年,也就是麦克西米兰去世前两年,可实际上席蒂在婚礼后短短数月就舍夫君而去,自此以后闭门谢客,形单影只,却从不肯低下她高贵的头颅。[1]收到席蒂即将结婚的消息,里尔克直到好几个月之后才有所表示。[2]

普拉特恩的两个月时光转瞬即逝,期间里尔克也去了几趟巴塞尔,拜访大家族的女家长,亦流连于巴塞尔群山起伏的乡村,精神为之一爽。距离似乎尚不足以阻挡住安吉拉·加特曼,4月初,她觉得健康有所恢

---

[1] 参阅伯恩哈德·布鲁姆为《与席多妮·纳赫尼·冯·博卢廷的书信集》所写的导言,19—20。
[2] 席蒂的婚礼举行于1920年4月20日,里尔克直到1920年11月20日才去信祝贺,《与席多妮·纳赫尼·冯·博卢廷的书信集》,308。

复,表示自己要来巴塞尔。里尔克曾暗自发誓,只要她一来,自己立马就走,绝不做片刻停留,可这会儿,他也只能好言相劝,罗列出一大堆理由,什么健康啊,花费啊,希望可以令她打消来巴塞尔的念头。里尔克的话并不能阻挡住安吉拉的步伐,四月中,她抵达巴塞尔,从下榻的旅馆给里尔克打电话。当时,里尔克正准备去巴塞尔,到瑞特霍夫大宅参加午宴,宾客中包括市图书馆馆长卡尔·伯尔努利和市博物馆馆长海因里希·施密德博士,由此也可以看出海伦·布克哈特为了里尔克的创作可谓煞费苦心。

午宴和茶聚之间,里尔克去看了安吉拉,来之前还特意找了个医生,因为她需要注射樟脑以控制心脏病情。两人的重逢并没有久别后的热烈,两人谈了很久,里尔克一再向安吉拉保证,自己从未在心中抛弃她。似乎,两人的关系并不那样简单,可能还有别的什么,可究竟是什么,早已湮没于尘封之下,无从知晓了。次日,两人整日在一起,里尔克帮安吉拉安排非洲艺术研究。此时,一些风言风语也传入了里尔克的耳朵,他同安吉拉的事在罗加诺已经传开了,大家对里尔克似乎颇为不齿,说他先赚得一个弱女子的一片痴心,接着又弃她若敝屣。在罗加诺,里尔克被视为一贯如此,关于他的种种闲话透过德语圈子里各式各样的渠道在蔓延,这些闲话令里尔克颇为丧气。

两人在一起待了差不多有4天时间,里尔克一直试图让安吉拉安心。他把安吉拉带到瑞特霍夫大宅,介绍给大宅女主人海伦。大宅女主人邀请安吉拉共进午餐,听到邀请时,安吉拉强忍着即将夺眶而出的泪水,实在想不到,在这样尊贵显赫的门第,自己居然能得到如此殊遇。里尔克陪着安吉拉去了苏黎世,又一直把她送到旅馆,然后急急忙忙赶回车站,赶上下一班回程列车,回到自己下榻的地方时,差不多已是凌晨一点。①

这个冬季,里尔克在罗加诺的风流韵事并未就此画上句号,令他分心、无法提笔创作《哀歌》的种种旁骛也未就此一扫而空。不过,毕竟一段哀怨得到了化解,那段哀怨曾经说也说不出口,藏亦藏不住头。里尔克仍在奋力嘶吼,可依旧哑然无声。

---

① 1920年4月13日、16日、20日,《里尔克与南妮·冯德利书信集》,209—215。

6.

　　瑞士,这个逃亡者们钟情的国度,却也是座镀金的鸟笼。里尔克开始怀念起昔日的时光,怀念起那更广阔的天地。4月初,玛丽·多布罗森斯基伯爵夫人返回了捷克斯洛伐克,此时里尔克想起,自己的旅行证件问题尚未完全得到解决,自己尚不能到瑞士以外的地方自由旅行。战后,在离开慕尼黑时,他曾获得奥地利护照,可一年前由于圣日耳曼协定的签署,那份护照已成一张废纸。现在,他想申请捷克斯洛伐克护照,可首先要在官僚机构翻越数个障碍,其中还包括找出克拉拉父母的出生日期。①

　　等待期间,里尔克还在幻想,一旦手里有了"友好国家"颁发的护照,自己就可以再度定居巴黎了。可实际上,连他自己也隐隐觉得,这实在是非分之想,不说别的,德国马克在国际货币市场上的比价一落千丈,根本不可能在法国或者意大利生存下去,除非他能得到大笔私人资助。回德国呢?他一直没有完全打消这个念头,虽然不甘心,但现在也似乎是唯一的选择了。5月初,里尔克联系上了老朋友"莉莉安",也就是克莱尔,现在已成为高尔夫人,夫妇俩居住在巴黎。信中,里尔克询问,虽然经济前景暗淡,是否可能在巴黎生存下去?克莱尔迅速回信,满纸热烈的言语,欢迎他来巴黎,还给了一些非常具体的建议,指导他如何在巴黎生存下去。②可最后,里尔克还是退缩了,转向另一个方向。

　　5月17日,里尔克的捷克护照终于下来了。一拿到护照,里尔克立即申请在瑞士延期一年,提出的理由既有健康原因,也有工作原因,瑞士几家图书馆都需要他继续留在瑞士工作。③此时,屠恩·塔克西斯侯爵夫人也来信了,她和朋友皮亚·瓦尔玛拉娜此时正在威尼斯,非常希望里尔克能到威尼斯和她们会合。去威尼斯,里尔克本人自然是求之不得,可依旧

---

① 1920年5月5日,《里尔克与南妮·冯德利书信集》,223。
② 1920年5月2日、7日,《里尔克与克莱尔·高尔的书信集》,37—42。
③ 致移民局官员的信,1920年5月17日,瑞士国家图书馆内部资料。

存在着手续问题：他的捷克护照只能在瑞士境内使用，要想去威尼斯，先要得到意大利有关部门的批准。① 又是漫长的等待。这段时间，里尔克不知何去何从，5月17日，他离开了普拉特恩，这之后，每逢官僚机构的齿轮运转缓慢时，他就会回到普拉特恩。圣灵节，他在冯德利家住了3天，常常同女主人奈克在她小巧静谧的会客厅中促膝长谈。

里尔克回到巴塞尔，恰好赶上霍夫曼斯塔尔夫妇带着女儿克丽丝汀来访。阔别多年，两位诗人重逢时却显得有些勉强。其实，两人素来心有嫌隙，尤其是里尔克服役期间，经历了同露露的那段恋情后，他同霍夫曼斯塔尔的嫌隙更大，只不过表面上没有流露而已。此外，霍夫曼斯塔尔对于里尔克的诗歌成就一直颇有疑问，这也是二人面和心不合的一个重要原因。这些年来，两人在创作上都发生了巨变，霍夫曼斯塔尔基本上放弃了纯抒情诗的创作，转而专心为理查德·施特劳斯的歌剧创作唱词；里尔克已奠定了自己作为抒情诗人的名望，可此时他正身处内心危机之中，几乎中断了诗歌创作。霍夫曼斯塔尔觉得，作为诗人，里尔克徒有其表，缺乏内涵。或许，他的判断不无合理之处，只不过过于严苛了些。

两位诗人在圣灵节的这次相遇似乎引起了一些不快，不仅影响到里尔克同霍夫曼斯塔尔原本就不那么牢靠的友谊，更不幸的是，也影响到了里尔克同卡尔·雅各·布克哈特的关系。卡尔同霍夫曼斯塔尔是至交密友，两人的友谊可追溯到卡尔在瑞士驻维也纳大使馆任职时。或许，造成两人不快的病根在于，霍夫曼斯塔尔曾出售过两件艺术品，一件是幅瑞士风景画，另一件是尊精美的小青铜雕像，出自大师罗丹之手，里尔克卷入到这桩交易之中。霍夫曼斯塔尔是个极其骄傲的人，当马克在国际市场上一跌再跌几乎已分文不值时，自己出售艺术品这件事被里尔克知晓，霍夫曼斯塔尔着实暗自恼怒。自打那以后，两人的关系就比较僵。此次，霍夫曼斯塔尔来瑞士，同莱恩哈特兄弟相会，原本一切都十分完满，可里尔克的出现让他感到有些不快。他写道，一切都很好，只是"里尔克的出现带来了一丝杂音"。②

这次不快的相遇后，里尔克曾给布克哈特的姐姐希奥多娜·冯·

---

① 1920年6月4日，《里尔克与玛丽·冯·屠恩·塔克西斯书信集》，602。
② 《霍夫曼斯塔尔和布克哈特书信集》，51。

德·穆尔写过一封信,信中对霍夫曼斯塔尔颇有责怪之意。数月后,在10月6日,卡尔·布克哈特收到霍夫曼斯塔尔的一封来信,语气礼貌中透着冰冷。信中,霍夫曼斯塔尔特意模仿里尔克的语言风格,讥讽之意溢于言表。①布克哈特的回应是,霍夫曼斯塔尔或许觉得这位来自布拉格的日耳曼人很难相处,自己却觉得还能应付。他还补充道,富有创造力的艺术家总是令人又爱又恨,或许是因为"他们要保持作品的纯洁"。布克哈特还是为里尔克说了不少好话,他说,里尔克给他们家带来了天才的光辉,令他的家门流光溢彩。不过,霍夫曼斯塔尔依旧是他最亲密的朋友,无论是在他家中,还是在他姐姐的家中,他都随时受欢迎。自这年10月后,里尔克再没受到邀请去冯·德·穆尔家中,不过双方关系始终密切。

6月,里尔克终于启程去了威尼斯。在这之前的一星期,他来来往往巴塞尔,与霍夫曼斯塔尔一家见面,纵然谈不上前嫌尽释,至少也挽回了彬彬有礼的表面形象。此外,他还时常去探望安吉拉·加特曼。动身前几天的一个晚上,他还参加了一次通灵会,参与者除了他和安吉拉这两个外乡人,还有形形色色的当地人,包括一位当地书商和他的作家妻子。通灵会一直持续到次日凌晨一点半,里尔克也没法回去了。后来,在写给南妮的信中,他貌似不经心地提到,那晚对安吉拉"尤其危险","她潜意识中的声音……突然如山火般爆燃"。那夜,他住在了瑞特霍夫,第二天应西奥多娜之邀,陪她去看了场音乐会。②

6月9日,里尔克的捷克护照上终于贴上了意大利签证,他一下子感到了自由。在写给南妮的信中,他写道:"真神奇,所有的门一下子都敞开了。"③第二天,他就动身前往威尼斯,于6月12日抵达。不知是巧合还是刻意,安吉拉也于6月10日启程去魏玛,去见她的前夫。

不幸的是,隔了这许多年,威尼斯早已不是那座令里尔克如痴如醉的水城了,同老友的重聚也颇令他失望。由于他抵达的日期无法事先确定,侯爵夫人也没法在自己的公寓中预留下他的房间,里尔克只好住进了欧罗巴饭店。大多数时间,他在瓦尔玛拉娜家的大宅晃悠,可乐趣也大不如

---

① 《霍夫曼斯塔尔和布克哈特书信集》,50。
② 这一段时间的经历里尔克在1920年6月5日的信中向南妮·冯德利作了一番详述,《里尔克与南妮·冯德利书信集》,245—248。
③ 1920年6月9日,《里尔克与南妮·冯德利书信集》,248。

前。与侯爵夫人隔了这么多年再次重逢,可对威尼斯的失望不免令这次重逢也显得苍白无力,好在情况逐渐有了转机。6月22日,憋了一肚子闷气的诗人终于搬进了侯爵夫人的公寓。①

侯爵夫人6月底离开了威尼斯,里尔克再次一个人住在公寓中。有那么一段时间,他觉得,在德国蜗居了5年之后,回到威尼斯,他终于得到了彻底解放,而瑞士不过是一个中点站。他走过威尼斯的大街小巷,仿佛一个刚刚走出沙漠的旅行者,到处寻找着水泉,用清凉的泉水浇灭心头的火焰。他进进出出大大小小的教堂,不过不肯在教堂里的绘画前驻足观看,以免被人当成外来的游客。通常,他一进教堂,就在长椅上坐下,长椅都磨得锃光瓦亮,那是一双双虔诚的威尼斯妇女的膝盖留下的痕迹。每当他走过威尼斯的一座座桥梁,他都会忍不住伸手去抚摸凉阴阴的大理石护栏。②

无论是瓦尔玛拉娜伯爵夫人,还是夫人的女儿皮亚,都竭力劝说里尔克留下来,大家再寻回7年以前的美好时光,这样的诱惑里尔克实在无力抵挡。故地重游,发现一切并未改变,这实在令里尔克兴高采烈了一阵子。可实际上,改变的正是里尔克自己,经历了大战之后,他对于意大利,尤其是威尼斯的感觉已发生了一些根本性的变化。他原以为在这里可以找到灵感之源,可实际上,他的心灵依旧在干涸的旱季下枯萎、龟裂。

没有实现原先的愿望,里尔克最终对威尼斯深深失望。7月13日,没有任何预兆,里尔克匆匆离开威尼斯。他走得如此匆忙,甚至没有通知肖恩贝格的主人,自己回来了。他依旧渴望能去一个遥远的陌生国度,一个真正能令自己隐姓埋名,不为人知的国度,周围的所有人说着陌生的语言。这样,自己的语言方能凸显而出,成为自己创作的媒介。然而,此时的他也知晓,那种了无牵挂、万里漂泊的日子已一去不复返了,现在自己最需要的是安定的生活。

带着这样的矛盾,他回到了瑞士,还是先在苏黎世和迈伦歇了歇脚,在南妮家小住了几日,又陪她去霍尔维尔湖逛了一圈,看了看湖边的城堡。德国马克的跌势愈发猛烈,里尔克在经济上也愈发困难,毫无疑问,

---

① 1920年6月24日,《里尔克与诺尔克夫人书信集》,58。
② 1920年6月21日,《里尔克与南妮·冯德利书信集》,252—255。

他在瑞士的生计已大受影响。里尔克向莱比锡发去消息,说自己不久就会启程。

此时,安吉拉也从德国回到了巴塞尔,里尔克约她上自己最喜欢的一家咖啡馆吃午饭,到的时候,发现安吉拉已经坐在角落中,身穿一袭淡黄色丝绸长裙,镶着黑色的边,脖子上扎了一条宽大的金色丝巾,简直像是一幅画中的人物。[①]跟里尔克取得上联系,安吉拉可费了不少周折,给冯·德·穆尔夫妇和布克哈特兄弟都打了电话。和前夫的会面在她的心上投下阴影,可更令她揪心的是德国的现状——实在是一言难尽,她几乎都没有时间向里尔克说说自己的事情。不过,她也告诉里尔克,自己对非洲雕塑的研究终于得到了资助,现在可以在巴塞尔完成这一研究了。

此时,里尔克的心思却不在安吉拉身上,就要同瑞士道别了,他此刻脑子里想的全是这个。然而,他早已打定了主意,自己是名艺术家,环境对于自己的创作至关重要。瑞士,已是自己最后的家园,自己绝不同这里久别,无论任何人,无论任何原因。

[①] 1920 年 7 月 27 日,《里尔克与南妮·冯德利书信集》,289—290。

第 22 章　爱的狂想和诗的语言

> 被爱者啊,除了在内心,世界是不存在的。我们的生命随着变化而消逝。而且外界越来越小以致化为乌有。①
>
> ——《杜伊诺哀歌》第七篇

1.

里尔克一面为返回德国而忙碌,一面却不可思议地坚定了心底的愿望——留在瑞士。8月的数个星期中,他先后去了温特图尔、苏黎世和日内瓦,站在各地的标志性景观前,做内心的道别。每到一处,一种退出尘世之喧嚣,以达致心灵之幽远的感受便袭上心头。没有奇迹发生,但他的朋友们,布克哈特一家,还有南妮·冯德利,都在想方设法把他留在瑞士。朋友们的努力没有白费,除此以外,日内瓦的一个人也像磁石一样牢牢吸引住里尔克,这个人就是画家伊利莎白·多萝西·克洛索乌斯基,署名巴拉迪内。

里尔克8月抵达日内瓦,这里是他告别之旅的一站。这座有着浓郁法国风情的城市令他回想起昔日他在巴黎的日日夜夜,更令他打心

---

① 《里尔克作品全集》1:711。

底抵触返回德国,尽管此时返回德国似乎无可避免。要是不回慕尼黑,那就只有去劳钦侯爵夫人的城堡了。侯爵夫人那里倒是没有问题,他随时可以去她的城堡,可前景又如何呢?只怕同回慕尼黑一样,黯淡无光。

里尔克抵达日内瓦的当天就去拜访巴拉迪内,这次,两人的交流亲密而炽烈,两人一谈就是好几个小时,仿佛两人已是多年的老友,仿佛此次见面是开始,而非告别。两人携手走过日内瓦的大街小巷,比肩休憩于日内瓦那大大小小散发出神奇魅力的公园中。

巴拉迪内早已计划好要去伯尔尼附近的图恩湖度假,动身前一晚,她与里尔克在公寓的阳台上娓娓而谈,直到深夜。虽然有些依依不舍,第二天她还是按计划去了伯尔尼,一到伯尔尼就收到了里尔克安排人送来的一大束鲜花,这实在令她心潮起伏,难以自己。在8月13日的日记中,她写道:"凌晨5点就被送玫瑰花的叫醒,真不敢相信自己的眼睛,眼前的花朵居然是从那么远的地方送来的。"①

由此,里尔克和巴拉迪内开始书来信往,堕入一段不寻常的恋情之中。近些年来,没有哪个女性在里尔克心中的分量像巴拉迪内那样重,两人的关系差不多一直维系到他去世。里尔克开始改称自己的爱人为梅尔林,巴拉迪内自己也很珍视这个称谓。里尔克去世多年后,巴拉迪内出版了自己同里尔克的书信,书中仍坚持使用梅尔林这个化名称呼自己,至于里尔克,则直接用他的本名赖纳。在处理这段关系时,里尔克与巴拉迪内恰恰相反,他似乎并不希望自己的这段新的恋情尽人皆知,就算对身边的一些朋友有所透露,也常常是细心筛选,隐去了许多细节。通常,在外人面前提到巴拉迪内时,他不会使用梅尔林这个爱称,而是称她为克洛索乌斯基夫人,或者摩基,偶尔也会使用她的艺名巴拉迪内。

梅尔林在相貌上同许多曾在里尔克身边出现过的女性有着惊人的相似:她肤色深暗,面容忧郁,依稀有那么一点儿地中海女性的味道。她看上去像是又一个露露,或者克莱尔·斯塔德-高尔,甚至是年轻时的卢·

---

① 《里尔克与梅尔林书信集,1920—1926》,11—12。本书中关于里尔克与巴拉迪内关系的描述,主要依据这本书信集。

莎乐美,不过她比那些女性更加温婉,言行举止上也更为内敛。露露曾说过,里尔克其实一辈子只爱过一个女人,那个他心目中的理想女性,在现实的众多女性中,他仅仅看到了那位理想女性的影子。或许,露露是对的,不过并不适用于巴拉迪内,里尔克对巴拉迪内的情感有着更加深刻的根源。

巴拉迪内既不像玛格达,对里尔克的诗日夜思慕,只恨言不尽意;也不像露露,少年时即对里尔克情有所钟,暗愁无缘相会。梅尔林是位画家,在文学上没有多大的抱负,对里尔克的诗歌也没有多少了解,而这对于里尔克来说恰恰是一种崭新的体验。无论对于里尔克,还是对于巴拉迪内,发觉到自己的心灵正在和对方鸣唱和应,无异于一次启示。巴拉迪内通常用法语写信,可这次,她在下面又用德语加上一段:"今天下午,我就要上圣山(贝阿滕贝格山)了,我要甩掉所有忧烦,就像甩掉身上的水珠,这样才能轻身而上。我会在绝顶之上向天父祈求,与你重逢,向你致敬。"

当然,里尔克没有身临"绝顶"与她重逢,或许他确实动过心,可还不至于那样疯狂。不过,他还是有所表示,他说,自己犯了两个不可挽回的错误:其一,在罗加诺过冬,而不是日内瓦;其二,放手让她离开自己去度假。巴拉迪内迸发出的热情也点燃了里尔克,如果说此前她对里尔克的诗歌所知不多,现在她开始猛读起来,那一首首诗歌像是一捆捆薪柴,令她心中的火焰越燃越高。"我正躺在草地上,读你的《定时祈祷文》,一点点潮湿,一点点温暖,仿佛自己也生出根来,同大地连为一体。我大声朗诵,竟发现自己的声音在颤抖。"①

两人的关系在书信中酝酿发酵,步步发展,犹如一部神秘剧的情节。这对恋人可谓聚少离多,每当分手带走对方的容颜,书信立即填补上心灵的空白。或许,这一次露露错了,巴拉迪内全然不同于里尔克过去爱过的女性,她的存在也反驳了当代一位里尔克批评家迪特尔·巴瑟曼的论断:里尔克一生周旋于众多女性身边,却从没发现有哪个女性真正"值得"他去爱。1954年,巴瑟曼把里尔克同巴拉迪内之间数量极其庞大的书信结集出版(依旧有所遗漏),他也不得不承认,这段恋情无论对于里尔克,还

---

① 梅尔林的来信,1920年8月18日,《里尔克与梅尔林书信集,1920—1926》,14。

是对于他的诗歌创作,都十分不同以往,有着特殊的价值。①

8月底,梅尔林已准备离开贝阿滕贝格,里尔克发来电报,表示会去伯尔尼接她,下榻贝勒乌饭店。里尔克刚刚走进饭店大门,就接到了巴拉迪内的电话。"你在哪儿?"里尔克问道。巴拉迪内回答自己已在城中,于是里尔克叫她立刻到自己这里来。

两人一起徜徉在伯尔尼古旧的街道上,玫瑰飘香,水百合正在绽放,可谓极感官之娱。星期天早上,梅尔林不得不离开伯尔尼去苏黎世,但两人的书信往来一刻也没有断绝,满纸都是浓浓的爱意和火一般的热情。通常,里尔克在每段恋情的开始都会无比热情,言语表达中竭尽艳丽浮夸之能事,这次也不例外。不同的是,这次他的热情并没有迅速减退从而落入贫瘠荒凉之中。相反,它有升有降,时而炽烈如火,时而平淡如水,承载着一腔绵长的思念。两人恋情开始后不久,里尔克在伯尔尼写道:"我手中拿着你的信,读了一遍又一遍,想再体会那一刻的心境,却无迹可寻。谁也无法预料,这一刻它从哪里倏忽而来,下一刻又向哪里倏忽而去。"②

那些年中,无论里尔克和巴拉迪内在书信中如何情浓意切,却极少放弃正式称谓,只有在少数几次极其亲密的时刻,两人才能突破称呼上的称谓,由您改口为你。③称谓是两人间的一条界限,而设下这道界限的不是别人,正是里尔克。似乎,他有一种担忧,一旦两人习惯于亲密的称谓,两人的关系就会面临危险(在他之前同女性的交往中,这倒也是实情)。每当里尔克露出远离之意时,梅尔林就会伤心落泪,可此时,虽然里尔克还会像往常那样强调自己需要独处、需要安静,可也会对梅尔林有所表示。再说了,伤心的也不是梅尔林一个人,里尔克也常常饱尝离别相思之苦。

渐渐地,里尔克完全沉浸到法语的环境之中,生活中事无大小一律用法语。其实,既然他选择定居在瑞士的法语区,这也是迟早的事,不过巴拉迪内的影响还是不可小视。巴拉迪内虽然出生于德国,一生中大部分时间却生活在巴黎和日内瓦,这也促使里尔克改变自己的语言,以同自己

---

① 《与里尔克对话》,298;露露对里尔克的评价,参阅《与里尔克同行》,157页脚注。
② 里尔克给梅尔林的信,1920年8月24日;梅尔林的回信,8月24日(当天晚上);《里尔克与梅尔林书信集,1920—1926》,19—21。
③ 汉斯·特拉默认为巴拉迪内是里尔克最后的也是真正的爱人,他从两人的书信往来中也找出几例使用"你"的地方,不过极其罕见。

的爱人相配。两人的书信绝大部分以法语写成,这也大大促进了里尔克使用法语的能力,不单是把法语翻译成德语,更是直接用法语进行创作。

在日内瓦,在伯尔尼,里尔克同巴拉迪内娓娓而谈,絮絮私语,时而望望窗外的夜空,那一幕幕景象激发里尔克创作出一系列法语诗歌,他称之为《窗户》。之后的四年中,这一系列不断扩大,1927年,在里尔克去世后出版,并配上了巴拉迪内手绘的插图。那时,里尔克得知自己的爱人对自己的诗歌越来越倾心,便决定用她最亲密的语言创作诗歌,写下了这一系列的第一首:

> 那不是持久的姿态,可你
> 又一次披上金色铠甲
> 从胸口直到膝头。①

里尔克送了一本《马尔特手记》给梅尔林,在扉页上,他抄写下上面几行诗句。

里尔克同巴拉迪内的关系中又一个不同于以往的因素是他对巴拉迪内两个儿子的关心,他参与到皮埃尔的教育中,又对巴尔蒂斯进行艺术熏陶,似乎他对这两个孩子的关心超出了自己的女儿。或许,年龄、性别、艺术天赋,这些都是他喜欢这两个孩子的原因,但最主要的原因毫无疑问还是他对他们母亲的爱。

不过,里尔克的老毛病无声无息地再度袭来:他虽喜欢坠入情网,却惧怕作出承诺。9月2日,梅尔林在苏黎世给里尔克写信道:"我想投入你的怀抱。"接着,她却转用德语写道:"人们都说,幸福不在于有多少所得,而在于作出多少牺牲,要如何才能抓住幸福呢?"还从来没有哪个女性向里尔克提出这个问题,不过梅尔林已有了答案,她写道:"让我俩画个圈吧,圈子里就我俩,无世俗之乱神,无礼教之扰心,只有你和我,互敬,互爱。"②曾几何时,露露也幻想着建立起这样一片爱的乌托邦,可梅尔林的决心和韧性显然要比露露大得多。

---

① 《里尔克作品全集》2:637。
② 梅尔林来信,1920年9月2日,《里尔克与梅尔林书信集,1920—1926》,37。

收到这封信,里尔克立即回信,表示自己第二天晚上9点到苏黎世,只能待24小时。梅尔林去火车站接里尔克,不可思议的是,里尔克的那节车厢恰好停在梅尔林面前,里尔克简直可以说是"扑入"她的怀抱。计划中的一天一夜一下子翻了8番,多年以后,梅尔林记述了这一段幸福的时光:"我的两个孩子既是我的学园,也是我的快乐,我是他俩的玩伴。里尔克也加入了进来,我们4个在一起,像4个开心的孩子。"[1]两人时常漫步于湖水之滨,都市之郊,情话绵绵,不绝如缕。有一次,里尔克甚至充当起父亲的角色,同巴尔蒂斯的老师讨论,如何改善这孩子糟糕的地理。

到9月时,梅尔林对里尔克已有了更多的了解,知道只要他一走,两人间的关系就会有变故。幸福的8天8夜结束了,里尔克走了,梅尔林也立即感受到了她同里尔克之间的距离在拉大,她接连发出了3封信。里尔克此时仍爱着梅尔林,但也感受到了两人间的障碍,他在信中写道:"我的朋友,哦,我的朋友,我有这么坏吗?我真的令你如此心痛吗?"[2]或许,他可以在日内瓦度过这一年的冬季,当时,他正在四处找寻一处可以落地生根之处,有巴拉迪内陪在身边,他创作的热情也可能更为饱满。不过,那一刻,未来对于里尔克仍旧是一片未知的领域,他还不愿过早划定它的轨迹。他先去了苏黎世,去拜访冯德利一家,又去了古蒂·诺尔克在拉格斯附近的城堡,接着又回到了迈伦,最后才回到日内瓦。

里尔克回日内瓦前,同巴拉迪内书信不断。这一次,他终于下定决心,弥补上一次的过失,在日内瓦安安心心住上几个月。好长时间,这个念头一直装在他心里,在发出又一封热情洋溢的信后,他再也按捺不住,跳上了开往日内瓦的火车。他并没有通知梅尔林,而是先在博格斯饭店住下(现在,这里也成了里尔克常落脚的去处),然后差信使送去一封言辞炽烈的便条。他的到来确实出人意料。在博格斯饭店,里尔克仍旧住在他过去常住的房间中,他在便条中写道:"天哪,一出车站就想向你奔去……不知花了多大气力才克制住自己。"那晚,他不知道梅尔林是否有空,"可明天……"[3]

---

[1] 《里尔克与梅尔林书信集,1920—1926》,38。
[2] 写给梅尔林的信,1920年9月17日,《里尔克与梅尔林书信集,1920—1926》,41。
[3] 1920年10月3日,《里尔克与梅尔林书信集,1920—1926》,72—73。

凭借巴拉迪内的帮助，再加上他在当地的关系，里尔克开始为即将到来的冬季做起打算。建筑师圭多·德萨利斯帮他在老城区寻了套合适的公寓，他的租约始于 11 月 1 日，租约开始之前，德萨利斯也帮他做好了安排，在旅游局附近的一幢老房子中为里尔克找了一间房，里尔克可以在里面过渡一段时间，租金 120 瑞士法郎一个月，还不算太贵。

10 月 7 日，也就是里尔克抵达日内瓦后的第四天，他和梅尔林一起去了南边的瓦莱，那一路真可谓风光无限，两年后里尔克还对那里念念不忘，在梅尔林的帮助下在那里长住下来。这一次，不知是否是造化弄人，两人居然遇上了梅尔林的丈夫，艺术史家恩里希·克洛索乌斯基，地点是瓦莱的首府锡永，三人一起坐了几个小时，气氛挺融洽。里尔克特别喜欢瓦莱宽广的山谷，两边山峰陡立，如刀劈斧凿，给人一种开阔的感觉，远方的视野中，山峦连绵起伏，美景如画。山谷中，山坡上，三两点缀着村落，更高处则是古老的城堡，地里长着葡萄藤和绿油油的瓜果。两人在谢尔过了一夜，住在贝勒乌山庄。日后，里尔克定居附近穆佐的高塔中，山庄中更是时常见到两人亲密的背影。

10 月 11 日，两人回到日内瓦，心中装满柔情蜜意。里尔克终于可以去巴黎了，他的护照上终于贴上了法国签证，正在伯尔尼的捷克大使馆中等着他去取。两人都很开心，离别不过区区一星期多一点，那以后，里尔克就可以住进他的新居了。从瓦莱回日内瓦当晚，圭多·德萨利斯即来拜访了这对恋人，同时也把诗人新居的一些事宜安排停当。里尔克的到来令德萨利斯很是兴奋，和日内瓦艺术圈和知识圈中的很多人一样，他对里尔克很是热心，一心要把这位著名诗人留在日内瓦过冬。搞到那套公寓其实还是费了不少周折，那年恰逢国际联盟成立，城里满大街都是找房子住的人。

然而，另一些朋友对里尔克另有安排。10 月 16 日，里尔克去伯尔尼取护照，收到了南妮的一封短信，说理查德·齐格勒中校和他的夫人莉莉准备把夫妇俩的贝尔格山庄交给里尔克，以供他过冬之用。不但如此，南妮更为里尔克找好了一位佣人，保证他在山庄中享有绝对的清静。①朋友

---

① 例如，里尔克曾向古蒂·诺尔克提到，贝尔格城堡还是有希望的。1920 年 10 月 2 日，《里尔克与诺尔克夫人书信集》，66—67。

们的好心把整个计划逆转了,他过冬的地点将不再是日内瓦老城区安逸舒适的公寓,而是苏黎世城郊小镇上一座宏伟的城堡;他将不是去和梅尔林一家三口其乐融融,而是在精心照顾下孤身独处。能让巴拉迪内带着两个孩子住到城堡里去吗?此时,无论对于巴拉迪内本人,还是对于她的两个孩子,都不大可能,更何况,里尔克也不大希望他们前来搅扰了自己的清修。虽然此时他同巴拉迪内仍处于热恋阶段,可友人们还是说服了他,此时此刻,他的最高使命就是完成《哀歌》的创作,而过上一个无旁人搅扰、无杂事分神的冬季,对于完成那一使命来说有百利而无一害。

这一突然变化对于巴拉迪内来说无异于当头一棒,刚刚还是晴空万里,可听到这个消息,无异于晴空中打了一个霹雳。虽然失望之极,巴拉迪内还是能控制住自己,以理解和优雅接受了现实。里尔克的解释还是老一套,说自己的创作如何重要,自己如何需要独处,不过除此以外,里尔克还向她保证,当初决定留在日内瓦绝对是自己本人的想法,绝非受到她的压力勉强作出的决定。既然是自己本人的想法,如今为了艺术,他自然也可以改变当初的决定,他希望,自己的爱人能支持自己。巴拉迪内当即收起失望,表示绝对支持自己爱人的艺术创作,里尔克真是既喜出望外,又长出了一口气。①

10月17日,里尔克离开伯尔尼,先去了巴塞尔,同冯·德·穆尔一家住了几天,然后启程去巴黎。古蒂·诺尔克以1000里拉相赠,令里尔克宽心不少,虽然他已下定决心绝不动用这笔以备不时之需的储备,②可毕竟出国旅行开销巨大,说不定什么时候就要用上。他终于上路,向那座曾令他焕然一新的都市进发。

2.

6年之后重返巴黎,一切恍如隔世。巴黎城中多少地方,6年来完完

---

① 1920年10月19日,《里尔克与梅尔林书信集,1920—1926》,80—81。
② 1920年10月2日,《里尔克与诺尔克夫人书信集》,67。

整整地保留在里尔克的记忆之中,如今再次踏足故地,仿佛时光倒流又回到了从前。里尔克给梅尔林发去电报,说"一路诸事顺利,终于到达",[1]希望爱侣可以分享自己的喜悦。里尔克给南妮也发去一封电报,内容却截然不同,电报中写道:"衷心感谢你的决定!"[2]里尔克指的是贝尔格的城堡,那座城堡给里尔克带来了难以抑制的快乐,给梅尔林带来的却是撕心裂肺般的痛苦。

里尔克买了本笔记本,打算记下此次巴黎之行的感觉和印象,同记忆中的昔日作一番比对。最后,整本上只写下了一句话:"这里的一切不可言喻。"[3]巴黎城中的氛围似乎更喧嚷,更匆忙,城中有更多来自远方、四海为家的人,可这座都市的精髓一点没有改变,一下子就抓住了里尔克的心。里尔克在巴黎下榻的地点是佛约特饭店,这是幢老建筑,不过已经经历了更新改造,饭店坐落在土伦大道上,对面就是卢森堡植物园。在巴黎的这些日子,里尔克写的信不多,信中往往提到,建筑岿然不动,里面的人却来来往往,川流不息。如果你的目光不是停留在那些不朽的建筑上,而是投向人群,特别是在塞纳河右岸,还是会发现这座城市发生了不小的变化。在写给法涅特·克莱维尔(里尔克在巴塞尔讲演时结识的瑞士工业家的妻子)的信中,里尔克写道:"我的眼中没有人,只有建筑,一幢幢、一排排的建筑,我的人生也在建筑中杂然赋形。"[4]巴黎正是那座从不会令他失望的城市,城中那一座座不朽的建筑是他一生中"最为珍贵的拥有"。卢森堡植物园、巴黎圣母院、凡尔赛宫,多少个日日夜夜,里尔克漫步其中,每一刻都感到那样饱满,那样充实。

虽然里尔克如此倾心于巴黎的建筑,对于社会交往却也并不反感,当然交往的对象绝非泛泛之辈。在巴黎,他遇上了伊冯娜·德·瓦滕威尔,这实在是件乐事。此外,他还受到旺达·兰多夫斯卡的邀请,在旺达的家中遇上了作家保罗·勒布和克莱蒙特·特内埃尔侯爵夫人。一个个响当当、金灿灿的名字似乎在诱惑他走出独处,步入人群,他也顺势而下,不再推三阻四。不过,里尔克还是不希望过于招摇,不希望过多人知道自己人

---

[1] 1920年10月23日,《里尔克与梅尔林书信集,1920—1926》,85。
[2] 1920年10月23日,《里尔克与南妮·冯德利书信集》,332。
[3] 1920年10月25日,《里尔克与南妮·冯德利书信集》,332。
[4] 大约1920年10月31日,瑞士国家图书馆内部资料。

在巴黎,例如,他就没有同安德烈·纪德联系,尽管战前两人的关系十分密切。离开巴黎回瑞士前,他给纪德写了一封短信,礼貌地感谢他的赠书——《牧野天音》,却从没流露出要去纪德府上拜访一番的意思。

离开巴黎前,里尔克写信给梅尔林,说自己等不及要回到瑞士。信中,里尔克解释道,自己之前没有时间给她写信,现在,自己可以对她说,巴黎的秋季色彩斑斓,天高日晶,令自己心为之开阔、气为之舒张。如今,重返巴黎终于不再是夜夜残梦,而是"白亮亮的现实"。

巴黎再次向一个创造的心灵敞开了大门,一位诗人终于可以再次俯卧在天使之侧,这实在令里尔克欢欣鼓舞,可欢欣过后,忧从中来,既怕自己一走,那扇刚刚开启的大门砰然关闭,又怕自己的新经历无所产出,渐渐磨灭于无形。就在里尔克热烈地期待回到梅尔林身边时,这些隐忧也最为强烈地萦绕于他的心头,挥之不去,斩之不绝。列车已经满员,可里尔克还是买了张票,恨不能把自己缩成一团挤上车去。在信中,他如此写道:"我必须回来,回到你身边,我的爱人,而且是在星期六,我们相会的老日子。"①

又是10天,与梅尔林激情如火的10天,与她的儿子童真浪漫的10天。这10天中,里尔克再次扮演起父亲的角色,俨然已是一个四口之家中的一员。他陪梅尔林和她的大儿子皮埃尔去洛桑的大教堂听音乐会,不过,最让他上心的还是梅尔林的小儿子,12岁的巴尔蒂斯。这个孩子天分很高,已完成了一整个系列的绘画,讲述一只叫米祖(也可能叫米苏)的流浪猫如何走进他的家门,又如何悄然消失。后来,在里尔克的安排下,这组画作正式出版,里尔克更亲自用法语为画册写了序言,这也是他尝试用法语写作的初期尝试之一。

10天的时间过得太匆匆。里尔克离开前两天,梅尔林离开里尔克下榻的饭店,离去前在他的案头留下一封情真意切的信。信用德语写成,信中罕见地用"你"称呼里尔克,之所以借助文字而不是当面表白,因为她怕自己还未出声,泪水已夺眶而出。信中写道:"哦,赖纳,今天就要离开你,多么大的痛苦啊!整座城市仿佛已空无一人……明天你回来,后天也还回来,可大后天呢?大大后天呢?往后,太阳将不再升起,这里只剩下永

---

① 1920年10月29日,《里尔克与梅尔林书信集,1920—1926》,85—86。

恒的冰冻。你一走,我身边的一切都将熄灭,我也仿佛从未活在这个世上。"信的最后,梅尔林用法语写道:"人只能复活一次,可我们时常死亡。"①

11月11日,里尔克回到苏黎世,住进了他常住的波尔饭店。前程景色迷人,可离开梅尔林还是让他有些揪心。就在他离开日内瓦的前夜,南妮向"莫基·克洛索乌斯基"写去一封信,帮里尔克安慰她一番。对此,里尔克简直是感激涕零,他自己实在想不出什么招儿来安慰自己的爱人了。②到达苏黎世的次日,南妮来饭店接上里尔克,然后用车载他去苏黎世郊区伊尔切尔山中的贝尔格城堡。此刻,里尔克满怀信心,打算到了那里立即开始工作,为发出自己的诗人之音而奋斗。他觉得,自己放弃了个人的幸福,走向更大的圆满,那就是他的《哀歌》。他衷心希望,隐居于伊尔切尔山中的贝尔格城堡,自己最终可以为这段铺满荆棘、无休无止的追寻画上终结号。

3.

里尔克放弃了在日内瓦过一个柔情蜜意的冬季,选择去贝尔格城堡过形影相吊的日子,目的是完成《哀歌》的创作,可结果并不如其所愿。其实,类似的决定他过去也作过不少,可只要他不能完全放下日常生活的重压,这样的决定就注定不会有什么结果。不过,四周少了许多人和事分心,里尔克还是开始创作了,完成了几首诗,还开始认真地把瓦莱里的《海边墓地》由法语翻译成英语。剩余的时间里,他就和以往一样,埋头写信。这一年早些时候,他开始同南妮认识的一个小姑娘,19岁的阿妮塔·佛拉互通信件。此时,在城堡中,他给这位小姑娘写了数封极长的信件,向她提出一些人生忠告。至于《哀歌》,依旧遥不可及。

在城堡中度过的最初几周很愉快,周围的一切都那样新鲜,里尔克山

---

① 1920年11月8日,《里尔克与梅尔林书信集,1920—1926》,87。
② 1920年11月10日,《里尔克与南妮·冯德利书信集》,338。

长水远到瑞士来,梦想的一切在这里似乎都成为现实。贝尔格是一座古老的山庄,规模不大,山庄里除了他就只有一个叫莱尼的佣人,此人极其能干,行事又极端谨慎小心。山庄中,主人给里尔克准备了几间房,里面陈设舒适,不乏品味,一只大大的炉子把房间里烘得暖洋洋,墙壁上还有漂亮的壁炉,里面炉火通红。房屋外面是静悄悄的公园,长满栗子树的林阴道,通向远方的田野。更远处,大地缓缓抬举,渐渐融入伊尔切尔山中。花园里有一洼池塘,池塘中的水晶莹透彻,从喷泉喷口中喷射出水晶般的浪花。坐拥如此美景,里尔克迎接冬季的到来。

能得此地安度余生,夫复何求?好长一段时间以来,里尔克心底想的就是找到一块像这样的地方。不过,他到这里过冬的决定不仅影响到巴拉迪内,也影响到远在德国的安东·基彭贝格,他还等着里尔克来慕尼黑呢。此外还有侯爵夫人,她希望里尔克能去她在劳钦的城堡中过冬。里尔克解释道,自己如今接受贝尔格作为自己的过冬地,其实就同当初自己接受侯爵夫人的邀请,去杜伊诺城堡一样。自打他从法国回来,此前一直令他担心的超期滞留问题也不再令他头痛,如今延期申请越来越容易批准,而批下来的时间也越来越长。在贝尔格,里尔克终于下定决心,自己余生就在瑞士过了。

日子一天天过去,里尔克既想埋头创作,不问窗外事,又时常渴望回到梅尔林身边,二者时常令他陷入矛盾之中。他数度离开他的隐居地,又数度回去,其心底之焦灼可见一斑。11月,他全力协助巴尔蒂斯出版自己的画册,此时画册已联系好了出版商,虽然忙,却也心甘情愿。不过,另一些令他分心的事就不那么开心了,例如,他同昔日在圣珀尔斯腾军校的德语教官,如今的塞德拉科维茨将军展开了一场旷日持久的辩论,主题是那所军事学校的荣誉,这场毫无意义的辩论不仅耗去了他大量的时间,更令他心潮起伏,难以平静。每当想起那段不堪回首的过去,他都会感到一股凉意从脚底猛蹿头顶。

里尔克的创造力正在恢复,诗人自己却还没做好准备,尚无法直接面对再度蓬勃的诗情。此时,他有了一些想法,可无论在格调上,还是在复杂程度上,这些想法令里尔克自己都感到陌生。于是,他幻想出一些同现实完全脱钩的场景,开始信笔由缰,想到哪儿写到哪儿。他想找点书读,可山庄中距当下最近的书也就只有一本孤零零的歌德诗选了,另外还有一本狗啃过般的司汤达小说。于是,他想象着,一位身着18世纪服饰的绅士出现在他的书房中,在壁炉旁缓缓坐下,开始向他"口述"诗歌。而他,里尔克,一只手捧着笔记本,一只手举着笔,侧耳聆听,随时准备把那位绅士口中流淌而出的诗句凝结为纸上的文字。[①]

这些诗就是《一位伯爵的文学残章》,分为两个系列,创作于12月27日至30日之间,不过里尔克一直不肯承认这些诗作出自他的手笔。其实,先例之前也不是没有,例如,《哀歌》第一篇中帕特莫斯的口述,还有他在西班牙时的神秘灵感。完成第一个系列的创作后,里尔克拿出的解释似乎更容易为人接受些。他说,自己一个人住在空荡荡的大屋中,感到既孤单又寂寞,于是想象着这里许久以前曾住过如此一个人,留下残章断简。[②]

虽然充满奇思异想,这些诗却毫无疑问标志着里尔克在诗歌创作上的一大突破。在这些诗中,里尔克把梦的逻辑加以利用、改造,营造出一种表现主义风格,同卡夫卡不无相近之处。或许,关于那位神秘伯爵的种种幻想原本就是用来加强这一逻辑的,让流水般一去无痕的梦境在超然的语言中凝结,赫然而出。这种风格日后在里尔克的《致俄尔甫斯十四行诗》中将更加发扬光大。里尔克写道:

> 是白马吗,怎么可能?还是洪流……?
> 那梦醒后萦绕心头的,究竟是什么?
> 高脚酒杯,最后一樽,闪亮如镜——
> 白昼,我被关在门外![③]

那位刚从梦中醒来的人或许问的是:我在梦中看到的是白马吗?还是瀑布下奔腾的白色浪花?不过,他问的可能也是酒杯中反射的影像。这两个形象被放到一起,有点像马拉美的十四行诗,也有点儿像一幅抽象绘画。这里写的已不只是梦境,更是由一个个千奇百怪、光怪陆离、变形夸

[①] 参阅萨利斯的《里尔克的瑞士岁月》,73页脚注。
[②] 《里尔克作品全集》2:112—129。
[③] 同上,112。

张的形象所构成的星丛。

不难看出,里尔克为何要同这些诗拉开距离。实际上,他有几次表示过,他更希望那位伯爵向他"口述"这些诗歌时用的是意大利语。① 从某些方面来说,这些诗具有过渡性质,一方面穿过冷静漠然的《新诗集》回到更早的过去,另一方面又指向尚未问世的《哀歌》余篇和《致俄尔甫斯十四行诗》,标示出未来。无论如何,它们绝不可能出自一位 18 世纪伯爵的手笔。不过,里尔克毕竟是在尝试一种全新的诗歌形式,略加伪装或许能让他更安心些。这一系列诗作仅有一首在 1923 年时匿名发表于《英赛尔年度作品选》中,整个系列的发表要等到 1953 年才实现。在那首发表于 1923 年的作品中,里尔克用上了他 1911 年远游埃及时的一些材料,写的是游览尼罗河畔卢克索附近的一处考古遗迹时的一些所思所悟。现在,里尔克把那段记忆幻化为巴洛克式的叙述,在数个存在层次间跳跃往回。诗开篇如此:

> 那是在卡尔拉克,我俩骑在马背上,
> 海伦和我,晚饭吃得匆忙。
> 牵马人驻足不前:狮身人面长廊——
> 啊!穿过神庙前的门楼
> 暗无天日,阴风恻恻,鬼声唧唧
> 我从未涉足的世界②

接下来,诗句骤然转折,转向法老宏伟壮观的金字塔,从内部一探究竟。金字塔门口的守门人面目狰狞,面对着这座巨大的纪念塔,游客叹为观止,想象着昔日那位伟大的法老静静地躺在里面,从生命滑向死亡,期待着万世之后从深不见底的冥界一跃而起,再度驾临人世。

这一期间,里尔克也给梅尔林写过不少情书,都很长,情感炽烈,勾起肉体上的种种遐想。不过,里尔克没有向自己的爱人提起《一位伯爵的文学残章》,他把诗原稿誊抄了数份,向基彭贝格夫妇、侯爵夫人,还有南妮各送去

---

① 1920 年 11 月 30 日,《里尔克与南妮·冯德利书信集》,349。
② 《里尔克作品全集》2:118—121。

一份,可就是没有给梅尔林。不过,从这些用法语散文体写成的情书中还是可以看出,外部世界同他内心绚烂多彩的想象交织在一起,法语的节奏同他德语诗歌的节奏遥相呼应。11月26日,也就是里尔克动笔写《一位伯爵的文学残章》的前一天,他在给梅尔林的情书中写道:"我熄了灯,静坐窗旁,凝视着窗外的喷泉……我敬你,爱你,我的朋友,每当想到你,无数昔日景象从心底涌起。你的胴体,如从喷口中激荡而出的泉水,勾起我的无限相思;这样也好,当你的臂膀再度把我环绕时,幸福来得更为猛烈。"①

如果说,《一位伯爵的文学残章》在许多方面开了《致俄尔甫斯十四行诗》的先河,那么里尔克在他45岁生日那天草拟的一首诗则更接近他的《哀歌》。这是一首未完成的哀歌,内容关于童年和疾病,其创作缘由如下:里尔克收到维也纳的消息,说他的表弟奥斯瓦尔德·冯·库茨切拉身染重病,于是他开始思考童年的步步危险、危机四伏,孩子费尽气力才冲出重围,步入成年,可等着他的却是种种病痛,最终还是无法逃脱魂走黄泉的宿命。

创作这首诗时,里尔克正承受着越来越重的内心压力,他知道,一定要向着自己的目标大踏步进发,不能再彷徨失落了。要知道,为了得到最佳的创作环境,他可是放弃了和梅尔林在一起过冬的机会,要不拿出点儿像样的东西,又怎能对得起自己呢?5年前,同样是在11月,他完成了《哀歌》第四篇;如今,听闻奥斯瓦尔德身患重病,却也同他心底的《哀歌》找到了某种机缘。其实,里尔克从未忘却在他心底酝酿的《哀歌》,不过此时仍只有残章断句,尚未形成完整轮廓。

无论在形式上,还是内容上,里尔克新创作的这首诗都令人想到《哀歌》:

> 不要,仅仅因为年幼,就不再信奉命运,
> 就不再向苍天奉上不可名状的信任。
> 就算是阴冷潮湿的地牢中的囚徒,
> 也有命运作伴,直到解脱。命运
> 时刻抓着心灵,直到永远。②

---

① 1920年11月26日,《里尔克与梅尔林书信集,1920—1926》,98。
② 《里尔克作品全集》2:457。

这仅仅是草稿,里尔克也从未打算加以扩展,将其融入到自己的《哀歌》系列中。然而,无论在心理上,还是在技术上,这几句诗确实开启了一扇封闭已久的大门。材料已完备,就等着开工了。1912年是恋人,1915年是木偶,如今,童年成为新的密码,指引里尔克去解开心底的谜团,从雾霭蒸腾的想象中蒸馏过滤出《哀歌》的新篇章。多年来,童年和疾病一直埋藏在里尔克记忆深处,奥斯瓦尔德患病的消息骤然打通了隔阂,令二者合流一处,涌上表面。无论确切起因为何,这首诗都表明,里尔克的思绪已完全为《哀歌》所占据。自从加入奥地利军队那天起,里尔克的想象几乎断流,可所有同《哀歌》有关的想法和计划都埋藏在湿润的深处,丝毫没有损害,只待甘泉再度漫流过干涸的大地。

4.

1920年12月,在贝尔格,里尔克和巴拉迪内之间的恋情正处于巅峰期。里尔克自己也清楚,这段恋情对于自己的创作既是激励,也是阻碍。临近圣诞节的12月16日,里尔克给他的梅尔林写了一封信,非常长,情感异常炽烈,虽然不乏夸张,信总体上还是相当精确:

> 那一刻,你望着我,像个小女孩……从那一刻起……我虽死无憾。看着你的脸,在爱情中容光焕发,重返青春年少,我体会到,这一切是多么辉煌灿烂;与之相比,我所受过的一切伤痛和苦楚又算得了什么?[①]

这封信令巴拉迪内深受感动,不过,看着自己爱人容光焕发,重返青春年少的不是别人,而是里尔克。也正是在这封信中,里尔克对自己的爱人说,无论如何,一切都要为一个大目标让路,那就是他的《哀歌》。

圣诞节和新年接踵而至,这段恋情也开始浮现出它的另外一面。此

---

① 《里尔克与梅尔林书信集,1920—1926》,132—133。

时，双方还都在高唱"但求爱过，不求拥有"，梅尔林甚至建议里尔克，不如圣诞节也在贝尔格过，最大限度利用那里优良的工作环境，可别的想法也在暗中悄然滋生。虽然此时双方依旧相爱，可里尔克也越来越开始幻想，要不是和梅尔林坠入情网，自己的《哀歌》可能早已成型了。里尔克感到，《哀歌》已在向自己招手，可此时巴拉迪内开始接二连三地患病，每当她患病，里尔克就焦躁不安起来，停下手中的一切尝试。

此时，两人的感受开始向着截然相反的两个方向发展。巴拉迪内虽然看起来坚强，可也难掩内心的想法，她觉得两人的分离越来越难以忍受，而且毫无意义；至于里尔克，他觉得，要重新拾起《哀歌》的创作就必须远离爱人，即便爱人能带来灵感的火花，以及激励他的诗歌创作。无论对于里尔克，还是对于巴拉迪内，圣诞节都是个情绪特别容易波动的时候。节前，巴尔蒂斯发烧病倒了，不过赶在圣诞来临之前康复了起来。里尔克从贝尔格给两兄弟寄来了小山般的礼物，仿佛他人虽然不在这里，圣诞精神却令他的心同这母子三人更为贴近。

然而，圣诞前也出现了最初的警讯。南妮来访，同里尔克相处得非常融洽，可除此之外，里尔克还要应付一下山庄的主人，齐格勒中校。中校稍作停留就走了，带来的消息却无法令人展颜：里尔克在这里隐居的日子可能就要到头了，中校想把山庄长期租出去，正在寻找客户。新年这天，里尔克得知自己的爱人染上了重病，这对他无异于当头一棒。巴拉迪内的关节出了些问题，然而，这并非全部。她曾给自己的一位朋友，在纽约作护士的西蒙尼·布鲁斯雷恩写过一封信，根据那封信，她的问题主要出在心理上。1921年新年，距离她同自己丈夫分居正好一年，那些回忆依然痛苦，里尔克又向她大谈什么"但求爱过，不求拥有"，更令她痛上加痛。

里尔克无计可施，他必须承担起一个男人的责任，离开隐居地，去日内瓦照顾自己的爱人。此次里尔克在日内瓦待了两个星期，还是住在博格斯饭店，时常陪在梅尔林身边，用他特有的方式安慰自己的爱人——谈心、聊天、朗诵诗篇，剩下的时间大都和两个孩子在一起。里尔克到达十天后，梅尔林的姐姐从伯尔尼赶来，照顾起了两个孩子，于是梅尔林也搬进了博格斯饭店。这情形不禁让里尔克想起在罗加诺时同安吉拉·加特曼相处时的一幕幕，不过有一点不同，他对梅尔林的感情远超过安吉拉。

两人也尝试着找个护士来照顾梅尔林,可没能找到。正在此时,安东·基彭贝格传来消息,他即将来贝尔格看望里尔克。①

这位远方的大权威,财神爷终于要来看里尔克了,虽然已经迟了许久。里尔克同基彭贝格的合作可算亲密,更长达十五六年之久,虽然如此,里尔克还是觉得同基彭贝格打交道不是件容易事,他一身兼具了太多角色——出版商、编辑、赞助人,有时甚至像是个严厉的父亲。如今,同基彭贝格疏远了一段时间后,里尔克发现自己对他的看法已有了不小的变化。虽然都曾对里尔克慷慨解囊,可相比于基彭贝格,里尔克的瑞士朋友们似乎给了他更大的自由空间,令他感到更加独立,在很多事情上也不再逆来顺受,而是投去怀疑的目光。现在,一想到基彭贝格喷出的浓浓的雪茄烟雾,里尔克心中就掠过一丝不快,而一想到卡塔琳娜那越来越粗大的腰身,更是哑然失笑。里尔克感到,对于基彭贝格这个意志坚定的老派男人,自己的耐心越来越薄,这也带来一种自由之感。当年,他也曾反抗过那个把自己的话当耳旁风的父亲,那感觉同现在不无相似之处。

梅尔林的健康还远谈不上康复,可里尔克还是要带着她赶去贝尔格,去接待基彭贝格。安东没有带上夫人,卡塔琳娜病了,他自己在贝尔格也只待了一天,谈的全是公务。两人坐在壁炉边,谈的话题包括:如何安排资金对里尔克更有利,未来出版意向,以及放弃里尔克在慕尼黑租住的公寓。②自打里尔克走后,那套公寓就转手租了出去,爱尔雅·内瓦尔当起了里尔克的得力中间人。里尔克也告诉自己的文学编辑,自己奇迹般地"发掘出"一位伯爵的文学残章,保证给基彭贝格一份诗稿。

1月底,梅尔林已大致康复,可以回自己家了。里尔克把她一直送到苏黎世,并最终把她介绍给了南妮,这位来自日内瓦的客人终于出现在里尔克的社交圈中。可几乎与此同时,她的正式现身令过去许多隐藏的矛盾表面化,一大堆麻烦随之而来,逐渐伤害到她同里尔克原本就算不上坚如磐石的爱情。

梅尔林刚刚回到日内瓦时,心中满是爱意和美好的回忆。她的姐姐对里尔克翻译的路易丝·拉贝的十四行诗赞不绝口,说译文简直和原文

---

① 1920年12月28日,《里尔克与南妮·冯德利书信集》,369—372。
② 1921年2月7日,《里尔克与出版商[安东·基彭贝格]书信集,1906—1926》,378—379。

一样美,也令她乐不可支。她在信中说,里尔克已活在他的信中,不用双手捂住双眼,她也能清晰地看到里尔克的容颜。①

不久问题就来了,巴拉迪内担心,经济上的压力会使她不得不去柏林,投奔她哥哥,和哥哥一家住在一起。她哥哥也是一名画家,叫尤金·斯皮罗。里尔克强烈反对,他觉得,即便现在已是 1921 年,德国依旧不是一个安全的地方。可巴拉迪内知道,自己不去不行。此时,她嘴上仍在说爱着里尔克,心底的不满却在积聚。其实,只要里尔克同意自己到他身边,这一切都可以避免,自己根本犯不上去德国。可里尔克依旧无法调和他的个人情感和艺术追求,在这个纠缠了他一生的矛盾面前,他既无心,又无力。

里尔克的心已分裂成两半,他对梅尔林的情感并没有变,当他中断自己的清修,为爱人做出奉献时,他的心中激荡着异常强烈的爱。梅尔林的每封信都是火辣辣的,其中既有激情,亦有绝望,已近乎夸张。这些信确实收到了一些效果,直到 3 月底,梅尔林动身去柏林之前,里尔克还是持续给她回信,情感同样炽烈。信中,里尔克表示,清楚自己给梅尔林所带来的痛苦,有时还会为此道歉。可与此同时,里尔克也很坦白地说,他觉得爱情和分离是同义词,只有做到"但求爱过,不求拥有",他的灵与肉才能同时得到救赎,也唯有如此才能发现他的艺术。里尔克几乎在哀求:"梅尔林,梅尔林,醒醒吧,我求你了,睁开双眼,好好望着我,看清我的本来面目。"接着,里尔克几乎控制不住自己的情绪,由法语转而使用德语,一连串反问道,是不是自己应该放弃贝尔格这片隐居天堂?在经历了长达六年的漂泊,饱尝世间的人情冷暖之后,是不是自己应该放弃这难得的安逸?是不是自己还应该放弃诗歌创作,把那未完成的诗篇放脑后?②

梅尔林无计可施,只好到贝尔格去看望里尔克,匆匆过了两天,其实完全是为了让自己宽心。这两天确实加固了两人之间的感情,可对于两人关系中的悬疑和不确定,帮助甚微。梅尔林希望,自己能想出办法,既能接受里尔克的退隐,又能抓住他的爱,将悲剧消弭于无形之中。回到日内瓦后,她在给里尔克的信中写道:"我真希望能建造起一座神庙,为我的

---

① 1921 年 2 月 2 日,《里尔克与梅尔林书信集,1920—1926》,172—173。
② 《里尔克与梅尔林书信集,1920—1926》,181。

牧羊人准备好一切——空间、时间、闲暇、自由。他可以旅行,漫游,飘零远方,只要每隔一段时间,他会在女祭司的拥抱中苏醒过来。"①

里尔克感到两人的关系越来越悬,面对梅尔林时,他还是信誓旦旦说爱她,可在别人面前说法就相当不同了。就像上次跟露露在一起时一样,他又一次向侯爵夫人大吐苦水,说自己十分担心,怕好不容易才找到的祥宁又被搅掉。②不单向侯爵夫人,类似的话他向数位朋友都说过。

里尔克还是希望梅尔林能理解自己。此时,他的信已大都用德语写成,对梅尔林的称谓也大多用"你"。信中,里尔克请她安心,让自己尽量利用贝尔格这个理想的隐居之地,完成《哀歌》的创作。渐渐地,他信中的言辞开始流露出诗人的幻想,他不愿意梅尔林称《哀歌》为"作品",更不愿意她仅仅把自己看为一个"作者"。在他自己的心目中,他是一名先知,正在用艺术之笔创造绝对和永恒。

春天来了,梅尔林最终作了决定:为了生计,不得不离开瑞士,到柏林去和哥哥一家一起生活。这场危机无疑会彻底改变她同里尔克的关系,然而,直到她离开瑞士前最后一刻,她还在同里尔克通信,两人的信中依旧写满炽烈的言语和海誓山盟。信中,里尔克抱怨,最近附近兴建了一座电锯厂,发出的噪音吵得他不得安宁,也详细描述了山庄主人的来访,主人提醒他,山庄可能就快租出去了,到时候,他在这里隐居的日子也就到头了。信中,里尔克依旧试图劝梅尔林留下来,这也表露出他内心的矛盾,其实只要梅尔林走了,就再也没人来打搅他的清修了。此外,他还在信中提醒梅尔林,德国的铁路和公路危机四伏,革命者常常会扒开铁轨,破坏公路,柏林也不能独善其身,时常处于革命队伍的威胁之下。

3月31日,梅尔林动身去柏林前十天,她在给里尔克的信中写道:"我亲爱的朋友,你是我生命的全部。哦,赖纳,我内心如此不安,希望你能体会……昨夜……我把你的来信紧紧抱在滚烫的胸口,简直以为那就是你本人。"③四月,巴拉迪内带着两个儿子,登上了向北行驶的列车。

---

① 1921年2月18日,《里尔克与梅尔林书信集,1920—1926》,197。
② 《里尔克与玛丽·冯·屠恩·塔克西斯书信集》,638—639。
③ 《里尔克与梅尔林书信集,1920—1926》,291—292。

贝尔格这个隐居之地也越来越不安稳了,可里尔克还没走,他的内心在不停旋转,围绕着一个中心,那就是未完成的《哀歌》。最后,他还是没能完成这部大作,而是又拿出了一篇同《一位伯爵的文学残章》有些类似的序曲。4月的最后一个星期,此时距里尔克离开他的隐居之地仅有一月之遥,他写了一部自传体散文诗,篇幅并不算大,在其中记叙了他同巴拉迪内-梅尔林的这段恋情。里尔克给这部诗取了个名字——《遗愿》。里尔克规定,只有等他去世之后才能打开这部诗稿(直到1974年,这部诗稿才正式出版),仿佛这就是他的遗嘱,不过,里面所写的并不是对身后事的安排。从许多方面来看,《遗愿》其实就是一封加长的信,收信人是巴拉迪内。或许,她心中有个疙瘩,想要得到答案,是不是只有同里尔克分离,才能协助自己的爱人找到他的《哀歌》,答案就在这篇《遗愿》之中。实际上,里尔克后来抄了一份副本,给巴拉迪内寄去,然后就把原稿深埋在如山的文稿中,只有几个最亲密的挚友知道它的存在。

《遗愿》中,里尔克首先借助他人之口向世人描绘出一张自画像,这一点同《一位伯爵的文学残章》倒是有些相像,不过没那么隐晦。《遗愿》一开始就回顾一段历史:大战爆发,诗人(即里尔克本人)滞留途中,再也无法返回巴黎,那座无与伦比的艺术之都,把自己的大部分成就都留在了那里。叙述者接着往下说,继续使用第三人称,隐去所有人名和地名,试图详述出自己的成就,也坦白了自己的失败。所谓失败,就是一段恋情,它曾令叙述者意气风发,也曾令他黯然神伤;所谓成就,当然,最终体现于完成的《哀歌》之上。[1]

"序言"部分叙述了里尔克和他的梅尔林在一起度过的最后一个冬季,在最后一行中,里尔克清楚表明了自己的目的:自己一生都在现实之爱和艺术之爱间徘徊往复,深受两股力量拉扯之痛,这将是他最后的遗言。"作者把自己的诗稿定名为'遗愿',或许这是因为,洞悉了自己与众不同的命运后,这将是他的最后遗言,尽管他的肉身或许还要在人世间行走上许多年。"[2]《遗愿》中,里尔克批评巴拉迪内-梅尔林把自己的爱情放在他的艺术之上,虽然如此,却也承认自己的《哀歌》受到她的恩惠颇多。

---

[1] 《遗愿》,7。
[2] 同上,12。

早在《哀歌》第二篇中,里尔克已对恋人间的纠缠争斗给出了明确定义:"……有时你们消逝了,只因为另一个人完全占了上风。"①现在,里尔克再度发问:因为爱就无法化蛹为蝶吗?爱情的责任一定要压倒创造的意愿吗?这一切为何会如此这般?

游记一般的段落,抒情诗一般的"书信草稿",还有散文体诗歌,这些就是里尔克在贝尔格的全部成就。电锯厂从早上5点就开工,发出刺耳的噪音,象征着一切毁灭创造的力量。喷泉中的泉水上下波动,带来生命,仿佛爱人曼妙的胴体,还有她的魂灵。里尔克依旧在幻想着他穷毕生追求而未得的理想爱人,那个不需要他陪在身边,只知给予、不知索取的爱人。在这些文稿中,里尔克笔下的理想爱人神秘地化身为英雄,她超越了自己,不再仅仅是爱人,而是去拥抱永恒。仅仅一年之后,里尔克完成了《哀歌》的全部创作。可以说,他的《遗愿》为未来铺平了道路。

里尔克把不知索取的爱人提升为理想爱人,"她不会成为自己的包袱,不会绑住自己的双脚,让自己在爱的车站徘徊不前;她知道,自己的爱人迟早会把自己远远地抛在身后。"里尔克不禁问道:"这样的爱人存在吗?"②这位"神圣"爱人不会让自己的爱侣有丝毫牵挂,也不会挡住他的前途;或许,她会被抛弃,可她明白,正是由于自己的存在,自己的爱侣才能向着艺术的终点拔足飞奔。

里尔克的爱情观异常严苛,他要求对方首先放弃所有作为爱人的权利,自从卢·莎乐美之后,他所看中的所有女性,从克拉拉到露露再到巴拉迪内,都是艺术家,里尔克尊重她们的艺术创造。然而,她们却没有太多的选择,可以为了自己的艺术从里尔克身边走开,退隐到自己的创作中。克拉拉或许是个例外,可那也是在和里尔克只见书信、不闻其音了多年之后,那时,她怎么做对里尔克来说早已无所谓了。里尔克所要求的爱情完全是一边倒的,最终,得益的只有他自己和他的诗歌。

早年,里尔克也曾天真地认为,男人和女人是平等的艺术家,可他的爱情观的发展不断挑战着他早年的看法。精心描述由爱人到诗人-英雄的各个阶段,里尔克似乎在为自己辩护,自己在现实中一次次抛弃自己的

---

① 《里尔克作品全集》2:691。
② 《遗愿》,18—19。

爱人,或许这并非残忍。在《遗愿》中,他承认,自己真心爱过。或许,正是在同梅尔林,以及他自己内心的纠缠苦斗中,他实现了由蛹到蝶的变身。他写道:

> 我的人生就是一段特殊的爱情,现在它完结了。就像猎龙英雄圣乔治,我注定了要不断去爱,一刻也不能停息。现在,我的心已空,爱已尽,它已全然转化入那即将到来的最后一刻。①

5.

后期《哀歌》在贝尔格已具雏形,在穆佐尽情绽放,之间经过一年的妊娠期。1922年2月,一场内心风暴突然袭来,冲开了多年来壅塞在里尔克内心的土梁冰坝,他的想象终于再度奔流起来,而里尔克自己对这一切毫无准备。里尔克在《遗愿》中已显示,他同梅尔林的恋情使他在很多重要的方面重新定位爱情,而这对于他的诗歌创作至关重要。10年前,他试图在诗歌中把外界感官转化为内心的感受;如今,他想创造出的是充满哲学意味的诗歌,呈现出由爱人到艺术家-英雄的流变往复,思想也不再是交流,而是直接附着于感性形象之上。

里尔克的爱朝生夕灭,却异常炽热,能把对方完全融化,之后就是冷却、退避,最后彻底抛弃。正是在这爱情三部曲当中,里尔克看到了生命与死亡、创造与毁灭的周而复始,运转不息。巴拉迪内既象征着爱的放弃,又象征着爱的索取,可以说,她成为一剂强力催化物,通过她,里尔克将相互矛盾的情感和思想化合为新的物质。后期《哀歌》中,几乎每一行关于爱情和远离的诗句都能在里尔克用另一种语言所写的书信中找到对应,那些书信承载着真实生活中他与爱人的快乐与悲伤。

在物质层面上,梅尔林对于《哀歌》的作用也不可小觑,当里尔克走投无路、不知何去何从时,主要是她帮助里尔克找到了一处长期落脚之地,

---

① 《遗愿》,20—21。

唯有如此，里尔克才有可能完成自己的创作。4月底时，里尔克已不得不离开贝尔格，比他自己的预期早了许多，当时他真感到绝望了。搬走前，他同即将搬进来的租客见了一面，这更增加了他内心的痛苦。他知道，打败自己的不是别人，正是他自己，他没能充分利用好在这里隐居的那段时间。

最后时刻越来越近，里尔克坐在"他"宽敞的书房里，最后一次使用那张精美的书桌，旁边放满了大大小小的箱子、盒子，里面装满了衣服和文稿。那一天，花园里的景色似乎特别优美，如茵的草坪似乎特别翠绿，喷泉里的泉水也似乎特别欢快。当晚，他动身去苏黎世，两天后，1921年5月13日，南妮和她的儿子夏尔开着自家的汽车送里尔克。车一路向西，向着日内瓦的方向行进，里尔克很是怀念那里的法国风情，更希望在那里能找到一个长期落脚的地方。

里尔克在日内瓦的一家报纸上登了寻租启示，很快找到一个临时落脚点，一个叫埃托伊的小村子，位于日内瓦和洛桑之间，到那里要途经弗里堡。里尔克租住的地方是个出租公寓，由一座古老的修道院改建而来，他就喜欢这种调调。

接下来的几周又在等待中度过，等待灵感迸发，也等待找到一处合宜的长期落脚地，或许，只有先完成后者，前者才有可能。里尔克感到若有所失，梅尔林已去了柏林。当初，他把没能完成创作的责任都推到她身上，现在她走了，对她的思念却与日俱增，也越来越感到，他在许多实实在在的事情上需要她的帮助。恰如露露曾经一针见血地指出，里尔克还是没能摆脱困扰着他的矛盾，既想和自己的爱人在一起，同时又想逃得远远的。

安德烈·纪德写来了一封信，倒是令里尔克挺开心。纪德在信中说，自己在《莱昂纳多·达芬奇的方法》这本书的序言中极力推荐了里尔克对瓦莱里诗歌的德文译本，[①]里尔克挺满意，能翻译一位法国大诗人的作品，或许就能打开新的门户。里尔克一生都为外国语言着迷，他曾用俄语为卢写过诗，也曾用意大利语为侯爵夫人写过诗，最近他的主要兴趣在法语上。似乎，除了把德语幻化为优美的音乐之外，时不时发出些异国他乡的

---

① 1921年5月13日，《里尔克与纪德书信集》，154—155。

声音可以令他更深地潜入语言的底层,去探索一个共通的世界。纪德的推荐为里尔克开拓出一个全新的维度,一方面,他帮助里尔克建立起翻译家的美名,当然这只能排在诗人这个头衔之后;另一方面,他也帮助里尔克大大超越一种语言的局限,令他的诗歌有了更为广阔的视野。的确,在他酝酿《哀歌》的同时,里尔克也开始涉足法语,不单翻译法语作品,更直接用法语创作。

另一件事帮助里尔克度过了离开贝尔格之后的艰难时期:侯爵夫人即将来罗尔,瑞士的一座风景胜地,距里尔克落脚的埃托伊村不远,她此行是来看望她的儿子帕查的几个孩子。[①]能见到侯爵夫人让里尔克长出了一口气,此时他需要聆听侯爵夫人的建议,再决定未来的路该如何走,他甚至想过陪夫人一起回劳钦的城堡。此外,他的著作在德国销售极佳,虽然汇率对他极为不利,莱比锡还是汇来了 2000 瑞士法郎,一笔不小的数目。不过,他依旧需要找个安稳的地方,长期住下来。

侯爵夫人于 6 月 7 日到达,此时,里尔克已经等得不耐烦了。夫人还没到,他就抢先赶去夫人下榻的饭店,做好迎接准备,夫人在罗尔期间更是天天从埃托伊搭车赶来见面。夫人待的时间异常短,不过里尔克还是陪她去附近的洛桑,也去了埃托伊他住的地方,在那里,他首次向夫人朗诵了《哀歌》的第三、第四篇。夫人的反应十分热烈,然而,她同里尔克的关系已经不同往昔,其中一个原因显然是巴拉迪内的存在。在这个问题上,夫人实在帮不上什么忙。至于帮里尔克谋得一个安稳的落脚之处,她唯一能做的也只有再次邀请他去劳钦,可此时里尔克对劳钦完全提不起兴趣。

里尔克又一次站在人生的十字路口上。此时,梅尔林正备受神经炎的煎熬,她恳求里尔克,到自己的身边来,一起白头偕老。同时,她也联系了自己在瑞士的相识,在穆加诺找了一处不太昂贵的住处,[②]可穆加诺位于提契诺镇,那里属于瑞士的意大利语区,而里尔克想留在法语区。此时的里尔克正在为如何留在瑞士而忙碌,可同时他也还记得侯爵夫人的邀请,最后,他还是决定留在瑞士,回到巴拉迪内身边。满怀相思之苦,里尔

[①] 1921 年 5 月 31 日,《里尔克与玛丽·冯·屠恩·塔克西斯书信集》,666—668。
[②] 1921 年 6 月 8 日,《里尔克与梅尔林书信集,1920—1926》,359 页脚注。

克请自己的爱人回到自己身边,巴拉迪内立即照办,把两个儿子暂时留给柏林的叔叔照看。

6月初,巴拉迪内用德语给里尔克写信,信中写道:"赖纳,我在上苍面前为你说了那么多好话,边说边流泪,上苍肯定是听到了我的祈祷。我要吻你,我要在你的怀抱中融化。"①收到信时,里尔克正在罗尔,伏在侯爵夫人房间里的书案上,他回信道:"我只有两个字要对你说——快来!"②

6.

里尔克的热情并不能持续多久,梅尔林对他的思念已经如此强烈,他几乎不敢再添加些什么。不过,他做了周详的计划,更主动承担了梅尔林的部分(也可能是全部)路费,这已经够了,梅尔林已经感到,爱人需要自己。开始时,里尔克还想再延滞一会儿,让梅尔林来埃托伊之前先去穆加诺考察一番。可突然间,基彭贝格那儿来了一笔2000瑞士法郎的横财,里尔克立即发出电报,催促梅尔林立即到自己身边来。仅仅6天后,梅尔林就到了,帮他寻找另一个贝尔格。

梅尔林到埃托伊之前,里尔克也做了几次尝试,但均不成功。南妮曾提出在洛桑为里尔克找一个落脚的地方,可到了5月底,不了了之。里尔克自己也结识了一位颇有抱负、年轻有为的地产商,肯向他伸出援手。这位地产商叫皮埃尔·德·拉姆,年仅27岁已经是一家业务蒸蒸日上的地产公司的总经理。梅尔林到埃托伊后,拉姆曾带里尔克和她去沃德镇看了一处山庄,可那里又冷又窜风,院外孩子成群结队,不远处还有一个养鸡场,根本不合适。

现在,里尔克的首要目标就是完成《哀歌》。他感到,在远离城镇的农村,那里的山山水水、一草一木对他的创作很有帮助,恰如当年他躲在杜伊诺城堡的高墙厚壁后才能完成早期的《哀歌》。列车在行驶,里尔克望

---

① 《里尔克与梅尔林书信集,1920—1926》,360。

② 同上。

着窗外,草地和缓起伏,如微风中的波浪,处处可见葡萄藤架,远方是一抹黛色群山。这正是他想要的地方。

里尔克和梅尔林在谢尔下了车,住进了贝勒乌山庄酒店,条件很好,住得很舒适,可价格也高昂。在德·拉姆的安排下,两人去看了一处高塔,可发现那里基本没有私密可言,自然无法满足里尔克的要求。失望之余,两人决定在谢尔多住一晚。那天傍晚,两人走出酒店,在城里散步,就在经过一家理发店时,梅尔林突然留意到,理发店的窗户上贴着一张招租告示。之前两人也曾从这家理发店门口经过三四次,可就是没留意到这张告示。告示上有一幢建筑的照片,那是一座塔楼,同雷吉娜·乌尔曼在博格豪森住的塔楼有几分相似,虽然更像座堡垒,看上去还不错,住人应该不成问题。①两人走进理发店询问了一番,知道这座塔楼叫穆佐,主人是一位上了岁数的寡妇,叫西希尔·罗里尔。听到这儿,两人心里暗自琢磨,这个主人可能不容易打交道。

里尔克当即给德·拉姆发了电报,在他的建议下,提出自己想租下穆佐。罗里尔同意换掉屋内的家具,再做一些其他的变更,可刚谈到这儿就谈不下去了,此时双方甚至还没有谈到租金问题。双方的纠结在于,里尔克不肯签3个月以上的租约,而且租金只能按月支付。

租房的事突然停了下来,里尔克和梅尔林都大失所望。两人坐在外面的草坪上,欣赏着面前的塔楼,心里已把它当成自己的地方。那天早上,两人还计划着怎么重新陈设房间,房东太太19岁的女儿也挺热心,领着两人一个房间一个房间地看。看到两位客人兴致很高,她也很开心,到花园里为两人采来玫瑰花,摘了一碗刺莓给他俩品尝。两人越看这座塔楼,就越是倾心。这座古老的建筑外环绕着一座小小的花园,上面数百英尺处有一座白色的小教堂。塔楼有三层高,每层一间房,有些房中有家具,都是17世纪的古董。两座拱廊穿过花园,拱廊上缠满了玫瑰,外面有一道篱笆墙。

虽然里尔克在寻找长期居所,可他就是不肯签订长期租约。现在,埃托伊也回不去了,他的房间已经租给了别人。他和梅尔林觉得,罗里尔太太的塔楼还是有希望的,于是就在谢尔住了下来,还是住在租金高昂的贝

---

① 以下的描述源于里尔克与南妮·冯德利和维尔纳·莱恩哈特的书信往来。

勒乌饭店。可越是往下谈,里尔克就显得越焦躁不安,愈发不愿签订长租约。此时,他又想起了侯爵夫人在劳钦的城堡,想起了那里的朋友,有帕查一家,还有卡斯纳。一番考量之后,他还是觉得,再没有别的什么地方比瓦莱更让自己着迷了。他坦言:"真为自己的举棋不定害臊。"①

那是一段令人沮丧的间奏,夏季到来,越来越热,租房的事还在谈,两人除了挥汗如雨,什么也做不了。虽然贝勒乌饭店的环境也很好,可安心工作是无法想象的,无论是里尔克,还是梅尔林,皆是如此。两人也去了附近的锡永,看看那里会不会有什么满意的地方,租住条件也能更宽松些,可根本找不到。看着自己的爱人天天顶着大太阳陪着自己找房子,跟房东太太讨价还价,里尔克觉得她憔悴了许多。

里尔克突然灵机一动,有了个点子,只有多年依赖他人资助的人才能想出这样的点子。他想到,在贝尔格,主人嘴上说给他完全的自由,可实际上大事还是自己做主。于是,他向南妮暗示,能否说服她的表兄维尔纳·莱恩哈特把穆佐塔楼租下来,这样就能满足罗里尔太太对租约期限的要求,然后再转租给里尔克,不加时间限制。要是租约未到期里尔克就走了,他还可以把这个地方转租给别的人,直到租约到期。

计划奏效。7月20日,星期日,南妮寄来特快邮件,说维尔纳同意了这样的安排。②11天前,里尔克同罗里尔太太已经谈崩了。这个消息的到来似乎令所有的问题迎刃而解,梅尔林很是开心,可里尔克还不放心,梅尔林发现,自己的爱人连一点点限制都忍受不了。接下来的通信中,维尔纳把自己租下的塔楼交给里尔克全权处理,还开玩笑地称他为"要塞司令"。即便如此,里尔克还是有大把话要说,写了一封长达9页纸的回信,一方面感谢维尔纳的热心帮助,另一方面也再次重申,自己要有绝对的自由。这封信中,里尔克还提到,塔楼不适合冬天居住。同贝尔格不一样,穆佐这座古老的塔楼并没有现代的各项便利设施,没有电力,取暖不足,更没有室内下水系统。其实,所有问题的症结在于,里尔克担心自己会困于一隅,几乎已到病态。自然,梅尔林的心情也开朗不起来。

整整一天一夜,时间仿佛停止了流动。整个星期天,一直到星期一早

---

① 1921年7月15日,《里尔克与南妮·冯德利书信集》,506—510。
② 《里尔克与南妮·冯德利书信集》,511页脚注。

上,里尔克根本下不了床,他感觉浑身乏力,仿佛被抽空了,更谈不上作出什么判断。星期一中午,他又能下床了,还陪梅尔林一起去穆佐,看如何陈设屋内。房东太太的女儿带来了两位清洁女工,梅尔林在打扫房屋方面也是行家里手,自然也就加入进去,而里尔克此时则仔仔细细地描述下这里的里里外外,准备向南妮作个汇报。此时,搬进来已是板上钉钉了,至少现在是这样。那天黄昏时分,屋内已是窗明几净,在夕阳的余晖下反射出迷人的光辉。

7.

里尔克一向充满矛盾,此刻,他已向朋友们自豪地宣告,自己已是这里的主人(虽然只是暂时的)。他请南妮帮他印一些专用信笺,抬头上刻着三个龙飞凤舞的字——穆佐楼。①字迹拓自塔楼上的一块铭牌,据那块铭牌记载,塔楼始建于13世纪,距今已有近500年历史。他写信给侯爵夫人,把塔楼仔仔细细描述了一番,甚至还告诉夫人,塔楼的真正名字其实是"穆佐蒂楼",不过这里的人已习惯称之为"穆佐楼"。②他给奈克,还有莱恩哈特兄弟写信,请他们为自己准备各种日用品,包括大量的蜡烛、烛枝、烛台,以照亮这座既不通电,也不通煤气的建筑。可里尔克的心依旧在犹疑不决,一方面,他给朋友们列出了长长的清单,另一方面,又请他们不要送太多物品过来,唯恐自己在这里也待不长。

大家忙活了整整3天,总算把穆佐楼收拾得像模像样了,巴拉迪内出力最大。现在,她终于可以安心地在楼里住下来,成了这里实际上的女主人。可与此同时,她越来越担心起自己的两个儿子,他俩先后在巴黎和日内瓦上学,接受的都是法语教育,现在却迫于贫困,不得不远走柏林,面对陌生的新环境。真要在德国住下,无异于一切从头再来,无论对于两个孩子,还是对于他们的母亲,这都有点儿令人心寒,看来必须得做些什么了。

---

① 1921年7月15日,《里尔克与南妮·冯德利书信集》,517。
② 1921年7月25日,《里尔克与玛丽·冯·屠恩·塔克西斯书信集》,672—680。

里尔克也想帮帮忙,开始时,他请赫尔塔·柯尼希暑假时带两个孩子到府上住上一段时间,无非就是短期摆脱柏林嘈杂的环境;[①]最后,他想,还是一了百了,把两个孩子送去巴黎,并找纪德帮忙,纪德也确实帮上了不小的忙。不过此时此刻,孩子的前途尚不明朗,梅尔林也陷入困苦之中,既要想该如何安置自己两个孩子,又要为里尔克的幸福操心。毕竟,她此刻也把自己的幸福同里尔克牢牢绑在了一起。

从这年夏天余下的时光到这年深秋,里尔克和梅尔林同住在穆佐楼。此时,里尔克感到心满意足:一方面,终于有了对自己胃口的长期落脚之地,无须为明日安居何处而担心;另一方面,他随时可以拔腿就走,丝毫不会受到牵绊。梅尔林的情况就不同了,夏天刚开始时,她仅打算同里尔克一起待上几星期就走,可两人却越缠越紧,连里尔克都没有预料到。两人一起找房子,现在房子找到了,她又要帮里尔克烧烧煮煮,洗洗涮涮。就这样,她一星期又一星期地待了下去。

开始时,里尔克写得很少。他为侯爵夫人编撰的中国童话故事集《黄鹂的故事》写了一篇序言,却被鲁道夫·卡斯纳批得一无是处,里尔克又坚决不肯重新再写一篇,最后这个任务转交给了胡戈·冯·霍夫曼斯塔尔。此时,里尔克喜欢躺在从谢尔买来的折叠椅中,看着梅尔林画水彩画。日子一天天过去,很快进入 8 月,转眼间 9 月也在望,两人又去了一趟谢尔。之后,两人小别了一段时间,里尔克去苏黎世看朋友,梅尔林则去了她最喜欢的风景胜地贝阿滕贝格。小别重逢后,两人似乎更满足了,和外界的交往也更多了,两人似乎身处世外桃源,其实却是假象。毫无疑问,里尔克从未做过长远打算。

到了 10 月,里尔克终于定下心来,决定在穆佐楼过冬,他和梅尔林一起备了不少东西,把这里变成一个可以抵御寒风冰雪的家。在南妮的帮助下,里尔克也终于找到了一个佣人。她叫弗莱达·鲍姆加特纳,和南妮是同乡,来自乡下,住进既没有电力,也没有下水道的古旧城堡也能泰然自若。维尔纳赠里尔克 500 瑞士法郎,以供塔楼修葺之需,还在楼上装了一架火炉。

弗莱达 10 月中到达,梅尔林又多留了两个星期,原本打算教教弗莱

[①] 德国文学档案馆内部资料。

达该怎样接手,可很快就发现这里不再需要自己了。11月8日,同里尔克一起生活了半年之后,她再次离开回柏林,首站苏黎世。她前脚刚走,里尔克已感到相思之苦,她刚到苏黎世就给她寄上一封炽烈的短信:"让我们记住昨天的喜,还有昨天的悲,我俩的心也连为一体。"次日,里尔克又寄上一封信:"你给了穆佐一颗心,自此以后,它跳动在穆佐的胸膛。"①信纸间,里尔克还夹着压扁的风铃草。

11月中旬,南妮来穆佐楼探访里尔克,似乎专门等巴拉迪内走了才来。

8.

1921年夏秋之间,里尔克数度考验自己,看自己是不是真的已经定心。8月时,他突然决定和卢取得联系,这是距他上次联系卢已过去了8个月。同往常一样,他一动了心思就一刻也等不得。这次同卢联系既不是跟她谈巴拉迪内,也不是谈瓦莱和穆佐楼,而是一本书——《艺术家的精神疾病》。②书作者摩根塔勒是位瑞士精神医生,书中研究了一位精神病人的艺术创作,深入探讨了创造的本质,以及其与精神疾病的关联。里尔克突然想同卢讨论这本书,这表明他多么认真对待自己的精神状态,艺术是他的终生奋斗目标。

有一位精神分裂症患者叫阿尔伯特·沃尔夫李,发病时能写诗、作画,甚至还能作曲。此类问题始终是里尔克与卢的共同兴趣所在,可在此时关心起沃尔夫李,也清楚表明了里尔克此时的处境。里尔克认为艺术创造活动需要两个内在条件:其一,创造力的充盈,可以满溢出内心;其二,人格的崩溃,为满溢出的创造力扫清道路。因此,精神疾病症状对于艺术创造来说反而是可喜的现象,它显示出自然之力如何扫清社会习俗

---

① 1921年11月8日,《里尔克与梅尔林书信集,1920—1926》,368。
② 1921年9月10日给卢的去信,以及卢于9月22日的回信,《里尔克与卢·安德烈亚斯-莎乐美:书信集》,430—436。

所建立起的结构,建立起新的和谐。其实,这些也算不上新想法了,早在10年前,他就在《哀歌》的首篇和次篇中表达过类似的看法;几个月后,在《哀歌》第九篇的结尾,他写下如此的诗句:

……额外的生存
在我心中发源。①

里尔克对那位因精神分裂而开始艺术创作的沃尔夫李表现出浓厚的兴趣,卢立即意识到,里尔克的兴趣也超出正常的边界,近于病态。一收到里尔克寄来的书,她迅速回信,反驳了里尔克的观点,认为疯癫和艺术决不可混为一谈。她回应道,精神疾病患者或许确实可以给混乱的内心体验带来某种形式,可他这样做时完全处于无意识状态;相反,艺术家承载着回忆的重负,通过有意识的行为使回忆同无意识水乳交融,也唯有如此,他的回忆或想象才能具有普遍的象征意义。

这可不是里尔克想听到的回答,卢也不想和里尔克讨论这样的问题,或许,这令她想起两人的那段过去,也就是里尔克在内心平衡的边缘挣扎的过去。回信中,卢明白表示,自己更感兴趣的是里尔克现在的生活,瓦莱风景如何,他又在做些什么。她说,自己刚刚患了一场大病,头发都掉光了。接着,她又换了一个轻松点儿的话题,说家里的狗生了小狗,现在由弗莱德里希·安德烈亚斯照顾着,很是得人宠爱。

夏季,另一个声音从远方传来:里尔克的女儿露丝,此时已差不多20了,刚刚订了婚。②未婚夫叫卡尔·西伯尔,一位年轻的律师,也是露丝的表兄,在萨克森有份产业,两人计划在那里成婚。里尔克对女儿的婚事似乎不是那么上心,对自己的未来女婿也颇为冷淡,虽然回信中用了自家人常用的称谓"你"。女儿的婚事似乎令他隐隐担忧,几乎是出于同样的担忧,他不得不让梅尔林回到柏林。在写给卡尔·西伯尔的信中,他解释,自己的女儿之所以打小就没能感受到父母的温暖,因为她的父亲"许久以前……作出了一生的决定"。

---

① 《里尔克作品全集》1:720。
② 致南妮的信,约写于1921年9月17日,《里尔克与南妮·冯德利书信集》,551—552。

冬雪飘落在瓦莱的群山上,里尔克的兴趣也毫不迟疑地转向法国文学。瓦莱里来信,询问里尔克是否愿意把自己的诗集《优法里诺斯》译成德语,①里尔克感到有点儿受宠若惊,立即给梅尔林写信,与她分享自己的愉快。几乎同时,纪德也来信问他,愿不愿意翻译自己的《大地的果实》。②里尔克接受了瓦莱里的邀请,却不知何故婉拒了纪德,他自己给出的理由是:纪德的诗性散文太富于法国特色,译成任何一种其他语言都无法充分表达出原文的神韵。显然,这个理由同里尔克的一贯作为并不相符,无论是作为一名用多种语言创作的作家,还是作为一名翻译家。接着,他又说,自己完成了米开朗基罗十四行诗的翻译后,就要开始转向"自1912年以来就一直搁置的工作",显然是指《哀歌》。这次,里尔克总算说到点子上了。

与此同时,里尔克在穆佐的处境在一日日改善。此时,他的经济状况优于之前的任何时候。11月8日,也就是他46岁生日后4天,安东·基彭贝格来信,除了谈到计划中的选集出版外,还告诉里尔克,他账上已累计了10万马克。③虽然德国国内通货膨胀居高不下,物价飞涨,马克对外国货币汇率持续猛跌,10万依旧是一笔可观的数目。基彭贝格建议里尔克分出一半给露丝,作为她出嫁的嫁妆,再给克拉拉1500马克,供她操办婚礼之用。里尔克接受了基彭贝格的建议,可有些迟疑,显然,他对自己的处境还没有完全放宽心。不过,他拒绝把当年在慕尼黑置办的家具交给克拉拉使用,当然不是吝啬小气,更不是心有怨恨,而是他担心,不知什么时候自己可能就得回德国,那些家具还能派上用场。

里尔克似乎已做好了准备,要大干一场了。书桌运到了,火炉也早就拖到了楼上,朋友们送来了大量的蜡烛、烛台,甚至还有小型的烛枝。如计划,里尔克孤身一人在穆佐楼度过了这一年圣诞夜。他的佣人弗莱达去看朋友去了,然后一起去参加午夜弥撒,剩下里尔克一人沉浸在冷寂之中。晚上8点30分,里尔克写完给梅尔林的一封长信,以这种方式庆祝圣诞节的到来。朋友们送来了许多礼物,吃的用的应有尽有,南妮送来了烛台,一盒钢笔,还有平头钉;莱恩哈特兄弟,还有德萨利斯一家

---

① 1921年12月,《里尔克与瓦莱里的通信》,428—429。
② 1921年12月19日纪德来信,12月20日里尔克回信,《里尔克与纪德书信集》,174—178。
③ 《里尔克:人生与作品大事记》,703。

送来了图书、鲜花和艺术品。最令里尔克感动的是梅尔林的几件礼物,其中有她亲手绘的一幅画,画面中萨福正奋力跳落雷夫卡达的悬崖,里尔克立即把这幅画挂到书房的窗户旁,对面就是梅尔林的自画像。梅尔林的礼物中还有一把精美的梳子。"圣洁之夜,祝你晚安,我亲爱的,"里尔克写道,"你是我最大的幸福。"①此时此刻,里尔克心中满是回忆,却也异常清醒,窗外,雪正无声无息地飘落在群山之上。这个圣诞节他过得异常满足。

年末之后,里尔克给梅尔林的信逐渐稀疏了起来,虽然梅尔林给他的来信依旧频密而热烈。对里尔克而言,他那封写满好几页信纸,分成好几大部分的圣诞去信已充分表明,在自己孤寂的人生中,梅尔林所占据的地位是何等重要。信中,他也解释了自己为何不肯接手翻译纪德的作品,仿佛已看到自己的命运,知其无可奈何却也安之若命。他写道:"东西南北,无论在何方,都能听到作品在向我发出呼唤。"②

冲锋号已吹响,里尔克已重返昔日的自我,那位想象高瑰、情感澎湃的诗人,这也解释了何以在中断了一段时间后,他此时又重新开始同卢通信。就在他寄出给梅尔林的圣诞书信5天后,他给卢也写了一封同样荡漾着暖暖爱意的信,毕竟卢是引导他完成人生第一部重要作品的女人。这封信中,里尔克详述了穆佐楼中的生活,但没有提梅尔林,还把现在的生活同施马根多夫村的青春岁月作了番比较。他表示,自从大战后,他的精神越来越难以集中,只有在绝对的安静中才能定下来做点儿事,外界哪怕一丁点干扰都会严重打乱他的创作。现在,他甚至连狗也忍受不了,照顾自身以外的任何东西都会分散他的注意力,干扰他的创作。

9.

露丝的订婚为里尔克开辟了一条道路,他终于可以完成他那拖了10

---

① 1921年12月24日,《里尔克与梅尔林书信集,1919—1922》,175—178。
② 同上,387。

年之久仍未完结的大作了。利用女儿订婚这个机会,里尔克重新开始同格特鲁德·努普通信,格特鲁德是他的朋友格尔哈德的孀妇,两年前,她的小女儿薇拉死于白血病,死时年仅 19 岁。当年住在慕尼黑时,里尔克就认识薇拉,薇拉曾是他女儿露丝最好的朋友。薇拉曾立志做一名舞蹈家,可身体越来越差,只好转向音乐。她去世时,里尔克正为自己的事忙得不亦乐乎,没敢跟格特鲁德联络,分担她心中的悲伤。两年后,1921 年 11 月,他写信给格特鲁德,告诉她自己女儿订婚的事,由此两人开始一番颇有意义的书信往来。①

母亲心中的丧女之痛仍未消散,里尔克的信中则充满了感伤,常常回忆起露丝和薇拉还是小姑娘时的旧事,他甚至暗示,自己可能会请露丝在出嫁前到穆佐楼来一趟(却从未成行)。里尔克与格特鲁德的书信交往还给他带来一个惊讶:1922 年 1 月 1 日,里尔克收到一个包裹,没有信。打开包裹,里尔克发现,里面全是薇拉在生命最后的岁月中记录的个人感受。

薇拉之死,以及由此激发的十四行诗,终于推开了一扇门,梅尔林也帮里尔克推开了另一扇门,她的身影还处处流连于塔楼之中,拨动里尔克的心弦。这对恋人再没机会像往日那样举案齐眉、耳鬓厮磨了,可两人的感情将化入里尔克最终完成的诗歌中。

---

① 1921 年 11 月 26 日,《里尔克书信集,穆佐楼,1921—1926》,46—55。

第 23 章　俄尔甫斯再生:后期《哀歌》

> 那儿升起一棵树。哦纯粹的超脱!
> 哦俄尔甫斯在歌唱!哦耳朵里的大树!
> 于是一切沉默下来。但即使沉默
> 其中仍有新的发端、暗示和变化出现①
> ——《俄尔甫斯十四行诗》,1.1

1.

　　俄尔甫斯终于重生!那还是 18 年前,在罗马那个艰难的冬季,里尔克首次尝试十四行诗这种诗歌体裁,叙述爱情如春尽花落,远随流水而去,不可挽回的惆怅。18 年后,俄尔甫斯的魂灵再度降临到他身上,又是一个冬季,上一次是在斯托尔·费尔恩别墅,这一次则是在穆佐楼中,放眼望去,群山萦回,草尽叶脱。

　　巴拉迪内走了,不过她留下了一张印有俄尔甫斯画像的明信片,原形象出于 15、16 世纪威尼斯画家乔万尼·巴蒂斯塔·西玛·达·科内利亚诺的笔下。画面中,俄尔甫斯坐在一棵树下拨动琴弦,各式各样的野生动物聚集在他身边,凝神倾听。有一次她去锡永时买下了这张明信片,把他

---

① 《里尔克作品全集》1:731。

钉在里尔克的案头,走的时候忘了取下来带走。11月时,里尔克在给梅尔林的信中曾提起过这张明信片,但显然他并没想过给她寄回去,也没什么意义。①可见,即便在这样的琐事上,梅尔林依旧点燃里尔克心头的火苗,照亮他眼前的道路,通向不朽的杰作。

从2月2日到5日,大约3天时间内,一组十四行诗就从里尔克笔下涓涓而出,极其迅速。里尔克本人喜欢称这组十四行诗是《哀歌》的副产品,实际上两部作品更多是相互影响,并非简单地谁从属于谁。在写给侯爵夫人和安东·基彭贝格的信中,里尔克写道,当年先有《圣母玛丽传》,紧接着诞生了早期《哀歌》;如今这组十四行诗的诞生也令他重新回到自己最重要作品的创作上。②10年来,里尔克第一次感到,眼前摊开的白纸不再是自己的仇敌,而是好客的朋友,热情邀请他迅速写满密密麻麻的字迹。他感到,自己又是一名诗人了。

这组十四行诗总名中虽然用到了俄尔甫斯的名字,实际上是献给薇拉——他女儿露丝少女时代的玩伴,用里尔克自己的话说,这就是她的墓志铭。然而,它们并不仅仅是哀友人之既殁,痛往事之难追的悼词,这一年元旦,薇拉的母亲给里尔克寄来了薇拉在生命最后时刻留下的日记,整整16页纸,真实记载了一位19岁的少女面对死神时的痛苦。这份日记打开了里尔克的诗人之眼,令他真真切切感受到"年少早夭"所带来的切肤之痛。

1922年,里尔克紧紧追寻饱受白血病折磨的薇拉,直到她生命最后一刻,其间病情反反复复,时而是病痛和绝望,时而又似乎燃起希望的微弱星光。仅仅4年之后,里尔克也患上了同样的疾病,把那纸上的一切亲身体验了一遍。那个年代,医学对于白血病的成因还所知甚少,当病痛缓和时病人似乎看到了康复的曙光,可不久病痛再次降临,病人也坠入更深更暗的深渊。对里尔克而言,这条在希望和绝望间振动的曲线无异于生与死的纠结。

迪特尔·巴瑟曼(此君同里尔克是同时代人,日后与巴拉迪内合力整理出版了她同里尔克的书信集)指出,薇拉在死神已频频敲门时依旧时常强调生命和开放,这扩展了里尔克的胸襟。③在读完薇拉的日记后,里尔克

---

① 1921年11月9日,《里尔克与梅尔林书信集,1919—1922》,369—370。
② 1922年2月25日,《里尔克与玛丽·冯·屠恩·塔克西斯书信集》,700—701。
③ 巴瑟曼,376。

写信给薇拉的母亲,他写道:"我还能说些什么?就像您不能往里面再添上一个字,我也无法表达自己的心情,只能是个伏案夜读的读者。"①这份日记从谁也无力抗拒的死亡深渊的黑暗中发射出耀眼的光芒,仅仅一个月之后,《俄尔甫斯十四行诗》和《哀歌》的主题就双双水到渠成了。

音乐进一步在薇拉的感人故事和那幅俄尔甫斯嬉百兽图之间架起金桥:一直到生命的最后一刻,薇拉都十分钟爱音乐;歌手俄尔甫斯曾深入死灵之地,全凭他动人的音乐才能打动珀耳塞福涅的国度中那些幽灵,他又用同样的音乐打动了林中百兽。

如果说,薇拉的日记为里尔克提供源泉,使他能够描绘出一位面临死神的少女的命运,他诗中俄尔甫斯的形象主要来自两幅画面,其中一幅是1904年时他在那不勒斯见到的俄尔甫斯浮雕,当时就曾激发他写下《俄尔甫斯、欧律狄刻、赫尔墨斯》,另一个形象则来自梅尔林留下的明信片,其中的俄尔甫斯形象源出于威尼斯中世纪画家达·科内利亚诺的手笔。除此之外,古典文学也给了里尔克一些灵感。1920年圣诞节,那时他还隐居在贝尔格,梅尔林给他送去一本奥维德的《变形记》的法语译本,当时他就考虑起了俄尔甫斯这个形象,奥维德书中关于俄尔甫斯的一些细节也一一再现于他的十四行诗中。尽管同传统文学艺术有着千丝万缕的联系,里尔克并不依赖于传统文学艺术,在他的十四行诗中,传统的叙述逻辑被打破,空间边界已模糊不清,音乐成为诗歌的主导。俄尔甫斯的情歌成为这一系列诗歌的主题,他也仿佛和里尔克融为一体,合力打造出这一系列十四行诗。

里尔克对于十四行诗这种形式并不陌生,他刚刚完成了米开朗基罗十四行诗的翻译,现在开始尝试这种格律严谨的诗歌形式,同时又尝试把它解放出来。在写给卡塔琳娜·基彭贝格的信中,他写道:"我要改造十四行诗,提高它,同时又保存住其精髓,不至于毁了它,这就是我当下的主要任务。然而,决定权并不在我,是这个任务找上了我,而在它找上我之时,它自身中已包含了解决的办法。"②

就这样,里尔克开始了他的任务:消融固有的疆界,让诗歌的形式流

---

① 1922年1月,《里尔克书信集,穆佐楼,1921—1926》,90—92页。
② 1924年2月23日,《里尔克与卡塔琳娜·基彭贝格书信集》,455页。

动起来,同时又保留住其精髓。里尔克在极短时间内就圆满完成了这项艰巨的任务,实在令人瞩目。不仅如此,他更在这一过程中释放出深埋在他心底多年的诗歌能量。里尔克同瓦莱里的交往更坚定了他对诗歌理想的追求,瓦莱里的个人生活经历(他曾中断诗歌创作经商多年,然后又重新拾起诗歌)令里尔克相信,即便创造之泉枯竭多年,它也会有再次汩汩而出、浸润心田的一日。瓦莱里的诗歌,尤其是《海边墓地》中的语言和形象(里尔克刚刚完成了这首诗的翻译)在这位一向追求严谨冷峻的德语诗人的心中引起共鸣。涓涓细流汇流一处,最终形成了里尔克的旷世杰作:《俄尔甫斯十四行诗》和《哀歌》。

2.

"哦俄尔甫斯在歌唱!哦耳朵里的大树!"1922年2月2日清晨,里尔克的耳中真真切切地响起这两句诗。里尔克坚持,那声音来自另一个人,就如同10年前,在面对亚德里亚海的风暴时,他听到了帕特莫斯对他的呼唤;亦如他在创作《一位伯爵的文学残章》时,似乎亲耳听到伯爵向他口述诗歌。这些想象都表明,里尔克本人需要同自己最重要的创作拉开距离,平日里,他已经在费尽心机掩藏自己的本色,如今在诗歌创作中,他更要把自我掩埋到更深的地方。

梅尔林留下的明信片中,俄尔甫斯倚在一棵大树上,而在里尔克的十四行诗中,那棵大树长在他的耳朵里,这样把无形的音乐转化为有形的器官,同时,这一形象也把生机蓬勃的大树和音乐的超脱联系在一起。1918年时,里尔克就曾在一首诗中表示,音乐是"用气息呵成的雕塑",它所带来的感受"超越在我们上方,把我们抛在身后"。[①] 超脱,也就是对自我的超越,在这里有了具体而实在的内涵,隐隐指向《定时祈祷文》的最后几篇作品中所提到的男性欲望,以及1915年时所作的几首赤裸裸的男根颂。

[①] 《里尔克作品全集》2:111。

巴拉迪内给里尔克留下的明信片同时在视觉和听觉上激发出诗人的想象:百兽出于林间,来聆听这棵由音响构成的苍天大树,既无吼叫,也无嘶鸣,沐浴在俄尔甫斯动人的音乐中,它们显得那样平和宁静;转而,大树为茅屋所取代,那里隐藏着"至为黑暗的欲望",门柱在风中吱呀作响,微微颤抖,不正象征着固定的形式与流动的音乐间的迅速转换么? 全诗在最后一行达到最高潮,又是一次惊变:那间欲望的茅屋摇身成为艺术和信仰的神庙,俄尔甫斯"在他们的听觉里造出了神庙"。

第二首诗中出现了一位少女的形象,令人想到薇拉。在狄俄尼索斯低沉而旷远的声音背后,我们隐隐听到一位女性纤细柔弱的声音,令人联想到欧律狄刻。"于是睡在我体内"、"她身上睡着这个世界",欧律狄刻虽然名义上是俄尔甫斯的妻子,却早已褪去其性别特征,成为一个具有强烈隐喻色彩的形象。恰如神话中的欧律狄刻,现实中的薇拉也带有强烈的隐喻色彩,生命和死亡在她的睡梦中交汇:"看哪,她起身而又熟睡",她死而复生,却又走向生存之外的另一个国度。"她将在何处亡故?""她将从我体内何处沉没?""几乎是个少女。"①

梅尔林决定回柏林时,里尔克并未多做挽留,他以为这样就可以避开她的影响,可实际上她始终在他心头,一刻也没有离开。类似的命运似乎把这三个女性连接在一起:薇拉、欧律狄刻,还有梅尔林。三人都失去了女性的感性存在,薇拉由于肉体上的病痛,欧律狄刻由于神话中的死亡,而梅尔林则不得不压制住自己心中的热火。这样,里尔克描绘出他那凄风冷雨、落红折翠的内心生活,最终奋力一跃,攀上新的高度。

里尔克在谈到这组诗如何成形时,说"它们像洪水一样冲刷着我的心灵"。这场诗情的泛滥中,他终于为自己内心的种种矛盾冲突,那些令他的人生如此艰难的矛盾冲突找到了合体的表达形式。自此以后,通向《哀歌》已是一片坦途。现在,他终于可以面对两个最令他揪心的主题:其一,生与死的交替往复,自《哀歌》伊始,这就是里尔克要探究的最主要问题;其二,艺术与人生之间持续不停的争斗。对里尔克而言,人生的要求(其中也包含性的要求)对于艺术至关重要,不可或缺,然而吊诡的是,它又是艺术最大的敌人。

---

① 《里尔克作品全集》1:731—732。

多首十四行诗中,性的欲望和压抑被表现为生死之间争斗的一部分:

> 不树任何纪念碑。且让玫瑰
> 每年为他开一回
> 因为这就是俄尔甫斯。他变形而为
> 这个和那个。我们不应为
> 别的名称而操心。他一度而永远
> 就是俄尔甫斯,如果他歌唱。

里尔克将一个有血有肉、有性有爱的女人同早夭的少女,还有神话中的少女放在一起,接下来,他把目光聚焦到俄尔甫斯的另一个方面上:他曾去过阴司地府,并能重返阳间,虽然并没有完成自己的使命,却也成了可以出入阴阳两界的中间人。里尔克转向这个主导着《哀歌》的主题,他发问:

> 他是今世人吗?不,从两界
> 长成了他宽广的天性。[1]

生与死的交融构成多首诗的主题,里尔克歌颂甜美的水果,同时又为它们的枯萎腐败而叹息:

> 丰满的苹果、梨和香蕉
> 醋栗……这一切用嘴诉说
> 死与生[2]

另一首诗中,工业文化被描绘为死亡来临前的气味,诗中描写的是飞机:

---

[1] 《里尔克作品全集》1:733。
[2] 同上,739。

> 看哪,看那机器:
> 它们怎样旋转怎样报复
> 又怎样把我们损害并玷污。①

20世纪,人的存在遭到玷污,在俄尔甫斯的眼中,机器不仅令人失去人性,也令男女失去差别,它从不知激情为何物,只知道"启动和服从"。可能是对此作出回应,里尔克在下一首诗中坚持:

> 尽管世界变化匆匆
> 有如白云苍狗,
> 所有圆满事物一同
> 复归于太古。②

诗中用词越来越激越,诗人心旌动摇,荡气回肠,几乎不能自已,可仍在苦苦阻拦着行将满顶而出的诗情,一步步将其引向这组诗的终局。此时,读者会看到,之前诗歌中出现的那两位蒙面人物其实就是一人:薇拉,乐者,舞者;俄尔甫斯,生与死的歌者。他女儿幼时的玩伴,那位"抑制不住的叫喊之美丽的女游伴"被比作"一朵不知名的花",随着花瓣的震颤,流淌下美妙的音符;然后,绝症将她击倒,"她的音乐落入了变化了的心胸":

> 疾病临近了。已为阴影所侵袭,
> 血液暗淡地涌流着,却暂时带着嫌疑,
> 涌向了它天然的新春。③

这实在是一组创造力勃发的杰作。最后一首中,里尔克转向俄尔甫斯悲惨的结局,讲述完俄尔甫斯勇赴阴司救妻未果的故事后,他又说起了

---

① 《里尔克作品全集》1:742。
② 同上,743。
③ 同上,747。

俄尔甫斯被一群迈阿德斯撕成碎片的血腥故事：

> 哦，你消失了的神！你无尽的痕迹！
> 只因敌意最后猛然把你分摊，
> 我们作为自然的喉舌，现在还听得见你。①

俄尔甫斯被撕成碎片，失去了肉身，却变得更加强大，伴世界长存。由此直接引出《哀歌》，《哀歌》中，诗人同时赞颂人生与非人生、存在与非存在，同时赞颂有形的形式与形式的泯灭。《俄尔甫斯十四行诗》完成之后，完成《哀歌》已是指日可待。②

3.

俄尔甫斯挽救了《哀歌》。7年前，在慕尼黑，里尔克和他的天使一起陷入一片心理泥沼之中，他自己虽然勉强爬了出来，却没能拉出他的天使，让他一直深陷在泥水之中。如今，俄尔甫斯从奥维德的《变形记》中、从梅尔林留下的明信片上款款走来，一只手拉着那位身陷泥沼的天使。1922年2月7日，大门轰然洞开。

接下来的几个星期中，里尔克向《哀歌》中添入各色丝线，最终织出五彩斑斓的图案。最先完成的是第七篇。这首诗接续起大战中崩断的主题，管弦并举，钟鼓齐鸣，齐声颂扬起现世的存在——所谓"此在"，试图从"此在"中看穿存在整体。如果说，《俄尔甫斯十四行诗》中凝聚着永恒的里尔克式爱情悲剧——欲望-拒绝-艺术，《哀歌》则以诗歌的形式作了更富于哲学意味的叙述。

---

① 《里尔克作品全集》1:747—778。
② 《俄尔甫斯十四行诗》和《哀歌》出现的次序可以说明二者相互依赖、相互渗透的程度之深。1922年2月2日—5日，第一组十四行诗(26首)；7—8日，《哀歌》第七篇主体；7—8日，《哀歌》第八篇；9日，《哀歌》第九篇主体；9日，《哀歌》第六篇；11日，《哀歌》第十篇；12—15日，《青年工人来信》；14日，《哀歌》第五篇；15—19日，第二组十四行诗(第1、2两首除外)；23日，第二组十四行诗，第1、2两首；26日，《哀歌》第七篇完成。

各篇完成的次序未必同叙述一一对应。例如,先有第七篇,然后里尔克感到,1913年在龙达完成的第六篇显然留下了一片空白,现在要补上。虽然隔了这许多年,里尔克最后的叙述依旧宛如天成,丝毫看不出补缀的痕迹,实在令人叹为观止。

当年的第六篇缺了一个结局,现在,里尔克完成了第七篇,又开始创作第八篇,总算把结局补上了。这个结局令英雄的追求又有了一个全新的维度:他往来于两个世界间,一个可见可感,另一个不可见不可感。诗人先把目光聚焦于怀着英雄的那位母亲身上,接着转向英雄的命运:他从母亲的体内挣扎而出,挣脱那个广阔无垠、非形非质的世界,呱呱坠地到这个世界中,来到"此在"之中。此时,英雄化身为参孙,为爱人所背叛,他用自己强有力的手臂扯倒整间神殿。①

然而,女性在英雄的生命中究竟扮演着什么样的角色?深读下去,会发现这个问题的答案依旧模糊不明:

> 因为英雄一旦冲过爱的留难,
> 每颗为他而跳的心都会使他出人头地,
> 这时他转过身来,站在微笑的终点,一改常态。②

诗人-英雄经过路边小站,看到爱情在向他招手,他知道,爱人的每一次心跳都会把他推向新的高度。《哀歌》中,里尔克写的主要是母性之爱,不过有时也会借用《遗愿》中暗指两性之爱的形象:"似乎,恋爱中的女人总是能把自己的爱人推到新的高度,那是他独力难以企及的高度。在她热烈的目光中,爱人更加俊朗,也更加能干。"诗人使用同一形象以表明,这两种爱其实相去并不遥远,他也确实把这两种爱都运用于自己的作品之中,《哀歌》中的母爱最终还是回溯到《遗愿》中的性爱。"她既不会成为爱人的负担……也不会让爱人流连于爱的小屋,这样的女人存在吗?"③里尔克眼中的完美女人从根本上说发挥着母亲的作用:她为自己的爱人而

---

① 《里尔克作品全集》1:707。参阅柯尔玛,115页脚注。
② 同上,708。
③ 《遗愿》,17。

生,躺下自己的身躯,让爱人攀到更高的地方。诗人-英雄冲过爱的小屋,也可以说冲出爱的陷阱,令自身更上一层楼。

把上述思想同《哀歌》第七篇作一番比较,会发现惊人的联系。第七篇中,里尔克从一开始就继续着与巴拉迪内的对话,既有言内之意,亦有弦外之音。不过,这一切都化身为《哀歌》的语汇:

> 随着年龄而消逝的声音,别让,别再让求爱
> 成为你的叫喊的本性。

"求爱"一词的语义随着求欢小鸟的出现而明晰起来,鸟儿如怨如慕,歌声如泣如诉,高高地抛向明媚而"亲切的"天空。里尔克不仅关注求欢者,同时也关注着被求欢者,从而完整地把握住这一过程:

> 虽然还看不见,在她心中一个答案
> 却慢慢苏醒,一面倾听一面温热起来,——
> 以炽烈的对应感情回报你的大胆的感情。①

里尔克和巴拉迪内携手走过感情生活的高山低谷,沟沟坎坎,这一过程中,他发展出一种"节奏韵律":"存在"和"毁灭"交错出现,融入生活中的一幕幕,从中对存在的价值加以颂扬。里尔克运用他对巴拉迪内的矛盾情感,描绘出他所追求的人生目标:做由蛹化蝶之变。要追求爱,就要意识到生活中的自然存在,同时又要为了更高的目标抓住它。吊诡的是,这既将诗歌价值融入到有血有肉的真实爱人身上,同时又将爱人抛入超出自然和人生的"理想"境地。

诗人的内心发出独白,实际上,那更像是他内心深处的一场对话。他向自己的爱人发出心灵之声:

> 被爱者啊,除了在内心,世界是不存在的。我们的
> 生命随着变化而消逝。而且外界越来越小

---

① 《里尔克作品全集》1:709。

以致化为乌有。①

诗歌在此陡然一变:我们创造,我们创造出工具、建筑、音乐、珍宝,同时我们也创造出了一个存在于内心的世界。依旧借用爱人的内心对话,诗人发问:为何到了现代,这一过程被打断?一场巨变正在上演,那是精神和心理的巨变,同时更是一场文化的巨变:

> 世界每一次沉闷的转折都有这样一些人被剥夺继承权
> 他们既不占有过去,也不占有未来。②

与之相比,轰轰烈烈的文化运动依旧代表着将外物融入内心的变化:

> 但是一座大楼是大的,不是吗?哦天使,它是的——
> 即使和你相比,它也大吗?沙特尔教堂是大的——
> 而音乐
> 扬得更高,超过我们。③

整整10年后,借助于爱的"节奏韵律",里尔克终于向当年那位"夜色阑珊独凭栏"的"恋爱中的女人"一吐心声。这是充满温馨的一刻,无须高蹈华丽的词章,有的只是爱情故事中朴实无华的言语:"她不也来到你的膝前了吗?"这位女人只能仰望天使或沙特尔教堂的高塔,岂敢同他们比肩而立?然而,她心中充满爱意,亲密无间中又透着坦荡无私,如此看来,她的身形也似乎有了惊人之变,真的可以同天使比肩而立,并驾齐驱。

直到第七篇行将终了时,里尔克才拿出上述思想。接着,这一思想继续流入第八篇和第九篇,其流愈肆,其势益张。里尔克从自己的个人生活和职业生涯中抽取出一个个片段,把它们糅合在一起,化散入他的蛹蝶之变中:那是一场令一切内在截然不同的巨变,也是第八篇的关键之所在。2月7

---

① 《里尔克作品全集》1:711。
② 同上,712。
③ 同上。

日至 8 日间,里尔克完成了第八篇,将人生的思考同自己的爱情经历联系了起来。这首诗中,里尔克把死亡称为"开放之境",那是堕肢体、黜聪明、外于心知的存在,纵然近在咫尺,也不会在感官上留下丝毫痕迹。人们"向外凝视着,也许用巨大的兽眼"。再一次,爱中的人们几乎笑到最后:

> 爱者们,如果不是有对方
> 遮挡了视线,就会接近它并且惊讶。①

接近"它"原来是打开超越之门的另一把钥匙,濒死的野兽却不知。

爱情故事还在继续,不过巴拉迪内,或者其他任何女子,已失去了人的形象。她的存在必不可少,恰如任何心灵感应者必先树立起一个"他者",然后才能从其身上跨过。因此,爱人的消亡所代表的并不是压抑,而是升华;巴拉迪内-梅尔林并未消于无形,不过面目已模糊得不可辨识。

2月9日,里尔克开始写第九篇,同时也补上第六篇的结局。第九篇中,他继续第七、第八篇中的思想,再一次谱写了一部全心去爱与彻底拒爱交响并奏的复调乐章。这一篇中,他更加强调了蛹蝶之变所带来的快感,也再一次把焦点聚集在等待着由蛹化蝶的现世之上。如果说,第八篇的主题在于:如果没有爱侣的阻挡,爱中人就会走进死亡,那么下面这句诗则凝聚了第九篇的主题:

> 此地是可言说者的时间,此地是他的故乡。②

第九篇的开头也用上了几句对比鲜明的诗句:

> 为什么
> 一定要有人性——而且既然躲避命运
> 又渴求命运?

---

① 《里尔克作品全集》1:714。
② 同上,718—719。

这几句诗立即令读者想到露露对里尔克一生的评价,那是令卢知难而退的人生,也是令梅尔林饱受煎熬的人生。里尔克给出理由:

> 哦,不是因为存在着幸福,
> 那眼前损失的仓卒的利益。
> 不是出于好奇,或者为了心灵的阅历
> 那是在月桂身上也可能有的……
> 而是因为身在此时此地就很了不起,因为
> 此时此地,这倏忽即逝的一切,奇怪地
> 与我们相关的一切,似乎需要我们。

(此世之在)即时幸福,除此之外,当下亦需要我们。此二者并为一体,不禁令人想起里尔克同爱情既矛盾又统一的关系。一端是对幸福的追求(眼前损失的仓卒的利益),另一端是需要"我们"这个现实,诗人不断振荡于这两极之间。然而,那需要我们的也逐渐弥散稀薄:

> 此时此地,这倏忽即逝的一切,奇怪地
> 与我们相关的一切,似乎需要我们。
> 我们,这最易消逝的。每件事物
> 只有一次,仅仅一次。一次而已,再没有了。
> 我们也只有一次。永不再有。①

其实,早在1912年完成的次篇中,里尔克就已经描述过这种状态:"当我们感觉时,我们已消散"。

  里尔克将自己人生中的点点滴滴汇入蛹蝶之变,以及死亡的思想主题,他说道,此在惊鸿一现,便已有万千不同。这样的诗歌话语实在已同他个人的感情经历紧紧纠缠在一起,难分彼此,哪怕是一句无心之语,也会在诗歌中留下深刻的痕迹。露露就指出,当里尔克与她两情相悦时,就曾说过一句几乎一模一样的话:里尔克说,咱俩可谓金风玉露一相逢,便

---

① 《里尔克作品全集》1:717。

胜却人间无数。无论在早期《哀歌》中,还是在后期《哀歌》中,恋人们的重要性并不在于他们的存在本身,而在于他们能透过现象的迷雾,看清自己的存在,从而令自己更清晰地听到天使的呼唤。超越的意识在《哀歌》中逐渐显现,而在这背后,几乎时时可以看到现实中里尔克的影子,不仅给它骨架支撑,更令这种意识血肉丰满:"向天使颂扬世界,不是那不可言说者。"

然而,要将尘世之存在提升到天使的高度,这却是凡人所无力承担的重任。尘世的一切都无法跨越那道界河,自然也无法陈于天使之前,在天使面前,一切都变得不可言说,无论是感知、痛苦、重负,还是爱的漫长体验。正如里尔克在诗中说道:

> 我们也许在此时此地,是为了说:房屋、
> 桥、井、门、罐、果树、窗户——
> 充其量:圆柱、塔楼……

能对天使言说的也只剩下物了,而且是双手打造的简单的物:

> 向他说说这些事物。他将惊诧不已地站着;恰如你
> 站在罗马制绳工人或者尼罗河畔制陶工人身旁。

接着,里尔克由物转向情,在二者间画上等号:

> 甚至悲叹的忧伤又如何纯粹取决于形式,
> 作为一件事物而服务于人,或者死去
> 成为一件事物——到极乐
> 彼岸去躲避提琴。而这些,靠死亡
> 为生的事物懂得,你在赞美它们。①

物在等着人的救赎,可人却偏偏是最反复无常的生灵,站不稳自己的脚

---

① 《里尔克作品全集》1:719。

跟。只剩下一条解决之路：令蛹蝶变于不可见的心灵之中。可如何才能完成心灵之中的蛹蝶之变呢？大地为我们指明了方向：

> 大地，不就是你所希求的吗？看不见她
> 在我们体内升起？——这不就是你的梦，
> 一旦变得看不清？大地！看不见！①

在里尔克看来，大地的"急迫命令"就是完成蛹蝶之变。接下去，诗人一路高歌，盛赞自我的能力，它去爱，去行动，去建造，这一过程也将一切外在转化为内心的存在。对应于大地的"神秘灵感"，那亲切的死亡，诗人最后写道：

> 看哪，我活着。靠什么？童年和未来都没有
> 越变越少……额外的生存
> 在我的心中发源。②

整个系列的尾篇，第十篇中，诗人一开始就延续了上篇结尾处的颂歌调：

> 愿有朝一日我在严酷审察的终结处
> 欢呼着颂扬着首肯的天使们。③

早在 1912 年，里尔克已写下了这几句诗，从那时候起，它们就注定要为整个系列画上圆满的终止符。诗句庄严肃穆，仿佛一支踏着进行曲的鼓点向前行进的鼓乐队。10 年来，这几句诗一直萦绕在里尔克心头，从来都被视为终曲。现在，第九篇也完成了，由其结尾到第十篇开头的这几句，过渡平滑，不着痕迹。

---

① 《里尔克作品全集》1:720。
② 同上。
③ 同上，721。

第十篇的主体完成于 2 月 11 日。整个《哀歌》系列中,生存和死亡常常融为一体,构成沧海桑田的伟力,而在第十篇中,它们则被展现为存在的两个具体方面。里尔克在这里讲述了一个寓言故事,故事的发生地有点近似于但丁在《地狱篇》中所描述的"哀戚城",那是进入死灵之地的门户。诗中,一位刚刚离开人世的青年飘过空空荡荡的现代城市郊区,那是他在尘世的最后一站,自此以往,就是浩渺杳冥、暗无天日的死灵之地。

在描写这座已成为废墟的城市郊区时,里尔克融入了他初到巴黎时的印象,那份印象已扎根在他心底,永远无法磨灭。他也加入了所有他生活过的大城市给他留下的印象和回忆,从这些印象和回忆中,他知道何谓分离之恶,何谓内心崩厥,以及阻碍着蛹蝶之变发生于内心的一切。仿佛手持一架摄影机,里尔克把镜头聚焦在年轻的亡灵之上,他飘过"抚慰市场",向市镇外的荒野飘去。通常,里尔克反感寓言诗,可这次,他放弃了绘画和音乐,改用寓言来叙述由可感世界到不可感无垠之地的过程,以及随之发生的感知和意识变化。

这是一趟典型的里尔克之旅,由生存到死亡,既是结束,又是开端。年轻的亡灵飘离浮华庸俗的城市,那里处处是"镀金的喧哗,爆裂的纪念碑",处处可见"金钱的生殖器",进入一片超越技术时代的清明之境。城市外,一位引路人,一位年轻姑娘正在等着青年,接着又出现一位引路人,不同于但丁笔下的比阿特丽斯,这位引路人是位上了岁数的女性亡灵,级别更高,知识也更广博。她引导着那位青年深入死灵之地,一面向他介绍着这片地域的历史与地理。有意思的是,她的介绍同穆佐楼周边地区,以及整个瓦莱的地貌和历史隐隐相合。

两位亡灵的相遇仿佛两位徒步旅行者在山中偶遇,眼前的景致带着浓郁的瑞士特色。两人路上遇到了斯芬克斯,人面狮身怪兽背后,一只夜枭拔地而起,发出一串凄厉的叫声,扫过青年的面颊。那一刻,各种感官混为一体,无分彼此,眼睛可以听,指尖可以看,青年的视界渐次迂阔,由空间扩展至非空间,由人生一隅扩展至无垠广漠。青年必须适应由生到死的巨变,而诗人也必须将有形经验转化为无形经验。

"夜幕"降临,年长的引路亡灵手指苍穹中的群星。此时,里尔克人生中,以及他的作品中出现过的人物纷至沓来,齐聚这片无垠广漠,描画出想象中天国群星的轮廓:

> 然后,更远处,靠近极地:
> 是摇篮、道路、燃烧的书、玩偶、窗户。

每一件事物都象征着生死往返的一个方面:摇篮象征着出生;道路象征着存在;燃烧的书象征着启示;多年以来里尔克一直用玩偶象征艺术中的人生和人生中的艺术。最后,窗户既令人想到巴拉迪内在日内瓦的住所的窗户,那是另一个世界中爱的探望,又令人联想起《窗户》这组诗,诗中,窗户联系着在场和缺席。接着:

> 但在南方的天空,纯净得如在一只被祝福的
> 手掌中,是光辉灿烂的玛尔特
> 它意味着母亲们。①

元始"母亲们"再次出现在诗中,这令人想到第三篇,同时更想到第六篇的结尾部分。那里出现的母亲形象同歌德的《浮士德》第二部中出现的母亲形象有着明显的雷同,构成了超越的又一力量之源。

最后,青年再一次道别,他即将离开"哀戚国",进入真正的死灵之地。在一道大山脚下,死灵之地的边界,年长的引路人把年轻的亡灵拥入怀中,泪湿襟袖——此刻,他仍是一个人,但已拥有不断扩展,直至无限的感知。然后,两人永诀:

> 他孤单地爬上去,爬到原始苦难之山。
> 而他的步伐一次也没有从无声的命运发出回响。②

这位年轻的亡灵身负尘世的爱,就如同战死沙场的诺伯特·冯·黑林格拉特;他也是第六篇中的那位英雄,向着最终的命运进发。同自己的引路人挥泪永诀,他必须前行,进入那不知内外、无分你我的死灵之地,这样的结局不禁让人想起 14 年前里尔克为鲍拉·贝克尔所作的《挽歌》。

---

① 《里尔克作品全集》1:725。
② 同上,725—726。

这里,"无尽的死者"将自己比作雨水,"早春时节落在幽暗的土地上"。这是一场喜雨,从我们身边升起,又落回到我们身边,不禁让人想到自然界中水上升为气,气又凝结为水,回归大地:

> 而我们,思考着
> 上升的幸运,会感受到
> 当一个幸运降临时
> 几乎使我们手足无措的情绪。①

分别中,我们看到里尔克自己的身影:最早是卢,然后是克拉拉、鲍拉·贝克尔,后来又有了露露、梅尔林。每一次分别都把里尔克推离尘世的羁绊,推向更远的地方,越来越接近那只有死者才拥有的解放和超脱。这是一个浪漫的"夜晚",它黑丝绒的天幕上写满自由,那是精神的自由,也是艺术的自由。

在如此短促的时间内,里尔克不可思议地完成了意象如此繁复,含义如此精微,视界如此恢弘的杰作,其具体过程如何已不得而知。可能,其中许多片段早已珍藏在他心底,多年来,他一刻也没有忘记它们,只是苦于无法融会贯通,难以一气呵成将它们挥洒在稿纸之上。兰波视诗人为先知,里尔克实实在在践行了兰波的看法,将内与外遭遇的一切小心收藏,然后在超出个人的诗歌中,一粒粒不起眼的蛹倏然伸展出溢彩流光的翅膀。

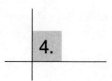

2月9日,里尔克向巴拉迪内发去喜讯:

> 梅尔林,我解脱了!这么多年来它一直压在我心上,让我寝食难

---

① 《里尔克作品全集》1:726。

安,现在终于大功告成! 我想算是大功告成了……我执笔的手还在颤抖,今晚,恐怕我要累瘫了。不,我赢了……我要出去,拥抱老穆佐的月光。①

巴拉迪内的回信来得有些晚,似乎也不像里尔克那样兴奋。她在2月20日的信中写道:"我最最亲爱的朋友……你终于搬走了压在心上的那块大石头,轻轻搬走,也不算太迟。"②不过,她还是为里尔克高兴,看到爱人面对自己的作品欣喜若狂,她也不禁为之高兴。

2月11日,里尔克寄出了另一封信:

卢,亲爱的卢:

这一刻,2月11日,星期六,上午6时,我终于完成了最后一篇,放下了手中的笔。这一篇为开始于杜伊诺的《哀歌》画上一个完整的句号:"愿有朝一日,我在严酷审察的终结处,欢呼着颂扬着首肯的天使们。"

早先,里尔克就曾向卢朗诵过第十篇的一个草本,不过最后定稿同那个草本几乎完全不同,只有开头的十二行原封不动地保存了下来。"后面全是新创,而且非常,非常,非常精彩。"里尔克已有些喜不自禁,"经历了这么多磨难,自己居然还能看到这一天。奇迹。感谢上天。"接着,他又提到催生出首篇的那场杜伊诺暴风雨,"丝线、织网、边框,一切的一切,都已蕴藏在我心。已忘了饥饿。"③

《哀歌》(里尔克已给了卢其中3篇的复稿)牢固了里尔克作为艺术家的存在。"现在,我又知道自己是谁了。《哀歌》不在时,我内心承受着鞭挞,"可现在,"它们来了,来了。"当然,这之后整个《哀歌》系列还会有一些调整,甚至增添上一个全新的第五篇,不过,整幢艺术大厦的主体已傲然树立,再也不会有人怀疑它的壮伟奇丽。除了《哀歌》,他还有额外的收

---

① 1922年2月9日,《里尔克与梅尔林书信集,1919—1922》,393。
② 《里尔克与梅尔林书信集,1920—1926》,394—396。
③ 1922年2月11日,《里尔克与卢·安德烈亚斯-莎乐美:书信集》,444—445。

获,写出了一组《致俄尔甫斯十四行诗》,作为献给薇拉·努普的"墓志铭"。里尔克的心花终于彻底绽放了,他写信给卢,他的第一位引路人,附上诗稿,希望她能分享自己的快乐。

里尔克也没忘了给侯爵夫人写信:

> 短短几天时间,一切都完成了;那是一场无边无际的风暴,是一场精神刮起的飓风,就如同当年在杜伊诺。丝线、织网、边框,一切的一切,都已蕴藏在我心……
>
> 现在,它在了。在了。在了。
>
> 阿门[①]

之前,里尔克已把第八篇献给了卡斯纳,而整个《哀歌》系列属于侯爵夫人。日后,他将称之为——《杜伊诺哀歌》。

回复中,夫人和卢都喜不自胜。收到里尔克的来信,玛丽·塔克西斯立即回了一封电报:"来信收悉,无比兴奋!"紧接着,她又给里尔克写去一封信,喜悦之情跳跃在信纸之上:"希拉费科,我亲爱的希拉费科!我太高兴了!无法用言语表达自己的心情……"[②]里尔克表示,要亲口把新生的《哀歌》朗诵给她听,而不是用冷冰冰的墨水把它们写在稿纸上寄过去,夫人当即表示同意,还添上一句,卡斯纳中午来吃饭,要把一切都告诉他。

卢的回复更复杂,也更富于专业色彩。一方面,她像一位骄傲的母亲,为儿子的成就而感到自豪;另一方面,她也作为一位同时代作家,做出一些中肯评论。信开头,她用俄语写道:"哦,感谢老天。"接下来,她转用德语:"他慷慨地赐予你无尽的才华。我读着你的新作,喜悦之情打心底向外冒。你的诗所带来的绝不单单是喜悦,而是某种造化之伟力,仿佛一块幕布突然被扯落,一切归于平静和确然,存在归于美好。"在这些溢美之词之后,卢也有一丝保留。她说,自己坐在从维也纳开出的火车上时,读了里尔克新译的米开朗基罗的十四行诗,能够感觉到里尔克已扎入原作的深处。然而,即便像米开朗基罗这样一位笔参造化的大诗人,也"难以

---

① 1922年2月16日,《里尔克与玛丽·冯·屠恩·塔克西斯书信集》,698—699。
② 同上,699—670。

将难以言喻之情化为纸上文字,这根本,根本,根本办不到。"即便是米开朗基罗也不能不打半分折扣地表达出里尔克所说的"心灵原始文本"。①

3天后,里尔克回信,不仅向卢表示感谢,更再度表达自己心中的喜悦:"……等了这么多年,现在终于来了,来了!"而且,创造的伟力似乎还没有耗尽,里尔克在信中写道,自己还没有将新作的各篇抄誊出来,打算再加上一篇,关于毕加索的画《江湖艺人》,放在第四篇和第六篇之间。②第十篇完成后仅仅5天,第五篇就诞生了。

引领新一波创造的是一篇独特的散文作品,这也是里尔克完成的最后一篇完整的散文作品。这是一封虚构的书信,名为《青年工人来信》,写信人是一位虚构的法国工人,收信人是一名诗人,具体姓名不详,只有大写首字母V。③据信,这个V应该指比利时诗人爱弥尔·凡尔哈伦。这篇散文作品中,里尔克再次探讨了基督精神、父与子、可感与不可感、现世与现世之外的"无垠旷野"等纠缠了他一辈子的主题,从多个层次上呈现出艺术与人生之间的关系。从任何意义上,《青年工人来信》都处于《哀歌》第十篇和第五篇之间,甚至于它用铅笔匆匆写就的手稿也位于第十篇和第五篇的手稿之间。可以说,在《青年工人来信》中,高贵的诗歌化身为散文信使,除去最浓郁的象征和最浓缩的隐喻,着上更朴实无华的衣装,用更明晰澄澈的语言向世人作出一番自我表白。

《青年工人来信》中,那位主人公非常简约地叙述了自己的个人史,更多是做一些专题思考。例如,相较于"无垠广漠",上帝在"此时此地"究竟体现于何处;又如,在男性的双重存在中,性究竟扮演着什么样的角色。个人史的叙述支撑起一系列神学思想,而这些思想又大都源于一次朗诵会上凡尔哈伦的提问。里尔克也不得不承认,思想精微如斯的一个人不大可能是个普通工人,不过依稀还是可以看到《菊苣花》(当年他在布拉格时立志为工人设办却流产的杂志)的影子。这位主人公喜欢像卢-莎乐美那样,就神学问题和心理问题做长篇大论。看来,他的社会地位还是要稍稍提高一点儿。他肯定在大学中作过某些研究,现在也主要在办公室工

---

① 1922年2月16日,《里尔克与卢·安德烈亚斯-莎乐美:书信集》,446—447。
② 1922年2月19日,《里尔克与卢·安德烈亚斯-莎乐美:书信集》,447—449。
③ 《里尔克作品全集》6:1111—1127。

作,只是偶尔会卷起袖子开动一下机器。至少,在面对天父之神秘的同时,他身上带着一些现代科技时代的色彩。

随着叙述的深入,主人公开始探讨,在一个非人化的世界中,基督和上帝各自扮演着什么样的角色。主人公曾短期工作于马赛,在那里结识了一位青年画家,皮埃尔。画家刚刚从突尼斯归来,身染重疾,去日已无多。两人一起由马赛返回巴黎,途经阿维尼翁,故事也描述了两位青年一路上发展起来的感情。

故事到这里发展出另一条副线:皮埃尔有了一段爱情遭遇,"出人意料,但死而无憾"。①回到巴黎,青年工人时常去教堂,每个星期天都去,有时晚上也去。不久,他遇到了自己的爱人,一个非常年轻的女孩,几乎还是个孩子。女孩也叫玛尔特,和她的原型一样,也在家里做着计件工,同时忍受着生活的艰辛和雇主的淫威。两人时常出现在教堂,紧紧依偎,仰望头顶上五光十色的彩色玻璃窗,聆听着唱诗班薄如轻纱、幻如迷梦的歌声。

在这篇散文作品的核心可以发现一系列主题:死亡、力量、宗教虔诚、技术重压下的美。此外,里尔克还想要权衡比较,在拔除短暂尘世之苦难方面,上帝和基督各自能起到多大作用。和《哀歌》一样,里尔克在这里释放出反基督教的思想,立志在"此在"之中去找寻那杳冥玄幽、无名无形的"无垠广漠"。他指出,耶稣已不再适合于这个被技术潮流吞没的时代,而基督教偏偏过于倚重这位圣子的力量,因此,《旧约》和《古兰经》或许包含着更丰富的答案。"我们的世界不单外貌发生了巨变,更封闭了所有让天父精神由外界进入的渠道。"实际上,那位青年工人对诗人V说,必须把"此时此地"视为自然和精神的混一,"指望在这个世上抓拍几张幸福的画面,转身再拿到天国去贩卖,无异于自欺欺人。"同样,里尔克在《哀歌》第九篇中写道:"向天使颂扬世界,不是那不可言说者"。

从这个角度来看,这篇散文作品有着精巧而复杂的叙述结构:皮埃尔爱上了一位无名者,青年工人爱上了玛尔特,而在玛尔特身上又似乎折射出他对皮埃尔的感情。他们似乎都把性视为通向不可言说的体验的通道,性注定要汇聚为一股更阔大的巨流,冲出现世的重嶂叠岭,汇入那汪

---

① 《里尔克作品全集》6:1119。

洋恣肆、不可名状的体验之中。

里尔克笔下的青年工人尤其如此。他写道,童年是个很好的例子,那时,感官刺激不仅停留于受刺激的地方,而是如电流般遍射全身每一寸肌肤,每一个细胞。不要忘了童年,如果男男女女们想要得到解脱,融入那无名无形的广漠之野,他们就必须忘却停留于阴阳交合的短暂欢愉,转而去感受爱的全部体验。"此时此地,在合二为一的拥抱中,升起难以名状的幸福……不知不觉间充盈全身。"①

同之前完成的十四行诗和《哀歌》一样,《青年工人来信》一发不可收,里尔克下笔如风,仅仅一个晚上就完成了整部作品。当然,相似之处还远不止于此,在里尔克的草稿本上,《青年工人来信》紧接在《哀歌》第十篇的后面。有没有可能,那位游荡于"哀戚国"的年轻亡灵就是马赛的年轻画家?年轻画家在生命的最后日子里爱上了一位无名的姑娘,死后,他会不会像《哀歌》第十篇中那位亡灵,进入元始之野,让自我的束缚在那里消散?第十篇中那位年轻亡灵飘入"无垠广漠",从污浊的尘世飘升而起,去拥抱融可感与不可感为一体的"哀戚国"。显然,《青年工人来信》中的皮埃尔同这位亡灵有着很多相似之处。

《青年工人来信》包含了许多里尔克个人生活中的因素,也时常与其他的文学作品互文。早在10多年前,身患结核病的小说家因斯·彼得·雅科布森在自己的小说中,就让结核病夺去小说主人公尼尔斯·林恩的年轻妻子(也是他的表妹)。仅仅一年之前,安吉拉·加特曼也饱受结核病的煎熬,躺在病榻之上,里尔克精心照顾她。归信犹太教的安吉拉时常同里尔克讲起《旧约》,也建议他读一些宣扬犹太教义的作品,这些都增强了其反基督教色彩,将重点更多放在圣父,而不是圣子之上。除此之外,基督教与《古兰经》的冲突又让人想到里尔克的西班牙和北非之旅。

《青年工人来信》中,里尔克对性的解读相当独特。皮埃尔在生命的最后日子里由突尼斯到巴黎,令人想起纪德的小说《背德》中的主人公米切尔,他的妻子玛瑟琳身患结核病,来日无多,他带着妻子四处游荡。不过,在里尔克手上,角色调转了过来,皮埃尔不是去照料别人,而是接受别

---

① 《里尔克作品全集》6:1125。

人的照料；他所传达出的也不是自我克制，而是性与死亡的纠结，这种纠结原本就是追寻天父之路的一部分。故事中的爱人表面上是玛尔特，实际上玛尔特同皮埃尔有着千丝万缕的联系，潜藏于皮埃尔身上的许多东西在她身上得以实现。里尔克的一生中，大多数男性让他感到恐惧，小部分男性令他顺从，还有为数不多的男性引起他心中温柔的情感，例如他在军校的同学鲁道夫·弗莱德、海因里希·福格勒，还有年轻的泰克马尔。里尔克常常感到，自己融两性为一体，在1903年时他就曾向弗朗兹·谢维尔·卡普兹表白，其实两性的差别"并不像人们想象得那样大"。不过，像《青年工人来信》这样几乎赤裸地表现同性恋主题，并把它融入宗教视野中，在里尔克的作品中还是很罕见。或许，这部里尔克最后的散文作品在他去世后才发表，这也是原因之一。

5.

性主题的出现预示着里尔克即将开始《哀歌》第五篇的创作，这也是他最后完成的一篇。第五篇出现前，里尔克原本在第四和第六篇之间放了一些战前和战中创作的回文诗，第五篇出现后，那些回文诗就被替换了下来。第五篇中，诗人还是围绕着天使和偶人这两个主题，热切地期待着生命演出的开始。这一篇也用上了毕加索的大作《江湖艺人》，1915年夏天，里尔克寄居赫尔塔·柯尼希家中时，正是这幅画使得他那段日子过得特别有意义。不忘旧恩，里尔克把这一篇献给了当年慷慨的女主人——赫尔塔·柯尼希。

向卢介绍这篇诗歌时，里尔克提起，1902年他初到巴黎时，就曾见过江湖艺人在街头卖艺，自打那时起，那一幕就深深镌刻于他的脑海之中。[①] 1907年，他写了一篇散文短作，用十分优美的文笔描绘一群在卢森堡公园入口处卖艺的江湖艺人。无论在毕加索的绘画中，还是在里尔克的散文中，所描绘的都是表演中的江湖艺人。

---

① 1922年2月19日，《里尔克与卢·安德烈亚斯-莎乐美：书信集》，447—449。

表演这个主题自然令第五篇同第四篇取得了密切的联系,不过环境和表演过程的描写都清晰表明,这篇诗歌完成于第十篇之后。诗中的都市环境不是里尔克近年来住过的任何一座城市,无论是慕尼黑、维也纳,或者苏黎世,而是巴黎,成也好,毁也好,巴黎都是里尔克独一无二的都市。在第十篇中,年轻的亡灵飘过都市边缘的一角,到处是游乐设施和廉价广告牌;第五篇中,那群江湖艺人正是在这都市边缘一角耍把式卖艺,用各种令人眼花缭乱、目不暇接的把式逗乐围观的人群。他们脚下的人行道上铺着一方地毯,多年的使用已磨平了地毯上的毛绒,仿佛一块膏药,贴在受伤的大地上。

毕加索的绘画和里尔克1907年的散文短作如同一部透镜,将街头卖艺这一当时都市街头寻常可见的一幕放大呈现于观众/读者眼前。毕加索画中的许多人物都重现在里尔克的诗中:画面中那个身材壮实,身穿小丑服的男人对应着"那个年轻的,那个男人,似乎是个脖颈儿/和一个尼姑的儿子";"那边是憔悴的满脸皱纹的举重人,而今他老了,只能打打鼓";①一个小男孩深情地望着他"颇不温柔的母亲",身边还有一个小女孩。毕加索的画中有一个瘦削男人,上身赤裸,下身只穿了条游泳裤,肩上扛着一只鼓,这个形象并没有出现在里尔克的诗中,不过鼓在诗中的作用还是十分突出。

毕加索的画中,所有人物一动不动,凝固在画家精心设计的几何构图中。里尔克1907年的散文中,卖艺人的头是那位上了岁数的举重人。人行道上铺着毯子,小男孩是举重人的孙子,每跳一下都感到坚硬的条石硌着脚痛;他爷爷还在奋力击掌,他还要随着掌声起跳:

> 于是又一次,
> 那人拍掌示意你跳下来,每当你不断腾跃的
> 心脏明显感到痛苦之前,你的脚掌
> 就有了灼痛感,比那痛苦的根源更占先。于是
> 你的眼里迅速挤出一两滴肉体的泪水。②

---

① 《里尔克作品全集》1:702。
② 同上,703。

1907年的散文中,那个小孩得小心摆好头的姿势,仿佛"捧着一个装得太满的水杯"。另一个人物是上了岁数的举重人,他原本是这群江湖艺人的头儿,可现在却要听别人发号施令。

随着这些人物在诗歌语言中栩栩而动,里尔克也走出了毕加索的静态画面,引入自己当年生活于塞纳河左岸的一段痛苦回忆,由此切入追寻不可感的主题。这一篇同借用爱情故事的其他各篇《哀歌》有着很大的不同:第七、八、九三篇中都出现了梅尔林的形象,可她并没有出现在这一篇中。在这一篇中,里尔克更多关注叙述,将其置于都市环境之中。现在,巴黎成了主角,它是"无穷尽的舞台":

> 那儿时装设计师,拉莫夫人,
> 在缠绕在编结人间不停歇的道路,
> 无尽长的丝带,从中制作出崭新的
> 蝴蝶结,皱边,花朵,帽徽,人造水果——,都给
> 涂上虚假色彩,——为了装饰
> 命运的廉价冬帽。①

死亡同时标志着艺人和恋人的表演。皮埃尔在两性欢愉中看到灵与肉的闪光,而巴黎"邪恶的"一面则把性推向欢愉的对立面:虽然里尔克深爱着巴黎这座城市,可在第五篇中,他仿佛跳转回初到巴黎的那段日子,巴黎再次成了那座堕落之都,性常常失去人性的色彩,像恶性肿瘤一样四处蔓延,一步步把人带向死亡。上下翻飞的艺人身上,我们仿佛可以看到恋人的影子,他们竭尽全力克服重重障碍,飞向更高的天空,一心想把那不可名状的体验揽入怀中,最后还是免不了重重坠下,吻上死神冰冷的嘴唇:

> 天使,假如有一个我们一无所知的处所,在那儿,
> 在不可名状的地毯上,爱者们展现了他们在这儿
> 从不能做到的一切,展现出他们大胆的

---

① 《里尔克作品全集》6:1137。

心灵飞翔的高尚形象，

他们的欲望之塔，他们

早已离开了地面，只是颤巍巍地彼此

依靠着梯子，——假设他们能够做到这一切，

在四周的观众，那数不清的无声无息的死者面前。①

6.

里尔克完成了最后一篇《哀歌》，把之前放在里面的回文诗移了出来，希望待《哀歌》正式出版时作为附录把它们附在后面。这时，又一股勃发的诗情抓住了他，似乎是大震之后的余震。2月19日，在写给卢的信中，他表示："《哀歌》(第五篇)刚刚成稿，我又听到俄尔甫斯的歌声。今天，我正在整理新的一组(第二组)，其中有几首我特别钟爱，下面抄给你……都是最近几天刚刚出炉的，捧在手上还烫手。"②这封信中，里尔克也抄录了他早些时候基于两人的俄罗斯之旅作的一首十四行诗，内容是关于一匹白色的马驹，挣脱缰绳，在广阔的大地上奔向自由。这一组十四行诗的第一首实际上是最后出炉的，渐渐地，几次越来越轻微的余震之后，这场创造力的大爆发终于在2月23日归于平静，此时距最初的震动刚好过去3个星期的时间。

第二组《俄尔甫斯十四行诗》花了里尔克8天的时间，从2月15日到23日。这8天中，里尔克可谓再度全力以赴。这组十四行诗是《哀歌》的余响，而非序曲，故而在肌质上颇不同于前一组。这组诗中，里尔克延续了《哀歌》的主题，即可感世界之内和之外的不可感体验，并尝试以十四行诗这种完全不同的诗歌形式把这一主题表现出来。这组诗的首篇就开宗明义地点明了这一主题，实际上，这个首篇是里尔克最后完成的一首诗，故而颇集中了这3个食不甘味、寤寐难安的星期中里尔克诗歌创作的

---

① 《里尔克作品全集》1:705。
② 《里尔克与卢·安德烈亚斯-莎乐美:书信集》,448。

大成：

> 呼吸，你不可见的诗篇！
> 与自身的生存频频
> 进行纯洁交往的宇宙空间。
> 我借以将自身和谐实现的均衡。①

这里，里尔克视自身为媒介，在呼吸中将自身的内部空间同世界的外部空间做交换。这首诗，也横跨于这只有天使才能自由往来的两界之间。

改组的最后两首中，诗人在宇宙万物的知识和自身的存在之间进行着交换。倒数第二首，也就是第二十八首中，他唱出舞蹈这一主题。同上一组的第二十五首一样，这一首同样处于倒数第二的位置，也同样是献给舞者薇拉，不过这一次，里尔克把她同俄尔甫斯直接联系了起来：

> 哦来了又去。你几乎还是孩子，且婆婆
> 起舞，使舞姿一瞬间完美无瑕
> 成为舞曲之一的纯洁星座，
> 我们在其中暂时凌驾。

在生命的最后一年里，里尔克翻译了瓦莱里的《心灵和舞蹈》，从薇拉到瓦莱里，二者间隐隐有着藕断丝连的联系。这里，里尔克注视着空间中的躯体，它尝试夺取心灵的功能，去超越"呆板而整齐的自然"。

> 因为它勃然
> 而起，充分倾听，正当俄尔甫斯歌唱时。②

里尔克以近似于歌德的语调结束了整组十四行诗：

---

① 《里尔克作品全集》1:751。
② 同上,769—770。

> 如果尘世把你遗忘,
> 且对寂静的大地说:我在奔流。
> 对迅疾的流水说:我在停留。①

随着里尔克再次提点出他那厚逾昆冈、重逾千钧的双重性思想,这组十四行诗的幕布徐徐落下。沉默而静止的大地之于奔流呼啸的意识,固定有形的自我之于流逝跳动的生活,它们在里尔克的诗中融为一体,无论是《哀歌》,还是《俄尔甫斯十四行诗》,都是这种双重性思想的产物。

7.

随着后期《哀歌》和《俄尔甫斯十四行诗》这对孪生兄弟的诞生,里尔克早已按捺不住向新交旧友们报喜。2月9日他已报了一遍喜,现在,他又向朋友们遍发信件和电报,用最奢华的言语盛赞自己的两个新孩子——《哀歌》第五篇和《俄尔甫斯十四行诗》第二组。

或许,最热烈的回应来自于卡塔琳娜·基彭贝格(日后,她就《哀歌》和《俄尔甫斯十四行诗》作了颇有见地的研究)。她写道:

> 这么长时间以来,我翘首以待,直到3天前,终于等到了《哀歌》完成的大喜讯……这是真的吗?这一天你已等了10年,就像一个待产的孕妇,等待自己孩子的诞生,等了整整10年。那是怎样的煎熬啊!

信中,卡塔琳娜回忆道,当年里尔克还在慕尼黑时,她去看他,看见他正在一个社交场合与人交谈,可从他闪烁的眼神中能看出他内心的痛苦。卡塔琳娜表示,自己的心和里尔克一样痛苦,一起为未完成的使命而焦虑,一起探寻心中最隐秘的内核。最后,卡塔琳娜模仿起《哀歌》中的语

---

① 《里尔克作品全集》1:770。

言,把里尔克比作一位待产的孕妇,她写道:"看来,诗人必须将所有人的痛苦收集入自己的心中,炼出象征;然后,把象征运送到人生的彼岸,让它同大地合二为一。"①

《俄尔甫斯十四行诗》对里尔克而言是上天的额外馈赠,真正令他得到拯救的还是《哀歌》。全部创作结束后几天,他给锡佐伯爵夫人写了封信,充分表达出他对《哀歌》以及杜伊诺城堡的感激之情:

> 那组篇幅较大的诗歌,我是指1912年冬始于杜伊诺城堡的那组诗,其后我历经西班牙和巴黎,接着又发生了大战,战后又琐事缠身,差点儿就完成不了。要真是那样,真是万死难辞其咎,这组诗是我最重要、最坚实的作品,它们代表了我内心最为成熟的思想,为了它们,我不知承受了多少痛苦,多少次在绝望与拯救间挣扎。若不能完成,人世间哀痛之事莫过于此。②

若不能完成,里尔克的人生也将完全不同。多少次,他彷徨踟蹰,在天堂与尘世之间,在空缺与充实之间。对于那些曾爱过他的人,他的彷徨踟蹰是那样的残酷,可最后,那一切证明并非虚耗,他心灵与生活的流转反复最终在诗歌中结出最绚烂多彩的奇葩,那不仅是他个人藉以傲然屹立的高台,也是整个世纪的一座丰碑。

---

① 1922年2月,《里尔克与卡塔琳娜·基彭贝格书信集》,456—458。
② 1922年3月17日,MS,24f。

第 24 章　成为另一个人：打开法国的窗口

> 你，窗户
> 哦，等待的尺度
> 多少次，生命
> 向另一个生命倾泻
> 在你上面投下
> 焦灼不安的面影
>
> ——《果园集》，"窗户"二①

1.

里尔克始终是一位"镜中诗人"：在艺术的镜子中观照自我的影像，镜中的反光也混合在他的自我之中。即便在他最为"客观"的作品《新诗集》中，也可以清晰地看到诗人自己的形象。用自己的母语完成了他雄心万丈的大作后，里尔克转向了一扇窗户，转向窗外的旖旎风景。现在，他面对的不再是即时镜像，而是明净透明的玻璃，他需要静倚轩窗，耐心等待景物从眼前晃过，或许是一片叶子，一朵花，一张新鲜的面孔和身形。"等

---

① 《里尔克作品全集》2:549。

待"是这里的关键词:既是等待改变,也是等待另一个自我在空灵、透明的玻璃上投下淡淡的影子。

"我是另一个人",半个世纪前,诗人兰波用这句话形容他心中的先知;现在,这句话也正适用于里尔克,他正转向新的诗歌语言——法语,初时缓慢凝重,渐次加快步伐。把心中的《哀歌》和十四行诗一泄而尽后,里尔克觉得再也没什么可说的了。过去几年中,他越来越频密地接触法语环境,如今,他所生活的瓦莱乡村地区人人说法语,他似乎听到了这种语言和文化在向他召唤,决定作出回应。这意味着成为一名法语诗人,同时又要保住他德语抒情诗领袖的位置;这同时也反映出里尔克的超国界泛欧观,在他看来,诗歌可以用不同语言写成。翻译是打开这种超国界泛欧观的一把钥匙,而从德语转入法语创作则是另一个层次上的探索,为他的艺术结构增添了另一个维度。

由德语到法语,这一华丽转身背后,也能看到梅尔林的影子。里尔克同梅尔林的通信几乎完全用法语,随后,在里尔克同其他一些亲密朋友的通信中,法语词汇习语也比比皆是,甚至他同南妮的通信也用起法语来(通常,南妮用德语写信)。对里尔克而言,书信就是诗歌的草稿,用法语写信为法语诗歌语言的创造迈出了第一步。在许多法语区,人们,尤其是年轻人,对里尔克的法语诗歌创作给予热烈回应,这也令里尔克受益匪浅,更坚定了他的信念:诗歌的力量可以跨越国界。

初到巴黎时,里尔克既自卑,又兴奋,那时距此已过去整整 20 个年头。对一个个地方的回忆,俄罗斯、威尼斯、罗马、卡普里、瑞典、丹麦,还有西班牙,为他的诗歌提供着素材,也为新的生活提供着养分。然而,20 世纪初的那场大浩劫最令里尔克魂牵梦萦、难下心头的还是法国。当初,他把法国和俄罗斯同视为自己艺术的两大源头活水,可大战以来,他不得不离开法国,远走天涯。瑞士再度令里尔克可以接触到法国文化,虽然仅是皮毛,未及神髓。那是从罗丹和塞尚那儿吸取养分的文化,是奉波德莱尔、马拉美和凡尔哈伦为楷模典范的文化,那里还有他的朋友安德烈·纪德。如果说,里尔克与梅尔林谈情说爱,兼顾家居琐事的通信使他可以用法语生活、思维,真正把他推上法语诗人之路的还是他与保罗·瓦莱里的交往。

两人的交往始于1921年，也就是《哀歌》大爆发前一年。[①]那一年，里尔克读到了瓦莱里的《海边墓地》，立即有了亲近感。那年年初，当他和梅尔林在伯尔尼时，他向梅尔林朗诵了这首诗，盛赞它是项创新，同他自己10年前所致力的客观形式颇有相近之处。里尔克欣赏瓦莱里的诗，其形象明晰、精准，却并不妨碍它表达出感情的潜流，而且拿捏得恰到好处、毫厘不爽：那是面对死亡时，静止的自然所散发出的冷寂之美。里尔克当即决定，要把这首诗译成德语，从3月21日开始动手翻译，把这当作伯尔尼期间的主要任务。他希望能用德语再现瓦莱里所追求的那种紧绷致密、毫无赘物的感觉，同时也希望能再现法语的音乐性。如果有人认为里尔克不过是在动手创作《哀歌》前练练笔、热热身，那就大错特错了。实际上，他正渐渐吸纳着法语，以及瓦莱里的诗歌模式，那是同《哀歌》相平行的另一条道路，最终将把他带入一片未曾踏足的新疆域。

一年后，1922年3月和4月，里尔克前脚刚刚完成《哀歌》和《俄尔甫斯十四行诗》的创作，后脚就翻译起了瓦莱里的一首主要作品——《蛇之剪影》。这首诗是瓦莱里亲自从巴黎寄来的，也是里尔克继《海边墓地》之后翻译的第一首瓦莱里的主要作品。

瓦莱里的诗一开头就写到了伊甸园中的荫荫乔木，蛇懒懒地挂在树枝上，仿佛圆领衫的领口。里尔克的德文译文改变了原始急促、顿挫的节奏，换之以更为舒缓流畅的节奏，以化解蛇那令人紧张的形象。

1922年12月至1923年1月间，里尔克翻译了瓦莱里的诗集《符咒》中的大部分作品，但此时他与法语诗歌的接触还仅限于把法语诗歌译成德语，还要再等上一年，他才会自由舒畅地以法语创作诗歌。那时，他翻译的法语诗歌已结集出版，其中也夹杂了他用法语创作的一些诗歌。里尔克在努力改变，试着穿上用另一种语言织造的衣裳，乔装打扮，最后仍不免露出自己抒情诗的本来面目。

里尔克实实在在把瓦莱里看作一扇窗，通过他去窥探新诗歌之究竟。[②]瓦莱里关于空间、时间、运动的思想，还有他对精准的追求，无不深深影响着《哀歌》之后的里尔克。瓦莱里本人不懂德语，对自己的语言又极

[①] 1921年3月24日，《里尔克与梅尔林书信集，1920—1926》，276—278。

[②] 参阅朗，141。

端敏感,因此他并不像里尔克那样主动确认二人在诗歌上的缘分,对于里尔克用法语创作的诗歌,甚至于里尔克的德语诗的法文译本,他都谨慎表达了一些保留意见。但他鼓励两人的合作,尤其是当里尔克翻译他的诗集《符咒》时。整个 20 年代早期,里尔克同苏黎世的法语图书经销商保罗·莫利塞和玛丽·莫利塞夫妇有着大量通信,这些信件也表明了他对瓦莱里毫无保留的景仰。在里尔克眼中,瓦莱里是打开新生活的钥匙,或许,此时他已开始用瓦莱里替代渐渐远去模糊的罗丹。

从翻译法语诗歌到直接用法语创作依旧是一大飞跃。早些年,里尔克还觉得直接用法语写作有些勉为其难,1921 年圣诞节,他用法语为巴尔蒂斯的流浪猫画册所撰写的序言同画册同时出版,当时里尔克内心之喜悦可见一斑。①里尔克知道,自己必须写这篇序言,唯有如此孩子辛辛苦苦画的画才能化为成人世界正式接受的作品,可这篇短文也不仅仅是项必须完成的任务,也是里尔克自己写作生涯中的一个转折点。这是他第一篇用法语发表的作品,他初次尝试用法语精确、优美地表达出自己的想法。那年新年,他写信给卢,信中不无骄傲地表示,写这篇短文时他的一切想法都直接来自于法语,无需德语的中介。②

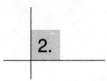

里尔克的法语越来越娴熟,在瑞士的生活也越来越稳固,瑞士成为他生命最后岁月中的壁垒,其之于诗人的重要性只有巴黎可一较长短。不过,他还是面临一个问题:找个安稳的居所。穆佐楼的主人,罗里尔太太于 1922 年春去世,财产由一儿一女继承。两人岁数都不大,涉世未深,颇让里尔克忧心忡忡。

两位继承人准备出售穆佐楼,来了位地产代理人,言行粗鲁,盛气凌人,很是让里尔克生气。好在过节儿很快就被两兄妹的监护人,夏尔·苏

---

① 1921 年 12 月 19 日,梅尔林收到画册,《里尔克与梅尔林书信集,1920—1926》,382。
② 1921 年 12 月 9 日,《里尔克与卢·安德烈亚斯-莎乐美:书信集》,439—440。

瓦里恩中校摆平了,同这位中校里尔克倒是相处得相当融洽。①此时,维尔纳表示有兴趣买进穆佐楼,这着实令里尔克长舒了一口气。不过,莱恩哈特毕竟是生意人,对这笔交易很谨慎,穆佐楼虽然风景如画,四周民风古朴,可如果要想令其具有实际价值,而不仅仅是一座纪念碑或者某位诗人间或隐居的场所,还是要做大量的工作,投入不少的金钱。

虽然楼上已安装了一部炉子,冬天时可以供暖,室内还是没有下水系统,也不通电。4月,建筑师德萨利斯到来,帮莱恩哈特评估改造的费用。里尔克爽快地向自己的恩主表示,不用管自己,按他自己的意思办就行。话虽这么说,可他心底还是忧心忡忡。虽然基彭贝格那儿不断有好消息,他的收入节节攀升,②可里尔克也清楚,单凭自己的经济实力,根本不可能租下像穆佐楼这样的住所。同时,他在慕尼黑的那套房子也退租了,家具运去了莱比锡,小物件都被爱尔雅·内瓦尔处理得干干净净。现如今,他再无他处可去了。

维尔纳最终买下了穆佐楼,让里尔克继续居住,并给了他最大的自由,压在里尔克心头的巨石终于落下。5月,莱恩哈特和表姐南妮过访穆佐楼,也最终敲定了买楼的事,不过之前的一段日子还是够折磨人的。3月春天过早到来,艳阳高照,暑气袭人,可到了4月,冬进春撤,重归凄风冷雨,时不时还有雨夹雪,美丽的瓦莱山谷又重归冰封雪飘,一片萧条肃杀的气息。这时,里尔克感到很压抑,他心里还装着梅尔林,要是她的来信不够频密,就不免牵肠挂肚。这年感恩节,他给她寄去了自己翻译的《蛇之剪影》,权当是这一年的"感恩节彩蛋"吧。③

里尔克同纪德的关系起伏曲折,双方都是时而热烈、时而冷漠,两人之间的交往常有令人瞠目之处。④纪德曾用最热烈的语言邀请里尔克参加在蓬蒂尼修道院举行的法德文学研讨会,出席研讨会的都是法国和德国顶级作家和学者。研讨会由法德双方共同举办,法国方面主要是围绕着《新法兰西评论》的一些文学团体,具体有纪德、瓦莱里、让·史隆伯杰、夏

---

① 参阅里尔克于1921年10月19日、21日,1922年3月14日写给维尔纳·莱恩哈特的信,《里尔克与莱恩哈特兄弟书信集》,236页脚注,244—245,276—280。
② 《里尔克:人生与作品大事记》,800。
③ 1922年4月11日,《里尔克与梅尔林书信集,1920—1926》,399。
④ 1922年4月25日、5月15日,《里尔克与纪德书信集》,185—189。

尔·杜波斯,德国方面则有里尔克的好友鲁道夫·卡斯纳,还有文学史专家恩斯特·罗伯特·科提乌斯。对于纪德的邀请,里尔克不置可否。或许,他不想同德国走得太近,最后还是婉言拒绝了邀请。

这个多事之春,露丝终于举办了婚礼,新娘的父亲却没有出席。①新婚夫妇何时才能来穆佐楼探望一下里尔克呢?里尔克总是表示,再等等吧,等你们能安家立业再说,他却没能等到那一天。基彭贝格从里尔克的账户中支出钱款,供婚礼之用,可里尔克并没有准备礼物(这也推迟了)。他极度担心自己会被外人利用,对婚礼的事不愿卷入太深,不过,他也不是没有任何作为。就在女儿婚礼的当天,他爬上穆佐楼附近的小山,走进白色的小教堂,在那里为女儿点上4根祝福的蜡烛。

穆佐楼仿佛一块磁石,吸引着里尔克的朋友们来访,其中有侯爵夫人,还有基彭贝格夫妇。6月初,玛丽·塔克西斯带着一帮随从到来,②住在谢尔的贝勒乌饭店,她探访了自己的大诗人,并请他为自己朗诵了全部《哀歌》。之后,夫人去了罗尔,去同自己的孙子们相聚,从那儿写来了热情洋溢的颂词。③

梅尔林也要来穆佐楼,同里尔克相会。里尔克清楚,没有梅尔林就没有穆佐楼,一再表示这里永远是她自己的家。不过,邀请的语气却还是暴露出他内心有所隐瞒,他对梅尔林说,无须考虑两人在一起生活是否会有这样那样的麻烦,只需考虑她自己是否真心想要在瑞士重新安家。不过,里尔克觉得,至少也要请梅尔林来穆佐楼度个夏天吧!在写给南妮的信中,他写道:"老天啊! 穆基再看到这里,同这里的花花草草一起呼吸,一起心跳,她会是多么的开心!"④

梅尔林会开心,可让她开心的是穆佐楼,而不是他里尔克。如果把这番话同里尔克写给梅尔林的那些言语炽烈的书信作一番对比,就会清楚看出,里尔克始终区划出这段感情的公共面和私密面,不希望二者混为一体,更不希望自己的朋友觉得这会是一段有结果的感情,连面对南妮这样的至交好

---

① 1922年5月12日写给克拉拉的信中,里尔克表示,1922年是个值得记住的年份,有两大喜事:其一,《哀歌》完成;其二,女儿成婚。
② 1922年5月30日、6月5日,玛丽·塔克西斯给里尔克的电报,《里尔克与玛丽·冯·屠恩·塔克西斯书信集》,711,713。
③ 1922年6月11日,《里尔克与玛丽·冯·屠恩·塔克西斯书信集》,713—715。
④ 1922年6月29日,《里尔克与南妮·冯德利书信集》,769。

友也是如此。当他得知南妮正打算邀请梅尔林加入到自己的社交圈子中来时,虽嘴上不说,却难掩心中的懊恼。里尔克似乎漫不经意地说,巴拉迪内此次南来途中,要和丈夫恩里希·克洛索乌斯基见面,由此不免让听者起疑,他和巴拉迪内的关系到底有多深,两人又能在一起待上多久?里尔克也表示,很高兴梅尔林能来穆佐楼住上一住,她实在需要改变改变,恢复恢复了,可他的语气听起来总像是好客的主人,而不是翘首以盼的恋人。

7月初,梅尔林终于到来,恰巧基彭贝格夫妇也到访,两人其实一年前就计划来瑞士看里尔克了。梅尔林同里尔克的两位好友丝毫没有隔阂感,5天的时间里,基彭贝格夫妇住在谢尔,日日来穆佐楼看里尔克。7月23日,星期日,里尔克向基彭贝格夫妇朗诵了全部的《哀歌》,第二天早上,又单独向卡塔琳娜朗诵了两组《俄尔甫斯十四行诗》。夫妇二人深受感动,尤其是卡塔琳娜。①两星期后,安东·基彭贝格来信,表示1923年前无法安排两部著作出版,里尔克颇为失望。

基彭贝格夫妇刚走,里尔克就收到一条丧讯,他无论如何不能无动于衷。逝者是卡尔·冯·黑特,里尔克最早,也是最坚定的资助人。卡尔·冯·黑特是里尔克的忘年交,给过里尔克许多人生忠告,帮他管理过金钱,欣赏他的作品,却也是对里尔克的个人生活批评最多、最严厉的一个。里尔克立即发电吊唁,随后在8月17日又给卡尔·冯·黑特的遗孀修书一封,措词极为谨慎,表示一切恩恩怨怨已如过眼云烟,他与卡尔·冯·黑特的这段堪比父子的情谊令他的一生有了不同。卡尔·冯·黑特病重已有数年之久,里尔克在信中也盛赞他的妻子所作出的奉献。不过,里尔克在信中捎带也提到了他与卡尔·冯·黑特交恶的缘由,他觉得卡尔·冯·黑特对自己的个人生活干涉太多了。虽然如此,里尔克还是觉得要表达一下自己心底深处同卡尔·冯·黑特的纽带。此外,他还表示遗憾,卡尔·冯·黑特临终前未能听到自己朗诵的《哀歌》。

第二天,里尔克就和梅尔林一起去了瑞士北部,先去了伯尔尼,然后去贝阿滕贝格和梅尔林的小儿子巴尔蒂斯会合,三人在一起度过了两个星期的时间。那是一趟完满的旅行,一结束,里尔克已等不及把贝阿滕贝

---

① 1922年8月21日、26日,卡塔琳娜致里尔克的信,《里尔克与卡塔琳娜·基彭贝格书信集》,469—471。

格推荐给南妮,说那里不单风景优美,更似乎遗世独立,有着一种古朴的魅力,那儿的宾馆设施也不错,住起来很是舒服。在那里,他度过了"14个最纯净、最独特的日日夜夜",那14天中,他感到自己仿佛又成了个孩子,"一下子回到那么遥远的从前,反而有了一种一跃进入未来的感觉"。① 梅尔林可爱的儿子更增添了许多乐趣,她本人也可以从柏林的重压下恢复过来,终于能吃得下,睡得香。山风吹深了她的肤色,令她看上去年轻了许多。在她看来,里尔克也是一样。

三人于9月6日回到穆佐楼,一场危机正等着他们。似乎是抗议梅尔林的出现,里尔克的佣人弗莱达打了声招呼就走了。假期结束了,弗莱达的离去留下了空白,需要另一位体贴入微的女性补进来,帮助诗人整理房屋。不仅如此,里尔克也再度面对他怎么也跨不过的那道坎。前些日子,三个人在一起时,其乐融融,从梅尔林的角度来看,她实在看不出有什么理由让这样其乐融融的日子不能继续下去。可接下来的秋冬两季,里尔克还希望能再做些工作,一想到可能会失去安静的环境,他的心情就轻松不起来。可另一方面,就这样放梅尔林和她的两个儿子回柏林,他又实在放心不下,那里物价飞涨,政治局势动荡不已。

那个秋季,里尔克使尽了浑身解数,一方面想把梅尔林母子三人留在瑞士,不要回动荡不安的德国,另一方面又维持自己幽静的工作环境。②他给古蒂·诺尔克写信,希望他能帮上忙。古蒂在米兰诺附近有一座古堡,可那里如今已并入了意大利领土,在那场席卷意大利全境的风暴中也很难独善其身,实在不是上那儿的时候。古蒂也表示,自己实在无力容下梅尔林一家三口,不过可以让她把大儿子皮埃尔送过来。

最后让梅尔林痛下决心的反倒是德国政府。德国政府突然宣布,从12月1日起德国境内所有火车票涨价一倍,梅尔林觉得再也不能拖下去了。其实,解决的办法就在眼前,可里尔克就是不肯点头,这深深伤害了梅尔林的感情。她实在不明白,自己明明能帮上那么多忙,怎么就不能住在这个自己最爱的地方,和里尔克一道工作?她或许不知道,6年前,露露几乎同她面临着完全一样的困惑。

---

① 1922年9月7日,《里尔克与南妮·冯德利书信集》,781。
② 参阅《里尔克与梅尔林书信集,1920—1926》,409—410页的编者注释。

在开往北方的列车上,以及其后的漫漫寒冬,梅尔林用书信表达了自己的痛苦和怒火。①不幸的是,这批书信都没有保存下来。里尔克去世后,他的遗嘱执行人将多年来大家写给里尔克的书信一概归还给了它们的主人,其中也包括梅尔林。梅尔林烧掉了1922年12月至1923年5月间自己写给里尔克的信,毫无疑问,那段时间她深深失望,甚至怒火中烧。这个男人口口声声说爱着自己,却几乎是亲手把自己推上车,任自己回到那个令人厌恶的地方。或许,那些信中言辞过于直白激烈,不适宜保存下来。无论如何,流血终将凝结,伤口终将愈合,生活还要继续。无须多问,梅尔林前脚走,弗莱达后脚就回来了,继续为她心目中的大诗人操持家务。

冬季到来,凛冽寒风和皑皑白雪将里尔克困在群山之中,他也正好利用这段时间翻译了瓦莱里的诗集《符咒》中的大部分作品,似乎以此为他转向法语创作铺出一条康庄大道。马塞尔·普鲁斯特去世后,《新法兰西评论》出了一集纪念特刊,纪德和其他几位法国作家曾邀请里尔克为这集特刊写点东西,可没成想普鲁斯特的弟弟坚决反对,寸步不让。用他的话说:"决不允许德国人踏近我哥哥的墓地半步。"虽然里尔克是个面皮薄如纸的人,这一次却表现得颇为大度,表示可以理解普鲁斯特弟弟的心情。里尔克盛赞普鲁斯特是这个时代最伟大的作家之一,他"发现了人类情感的真正传统,也改变了人们看世界的方式";同时,他也感谢纪德,在普鲁斯特的仰慕者中还为他留下了一小块位置,他又说,即便没有普鲁斯特弟弟的反对,自己也实在不知该说些什么。②里尔克在这件事上的态度也反映出,他还在向往着巴黎,那里的思想文化氛围,还有那里的精英,是他心中挥不去的痛。

"这两天来,阳光灿烂温暖,不过雪已结成坚冰,难以融化。"③这段话

---

① 《里尔克与梅尔林书信集,1920—1926》,410。
② 1922年11月30日,《里尔克与纪德书信集》,206—208。
③ 1922年12月15日,《里尔克与南妮·冯德利书信集》,825。

出自里尔克的47岁生日和1922年圣诞节之间,恰好反映出里尔克独居乡村的冷寂心情。这是他在穆佐楼度过的第二个圣诞节,冰雪晶莹剔透,寒钟响彻山林、山谷,谢尔的方向流光溢彩,灿若星辰。里尔克把自己翻译好的瓦莱里诗集给梅尔林寄去一份,算作这一年的圣诞礼物,帮克拉拉订了一些书,又给南妮寄去了一份《一位伯爵的文学残章》。此时,里尔克觉得前途云横雾锁,道路难明。

此时,获得长期居留瑞士的许可对里尔克来说已经不是什么问题了,可生活的经济来源还在困扰着他,德国不断攀升的通货膨胀和德国马克飞泻直下的汇率无时无刻不在侵蚀他的收入。1923年是德国通货膨胀的巅峰之年,通货膨胀率达到令人咋舌的程度,里尔克的担忧与日俱增。虽然维尔纳为里尔克设立了一笔基金,以应付他日常生活之需,可他不知道这笔钱够不够。而且,瑞士的税收和房屋维修费用也一夜暴涨,不知什么时候起他就入不敷出了。瓦莱里来苏黎世时,里尔克没能同他见面,在给卢的信中他道出个中原由——缺钱,他更用上了一个老套的比喻:汇率已使我成为穆佐楼中的囚徒。① 幸运的是,不久,他表姐鲍拉·冯·里尔克给他留下一笔遗产,解了他的燃眉之急(11年前,鲍拉的姐姐依琳也把遗产留给了里尔克,同样解了他的燃眉之急)。

里尔克的脑子一向富于种种随时局而沉浮的幻想。为经济窘迫困于穆佐楼,倒有点像当年他被大战困于慕尼黑,里尔克再度为政治时局的发展担忧起来。瓦莱里的诗集翻译已结束,手头又没有新的工作,此时的里尔克特别容易胡思乱想。消息传来,法国和比利时军队进驻鲁尔,占领了莱茵地区,引发一系列暴力和动乱,里尔克的心也揪了起来,仿佛又回到他离开慕尼黑前噩梦般的几个星期。

就在几个月前,墨索里尼刚刚进军罗马。担心自己熟悉的一切会分崩离析,里尔克居然开始视墨索里尼为政治救星。新政权宣扬恢复传统秩序,对里尔克颇为诱惑。在写给米兰的奥«拉·加尔娜蒂-斯科蒂侯爵夫人的一封长信中,他大谈建基于"家园"和"根源"之上的传统,要以这种传统驱散混乱,却忘了他在追寻自己的"根源"时却像躲避瘟疫一样躲避着自己的"家园"。侯爵夫人在回信中理智地提醒里尔克,并不是挥挥大

---

① 1923年1月13日,《里尔克与卢·安德烈亚斯-莎乐美:书信集》,456。

旗就能找到自己的根,压制自由也不能带来心灵的整一,于是里尔克不再讨论这个话题,可想法并未改变。他依旧仰慕墨索里尼,视其为传统和稳定的捍卫者,直到1926年,他去世前几个月,还在写给米兰侯爵夫人的信中对墨索里尼赞不绝口。①

在瑞士这片安静祥和、生机勃发的土地上,里尔克居然还会为政治局势而担忧,实在是非同寻常。翻译逐步取代了原创,连基彭贝格也来了兴趣,提议为里尔克出版一本译文集,其中不仅有他译的瓦莱里的诗,还有米开朗基罗的十四行诗,以及其他一些诗歌译作。这依旧是大浪之后的余波,可至少里尔克不会闲着。

又一条丧讯传来,令里尔克感到触动,不过这次主要是在思想上,因为逝者同他个人的关系并不像卡尔·冯·德·黑特那样近。4月8日,哲学家-历史学家阿尔弗雷德·舒勒去世,时年58岁。丧讯最先由格特鲁德·努普的大女儿传来,一下子让里尔克想起大战中那几年,他在慕尼黑时,曾对舒勒的哲学生死观产生了浓厚的兴趣,将死亡视为人生整体的一个部分。他曾毫不掩饰地对克拉拉说,这一哲学将死亡视为基本现实,无论在《俄尔甫斯十四行诗》上,还是在《哀歌》上,都留下了深刻的印记。里尔克寄了一份《俄尔甫斯十四行诗》给海德薇·沃尔曼,再次表示舒勒的思想令自己受益匪浅,"我俩因'开放人生'而结交,回忆一下那段交往吧,还有什么比这更能纪念舒勒呢?"或许,舒勒生前读过他的《俄尔甫斯十四行诗》,两人共同的朋友努普夫妇手上有一份手抄稿,不过里尔克也说,无论如何,哲学家并不需要经诗人之口来体验何谓生死,"这样的体验无时无刻不在他眼前展开"。这封信是一份重要的资料,它证明,里尔克的后期《哀歌》和《俄尔甫斯十四行诗》的一个重要来源恰恰是大战中他困于慕尼黑那段闷闷不乐的日子。

如果说战争的回忆依旧在困扰着里尔克,终于有了件能让他宽心些许的事。捷克使馆传来消息:1914年他离开巴黎时留下大批书籍、信件、文稿、照片,几经洗劫,剩余部分由法国政府保管。现在,法国政府终于同

---

① 1923年1月23日,《里尔克与米兰友人书信集》,28;伯爵夫人回信,1923年2月1日,《里尔克与米兰友人书信集》,31。在《政治书信集》中,关于这封信,编者加入了大篇幅的注释。参阅《政治书信集》,641—645。

意发还这部分财物,纪德亲自去把它们领了回来,存在伽利玛出版社的地下室里,等着它们的主人来领回。①里尔克最近去世的表姐鲍拉也留下了不少家庭文件和照片,都由家族律师斯塔克保管。有了表姐的这部分,再加上存在法国的那部分,里尔克想,终于可以重建自己和自己家族的历史了。

与此同时,前途似乎一片光明。感恩节期间,维尔纳带着几个朋友来穆佐楼看里尔克,买楼的事终于敲定了,现在,这里几乎就是里尔克自己的地方,实在值得庆祝一番。经过漫长的沉寂,玛尔特也终于传来了消息:她同卢卡结婚了。

《俄尔甫斯十四行诗》终于出版了,里尔克写信给基彭贝格,感谢他为出版所做的工作,他在信中写道:"图书装帧和页面版式太漂亮了,同诗歌简直是绝配。"②事也凑巧,此时,里尔克的一帮友人恰好也在穆佐楼,有南妮、雷吉娜·乌尔曼,还有艾伦·戴尔普,他们和诗人一起庆祝了这件大喜事。

甚至连一向对里尔克的新诗风冷眼旁观的霍夫曼斯塔尔也对新出版的十四行诗说了几句好话。他表示,很惊异,"里尔克居然能从言语难以企及的疆域的边缘抢占下一小块领土",他的诗"笔断意连,犹如一幅精彩的中国书法作品"。③5 月时,霍夫曼斯塔尔到布克哈德一家做客,恰逢天气恶劣,没能过访穆佐楼,实在是憾事一桩。里尔克也回忆起当年霍夫曼斯塔尔对他的《新诗集》的支持。不过,总体而言,读者对《俄尔甫斯十四行诗》的反应适度,不算太热烈,这仿佛也是一个信号,预示着数月后《哀歌》出版时,读者普遍为里尔克的言语风格感到不安。今天,《哀歌》早已成为举世公认的杰作,可在它出版之初,读者的反应参差不齐,有的欣赏,有的迷惑,有的甚至愤然。

虽然已完成了自己的主要作品,里尔克对前途却提不起什么信心。原因之一是他对政治局势的愤慨,"错失良机"是他百用不厌的一个词;另

---

① 参阅里尔克与纪德就此事的书信往来,1923 年 4 月 23 日里尔克给纪德去信,4 月 28 日纪德回信,5 月 4 日里尔克再去信纪德,6 月 2 日纪德再回信。《里尔克与纪德书信集》,210—216。
② 1923 年 3 月 21 日,《里尔克与出版商[安东·基彭贝格]书信集,1906—1926》,427—428。
③ 1923 年 5 月 25 日霍夫曼斯塔尔来信,里尔克于 5 月 28 日回信;《里尔克与霍夫曼斯塔尔书信集》,93—97。

一方面,也有他个人的原因。基彭贝格夫妇上次来访时,他就说过,《哀歌》和《俄尔甫斯十四行诗》一结稿,自己这辈子就再没什么大东西可写了。里尔克的话显示出他尚难以逾越的一道心理障碍。

身体上的不适更加剧了里尔克心理上的障碍。6月初,他去伯尔尼和苏黎世办些事,结果在苏黎世一困许久,先是困在牙医诊所,接着又接受了一系列健康检查。几个星期以来,口腔溃疡令他茶饭不香,现在疼痛愈发频繁,也愈发难以忍受。这些小病痛实际上都是一场不治之症的征兆——白血病,可惜当时的医学对这种顽疾还知之甚少。3年后,里尔克成为白血病的又一个牺牲者。

话又说回来,困于苏黎世也并非一点好处没有,那就是靠近迈尔伦,可以常常见到南妮。里尔克在苏黎世期间,恰好《哀歌》也在市面上流传了起来,为了庆祝,也为了安慰一下在牙医诊所饱受3个星期煎熬的里尔克,南妮一家人请里尔克乘汽车去沃德镇游玩。里尔克一向痛恨现代科技,却偏偏喜欢乘汽车旅行,反差之大真是令人瞠目。

里尔克最终回到了穆佐楼,却不愿住在楼里。弗莱达终于还是走了,接替她的叫艾丽斯·魏德米尔,简直一塌糊涂。这位新仆人不习惯里尔克的素食习惯,做的饭菜难以下咽,在其他方面也惹了不少麻烦。里尔克干脆搬进了贝勒乌饭店,一直住到7月12日,等到梅尔林来避暑才搬回穆佐楼。他的身体越来越虚弱,在苏黎世接受全面健康检查时,医生建议他接受长期治疗。其实,早在战前和战中那段岁月里,他就已经是疗养院的常客,现在他又想到了住进疗养院。里尔克和梅尔林在一起只住了一个月多一点,然后他就搬进疗养院,闭门谢客,专心养病。

梅尔林到来的第二天,两人远行去山中避暑胜地洛伊克巴德,在那里,两人联名给南妮发了封电报(当时,南妮正在圣莫里兹山度假),署名为"穆基和里尔克"。从洛伊克巴德回来后,两人搬进了穆佐楼。7月底,卡斯纳来访,小住了3天,日日与里尔克深谈各种文学问题。此时,里尔克最担心的还是世人对自己的新作品反应冷淡,甚至恶语相向,亲耳听到自己的老朋友肯定自己作品的文学价值,里尔克的心颇感宽慰。两人也谈到往日的许多相识故旧,有意思的是,他们发现他俩对大多数人的看法如出一辙。

反正里尔克手上的工作都已经停了下来,像这样有人来访,打打岔倒也不失为一件乐事,可他身体上的病痛并没有减轻,在他心头积聚的烦躁与消沉也没有消散。他开始向南妮写信大吐苦水,大段大段地抱怨,同梅尔林的关系给他带来多么沉重的负担。他也承认,梅尔林"已尽了全力",还把她比作《马尔特手记》中的总理,强作欢颜,举起手中的酒杯,克里斯蒂娜·布莱的幽魂却在他椅子背后飘过。①显然,梅尔林生活在重负之下,担心自己做了什么反而会引起里尔克的不快,自然也难以开心起来。里尔克表示,自打她来了以后,自己就没见过她露出过几次真心的笑容。

8月18日,里尔克启程去卢塞恩湖附近的一家疗养院,地点是南妮帮他挑的。梅尔林把里尔克一直送到图恩,原本还打算陪他在那里玩上3天,可里尔克早已没了游览的心情,仅仅两天就送走了梅尔林,最后一晚一个人住在贝阿滕贝格的贝儿维迪尔饭店,等着第二天一早住进疗养院。从那一天开始,一直到10月底他搬回穆佐楼,里尔克不时与梅尔林鸿雁传书,信中言语甚是温暖,有时甚至有些感伤。

刚到这家疗养院时,里尔克已是精疲力竭,形容槁枯,体重还不到100磅。雨季到来,这里的雨势比瓦莱地区要大,景物也太近似于里尔克鄙夷的那种"游客风光",不过治疗似乎颇有成效,病人也不多。疗养院的医生在他身上发现了一些实实在在的病症,而不是虚无缥缈的精神紧张,痊愈使前景也似乎光明了许多。②这里的治疗主要包括摄氏30度温水浴,然后用力擦拭全身,再辅以电疗。里尔克在给朋友的信中常常传去乐观的消息,可实际上,他的健康并没有什么改观。他不过是期望这段治疗会逐渐带来好的效果。

里尔克入住还不到一个月,疗养院就因为病人太少而关门了,院长亲自用车把里尔克送到卢塞恩。此时才9月23日,里尔克非常不情愿回到穆佐楼,去面对梅尔林,他先在卢塞恩住了3天,接着又去了拉加兹附近的玛兰斯,和德塞利斯一家在一起住了一个星期。那之后,他又去了迈尔伦,和冯德利一家一起度过了3个星期的时间,全家人都把里尔克奉为上宾,对他的照顾可谓无微不至。最后,他又在伯尔尼住了一个星期,总算结束了这段间奏,回到他的爱侣身边。10月26日,里尔克给梅尔林发电

---

① 1923年8月4日,《里尔克与南妮·冯德利书信集》,901。
② 1923年8月24日,《里尔克与玛丽·冯·屠恩·塔克西斯书信集》,769—771。

报,说自己次日肯定会回来,为她庆祝生日。

可几天之内,一切都变了。9月时,梅尔林就把艾丽斯,那个"恶心的厨娘"给解雇了,可恰巧她做电工的哥哥工作时遭了电击,命悬一线。出于同情,梅尔林同意她晚一些再走。差不多一个月的时间里,梅尔林事事要自己操劳。10月3日,弗莱达终于肯回来了,这还要归功于南妮的苦口婆心,可她的归来对于梅尔林来说却无异于一场灾难。弗莱达说得明明白白,这个屋子里住不下两个女人,里尔克在写给南妮的信中也提到了两个女人的不和。他写道:"弗莱达其实是好心肠,打心眼里向着我,感到屋子里的气氛太假。只不过一时鲁莽,没管好自己的嘴,说了不该说的话。"过了两个星期多一点,穆基离开穆佐楼,去了贝阿滕贝格。

如果说里尔克同巴拉迪内的关系麻烦不断,对她两个儿子倒是十分上心,关心他俩甚至超过了他自己的女儿以及新近在德国出生的孙女。① 孙女克丽斯汀的出生令里尔克又感伤了一阵子,和往常一样,他去教堂点亮祝福的蜡烛。不过总体而言,巴拉迪内两个才华出众的儿子更让里尔克牵挂。

里尔克曾为巴尔蒂斯画册的出版出力不小,现在,他又关心起皮埃尔,希望能帮助他走上写作的职业道路。皮埃尔此时已18岁,里尔克联系上纪德,希望他能安排皮埃尔到法国接受教育和写作的训练。纪德的反应十分迅速,不久里尔克就可以代自己,"同时也代孩子的母亲"向纪德表示感谢了。皮埃尔去巴黎的路上有一些磨难,不过有惊无险,总算平安到达。纪德以极其隆重的礼节接待了他,不单安排他到雅克·科波学院上学,还提议请他作自己的秘书。②

这些日子里,里尔克的健康江河日下,情绪也日渐消沉。12月28日,在他离开卢塞恩的疗养院差不多4个月后,里尔克不得不入住另一家叫瓦尔蒙特的疗养院,在格莱恩,距蒙特勒不远。入院前,里尔克给格奥尔格·莱恩哈特发了封电报,请他做入院的介绍人,可能当时他已痛不可支。第二天中午,里尔克收到了入院的确认,格奥尔格·莱恩哈特还把他介绍给了自己在疗养院中的一位朋友,西奥多·海玛尔里-辛德勒医生。

---

① 露丝的女儿叫克丽斯汀·西伯尔,出生于1923年11月2日。
② 纪德1922年12月31日来信,《里尔克与纪德书信集》,208—209。

打那以后,西奥多·海玛尔里-辛德勒医生就成了里尔克的私人医生兼朋友,类似于大战初期慕尼黑的冯·斯塔芬贝格医生。

收到确认后仅仅两小时,里尔克就启程上路,弗莱达望着里尔克的背影,泪湿衫袖。下午3点,里尔克到了瓦尔蒙特,5点时已见到了西奥多·海玛尔里-辛德勒医生,医生看上去很关切,不过还挺乐观。现在,钱又成了大问题。里尔克给安东·基彭贝格写信,将自己的情况详详细细地描述了一遍,同时请他立即向自己的账户汇入1000瑞士法郎,以应疗养院的开支。① 由此往后,疾病成了里尔克牵挂的首要问题,两年后,他才意识到,白血病在自己体内已潜伏了一段时间,此时是病症的初期发作。不过,此时他的医生们还是觉得,诗人过度敏感的反应还是艺术家敏锐而脆弱的心理在作祟。

1924年1月20日,里尔克从疗养院回到穆佐楼,又要面对他同梅尔林的问题,两人的关系持续紧张,悬而未决。梅尔林不肯回柏林哥哥家住,就住在贝阿滕贝格,从那儿到穆佐楼几乎只有一步之遥。她感到,自己被赶出了自己最中意的地方,里尔克却觉得她近在咫尺,对自己是个威胁。2月25日,里尔克给南妮写了封长信,信中承认当初是自己主动追求梅尔林,可现在,她已变得固执、自私、冷漠、鲁莽,更想利用里尔克同南妮的友谊,觉得自己也应该分一杯羹。② 如果说梅尔林的"失败"在于她执拗而又无所回报的爱情,里尔克却忘了,同样的事情发生在加斯帕拉·斯坦帕和玛丽亚纳·阿尔科福拉多身上时,却激发了他的华丽颂扬。

里尔克还不想同梅尔林彻底绝交,又想同她保持距离,于是,在穆佐楼和贝阿滕贝格之前上演了一场痛苦的拉锯战:一方总是登上思想的高台,以玄奥精深的语言大谈法国文学最近的成就,另一方只是低语应声,维持着书信交往不断,却又一日复一日,一函复一函,希望能听到点儿贴心知己的话。有时候,梅尔林实在忍受不住,也会爆发一下。就在里尔克写信给南妮,对梅尔林大加指责的第二天,梅尔林给里尔克写信,在信中大呼:"哦,赖纳,你就不能以'你'相称吗?你就不能让我温暖点儿吗?"③

这封信并没有收到什么效果,这个疑团依旧没有解开:为什么里尔克

---

① 1924年1月1日、13日,《里尔克与出版商[安东·基彭贝格]书信集,1906—1926》,442—446。
② 里尔克觉得,友人们可能会觉得自己的情人要"接管"穆佐楼,对此他相当紧张。1924年2月25日,《里尔克与南妮·冯德利书信集》,976—980。
③ 1924年2月26日,《里尔克与梅尔林书信集,1920—1926》,504。

就是不愿用更亲密的称谓称呼梅尔林,甚至在两人最亲密时也是如此?露露终生都享有那一称号,克莱尔·高尔同里尔克短暂床笫之欢后,也有了那一称号。雷吉娜·乌尔曼,虽然不是里尔克的情人,却也是他最亲密的朋友,也享有那一称号,唯独梅尔林自始至终没能享有那一代表亲密的称号,无论是在法语还是在德语中。

答案或许就在里尔克写给南妮的那封信中。自从与克拉拉结婚以来(那段婚姻早已徒具其名),梅尔林是唯一一个可称为他终生伴侣的情人,里尔克心底也觉得梅尔林有这样的权利,因此更要挣脱出来,保持自由之身。他不可能不知道在找到穆佐楼、在帮他落地生根方面,梅尔林给了他多么巨大的帮助,却正因如此要把她拒之门外,不肯以"你"相称只不过是里尔克保持距离的手段之一。僵局不可能永远持续下去。

大战后的第一个10年终于过去,欧洲的政治局势也有了一些变化,国与国之间的限制在松动,这最终帮里尔克解了围。里尔克不厌其烦地请自己的友人帮忙,把巴尔蒂斯也送去巴黎,和他的哥哥皮埃尔会合。在这方面,纪德起的作用最大,里尔克的朋友理查德和玛丽安妮·魏林杰夫妇也出了不少力(里尔克与夫妇俩1916年初识于维也纳,自那以后,夫妇俩就一直在资助里尔克),此外还有许多朋友都帮了忙。两兄弟在巴黎都很成功,他俩的母亲巴拉迪内也决定随他俩的足迹去法国。5月2日,她终于放弃了瑞士,从巴黎给里尔克寄来一封热情洋溢的信。在巴黎,她终将开始一段成熟的绘画人生。

虽然里尔克常常拒人千里,令巴拉迪内痛苦不堪,这位执拗的画家心底也多少能明白一点里尔克的艰难,只是嘴上不说罢了。剩余的岁月中,只要两人亲密的日子长了一点,里尔克就会陷入近乎病态的恐惧中,生怕自己的人生,自己的朋友,还有自己的财产被另一个人夺走。不过,一时一地的悔与恨并没有烧尽一切,梅尔林一直保持着对里尔克的爱,直到他逝后许多年。

4.

1924年初,里尔克的产出还是仅限于零散的德语诗歌,其中一些刊载在《英赛尔年度文选》上。1923年10月,对《杜伊诺哀歌》的早期反应已出现,比里尔克预料的还要参差不齐。里尔克说,自己从不去读对自己诗歌的评论,不过他也不可能完全充耳不闻。德国内外,主流权威的声音高度肯定了《杜伊诺哀歌》的成就,时时将其同歌德、荷尔德林的诗歌相媲美,可也有其他的一些声音,主要来自于年轻一代,质疑《杜伊诺哀歌》中晦涩含混的言语和深奥浓稠的哲学。

后者的典型代表是诗人-小说家阿尔布莱希特·沙菲尔,他是斯特凡·格奥尔格身边的文学圈子的一员。在他看来,里尔克建立世俗神学的努力根本就是神秘又神经,他的诗也是"无聊的情话,无用的声音"。法国方面的情况却恰好相反,《杜伊诺哀歌》,尤其是它的法文译本在法国面世后,立即成为年轻一代作家的集结点。从卢·莎乐美那里传来了另一种赞扬:《杜伊诺哀歌》中生死一体的哲学深刻影响了她的许多病人。①不断有人来拜访、景仰,维尔纳就带来了年轻的奥地利小提琴家阿尔玛·穆迪,不禁令里尔克踌躇满志,意气风发。这个夏天,穆佐楼简直成了麦加。

保罗·瓦莱里从日内瓦去意大利途中到访穆佐楼,这可是一件大事。4月6日,里尔克早早去谢尔等着这位贵客的到来。瓦莱里到后,先在贝勒乌饭店住下,和里尔克一起共进午餐,然后两人沿着陡峭的山路向穆佐楼爬去。里尔克为瓦莱里的女儿阿加莎做了一首法语诗,交给了瓦莱里,请他转交。在里尔克的宾客留言簿上,瓦莱里写道:"我亲爱的里尔克,这一天,只有我俩在一起的日子,我将永远铭刻于心。衷心感谢。"②瓦莱里是否为孤悬世外的穆佐楼而惊异?他是否又为里尔克的法语诗而生疑?他没有丝毫表露。这是个欢乐的星期日,两个思想丰富、谈锋锐利的人促膝而谈。里尔克还特地在花园里种下一棵黄柳,纪念这个日子。

不过,两人的亲近可能并非那么简单。里尔克对瓦莱里无比崇敬爱戴,霍夫曼斯塔尔看在眼里,怒在心里。在写给他的朋友同时也是里尔克的资助人卡尔·布克哈特的信中,他表示:"在这方面,里尔克真是个十足

---

① 1924年3月16日,《里尔克与卢·安德烈亚斯-莎乐美:书信集》,462页脚注。
② 1924年4月6日,转引自《里尔克:人生与作品大事记》,911页。

的日耳曼人,像女人一样在法国人面前讨好卖乖,却感觉不到法国人的冷漠和躲闪。法国人面子上越是彬彬有礼,骨子里就越非如此。"①不管怎么说,与瓦莱里的会面标志着里尔克已铆足了劲,挣脱翻译法语诗歌(尤其是瓦莱里诗歌)的旧轨道,开始直接用法语创作。其实,早在 1923 年 9 月,在卢塞恩疗养期间,里尔克就开始创作一组法语诗歌,名为《向法兰西深情致敬》。这组诗于 1924 年 2 月完成,不过在里尔克生前并没有公开发表。在写给梅尔林的一封信中,里尔克提到了这组诗,也显示出他花了多么巨大的力气去试图掌握一种新的诗歌语言。他曾用法语写了一首名为《充实之号角》的诗,接着又用德语把这首诗重新写了一遍,希望藉此显示他不仅可以用德语思维,还可以用德法两种语言直接创作诗歌。

1924 年 4 月,基彭贝格夫妇再次到访,实际上这也是里尔克生前最后一次见到他俩,接着是克拉拉和她的弟弟海尔穆斯,她和里尔克已经整整 6 个年头没有见过面了。克拉拉带来了女儿露丝,还有她的家庭的消息。找上门来的不仅有昔日旧好,也有未来新朋。5 月,里尔克收到一封来自维也纳的诗歌体书信,写信人是一位年轻诗人兼小说家埃里卡·米特拉,当时年仅 18 岁。②埃里卡·米特拉在信中表现出的锐利目光和悦耳音韵也激起了里尔克的热忱,他也和诗一首,此后,埃里卡·米特拉每有来信,他必有和应,两人的书信往来一直持续到 1926 年夏天,直到里尔克去世前几个月。1950 年,在埃里卡·米特拉的协助下,这批信件也结集出版。

这些用德语诗歌体写成的信件,再加上里尔克用法语散文体写给梅尔林的信件,创造出一系列形象,陪伴着里尔克生命的最后阶段。或许,整整 12 年前,在杜伊诺,曾令他心潮澎湃的歌德的"古斯滕信简"此刻又再度浮现在里尔克脑海中。1924 年 6 月,在给埃里卡·米特拉的第一封回信中,里尔克就对她的"真实"提出质疑,却又欢迎她的来信,说她是个神秘的"未知":

---

① 1926 年 7 月 30 日,《霍夫曼斯塔尔和布克哈特书信集》,215。
② 参阅《里尔克与埃里卡·米特拉的诗歌体书信集,1924—1926》;亦可参阅《里尔克作品全集》2:279—317。

> 哦，我们多么珍视未知：
> 倏忽间，对比和联想中
> 亲切的面容栩栩而现。①

1925年10月末，埃里卡·米特拉到访，在穆佐楼待了3天。彼时，面对着在绝望中越陷越深的里尔克，她同里尔克的交谈也深入了许多。

如果说埃里卡·米特拉是神秘的未知，侯爵夫人则来自于确定无疑的已知世界。夫人建议里尔克到拉加兹同自己相会，1924年6月和7月，整整两个月的时间里，里尔克都在拉加兹度过，之后又去了苏黎世和迈尔伦。在苏黎世，他同克莱尔·高尔恢复了往日的友谊；在迈尔伦，他也曾像往日一样，在南妮私密的小客厅内同女主人促膝长谈。回到穆佐楼后，曾有位女秘书协助他创作，但只待了两个星期的时间。里尔克口述，秘书记录，他觉得这种创作方式很有帮助，也让他想到了当年在安东·基彭贝格的家里创作《马尔特手记》的那段日子。

11月末，里尔克的健康再度恶化，他去蒙特勒，找到了海玛尔利医生。医生还是没有明确的诊断，可还是建议他做一系列的新治疗。11月，里尔克先在伯尔尼的牙医诊所治疗了两个星期的口腔溃疡，然后再度住进了瓦尔蒙特疗养院，自此之后，直到他生命的最后，他进进出出，成了这家疗养院的常客。接下来的6个星期里，还是一些常规治疗，不过许多病症似乎减轻了。

正当里尔克的健康似乎在改善时，德国国内掀起一片对他的指摘声。经历了1918年的挫败之后，此时的德国已陷入民族主义的狂热之中，最让里尔克难受的是有人在说，里尔克在故意冷落德国和布拉格的德语社区。他的法语诗歌的发表在德国掀起抗议的波澜。10月，里尔克的波兰语译者维托德·胡勒维奇来访穆佐楼，又向不平静的水面投下一块石头。接受维托德·胡勒维奇的访谈时，里尔克曾表示自己的根并不在布拉格，里尔克忘了早年布拉格的德语社区给予他的衷心支持，也不肯承认自己曾在罗丹手下做过秘书。与里尔克见面后，维托德·胡勒维奇写了篇文章《与〈图画集〉的作者相处的两天》，其中引用

---

① 《里尔克作品全集》2:280—281。

里尔克的那段话。①说者无心,听者有意,维托德·胡勒维奇文章的德语本一发表,立即引发了广泛的激愤,其中不乏强烈的民族主义声音。

越来越多的德国人开始觉得,这位著名的日耳曼诗人在自己的民族蒙羞受辱之时背叛了养育了他的日耳曼文化。就里尔克而言,或许他已经意识到,自己的步伐要放缓一些了。里尔克似乎在文化上也抛弃旧好,结识新欢,然而这并不仅仅是个人行为这么简单,其中包含着政治含义,其根源可追溯到慕尼黑岁月以来如影随形的焦虑感和间隔感。他渴望建立起新的艺术基地,同时又不毁弃旧的,毕竟,他的生计还仰仗于此。

里尔克试图为自己辩护,他区分了新德国(在他看来,还很弱小,正在成长之中)和属于歌德、克莱斯特时代的旧德国。不可否认,他自己的艺术也建立在旧德国的基础上,"否则我怎么可能如此大量地使用德语创作?"在写给《布拉格时报》编辑的信中,里尔克一方面想坚持自己的原则,同时也退让一步,以缓和日耳曼人燃烧的愤怒。然而,《布拉格时报》并没有立即刊登里尔克的这封信,对他的不满仍在滋长、蔓延。一年后,当里尔克在巴黎时,一场更为猛烈的风暴袭来,里尔克连这条防线也守不住,不得不继续后退。后来,讽刺散文家沃尔特·梅林写了一篇全面为里尔克辩护的长文,名为《里尔克争端》,在这篇文章中收入了里尔克当初写给《布拉格时报》的信。②

里尔克在疗养院中度过了自己的49岁生日,幸运的是,南妮恰好也住在这家疗养院。南妮远行巴黎归来,精疲力竭,健康不佳,于是也住进了瓦尔蒙特疗养院,接受和里尔克基本相同的治疗。虽然疗养院里规矩很多,管得很严,有南妮陪在身边,里尔克觉得这个生日和接踵而来的圣诞假期没那么难熬了。疗养院的医生对他的健康重新做了一次评估,此时距里尔克去世仅仅两年了,口腔里的溃疡迫使他每隔一段时间就要去牙科诊所接受治疗,可诊断依旧是:里尔克的病痛大多源于心理,同10年前斯多芬贝格医生的诊断基本没有什么不同。这次,海玛尔利医生再次给出一年前的建议,要求里尔克立即遵行:他必须放弃离群索居的生活了,去巴黎,扎身到火热的社交生活中。这次,里尔克屈从了。

---

① 该文发表于1924年11月16日,《里尔克:人生与作品大事记》转引了该文。
② 《里尔克:人生与作品大事记》部分转引了该文,参阅955—956。

突然间,里尔克同梅尔林之间的坚冰也有所消融。11月末,里尔克在瓦尔蒙特疗养院写给梅尔林的信中,语气已温暖了许多,到新年时已达到顶点,虽然这时里尔克还是不肯给予她亲密的称谓"你"。信的结尾,里尔克写道:"1925年已在门外徘徊,此时此刻,拥抱你。"①这封信似乎再次证明,里尔克相信,他与梅尔林的问题责任全在梅尔林,要不是她想住进穆佐楼,还想分享自己同南妮的友谊,根本就不会有这些风波。信中里尔克并没有提自己来巴黎的计划,他想给她一个惊喜。

此刻,里尔克觉得前景一片光明,巴黎之行将拯救他。那是他的艺术之城,他曾经被战争放逐,现在,他要重归那里。在那里,他将重温巴黎的氛围,重识那里的诗人、艺术家、朋友,再次聆听那座城市生机勃发的节奏韵律。如今他更可以涵泳在那座城市的语言中,令它成为自己的生命之水。

5.

致南妮,1925年1月7日:
旅途舒适,棒极了。巴黎早上下了一场美丽的薄雾,实在太完美了。衷心祝福。里尔克。②

致巴拉迪内,1925年1月10日:
这次你可要好好猜一下了,今天既非星期六,亦非愚人节。不过……先再见了!③

里尔克就这样进入巴黎,他做的第一件事就是同巴拉迪内取得联系。

---

① 1924年12月29日,《里尔克与梅尔林书信集,1920—1926》,531。
② 《里尔克与南妮·冯德利书信集》,1041。
③ 《里尔克与梅尔林书信集,1920—1926》,531。

这一次,和4年前一样,他还住在佛约特饭店,这里同梅尔林的寓所和工作室都很近。梅尔林还住在战前她曾在巴黎住过的老地方,靠近卢森堡博物馆。除了那封短信,里尔克还派人送上了一大捧鲜花,两人的关系在升温,没一会儿旧情便燃起通红的火苗。这段时间同里尔克在维也纳服役的那段时间倒是不无几分相似,那次,里尔克也是与自己的情人,露露,鸳梦重温。这次里尔克在巴黎待了7个月,是他在这座城市停留时间最长的一次,差不多已打开一扇门,进入全新生活的边缘。

《马尔特手记》的法语译者莫里斯·比兹也住在附近,[①]里尔克到的第二天下午,两人就见了面。两人的交往可追溯到1923年1月,当时比兹25岁。在这位年轻的阿尔萨斯作家兼翻译家的请求下,里尔克敞开自己的心扉,向他叙述自己人生的方方面面,以及小说中的精巧布局。当然,他所叙述的一切都经过精心挑选,希望自己的合作能帮助对方拿出优秀的法语译本。8年前,纪德已翻译了这本小说的部分,但比兹并没有退缩,那年7月,在一本叫作《当代》的刊物上发表了小说的部分译文。自那以后,比兹就一直在坚持小说翻译,每遇到困惑不明之处就会以书信向里尔克讨教。

那个1月的下午,比兹刚刚回家,就发现桌上放着邮差送来的一封信。写信人是里尔克,希望同他见面,越快越好。第二天一早,诗人已在罩着玻璃天幕的佛约特饭店内庭等着他的到来。两年书信往来,这还是两人第一次见面,不免把对方好好端详一番。随后,两人散步去卢森堡公园,一路上讨论《马尔特手记》,也谈到诗歌的条件,看看在这个问题上,小说中人物,以及他们的作者各有怎样的观点。边走边谈中,里尔克突然问道,作为一个阿尔萨斯人,比兹的少年、青年时代始终在两种语言之间往来,他又是如何成长为一名法语作家的呢?问这个问题时,里尔克心里想的显然是梅尔林的两个儿子,皮埃尔和巴尔蒂斯,这两个孩子也正夹在德语和法语之间,处境尴尬。不过,除了那两个孩子外,这个问题对里尔克自己显然也颇有意义。

两人在伽利玛出版社大楼停了一下,大楼的地下室里,有两只大板箱正等着送往里尔克下榻的饭店,里面装满了战前的文稿、信件、相片,还有

---

① 比兹在他的回忆录《里尔克在巴黎》中详述了他与里尔克的那段交往。

其他一些私人物品。当里尔克在饭店房间打开这两只箱子,清点箱中物件时,突然有了一种离奇的感觉,仿佛又回到巴黎战前的岁月。虽然也有了一些变化,巴黎还是基本保持着战前的氛围,同里尔克离开它时并没有多大不同。

巴黎给里尔克带来希望,也带来解放。①他终于冲出瑞士疗养院那种封闭得严严实实、密不透风的环境,悠游于巴黎这座五光十色的大都市中,如鱼之得水,木之得时。巴黎也解放了里尔克的语言,在写给玛丽·塔克西斯的一封法语信中,里尔克透露,巴黎给了他多方面的机会,令他可以跨入"全新的生活"。他开始不单视自己为一名德语诗人,同时也视自己为一名法语作家。在瑞士的拉加兹,他就曾给侯爵夫人看过自己的几首法语诗,可那不过是习作,接着,他要拿出一些"更优秀,更负责任的"作品。现在,居住在巴黎的土地,呼吸着巴黎的气息,他希望自己的法语更地道,更富于生机活力。

里尔克的社交生活比他的预想更丰富。他几乎每日都去梅尔林的画室,还请她一起在城中散步,路上常常能遇到两人的熟人,也常常受到邀请。②瓦莱里的魅力不减,最早来里尔克下榻的饭店过访,不过后来实在忙得脱不开身,只能偶尔前来看看里尔克。此时,瓦莱里正在为敲开法兰西学院的大门打一场硬仗,在这个事业最关键的时期,他实在不清楚自己是否应该去亲近一位向往法语创作的德语诗人。虽然这位诗人的思想丰富而深沉,可毕竟他对法兰西语言的掌握还有不少瑕疵。不过在许多方面,瓦莱里还是对里尔克表现出最高的尊敬,甚至推荐授予他法兰西荣誉勋章的殊荣,不过里尔克婉言谢绝了。大战刚刚结束时,他接受奥地利政府颁发的荣誉勋章后又被迫退还的阴影在他心头还没有完全散去。不过,至为重要的是,瓦莱里敞开了自己的杂志《交流》的大门,为里尔克的法语诗提供了一个与读者见面的场所。

这一期间,里尔克同瓦莱里的见面并不多,而纪德更是住在远离市区的古尔维尔,很少来市区,不过两位大家圈子中的许多其他人都向里尔克热情张开臂膀,比如让·史隆伯杰。不过,最成功也最令里尔克感到前途

---

① 1925 年 1 月 23 日,《里尔克与玛丽·冯·屠恩·塔克西斯书信集》,816—818。
② 参阅《里尔克与梅尔林书信集,1920—1926》中迪特尔的综述,532—533。

一片光明的,还是他与一批有着新思想的年轻法国作家的交往,例如埃德蒙的贾勒克斯、让·季洛杜、儒勒·苏佩维埃尔、圣-约翰·珀斯。

里尔克谨遵医嘱,一头扎入到巴黎的社交生活中。①实际上,他在巴黎最先遇到的社会名流不是巴黎人,而是来自瑞士巴塞尔的布克哈特夫妇,也是他重要的资助人,在他俩的介绍下,里尔克结识了不少名流,其中有一位出身高贵的作家对里尔克最是敬佩。此人是玛尔特·比贝斯科侯爵夫人,罗马尼亚外交部长的女儿,也是玛丽·塔克西斯的老朋友。早在1912年,里尔克寄居威尼斯时,卡罗·普拉希就曾把她的小说《亚历山大在亚细亚》介绍给里尔克读。近来,里尔克也曾把她的小说《伊斯沃尔》介绍给侯爵夫人,对其评价极高,而玛尔特·亨内贝特也把里尔克介绍给自己相识的人,于是里尔克很快卷入一股社交热浪之中。除此之外,里尔克也恢复了与安娜·德·诺瓦耶伯爵夫人中断已久的联系,里尔克与伯爵夫人初识于1910年,还是玛丽·塔克西斯牵的线,1918年,克莱尔·高尔批评伯爵夫人的诗,里尔克还曾挺身为伯爵夫人辩护。里尔克深入到了巴黎社交圈的中心,时常有显贵女名流打电话邀请他,传播他的轶事,或者与他一起站在饭店通风的走廊上,聊个没完没了,还请他提出建议。里尔克略带矫情地向比兹抱怨,但难掩心底的得意,他终于打入了这个优雅的社交圈,成为其中的一员。不过,看到里尔克被法国人驯得服服帖帖,他的老朋友阿涅塔·科尔布可不太开心。看到不时在里尔克身边出现的梅尔林的身影,她不无尖酸地说,这位大诗人真是拜倒在克洛索乌斯基的石榴裙下了。

这一时期最重要的是里尔克与夏尔·杜波斯的首次会面,正是这次会面后,里尔克全面为法国文坛所接受。②杜波斯是位著名的作家和批评家,也是《新法兰西评论》上的一个重要声音。里尔克来之前,纪德已经为他做了一番热情的介绍,他本人似乎也给杜波斯留下了深刻的印象。事后,杜波斯在日记中写道:"已经好多年,好多年了,没见过一个才华如此出众,心灵如此纯净的诗人,生活中一切在向我们施压,要我们屈

---

① 参阅1925年1月23日里尔克写给侯爵夫人的信,以及夫人于1925年2月6日的回信,《里尔克与玛丽·冯·屠恩·塔克西斯书信集》,816—818,820。比兹在《活生生的里尔克:轶事、书信、访谈》中也生动描写了这一时期里尔克在巴黎的社交生活,139—145。

② 1925年1月19日,参阅《里尔克:人生与作品大事记》,964—965。

服,可这位诗人丝毫不为所动。"后面,他又写道,这位诗人对法语的运用"足飨视听之娱……可以用我们的语言,描画出思想和感觉最精细微小的笔触"。

里尔克也向杜波斯提起,自己近来迷上了用法语写诗,还在瓦莱里主办的杂志《交流》上发表了几篇作品。除此之外,他也提到,自己正"监督"比兹将《马尔特手记》由德语译成法语。下午茶后,里尔克又向主人谈起俄罗斯和托尔斯泰,谈起十月革命前俄罗斯的迷人之处。告别前,他也接受了主人的邀请,为主人筹办中的杂志《编织》写几篇文章,内容关于13世纪的瑞士瓦莱。

世事茫茫难自料,初到巴黎不久,里尔克就与霍夫曼斯塔尔的女儿克丽斯汀不期而遇,由此与霍夫曼斯塔尔也有了一段意想不到的交往。①2月初,里尔克在邮件中发现克丽斯汀的问候卡,说自己也住在佛约特饭店,实际上就在里尔克隔壁不远的房间。她要在巴黎待上几个月,将法国17世纪小说家玛丽·德·拉法叶伯爵夫人的小说《克莱夫王妃》译成德语,霍夫曼斯塔尔希望能在安东·基彭贝格的英赛尔出版社出版。里尔克很快就对克丽斯汀萌生出长辈对后辈的爱意,尤其是发现她原来同自己大战时的忘年交泰克马尔是至交好友。现在,泰克马尔已经32岁了,依旧是一位自由作家,不过也在一家小出版社做合伙人。没过多久,里尔克又帮泰克马尔上下疏通,拿到了来法国的签证。要知道,在那个时期,一位德国公民是很难获得法国签证的。

好几次社交活动中,里尔克牵线搭桥,把克丽斯汀也带了进来。2月底,两人都受邀参加比贝斯科侯爵夫人的茶聚,之后里尔克要立刻去同杜波斯会面,于是把克丽斯汀也带上了。没过多久,里尔克与自己同行23岁的女儿就能从容相对,谈笑风生了。有时,里尔克在饭店的走廊里踱步,听到克丽斯汀的房间里传来打字机的声音,于是问她,能否暂时借她的打字机一用,有件急活儿要出。打字么,有人了,可能是梅尔林的大儿子皮埃尔。

霍夫曼斯塔尔受命出使摩洛哥,2月22日途经巴黎,停留了一阵子。他没有住在佛约特饭店,而是帝国宫中更为堂皇的博若莱大饭店。此时,

---

① 《胡戈·冯·霍夫曼斯塔尔和里尔克:书信集》,105—114、229—252。

里尔克在巴黎广阔的交游派上了用场(在里尔克初到巴黎的几周内,他的交游面与日俱增),帮霍夫曼斯塔尔找到了一个叫皮埃尔·维耶诺特的年轻人(里尔克可能是通过纪德认识了这个年轻人)。①皮埃尔是一位外交人员,也是一名学者,日后将致力于德法关系的改善。这次,他给予了霍夫曼斯塔尔的摩洛哥之行很大的帮助,不仅陪他一起乘船远赴摩洛哥,更协助他与摩洛哥的法国总督李奥蒂元帅交流沟通。

里尔克抓住这个机会,同霍夫曼斯塔尔重修旧好。似乎,霍夫曼斯塔尔虽然对里尔克的诗歌有些不同意见,几年前在瑞士巴塞尔更同里尔克闹得不欢而散,如今皆已是过眼云烟,正所谓相逢一笑泯恩仇。动身去马赛之前,霍夫曼斯塔尔在巴黎住了10天,对里尔克满心感激,两人再度建立起儒雅备礼的君子之交。出使北非一个月后,霍夫曼斯塔尔再度回到巴黎,这次他夫人格尔蒂也来了,他非常希望能维持和里尔克的良好关系。一天,他邀请里尔克次日下午和他一起到卢森堡公园散步,里尔克欣然应允。

天有不测风云,疾病的流行突然打乱了巴黎的社交圈。此时,那场流行于欧洲、夺走无数人生命的传染病虽已是强弩之末,可流感依旧来势汹汹,击倒了克丽斯汀,幸而有泰克马尔陪在身边,悉心照顾。泰克马尔4月到巴黎,对初到巴黎的那几个星期,他自己的看法同里尔克似乎有些不同。继克丽斯汀之后,里尔克也为流感击中,可他康复的时间更长,过程也更痛苦,隔了很长时间才能下床走动。这场病对里尔克的心理是个沉重打击,令里尔克再度想起身体的羸弱。

里尔克也喜欢别人向自己脱帽致敬,称自己为文坛豪杰,可这还不足以压住心底的抑郁,不让它冒出头来。莫里斯·比兹觉得自己跨立在里尔克社交生活的边缘,一半是局中人,一半是旁观者,他就说过,同里尔克交往的人中,有些已经感受到了诗人情绪低落,在人头攒动的聚会上难掩不适。②例如,诗人兼批评家雷蒙德·施瓦布就看出,这位大诗人虽然有着光鲜透亮的外表,心里却在受罪,坐着的时候,整个身子向前倾着,长长下垂的胡须更加重了他身上那种哀伤的气质。另一位客人也说,里尔克在

---

① 1915年3月2日霍夫曼斯塔尔来信,《胡戈·冯·霍夫曼斯塔尔和里尔克:书信集》,100。
② 《活生生的里尔克:轶事、书信、访谈》,132。

自己身边此起彼伏的声浪中躲躲闪闪，仿佛声波撞得他肉痛。看到里尔克这样，这位客人觉得，此时逼着里尔克开口说话简直就是对诗人的戕害。

随后的几个月中，里尔克与比兹稳步推进《马尔特手记》的翻译。①每天上午10点，他准时到比兹的住处，只是有时天气特别好，他会在卢森堡公园中多散步一会儿，相应到得也晚一点。比兹的住处在5楼，两人工作的房间很宽敞，里面有张绿色的大桌子，两人面对面坐下，一扭头就能看到两扇玻璃门，外面是阳台，更远处则是卢森堡公园。里尔克从自己的棕色小公事包中取出《马尔特手记》的德语版，比兹开始朗读他的法语译文，里尔克全神聆听，对应着原文，不时打断比兹，提出疑问，有时两人还就某处的译法辩论上一番。

5月底，胡戈·冯·霍夫曼斯塔尔第三次来到巴黎，之前他去了伦敦和牛津，玛格丽特·巴西亚诺侯爵夫人在凡尔赛的大宅办了场午宴，为他接风洗尘。这位美国出生的贵妇是瓦莱里的《交流》杂志的"救星"。一辆车被派往佛约特饭店，任务很简单：接上里尔克、霍夫曼斯塔尔、克丽斯汀，还有泰克马尔。宴会上可谓高朋满座，群星闪耀，包括瓦莱里、保罗·克罗岱尔这样的法国名流都出席了。同他们坐在一起，谈笑风生，觥筹交错，里尔克甚是惬意。除了这次宴会，里尔克还和霍夫曼斯塔尔一道参加了另一个社交活动，一次笔会宴席，不过席间听到自己被称为捷克斯洛伐克的代表，里尔克心里不免有一丝不快。这也是这两位文学巨匠最后一次见面，此后，两人的关系一直火热。

在巴黎，里尔克的过去还一直萦绕着他，②尤其是他那席俄罗斯残梦，法兰西的首都已成为俄罗斯流亡者的中心。在这里，他又见到了舞蹈家亚历山大·萨克哈罗夫和克洛岱尔·萨克哈罗夫夫妇，自从他刚到瑞士那会儿见过夫妇俩一次，这还是他们第一次见面。在梅尔林的陪同下，里尔克也去见了乔治·皮托夫和露德米娜·皮托夫夫妇，夫妇俩当年在圣彼得堡办表演艺术工作室，十月革命后搬去了日内瓦，3年前又搬来了巴黎。经过别人的介绍，里尔克也去见了伊万·布宁，觉得布宁是个"大好

---

① 《活生生的里尔克：轶事、书信、访谈》，111—138。
② 1925年3月5日，《里尔克与南妮·冯德利书信集》，1048—1049。

人",和布宁还有米格尔·乌娜穆诺一起吃了饭。此时,里尔克心中又燃起了对"童话般"的俄罗斯往日的向往,对暴虐刺痛的现实愈发痛恨。这样的心境下,布宁的《米卡的爱》激起了里尔克的共鸣,读这首诗,他仿佛在观赏一幅爱与重逢的绘画,虽然有些老套,却依旧感人至深。

里尔克特别留心与世纪初在俄罗斯之旅中结识的许多人重新取得联系。在思想活跃的流亡者社区,见了一位又一位学者、艺术家,里尔克再度怀念起昔日的俄罗斯,他曾经的精神家园。他再度扎身到俄罗斯文学中,既读俄语原文,也读法语译本;对舞台表演艺术有着强烈兴趣,里尔克再度把自己生活中一块特殊的位置献给俄罗斯戏剧,以及才华出众的俄罗斯表演家,他不仅喜欢看戏剧,更喜欢同演员们交往,就如同当年在慕尼黑那样。皮托夫夫妇的表演工作室对里尔克有着很大的吸引力,除此之外,木偶戏(好多年里,偶人是里尔克表达自身美学的主要工具)也激起他无限的想象,尤其是茱莉亚·萨沙诺娃的表演。

这段同昔日故旧的交往中,最伤感的一章要属同伊琳娜·沃洛妮娜的意外重逢。[①]当年,在圣彼得堡,还有维亚雷焦,里尔克不顾天壤之别,毅然向天上人儿般的伊琳娜表白爱意,距此时已有 26 年。一次里尔克去探访巴黎一家人,意外发现伊琳娜的妹妹做这家人的家庭教师,同时得知伊琳娜本人也住在巴黎。里尔克立即写信,对他来说,这真是奇迹般的重逢,伊琳娜自从结婚后就换了新姓名,与往日相识完全断绝了来往。与往日一样,里尔克一面期待着与伊琳娜的重逢,一面慨然嗟叹命运总是画出曲折的轨迹,将相识的两个人送到天涯海角,又在将来引领他们重逢。在信中,里尔克写道:"万物在韵律中改变,又在韵律中复始。"

两人立即定下了见面的日期,可记忆与现实的落差显然巨大。后来,里尔克写了封彬彬有礼的信,虽然满纸情深意切,却不禁令人回想起 1899 年两人的最后交往。里尔克表示,自己的日程排得实在太满了,最近实在挤不出时间见面。伊琳娜的丈夫曾去饭店找过里尔克一次,不巧里尔克不在,里尔克也深深表示歉意。不过,他肯定还会在巴黎待下去,至少到 3月……

几星期后,里尔克向南妮提起了那次伤感的约会,也提到了伊琳娜的

---

① 1925 年 3 月 26 日,《里尔克与南妮·冯德利书信集》,1048—1052。

悲惨境遇:她打小就是上天的宠儿,早已习惯了花团锦簇、前呼后拥的生活,此时却已人老色衰(此时,她56岁),不名一文,真可谓秋月春风等闲度,暮去朝来颜色故。如今,她和丈夫一起蜗居巴黎,同大多数俄罗斯流亡者一样,看不到任何前途。看到他们贫困与绝望集于一身,里尔克深深为之震惊。可骤然抽身,背对昔日故交,又令里尔克于心不安。3个星期后,他在写给南妮的信中再次提起这件事,仿佛是为了让自己更安心些。这一次,里尔克在信中不仅感叹造化弄人,26年后与伊琳娜在巴黎重逢,也问南妮,在这种伤感的情形下自己能为她做些什么?

此次居住巴黎期间,里尔克见了许多俄罗斯的流亡者,令其与以往大不相同。过去,里尔克都是住在艺术家聚居的国际社区,身边多是画家、雕塑家、小说家、诗人、作曲家,等等。这一次,里尔克依旧维持着同艺术家的交往,同时也时常身处贫困交加、为时代所弃的流亡者中,时常,支撑着他们立于世上的就只剩下对往日的回忆了。他们所创造的俄罗斯神话将一直伴随在里尔克左右,直到他生命的最后一刻。

6月初,里尔克一时兴起,与比兹的一位25岁的朋友去阿尔萨斯玩了3天。① 比兹的这位朋友叫加米尔·施莱德,也是阿尔萨斯人,最近曾把里尔克的《上帝的故事》中的几则故事译成法语,发表于《莱茵评论》上,也曾就《杜伊诺哀歌》写过一篇评论,颇有见地。比兹介绍两人相识,三人在卢森堡公园边散步边谈翻译,就在即将道别时,里尔克突然说自己真想再去斯特拉斯堡看看,再去趟科尔马也不错。

里尔克和加米尔·施莱德当晚就动身,先到斯特拉斯堡,去看了卡滕提特老印刷店。早年,里尔克的《生命与歌》就是在这里印刷出版的。两人也去看了城里的大教堂,然后去了科尔马,在那里欣赏了由格鲁内瓦尔德彩绘的伊森海姆祭坛。在里尔克长期下探的生命曲线中,这次斯特拉斯堡之行是个小小的回波,当然除此之外还有其他一些好消息。比兹在《莫伊笔记》杂志任编辑主任,决定为里尔克出一辑专刊,命名为《探秘里尔克》。里尔克给安东·基彭贝格去信,请他竭己所能,从英赛尔出版社为比兹提供所需的材料。安东那儿也有好消息传来,6卷本的《里尔克选集》终于到最后的排版阶段了。

---

① 源自加米尔·施莱德日记,转载于《里尔克:人生与作品大事记》,983—984。

6月23日,比兹终于完成了《马尔特手记》的翻译,大家在贝尔夫自点餐厅楼上的一间私人房间办了个午餐会,以示庆祝。①房间里有精美的天使像装饰,还有铺着玫瑰色丝绒面的沙发,多年以前,斯蒂芬·茨威格也是在这间房举办了一次类似的聚会。安排聚会的任务由比兹的妻子和梅尔林承担,聚会时间很长,一直持续到下午很晚才结束。那天,里尔克特别高兴。

然而,总体来说,诗人的心情在不断下滑。在贝尔夫自点餐厅聚会仅仅3天后,里尔克给南妮发了封电报,接着又写了封信,一吐好久以来压抑在心头的苦闷。今天看来,里尔克信中的话有些夸大其词了。他表示,自己来巴黎时充满希望,希望能够纠正往日的错失,从头来过,可他失败了。他问道:"失去了穆佐楼,我还剩下什么呢?"②巴黎之行也不可避免地从成功走向失败。

在写给玛丽安妮·魏林杰的一封信中,里尔克更明白无误地表达了自己的失落感。③写信的由头是感谢玛丽安妮的丈夫对梅尔林的两个儿子的无私帮助,可里尔克在信中更多谈到了自己巴黎之行何以会"失败",并将其同当时的政治背景联系起来。他表示,自己在日常生活中处处看到改变和毁灭,不容于他日趋激烈的传统正道观,现在的人们只有两个选择:要么是俗不可耐的美国,要么是红色的布尔什维克,这两股潮流淹没了人们的日常生活,要将傲然耸起的创造精神压扁、磨平。克洛索乌斯基兄弟所接受的教育,还有他们的艺术天分,或许可以保护他们免受这两股潮流的侵袭。其实,里尔克自己也清楚,虽然他说的两股潮流并非言过其实,可也只是个人失败感的托词而已。现在,他一心想的是尽快回到穆佐楼中。

不久,里尔克的抑郁变得极其严重,甚至无法走动。他原本计划回穆佐楼的路上在拉加兹停留一段时间,与侯爵夫人一起住上一段日子,7月7日,他写信给侯爵夫人,表示自己身体糟糕,无法赴约了。此时,里尔克根本打不起精神出门走动,他将这种状况归结于"几乎已成为生理病症的

---

① 《活生生的里尔克:轶事、书信、访谈》,206—208。
② 1925年6月26日,《里尔克与南妮·冯德利书信集》,1059。
③ 1925年6月26日,《政治书信集》,451—453。

消沉,过去几年中一直缠绕着我,夺去了我的许多快乐,甚至上次在拉加兹也不例外"。①里尔克还是坚持自己独力走出消沉地带,拒绝接受心理治疗,不过他也承认,自己其实对心理治疗所知甚少,只是对那些奇迹般的案例有零星的耳闻。

6.

又过了一个月,里尔克才能从巴黎撤退。此时此刻,他仿佛回到了23年前的1902年,对巴黎这座城市爱恨交集。与此同时,德国境内又掀起一轮反里尔克的浪潮,更加剧了他身体上的痛苦。

听说里尔克去了巴黎,还发表了法语诗,德国人的反应是:这是背叛。里尔克在《新法兰西评论》上发表了他新作的5首法语诗,消息一淌入德国知识界和新闻界的意识,他们中许多人的反应既非容忍,更非欣然。在他们看来,如此重要的一位日耳曼诗人居然与敌国搞在一起,实在罪不可恕。

再一次,里尔克不得不为自己做出辩护。引发这轮风暴的是罗杰·马丁·杜加德写的一篇文章,题为《里尔克在巴黎》,该文于1925年3月22日发表于《新文学》杂志上。②后来,该文的德语译文刊载于慕尼黑的《奥斯兰德邮报》上,立即招来一片讨伐之声。一个叫弗雷德里希·马克的人在斯图加特一家杂志上发表文章,对里尔克展开了疯狂的批判。③

那是一篇完全仇视里尔克的文章,丝毫不顾里尔克在战后欧洲现代性问题上的泛欧观点。德国的民族主义者通常都觉得里尔克不可靠、不可信,他的泛欧观点,虽然是文化保守主义的遗存,却常常被投去怀疑的目光。此时,受了伤的民族主义更是对里尔克奉上的文化汤药不屑一顾,反而大骂他是个"整天做着巴黎梦的日耳曼诗人"。这篇文章接着写道:

---

① 1925年7月7日,《里尔克与玛丽·冯·屠恩·塔克西斯书信集》,832。
② 参阅《活生生的里尔克:轶事、书信、访谈》中该文的简述,217页脚注。
③ 同上。

"我们德国人正在同艰难困苦鏖战,把全副心思和计划都放在国家重建之上,里尔克的这些玩意儿实在难以下咽。法国是我们痛苦的最大根源,可我们当代最伟大的抒情诗人居然在巴黎流连忘返,乐不思蜀。"其实,这些情绪并非新鲜事物,也不是大战后才出现,上世纪最后10年中,当里尔克试图把莫里斯·梅特林克的作品介绍给魏格瓦滕协会时,就尝过同样的苦头。

此时,里尔克正在为另一卷法语诗歌的出版做准备。虽然他同法国作家的关系甚笃,此时却感到越来越孤立无援。纪德和马克·阿勒格莱远赴刚果之前,里尔克和梅尔林一起为他俩送行,那一刻,里尔克感到失去了一棵能为自己遮阴避雨的大树。不过,他并没有去见玛尔特·卢卡和让·卢卡夫妇,也没有去见克莱尔·高尔和伊凡·高尔夫妇,虽然他们或许能在眼前的危机中帮些忙。直到离开巴黎前不久,里尔克才与他们匆匆见了一面。

《里尔克在巴黎》所掀起的风暴终于渐渐平息,可德国对里尔克法语诗的反应始终像一颗定时炸弹,随时都会炸响。真正的危险并非来自那些读者甚寡的"小众"杂志,而是来自一家流通颇大的"大众"杂志,出版于柏林的《日报》,具有讽刺意味的是,那份杂志原本是要为里尔克做辩护的。7月底,《日报》也刊登了一篇文章,对《里尔克在巴黎》所引起的风波作出回应,该文说:"德国诗人里尔克不过是用法语出版了一本诗集。"几周前,一条小道消息通过几家报纸散播开来,说里尔克在接受法国记者采访时说,"我根本就不是德国人。"《日报》的两位编辑斯特凡·格罗斯·曼和利奥波德·施瓦茨恰尔德(日后,在30年代,两人将在流亡巴黎的法国人中扮演重要角色)表示,且不管里尔克是不是真说过这样的话,就算他说过,责任也在德国政府,而不在诗人。两人觉得,对于里尔克这样一位重要的德语诗人,德国政府的作为实在不怎么样。

这番话可说到里尔克心里去了,他的法国仰慕者显然也是这样看的,可惜的是当时德国很多民众,以及相当一部分知识界人士并不这么看,其中就包括马丁·海德格尔,还有文学史学家赫尔曼·蓬斯。目前,德国的读者仍喜欢他的《定时祈祷文》和《旗手》,可一旦失去这个读者群,里尔克就既无影响,也无生计可言。问题之症结还是在于:艺术是不是仅仅属于一个国家,一个民族,或者像里尔克坚信的那样,是欧洲文化整体的一部分。

实际上,里尔克对自己的定位是:说德语的布拉格人,曾经是奥地利公民,现在是捷克斯洛伐克公民。他创作的主要工具是德语,但并不是德国政治。他在自己的辩护中表示,布拉格也没有将他扫地出门,始终将他视为城市之子,引以为傲;不过,他倒是感到,慕尼黑确实曾将他扫地出门,粗暴地攻击他是捷克人,甚至怀疑他是犹太人。在辩护中,他坚持说,自己当年跨越巴伐利亚的边境,远走瑞士,实在是不得已而为之。

里尔克的回应很谨慎,仅限于语言问题和文化问题。不过在沃尔特·梅林编撰的《里尔克之争》一文中,他收回了之前说过的一些话:"说什么我说过自己不是德语诗人,真是胡说八道,无稽之谈。德语对于我来说并不是从外界灌输的养分,它在我内心滋长,通过我内心的每根神经向外发声。"此时,里尔克也违背自己的意愿,以及他曾向身边人说过的话,贬低起他的法语诗,质疑它们的严肃性。他写道:"我确曾用法语写过几篇东西,那不过是一种尝试,是就另一种音韵规则所做的实验,看看是否能找出新的诗歌形式。"里尔克对自己的读者说,自己在布拉格一向受到"最热烈的欢迎",至于慕尼黑,"我也并不是被赶出去的,最不愉快的事就是警察搜查了我的住处,可除此以外,并无其他,并没有人强迫我离开。"

最后一句话根本就是文字游戏,说这句话时,里尔克恐怕口不对心。虽然这篇文章恐怕同事实更接近些,但那是里尔克并不想接受的事实。此外,里尔克还想隐瞒他同革命左派打得火热的那段经历。《里尔克之争》的发表并没能挽回里尔克在德国右翼分子心中的形象,不过,至少在德国总体大众的心理天平上,里尔克找到了平衡。

这场你攻我守、口诛笔伐的笔墨官司令人深深不安,尤其是里尔克之前已经陷入抑郁的低谷。那篇文章又唤醒了1918—1919年间慕尼黑的回忆,又令他的脑海中浮现起右翼分子和秘密警察怀疑的目光,又点燃了他心底那把难以彻底扑灭的鬼火,他似乎又闻到了恐怖的瘆人气息。这么多年来,正是这种恐怖令他远远避开德国,犹恐不及。

接连不断的麻烦令里尔克在巴黎的最后几个星期中不可避免地滑向崩溃的边缘,所发生的事不仅令他陷入现实的困境,更令他对自己产生疑问。曾经一度,他幻想着在德语文学界的诗名之上,进一步建立自己在法语文学界的名望,可现在,他不得不重新考虑自己是否是好高骛远了。虽然法国对他反应热烈(其实,法国对里尔克的反应始终参差不齐),现在他不得不考虑,是否要把自己的创作收缩到德语的范围之内。此时,里尔克不得不重新考虑自己曾作出的选择:巴黎并没有疗好他心底的创伤,更没能阻挡疾病的步伐,他曾梦想在这里开始一段新的人生,现在,他也不得不重新考虑自己的想法是不是过于简单。身心俱疲,里尔克已滑向崩溃的边缘。他匆匆离开巴黎,说自己急需治疗。他选中了瑞士的拉加兹,那里,一年前同侯爵夫人一起度过了一段日子,给他留下了美好的回忆。拉加兹是个国际氛围浓厚的疗养胜地,既有来自各国的名流,悠闲高雅的社交,更有冒着热气的温泉,辅以适度的治疗,简直是躲避纷纷扰扰的世事,又不必去面对瓦尔蒙特的清规戒律的不二之选。

7.

8月18日,也就是梅林的文章发表后第三天,里尔克在梅尔林的陪伴下离开巴黎。两人在阿维尼翁停留了一会儿,接着又去了第戎。在这座法国边境小城,里尔克不禁想起当年从维亚雷焦和威尼斯回巴黎的一趟趟旅程,甚至半开玩笑地说,不妨故地重游一番。不过,他俩最后还是急急赶路,在8月24日抵达谢尔。突然间,里尔克发现,在入住拉加兹疗养之前,自己必须先去趟米兰,有些急事要处理,他和梅尔林又立即掉头向南赶去,甚至都没去穆佐楼看上一眼。两人急急忙忙赶到意大利,却扑了个空,里尔克要见的人根本就不在城里。于是,两人去了马焦雷湖去见一个熟人,不料里尔克却病倒了。里尔克相信,病因是吃了不好的肉,食物中毒,他不禁感叹,自己常年吃素,这次难得破了次戒,不想就中了招。或许,里尔克的病根本就不是食物中毒,而是潜伏在他身上的不治之症的又一次发作。不管怎样,他和梅尔林急急忙忙往家赶。

回到谢尔和穆佐楼,里尔克觉得身体恢复得差不多了,可以见维尔纳了,莱恩哈特也正要同里尔克谈房屋修葺和装修的事,为即将到来的秋冬做准备。①之后的 10 天里,里尔克和梅尔林住在谢尔的贝勒乌饭店,不时回穆佐楼看看,里尔克也在等着入住拉加兹疗养院的确切日期。最终,他得到通知,可以于 9 月 16 日入住,终于要同梅尔林说再见了。几天后,黯然神伤的梅尔林从巴黎写来了信:"哦,赖纳,坐在火车上,看着你的身影越来越小,从我的视线中远离,再难伸手触摸你的肌肤。泪水淹没了我的心。"②

两人分手的地点在车站站台上,列车缓缓启动,渐渐加速,诗人挥动着手臂的身影在爱人的眼中越来越小,越来越模糊,直至完全消失。诗人从车站走向疗养院,他仍在寻求新的突破,仍在苦苦追寻理想中的自我。不过,这位德国诗人身上已有了不可逆转的改变,梅尔林这个人,以及她所使用的语言已经在里尔克身上投下难以磨灭的印记。

我是另一个人!诗人依旧是先知,仍在艰难地搬走前途上的石头,向着自己使命的终点走去,而此时距他生命的最后一刻仅仅剩下一年的时间。

---

① 1925 年 9 月 12 日,致安东·基彭贝格的信,《里尔克与出版商[安东·基彭贝格]书信集,1906—1926》,496。
② 1925 年 9 月 12—15 日,《里尔克与梅尔林书信集,1920—1926》,535。

第 25 章　最后的悲歌

> 玫瑰,哦,纯粹的矛盾,欲望
>
> 众目睽睽下
>
> 无名者的眠睡
>
> 　　　　墓志铭,作于 1925 年 10 月 29 日①

1.

1925 年 10 月 29 日,在写给南妮的一份最后遗嘱中,里尔克为自己写好了墓志铭,这一天距离他去世一年多一点。乍看上去,里尔克的墓志铭似乎很简单,内里却蕴含着无尽的深意。25 年前,里尔克在沃普斯韦德日记中写下的一段话同这个墓志铭颇有相契之处,不过表达得更为直白:

> 我又想到……一幕温柔的景象:放一枝玫瑰在紧闭的双眼上,直到身体逐渐冰冷,再也感受不到玫瑰的芬芳,只见娇柔的花瓣依偎着深沉的睫毛,仿佛日出前的沉睡。②

---

① 《里尔克作品全集》2:185。
② 《里尔克早期日记集》,259。

双眸微闭,玫瑰芬芳,斯人若恬然小憩,不意却迎来死神的造访:"清晨,死神造访,她的全部生命涌上面来。"许多年后,里尔克在晦涩的墓志铭中表达了同样的矛盾:玫瑰之娇柔与死神之阴冷,二者交映于"无名者的眠睡"中。

人们或许会迷惑不解,里尔克何以会为自己写下这篇短小的墓志铭,不过它确实总结出了里尔克充满矛盾纠结的一生,其中既有巨大的成就,也有深深的绝望。虽然数位久负盛名的医生一再向他保证,里尔克还是感到难以确定的危险在迫近,威胁感萦绕在他的身边、心头,不肯散去。正是在这样的心境下,他立下了这份遗嘱,同他两年前写的《遗愿》大为不同。信的封面用法语写成,而内容则用德语写成,在这封信中,里尔克把自己的意愿表达得十分清楚:"或许,我有点杞人忧天。不过,那天晚上,还是忍不住口述了以下几条,万一我身患重病,对个人事务无法做出适当处置,请谨遵此嘱。"后面,他接着写道,知道自己这份遗嘱保存在南妮手中"是个极大的安慰,在这痛苦而艰难的日子里,也唯有如此给自己几分慰藉了"。遗嘱中的话不免令人怀疑,里尔克不单担心自己已身染恶疾,更担心自己会丧失理智,失去行为能力。

如此的担心重重地压在里尔克心头,唯恐未来什么时候自己就会失去行为能力。此外,他这个天主教徒仅仅徒具其名,他也担心如果真有那么一天,会有人来干涉他的心理。因此,他在遗嘱中明言拒绝举行任何临终仪式,也拒绝任何神职人员在场。他写道:"要是因为我肉体的病痛就在精神上接受他人的中介、调停,这实在是糟透了。我心将向'无垠广漠'飞去,如果有任何人想在精神上插入一脚,那是对我极大的侮辱。"[①]这番话表面上是针对神职人员,其实也针对心理医生,由此也可看出里尔克对精神分析的恐惧。他固然担心自己的精神会发生紊乱,可更担心外人来探究他的精神,更加重紊乱。在他生命的最后几个月中,这种担心有增无减。

这份遗嘱表明,诗人也知道自己终究是肉体凡胎,难越人生之大限;

[①] 1925 年 10 月 29 日,里尔克致南妮的信,《里尔克与南妮·冯德利书信集》,1192—1193。斯古尔菲尔德所说的"里尔克的最后一年"也是由这一日开始。参阅《里尔克生命中的最后一年》,16。

不过,这份遗嘱也表明,相较于已如朽木的此生,诗人更关心此生之后的永恒。他指定拉荣的公墓为自己的长眠之地,甚至为自己选定了墓碑的材质。至于自己的财产,他觉得自己的一切都属于穆佐楼,因此也属于南妮和维尔纳。唯一的例外是家庭照片,里尔克把它们留给了女儿露丝,可除此之外,他并没有为克拉拉或露丝做更多的安排。原则上,他不反对出版自己的书信。

2.

生命的最后几个月中,里尔克不得不面对新的现实,肉体上一波又一波的疼痛令他逐步远离他所熟悉的生活。开始时,治疗充满希望:结识新朋友,泡温泉澡,接受治疗,住心爱的霍夫拉加兹饭店。有那么一阵子,里尔克感到自己的状态在上升,可紧接着,病痛就如黑云压下。露丝提出来拉加兹探望他,可里尔克拒绝了,理由是冬季即将到来,这里的饭店很快就要停业了,女儿来了也找不到住的地方。①可实际上,是他自己不想与女儿相见,分隔这么多年,要是在这种状态下相见,叫人情何以堪。德国境内,关于他的法语诗争论再起,比兹在《新文学》上发表了一篇文章,强烈为里尔克辩护。②这件事,一波未平、一波又起也令里尔克感到,通向法国的大门关上了,仅仅为了一些荒谬不堪的原因。

里尔克于10月14日回到穆佐楼,依旧病痛缠身,身体越来越虚弱。他努力想恢复往日的生活,开始的几周最艰难,因为他身体上的病痛根本找不到痛点,只是感到自己悬浮于生与死之间。绝望之下,里尔克只能接受自己的病痛源于心理的解释,这种解释恰巧也符合他的身心一体观。此刻,他对精神崩溃的担心已发展为强烈的恐惧,里尔克自己称之为"惊惧怕"。海玛尔利坚持说,他身上检查不出任何疾病,建议他接受心理治疗,可里尔克对精神分析的方法和教条早已深恶痛绝,决定以精神忏悔替代心

---

① 1925年11月17日写给克拉拉的信。
② 《新文学》,1925年9月26日,转载于《活生生的里尔克:轶事、书信、访谈》,212—225。

理治疗。他先是臆想出自己身上的一种罪业,然后再赋予其广阔的意义。

这项罪业同他作为情人、丈夫、父亲的表现统统无关,居然是自慰。相应地,他把焚烧着自己躯体的地狱阴火统统归结为对这一孤独中难以断绝的恶习的惩罚。10月的最后一天,在与卢中断联系超过一年之后,里尔克再度给卢写信,倾诉自己心中的忧患。每当里尔克需要找个人倾诉一下最隐秘、充满性冲动的自我时,他首先想到的总是卢,他当年的情人,如今的代理母亲。自慰和病症之间似乎有着不可打断的联系,里尔克在信中写道:"这是可怕的循环,黑暗魔法的循环,它将我吞没,犹如布鲁盖尔画笔下的炼狱。"[1]两年前,他又开始了自慰的恶习,而恰巧在从那时起,他的病症开始加重。里尔克曾将自己心中的忧虑说给海玛尔利医生听,医生对里尔克的真实病因一无所知,很可能认同了里尔克的想法,因此才建议他放弃孤身一人的生活,去巴黎加入社交圈子中。

1925年10月30日,也就是写下给卢的信的前一天,里尔克给他年轻的笔友埃里卡·米特拉写了封信,用诗歌语言表达了内心的忧虑:"天啊,满足的希望喷射而出/消失得无影无踪:自然已泄。"[2]11月17日,埃里卡·米特拉来穆佐探望里尔克(这是她第一次,也是最后一次与里尔克见面),里尔克转而关注内心恐惧的另一个方面,他觉得,自己的疾病其实是生与死的鏖战:

> 我曾同时拥戴两支大军
> 此刻却惊惧于两军的鏖战
> 战场叫做——疾病
> 它突然迫近,令我
> 心为之迫,气为之促。[3]

在里尔克生命最后的几个月中,恐惧时时伴随着身体的病痛和死亡模糊不明的威胁,那是对精神崩溃的恐惧。写完给卢的信后,里尔克感到

---

[1] 该信写于1925年10月31日,可直到12月8日才寄出,《里尔克与卢·安德烈亚斯-莎乐美:通信集》,475。
[2] 《里尔克作品全集》2:316。
[3] 同上,317。

病痛稍有缓和,便扣下那封信没有寄出,一直到1925年12月8日才寄出。那时,病痛再度如秋火点燃干枯的蓬草,猛烈燃烧起来,一发不可收拾。

卢12月12日即回信,可谓异常迅速。同里尔克的医生一样,卢也认为里尔克的问题主要出在心理上,回信中,她不单是里尔克最亲密的朋友,更是一位有着丰富经验的精神分析专家。她并没有接受里尔克自己臆想出的那个理由,不过,她给出的解释似乎同样同现实差距比较远。当时,精神分析界流行的论调是,儿童因为某种习惯行为而时常受到惩罚,由此产生出负疚感,成年后就会产生出种种歇斯底里症状。卢认为,里尔克的许多症状就是如此产生的。以里尔克口腔里的囊肿为例,卢追溯到她与里尔克在沃尔夫拉茨豪森待的第一个夏天,当时里尔克经历着心理上的折磨,生理上也饱受痔疮之苦。这次,症状不过是由肛门转移到了口腔罢了。[①]

两人这番交流没什么结果。虽然卢的解释同当时精神分析界的流行观点并行不悖,可对于隔三差五就要承受巨大而未知的生理痛苦的里尔克而言,实在没有什么安慰。囊肿迟迟不消,里尔克也越来越担心自己的精神状态。很可能,自打这封信后,里尔克和卢就再也没有通信,直到一年后,也就是他生命的最后一刻。

希望打起精神,重新开始创作,里尔克先开始忙起那些由于病痛而中断的小事。他给波兰翻译家维托德·胡勒维奇写了一封信,信中回答了关于《马尔特手记》的波兰语译本的一些问题,要不是因为身体不适,早就应该写这封信了。接着,他又整理起从巴黎取回的信件、文稿,重温"已逝的记忆",从过去中寻找挺进未来的出发点。此刻,里尔克对旧信件、照片、日志表现出极其强烈的兴趣,把它们整理出来,留给后世。

50岁生日那天,里尔克闭门谢客。即便身体康健时,生日对于里尔克来说也不过是个充满焦虑和怀疑的日子。1925年的12月4日显得尤其冷清,这一天,里尔克把自己一个人关在穆佐楼中,只对少数几个至交好友的贺寿信写了回信,此外就几乎与世隔绝。席蒂写来了贺寿信,里尔克也回了;梅尔林寄来一尊精美的小佛像;霍夫曼斯塔尔忘了里尔克

[①] 1925年12月12日,《里尔克与卢·安德烈亚斯-莎乐美:书信集》,479—482。

生日的具体日期,不过两个星期后写来了一封致歉信,言语极其诚挚。里尔克坚持孤身独处,请南妮帮他挡驾,把前来穆佐楼道贺的人挡在门外。

然而,横跨欧洲大地,几乎所有的重要报刊杂志都刊登文章庆祝里尔克的50大寿,毫不吝惜华丽溢美之词。应多家报社的请求,侯爵夫人写了一篇长文,对里尔克作了一番十分详尽的介绍。对于这一切,里尔克本人始终置身事外,倒是英赛尔出版社为纪念他的50大寿而出的一本专刊令他上了点儿心。基彭贝格告知里尔克,他在出版社的账户很是殷实,虽然进疗养院治疗住高档饭店花了他不少钱。不单如此,里尔克通常干瘪的钱包突然间又鼓了起来,他在维也纳的表哥奥斯瓦尔德·冯·库茨切拉1922年去世,为他留下了一笔3万捷克克朗的遗产。里尔克打算从这笔遗产中拿出一部分,生日那天捐给他心爱的"温克尔里德"小教堂,也就是穆佐楼更上方的山坡上,他时常去冥思静想的那间小教堂,以供修葺之用。①

值得高兴的事虽然不少,可一件件为病痛所啮食。12月20日,里尔克的病痛再度发作,他只好去瓦尔蒙特去看医生。圣诞节,他独自待在自己的病房中,谁也不见。里尔克入院时,海玛尔利医生出国去了,圣诞假期结束,他回到疗养院,再度为里尔克做了身体检查。②这一次,他终于认真对待起里尔克的病痛,可依旧没有什么发现。和过去一样,汤浴、休息、药物,辅之以精心照顾,里尔克的身体似乎又渐渐向健康恢复。

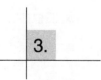

对于里尔克而言,政治和文学几乎是同义词,面子就是里子,风格决定一切。生日时,里尔克接到了米兰的奥里拉·加拉娜蒂-斯科蒂侯爵夫

---

① 里尔克从继承的遗产中捐出1000瑞士法郎,但遗产尚未兑付,因此不得不请安东·基彭贝格先垫付。1925年12月11日,《里尔克与出版商[安东·基彭贝格]书信集,1906—1926》,508。
② 1925年12月21日,《里尔克与南妮·冯德利书信集》,1090—1091。

人的来信,当时病痛缠身,没有回信,心里颇是过意不去。新年过后,里尔克身体转好,于是给夫人写了封信,信中盛赞墨索里尼的新年致辞。信中,里尔克写道:"墨索里尼先生对罗马市长的那番话多么优美,又是多么激昂,不单是政治,更是文学。"①

奥里拉·加拉娜蒂-斯科蒂侯爵夫人的回信令里尔克有些吃惊。回信中,侯爵夫人表示,墨索里尼的那番话或许可为文学之范本,可她憎恶暴力,虽然她本人是贵族,虽然墨索里尼所宣扬的暴力被用来捍卫她所属的阶级,可她同样憎恶。②后续的一轮书信往来中,争论还在继续,里尔克,这个被德国右翼斥为逃兵的诗人,在信中表示,自由对于一个恶疾缠身的社会来说实在没什么意义。

这个话题触及到里尔克心中敏感的神经,令他想起由德意志帝国覆灭到魏玛共和国建立间那段狂热、躁进,充满血腥和暴力的日子。巴伐利亚突然回卷的反革命浪潮一下把他打翻,里尔克知道,自己原本可以为贵族和上层资产阶级所接受,被他们视为同路人,可就因为风格,自己被推向相反的方向。里尔克用通常赞扬大艺术家的语言赞扬墨索里尼,这也并非巧合。他是个一生追寻构思连贯流畅的诗人,对于他而言,那位独裁者也是一位艺术家,用自己的创造力去塑造一个国家,恰如罗丹塑造一尊雕塑。

这一期间,里尔克的健康并没有明显改善,各种检查都做了,X光也照了,可依旧没有发现什么问题。一方面,里尔克切切实实地感到自己的口腔和消化器官疼痛难忍,③病人切切实实地感到,恶疾正在体内滋蔓;另一方面,医生却说,这一切都不过是心理在作怪,"科学客观"的检查表明病人身体并无大碍。又过了一个月,又做了一组X光检查,一切都好,可里尔克就是疼痛不止。

里尔克在瓦尔蒙特一直住到5月份。巴尔蒂斯传过话来,说自己想临摹一幅普桑的画,送给里尔克挂在穆佐楼中。里尔克请巴尔蒂斯先别画,因为自己也不知道什么时候才会住回去。疾病也让里尔克没了气力

---

① 1926年1月5日,《里尔克与米兰友人书信集》,77。
② 《里尔克与米兰友人书信集》,78。该信全文转载于《政治书信集》,680—681。
③ 参阅1926年1月28日写给南妮的信,《里尔克与南妮·冯德利书信集》,1105。

继续同奥里拉·加拉娜蒂-斯科蒂侯爵夫人做政治争论。不过,随着时间的消逝,里尔克身上的病痛减轻,又能工作起来。在生命的最后几个月中,里尔克发现,现在自己适合做的也就是翻译了,每有满意的译文,他便欣然忘食,暂时忘却了身上的病痛。他甚至想把捷克作家卡雷尔·恰佩克的作品译成法语。①

里尔克又开始翻译一系列瓦莱里的诗歌作品,例如《年轻的命运》、《水仙花》,等等。他的《瓦莱里诗歌译文集》出版时,这几首新作没能赶上。夏天时,里尔克终于译完了《水仙花》,不过《年轻的命运》始终未能完成。不过,此时里尔克最上心的还是瓦莱里的理论作品,早在去年秋天,瓦莱里的两部散文,《尤帕里诺斯或建筑师》、《心灵和舞蹈》,就摆放在里尔克的案头。如今,里尔克如痴如醉地翻译起这两部作品。4月中,瓦莱里来信,许可里尔克翻译这两部作品。②收到瓦莱里的来信,里尔克感到甚是宽慰,更令他感动的是瓦莱里对他个人的问候。信中,瓦莱里表示,与里尔克在巴黎相会的那段日子对自己来说极其珍贵,也遗憾那段日子没能更多陪在里尔克身旁。在同瓦莱里的交往中,里尔克始终感觉到对方有些许犹疑,这封信,再加上夏天时瓦莱里的来访,给里尔克吃了定心丸。对于里尔克来说,能为瓦莱里接受至关重要,他依旧梦想着以翻译瓦莱里作品为跳板,踏上法兰西文学的旅途。

里尔克的法语诗也是如此。1926年4月初到5月末之间,里尔克又为自己的诗集《窗户》增添了10首新作,该集由巴拉迪内配画,在里尔克身后出版。这一期间,他也完成了几首德语新诗,不过他的主要精力都放在了他的第一部直接用法语创作的诗集《果园》上,诗集计划由法国伽利玛出版社出版,已进入最后阶段。之前的不快还在心中隐隐作痛,里尔克担心,诗集的发表又会招来德国民族主义者的喧嚣,于是联系上《新苏黎世人报》的文学编辑埃德瓦多·克罗迪。③此君于1919年聆听了里尔克的霍廷根讲演,自那以后就成为里尔克的忠实仰慕者。里尔克希望由他执笔为自己即将出版的诗集写一篇评论,在评论中特

---

① 1926年3月15日,写给皮克·奥托的信,《政治书信集》,488—489。
② 1926年4月16日,《里尔克:人生与作品大事记》,1042。
③ 1926年3月20日,《政治书信集》,484—487。

别强调,这是一部写于瑞士的诗集,以堵反对者悠悠之口。除此之外,里尔克还希望克罗迪在评论中写道,这部法语诗集不过是闲暇之余的尝鲜之作。

春季,比兹为《莫伊笔记》杂志编辑的里尔克专刊《探秘里尔克》终于进入最后准备阶段,虽然独居疗养院的病房之中,里尔克还是参与了这集特刊的编辑工作,也很热心。法国众多一等一的文学人士都答应为特刊供稿,德国方面也有人供稿,不过无论从作者档次还是从作者范围上都比法国方面略逊一筹。尤其让里尔克开心的是,瓦莱里也答应为这集特刊写篇东西,不过,他不知道的是,为了争取到瓦莱里的稿件,比兹可是费了不少口舌。里尔克也说服比兹在特刊中收入一些里尔克朋友的文章,如海伦·冯·诺斯济茨、雷吉娜·乌尔曼,还有英戈·荣格汉斯,这也令里尔克挺满意。鲁道夫·卡斯纳正在国外旅行,难以联系,故而就不考虑了。里尔克甚至愿意为特刊提供一些个人资料,以及他最近创作的几首新诗,他的热心于此也可见一斑。①

此时,公众还不知道里尔克的健康正在急剧恶化,像比兹这样的人虽然和里尔克时常联系,可能也不知情。此外,像魏林杰夫妇、侯爵夫人,甚至卡斯纳都还一无所知。里尔克时常向南妮诉苦,说"不知自己还能撑多久",②不过表面上看来,他的身体还是在恢复之中。海玛尔利医生又要出国去了,里尔克也再次感到经济上的压力,决定搬到格莱恩附近的维多利亚饭店住,那儿的开销要小一些,不过继续在疗养院接受治疗。听说穆佐楼的烟囱着火,把楼上烧毁了一部分,他甚至还能和维尔纳在穆佐楼会面,一起讨论维修事宜。③

有一位故旧离里尔克而去,飘入那无垠的广漠之中,再一次令里尔克以诗人之眼去端详死神的模样。一年前,埃伦·凯撒手西去,死前经受了巨大的痛苦。里尔克对埃伦·凯的死讯毫不知情,还是他的老朋友保罗·比约尔(也是卢的老朋友)来瓦尔蒙特探访里尔克时,提到埃伦·凯

---

① 《莫伊笔记》,1926年9月5日,23/24期,7—136。关于此期里尔克专刊的介绍,参阅《活生生的里尔克:轶事、书信、访谈》,226—242。
② 1926年5月11日,《里尔克与南妮·冯德利书信集》,1130。
③ 例如,1926年4月22日给安东·基彭贝格的信,《里尔克与出版商[安东·基彭贝格]书信集,1906—1926》,512;又如,1926年4月7日给维尔纳·莱恩哈特的信,《里尔克与梅尔林书信集,1920—1926》,417—419。

已不在人世,更描述了她临终前的种种惨状。日后,里尔克向南妮转述道:"不亚于巴尔扎克的临终之痛,还有罗丹。"接着,他又意味深长地说:"人生如履薄冰,最后一刻更如刀如火。"① 不过,里尔克似乎并未觉得那位76岁老妇人的去世同自己的命运有什么联系。

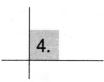

里尔克的信件累积如山,可还在增高。4月末,他给自己昔日的一位俄罗斯老友,帕斯捷尔纳克回了一封信。这位老朋友如今侨居柏林,之前曾给里尔克写过一封信,信中附上儿子鲍里斯·帕斯捷尔纳克的几首俄语诗,颇合里尔克的口味。②4月,里尔克接到鲍里斯·帕斯捷尔纳克从苏联寄来的信,信中热烈地称里尔克为这个时代最伟大的诗人,并请里尔克把《哀歌》和《俄尔甫斯十四行诗》各寄一本给他的一位朋友,侨居巴黎的俄罗斯诗人马琳娜·茨维塔耶娃。③

里尔克给帕斯捷尔纳克和茨维塔耶娃各寄去一套诗集,更由此开始了一段奇妙的关系,④这段关系始于晚春时节的瓦尔蒙特疗养院,接着,在里尔克搬回穆佐楼住的几个星期中持续升温,可由于里尔克健康急转直下,在初夏时节戛然而止。在写给茨维塔耶娃的信中,里尔克说,自己曾在巴黎住过8个月之久,也会过不少俄罗斯流亡人士,怎么就没能见到您呢?

在那个时代的俄罗斯诗人中,茨维塔耶娃堪称大家,她自十月革命后就流落欧洲各地,虽然离家万里,四处飘零,心中却一刻也没有放下俄罗斯。她身边带着个女儿阿丽亚娜,已是豆蔻年华,还有个儿子乔吉,尚在襁褓之中。三人先后在柏林、布拉格、巴黎都住过,最近的落脚地在法国

---

① 1926年5月11日,《里尔克与南妮·冯德利书信集》,1130。
② 1926年3月16日,《里尔克与俄罗斯:书信、回忆录、诗歌》,368—370。
③ 1926年4月12日,《里尔克与俄罗斯:书信、回忆录、诗歌》,371—375。
④ 5月3日,里尔克去信;5月9日,茨维塔耶娃回信;5月10日,里尔克去信;5月12、13日,茨维塔耶娃回信;5月17日,里尔克去信,6月2日、3日、14日,7月6日,茨维塔耶娃回信。参阅《里尔克与俄罗斯:书信、回忆录、诗歌》,377—412。

西南部的圣吉尔斯。流亡之初,茨维塔耶娃同丈夫谢尔盖·埃弗龙就失去了联络,不过1922年,两人在柏林重逢。虽然两人大多数时候已形同路人,谢尔盖·埃弗龙还是去了圣吉尔斯,去和妻子儿女团聚,此时也正是茨维塔耶娃同里尔克开始热烈通信之际。

里尔克的信,还有他送的诗集,开始一段心灵之约,茨维塔耶娃更迅速地把它变成两个相似心灵的汇合。开始时,里尔克款款走去,彬彬有礼,还显得有些拘谨,可茨维塔耶娃立即回以热烈的拥抱。回信中,她写道:"赖纳·玛丽亚·里尔克,我能这样叫你吗?你是诗歌的化身,你的名字就是一首诗。"在她耳中,里尔克的名字"融宗教的虔诚,儿童的童真,还有骑士的英勇为一体"。她用德语写道:"你的洗礼就是你全部自我的序言。"而里尔克也在第二封信中就用上了表示亲密的称谓"你",或许因为两人完全以诗相会,纯粹是心灵之交。里尔克写道:"今天,这一刻将成为永恒。玛丽亚,我衷心拥抱你……仿佛心灵中掀起一股巨浪,将我吞没。"茨维塔耶娃的回信中,措辞也很强烈,也显示她对里尔克的《哀歌》颇有心得:"你对彼岸的了解更超出了对今生今世的了解,那不是宗教意义上的彼岸,而是地理意义上的彼岸。你对那里的山山水水、岛屿楼阁无不了如指掌,心灵的地貌学家,那就是你。"

还有什么要比获得一位心有灵犀的红颜知己更能让里尔克开心呢?他与茨维塔耶娃的关系不断升温,信中所用语言也越来越炽烈。里尔克曾写过一封极长的信,尽述自己的一生,所述基本都与事实无悖,不过在说到自己早期的巴黎生活时,里尔克略去了克拉拉的身影。两人间的书信都是用德语写成,里尔克曾表示,自己用法语写作同样无碍,可茨维塔耶娃还是更喜欢里尔克用德语写作时所迸发出的思想洪流,相比之下,里尔克的法语写作显得更拘谨,自由和力度不足。

整个5月,里尔克同茨维塔耶娃的关系越来越热烈。大战前,里尔克同玛格达·冯·哈汀贝格也曾有过一段书信情缘,不过不同于上一次,这一次采取主动的是茨维塔耶娃,而非里尔克。是茨维塔耶娃编织出诗歌的图案,让远方的爱人翩翩起舞。每当里尔克有所表示,她总是悉心发掘,从里尔克的作品中想象着爱人的模样,然后再把自己心中的图画树立在爱人眼前,让他自己去参详。对于里尔克而言,茨维塔耶娃代表着俄罗斯和爱情,也令他想起早年和卢同游俄罗斯大地的日子。

6月后两周,里尔克搬出瓦尔蒙特疗养院,住回谢尔和穆佐楼。在给茨维塔耶娃的信中,里尔克抱怨穆佐楼的维修总是让自己分神,不过他还是完成了一首《哀歌:为马琳娜·茨维塔耶娃而作》。

> 哦,散入太虚了,玛丽娅,那刺破苍穹的流星!
> 无论我们向哪颗星投去,也无法令它
> 损益分毫①

开头这几句令人想到《哀歌》第二篇:"我们化解于其中的/宇宙空间是否带有我们的味道?"在爱的诗句中,同样也有着死的厄运:

> 爱者们不应当,玛丽娅啊,不应当看到
> 自己的结局。必须永远簇新
> 只有坟墓才是陈旧②

很长一段时间,茨维塔耶娃把里尔克为自己写的这首诗深藏起来,秘不示人。除了诗的原作者,以及茨维塔耶娃本人外,唯一读过这首诗的就只有鲍里斯·帕斯捷尔纳克一人。茨维塔耶娃确定,在自己百年之后,这首诗终将列入《杜伊诺哀歌》的行列,成为那部不朽杰作的闭幕之曲。她请自己的密友安娜·安东诺娃不要向任何人提起这首诗,说:"这是我与里尔克的秘密。"③

这一期间,里尔克与梅尔林的书信日渐稀少,语气也日渐冷淡,主要只谈与《窗户》的出版相关的事。梅尔林很是揪心,又不明其中缘由,只好从自己身上找原因。她给里尔克写了一封又一封长信,一次又一次痛苦地自我剖析,自我检视。与她不同,里尔克的自我感觉不错,前途也似乎一片光明,他的体重增加了,又能控制住自己的躯体了。现在,是时候回家了。

---

① 1926年6月8日,《里尔克作品全集》2:271—273。
② 《里尔克作品全集》2:273。
③ 茨维塔耶娃写给安娜·安东诺娃的信,转引自《里尔克与马琳娜·茨维塔耶娃—鲍里斯·帕斯捷尔纳克书信集》,172。

5.

里尔克给南妮发了封愉快的短信,似乎预示着一个美好的暑期即将到来。"信不信随你,我已跨过了门槛。"①这一天是1926年6月1日。之前,海玛尔利医生出国前,里尔克也半真半假地想过,要不要留在瓦尔蒙特过暑期,最后,他还是决定回去,虽然维修穆佐楼的砖石工程仍在进行之中。里尔克住在贝勒乌饭店,每天步行登山回穆佐楼,查看砖石工程的进展情况,也回到楼里处理一些个人的事情。住饭店是一笔额外支出,里尔克不得不给安东·基彭贝格写信,请他援手,以解燃眉之需。②

3周之后,里尔克终于住回了自己的家中。工匠们走了,地板冲刷得干干净净,里尔克又花了一个周末的时间,重新整理书架上的书。四下一片宁静,仿佛温暖的泉水,包裹着他,令他感到身心轻盈。他已在疗养院住了太长的时间,整天看到的就是医生、护士、病友,其间至多去疗养院外的饭店住上几周,调剂调剂。现在,呼吸着山区洁净的空气,望着连山绝壑,长林古木,一幢幢高楼矮舍历历在目,尽可指数,心中岂不为之称快?疗养院的治疗已消除了大部分病痛,此刻,里尔克细细品味着四下的静谧,仿佛身心也随天地间之清气高高飘举,遗世独立。

或许,这个最后的夏日,唯一的一抹阴暗是与昔日旧友阿克塞尔·杨格再打了一回交道。③当年,里尔克抛弃了这位旧友,投奔基彭贝格的英赛尔出版社麾下,心中多少有些歉疚。这一次,或许他想利用这个机会为旧友略作补偿。此时,《马尔特手记》的三个译本都已到收获季节。法语本由莫里斯·比兹译出,波兰语本由维托德·胡勒维奇译出,丹麦语本由英戈·荣格汉斯译出。英戈曾给里尔克写过一封信,信中说杨格在哥本哈根的一间地下室经营二手书店,曾提议出版《马尔特手记》的丹麦语本,条

---

① 1926年6月1日,《里尔克与南妮·冯德利书信集》,1157。
② 1926年6月9日,《里尔克与出版商[安东·基彭贝格]书信集,1906—1926》,517—518。
③ 英戈·荣格汉斯给里尔克的信,1926年6月1日、23日;里尔克的回信,1926年6月7日。《里尔克与英戈·荣格汉斯书信集》,202—204,246—250。

件是里尔克放弃版税,英赛尔出版社也不收取版权转让费。杨格本人也终于打破十余年的沉寂,向里尔克修书一封,解释该书的读者面很窄,不大可能大规模印刷出版。收到英戈的来信,里尔克当即回信,表示同意。然而不可思议的是,英戈直到 1935 年才收到里尔克的回信,信的密封未破,9 年间都没有开启!① 杨格也收到了里尔克的书面许可,可里尔克忘了通知基彭贝格夫妇,故而当二人收到杨格的出版请求时,自然断然拒绝。最后,《马尔特手记》的丹麦语版于 1927 年,由一家久负盛名的出版社在哥本哈根和奥斯陆同时出版发行,此时距里尔克与世长辞已有足足一年时间。里尔克原本想修复旧时的一段友谊,结果还是以失败和误解告终。

　　杨格的短暂现身似乎令里尔克看到一个修补过去的机会,应当说,那是一个艰难的时刻,却并非唯一的机会。7 月末,卡塔琳娜·基彭贝格为《英赛尔年度文选》收集材料,曾希望为里尔克的诗歌配上当年露露画的里尔克肖像。② 这一次,里尔克依旧没有抓住机会,那幅肖像中浸透了太多往日的回忆,许多都是不愉快的回忆。最后,里尔克没有直接表示反对,而是提出用一幅自己的相片代替。

　　此时,里尔克还在用德语写诗,不过他已把主要精力放到法语诗歌创作之上。6 月,里尔克收到伽利玛出版社寄来的《果园》样书,书上配了巴拉迪内的木刻版画。③ 里尔克立刻向自己的好友寄去了样书,如侯爵夫人、基彭贝格夫妇,等等。此刻,里尔克心中已在想着下一本法语诗集了,他暂时命名为《瓦莱四重奏续》,也已经为这部计划中的诗集创作了几首诗。此外,他又为《窗户》再创作了几首诗,其中一首献给玛尔特。里尔克把这几首诗寄给梅尔林,请她在原稿中加入这几首新作。此时的梅尔林既要为诗集配画,又要为诗集出版的事情奔波,她同当时《新法兰西评论》的主编让·包兰商谈了一通,后者许诺,保证由伽利玛出版里尔克的这部诗集。④

---

① 1926 年 6 月 25 日,《里尔克与英戈·荣格汉斯书信集》,253—254。
② 卡塔琳娜·基彭贝格来信,1926 年 6 月 23 日;里尔克回信,6 月 25 日。《里尔克与卡塔琳娜·基彭贝格书信集》,597,600。
③ 1926 年 6 月 14 日,《里尔克与梅尔林书信集,1920—1926》,584—585。
④ 1926 年 7 月 14 日,《里尔克与梅尔林书信集,1920—1926》,590—592。

这已是里尔克同巴拉迪内·克洛索乌斯基的最后一段交往。《果园》出版后,巴拉迪内对读者的反应盯得很紧,当时法国文学界许多鼎鼎大名的人物,如纪德和瓦莱里都对里尔克的这部诗集大唱赞歌。纪德收到诗集后仔仔细细读了一遍,在给里尔克的信中写道:"这就是你的音容,这就是你迷人的相貌。我说的是你的诗歌,而不是你的肖像。"这本薄薄的法语诗集令纪德更深入理解了里尔克的《杜伊诺哀歌》,也更丰富了他对德语文学中一些传世巨著的了解。纪德觉得,作为一部用非母语创作的诗集,《果园》实在是件稀罕物:"你的法语诗给我带来全新的愉悦,更为特殊,或许更为隽永细致。"最后,纪德说,这部薄薄的诗集是里尔克献给深爱着他的法兰西最好的礼物。[1]总体而言,纪德对里尔克的法语诗赞誉有加,不过字里行间,依旧可以感到有隐忍未发之处。

从表面上看,瓦莱里对里尔克法语诗的欣赏更溢于言表,其实他也采取了同纪德相同的策略:首先表示惊异,想不到一位诗人居然能用自己母语以外的语言创作诗歌,接着评说道,里尔克的法语诗歌给人带来一种新颖别致的感受。瓦莱里也提到了自己所起到的作用,他写道:"您用我们的语言创作出如此新奇的音韵,如此优美的乐曲,而我能为您尽上绵薄之力,实在是荣幸之至。"[2]瓦莱里还说,里尔克能用法语创作出如此优美的诗歌,自己的《水仙花》一诗能有这样一位译者,实在是自己的大幸。不过字里行间,还是能体会到瓦莱里有所保留。

也有毫无保留的高歌颂扬者,其中之一是让·科克托。在战前那段令人留恋的日子里,他也曾住在巴黎的比戎饭店,和里尔克是邻居。一收到巴拉迪内送来的《果园》,让·科克托立即热烈回应,而当一些法国评论家质疑里尔克的法语时,他也挺身而出,为里尔克辩护。他说:"里尔克?谁能真正了解这个人?他就是法国人,他的法语说得比大多数法国人都要好,可偏偏有人喜欢吹毛求疵,说什么这不是法语。可我要大声说,这就是法语,是无比优美的法语。"[3]当然,法国读者对里尔克的法语诗的反应远非统一,里尔克自己也表示,这仅仅是开头的尝试。他的下一部诗集

---

[1] 1926年7月6日,《里尔克与纪德书信集》,244—245。
[2] 1926年6月8日,转引自《里尔克:人生与作品大事记》,1058。
[3] 巴拉迪内在给里尔克的信中转述了科克托的赞颂,1926年7月19日,《里尔克与梅尔林书信集,1920—1926》,593。

《窗户》,或许能更接近自己的目标。

时间一日日过去,病痛又席卷重来,与病痛一起到来的还有消沉的情绪。里尔克越来越感到,自己气衰力竭,精神委顿,他想,自己真的需要一位全职秘书了。里尔克找上了安东·基彭贝格和南妮,向前者要钱,向后者要人。1924年时,曾有一位秘书为里尔克工作过,记录他的口述,但时间并不长。自那以后,里尔克就再没找过帮手。不过这次,他迫切感受到了需要。钱最终批了下来,可人并不容易找,直到9月才敲定。

这段时间,身体的病痛和内心的焦虑交加,里尔克觉得无法践行自己的承诺,去拉加兹和侯爵夫人会合了。①夫人途经谢尔时,里尔克曾试图在半路上把夫人截下来,还特意随身带了本《果园》,可没能截上。没办法,他只好把诗集邮寄给侯爵夫人。不过几周后,在夫人的盛意邀请下,里尔克还是去了拉加兹。

6.

8月是道分水岭,这段时间,里尔克似乎又焕发出勃勃生机,殊不知,这不过是死神的幻影。在拉加兹的霍夫饭店,里尔克身处高贵典雅的社交圈中,身边尽是来自各国的权贵显要,有被迫退位的君主,有流亡瑞士的外国贵族,有的来自俄罗斯,也有的来自欧洲其他地方。有富可敌国的金融大亨,当然更少不了形形色色的学者、作曲家、画家、诗人、小说家。

好几个星期的时间里,人稠语欢的拉加兹替代了孤寂冷清的瓦莱。在这里,里尔克又开始写信,翻译诗歌,也写了一些新诗,既有德语诗,也包括12首法语诗。虽然如此,死亡的阴影并未完全散去,只不过他自己并没有意识到心灵所受的影响。在一首叫《拉加兹墓园》的小诗中,这种影响可见一斑:

---

① 1926年7月3日至17日间里尔克与侯爵夫人的通信往来,《里尔克与玛丽·冯·屠恩·塔克西斯书信集》,872—876。

> 这里荡漾着一股芬芳
> 你是谁,在这里长眠
> 青春永远定格于一瞬
> 天空曾何等晴朗
> 谁人知。①

里尔克的这首小诗显然令人想起瓦莱里的《海边墓园》,不过,这两首诗无论在结构、用语、长度上都有着很大的差异。更重要的是,里尔克在自己的诗中放弃了抽象的玄思,而是将自然界的生老病死、新陈代谢同具体、感性,令人情何以堪的个人之死结合起来。一块块竖立的墓碑仿佛一个个年轻的小姑娘,身穿蓝色校服,腰板挺得笔直。"它们记住了死神/却忘了一个个死者"。墓碑上或许曾刻着死者的生卒年月,生平事迹,可早已模糊湮灭,难以考究。自从1921年以来,里尔克曾写过数首"墓地诗",可没有一首像《拉加兹墓园》这样突出湮灭消逝的感受。

拉加兹本身就是另一种湮灭。这里有温泉水滑,有悉心照料,更有谈吐文雅、举止不俗的宾客,合在一起,简直就是一剂疗伤去痛的灵丹妙药。社会交往在里尔克身边翻腾着轻快的浪花,里尔克也整个人沉了下去,不再想着孤身独处的日子。一个比利时小女孩挺让他着迷,他还为这个小姑娘写了一首热情的诗。此外,一位美丽异常的荷兰歌手碧波·维德尔的出现也给他带来异样的感受,维德尔是一名音乐专业学生,在巴塞尔学习,经希奥多娜·冯·德·穆尔的介绍,里尔克认识了这位大美人。他给这位大美人写过诗,甚至还邀请她去穆佐楼做客,不过维德尔婉言谢绝了。这样的环境中,里尔克感到舒服极了,当基彭贝格夫妇邀请他去恩嘎丁度假时,他婉言谢绝。②

不幸的是,里尔克同茨维塔耶娃的书信交往还是难逃惯常的轨迹,起始的新鲜与惊异消散后,剩下的就是沉甸甸的负担。7月底,茨维塔耶娃的来信越来越炽烈,最后成为赤裸裸的求欢信,要里尔克和她一起上床。信中,

---

① 《里尔克作品全集》2:740。
② 1926年7月27日,《里尔克与南妮·冯德利书信集》,1152。

她写道:"为什么我要说这些?或许害怕——你把我想成水性杨花、情感泛滥的一个女人。我爱你,想跟你上床,就这么简单,这是友情难以企及的简单。"里尔克喜欢孤身独处,早已是尽人皆知,对此,她写道:"你把我拥入怀中,也就是把自己拥入怀中——两颗孤寂的心灵,交织缠绕。"有的地方她写得已十分露骨:"亲吻,深入口腔,也深入灵魂。没有火,只有无底深洞。"①

茨维塔耶娃的信越来越认真,口气也越来越急切,令里尔克感到有些坐立不安。回信中,他试图冷却一下,不想却令茨维塔耶娃逼得更紧,在下一封来信中,她甚至定好了两人幽会的时间和地点。②显然,她也不满足于幻想,要踏入现实之中了。隔了一段时间,里尔克回了一封信,信中满是温言软语。通常,当里尔克感到自己的自由受到威胁,打算结束一段感情时,他就会写这样的信。信中,他还是重复老一套,说现实太平凡,爱情的火焰只会在单调的重复中熄灭。不过这次,面对另一位诗人,里尔克也说出了掏心窝子的话。他说,其实自己也很想和她找一个巢穴依偎绕颈,耳鬓厮磨,可实在不行,因为"自己这段时日过得艰难"。③

于是,里尔克说,还是把我俩的爱当成诗人间的心灵之交吧。在一封信的边白上,茨维塔耶娃匆匆写下这样一句话:"过去还历历在目!"里尔克在回信中接上这句话,写道:"忘了吧,我亲爱的……别再去理会问过什么,答过什么。"9月初,里尔克离开拉加兹后,两人又有过一轮书信往来,之后归于沉寂。不过,这并不是情缘转薄之后的分手,茨维塔耶娃在里尔克心中留下了自己的影子。里尔克何以会同茨维塔耶娃通信,掀起一轮酒神般的狂欢(虽然仅限于文字之中)?一个可能的答案是,里尔克已深陷死亡的阴影中,感到丝丝寒意,从茨维塔耶娃烈火般的语言中,他汲取到些许温暖。

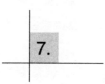

8月中,里尔克的治疗似乎已见成效,无论在外在感观上,还是在内在

---

① 1926年8月2日,茨维塔耶娃来信,《里尔克与俄罗斯:书信、回忆录、诗歌》,417。
② 1926年8月14日,《里尔克与俄罗斯:书信、回忆录、诗歌》,418—420。
③ 1926年8月19日,《里尔克与俄罗斯:书信、回忆录、诗歌》,420—422。

感受上，里尔克都好转了许多。不过，他在拉加兹多住了两周，好在温泉洗浴治疗后让身体好好休息一下。8月30日，里尔克终于做好了准备，要离开拉加兹了。离开前不久，一位叫爱丽丝·布热的18岁年轻姑娘找上了他。爱丽丝是当地邮电局的报务员，里尔克每天都到她那里发电报，开始她并不知道里尔克是谁，后来才听说，原来这位每日必来的常客就是那位伟大的德国诗人。她请里尔克给她两本"普通老百姓"也能读得懂的诗集，里尔克深受感动，送给她一本《旗手》，一本《图画集》，都是插图本，甚至还为她写了一首小诗。临行前，里尔克把自己在温泉洗浴时用过的杯子送给了爱丽丝，对她说："留到明年吧。"[1]离开拉加兹时，里尔克情绪很高。

下一站是洛桑，在那里他待了3个星期左右的时间，是魏林杰家的座上宾，住在乌契附近的萨沃伊饭店。每一次长时间入疗养院治疗都会令里尔克感到经济上的窘迫，这次也不例外。如果说，在疗养院治疗期间还能把钱的问题压在心底，出了院钱就成为燃眉之急了。还是老规矩，给安东·基彭贝格写信，除了自己生活所需外，里尔克还提出自己的翻译需要一名助手，也要用钱。开始，基彭贝格似乎有些犹豫，不过最后还是把两笔钱都批了下来。

那是乐观向上的几周，里尔克深信，身上的病痛终将全部消失，更幻想着未来拿出更多更好的作品。除此之外，这段时间还间杂着一段深情艳遇，虽然很短暂。9月6日，里尔克给茨维塔耶娃发出了最后一封信。[2]大约三四天后，在萨沃伊饭店的露台上，他邂逅了一位漂亮的埃及年轻女子，尼梅特·贝。

尼梅特·贝美貌非凡，从侧面看，"简直像埃及皇家塑像上的皇后"，埃德蒙德·贾勒克斯描述这段艳遇时，如此写道。[3]她不仅有着美丽的外表，更见多识广，交游广阔。她父亲曾任埃及侯赛因苏丹的第一任总理，不过她还很小时父母就双双亡故，由一位姑姑带到罗德岛抚养成人。长大后，尼梅特·贝嫁给了阿齐兹·贝，夫君腰缠万贯，却周身病痛，服侍他

---

[1] 1926年8月27日，参阅《里尔克：人生与作品大事记》，1069—1070。
[2] 参阅《里尔克：人生与作品大事记》，1073。
[3] 本书中关于里尔克与尼梅特·贝的交往部分源自埃德蒙德·贾勒克斯的《里尔克最后的友谊：致尼梅特·贝未发表书信集》，其中收录了部分里尔克写给尼梅特·贝的信件和笔讯。斯古尔菲尔德却怀疑里尔克同尼梅特的这段交往并非发自真心，只是逢场作戏，认为里尔克"最后的爱人"是他的秘书吉妮娅。参阅《里尔克生命中的最后一年》，33—36。

几年之后,尼梅特·贝决定要过自己的生活。里尔克遇上她时,她已同自己的丈夫分居。在瑞士这个各国名流云集的社会中,做一名生活富足的名媛,还有什么比这更惬意的呢?

尼梅特·贝近来读过莫里斯·比兹翻译的《马尔特手记》,对贾勒克斯说,自己很是喜欢这本书,不知能否有幸一睹作者的尊容。贾勒克斯立即对她说:"请转身,看那位长须低垂,独自读书的先生。就在那儿,树底下。"其实,尼梅特·贝早已同这位先生日日在饭店中相见,只是不知对方是何许人也,于是立即请贾勒克斯代自己引荐。一听说那位身材高挑的美人想认识自己,里尔克已按捺不住心情,等不及正式引荐,立即给尼梅特·贝写了一封短信。①

尼梅特·贝的回复很文雅,她写道:"对您我早已心存景仰,自打读了《马尔特手记》,就感到了那股恍兮惚兮,如霭如雾的不安。"现在,尼梅特·贝令里尔克侧目的不单有她的美貌,更有她敏锐的心灵感受。里尔克在回复中写道,《马尔特手记》出版已有17个年头了,可她的理解之深,自己还很少听到。当然,这其中不乏恭维的成分,不过里尔克也是真心为她敏锐的心灵所打动。

不久,两人就在贾勒克斯的家中正式见了面,陪尼梅特·贝来的有一位朋友。这次见面后,里尔克与尼梅特·贝就日日在饭店中相会,互留笔讯,尼梅特·贝还开车搭里尔克去兜风。她开起车来如风似电,虽然里尔克也喜欢坐汽车,可也坦承,坐在她的车里,自己还是有点儿担惊受怕。里尔克赠给尼梅特·贝一本介绍波德莱尔的《恶之花》的专著,出自瓦莱里的手笔,还请她上教堂听了场管风琴音乐会,尼梅特·贝则把自己亲手翻阅过的《马尔特手记》交到里尔克手中,当初阅读时,每有疑问,她就用笔做下记号。现在,可以令作者亲自做一番权威解释,实在是人生一大幸事。两人的关系迅速升温,9月12日,里尔克要去见瓦莱里,不得不离开尼梅特·贝一整天,觉得自己必须留下笔讯好好解释一番,而此时距两人正式认识不过区区两天时间。笔讯中,里尔克写道:"真希望自己分身有术,一半陪在你身边,另一半去见大诗人,你也可以通过我一睹大师风采。"②

---

① 《里尔克最后的友谊:致尼梅特·贝未发表书信集》,68。
② 1926年9月12日,《里尔克最后的友谊:致尼梅特·贝未发表书信集》,107。

无论对于里尔克,还是对于瓦莱里,这次见面都是一个新的开始。一个星期前,《探秘里尔克》终于在《莫伊笔记》上刊登了,瓦莱里为特刊撰写了典雅华丽的卷首语,还以数首贺诗相赠。这次会面的地点在日内瓦湖的法国一侧,在一座叫安泰的小村中,此时里尔克和瓦莱里已通过翻译结为密友,殊不知,这也是两人有生之年的最后一次见面。两人在一起待了一整天,大部分时间都在一座幽静的公园中度过。里尔克在日记中写道:"这一天过得太美了,由这一天开始,我与瓦莱里的友谊再上一层楼。"[①]里尔克去世一个月后,瓦莱里回忆道,两人在高大浓密的树冠下促膝长谈,谈到了《水仙花》的翻译,里尔克刚刚译完了这首诗,自己相当满意。两人也探讨了瓦莱里的神话观,以及在诗歌中的应用,此时,里尔克已不仅是一位译者,更是一位善用神话创造诗歌形象的行家里手。这一天行将结束时,瓦莱里和夫人把里尔克一直送到湖畔渡口,目送里尔克等上渡轮,向瑞士方向驶去。日后,瓦莱里写道:"湖面升起薄雾,我俩看着里尔克的笑容在薄雾中渐渐模糊,不可辨识……此去竟为永诀!"[②]

　　次日,里尔克得偿所愿,可以雇请一位秘书。[③]他很走运,面试的第一个人就令他十分满意。这位应聘者叫吉妮娅·切尔诺维托夫,由一位与里尔克下榻同一饭店的俄罗斯流亡贵族,高尔恰科夫夫人引荐。吉妮娅娴于打字和速记,在技术上无可挑剔,能说一口流利的法语,也懂一些德语。至为重要的是,这位年轻的俄罗斯姑娘不单有着聪明的大脑,更有着姣好的面容。由这一天起,吉妮娅(吉妮娅·切尔诺维托夫的自称)就成为里尔克的助手,陪着他走到生命的最后一刻。

　　有吉妮娅陪在身边,里尔克很是满意。现实中已有友情,来上一段风流韵事也并非没有可能,再加上饭店里名流云集,不分国别的气氛,里尔克心花怒放,如沐春风。带来好心情的还不止这些,同瓦莱里的会面极其成功,《探秘里尔克》面世后也好评如潮,里尔克此时必定感觉到,法国文学和艺术界的大门正再度为自己徐徐敞开,新的开端就在眼前。

　　然而,依旧有未解的纠结,里尔克深深知道,自己的人生不属于任何

---

① 1926年9月17日,《里尔克与南妮·冯德利书信集》,1159—1160。
② 瓦莱里的回忆最先发表于1927年1月16日的《苏黎世人报》,后于1942年以《里尔克与法兰西》之标题单独发表。
③ 1926年9月17日,《里尔克与南妮·冯德利书信集》,1159。

一个地方。在 8 月 2 日的来信中,茨维塔耶娃如此写道:"你不停地走,脚步从不停留。"里尔克既不是德国人,也不是波西米亚人,更不是奥地利人,"奥地利代表着你曾经的过去,而你只生活于未来之中!是不是很棒?你啊你!没有祖国!"①

里尔克就如九秋蓬草,随风飘零,不仅说中了这点,更说中了另一点:里尔克只生活于未来之中。实际上,不单里尔克的艺术,还有他的人生,都是一趟由生命走向死亡,他所说的"无垠广漠"的旅程。生机刚刚开始萌芽,病痛接踵而至,里尔克写道:"我的主啊,生命一跃而起,投入深不见底的深渊之中。"②

8.

1926 年 9 月 20 日,星期一,里尔克和吉妮娅一早离开洛桑,他给尼梅特留了张条,请她到穆佐楼与自己相会,除此外再无其他消息。下午,两人回到谢尔,吉妮娅住进了贝勒乌饭店,里尔克则回到穆佐楼中。第二天一大早,吉妮娅就步行上到穆佐楼,为里尔克记录《优帕里诺斯》的口述译文。

里尔克待在洛桑的最后几天里,黑夜已徐徐降临,此时更为浓密,将他团团包围。离开洛桑前 3 天,里尔克在写给南妮的信中已抱怨"自己的痛苦挥之不去","周而复始,无所躲避"。③好在此时里尔克所做的工作是翻译,在病痛反反复复的折磨下,翻译似乎要容易一些。毕竟,翻译不是产生于无尽孤独中的内心独白,而是与另一段文字,另一个心灵的对话,是将业已存在的东西加以揉捏锤锻,将其放入另一种语言的网络框架之中。总而言之,翻译不是无中生有,唯有后者才是里尔克的快乐之源,却也是他的生命之痛。

---

① 茨维塔耶娃来信,1926 年 8 月 2 日,《里尔克与俄罗斯:书信、回忆录、诗歌》,417。
② 《里尔克作品全集》2:744。
③ 《里尔克与南妮·冯德利书信集》,1158—1159。

南妮突然乘汽车到访谢尔,还带来了一位来自布达佩斯的友人。在贝勒乌的餐厅中,她突然出现在里尔克面前,却把自己吓了一跳,面前的里尔克面色苍白,双目黛黑,仿佛刚刚生了一场大病。①虽然身体已非常不适,里尔克还是尽量欢声笑语,招待自己的贵客。两位客人决定在谢尔多住几天,里尔克白天在穆佐楼和吉妮娅工作,晚上从山上下来,和南妮还有她的朋友一起度过。南妮到后的第三天,腰疾突然犯了,痛得厉害,里尔克更悉心照料,为她朗诵诗歌,后来又陪她在饭店外的花园及附近的树林中漫步。②南妮让自己的司机开车把朋友先送回去,自己则打算乘火车回去,毕竟乘火车要舒适得多。

里尔克回穆佐后一个星期,尼梅特来访,开着她的快车,车上还载着一位女伴。里尔克心花怒放,到花园里为尼梅特摘玫瑰,结果手让一根大刺给扎了,伤口迅速感染化脓,疼痛难忍。③第二天,里尔克另一只手的一根手指也打上了绷带,这次感染的是指甲。这段小插曲似乎再度验证了里尔克的话,"生命一跃而起,投入深不见底的深渊之中。"当然,这个周末过得还是很充实的,为尼梅特摘花扎伤手只不过是其中的一丝杂音,里尔克很喜欢与尼梅特一起飙车兜风,兴致甚至更高过上次。尼梅特的短暂来访似乎令里尔克身体大大恢复,可实际上却是加快了其崩溃的速度。其后的10天里,里尔克的两只手都无法做事,等到手上的伤好了,又染上流感,高烧不退。要说就是那根刺把里尔克送上了天堂,未免言过其实(虽然浪漫的人们会喜欢这种说法),可那根玫瑰刺毕竟是个引子,由它引起一连串病痛。最后,里尔克再也没有恢复过来。

南妮最终还是说服里尔克搬到谢尔去住,毕竟在那里求医就诊要方便得多。不久,里尔克卧床不起,在床上向吉妮娅口述译文,翻译之余就听她用俄文朗读。吉妮娅的角色也发生了变化,如今,她不仅要完成秘书的分内工作,记录口述,打印译文,更要照顾里尔克的日常起居,细心如斯,就算是里尔克的亲生女儿来也不过如此。

《优帕里诺斯》的翻译完成后,里尔克立即转向他青睐的另一部瓦莱

---

① 《里尔克与南妮·冯德利书信集》,1161。
② 1927年2月16日,南妮写给古蒂·诺尔克的信,《里尔克与诺尔克夫人书信集》,132—133。
③ 并没有确凿无疑的证据表明,玫瑰就是为尼梅特摘的。

里诗集,《心灵和舞蹈》。早在他创作《俄尔甫斯十四行诗》那阵子,里尔克已经在琢磨着把瓦莱里的这部诗集译成德文了。此外,他还翻译了瓦莱里的一篇散论《贝莎姨妈》(主题是艺术,不过文字相当轻松诙谐),译完后发表于《新苏黎世人报》的文学增版上。此外,瓦莱里的 3 首《水仙》片段也译好了,随时可付梓出版。

有那么一小段时间,里尔克的身体似乎又大大恢复了。吉尼娅陪里尔克去了趟洛桑,她也证实,那段时间里尔克的身体和精神似乎都大有改善,两人住在萨沃伊饭店,里尔克见了弗朗索瓦·莫利亚克,也见了尼梅特·贝,还向魏林杰夫妇写去问候信。[①]可事实上,这不过是最后一刻前的回光返照。那段时间,里尔克显得相当活跃,仿佛年轻了好几岁,吉妮娅无论如何也没有想到,他的大限已经不远了。自拉加兹以来,里尔克已感到自己的身体状况在持续下滑,可他又偏偏固执地要过正常人的生活,还写信告诉南妮,自己希望在南方的海滨过冬,问南妮知不知道法国有没有什么合适的海滨度假地。然而,里尔克又叫吉妮娅整理好自己所有的信简,仿佛冥冥中他已感觉到自己时日无多,为自己的身后事做好准备。

没过多久,里尔克的健康再度恶化,什么可能都没了。病魔在他体内迅速蔓延,开始时里尔克隔三差五还能工作上一小会儿,可间隔越来越长。里尔克原本就深居简出,除了最亲密的朋友,一律不见宾客;如今,他更是谁也不见了。克拉拉听说他身体不好,曾传过话来,说 11 月来探望他,里尔克却明确表示,就算克拉拉来了,自己也不见。实在不行,他就逃到最近的边境线对面去![②]

梅尔林的遭遇也好不了多少。她给里尔克写了好几封信,尽量克制自己的情绪,故意东一句西一句地扯家长里短,可自 7 月以来,里尔克就没有给她回过信了。11 月 16 日,她再也控制不住自己,在一封信中爆发出来。她用糟糕的德文写道:"赖纳,咱俩之间到底是怎么了?"似乎她已经整整有半年没有收到里尔克的信了。"对我说,咱俩一切如旧。"接着,

---

① 参阅斯古尔菲尔德的《里尔克生命中的最后一年》,32—33。
② 1926 年 11 月 3 日,克拉拉在写给南妮的信中再次表示了来瑞士探望里尔克的意愿,参阅《里尔克与南妮·冯德利书信集》,1307 页注释。里尔克表示,克拉拉来不来瑞士是她自己的事儿,但他绝不会见她。1926 年 11 月 11 日,《里尔克与南妮·冯德利书信集》,1167。

她又写道:"你是不是病重了,以至于对我的爱也结冰了?"信的最后,她又说了些关于《窗户》出版的事情。①一个星期后,她收到里尔克发来的一封电报,祝她生日快乐,却只字不提她一周前寄去的那封信。②电文正式、疏远,里尔克向她,还有她的家人致上自己的问候,唯一的私己话就是提到自己又病了,很可能要回到瓦尔蒙特疗养院休养。电文用法文写成,对梅尔林的称谓依旧是"您"。

里尔克的身体状况一日不如一日。11月,冯·德·穆尔一家去意大利度假,回瑞士时顺道探望了里尔克,面前的他形容枯槁,病入膏肓,令穆尔一家人大惊失色。此时,里尔克尚有点力气在贝勒乌饭店招待穆尔一家人,可如此这般的送往迎来对里尔克而言是越来越沉重的负担,很快就不胜重负了。有位友人他早该去探视了,可最后,里尔克仅仅是派人送去一盆兰花。他与友人的书信往来也松弛了下来,如今,也只有南妮一人能定时收到里尔克的来信了。

此时,吉妮娅也陷入两难之中。她原本想去巴黎,去开创一片自己的天地,可里尔克现状如此,又怎么忍心丢下他不管,自己去巴黎呢?在11月15日写给南妮的一封长信中,吉妮娅向南妮尽吐自己的满腹苦水,不过语气还算轻松。里尔克鼓励吉妮娅同南妮密切接触,实际上,在11月15日那封信的最后,他甚至还加上几行自己的话。当年巴拉迪内也曾想同南妮接触,可立即招来里尔克的横眉冷目,对比之下,两个女人的不同遭遇不禁令人感慨。吉妮娅挺喜欢南妮,还为她起了个俄语别名——丽达,也可能是丽多什卡。一方面,她希望里尔克的身体会好转起来;另一方面,她也清楚,短期内,这样的好转是没有可能的了。此时,她还不想告急,惊吓到里尔克的友人们。里尔克自己在那封信的附言中也没有表示自己的健康正在恶化,只是说,很怀疑自己的身体能否迅速好转,适应地域和气候的变化,虽然他很渴望这样的变化。

整整两个星期,没有任何消息。南妮还乐观地想,没有消息或许就是最好的消息,这会儿两个人可能正在埋头苦干呢!可就在此时,吉妮娅修书一封,打破了一切幻想:里尔克的身体突然间急转直下,周身上下疼痛

---

① 1926年11月16日,《里尔克与梅尔林书信集,1920—1926》,597。
② 1926年11月24日,《里尔克与梅尔林书信集,1920—1926》,598。

难忍,整日整夜不眠不休,躁动不安。吉妮娅建议,尽快送里尔克进疗养院疗养。11月30日,里尔克和吉妮娅上路去瓦尔蒙特疗养院。

两天的时间里,吉妮娅白天陪在里尔克身边,晚上住在格莱恩附近的维多利亚饭店,还和里尔克一起庆祝了他的51岁生日。穆佐楼不断传来新老朋友的祝福,可此时的里尔克只想一个人清静清静。不久,吉妮娅回到洛桑,回到她母亲的身边。虽然浑身疼痛不止,身体极度难受,里尔克还是强打起精神,为吉妮娅写了一封推荐信,信中对她赞不绝口,为她日后的发展铺平道路。

收到吉妮娅的消息,南妮立即向瓦尔蒙特疗养院发去电报,询问里尔克的情况。海玛尔利医生又去柏林开会去了,当时负责的医生再次表示,没什么大不了的,安慰南妮不要太担心。疼痛会令病人虚弱,可不会要了病人的性命,身体的康复需要耐心调养。可12月8日,里尔克给南妮写去的信中,语气已显得相当绝望。这封信的大部分用德语写成,主要是请南妮帮忙置办一些东西,可信的第一段用法语写成,这一段中,里尔克向南妮描述了自己的痛苦:"整日整夜……天哪,我知道了。"信中,里尔克谢谢南妮一直以来陪着他"走进那无名的广漠",那也是"最无垠的广漠,身处那片广漠之中,也只能听天由命了"。不过,此时里尔克生的愿望依旧强烈,他在一张商品目录上见到一套白色软布睡服,请南妮帮他买,还请她买一条羊毛围巾,好围在肩头保暖。上次被玫瑰刺刺伤的那只手指又发炎了,现在里尔克只有一只手臂能套进袖子里。他还拜托南妮,把自己的所有账单都交给维尔纳·莱恩哈特处理,以他的现状,再去处理那些杂事实在是勉为其难。①

尼梅特几乎每天都送花来,不过没多久,里尔克就叫她别再送了,说花在他的房间里制造"恶魔"。②里尔克写了封信给一位并不算太亲近的朋友,那位朋友曾表示要来探望他,里尔克原本还挺热情,可在这封信中,里尔克写道:"别来了,我屋子里到处是恶魔。"12月9日,海玛尔利医生从柏林回来,直到此时才确诊,里尔克患上的是一种恶性白血病,会引起剧烈疼痛,症状包括消化器官感染和皮肤上出现黑色脓肿。日后,医生在给侯

---

① 《里尔克与南妮·冯德利书信集》,1171—1172。
② 贾勒克斯,《赖纳·玛丽亚·里尔克》,110。

爵夫人的信中写道:"里尔克默默忍受着自己的病痛,仿佛古老神话中的人物,既无法改变自己的命运,也无须解释自己的行为。"①

此时距里尔克生命的最后一刻仅剩下两个半星期了。南妮赶来了,守在里尔克床边。很明显,此时的里尔克除了南妮谁都不想见,只有这个女人让他感到亲近了。南妮向里尔克在德国和法国的友人发去不下100张卡片,把里尔克病重的消息告诉大家,请大家不要再写信来。之前,里尔克曾受到邀请,和瓦莱里联袂任一次诗歌比赛的评委,南妮也代里尔克推掉了。接下来,南妮雇请了一位护士,轮流和自己守在里尔克身边,减轻自己的一些负担。护士还有一项重要任务,就是守在门口,任何人不经许可都不得入内。

去世前两周,里尔克终于提笔给卢写信,这是他一年来给卢写的第一封信。信用铅笔写成,字迹轻淡,开头第一个词是用俄文字母写成的"亲爱的"。信的剩余部分用德文写成,里尔克写道:"瞧,我一直在为此做准备,一直在提防着这一日的到来……"谈到自己的痛苦,里尔克写道:"日日夜夜,疼痛像激流一样冲击着我,我像一条断了锚链的小舟,在激流中沉浮飘零。"信的最后,里尔克写道:"年关将近,一个恶魔闯了进来。"签名后,里尔克又用俄文写道:"再见,我的爱。"②

12月13日,海玛尔利医生和南妮分别写信给卢,把里尔克的情况向她做了详细的描述。③医生坚持向病人隐瞒病情,不要让他知道,自己时日已无多了。此时里尔克虽然知道自己病重,可他想的还是自己的痛苦,很少想到死亡。尽管悲痛万分,卢毕竟是位精神分析专家,她遵从了医生的话,想着该如何回复里尔克的来信,又不会"威胁"到他。卢咨询了自己的一位同事,那位同事说,不妨把对方看作一位垂死的病人。从12月15日起,卢每天给里尔克写信,同时也给南妮写信,与这个女人共同承担起信中的苦痛。在此之前,卢甚至没有听说过南妮·冯德利这个名字。

里尔克已不想同外界联系。卢写来的一封封信他有没有读过,或者请别人读给他听?无从知晓。圣诞节时,南妮问里尔克,要不要代他给卢

---

① 1926年2月25日,海玛尔利医生写给侯爵夫人的信,《里尔克与玛丽·冯·屠恩·塔克西斯书信集》,956。
② 1926年12月13日,《里尔克与卢·安德烈亚斯-莎乐美:书信集》,482—483。
③ 参阅《里尔克与卢·安德烈亚斯-莎乐美:书信集》,618—619页的编者注。

回一封信,里尔克一挥手,意思说不需要。不过,在生命的最后几天中,里尔克数度喃喃自语:"卢会理解,卢会理解。"①里尔克去世后,卢取回了所有这一时期写给里尔克的信,如同她早年写给里尔克的信一样,这些包含爱与痛的信被她付之一炬。②

生命的最后一周,里尔克意识还算清醒,写了几封短信。12月15日,他用铅笔给鲁道夫·卡斯纳写了一封短信:"我病重,身体极差,疼痛难忍。"③他请南妮向侯爵夫人告知了自己的状况,又口述了一封信给自己的资助人理查德·魏林杰,讲了一项文学奖项的事。不知为何,他又口述了一封信给诗人儒勒·苏佩维埃尔。12月14日,里尔克收到苏佩维埃尔的回信,信写得十分热情。不过,里尔克很可能再也没有读过这封信。圣诞节那天,里尔克向女儿露丝寄去问候卡片,也向她的丈夫,还有她的女儿一并问好。

圣诞节前两天,里尔克终于写信给梅尔林了。此时,梅尔林对里尔克的病情还一无所知,还在日日翘首以盼,等待着里尔克的来信。这封信写得很简短,只字未提两人之间的关系。信中,里尔克还是用疏远的称谓"您",只是简单介绍了一下近况。最后,他又提醒梅尔林,不要来探视自己。"我门口的护卫非常尽责,谁也进不来。"④

"进不来"这几个字似乎特别适用于梅尔林,这些年来,她不就是一心想进入里尔克的内心世界而未果吗?其实,为此而自哀自怨的又岂止她一人!真正能敲开里尔克心扉的只有少数几个人:卢·安德烈亚斯-莎乐美、南妮·冯德利、侯爵夫人,或许也可以加上席蒂和卡斯纳的名字,但后两者只是有时能为里尔克的内心所接纳。不过,如果说梅尔林这个女人一直被里尔克拒于心门之外,巴拉迪内这个友伴依旧是里尔克生命中的一部分。在写给她的最后一封信中,里尔克表示,担心瓦莱里会出头为自己的《窗户》做宣传。他写道:"我俩尽在心交,无须言语。"梅尔林捧着信琢磨了好一会儿,才明白过来,信中的"我俩"指的是里尔克与瓦莱里。

---

① 参阅萨利斯的《里尔克的瑞士岁月》,231。
② 参阅《里尔克与卢·安德烈亚斯-莎乐美:书信集》,618—619页的编者注。
③ 《里尔克书信集,穆佐楼,1921—1926》,433—434。
④ 1926年12月23日,《里尔克与梅尔林书信集,1920—1926》,601—602。

里尔克生命的最后几日,大家为了挽救他的生命做出了各种努力,可均无功而返。海玛尔利请教了苏黎世的一位白血病专家,基彭贝格更从莱比锡送来另一位专家。圣诞那天,里尔克对南妮说,我晓得死神的模样,却不认识医生。或许,他的这句话并不全对。这位写出《杜伊诺哀歌》和《俄尔甫斯十四行诗》的大诗人堪称死亡专家,对那片无垠广漠可谓了如指掌。可同大多数人一样,等到死神真的降临到自己头上时,能否淡然处之就不得而知了。南妮觉得,一直到生命的最后一刻,里尔克对生命依旧抱有希望,希望自己的身体能康复。

直到去世前不久,里尔克对语言文字依旧很热切。药物掩盖了痛觉,南妮和护士轮流为他朗读普鲁斯特的作品。生命的最后两天,里尔克的身体越来越虚弱,开始晕晕沉沉,不过意识还算清醒。生命的最后一日,午夜,里尔克陷入昏迷之中。12月29日凌晨3点半,根据海玛尔利医生的叙述,里尔克在他的怀抱中与世长辞,双目依旧圆睁。①

屋外天寒地冻,白雪皑皑。里尔克的遗体被搬出诊所,放上一部雪橇,运到附近的一座小教堂。一天后,根据里尔克生前的遗嘱,遗体下葬于拉荣墓地。

9.

> 玫瑰,哦,纯粹的矛盾,欲望
> 众目睽睽下
> 无名者的眠睡

拉荣山冈上,阴风呼号,教堂肃立,教堂外的墓地中新立着一块墓碑,墓碑上刻着上面几行诗句。字里行间,我们仿佛依旧能看到墓碑下的那个人,看到他布满艰难险阻,又迷雾重重的一生,看到他的冷漠,他

---

① 1927年2月25日,医生写给侯爵夫人的信,《里尔克与玛丽·冯·屠恩·塔克西斯书信集》,957页脚注。

的退避,还有他在诗歌中迸发出的璀璨光芒。在基彭贝格夫妇的率领下,一队友人把里尔克的遗体抬上陡峭湿滑、怪石嶙峋的山路,送入他最后安眠的地方。队伍中没有巴拉迪内的身影,侯爵夫人也没有出现,夫人从卡斯纳口中听到里尔克去世的噩耗,当时她身在千里之外,无论如何也赶不过来。没人向克拉拉和露丝母女报丧,故而她两人也未能出席里尔克的葬礼。刺骨的寒风中,送葬队伍缓缓攀上山冈,队伍中有雷吉娜·乌尔曼、南妮·冯德利、维尔纳·莱恩哈特、露露·阿尔伯特-拉萨德、基彭贝格夫妇。一行人蜿蜒蛇行,赶去向一个刚刚消逝的生命做最后的道别,那个生命对死者的国度了如指掌,却也因此破解了生命的谜题。如同《哀歌》末篇中那位不知名的青年,这位刚过知天命之年的诗人也步入那片未知的群山之中,形单影只,一如来时,地上只留下两行浅浅的脚印。

> 他孤单地爬上去,爬到原始的苦难之山。

接着,诗人又写道:

> 但是,如果她在我们,无尽的死者身上唤醒一个比喻
> 那么请看,她或许是指空榛树上
> 下垂的柔荑花,或许意味着
> 早春时节落在幽暗土壤上的雨水。[1]

死者望着落在幽暗土壤上的雨水,骤然间感到万象更新,正步入生命结束后的永恒生命之中。如今,诗人自己也加入无边无际的死者大军,他的自我如同欧律狄刻一样随风寂灭,如同风中吹起的点点萤火。

朋友、对手、情人,人们以各自不同的方式纪念着这位诗人。卡斯纳在写给侯爵夫人的信中称里尔克是"天父最钟爱的孩子,有着至为宝贵的心灵"。[2]霍夫曼斯塔尔对里尔克的诗歌一向有所保留,他倒也不回避。在

---

[1] 《里尔克作品全集》1:726。
[2] 引自《里尔克与玛丽·冯·屠恩·塔克西斯书信集》,950。

写给侯爵夫人的信中,他写道:"蒙您指教,吾与里氏之诗歌颇有抵牾,皆为实情,唯吾已近乎忘怀。"①

克拉拉·里尔克一直生活在北方,甚至没能赶上里尔克的葬礼。里尔克去世后,她把对里尔克的怀念藏在心中,沿着两人曾携手走过的艺术之路继续走下去,直到 1954 年与世长辞。里尔克去世后 4 年,他的母亲菲亚也随他而去。露丝在父亲生时一直没有得到父亲的关心,有时父亲对她连爱意也甚寡;父亲去世后,她却把自己的一生都奉献给了父亲,和自己的丈夫卡尔·西伯尔(他连里尔克一面都没见过)一起整理、出版了多部里尔克文集和书信集。1972 年,露丝结束了自己的生命。

1927 年 1 月 16 日,德国柏林举行了一场哀悼里尔克的活动。活动上,罗伯特·穆希尔猛批德国媒体,对如此重要的一位德语诗人的逝世无动于衷。穆希尔说道:"葬礼有点儿寒酸,却发自真心……诗人之死并没有为这个国家的民众提供又一场欢宴的由头。"②德法边境的另一边,情形迥然不同,埃德蒙德·贾勒克斯写道:"赖纳·玛丽亚·里尔克之死……所引起的悲痛之情更超出我们的想象。"③

里尔克逝世后,许多人都在称颂他。种种声音中,斯蒂芬·茨威格于 1927 年 2 月 20 日在慕尼黑的演讲更精准地抓住了里尔克终生为之奋斗的目标:成为艺术大师,以精湛的技艺流芳后世。茨威格说道:

> 面对包罗万象,五光十色的世界,他知道如何凭灵感去重新创造;生命的形式在他的诗句中回响、歌唱,甚至连死神也难逃诗人之眼,在诗人的观照下,显现出他高耸的身躯,仿佛触手可及,仿佛一切现实中至纯至真,至不可缺的部分。④

没有人可以模仿里尔克的人生。诗人奥登曾就叶芝说过的话同样也适用于里尔克:

---

① 引自《里尔克与玛丽·冯·屠恩·塔克西斯书信集》,962。
② 穆希尔,《柏林讲演:纪念里尔克》,1927。
③ 贾勒克斯,《赖纳·玛丽亚·里尔克》。
④ 《里尔克与斯蒂芬·茨威格书信与文件集》,113—129。

> 和我们一样，你也曾犯错
> 你的肉体也将腐朽
> 像贵妇身上的华装
> 你的才华千古永存①

葬礼结束时，露露如此说道：

> 这张脸下面藏着不朽，那是一个情感丰富而强大的世界，那也是心灵的错失与威胁的避难所。②

里尔克去世后，马琳娜·茨维塔耶娃悲痛万分，向里尔克的亡灵写去这样一封信：

> 你走了，时间也似乎模糊了。年头？年末？我最亲爱的赖纳，我想放声痛哭。我知道，你能读到我的信，更省去了邮差。我在写，你在读。我亲爱的，你魂归西方，此处已无死亡，亦无生命。③

两个星期后，茨维塔耶娃又写道："至今……未流一滴眼泪……流泪意味着接受。我不流泪，他依旧活在这个世界上！"④

---

① "缅怀叶芝"，《奥登诗选》，50。
② 《与里尔克同行》，188。
③ 《里尔克与马琳娜·茨维塔耶娃—鲍里斯·帕斯捷尔纳克书信集》，247。
④ 同上，253。

参考书目

常用参考书目

选集类

《里尔克作品全集》,恩斯特·齐恩主编,6卷本,法兰克福,1955—1966。[*SW*]

书信集与日记集

《里尔克早期书信和日记集,1899—1902》,路丝·西伯尔-里尔克和卡尔·西伯尔主编,莱比锡,1933。[*BF*]

《里尔克书信集,1902—1921》,路丝·西伯尔-里尔克和卡尔·西伯尔主编,4卷本,莱比锡,1929—1937。[*Briefe I*]

《里尔克书信集,1892—1921》,路丝·西伯尔-里尔克和卡尔·西伯尔主编,4卷本,莱比锡,1938—1939。[*Briefe II*]

《里尔克书信集,穆佐楼,1921—1926》,路丝·西伯尔-里尔克和卡尔·西伯尔主编,莱比锡,1937。[*Briefe/M*]

《里尔克书信集,1897—1926》,路丝·西伯尔-里尔克和卡尔·阿尔西姆主编,2卷本,威斯巴登,1950。[*Briefe 1950*]

《里尔克早期日记集》,路丝·西伯尔-里尔克和卡尔·西伯尔主编,法兰克福,1973(1942)。[*TBF*]

主要独立书信集

里尔克,赖纳,玛丽亚,《里尔克与出版商[安东·基彭贝格]书信集,1906—1926》,2卷本,第二版,威斯巴登,1949。[*AK*]

——,《里尔克与卡塔琳娜·基彭贝格书信集》,威斯巴登,1954。[KK]

——,《里尔克与卢·安德烈亚斯-莎乐美:通信集》,恩斯特·菲费尔主编,第二版,法兰克福,1975。[LAS]

——,《里尔克与南妮·冯德利书信集》,拉特斯·拉克和尼可拉斯·比格勒主编,2卷本,法兰克福,1977。[NW]

——,《里尔克与玛丽·冯·屠恩·塔克西斯书信集》,2卷本,法兰克福,1986(1951)。[T&T]

近年来传记

利普曼,沃尔夫冈,《里尔克:人生与作品》,伯尔尼,1981。

——,《里尔克的一生》,沃尔夫冈·利普曼和拉塞尔·施托克曼翻译,纽约,1984。

普拉特,唐纳德,《清脆的玻璃:里尔克的一生》,牛津,1986。

史拉克,英格伯格,《里尔克:人生与作品大事记》,法兰克福,1975。[Chronik]

未出版资料

大英图书馆,伦敦。[BL]

德国文学档案馆,马尔巴赫,德国。[DLA]

里尔克档案馆,盖恩斯巴赫,德国。[RA]

瑞士国家图书馆,伯尔尼,瑞士。[SLB]

慕尼黑州立图书馆,慕尼黑,德国。[Munich]

第1章 参考文献

巴特勒,E. M.,《赖纳·玛丽亚·里尔克》,剑桥,Eng.,1941。

科亨,加利·B.,《种族生存的政策:布拉格的德国人,1861—1914》,普林斯顿,1981。

德米茨,彼得,《里尔克的布拉格岁月》,杜塞尔多夫,1953。

迪克曼恩,赫伯德,《里尔克对父母想象的态度》,*Zeitschrift für psychosomatische Medizin*(1957),1:51—57;2:128—136。

赫施菲德,C.,"里尔克与瓦蕾里·冯·大卫-隆菲尔德",《时序女神5》(1928—1929):714—720。(里尔克给瓦莉的信函摘要及引文。)

金,拜杨-欧克,《里尔克戎旅经历及丧子带来的问题》,波恩,1973。

克莱巴德,大卫,《恐惧之始》,纽约,1993。

莱宾,保罗,《19 岁的里尔克》,Die Literatur 11(1927 年 8 月),630—642。(收录 1894 年 12 月 4 日里尔克给未婚妻瓦蕾里的信函。)

罗基塔,雨果,里尔克"Cornet"一诗中的城堡,维也纳,1966。

西伯尔,卡尔,《里尔克的青年时代》,莱比锡,1932。

齐曼瑙尔,恩里希,《里尔克:传说与神话》,法兰克福,1953。

第 2 章 参考文献

德米茨,彼得,《里尔克的布拉格岁月》,杜塞尔多夫,1953。

赫施菲德,C.,"里尔克与瓦蕾里·冯·大卫-隆菲尔德",《时序女神 5》(1928—1929):714—720。(里尔克给瓦莉的信函摘要及引文。)

金,拜杨-欧克,《里尔克戎旅经历及丧子带来的问题》,波恩,1973。

莱宾,保罗,《19 岁的里尔克》,Die Literatur 11(1927 年 8 月),630—642。(收录 1894 年 12 月 4 日里尔克给未婚妻瓦蕾里的信函。)

曼森,E. C.,《里尔克,欧洲,以及英语世界》,剑桥,Eng.,1961。

坡茨根,赫曼,"Rilkes erster Verloger",Die literarische Welt 7,5—52(1931 年 12 月 17 日),11。

里尔克,R. M.,《1896 年书信、诗歌和散文集》,理查德·冯·米斯主编,纽约,1946。[Briefe 1896]

罗德,德里亚·亚历山德拉·R.,《里尔克和俄国:一场革命》,密歇根大学,学位论文,Ann Arbor,1980。

西伯尔,卡尔,《里尔克的青年时代》,莱比锡,1932。

斯泰纳·乔治,"日出前的眠者",沃尔夫冈·利普曼的《里尔克:生平传记》书评,《纽约客》,1984 年 10 月 8 日。

施托克,约齐姆,W.,"里尔克的林茨岁月",Blätter der Rilke-Gesellschaft 7—8(1980—1981),111—134。[Storck/Linz]

屠恩·塔克西斯,玛丽·冯,《追忆里尔克》,法兰克福,1966(1932)。[T&T/Memoir]

第 3 章 参考文献

切尔尼,瓦克拉夫,《里尔克,布拉格,波西米亚和捷克人》,由 Jaromir Povejsil 和 Gitta Wolfova 从捷克语转译。布尔诺,1966。

——,"再次及其他:里尔克和捷克人",克里斯蒂安·图钦斯基翻译,《斯拉夫人的世界》22(1977):1:1—22。[Cerny/Welt]

德米茨,彼得,《里尔克的布拉格岁月》,杜塞尔多夫,1953。

黑格罗德,罗伯特·海恩茨,Die Lyrik RMRs:《里尔克诗歌:发展流变试论》,弗莱堡,1921。

赫施菲德,C.,"里尔克与瓦蕾里·冯·大卫-隆菲尔德",《时序女神5》(1928—1929):714—720。(里尔克给瓦莉的信函摘要及引文。)

霍夫曼,阿洛(一篇介绍艾达·索尔的《与同时代人的邂逅》的发表过程的文章,提到了她对里尔克的回忆),Philologica Pragensia 48(1966),292—304。[Sauer]

马利布鲁克-斯泰里尔,奥提里,(写给朱利叶斯·泽尔的信,包括一篇亚罗斯拉瓦·帕特杰德罗瓦-杨尼卡瓦写的介绍性的序,由安娜·塔维斯从捷克语译出。)Sbornik 8(1966):86—108。[Maly/Zeyer]

里尔克,R.M.,《政治书信集》,约齐姆·W.施托克主编,法兰克福,1992。

——《与拉丝卡·凡·欧斯特伦女男爵书信集》,理查德·冯·米斯主编,纽约,1945。[Laska]

——《1896年书信、诗歌和散文集》,理查德·冯·米斯主编,纽约,1946。[Briefe 1896]

——"里尔克早期几封未发表的信"(给马科斯·哈尔伯的信),西格弗里德·霍菲特主编。Euphorion 66(1966):187—195。[Halbe]

——"里尔克和阿图尔·施尼茨勒",海因里希·施尼茨勒收集编辑的书信集。《词与真13》(1958):283—298。[RMR-AS]

施瓦茨,埃贡,《无声的啜泣:里尔克、政治与诗歌》,法兰克福,1972;戴维·维尔伯里译,纽约,1981。

西伯尔,卡尔,《里尔克的青年时代》,莱比锡,1932。

第4章 参考文献

安德烈亚斯-莎乐美,卢,《人生回顾》,法兰克福,1974(1951)。[LAS/LRB]

——,记录:最后的几年,恩斯特·菲费尔主编,法兰克福,1986(1982)。

——,《赖纳·玛丽亚·里尔克》,莱比锡,1928。[LAS/Rilke]

比宁恩,鲁道夫,《尼采的不羁门徒》,普林斯顿,1968。

德米茨,彼得,《里尔克的布拉格岁月》,杜塞尔多夫,1953。

克莱巴德,大卫,《恐惧之始》,纽约,1993。

柯培科,科杜拉,《卢·安德烈亚斯-莎乐美:生活、个性和作品,一部传记》,法兰克福,1986。

兰茨,沃尔夫冈,"F.C.安德烈亚斯",Zeitschrift für Indologie und Iranistik 8

(1931),1—17。

利文斯顿,安吉拉,《卢·安德烈亚斯-莎乐美》,伦敦,Gordon Fraser Gallery,1984。

马丁,比迪《女性和现代性:卢·安德烈亚斯-莎乐美的人生》,伊萨卡,1991。

彼得斯,H. F.,《我的姐妹,我的配偶:卢·安德烈亚斯-莎乐美》,纽约,1962。

拉宾诺维茨,斯坦利·I,"自己的房间:阿金姆·沃林斯基的生活和作品",《俄国评论》50:289—309。

《1896年书信、诗歌和散文集》,理查德·冯·米斯主编,纽约,1946。[*Briefe 1896*]

——,"里尔克早期几封未发表的信"(给马科斯·哈尔伯的信),西格弗里德·霍菲特主编。*Euphorion* 66(1966):187—195。[*Halbe*]

——《与拉丝卡·凡·欧斯特伦女男爵书信集》,理查德·冯·米斯主编,纽约,1945。[*Laska*]

——,《里尔克与俄罗斯:书信、回忆录、诗歌》,康斯坦丁·阿萨多斯基主编,法兰克福,1986。[*Asadowski*]

塞勒,格茨·冯,"F. C. 安德烈亚斯:其人、其事业",*Indogermanisches Jahrbuch*(1931),366—376。

西伯尔,卡尔,《里尔克的青年时代》,莱比锡,1932。

——,未发表的里尔克传记。里尔克档案馆监管人克里斯托弗和赫拉·西伯尔-里尔克慷慨准许查阅。[*Sieber/MS*]

施托克,约齐姆,W."里尔克的林茨岁月",*Blätter der Rilke-Gesellschaft* 7—8(1980—1981),111—134。[*Storck/Linz*]

塔维斯,安娜,《里尔克的俄国:一场文化邂逅》。埃文斯顿,1994。

第5章 参考文献

安德烈亚斯-莎乐美,卢,《人生回顾》,法兰克福,1974(1951)。[*LAS/LRB*]

——,《艺术的基本形式》,Pan,1889,177—182。[*Grundformen*]

比宁恩,鲁道夫,《尼采的不羁门徒》,普林斯顿,1968。

比提特,理查德,《里尔克在沃普斯韦德》,沃普斯韦德,日期不详。

里尔克,R. M.,"里尔克给海伦娜的信",共有三篇文章提及:(1)佛拉迪米尔·波齐克,"海伦娜和里尔克";(2)E. L. 斯塔尔,"里尔克写给海伦娜的信";(2)斯坦利·米切尔,"里尔克和俄国"。米切尔的文章包括18封里尔克写给伊莱娜·沃若尼那的信,后者他用德语称为海伦娜。《牛津斯拉夫论文集》9(1960),129—163。[*Elena*]

——,《胡戈·冯·霍夫曼斯塔尔和里尔克:书信集》,鲁道夫·赫施和英格博格·施耐克主编,法兰克福,1978。[*HvH*]

　　——,《里尔克与俄罗斯:书信、回忆录、诗歌》,康斯坦丁·阿萨多斯基主编,法兰克福,1986。[*Asadowski*]

　　福格勒,海因里希,《回忆录》,恩里希·维奈特主编,柏林,1952。[*V/Memoir*]

第6章　参考文献

　　安德烈亚斯-莎乐美,卢,《人生回顾》,法兰克福,1974(1951)。[*LAS/LRB*]

　　——,"列夫·托尔斯泰书信集",*Das Literarische Echo* 16(1913):1—8。

　　贝茨,毛里斯,《活生生的里尔克:轶事、书信、访谈》,巴黎,1937。[*B/Vivant*]

　　——,《里尔克在法国:回忆、通信和文件》,威利·莱西翻译为德语。苏黎世,1948。[*B/Frankreich*]

　　比宁恩,鲁道夫,《尼采的不羁门徒》,普林斯顿,1968。

　　布罗德斯基,帕特里夏,《里尔克作品中的俄罗斯》,底特律,1984。

　　布卢策,索菲亚,《里尔克的俄国之旅》,第二版,达姆施塔特,1969。

　　巴特勒,E. M.,《赖纳·玛丽亚·里尔克》,剑桥,Eng.,1941。[*EMB*]

　　切克夫,列奥尼德,《里尔克在俄罗斯,基于新资料的研究》,维也纳,1975。

　　穆维斯,鲁德,《里尔克的〈定时祈祷文〉:来源及影响》,莱比锡,1937。

　　帕斯捷尔纳克,鲍里斯,《安全行为:自传和其他作品》,维也纳,1958。

　　彼得斯,H. F.,《我的姐妹,我的配偶:卢·安德烈亚斯-莎乐美》,纽约,1962。

　　比提特,理查德,《里尔克在沃普斯韦德》,沃普斯韦德,日期不详。

　　里尔克,R. M.,"里尔克给海伦娜的信",《牛津斯拉夫论文集》9(1960),129—163。[*Elena*]

　　——,《里尔克与俄罗斯:通信、回忆录、诗歌》,康斯坦丁·阿萨多斯基主编,法兰克福,1986。[*Asadowski*]

　　罗德,德里亚·亚历山德拉·R.,《里尔克和俄国:一场革命》,密歇根大学,学位论文,安娜堡,1980。

　　塔维斯,安娜,《里尔克的俄国:一场文化邂逅》。埃文斯顿,1994。

　　福格勒,海因里希,《回忆录》,恩里希·维奈特主编,柏林,1952。[*V/Memoir*]

　　温德李希,艾娃·C.,"里尔克的《上帝的故事》中的斯拉夫痕迹",*Germanic Review* 22(1947):287—297。

第7章　参考文献

　　安德烈亚斯-莎乐美,卢,《人生回顾》,法兰克福,1974(1951)。[*LAS/LRB*]

比宁恩,鲁道夫,《尼采的不羁门徒》,普林斯顿,1968。

多帕涅,布里吉特,《克拉拉:一则故事》,汉堡,1993。

莫德尔森-贝克尔,鲍拉,《通信和日记》,古恩特·布施和里斯洛特·冯·莱恩肯主编,法兰克福,1979。[PMB]

——,《鲍拉·莫德尔森-贝克尔:书信和日记》,古恩特·布施和里斯洛特·冯·莱恩肯主编,亚瑟·S.维兴格和卡罗尔·克鲁·霍伊翻译并编辑,纽约,1983。[E/pmb]

比提特,理查德,《里尔克在沃普斯韦德》,沃普斯韦德,日期不详。

佩泽特,海因里希·W.,《诗人肖像:鲍拉·莫德尔森-贝克尔和里尔克》,威斯巴登,1957。

里尔克,R. M.,《里尔克与俄罗斯:通信、回忆录、诗歌》,康斯坦丁·阿萨多斯基主编,法兰克福,1986。[Asadowski]

福格勒,海因里希,《回忆录》,恩里希·维奈特主编,柏林,1952。[V/Memoir]

第8章 参考文献

鲍厄,莉迪亚,"里尔克和雅科布森",PMLA 54 (1939),900—932,1133—1180。

巴特勒,E. M.,《赖纳·玛丽亚·里尔克》,剑桥,Eng.,1941。[EMB]

莫德尔森-贝克尔,鲍拉,《鲍拉·莫德尔森-贝克尔:书信和日记》,古恩特·布施和里斯洛特·冯·莱恩肯主编,法兰克福,1979。[PMB]

——,《鲍拉·莫德尔森-贝克尔:书信和日记》,古恩特·布施和里斯洛特·冯·莱恩肯主编,亚瑟·S.维兴格和卡罗尔·克鲁·霍伊翻译并编辑,纽约,1983。[E/pmb]

比提特,理查德,《里尔克在沃普斯韦德》,沃普斯韦德,日期不详。

里尔克,R. M.,《与阿克塞尔·杨格书信集》,勒内特·沙芬伯格编辑,法兰克福,1979。[AJ]

——,《里尔克与罗丹书信集》,乔治·格拉普编辑,巴黎,1931。[AR]

——,"里尔克和阿图尔·施尼茨勒",海因里希·施尼茨勒搜集编辑的书信集,Wort und Wahrheit 13(1958);293—298。[AS]

——,《致茜祖伯爵女士的信》,1921—1926,英伯格·施奈克主编,法兰克福,1977。[MSN]

——,《与奥斯卡·泽温彻的十三封通信》,Facsimile 复制,Chemnitz,1931。[OZ]

——,里尔克,R. M.,《里尔克与俄罗斯:通信、回忆录、诗歌》,康斯坦丁·阿

萨多斯基主编,法兰克福,1986。[Asadowski]

西坎普,汉斯-于尔根,《艺术殿堂新址落成典礼上的讲话》,1902", Museum Heute: Ein Querschnitt, 1948。

索伦森,本格·阿格特,《因斯·彼得·雅科布森眼中的里尔克》, Idee, Gestalt, Geschichte, 哥德·沃尔夫冈·韦伯主编,欧登塞,1988。

斯塔尔·奥古斯特,《里尔克评论:"马尔特手记",叙事性散文、杂文及剧作作品》,慕尼黑,1979。[Rilke-Kommentar 2]

第9章 参考文献

比宁恩,鲁道夫,《尼采的不羁门徒》,普林斯顿,1968。

巴特勒,E. M.,《赖纳·玛丽亚·里尔克》,剑桥,Eng.,1941。[EMB]

艾姆德,厄舒拉,《里尔克与罗丹》,Diss,马尔堡,1949。

哈特曼·格奥弗里,《无须中介的视野》,纽约,1966。

黑勒,恩里希,《世界只在心间》,法兰克福,1975。

克莱巴德,大卫,《恐惧之始》,纽约,1993。

莫德尔森-贝克尔,鲍拉,《通信和日记》,古恩特·布施和里斯洛特·冯·莱恩肯主编,法兰克福,1979。[PMB]

——,《鲍拉·莫德尔森-贝克尔:书信和日记》,古恩特·布施和里斯洛特·冯·莱恩肯主编,亚瑟·S. 维兴格和卡罗尔·克鲁·霍伊翻译并编辑,纽约,1983。[E/pmb]

里尔克,R. M.,《奥古斯特·罗丹》,第一部分,SW 5:141—201。[Rodin I]

——,《与阿克塞尔·杨格书信集》,勒内特·沙芬伯格编辑,法兰克福,1979。[AJ]

——,《里尔克与罗丹书信集》,乔治·格拉普编辑,巴黎,1931。[AR]

塔维斯,安娜,《里尔克的俄国:一场文化邂逅》。埃文斯顿,1994。

第10章 参考文献

贝尔莫,赫伯特·W.,"里尔克诗歌中的性元素",《德国的生活和信件》19(1965—1966),252—261。

比宁恩,鲁道夫,《尼采的不羁门徒》,普林斯顿,1968。

穆维斯,鲁德,《里尔克的〈定时祈祷文〉:来源及影响》,莱比锡,1937。

彼得斯,H. F.,《我的姐妹,我的配偶:卢·安德烈亚斯-莎乐美》,纽约,1962。

里尔克,R. M.,《给一个青年诗人的十封信》,莱比锡,日期不详。

[Inselbücherei #406]。[BJD]

——,《与阿克塞尔·杨格书信集》,勒内特·沙芬伯格编辑,法兰克福,1979。[AJ]

——,《里尔克与罗丹书信集》,乔治·格拉普编辑,巴黎,1931。[AR]

——,《与奥斯卡·泽温彻的十三封通信》,Facsimile 复制,Chemnitz, 1931。[OZ]

斯坦贝格,列奥,《基督的性征》,纽约,1983。

索德,海伦,《制造灵感:里尔克,劳伦斯和 H. D. 的视域策略》,安娜堡,1996。

福格勒,海因里希,《回忆录》,恩里希·维奈特主编,柏林,1952。[V/Memoir]

第 11 章 参考文献

阿斯列夫,汉斯,"里尔克,赫曼·邦和《马尔特手记》",国际比较文学协会第四届大会论文(1966 年,海牙),629—636。

布拉德利,布里吉特·L.,《里尔克的"新诗歌":其循环的结构》,伯尔尼,1967。

弗里德曼,拉尔夫,"神灵,英雄和里尔克",《遗传性:关于对经典文学的现代经验的七篇论文》,奥斯汀,1964。[F/Heroes]

凯,埃伦,"赖纳·玛丽亚·里尔克",弗朗西斯·莫罗(笔名玛丽·[米奇]·弗兰佐)翻译为德语,*Deutsche Arbeit*(布拉格)5,5(1906 年 2 月),336—346;6(1906 年 3 月),397—409。

诺林德,恩斯特,"里尔克,埃伦·凯和瑞典女人",Ausblick 4(1953),1,10—12。

里尔克,R. M.,"与安娜·赫尔曼书信集",埃里克·托姆森主编,*Ostdeutsche Monatshefte* 25(1959),801—804。[AH]

——,《与阿克塞尔·杨格书信集》,勒内特·沙芬伯格编辑,法兰克福,1979。[AJ]

——,《里尔克与罗丹书信集》,乔治·格拉普编辑,巴黎,1931。[AR]

——,《给一个青年诗人的十封信》,莱比锡,日期不详。[Inselbücherei #406]。[BJD]

——,"理查德·贝尔-霍夫曼书信集",克劳斯·约纳斯主编,*Philobiblon* 17(1973)。[RBH]

斯古菲尔德,乔治·C.,"富鲁堡的一夜",*Germanic Review* 49(1974):83—114。[Furuborg]

索伦森,本格·阿格特,《因斯·彼得·雅科布森眼中的里尔克》,Idee Gestalt,

Geschichte,哥德·沃尔夫冈·韦伯主编,欧登塞,1988。

第12章 参考文献

比宁恩,鲁道夫,《尼采的不羁门徒》,普林斯顿,1968。

毕特纳,沃尔夫冈,"名叫克里斯托夫·里尔克的骑士旗手",载《里尔克?百年祭论文集》,H. L. 阿诺德主编,慕尼黑,1975。

艾姆德,厄舒拉,《里尔克与罗丹》,Diss,马尔堡,1949。

海恩,格奥尔格,"夏季的号角沉默了",《德国诗歌,1910—1975》,迈克·汉伯格翻译,纽约,1976。

克莱巴德,大卫,《恐惧之始》,纽约,1993。

莫德尔森-贝克尔,鲍拉,《通信和日记》,古恩特·布施和里斯洛特·冯·莱恩肯主编,法兰克福,1979。[PMB]

——,《鲍拉·莫德尔森-贝克尔:书信和日记》,古恩特·布施和里斯洛特·冯·莱恩肯主编,亚瑟·S. 维兴格和卡罗尔·克鲁·霍伊翻译并编辑,纽约,1983。[E/pmb]

佩泽特,海因里希·W.,《诗人肖像:鲍拉·莫德尔森-贝克尔和里尔克》,威斯巴登,1957。

里尔克,R. M.,《与阿克塞尔·杨格书信集》,勒内特·沙芬伯格编辑,法兰克福,1979。[AJ]

——,《里尔克与罗丹书信集》,乔治·格拉普编辑,巴黎,1931。[AR]

——,《胡戈·冯·霍夫曼斯塔尔和里尔克:书信集》,鲁道夫·赫施和英格博格·施耐克主编,法兰克福,1978。[HvH]

——,《与席多妮·纳赫尼·冯·博卢廷的书信集》,伯纳德·布鲁姆主编,法兰克福,1973。[SN]

——,《与卡尔和伊丽莎白·冯·德·黑特书信集,1905—1922》,英格伯格·史拉克和雷内特·沙芬伯格主编,法兰克福,1986。[VdH]

齐美尔,格奥尔格,《哲学文化:杂文集》,莱比锡,1911。

第13章 参考文献

比宁恩,鲁道夫,《尼采的不羁门徒》,普林斯顿,1968。

布拉德利,布里吉特·L.,《里尔克的"新诗歌":其循环的结构》,伯恩,1967。

布劳恩,菲利克斯,"里尔克在维也纳",《世界的光:尝试作为诗人生活的历史》,(维也纳,1949),555—563。

巴特勒,E. M.,《赖纳·玛丽亚·里尔克》,剑桥,Eng.,1941。[*EMB*]

弗里德曼,拉尔夫,"神灵,英雄和里尔克",《遗传性:关于对经典文学的现代经验的七篇论文》,奥斯汀,1964。[*F/Heroes*]

汉伯格,卡特,《里尔克:导论》,斯图加特,1976。

——,《里尔克诗歌的现象学结构》,载《诗人的哲学:诺瓦利斯,席勒,里尔克》,斯图加特,1966。

哈特曼·格奥弗里,《无须中介的视野》,纽约,1966。

李普金,劳伦斯,《被遗弃的女人和诗歌传统》,芝加哥,1988。

麦森,E.C.,《里尔克,欧洲,以及英语世界》,剑桥,Eng.,1961。[*Mason/eng*]

莫德尔森-贝克尔,鲍拉,《通信和日记》,古恩特·布施和里斯洛特·冯·莱恩肯主编,法兰克福,1979。[*PMB*]

——,《鲍拉·莫德尔森-贝克尔:书信和日记》,古恩特·布施和里斯洛特·冯·莱恩肯主编,亚瑟·S.维兴格和卡罗尔·克鲁·霍伊翻译并编辑,纽约,1983。[*E/pmb*]

里尔克,R. M.,《与阿克塞尔·杨格书信集》,勒内特·沙芬伯格编辑,法兰克福,1979。[*AJ*]

——,《与卡尔和伊丽莎白·冯·德·黑特书信集,1905—1922》,英格伯格·史拉克和雷内特·沙芬伯格主编,法兰克福,1986。[*VdH*]

——,《胡戈·冯·霍夫曼斯塔尔和里尔克:书信集》,鲁道夫·赫施和英格博格·施耐克主编,法兰克福,1978。[*HvH*]

——,《里尔克与俄罗斯:通信、回忆录、诗歌》,康斯坦丁·阿萨多斯基主编,法兰克福,1986。[*Asadowski*]

塞尔加勒,伊曼纽尔,"奇怪的邂逅:里尔克和高尔基在卡普里岛",*Monatshefte* 54(1962),11—21。

斯古菲尔德,乔治·C.,"里尔克,高尔基和其他人:传记性的消遣",现代德语文学观察和评论(卡尔·S.魏玛主编),105—120。慕尼黑,1974。[*Schoolfield/G*]

斯托克·约齐姆·W.,"霍夫曼斯塔尔和里尔克:奥地利的矛盾体",《今日里尔克》,法兰克福,1976。

塔维斯,安娜,《里尔克的俄国:一场文化邂逅》。埃文斯顿,1994。

齐恩,恩斯特,"里尔克和古代",《古代与西方》3(1948):201—240。

第14章 参考文献

巴特比,K. A. J.,《里尔克和法国:诗歌发展研究》,牛津,1966。

比宁恩,鲁道夫,《尼采的不羁门徒》,普林斯顿,1968。

布拉德利,布里吉特·L.,《里尔克的"新诗歌":其循环的结构》,伯尔尼,1967。

——,《里尔克新诗的另一部分:里尔克巴黎诗歌的几个发展阶段》,伯尔尼,1976。

布劳恩,菲利克斯,"里尔克在维也纳",《世界的光:尝试作为诗人生活的历史》,(维也纳,1949),555—563。

布罗德斯基,帕特里夏,《里尔克作品中的俄罗斯》,底特律,1984。

卡西尔-索尔米兹,伊娃,《论里尔克的作品》,海德堡,1957。

克拉戴尔,朱迪丝,《罗丹:至福的人生,未知的人生》,巴黎,1936。[Cladel]

——,《罗丹》,詹姆斯·怀特豪翻译,纽约:1937。[E/Cladel]

德里杨,夏尔,《里尔克和法国》,四卷本,巴黎,1961—1963。

弗里德曼,拉尔夫,《抒情小说:赫尔曼·黑塞、安德烈·纪德和弗吉尼亚·沃尔夫研究》,普林斯顿,1963。[F/Lyrical]

——,"神灵,英雄和里尔克",《遗传性:关于对经典文学的现代经验的七篇论文》,奥斯汀,1964。[F/Heroes]

——,"里尔克和艺术姐妹",《韦勒克纪念文集》(伯尔尼,1983),821—847。[F/arts]

——,"瓦勒斯·史蒂文斯和里尔克:一种诗歌的两个版本",《作为批评家的诗人》(F. P. W. 迈克多维尔主编,埃文斯顿,1967),60—80。[F/Critic]

哈斯,罗伯特,"序言",《里尔克诗选》(斯蒂芬·米切尔翻译并主编,纽约,1982),xi—xliv。

豪斯曼,乌尔里希,《里尔克的阿波罗十四行诗及其形象上的原型》,柏林,1947。

卡斯纳,鲁道夫,"序言",《里尔克与玛丽·冯·屠恩·塔克西斯书信集》,xv—xxxvii,3—61。[详细信息请见"常用参考书目"]

路克,克莱尔,"《马尔特手记》的诗歌性",*Blätter der Rilke-Gesellschaft* 9 (1982),22—32。

莫德尔森-贝克尔,鲍拉,《鲍拉·莫德尔森-贝克尔:书信和日记》,古恩特·布施和里斯洛特·冯·莱恩肯主编,法兰克福,1979。[PMB]

——,《鲍拉·莫德尔森-贝克尔:书信和日记》,古恩特·布施和里斯洛特·冯·莱恩肯主编,亚瑟·S. 维兴格和卡罗尔·克鲁·霍伊翻译并编辑,纽约,1983。[E/pmb]

默尔肯-奥特洛奇,克里斯塔,《鲍拉·莫德尔森-贝克尔:生活与作品》,科隆,1980。

里奇,安德里安,"鲍拉-贝克尔写给克拉拉·韦斯特霍夫的信",《共同语言之梦:诗歌,1974—1977》(纽约,1978),42—44。

里尔克,R. M.,"葡萄牙修女玛丽安娜·阿尔科弗拉多的情书",*Übertrogungen*,7—50。

——,《关于塞纳的信》,克拉拉·里尔克主编,第一版:《论塞纳的信》,毛里斯·贝茨翻译,巴黎,1944。之后版本:威斯巴登,1952。

——,《里尔克与纪德书信集,1921—1926》,勒内·朗主编,巴黎,1952。[AG]

——,《与阿克塞尔·杨格书信集》,勒内特·沙芬伯格编辑,法兰克福,1979。[AJ]

——,《里尔克与罗丹书信集》,乔治·格拉普编辑,巴黎,1931。[AR]

——,《胡戈·冯·霍夫曼斯塔尔和里尔克:书信集》,鲁道夫·赫施和英格博格·施耐克主编,法兰克福,1978。[HvH]

——,《给一位威尼斯女友的信》,维罗纳,1941。[MR]

——,《与席多妮·纳赫尼·冯·博卢廷的书信集》,伯纳德·布鲁姆主编,法兰克福,1973。[SN]

瑞安·朱迪丝,《消失的主题:早期心理学和文学的现代性》,芝加哥,1991。[R/Subject]

索科尔,瓦尔特·H.,"《马尔特手记》中自我的消解",《里尔克:异化的魔力》(弗兰克·巴伦,恩斯特·S. 迪克和瓦伦·毛里厄主编;Lawrence, Kan. 1980),171—190。

维冈德,赫曼·J.,"里尔克的古老阿波罗无首躯像",*Monatshefte* 51(1959):49—62。

焦乌科夫斯基,西奥多,"马尔特·劳里兹·布里格的笔记",《现代小说的维度》(普林斯顿,1969),3—36。

第15章 参考文献

巴特比,K. A. J.,《里尔克和法国:诗歌发展研究》,牛津,1996。

布罗德斯基,帕特里夏,《里尔克作品中的俄罗斯》,底特律,1984。

卡西尔-索尔米兹,伊娃,《论里尔克的作品》,海德堡,1957。

弗里德曼,拉尔夫,《抒情小说:赫尔曼·黑塞、安德烈·纪德、弗吉尼亚·沃尔夫研究》,普林斯顿,1963。

哈汀贝格,玛格达,《里尔克和本文努塔》,维也纳,1947。

基彭贝格,卡塔琳娜,《缅怀里尔克》,苏黎世,1948。

克莱巴德,大卫,《恐惧之始》,纽约,1993。

里尔克,赖纳·玛丽亚,《里尔克与纪德书信集,1921—1926》,伦尼·朗主编,巴黎,1952。

——,《里尔克与阿克塞尔·杨格书信集》,雷纳德·沙芬贝格主编,法兰克福,1979。

——,《里尔克与罗丹书信集》,乔治·格拉普主编,巴黎,1931。

——,《里尔克与海伦·冯·诺斯济茨书信集》,奥斯瓦尔特·冯·诺斯济茨主编,法兰克福,1976。

——,《胡戈·冯·霍夫曼斯塔尔和里尔克:书信集》,鲁道夫·赫施和英戈伯格·史拉克主编,法兰克福,1978。

——,《里尔克与伊沃·霍普特曼和弗劳·埃里卡书信集》,罗尔夫·伊塔莉安娜主编,莱茵贝克,1948。

——,《给一位威尼斯女友的信》,维罗纳,1941。

——,《与席多妮·纳赫尼·冯·博卢廷的书信集》,伯恩哈德·布鲁姆主编,法兰克福,1973。

索科尔,瓦尔特·H.,"《马尔特手记》中自我的消解",《里尔克:异化的魔力》(弗兰克·巴伦,恩斯特·S.迪克和瓦伦·毛里厄主编;Lawrence, Kan. 1980),171—190。

斯特凡,安东尼,《里尔克的〈马尔特手记〉》,伯尔尼,1974。

屠恩·塔克西斯,玛丽,《追忆里尔克》,法兰克福,1966。

焦乌科夫斯基,西奥多,"马尔特·劳里兹·布里格的笔记",《现代小说的维度》,普林斯顿,1969。

——,《德国经典哀歌,1795—1950》,普林斯顿,1980。

第16章 参考文献

贝伦兹,尤根,主编,《歌德致奥古斯特·冯·斯托贝格书信集》,法兰克福,1983。

布迪贝格,艾尔莎,《里尔克的一段心路历程》,斯图加特,1955。

卡特琳,乔安娜,"里尔克和永恒的女性",《里尔克,歌德和德语》(希格玛林根,1991),37—58。

加亚蒂尼,罗梅罗,《里尔克论"此在":解读〈杜伊诺哀歌〉》,慕尼黑,1953。

柯玛尔,凯瑟琳,《超越天使:里尔克的〈杜伊诺哀歌〉》,林肯,内布拉斯加,1987。

里尔克,赖纳·玛丽亚,《里尔克与海伦·冯·诺斯济茨书信集》,奥斯瓦尔特·冯·诺斯济茨主编,法兰克福,1976。

——,《里尔克与伊沃·霍普特曼和弗劳·埃里卡书信集》,罗尔夫·伊塔莉安娜主编,莱茵贝克,1948。

——,《给一位威尼斯女友的信》,维罗纳,1941。

——,《与席多妮·纳赫尼·冯·博卢廷的书信集》,伯恩哈德·布鲁姆主编,法兰克福,1973。

希曼努尔,埃里希,《里尔克:传奇与神话》,伯尔尼,1953。

——,"里尔克和歌德",《里尔克,歌德和德语》(希格玛林根,1991),23—36。

屠恩·塔克西斯,玛丽,《追忆里尔克》,法兰克福,1966。

焦乌科夫斯基,西奥多,《德国经典哀歌,1795—1950》,普林斯顿,1980。

第17章 参考文献

巴特勒,E. M.《赖纳·玛丽亚·里尔克》,剑桥,1941。

格布瑟尔,J.《里尔克和西班牙》,第二版,苏黎世,1946。

克伦伊,玛格达,"里尔克在龙达",《里尔克研究会通讯第三辑》(西格马林根,1974),20—38。

柯玛尔,凯瑟琳,《超越天使:里尔克的〈杜伊诺哀歌〉》,林肯,内布拉斯加,1987。

拉克,拉特斯,"里尔克和瓦尔玛拉娜一家",《里尔克研究会通讯第十七辑》(西格马林根,1990),20—38。

诺斯济茨-沃尔维茨,奥斯瓦尔特,冯,《诗歌女神与世界之子:我母亲的一生》,慕尼黑,1991。

纽曼,赫尔马特,"里尔克和托雷多",《里尔克研究会通讯第十八辑》(西格马林根,1992),111—132。

普法伊弗,恩斯特,"里尔克和精神分析",《文学科学年刊第十七辑》(1976),246—320。

雷姆,沃尔特,"里尔克和杜丝",《相遇与难题:德语文学研究》,伯尔尼,1957,346—416,注释455—460。

里尔克,赖纳,玛丽亚,《里尔克与罗丹书信集》,乔治·格拉普主编,巴黎,1931。

——,《里尔克与海伦·冯·诺斯济茨书信集》,奥斯瓦尔特·冯·诺斯济茨主编,法兰克福,1976。

——,《里尔克与雷吉娜·乌尔曼及艾伦·戴尔普书信集》,沃尔特·西蒙主编,法兰克福,1987。

——,《与席多妮·纳赫尼·冯·博卢廷的书信集》,伯恩哈德·布鲁姆主编,法兰克福,1973。

——,《与卡尔和伊丽莎白·冯·德·黑特书信集,1905—1922》,英戈伯格·史拉克和雷内特·沙芬贝格主编,法兰克福,1986。

希曼努尔,埃里希,《里尔克:传奇与神话》,伯尔尼,1953。

屠恩·塔克西斯,玛丽,《追忆里尔克》,法兰克福,1966。

魏弗,威廉,《杜丝传》,伦敦,1984。

第18章 参考文献

比宁恩,鲁道夫,《尼采的不羁门徒》,普林斯顿,1968。

歌德斯塔克,埃德瓦多,"里尔克和韦弗尔",《全景》第六期(1961),21—36。

哈汀贝格,玛格达·冯,《里尔克和本文努塔》,维也纳,1947;西拉斯·布鲁克斯译,伦敦,1949。

利曼,赫伯特,"弗洛伊德和里尔克的对话",《精神分析季刊》第35期(1966),423—427。

里尔克,赖纳,玛丽亚,《政治书信集》,约齐姆·W.施托克主编,法兰克福,1992。

——,《里尔克与纪德书信集,1909—1926》,伦尼·朗主编,巴黎,1952。

——,《里尔克与罗丹书信集》,乔治·格拉普主编,巴黎,1931。

——,《胡戈·冯·霍夫曼斯塔尔和里尔克:书信集》,鲁道夫·赫施和英戈伯格·史拉克主编,法兰克福,1978。

——,《里尔克与海伦·冯·诺斯济茨书信集》,奥斯瓦尔特·冯·诺斯济茨主编,法兰克福,1976。

——,《里尔克与本文努塔书信集》,埃斯林根,1954。

——,《里尔克与雷吉娜·乌尔曼及艾伦·戴尔普书信集》,沃尔特·西蒙主编,法兰克福,1987。

——,《与席多妮·纳赫尼·冯·博卢廷的书信集》,伯恩哈德·布鲁姆主编,法兰克福,1973。

——,《里尔克与斯蒂芬·茨威格书信和文件集》,唐纳德·普拉特主编,法兰克福,1987。

——,《与卡尔和伊丽莎白·冯·德·黑特书信集,1905—1922》,英戈伯格·史拉克和雷内特·沙芬贝格主编,法兰克福,1986。

施瓦茨,埃贡,《无声的啜泣:里尔克、政治与诗歌》,法兰克福,1972;戴维·维尔伯里译,纽约,1981。

希曼努尔,埃里希,《里尔克:传奇与神话》,伯尔尼,1953。

第19章　参考文献

阿尔伯特-拉萨德,卢(露露),《与里尔克同行》,法兰克福,1952。

——,《油画、水彩、雕塑》,柏林,1983。

安德烈亚斯-莎乐美,卢,《人生回顾》,恩斯特·普法伊弗主编,法兰克福,1951。

比宁恩,鲁道夫,《尼采的不羁门徒》,普林斯顿,1968。

高尔,克莱尔,《我不原谅:我们这个时代的文学丑闻》,伯尔尼,1976。

哈特曼,乔弗里,《诗歌直观:华兹华斯、霍普金斯、里尔克和瓦莱里的诗歌阐释》,纽约,1966。

荷尔德林,弗雷德里希,《荷尔德林的诗歌和残章》,迈克尔·汉堡主编和翻译,剑桥,1980。

基彭贝格,凯瑟琳,《里尔克的〈杜伊诺哀歌〉和〈俄尔甫斯十四行诗〉》,威斯巴登,1948。

柯尔玛,凯瑟琳,《超越天使:里尔克的〈杜伊诺哀歌〉》,林肯,内布拉斯加,1987。

里尔克,赖纳,玛丽亚,《政治书信集》,约齐姆·W.施托克主编,法兰克福,1992。

——,《里尔克与纪德书信集,1909—1926》,伦尼·朗主编,巴黎,1952。

——,"里尔克致安东·基彭贝格的一封不为人知的信",约齐姆·W.施托克主编,《德国希勒研究会年刊》18辑(1974),23—36。

——,《里尔克与英戈·荣格汉斯书信集》,威斯巴登,1959。

——,"里尔克与玛丽安妮·米特福德的书信往来",约齐姆·W.施托克主编,《德国希勒研究会年刊》26辑(1982),40—80。

——,《里尔克与海伦·冯·诺斯济茨书信集》,奥斯瓦尔特·冯·诺斯济茨主编,法兰克福,1976。

——,《里尔克与雷吉娜·乌尔曼及艾伦·戴尔普书信集》,沃尔特·西蒙主编,法兰克福,1987。

——,《与席多妮·纳赫尼·冯·博卢廷的书信集》,伯恩哈德·布鲁姆主编,法兰克福,1973。

——,《里尔克与斯蒂芬·茨威格书信和文件集》,唐纳德·普拉特主编,法兰克福,1987。

斯坦纳,雅各,《里尔克的〈杜伊诺哀歌〉》,伯尔尼,1962。

尤恩谢尔德,西格弗雷德,《歌德和里尔克的七篇"日记"诗》,法兰克福,1978。

第20章　参考文献

阿尔伯特-拉萨德,卢(露露),《与里尔克同行》,法兰克福,1952。

阿伦特,汉娜,《黑暗时代的人》,纽约,1955。

拜尔,汉斯,《巴伐利亚革命》,柏林,1982。

比宁恩,鲁道夫,《尼采的不羁门徒》,普林斯顿,1968。

盖伊,彼得,《魏玛文化:迷局内外》,纽约,1968。

高尔,克莱尔,《我不原谅:我们这个时代的文学丑闻》,伯尔尼,1976。

——,《里尔克与数位女性的书信集》,巴黎,1955。

胡尔斯,詹姆斯,《共产国际的成立》,斯坦福,1969。

曼森,E.C.《里尔克,欧洲,以及英语世界》,剑桥,1961。

莫德尔森-贝尔,鲍拉,《鲍拉·莫德尔森-贝尔:书信与日记》,根特·布希和李斯洛特·冯·莱根主编,法兰克福,1979。

瑙曼,赫尔马特,"克莱尔·高尔对里尔克的回忆",《里尔克研究会会刊》第十九辑(西格马林根,1993),187—200。

里尔克,赖纳,玛丽亚,《政治书信集》,约齐姆·W. 施托克主编,法兰克福,1992。

——,《与克莱尔·高尔的书信集》,奥罗拉,纽约,1944。

——,《爱尔雅·内瓦尔与里尔克:相遇、会谈、书信、记录》,伯尔尼,1946。

——,《胡戈·冯·霍夫曼斯塔尔和里尔克:书信集》,鲁道夫·赫施和英戈伯格·史拉克主编,法兰克福,1978。

——,"里尔克与玛丽安妮·米特福德的书信往来",约齐姆·W. 施托克主编,《德国希勒研究会年刊》26辑(1982),40—80。

——,《致雷吉娜·乌尔曼及艾伦·戴尔普书信集》,沃尔特·西蒙主编,法兰克福,1987。

——,《与席多妮·纳赫尼·冯·博卢廷的书信集》,伯恩哈德·布鲁姆主编,法兰克福,1973。

——,《里尔克与斯蒂芬·茨威格书信和文件集》,唐纳德·普拉特主编,法兰克福,1987。

——,《与卡尔和伊丽莎白·冯·德·黑特书信集,1905—1922》,英戈伯格·史拉克和雷内特·沙芬贝格主编,法兰克福,1986。

施瓦茨,埃贡,《无声的啜泣:里尔克、政治与诗歌》,法兰克福,1972;戴维·维尔伯里译,纽约,1981。

沃尔特,玛丽-艾丽斯,《罗莎·卢森堡如是说》,纽约,1970。

第21章 参考文献

霍夫曼斯塔尔,胡戈·冯和卡尔·布克哈德,《霍夫曼斯塔尔和布克哈特书信集》,法兰克福,1956。

奥伯穆勒,保罗主编,"里尔克与诺尔克夫人的通信",《新瑞士杂志》(1952),279—296。

里尔克,赖纳,玛丽亚,《瑞士演讲录》,拉特斯·拉克主编,法兰克福,1986。

——,《政治书信集》,约齐姆·W.施托克主编,法兰克福,1992。

——,《里尔克与一位旅友(阿尔贝蒂娜·卡萨尼)的书信集》,乌里希·凯恩主编,维也纳,1947。

——,《与克莱尔·高尔的书信集》,奥罗拉,纽约,1944。

——,《爱尔雅·内瓦尔与里尔克:相遇、会谈、书信、记录》,伯尔尼,1946。

——,《里尔克与诺尔克夫人书信集》,威斯巴登,1953。

——,《胡戈·冯·霍夫曼斯塔尔和里尔克:书信集》,鲁道夫·赫施和英戈伯格·史拉克主编,法兰克福,1978。

——,《里尔克与英戈·荣格汉斯书信集》,威斯巴登,1959。

——,《里尔克与一位年轻女士(丽莎·海思)书信集》,莱比锡。

——,《丽莎·海思与里尔克书信集》,柏林,1934。

——,《里尔克与梅尔林书信集,1920—1926》,苏黎世,1954。

——,《里尔克与梅尔林书信集,1919—1922》,巴黎,1950。

——,《里尔克与莱恩哈特兄弟书信集》,法兰克福,1988。

——,《与席多妮·纳赫尼·冯·博卢廷的书信集》,伯恩哈德·布鲁姆主编,法兰克福,1973。

萨利斯,J R,《里尔克的瑞士岁月》,弗劳茵费尔德,1952。

特拉默,汉斯,"里尔克最后一段真实人生",《里奥·贝克学院学报》(特拉维夫,1975),80—97。

第22章 参考文献

阿尔伯特-拉萨德,露露,《与里尔克同行》,柏林,1952。

巴瑟曼,迪特尔,《与里尔克对话》,慕尼黑,1947。

波文特尔,汉斯,《里尔克的伯爵残章组诗》,柏林,1969。

里尔克,赖纳,玛丽亚,《遗愿》,第2版,法兰克福,1975。

——,《里尔克与纪德书信集,1920—1926》,伦尼·朗主编,巴黎,1952。

——,《里尔克与梅尔林书信集,1920—1926》,苏黎世,1954。

——,《里尔克与梅尔林书信集,1919—1922》,巴黎,1950。

——,《里尔克与莱恩哈特兄弟书信集》,法兰克福,1988。

——,《与席多妮·纳赫尼·冯·博卢廷的书信集》,伯恩哈德·布鲁姆主编,法兰克福,1973。

——,"里尔克与瓦莱里的通信",《新瑞士人杂志》第7辑(1948),428—429。

萨利斯,J R,《里尔克的瑞士岁月》,弗劳茵费尔德,1952。

第23章 参考文献

阿尔伯特-拉萨德,露露,《与里尔克同行》,柏林,1952。

巴瑟曼,迪特尔,《与里尔克对话》,慕尼黑,1947。

德曼,保罗,《阅读之喻》,纽黑文,1979。

弗勒伯恩,尤里希,曼弗雷德·恩格尔主编,《里尔克的〈杜伊诺哀歌〉》,法兰克福,1974,1982(第1卷:传记材料、书信摘录;第2卷:批评,阐释)。

加亚蒂尼,罗梅罗,《里尔克论"此在":解读〈杜伊诺哀歌〉》,慕尼黑,1953。

汉堡,凯特,《里尔克入门》,斯图加特,1976。

——,《诗人的哲学》,斯图加特,1966。

哈特曼,乔弗里,《诗歌直观:华兹华斯、霍普金斯、里尔克和瓦莱里的诗歌阐释》,纽约,1966。

海勒,埃里希,《未被继承的思想:现代德语文学和思想论文集》,纽约,1957。

凯斯勒,鲁道夫,《回忆文集》,1976。

克莱巴德,大卫,《恐惧之始》,纽约,1993。

柯尔玛,凯瑟琳,《超越天使:里尔克的〈杜伊诺哀歌〉》,林肯,内布拉斯加,1987。

莱西,恩斯特,《里尔克的〈俄尔甫斯十四行诗〉》,图林根,1987。

莫琛,赫尔曼,《里尔克的〈俄尔甫斯十四行诗〉》,斯图加特,1958。

里尔克,赖纳,玛丽亚,《遗愿》,第2版,法兰克福,1975。

——,《关于上帝的两篇书信》,莱比锡,1933。

——,《里尔克与梅尔林书信集,1920—1926》,苏黎世,1954。

——,《里尔克与梅尔林书信集,1919—1922》,巴黎,1950。

——,《里尔克与格拉芬·西佐书信集》,法兰克福,1977。

莱恩,朱迪,《消隐的主体:心理学早期发展与文学现代主义》,芝加哥,1991。

塞戈尔,查尔斯,《俄尔甫斯:诗人的神话》,巴尔的摩,1989。

斯塔尔,奥古斯特,《里尔克评抒情诗》,慕尼黑,1978。

斯坦纳,雅各,《里尔克的〈杜伊诺哀歌〉》,伯尔尼,1962。

焦乌科夫斯基,西奥多,《德国经典哀歌:1795—1950》,普林斯顿,1980。

第24章　参考文献

贝茨,毛里斯,《活生生的里尔克:轶事、书信、访谈》,巴黎,1937。

弗勒伯恩,尤里希,曼弗莱德·恩格尔主编,《里尔克的〈杜伊诺哀歌〉》,第3卷,法兰克福,1982。

霍夫曼斯塔尔,胡戈·冯和卡尔·布克哈德,《霍夫曼斯塔尔和布克哈特书信集》,法兰克福,1956。

里尔克,赖纳·玛丽亚,《翻译集》,法兰克福,1975。

——,《政治书信集》,约齐姆·W.施托克主编,法兰克福,1992。

——,《里尔克与俄罗斯:通信、回忆录、诗歌》,康斯坦丁·阿萨多斯基主编,法兰克福,1986。

——,《里尔克与纪德书信集,1921—1926》,伦尼·朗主编,巴黎,1952。

——,《里尔克与米兰友人书信集》,巴黎,1956。

——,《胡戈·冯·霍夫曼斯塔尔和里尔克:书信集》,鲁道夫·赫施和英戈伯格·史拉克主编,法兰克福,1978。

——,《里尔克与梅尔林书信集,1920—1926》,苏黎世,1954。

——,《里尔克与梅尔林书信集,1919—1922》,巴黎,1950。

——,《里尔克与莱恩哈特兄弟书信集》,法兰克福,1988。

——,《与卡尔和伊丽莎白·冯·德·黑特书信集,1905—1922》,英戈伯格·史拉克和雷内特·沙芬贝格主编,法兰克福,1986。

萨利斯,J R,《里尔克的瑞士岁月》,弗劳茵费尔德,1952。

施瓦茨,埃贡,《无声的啜泣:里尔克、政治与诗歌》,法兰克福,1972;戴维·维尔伯里译,纽约,1981。

瓦莱里,保罗,《英译作品集》,第1卷:诗歌,普林斯顿,1966。

第25章　参考文献

阿尔伯特-拉萨德,露露,《与里尔克同行》,柏林,1952。

奥登,W. H.,"缅怀叶芝",《奥登诗选》,纽约,1945。

贝茨,毛里斯,《活生生的里尔克:轶事、书信、访谈》,巴黎,1937。

盖伊,彼得,《魏玛文化:迷局内外》,纽约,1968。

贾勒克斯,埃德蒙顿,《赖纳·玛丽亚·里尔克》,巴黎,1927。

——,《里尔克最后的友谊:致尼梅特·贝未发表书信集》,纽约,1952。

朗,伦尼,"里尔克和他的法国同代人",《比较文学》第10辑(1958):136—143。

——,《里尔克、纪德与瓦莱里》,巴黎,1953。

马丁,比迪,《女性和现代性:卢·安德烈亚斯-莎乐美的人生》,伊萨卡,1991。

梅森,E.C.,《里尔克》,爱丁堡,1963。

穆希尔,罗伯特,《柏林讲演:纪念里尔克》,柏林,1927。

——,"德语文学:哀悼里尔克",《文学界》第3辑(1927):1页。

——,"缅怀里尔克",《银靴》第2期(1946):183—184。

里尔克,赖纳,玛丽亚,《政治书信集》,约齐姆·W.施托克主编,法兰克福,1992。

——,《里尔克与俄罗斯:通信、回忆录、诗歌》,康斯坦丁·阿萨多斯基主编,法兰克福,1986。

——,《里尔克与纪德书信集,1921—1926》,伦尼·朗主编,巴黎,1952。

——,《里尔克与阿克塞尔·杨格书信集》,雷纳德·沙芬贝格主编,法兰克福,1979。

——,《里尔克与诺尔克夫人书信集》,威斯巴登,1953。

——,《里尔克与米兰友人书信集》,巴黎,1956。

——,《里尔克与英戈·荣格汉斯书信集》,威斯巴登,1959。

——,《里尔克与梅尔林书信集,1920—1926》,苏黎世,1954。

——,《里尔克与莱恩哈特兄弟书信集》,法兰克福,1988。

——,《里尔克与马琳娜·茨维塔耶娃—鲍里斯·帕斯捷尔纳克书信集》,法兰克福,1983。

——,《里尔克与斯蒂芬·茨威格书信和文件集》,唐纳德·普拉特主编,法兰克福,1987。

萨利斯,J.R.,《里尔克的瑞士岁月》,弗劳茵费尔德,1952。

斯古尔菲尔德,乔治,《里尔克生命中的最后一年》,劳伦斯,加拿大,1969。

施瓦茨,埃贡,《无声的啜泣:里尔克、政治与诗歌》,法兰克福,1972;戴维·维尔伯里译,纽约,1981。

施威策尔,维多利亚,《茨维塔耶娃》,安吉拉·利文斯通主编,纽约,1993。

陶伯曼,简,《书信与抒情:马琳娜·茨维塔耶娃与友人的书信与诗歌》,纽黑文,1972。

——,《诗歌一生:马琳娜·茨维塔耶娃的抒情日记》,科伦巴斯,俄亥俄,1989。

塔维斯,安娜,《里尔克的俄国:一场文化邂逅》,埃文斯顿,1994。

——,"里尔克笔下的俄罗斯:里尔克与茨维塔耶娃的通信",《斯拉夫评论》第52期(1993):494—511。

茨威格,斯蒂芬,"永别,里尔克",1927年2月20日纪念仪式上的讲演稿,转载于《里尔克与斯蒂芬·茨威格书信与文件集》,唐纳德·普拉特主编,法兰克福,1987。

译后记

这是一部诗人里尔克的传记。

作为《杜伊诺哀歌》等不朽名篇的创造者,里尔克被公认为德语乃至世界最重要的现代诗人之一。然而,中国国内迄今为止,似乎都没有一部像样的里尔克传记出版。纵观现有关于里尔克的中文图书,要么聚焦于其作品,比如冯至、绿原译的里尔克的诗集,要么关注诗人的人生历程,比如张海燕的《漫游者的超越——里尔克的心灵史》,或者里尔克的女友卢-安德烈亚斯·莎乐美——这位特立独行的女士似乎更受中国出版界青睐——的几种传记中论及里尔克的章节。与上述图书相比,我们手中这部里尔克传记的最大特点,在于将里尔克的人生历程介绍,与里尔克的重要作品评析合二为一,力图在夹叙夹议之间,全方位呈现诗人的风貌。这应当是目前国内关于里尔克最完整、最全面的一部传记,填补了中文世界里尔克研究的相关空缺。对于如此重要的一位诗人,这部传记来得或许有点迟了,幸好诗人的价值是永恒的,对他的关注与重视,早些或晚些,对整个人类生存史跨度而言,其实没有太大差别,因为

> 看哪,我们爱起来,不是像那些花卉,只有
> 仅仅一年[①]。

里尔克一生充满传奇色彩:与莎乐美的相爱与同游,与罗丹的一见如

---

① 摘自《杜伊诺哀歌》第三首,刘皓明译,《杜伊诺哀歌》,辽宁教育出版社2005年版,第103页。

故与意外抵牾,与塞尚和梅特林克等大家的神交,与十九二十世纪之交富裕而品味高雅的欧洲最后几代贵族的唱和……以这些元素打底,诗人的传记注定不乏奇光异彩,引人瞩目。可贵的是,面对这些本身即已饱含戏剧性的素材,本书作者抗拒了轻浮演绎笔法之诱惑,而是采纳科学严谨的立传态度,不畏艰苦,阅遍里尔克与他周围人士的书信集、日记、回忆录等内容,以及与所涉年代、人物相关的众多出版物,力图精确无误地绘制出里尔克1875年12月4日在布拉格小城出生之后,由稚嫩的诗歌爱好者兼追慕诗人虚名的少年起步,历经父母离异、严酷的军校训练,与莎乐美的相爱与失恋,新婚不久的妻离子散,病痛缠身、穷困潦倒等等人生考验,逐渐步入严峻成熟的中年,在"生活的古老敌意"中逆水而行、挣扎着辨认生命本质的坎坷一生。全书关注细节、考证严谨,文笔深邃优美,堪称一部经典的传记作品。

不过,除了拥有颇富传奇性的人生,里尔克更是,而且首先是,一位诗人。如果仅仅涉及对其生平的追溯,态度再严谨、文笔再流畅,也难免流于市井八卦层面。幸运的是,凭借针对里尔克生平众多作品的精到点评,本书完全避免了这一危险。身为德语文学研究者的作者,从篇首论述《马尔特手记》中的诗人形象开始,似乎就决意将此书呈现为一部将里尔克生平与著作紧密结合的作品,通篇对生平经历的详尽考证,并非仅仅就事论事,而是意在进一步对里尔克作品展开深度溯源与阐释。比如,对于里尔克与其笔下的诗人自我之化身马尔特的关系,本书多处展开对比评析,富有匠心地阐释了里尔克本人那些玄妙美学思想与看似普通的现实表象之间的关联,带领读者追踪里尔克的思维过程,深入其恢弘的宇宙观、生命观。诚如作者自序所言,"本传记以赖纳·玛丽亚·里尔克的艺术为镜,追溯诗人的一生及其在作品中的折射与变形。"事后看来,里尔克一生之坎坷煎熬,似乎正是为了催生《杜伊诺哀歌》等不朽名篇。正如大多数形而上思考一样,里尔克穷尽各种可能性对人性、对生命的反思,或许均由最平凡的人生一瞬所激发点燃,而庸常人间的分分秒秒之难捱,才成就了诗人对于美与宇宙秩序之冥想。里尔克尝试对人与物进行"折射与变形"来达成理解,而他的一生也通过"折射与变形",呈现在他的作品中——这或许就是本书作者借助里尔克生平来阐释其作品的理论依据。这类由现实着笔,寻找契机精确切入里尔克的诗作与小说的思想内核的手法,在本传记中频频出现,每每事半功倍地解决了里尔克诗作中的晦涩难点,堪称里尔克作品评析中不可多得的精彩篇章。此外,本书作者对里尔克作品的点评,也做到了相对全面。里尔克青涩期的诗作,一般评论都以里尔克"甚悔少作"而一笔带过,本书却选取里尔克早期几首优秀诗作加以分析,从稍显稚嫩的笔法中总结出日后成熟期的一些元素之雏形,从而帮助我们更准确地把握里尔克从青涩走向成熟的完整过程。

在里尔克生前死后涌现的诸多传记中,本书准确性与可读性兼而有之,对里尔克的理解与诠释更是相对精准、令人叹服。之所以如此,与本书作者拉尔夫·弗里德曼本人的资历不无关系。此君1920年出生于德国汉堡,二战前夕因为犹太人身份逃亡英国,后移民美国,当过翻译,服过兵役,写过小说,研习过哲学,也算是一位因异类身份而尝到迫害之苦、历经坎坷的人士,想必更能领略里尔克一生的种种痛楚。由于母语为德语,他对里尔克的作品可以达至相当程度的准确领悟,而写作本书的语言采用英语,又让他得以占据一个外在于德语世界、相对冷静公允的评判立场。他本人对文学写作同里尔克一样兴趣盎然,克服语言障碍之后创作的英语小说还得过奖项,这或许也是本传记文笔精到流畅的原因所在。以上这一切保证了本书对里尔克作为凡人踌躇彷徨的一生,以及他对于生死和整个宇宙秩序的思考与呼告,都做出了相当到位的记述与点评,全书语言流畅、节奏拿捏得当,对于哪怕不熟悉里尔克的读者,都极具可读性。

当然,世间完美之物极少,这部传记也并非毫无瑕疵。比如,作者在阐释里尔克其人、其作品时,大多数时候采纳的还是相对主流的观点。论及里尔克的雌雄同体意象时,作者与大多数里尔克评析者一样,将这一诗歌思路与里尔克幼年时母亲菲亚将其妆扮成女孩联系起来,认为是其母在性别妆扮上的误导,而给里尔克一生烙下了不可磨灭的印记。然而,根据近年哈佛大学德语文学教授朱迪斯·瑞安的研究,里尔克幼年之男扮女装,其实是当时社会的一种流行时尚。瑞安教授指出,根据照片,19世纪很多男童都穿女装,王尔德、普鲁斯特和普鲁士的威廉王子等等均如此,因为当时的时尚和卫生理念提倡用"女性化的伦理"来减少男孩子天性中可能出现的野性。因此,即便里尔克幼年穿的裙子确实是日后"雌雄同体"诗歌意象的最初来源,也不能完全归因于菲亚一人,时尚使然,换了别个女人做里尔克的母亲,结果或许也是一样。不过,这毕竟已属相当精微的研究范畴,对于里尔克的一般研究很难细致到这种旁枝末节的地步,似乎也不应在类似方面过多苛求弗里德曼先生了。作为扛起评析里尔克生平与著作之重任的一项浩大工程,本传记洋洋洒洒50余万字,总体上方向明确,论述详尽;条分缕析、大气磅礴,已属难能可贵。

本书翻译分工如下:篇首到第14章,周晓阳译;第15章到第25章,杨建国译。杨建国君是我在南京大学外国语学院就读英美文学硕士时的同学,后师从周宪先生攻读美学博士,是一位不可多得的优秀青年学者。能与他合作译书,我感到非常荣幸。书中所涉里尔克诗歌片段,基本上根据原文译出,也参考了绿原、林克等人的译文,篇幅所限,恕不能一一列举我们所参考的诸多译本,在此谨向多年来致力于里尔克译介推广的译者前辈与同仁们致敬!本书收尾阶段,得到刘皓明老师的慷慨指点,几处疑难迎刃而解。刘老师还欣然同意为此书作序,大大增加了这部中文版里尔克传记的分量,在此谨表示感谢!

借此机会,还要感谢我们的家人长期以来对我们的翻译工作的理解与支持。

也对出版本书的华东师范大学出版社六点分社倪为国老师和编辑表示感谢!

译者　周晓阳
2013年6月2日于南京朝天宫寓所

图书在版编目(CIP)数据

里尔克:一个诗人/(美)拉尔夫·弗里德曼著;周晓阳,杨建国译.
--上海:华东师范大学出版社,2014.1
ISBN 978-7-5675-1381-5

Ⅰ.①里… Ⅱ.①弗… ②周… ③杨… Ⅲ.①里尔克,
R.M.(1875～1926)—传记 Ⅳ.①K835.215.6

中国版本图书馆 CIP 数据核字(2013)第 261851 号

华东师范大学出版社六点分社
企划人 倪为国

LIFE OF A POET:Rainer Maria Rilke
By Ralph Freedman
Copyright © 1996 by Ralph Freedman
Published by arrangement with Georges Borchardt,Inc. through Bardon Agency
Simplified Chinese Translation Copyright © 2014 by East China Normal University Press Ltd.
ALL RIGHTS RESERVED.
上海市版权局著作权合同登记 图字:09-2007-821 号

里尔克:一个诗人

著　者	(美)拉尔夫·弗里德曼
译　者	周晓阳　杨建国
责任编辑	倪为国
封面设计	吴元瑛
出版发行	华东师范大学出版社
社　址	上海市中山北路 3663 号　邮编　200062
网　址	www.ecnupress.com.cn
电　话	021-60821666　行政传真　021-62572105
客服电话	021-62865537
门市(邮购)电话	021-62869887
地　址	上海市中山北路 3663 号华东师范大学校内先锋路口
网　店	http://hdsdcbs.tmall.com
印　刷　者	上海印刷(集团)有限公司
开　本	787×1092　1/16
插　页	4
印　张	47.75
字　数	536 千字
版　次	2014 年 1 月第 1 版
印　次	2014 年 1 月第 1 次
书　号	ISBN 978-7-5675-1381-5/I·1068
定　价	138.00 元
出 版 人	朱杰人

(如发现本版图书有印订质量问题,请寄回本社客服中心调换或电话 021-62865537 联系)